Perler · Theorien der Intentionalität im Mittelalter

Dominik Perler

Theorien der Intentionalität im Mittelalter

KlostermannRoteReihe

Bibliographische Information der Deutschen Nationalbibliothek
Die Deutsche Nationalbibliothek verzeichnet diese Publikation in der
Deutschen Nationalbibliographie; detaillierte bibliographische Daten
sind im Internet über *https://dnb.dnb.de* abrufbar.

3., unveränderte Auflage 2020

2., durchgesehene Auflage 2004
© Vittorio Klostermann GmbH · Frankfurt am Main · 2002
Alle Rechte vorbehalten, insbesondere die des Nachdrucks und der
Übersetzung. Ohne Genehmigung des Verlages ist es nicht gestattet,
dieses Werk oder Teile in einem photomechanischen oder sonstigen
Reproduktionsverfahren oder unter Verwendung elektronischer Systeme
zu verarbeiten, zu vervielfältigen und zu verbreiten.

Gedruckt auf alterungsbeständigem Papier ∞
Druck und Bindung: docupoint GmbH, Barleben
Printed in Germany
ISSN 1865-7095
ISBN 978-3-465-04521-2

Norman Kretzmann
in memoriam

VORWORT ZUR ZWEITEN AUFLAGE

Die Neuauflage eines Buches weckt wohl in jedem Autor zwiespältige Gefühle – so auch die kartonierte Auflage dieses Bandes. Zum einen ist die Tatsache, dass eine Abhandlung zu Intentionalitätstheorien des 13. und 14. Jhs. bereits nach kurzer Zeit vergriffen ist, sicherlich ein Anlass zur Freude. Das rege Interesse an diesen Theorien verdeutlicht, dass die mittelalterliche Philosophie auch heute noch eine Aktualität besitzt. Besonders das Echo, das die hier vorgestellten Intentionalitätsmodelle unter Phänomenologen, analytischen Philosophinnen und Philosophen sowie Spezialisten für frühneuzeitliche Philosophie ausgelöst haben, zeigt, dass die Analysen mittelalterlicher Denker nicht nur in mediävistischen Fachkreisen (oder wie Norman Kretzmann mit leichter Ironie gesagt hätte: nicht nur im „Mediävistenghetto") wahrgenommen und gewürdigt werden. Zum anderen weckt eine Neuauflage aber auch immer Zweifel und gibt Anlass zu einer kritischen Selbstbefragung. Können Thesen und Argumente, die vor einigen Jahren entwickelt worden sind, einfach neu gedruckt werden? Müssen sie angesichts aktueller Forschungsarbeiten nicht ergänzt und revidiert werden? Wenn wir – wie Otto Neurath treffend formulierte – Schiffer gleichen, die auf offener See ihr Schiff ständig erneuern, können wir kaum ein unverändertes Schiff vorzeigen. Wir können nur Phasen des Baus und Umbaus präsentieren.

Dieses Buch ist und bleibt das Produkt eines permanenten Bauprozesses, auch wenn es ohne Revisionen neu aufgelegt wird. Es kann – um in Neuraths Bild zu bleiben – jederzeit an Vorder- und Hinterdeck erweitert werden. So müssen Intentionalitätstheorien vor der zweiten Hälfte des 13. Jhs. geprüft werden, etwa Theorien im arabischen Mittelalter (vor allem jene von Avicenna und Averroes), im 12. Jh. (von Petrus Abaelard) und im 13. Jh. (von Robert Grosseteste und Albertus Magnus). Aber auch Theorien, die nach 1330 entwickelt wurden, müssen einer genauen Prüfung unterzogen werden, so etwa die Intentionalitätsmodelle von Johannes Buridan und Petrus von Ailly im 14. Jh., von Gabriel Biel im 15. Jh. und von Francisco Suárez im 16. Jh. Schließlich gilt es auch Autoren zu untersuchen, die im Zeitraum zwischen 1250 und 1330 tätig waren, deren Texte in der vorliegenden Arbeit aber nicht oder nur am Rande berücksichtigt werden: Bonaventura, Heinrich von

Gent, Durandus von St. Pourçain, Heinrich von Harclay, Walter Burley und Walter Chatton. Es ist zu hoffen, dass sich künftige Forschungsarbeiten eingehend mit diesen Autoren auseinandersetzen werden.

Wenn ich das bislang gebaute Schiff in der vorliegenden Neuauflage auch unverändert lasse,[1] so gibt mir dieses Vorwort doch die Gelegenheit, auf einige methodische Probleme hinzuweisen, die mich während der Entstehung dieses Buches begleitet haben und weiterhin begleiten. Sie beschäftigen auch zahlreiche Leserinnen und Leser, wie verschiedene Reaktionen gezeigt haben.

Ein erstes Problem betrifft das Verhältnis von Terminologie- und Problemgeschichte. Gegen meinen methodischen Ansatz, der das Problem der kognitiven Bezugnahme in den Mittelpunkt der Analysen stellt, könnte folgender Einwand erhoben werden: Wer sich von Anfang an auf dieses Problem konzentriert, geht von einer modernen Fragestellung aus und projiziert diese gleichsam auf mittelalterliche Texte. Ob die mittelalterlichen Autoren unter dem Intentionalitätsproblem tatsächlich das Problem der kognitiven Bezugnahme verstanden, muss erst geprüft werden. Daher muss zunächst die mittelalterliche Verwendung von Ausdrücken wie ‚intentio' oder ‚intentionale' (einschließlich ihrer griechischen und arabischen Vorlagen) analysiert werden. Erst in einem zweiten Schritt lässt sich dann untersuchen, ob und wie diese Terminologie zur Formulierung des Problems der kognitiven Bezugnahme eingesetzt wurde.

Dieser Einwand weist zu Recht darauf hin, dass nicht unkritisch eine Übereinstimmung von mittelalterlichen und modernen Problemstellungen angenommen werden darf. Er macht auch zu Recht darauf aufmerksam, dass die Rekonstruktion einer Problemstellung ein genaues Ver-

---

[1] Einige Änderungen und Ergänzungen finden sich in den „Conférences Pierre Abélard", die ich im Frühling 2002 an der Université de Paris IV (Sorbonne) gehalten habe. Sie erscheinen bei J. Vrin in Paris unter dem Titel *Théories de l'intentionnalité au Moyen Age*. Weitere Ergänzungen habe ich in einigen Aufsätzen ausgearbeitet: „Diskussionen über mentale Sprache im 16. Jahrhundert", in: *Res et verba in der Renaissance*, hrsg. von E. Kessler & I. Maclean, (Wolfenbütteler Abhandlungen zur Renaissanceforschung, Bd. 21), Wiesbaden: Harrassowitz Verlag 2002, 29-51; „Duns Scotus's Philosophy of Language", in: *The Cambridge Companion to Duns Scotus*, hrsg. von Th. Williams, Cambridge & New York: Cambridge University Press 2003, 161-192; „Intentionality and Actions. Medieval Discussions on the Cognitive Capacities of Animals", in: *Intellect and Imagination. Acts of the XIth International Congress of Medieval Philosophy*, hrsg. von M. Candida Pacheco (im Druck). Die Bedeutung mittelalterlicher Intentionalitätsmodelle für die Entstehung der Cartesischen Ideentheorie untersuche ich in „Inside and Outside the Mind. Cartesian Representations Reconsidered", in: *Perception and Reality*, hrsg. von R. Schumacher, Paderborn: Mentis 2003 (im Druck).

ständnis der Fachsprache erfordert, in der das jeweilige Problem artikuliert wurde. Aus diesen Gründen ist es sicherlich wichtig, terminologiegeschichtliche Analysen vorzunehmen. Doch die These, dass Terminologiegeschichte den Vorrang gegenüber einer Problemgeschichte haben soll, bedarf einer kritischen Prüfung. Die Formulierung und Behandlung eines philosophischen Problems lässt sich nämlich nicht ausschließlich mithilfe terminologischer Analysen erfassen. Das semantische Feld, das durch solche Analysen erschlossen wird, kann einerseits zu weit sein, andererseits aber auch zu eng. Dies zeigt sich am Beispiel der Ausdrücke ‚intentio' und ‚intentionale' besonders deutlich. Diese Wörter wurden im 13. und 14. Jh. in ganz unterschiedlichen Kontexten verwendet, unter anderem auch in der Optik, wo sie zur Bezeichnung bestimmter visueller Partikel dienten, sowie in der Handlungs- und Willenstheorie, wo sie zur Bezeichnung der Handlungsabsicht eingesetzt wurden. Würde man sich an dieser weiten Verwendung orientieren, ergäbe sich ein äußerst heterogenes Problemfeld, das eher durch Kontingenzen der Übersetzungsgeschichte griechischer und arabischer Fachausdrücke bestimmt ist als durch die Formulierung einer philosophischen Fragestellung. Umgekehrt setzten die mittelalterlichen Autoren aber auch ganz unterschiedliche Ausdrücke (‚conceptus', ‚verbum mentale', ‚species intelligibilis', ‚actus intelligendi' usw.) ein, um sich terminologisch von verschiedenen Seiten einem Kernproblem der Intellekttheorie zu nähern, nämlich dem Problem, wie man sich geistig auf etwas beziehen kann und welche kognitiven Entitäten dazu erforderlich sind. Würde man sich auf Texte beschränken, in denen ausschließlich die Ausdrücke ‚intentio' und ‚intentionale' verwendet werden, würde man das semantische Feld viel zu eng fassen und könnte die terminologisch vielfältigen, thematisch aber einheitlichen Beiträge gar nicht in den Blick bekommen. Terminologiegeschichte kann daher nicht die alleinige Grundlage für eine Problemgeschichte sein. Sie kann höchstens gewisse semantische Felder und ihre Verknüpfung aufzeigen.

Die Tatsache, dass in der vorliegenden Studie ein bestimmtes Problem in den Mittelpunkt gestellt wird, darf freilich nicht in dem Sinne verstanden werden, dass es ungeachtet der spezifischen Terminologie ein „überzeitliches" philosophisches Problem gibt, das mittelalterliche und moderne Autoren in unveränderter Weise beschäftigt. Wie die Ausführungen zur Entstehung der mittelalterlichen Intentionalitätsdebatte (vgl. § 2) verdeutlichen, gibt es konkrete aristotelische und augustinische Texte, die zur Formulierung bestimmter Fragestellungen geführt haben, darunter auch Fragestellungen, die heute kaum mehr im Mittelpunkt des

Interesses stehen. So stellen heutige Philosophen nicht mehr die Frage, wie ein Wahrnehmender die wahrnehmbaren Formen eines Gegenstandes aufnehmen und sich dadurch auf diesen Gegenstand beziehen kann. Es kann daher nicht darum gehen, *das* Intentionalitätsproblem als ein einheitliches, zu allen Zeiten gleich formuliertes Problem zu diskutieren. Das Ziel sollte vielmehr darin bestehen, einen Cluster von Problemen zu rekonstruieren und die Entstehung dieses Clusters sowie die Relationen zwischen den einzelnen Problemaspekten innerhalb des Clusters zu rekonstruieren. Erst dann wird deutlich, welche Konturen der Cluster überhaupt aufweist, an welchen Punkten er mit heutigen Problemclustern übereinstimmt und an welchen Punkten er von ihnen abweicht.

Ein weiteres methodisches Problem betrifft die Rekonstruktion der verschiedenen mittelalterlichen Theorien, die in diesem Buch vorgestellt werden. Die Präsentation von fünf Modellen wirft die Frage auf, wie sich die einzelnen Modelle zueinander verhalten. Müsste nicht eine Entwicklungsgeschichte geschrieben werden, die verdeutlicht, wie die späteren Modelle auf den früheren aufbauen, sie verbessern und dadurch einen Fortschritt in der Intentionalitätsdebatte ermöglichen? Müsste somit nicht eine hierarchische Ordnung unter den einzelnen Modellen erstellt werden?

In der vorliegenden Studie ist bewusst auf die Konstruktion einer Entwicklungsgeschichte oder gar einer hierarchischen Ordnung verzichtet worden. Mindestens drei Gründe sprechen meiner Ansicht nach gegen ein solches Vorgehen. Erstens zeigt bereits ein kurzer Blick auf die mittelalterlichen Texte, dass die Rede von einer Entwicklung unangebracht wäre. Es gibt keine klare Ordnung, derzufolge spätere mittelalterliche Modelle frühere „verbessern" oder gar überflüssig machen. Zwar nehmen spätere Modelle auf frühere Bezug und kritisieren sie in verschiedenen Punkten, aber sie ersetzen sie nicht und verdrängen sie auch nicht. Durch die Entstehung neuer Modelle ergibt sich vielmehr eine Pluralität von konkurrierenden Theorien, die unterschiedliche Lösungsansätze bieten. Ein Beispiel möge dies verdeutlichen: Wilhelm von Ockham kritisierte die These zahlreicher Vorgänger (unter ihnen Thomas von Aquin und Johannes Duns Scotus), derzufolge für eine kognitive Bezugnahme besondere Entitäten, sog. *species intelligibiles*, erforderlich sind. Ockham vertrat die Ansicht, dass allein die Akte des Intellekts für eine solche Bezugnahme ausreichen (vgl. § 29). Durch diese Akt-Theorie wurde die *species*-Theorie aber nicht ersetzt oder beseitigt. Bereits Ockhams Zeitgenosse Johannes Reading verteidigte die *species*-

Theorie ausführlich, und bis in das 17. Jh. hinein traten zahlreiche Philosophen für sie ein. Über mehrere Jahrhunderte hinweg entwickelte sich eine rege Debatte darüber, welche der beiden Theorien angemessener ist. Gerade durch diesen Theorienwettstreit – nicht durch das Ersetzen früherer Theorien durch spätere – gewann die Intentionalitätsdebatte eine besondere Dynamik.

Es wäre zweitens auch gefährlich, eine Entwicklungsgeschichte zu konstruieren, weil damit suggeriert würde, dass die mittelalterliche Philosophie eine immanente Entwicklung aufweist: den Fortgang von rudimentären, unbefriedigenden Theorien zu immer leistungsfähigeren und raffinierteren Theorien, die schließlich die Grundlage für moderne Theorien bilden. Ein solches Bild würde dem genuin scholastischen Charakter der mittelalterlichen Theoriedebatten nicht gerecht. Diese Debatten verfolgten nämlich das Ziel, Thesen sorgfältig abzuwägen, Argumente pro und contra anzuführen und die möglichen Konsequenzen bestimmter Annahmen aufzuzeigen. Sie hatten somit einen genuin *argumentativen* Charakter; frühere Theorien sollten ausgelotet und geprüft, nicht einfach verworfen werden. Die Annahme einer immanenten Entwicklung würde aber auch ein falsches Bild vom Verhältnis der mittelalterlichen zur modernen Philosophie zeichnen. Es gibt in der Periode vom 13. bis zum 17. Jh. nicht eine lineare Entwicklung immer „besserer" Theorien, die schließlich zur Überwindung der scholastisch-aristotelischen Ansätze führte. Vielmehr lassen sich verschiedene theoretische Modelle ausfindig machen, die auf verschiedenen Annahmen beruhen und verschiedene Lösungsansätze vorschlagen. Eine Antwort auf die Frage, welche Modelle überzeugender oder „besser" sind, hängt wesentlich vom Standpunkt des jeweiligen Interpreten ab.

Drittens scheint es mir generell gefährlich, in der Philosophie von einer Entwicklungsgeschichte zu sprechen, wenn darunter die Geschichte eines Aufstiegs zu immer „besseren" Theorien mit „besseren" Lösungen verstanden wird. Natürlich gibt es Verbesserungen im Sinne subtilerer methodischer Instrumentarien, genauerer Unterscheidungen, detaillierterer Analysen und stringenterer Argumente. Gerade im Spätmittelalter lässt sich ein solcher Prozess der Ausarbeitung immer differenzierterer Argumentationsstrategien beobachten. Doch philosophische Probleme werden dadurch nicht besser gelöst – ganz einfach, weil es in der Philosophie keine Lösung, sondern nur eine *Klärung* von Problemen gibt. Die Qualität einer philosophischen Theorie bemisst sich daran, wie genau sie ein Problem klärt und wie präzise sie die Verbindungen zu anderen Problemen aufzeigt. Somit kann eine Intentionalitätstheorie des 13. Jhs.

ebenso überzeugend sein wie eine Theorie des 14. oder des 17. Jhs., insofern es ihr gelingt, das Problem der kognitiven Bezugnahme in seinen zahlreichen Facetten zu klären und in Verbindung zu verwandten Problemen (etwa zum Problem der sprachlichen Bezugnahme) zu setzen.

Schließlich möchte ich noch auf ein grundlegendes methodisches Problem hinweisen, nämlich auf die Verwendung gegenwärtiger Theoriemodelle zur Erklärung oder Veranschaulichung mittelalterlicher Ansätze. In der vorliegenden Studie werden immer wieder Bezüge zu heutigen Theorien hergestellt, etwa zum Funktionalismus (vgl. § 5), zur Theorie einer „language of thought" (vgl. § 32) und natürlich zu Theorien in der Nachfolge Brentanos (vgl. §§ 1, 21, 35). Auch hier könnte man den Einwand erheben, dass mittelalterliche Theorien einfach im Lichte gegenwärtiger Theorien präsentiert werden; ihre Eigenheit geht dadurch verloren.

Der Verweis auf gegenwärtige Theorien wäre sicherlich unangebracht, wenn mittelalterliche Modelle dadurch auf Vorläufer für heutige Modelle reduziert würden. Ebenso verfehlt wäre ein solcher Verweis, wenn mittelalterliche Modelle einfach von einem heutigen Standpunkt aus kritisiert und zurückgewiesen würden. Um eine überstürzte Kritik zu vermeiden, verfolgt die vorliegende Studie das Ziel, die mittelalterlichen Modelle auf der Grundlage der Primärtexte zu rekonstruieren und im jeweiligen Kontext zu situieren. Doch eine Bezugnahme auf gegenwärtige Theorien, die Differenzen natürlich ebenso betonen muss wie Gemeinsamkeiten, scheint mir unerlässlich, um mittelalterliche Theorien überhaupt verständlich zu machen. Eine Paraphrase scholastischer Theorien in scholastischem Jargon würde nur einer Musealisierung der mittelalterlichen Philosophie Vorschub leisten. Zudem ist ein Vergleich mit gegenwärtigen Theorien erforderlich, um das besondere Potenzial der mittelalterlichen Theorien zu verdeutlichen. So zeigt sich etwa die besondere Bedeutung, die Ockham der syntaktischen Dimension einer mentalen Sprache beimisst (vgl. § 32), erst dann in klarer Form, wenn seine Theorie der mentalen Sprache mit jener von J. Fodor verglichen wird – der Blick auf eine heutige Theorie schärft den Blick für wichtige Elemente einer mittelalterlichen Theorie. Umgekehrt wirft aber auch der Blick auf mittelalterliche Modelle ein neues Licht auf gegenwärtige Modelle und kann so zu einem geschärften Bewusstsein für Probleme der Gegenwartsphilosophie beitragen. Dieser Punkt lässt sich ebenfalls anhand eines Beispiels veranschaulichen.

In der heutigen Debatte lehnen die meisten Philosophen die von Thomas von Aquin vertretene These ab, kognitive Bezugnahme auf einen

Gegenstand sei möglich, weil der Geist dieselbe Form in sich haben könne, die sich auch im Gegenstand befindet. Die Rede von einer „formalen Identität" oder ganz allgemein von „Form" kommt ihnen suspekt vor (vgl. § 9). Sie schlagen daher vor, nur auf die Kausalrelation zu einem Gegenstand zu verweisen. Genau diese Kausalrelation lege den Inhalt eines mentalen Zustandes und damit auch seine Intentionalität fest. Ein solcher externalistischer Ansatz wirft indessen die Frage auf, wie denn die Kausalrelation beschaffen sein muss, damit sie eine Bezugnahme festlegen kann. Legen beispielsweise allein die Sinneseindrücke, die ich von einem Baum erhalte, die Intentionalität meines An-einen-Baum-Denkens fest? Wenn ja, wie genau erfolgt diese Festlegung? Und könnte sie auch anders erzielt werden? Diese Fragen verdeutlichen, dass der Verzicht auf ein Modell der formalen Identität (und damit auch der Formursache) seinerseits neue Probleme schafft – Probleme, die bereits im Mittelalter erkannt wurden (etwa von Ockham, der ebenfalls auf das Modell der formalen Identität verzichtete) und heute immer noch einer Prüfung bedürfen. So kann ein Vergleich von mittelalterlichen und heutigen Modellen nicht zuletzt auch das Bewusstsein für *heutige* Probleme wecken oder verstärken. In der vorliegenden Studie, die philosophiehistorisch angelegt ist, können diese Probleme nicht eingehend analysiert werden. Ich hoffe aber, dass das Buch zumindest auf einige Probleme aufmerksam macht und zu eigenen Analysen anregt. Denn eine historische Studie sollte, wie ich glaube, immer auch den Blick auf Theorien der Gegenwart schärfen.

Für die vorliegende zweite Auflage ist der Text der ersten Auflage unverändert übernommen worden. Es sind lediglich Druckfehler im Haupttext und in den Anmerkungen korrigiert worden. Das Sachregister ist erweitert und detaillierter gestaltet worden. Für die sorgfältigen Korrekturarbeiten habe ich Gabi Weber und Stephan Schmid zu danken.

Basel, im August 2003   D.P.

VORWORT ZUR DRITTEN AUFLAGE

Die vorliegende dritte Auflage übernimmt den Text der zweiten Auflage. Ich habe keine Änderungen oder Ergänzungen vorgenommen. Einzelne Probleme, die eng mit dem Problem der Intentionalität verknüpft sind, habe ich aber in anderen Büchern erörtert, die sich ebenfalls mit mittelalterlichen Texten auseinandersetzen. In *Zweifel und Gewissheit. Skeptische Debatten im Mittelalter* (2006, 2. Auflage 2012) gehe ich auf die Frage ein, wie auf der Grundlage von intentionalen Zuständen Wissen erworben werden kann. In *Transformationen der Gefühle. Philosophische Emotionstheorien 1270–1670* (2011) analysiere ich das besondere intentionale Objekt von Emotionen. In *Selbstbezug und Selbstwissen. Texte zu einer mittelalterlichen Debatte* (2014) behandle ich zusammen mit Sonja Schierbaum anhand ausgewählter Texte die Frage, wie eine Person die eigenen geistigen Zustände zum intentionalen Objekt machen kann. Schließlich widme ich mich in *Eine Person sein. Philosophische Debatten im Spätmittelalter* (2020) der grundsätzlichen Frage, durch welche besondere Art von Intentionalität sich eine Person von anderen kognitiven Lebewesen unterscheidet.

Alle diese Bücher können als Ergänzungen und Weiterentwicklungen des vorliegenden Buches gelesen werden. Sie verdeutlichen, dass das Problem der Intentionalität ein fundamentales Problem darstellt, das sich in verschiedenen Kontexten immer wieder stellt. Wie kaum in einer anderen Epoche findet sich im Mittelalter eine Fülle von subtilen Problemanalysen. Es ist daher kein Zufall, dass ich mich immer wieder mit Texten des 13. und 14. Jahrhunderts beschäftigt habe. Ausgehend von diesen Texten habe ich das Problem der Intentionalität gleichsam von verschiedenen Seiten eingekreist. Natürlich hat sich meine Einschätzung einiger Problemaspekte seit der ersten Auflage dieses Buches teilweise verändert. Doch die Untersuchungen in diesem Buch bilden nach wie vor den Ausgangspunkt für alle späteren Untersuchungen. Sie können als eine erste Kreisbewegung betrachtet werden, die durch spätere Bewegungen nicht ersetzt, sondern ergänzt worden ist.

Berlin, im März 2020 D.P.

VORWORT

„Vostra apprensiva da esser verace
tragge intenzione, e dentro a voi la spiega,
sì che l'animo ad essa volger face..."

Dante Alighieri, *La Divina Commedia*, Purg. XVIII, 22-24

„It does not look as if the intentional can simply be reduced to the non-intentional; rather, it begins to look as if the intentional intrudes even into our description of the non-intentional, as if the intentional (or, better, the cognitive) is to some extent ubiquitous."

Hilary Putnam, *Renewing Philosophy*, 59

Dass unser Sehen immer ein Sehen *von etwas* ist, unser Denken ein Denken *an etwas* und unser Sprechen ein Sprechen *über etwas*, scheint selbstverständlich zu sein. Und dass unsere Wahrnehmungen, Gedanken und sprachlichen Äußerungen dadurch einen Inhalt haben, scheint ebenfalls selbstverständlich zu sein. Doch was auf den ersten Blick trivial erscheint, erweist sich bei näherer Betrachtung als rätselhaft und erklärungsbedürftig. Wie gelingt es uns denn, uns im Sehen, Denken und Sprechen auf etwas zu beziehen? Worauf beziehen wir uns? Und wie entsteht durch die Bezugnahme ein Inhalt? Diese Fragen, die auf den Kern der Intentionalitätsproblematik abzielen, stehen nicht nur in den heutigen philosophischen und kognitionstheoretischen Debatten im Mittelpunkt des Interesses. Sie wurden bereits im Mittelalter scharfsinnig diskutiert, ja die Autoren des 13. und 14. Jahrhunderts prägten sogar als Erste die Fachausdrücke ‚Intentionalität' und ‚intentionale Existenz' und entwarfen verschiedene philosophische Modelle, um das Rätsel der kognitiven Bezugnahme zu lösen – Modelle, die durch die Vermittlung Franz Brentanos, aber auch durch die Debatten in der Phänomenologie und in der analytischen Philosophie, teilweise bis heute aktuell geblieben sind. Teilweise sind sie jedoch bereits in der frühen Neuzeit in Vergessenheit geraten.

Die vorliegende Studie setzt sich zum Ziel, fünf einflussreiche Modelle, die zwischen 1250 und 1330 entstanden sind, in ihrem historischen

Kontext zu rekonstruieren und auf ihren spezifischen Gehalt hin zu untersuchen. Daher sollen einerseits die besonderen Voraussetzungen und Ausgangspunkte dieser Modelle geprüft werden; philosophische Theorien lassen sich ja erst verstehen, wenn deutlich wird, auf welche Fragen sie in einem bestimmten intellektuellen Umfeld eine Antwort geben wollen. Andererseits sollen aber auch die Argumente und Argumentationsstrukturen, die sich in den mittelalterlichen Texten finden, analysiert und kritisch evaluiert werden. Der Reiz bei einer Beschäftigung mit diesen Texten liegt nämlich nicht nur darin, ihre Quellen, ihre Entstehung in einem konkreten philosophischen Milieu und ihre Transformation in anderen Milieus zu untersuchen. Mindestens so reizvoll (für systematisch interessierte Philosophiehistorikerinnen und -historiker sogar noch reizvoller) ist es, danach zu fragen, was für Erklärungsmodelle sie präsentieren, von welchen Prämissen diese Modelle ausgehen, welche Argumente für oder gegen die einzelnen Modelle sprechen, welche Probleme sich mit ihnen lösen lassen und welche bestehen bleiben. Daher soll in der Diskussion der einzelnen Intentionalitätsmodelle besonderes Gewicht auf eine Analyse von Thesen und Gegenthesen, Argumenten und Gegenargumenten, Lösungsvorschlägen und Einwänden gelegt werden. Fragen zur Entstehungs- und Rezeptionsgeschichte der behandelten Texte treten dabei eher in den Hintergrund.

Bereits vor gut zehn Jahren hegte ich die Absicht, ein Buch über mittelalterliche Intentionalitätstheorien zu schreiben. Nachdem ich einige Vorarbeiten in Angriff genommen hatte, legte ich das Projekt jedoch zur Seite und widmete mich eingehend der frühneuzeitlichen Erkenntnistheorie sowie – vornehmlich in Lehrveranstaltungen – der heutigen analytischen Philosophie des Geistes. Als ich nach einigen Jahren wieder zu den mittelalterlichen Texten zurückkehrte, hatte sich mein Blick verändert. Mir schienen nun teilweise andere Probleme von Bedeutung zu sein, andere Argumente und andere Einwände, auch wenn ich dieselben Texte las. Dieser neue Blick hatte natürlich Auswirkungen auf die Ausarbeitung der vorliegenden Studie. Ich begann, Bezüge zu frühneuzeitlichen und heutigen Debatten herzustellen, Parallelen und Differenzen festzustellen. Wer sich mit philosophischen Theorien einer vergangenen Epoche beschäftigt, macht nämlich eine ähnliche Erfahrung wie bei einem Gang durch ein Museum. Wenn wir uns in einem Museumssaal längere Zeit ausschließlich mit Bildern einer einzigen Epoche beschäftigen, etwa mit Bildern des Impressionismus, kennen wir sie sehr genau, wir können sie auch detailliert beschreiben, aber wir sehen immer wieder dasselbe in ihnen; wir sind gleichsam in ihrer Welt gefangen. Erst wenn wir einmal andere Museumssäle betreten und uns intensiv Bilder anderer Stilrichtungen ansehen, fällt uns auf, was an den Bildern des Impressionismus besonders markant ist, was wir vielleicht schon immer gesehen, aber nicht erkannt haben.

Mir scheint, mit dem Studium philosophischer Theorien einer vergangenen Epoche – insbesondere des Mittelalters – verhält es sich ähnlich. Erst wenn wir uns einmal den Theorien anderer Epochen zuwenden, können wir feststellen, was an den mittelalterlichen Modellen besonders interessant und anregend ist, was vielleicht auch verwirrend und seltsam anmutet. Erst der Blick auf Theorien außerhalb des Mittelalters zeigt, was die mittelalterlichen Theorien auszeichnet. Deshalb werden in den folgenden Untersuchungen immer wieder Verbindungen zu gegenwärtigen Diskussionen hergestellt und moderne Beispiele angeführt. Damit soll keineswegs die Aufmerksamkeit von den mittelalterlichen Theorien abgelenkt werden. Diese Theorien sollen auch nicht aus ihrem spezifischen Kontext gerissen und willkürlich „modernisiert" werden; eine überstürzte Aktualisierung und Modernisierung würde die entscheidenden Differenzen zu heutigen Ansätzen einebnen. Die Vergleiche mit gegenwärtigen Theorien sollen vielmehr den Blick für jene Elemente schärfen, die für die mittelalterlichen Theorien besonders charakteristisch sind. Vor allem aber sollen sie dazu beitragen, dass eine philosophische – nicht nur eine historische oder philologische – Auseinandersetzung mit diesen Theorien möglich wird.

Zahlreiche Personen haben mich während der langen Entstehungszeit dieser Studie unterstützt und immer wieder ermuntert. Ihnen allen möchte ich herzlich danken. Mein erster Dank richtet sich an Ruedi Imbach, der mich bereits während meiner Studienzeit auf die spannenden mittelalterlichen Texte zur Intentionalitätsproblematik aufmerksam gemacht hat. Er hat mir auch zu früheren Fassungen dieses Buches wertvolle Kommentare gegeben. Matthias Kaufmann und Peter Schulthess haben ebenfalls frühere Versionen gelesen und mir hilfreiche Verbesserungsvorschläge unterbreitet. Auch Mischa von Perger hat mir durch äußerst detaillierte Kommentare wichtige Anregungen gegeben. Weiter bin ich meinen ehemaligen Oxforder Kolleginnen und Kollegen, aber auch meinen Studentinnen und Studenten in Oxford und Basel zu Dank verpflichtet. In einem „research seminar" im Trinity Term 1997 habe ich erste Teile dieses Buches in Oxford vorgestellt und ansporrende Kommentare erhalten. Myles Burnyeat, der regelmäßig am Seminar teilgenommen hat, danke ich für hilfreiche Kommentare zum aristotelischen Hintergrund der mittelalterlichen Debatte.

Im Juni 1999 fand an der Universität Basel eine internationale Konferenz zum Thema „Ancient and Medieval Theories of Intentionality" statt (vgl. Perler 2001). Diese Veranstaltung, die mir in bester Erinnerung geblieben ist, gab mir die Gelegenheit, Kolleginnen und Kollegen Teile meiner entstehenden Arbeit vorzustellen, gleichzeitig aber auch neue Impulse von ihnen zu erhalten. Ihnen allen sei für die anregenden Gespräche herzlich gedankt.

Im Verlauf der letzten Jahre habe ich Vorarbeiten zu dieser Studie in Vorträgen in Los Angeles, Austin, London, Pisa, Florenz, San Marino, Amsterdam, Nijmegen, Wolfenbüttel, Köln, Bonn, Genf und Basel vorgestellt. Dass ich meine Gedanken weiterentwickeln konnte, verdanke ich wesentlich den Diskussionsteilnehmern, die mir im Anschluss an die Vorträge wichtige Anregungen und kritische Hinweise gegeben haben. Ich danke auch meinen Mitarbeiterinnen und Mitarbeitern in Basel, die mich durch gezielte Fragen zur Klärung einzelner Probleme herausgefordert haben. Manuel Hediger hat die Schlussredaktion der Arbeit und die Druckvorbereitungen mit viel Geduld und Ausdauer unterstützt. Dafür sei ihm herzlich gedankt. Schließlich bin ich dem Schweizerischen Nationalfonds zur Förderung wissenschaftlicher Forschung zu Dank verpflichtet; er ermöglichte die Drucklegung dieses Bandes durch einen großzügigen Druckkostenzuschuss.

Die ersten Schritte, die mich mitten in das Dickicht der mittelalterlichen Intentionalitätsdebatten führten, habe ich 1991-1992 unternommen, als ich an der Cornell University als Postdoc-Student mit Norman Kretzmann zusammenarbeitete. Wir lasen zusammen einen Text Petrus Aureolis in der Handschrift und versuchten, ihn sowohl philologisch als auch philosophisch zu erschließen. Norman Kretzmann zeigte mir auf vorbildliche Weise, was es heißt, einen mittelalterlichen Text mit analytischem Blick zu lesen und dadurch dessen philosophisches Potenzial sichtbar zu machen. Auf ebenso vorbildliche Weise demonstrierte er aber auch, was es bedeutet, als akademischer Lehrer Schüler anzuspornen, zu fördern und zu begleiten. Ihm, der eine ganze Generation von philosophischen Mediävisten in der Alten und in der Neuen Welt geprägt hat, sei diese Studie zum Andenken gewidmet.

Basel, im September 2001   D.P.

INHALT

EINLEITUNG 1

§ 1 Brentanos Problem und die mittelalterlichen
 Intentionalitätstheorien 1
§ 2 Voraussetzungen und Ausgangspunkte der mittelalterlichen
 Diskussionen 11
§ 3 Methodische Vorbemerkungen 23

TEIL I DAS MODELL DER FORMALEN IDENTITÄT:
 THOMAS VON AQUIN 31

§ 4 Das kognitive Kriterium 33
§ 5 Die Intentionalität der Wahrnehmungs- und Vorstellungsakte . 42
§ 6 Die Intentionalität der intellektuellen Akte: die *species*-
 Theorie 61
§ 7 Direkter Realismus oder Repräsentationalismus? 80
§ 8 Die Intentionalität der sprachlichen Äußerungen:
 die *verbum*-Theorie 89
§ 9 Schlussfolgerungen 100

TEIL II DAS KONSTITUTIONSMODELL:
 PETRUS JOHANNIS OLIVI UND DIETRICH
 VON FREIBERG 107

§ 10 Unvermittelte Intentionalität: die Kritik an der *species*-
 Theorie 109
§ 11 Die „virtuelle Präsenz" des Intellekts beim intendierten
 Gegenstand 127
§ 12 Unvermittelte sprachliche Intentionalität: die Kritik an
 der *verbum*-Theorie 138
§ 13 Die Aktivität und Kreativität des Intellekts 146
§ 14 Die kategoriale Konstitution der Gegenstände 155
§ 15 Eine kopernikanische Wende im Mittelalter? 165

§ 16 Schlussfolgerungen 177

TEIL III DAS MODELL DER INTENTIONALEN OBJEKTE:
JOHANNES DUNS SCOTUS UND FRÜHE
SCOTISTEN 185

§ 17 Die Verteidigung der natürlichen Intentionalität 187
§ 18 Die Analyse des kognitiven Prozesses 198
§ 19 Die Gegenstände mit „objektivem Sein" 217
§ 20 Die ontologische Klassifizierung der intentionalen Objekte
(Jacobus de Aesculo) 230
§ 21 Die Kritik an der ontologischen Klassifizierung
(Wilhelm Alnwick) 239
§ 22 Schlussfolgerungen 245

TEIL IV DAS MODELL DER INTENTIONALEN PRÄSENZ:
PETRUS AUREOLI UND HERVAEUS NATALIS . . 253

§ 23 Intentionalität und intuitives Erkennen 255
§ 24 Das Problem der Sinnestäuschungen 274
§ 25 Die Präsenz des Gegenstandes in einem Akt des Intellekts . . 283
§ 26 Die Definition und Klassifikation der Intentionen 294
§ 27 Erste und zweite Intentionen 306
§ 28 Schlussfolgerungen 313

TEIL V DAS MODELL DER NATÜRLICHEN ZEICHEN:
WILHELM VON OCKHAM UND ADAM
WODEHAM 319

§ 29 Die Ablehnung vermittelnder Entitäten im Kognitionsprozess 322
§ 30 Intuitive und abstraktive Akte 342
§ 31 Intentionale Akte als natürliche Zeichen 361
§ 32 Die mentale Sprache 374
§ 33 Gibt es eine intrinsische Intentionalität? 385
§ 34 Schlussfolgerungen 392

SCHLUSS ... 399

§ 35 Da capo: Brentanos Problem und die mittelalterlichen
      Intentionalitätstheorien ... 399

Literatur ... 413

Register ... 427
   Personenregister ... 427
   Sachregister ... 431

EINLEITUNG

§ 1 Brentanos Problem und die mittelalterlichen Intentionalitätstheorien

Viele unserer geistigen Akte und Zustände zeichnen sich dadurch aus, dass sie sich auf etwas beziehen und dadurch einen Inhalt haben. Wenn ich mich etwa auf den Besuch von Freunden freue, bezieht sich meine Freude auf den erwarteten Besuch; genau er bestimmt den Inhalt meiner Freude. Wenn ich mich an den Urlaub im letzten Jahr erinnere, bezieht sich meine Erinnerung auf den Urlaub. Und wenn ich hoffe, dass bald die Sonne scheinen wird, bezieht sich meine Hoffnung auf den baldigen Sonnenschein. Aussagen wie ‚Ich erinnere mich, aber mein Erinnern bezieht sich auf nichts' oder ‚Ich hoffe, aber mein Hoffen bezieht sich auf nichts' wären kaum sinnvoll; denn Sich-Freuen, Sich-Erinnern, Hoffen sowie zahlreiche andere geistige Akte und Zustände sind wesentlich auf etwas bezogen, d. h. intentional. Selbst wenn sich herausstellen sollte, dass sie sich nicht auf einen realen Gegenstand oder auf eine reale Tatsache beziehen, sind sie doch auf etwas bezogen. So konnten wir uns als Kinder auf den Weihnachtsmann freuen, obwohl sich zu unserer großen Enttäuschung später herausstellte, dass der Weihnachtsmann nicht real existiert. Und wir können uns den absolut gerechten Staat vorstellen, obwohl wir mit Ernüchterung immer wieder feststellen müssen, dass es einen solchen Staat nicht gibt und wohl auch nie gegeben hat. Obwohl sich unsere geistigen Akte und Zustände in einigen Fällen also auf etwas beziehen, was nicht real existiert und auch nie real existiert hat, lässt sich doch etwas bestimmen, worauf sie sich beziehen.

Doch warum können wir uns geistig auf etwas beziehen? Diese scheinbar harmlose Frage erweist sich bei näherer Betrachtung als vielschichtig. Sie kann zunächst als eine ganz allgemeine Frage nach der Existenz einer bestimmten Fähigkeit verstanden werden: Warum verfügen wir Menschen über die Fähigkeit zur Bezugnahme? Auf diese Frage könnte man antworten, dass es sich um eine *natürliche* Fähigkeit handelt, mit der wir immer schon ausgestattet sind. Die Ausgangsfrage lässt sich aber auch so verstehen, dass sie auf den Gebrauch dieser natürlichen Fähigkeit abzielt: Warum sind wir in der Lage, uns in konkreten Situationen auf etwas Bestimmtes zu beziehen? Was ermöglicht uns, an den

Besuch von Freunden oder an den baldigen Sonnenschein zu denken? Auf diese Frage scheint es eine simple Antwort zu geben: Der menschliche Geist ist nun mal so gebaut (aufgrund der evolutionären Entwicklung oder infolge anderer natürlicher Prozesse), dass er sich in konkreten Situationen auf etwas Bestimmtes beziehen kann, ähnlich wie der Magen so gebaut ist, dass er etwas Bestimmtes verdauen kann. Hier gibt es nichts zu erklären, sondern höchstens etwas zu beschreiben. Dies bedeutet, dass wir höchstens darstellen können, wie sich einzelne geistige Akte und Zustände auf etwas beziehen, und dass wir die verschiedenen Arten von geistigen Aktivitäten – Sich-Freuen, Sich-Erinnern, Hoffen usw. – mit ihren jeweiligen Objekten klassifizieren können. Zudem können wir genauer betrachten, wie die verschiedenen Aktivitäten miteinander verknüpft sind und voneinander abhängen. Dabei zeigt sich beispielsweise, dass jemand sich nur dann auf den Besuch von Freunden freuen kann, wenn er eine Vorstellung von einem solchen Besuch hat. Ebenso zeigt sich, dass jemand nur dann urteilen kann, dass der Besuch von Freunden schöner ist als ein einsamer Abend, wenn er sowohl eine Vorstellung vom Besuch als auch eine Vorstellung vom einsamen Abend hat. Indem wir derartige Abhängigkeiten feststellen, sind wir in der Lage, gleichsam die Landschaft des Intentionalen zu kartographieren: Wir können die verschiedenen Arten von intentionalen Akten und Zuständen beschreiben und zueinander in Beziehung setzen, bis wir so etwas wie eine geistige Landkarte erhalten. Aber indem wir so vorgehen, können wir die Landschaft des Intentionalen eben nur beschreiben und nicht erklären. Denn wir stellen ja nur dar, wie sich die einzelnen intentionalen Aktivitäten zu ihren Objekten verhalten, ohne zu erklären, warum sie überhaupt intentional sind. Die Intentionalität wird als ein grundlegendes, nicht weiter erklärbares Faktum vorausgesetzt.

Ein derartiges Vorgehen wäre aber unbefriedigend. Würden wir die Intentionalität einfach als ein gegebenes, nicht weiter erklärbares Faktum voraussetzen, würden wir einer „magischen Theorie" der Intentionalität verfallen, wie H. Putnam treffend festgestellt hat.[1] Wir würden einfach davon ausgehen, dass der Geist von sich aus die magische Kraft hat, sich in konkreten Situationen auf bestimmte Objekte zu beziehen. Um eine magische – nicht etwa um eine natürliche – Kraft würde es sich dabei handeln, weil sie als eine wirksame und doch nicht erklärbare Kraft angenommen würde. Der menschliche Geist wäre dann einem Zauberer vergleichbar, der mit seinem Zauberstab unterschiedliche Ob-

---

[1] Vgl. Putnam 1981, 3-5.

jekte anschlägt und dadurch eine Beziehung zu ihnen herstellt. Würde beispielsweise gefragt, warum sich jemand auf den Besuch von Freunden freuen kann, würde die lapidare Antwort lauten: ganz einfach, weil es dem Geist *von sich aus* gelingt, sich auf den Besuch von Freunden zu beziehen. Der Geist verfügt nun mal über diese besondere Fähigkeit. Hier gibt es nichts weiter zu erklären.

Dies wäre allerdings keine sehr erhellende Antwort. Selbst wenn es dem Geist tatsächlich von sich aus gelingen sollte, sich auf Objekte zu beziehen (eine gewagte Annahme, die es zu prüfen gilt), kann man immer noch fragen: Warum gelingt dies dem Geist? Oder genauer gefragt: Wie gelingt dies dem Geist? Wie müssen seine Akte und Zustände beschaffen sein, damit sie sich in konkreten Situationen auf etwas beziehen können? Dass es sich hier um eine ernsthafte Frage handelt, die nicht einfach zurückgewiesen werden kann, verdeutlicht schon der Vergleich, der zwischen dem Geist und dem Magen gezogen wurde. Wenn nämlich vom Magen behauptet wird, er sei von Natur aus so beschaffen, dass er etwas verdauen kann, stellt sich immer noch die Frage, wie ihm dies gelingt. Es würde kaum jemandem einfallen, dem Magen eine magische Verdauungskraft zuzuschreiben. Die Fähigkeit, etwas zu verdauen, wird vielmehr mit Rekurs auf besondere physiologische Eigenschaften und Strukturen erklärt. Ebenso wenig sollte man dem Geist eine magische Kraft zur Bezugnahme zuschreiben, auch dann nicht, wenn man davon ausgeht, dass er von Natur aus dazu disponiert ist, sich auf Objekte zu beziehen. Selbst dann stellt sich immer noch die Frage, wie ihm dies gelingt. Welche besonderen Eigenschaften oder strukturellen Merkmale ermöglichen es dem Geist, sich in konkreten Situationen auf etwas zu beziehen?

Auf diese grundlegende Frage gab F. Brentano in seiner *Psychologie vom empirischen Standpunkt* (1874 publiziert) eine Antwort, die nicht nur den Ausgangspunkt für zahlreiche moderne Intentionalitätstheorien bildete, sondern gleichzeitig auch eine Brücke zu den mittelalterlichen Theorien schlug. An einer berühmten, oft zitierten Stelle stellt Brentano fest:

„Jedes psychische Phänomen ist durch das charakterisiert, was die Scholastiker des Mittelalters die intentionale (auch wohl mentale) Inexistenz eines Gegenstandes genannt haben, und was wir, obwohl mit nicht ganz unzweideutigen Ausdrücken, die Beziehung auf einen Inhalt, die Richtung auf ein Objekt (worunter hier nicht eine Realität zu verstehen ist), oder die immanente Gegenständlichkeit nennen würden."[2]

---

[2] Brentano 1874 (Nachdruck 1973), Bd. 1, 124-125.

Dem Geist gelingt es offensichtlich, sich auf etwas zu beziehen, weil sich seine Akte und Zustände durch die „intentionale Inexistenz" eines Gegenstandes auszeichnen. Unter der Inexistenz ist dabei keineswegs eine Nicht-Existenz zu verstehen, sondern eine immanente Existenz bzw. ein Innewohnen im wörtlichen Sinn: *In* jedem geistigen Phänomen existiert ein Gegenstand.³ Laut Brentano unterscheiden sich genau dadurch die geistigen Phänomene von den physischen. Denn wenn ich mich auf den Besuch von Freunden freue, so existieren *in* meiner Freude die erwarteten Freunde, freilich nur geistig und nicht materiell. Und wenn ich mich an den letzten Urlaub erinnere, so existiert *in* meiner Erinnerung der Urlaub. Doch eine Farbe, die ich sehe, oder ein Ton, den ich höre, enthält nichts; diese physischen Phänomene weisen keinen „inexistierenden" Gegenstand auf.⁴ In dieser Erklärung und gegenseitigen Abgrenzung der geistigen und physischen Phänomene kommen zwei Thesen zum Ausdruck: einerseits die *psychologische* These, dass geistige Phänomene im Gegensatz zu physischen wesentlich relational sind, d. h. auf Objekte gerichtet; andererseits die *ontologische* These, dass es sich bei diesen Objekten nicht um materielle Gegenstände handelt, sondern um geistige Objekte, die im wörtlichen Sinn in den geistigen Phänomenen existieren.⁵

Da sich Brentano für diese Auffassung ausdrücklich auf „die Scholastiker des Mittelalters" beruft, liegt es nahe, eine Untersuchung über mittelalterliche Theorien der Intentionalität mit einer Suche nach Theorien

---

³ Dass Brentanos Redeweise von einer Inexistenz im wörtlichen Sinn und nicht – wie frühere Interpreten teilweise angenommen haben – als eine bloße *façon de parler* zu verstehen ist, zeigt überzeugend Smith 1994, 41-45. Vgl. auch Richardson 1982 und Münch 1993, 68-73. Es ist zu betonen (*pace* Field 1978, 9), dass Brentano keineswegs behauptet, psychische Phänomene stünden in einer Relation zu Propositionen. Er vertritt vielmehr die Ansicht, dass sie Gegenstände enthalten. Wenn sich jemand bspw. auf die Freunde freut, so erfasst er nicht die Proposition „dass die Freunde kommen", sondern er hat in seiner Freude die Freunde als geistig „inexistierende" Gegenstände. Vgl. zu diesem Ansatz, der sich an einer Gegenstandsontologie orientiert, Moran 1996. Es ist auch zu beachten, dass Brentano diese These nicht nur im Hinblick auf eine bestimmte Klasse von psychischen Phänomenen vertritt, sondern für alle derartigen Phänomene.

⁴ Brentano versteht unter den physischen Phänomenen nicht etwa materielle Gegenstände und deren Eigenschaften, sondern Sinneseindrücke (Farben, Gerüche usw.) und Gegenstände, insofern sie sinnlich wahrgenommen werden (z. B. eine Landschaft, insofern sie gesehen wird). Vgl. die Beispiele in Brentano 1874 (Nachdruck 1973), Bd. 1, 112.

⁵ Dass es sich um eine doppelte These handelt, zeigt prägnant Chisholm 1967, 6. Siehe auch Haldane 1989, 2. Freilich ist zu bemerken, dass Brentanos Formulierung bezüglich der ontologischen These nicht eindeutig ist. Einerseits spricht er von der Beziehung auf einen *Inhalt*, andererseits von der Richtung auf ein *Objekt*. Der Inhalt wird von ihm allerdings im Sinne eines inneren Objekts erklärt.

der intentionalen Inexistenz zu eröffnen.[6] Vor allem liegt es nahe, von der Annahme auszugehen, dass die mittelalterlichen Autoren versuchten, die Intentionalität geistiger Aktivitäten zu erklären (und nicht etwa bloß zu beschreiben), indem sie sich auf die These beriefen, dass diese Aktivitäten auf geistig „inexistierende" Objekte gerichtet sind. Diese scheinbar selbstverständliche Annahme bedarf allerdings einer kritischen Prüfung.

Betrachten wir zunächst die von Brentano skizzierte Theorie der intentionalen Inexistenz unabhängig vom mittelalterlichen Hintergrund. Diese Theorie weist auf den ersten Blick einige Vorzüge auf. Sie erlaubt es, für alle geistigen Akte und Zustände eine einheitliche Erklärung zu geben. Ganz gleichgültig, was wir hoffen, woran wir uns erinnern und worüber wir uns freuen, jede dieser Aktivitäten zeichnet sich dadurch aus, dass sie ein geistiges Objekt hat und genau auf dieses Objekt gerichtet ist. Es ist hier nicht erforderlich, unterschiedliche Typen von Objekten für unterschiedliche Typen von geistigen Aktivitäten zu bestimmen. Die Theorie erlaubt zudem, eine elegante Antwort auf die Frage zu finden, warum unsere geistigen Akte und Zustände auch dann intentional sind, wenn es keinen real existierenden Gegenstand gibt, auf den sie sich beziehen könnten. Dies ist möglich, weil es in jedem Fall – auch dann, wenn wir an den Weihnachtsmann oder an Pegasus denken – ein besonderes geistiges Objekt gibt. Die Existenz eines solchen Objekts setzt keineswegs die Existenz eines materiellen, real existierenden Objekts voraus.

Trotz dieser Vorzüge wirft die Theorie der intentionalen Inexistenz verschiedene Probleme auf. Zunächst kann man fragen, wie es denn möglich sein soll, dass besondere geistige Objekte in den einzelnen Akten und Zuständen existieren. Wie entstehen solche Objekte? Werden sie vom Geist hergestellt? Wenn ja, wie erfolgt eine derartige Produktion? Und wie können sie gleichsam im Geist residieren? Weiter kann man kritisch fragen, ob es denn plausibel ist anzunehmen, dass alle geistigen Akte und Zustände „inexistierende" Objekte haben und dass sie genau auf diese Objekte gerichtet sind. Wenn ich mich auf den Besuch von Freunden freue, so richtet sich meine Freude doch nicht auf geistig „inexistierende" Freunde und auf deren „inexistierenden" Besuch. Vielmehr freue ich mich darauf, dass die Freunde selbst, d. h. Menschen aus Fleisch und Blut, in meine Wohnung kommen. Und wenn jemand sich

---

[6] Eine derartige Suche ist schon mehrfach eröffnet worden. Vgl. Spiegelberg 1969, Marras 1976, Hedwig 1978.

ein Kind wünscht, so richtet sich sein Wunsch nicht auf ein geistig „inexistierendes" Kind, sondern auf ein reales Kind. In den meisten Fällen sind Sich-Freuen, Wünschen und andere geistige Aktivitäten nicht auf geistige Objekte gerichtet, sondern auf außergeistige. Die Theorie der intentionalen Inexistenz scheint genau diesen wichtigen Punkt zu übersehen, indem sie alle Objekte von geistigen Akten und Zuständen auf bloße Gedankendinge reduziert.

Angesichts einer solchen Reduktion stellt sich natürlich die Frage, wie wir denn noch einen Zugang zu außergeistigen Gegenständen haben können, wenn alle unsere geistigen Aktivitäten nur auf Gedankendinge gerichtet sind. Vor allem drängt sich die Frage auf, welchen *epistemischen* Zugang wir zu den außergeistigen Gegenständen haben. Wie können wir derartige Gegenstände erkennen? Im Rahmen der von Brentano skizzierten Theorie muss die Antwort wohl lauten: Alles, was wir primär erkennen können, sind die „inexistierenden" Objekte, von denen wir annehmen, dass sie in einer kausalen (oder auch andersartigen) Verbindung zu außergeistigen Objekten stehen.[7] Dadurch sind wir in der Lage, sekundär auch außergeistige Objekte zu erkennen. Dies bedeutet freilich, dass wir nur einen *indirekten* epistemischen Zugang zu Menschen aus Fleisch und Blut und zu anderen außergeistigen Gegenständen haben. Wir können diese nur erkennen, insofern sie uns durch die „inexistierenden" Objekte vermittelt werden. Da wir aber höchstens annehmen können, dass eine kausale oder eine andersartige Verbindung zwischen den geistigen und den außergeistigen Objekten besteht, haben wir keine Gewissheit dafür, dass die außergeistigen Objekte tatsächlich existieren. Nur für die geistigen Objekte verfügen wir über eine Gewissheit, denn nur diese sind uns unmittelbar gegeben.[8]

Einer der ersten Autoren, der die schwerwiegenden Defizite der Theorie der intentionalen Inexistenz erkannte, war Brentano selbst. In der 1911 publizierten Einleitung zum zweiten Band der *Psychologie vom*

[7] Ob überhaupt von außergeistigen Objekten gesprochen werden darf, ist im Rahmen der Brentanoschen Theorie allerdings fraglich. Brentano bezieht sich nämlich nur auf *Phänomene* und stellt fest, selbst die Naturwissenschaft handle streng genommen nicht von physischen Gegenständen oder Körpern, sondern nur von physischen Phänomenen; vgl. Brentano 1874 (Nachdruck 1973), Bd. 1, 16.

[8] In Anlehnung an die berühmte Leibniz-Metapher stellt Smith 1994, 44, daher treffend fest, der Geist sei gemäß Brentanos früher Theorie fensterlos. Moran 1996, 9, behauptet sogar, Brentano sei mit dieser Theorie nicht über den repräsentationalistischen „way of ideas" des 17. Jhs. hinausgekommen. Genau wie eine Person der klassischen Ideentheorie zufolge nur eine Gewissheit von der Existenz unmittelbar präsenter Ideen habe, so verfüge sie gemäß der Theorie Brentanos nur über eine Gewissheit von den unmittelbar präsenten „inexistierenden" Gegenständen.

empirischen Standpunkt betonte er: „Eine der wichtigsten Neuerungen ist die, dass ich nicht mehr der Ansicht bin, dass eine psychische Beziehung jemals anderes als Reales zum Objekt haben könne."[9] Wenn jemand etwas hofft, wünscht oder verspricht, richtet sich sein geistiger Akt oder Zustand nicht auf ein bloßes Gedankending, sondern auf etwas Reales. „Es ist im höchsten Grade paradox zu sagen", stellte Brentano selbstkritisch fest, „dass einer ein *ens rationis* zu heiraten verspreche und sein Wort erfülle, indem er ein wirkliches Wesen heiratet..."[10] Das Objekt, auf das sich das Versprechen richtet, muss genau wie das Objekt, durch das dieses Versprechen eingelöst wird, ein *ens reale* sein, und zwar etwas Reales außerhalb des Geistes. Es ist daher unsinnig zu behaupten, geistige Aktivitäten würden sich auf geistig „inexistierende" Objekte richten.

Brentanos eigene Kritik an seiner früheren Theorie (ebenso wie die Kritik von K. Twardowski, E. Husserl und anderen unmittelbaren Nachfolgern Brentanos)[11] zeigt, dass eine Intentionalitätstheorie, die sich auf „inexistierende" Gegenstände beruft, mit schweren Hypotheken belastet ist. Eine solche Theorie geht von fragwürdigen ontologischen Annahmen aus (nämlich der Postulierung besonderer „inexistierender" Objekte) und hat schwerwiegende epistemologische Konsequenzen (nämlich die Leugnung einer direkten epistemischen Relation zu außergeistigen Objekten). Angesichts dieser Hypotheken ist es kaum zulässig, die Theorie der intentionalen Inexistenz von vornherein als *die* mittelalterliche Intentionalitätstheorie zu bestimmen. Mit einer solchen Bestimmung würde man einfach Brentanos Verwendung und Interpretation ausgewählter mittelalterlicher Quellen zum mittelalterlichen Intentionalitätsmodell schlechthin erklären. Zudem würde man bei einem Modell ansetzen, das von verschiedenen mittelalterlichen Autoren explizit verworfen wurde. Wie sich in den folgenden Kapiteln zeigen wird, wandten sich Petrus Johannis Olivi, Wilhelm von

---

[9] Brentano 1911 (Nachdruck 1925), Einleitung zu Bd. 2, 2. Die Überwindung der Theorie der intentionalen Inexistenz setzte freilich bereits früher ein. Vgl. den Brief an A. Marty vom 17. März 1905 in Brentano 1930 (Nachdruck 1974), 87-89. Siehe zum Übergang von der frühen zur späten Theorie Chrudzimski 1999.

[10] Brief an O. Kraus vom 17. September 1909, abgedruckt in der Einleitung zu Brentano 1874 (Nachdruck 1973), Bd. 1, XLIX.

[11] Husserl formuliert seine Kritik prägnant in der V. Logischen Untersuchung, Beilage zu den Paragraphen 11 und 20 (Husserliana XIX/1, 439): „Man braucht es nur auszusprechen, und jedermann muß es anerkennen: daß der intentionale Gegenstand der Vorstellung *derselbe* ist wie ihr wirklicher und gegebenenfalls ihr äußerer Gegenstand, und daß es widersinnig ist, zwischen beiden zu unterscheiden." Husserl wendet sich entschieden gegen die Annahme eines inneren, „inexistierenden" Gegenstandes, der einem äußeren gegenübergestellt wird.

Ockham, Adam Wodeham und andere Philosophen des 13. und 14. Jhs. ausdrücklich gegen die These, dass es besondere „inexistierende" Objekte gibt und dass der unmittelbare epistemische Zugang auf diese Objekte beschränkt ist. Diese Autoren verteidigten die erkenntnisrealistische Position, dass die Objekte, auf die wir uns unmittelbar beziehen und die wir unmittelbar erkennen, im Normalfall außergeistige Objekte sind.

Es wäre auch irreführend, in den mittelalterlichen Texten einfach nach Stellen zu suchen, an denen von intentionaler Inexistenz die Rede ist, um ausgehend von diesen Passagen eine Geschichte der mittelalterlichen Intentionalitätstheorien zu schreiben. Diese Stellen, die es in verschiedenen Texten des 13. und 14. Jhs. zweifellos gibt, müssen zunächst im jeweiligen Kontext untersucht werden, und es ist zu prüfen, ob sie von den mittelalterlichen Autoren tatsächlich in dem Sinne verwendet wurden, in dem Brentano von einer intentionalen Inexistenz spricht.[12] Nur dann lässt sich der methodische Fehler vermeiden, dass Brentanos Verwendung und Interpretation der scholastischen Quellen auf die mittelalterlichen Texte zurückprojiziert wird.

Freilich darf nicht ausgeschlossen werden, dass tatsächlich einige mittelalterliche Autoren in Brentanos Sinn von „inexistierenden" Gegenständen gesprochen haben, und es darf somit nicht einfach bestritten werden, dass sich eine historische – nicht nur eine historiographisch konstruierte – Linie von Brentano in das 13. und 14. Jahrhundert zurückverfolgen lässt. Doch zunächst muss ausgehend von den mittelalterlichen Texten selbst, nicht von Brentanos Texten, geprüft werden, ob tatsächlich eine solche Linie gezogen werden kann. Zudem muss untersucht werden, ob im Mittelalter auch alternative Theorieansätze vertreten wurden, die auf Brentanos Annahme von „inexistierenden" Objekten verzichteten. Auf jeden Fall wäre es gefährlich, ausgehend von Brentanos Verweis auf „die Scholastiker des Mittelalters" das Blickfeld von Anfang an zu verengen und nur nach jenen Autoren zu suchen, die Vorlagen zu seiner eigenen Theorie der intentionalen Inexistenz entwarfen. Denn es handelt sich bei dieser Theorie nur um *eine* Antwort – zudem um eine problematische Antwort – auf die Frage, warum wir uns mit unseren geistigen Akten und Zuständen auf etwas beziehen können. Und natürlich darf auch nicht vorschnell angenommen werden, dass sich

---

[12] Wie Münch 1993, 42, zu Recht feststellt, hat Brentano zwar den *Ausdruck* ‚intentionale Inexistenz' aus der scholastischen Tradition übernommen, nicht aber unbedingt den *Begriff*, den die scholastischen Autoren damit verbanden. Auch Solère 1989, 36, weist kritisch darauf hin, dass der scholastische Begriff nicht identisch ist mit demjenigen, der von Brentano und der Brentano-Tradition verwendet wurde.

§ 1 Brentanos Problem und die mittelalterlichen Intentionalitätstheorien 9

bereits die mittelalterlichen Autoren auf diese Theorie berufen, um die geistigen Phänomene zu charakterisieren und sie von den physischen abzugrenzen. Dieses Ziel, das Brentano in der *Psychologie vom empirischen Standpunkt* verfolgte, darf nicht von vornherein als das Ziel betrachtet werden, das auch die mittelalterlichen Autoren anstrebten.[13]

Zudem ist zu beachten, dass die mittelalterlichen Autoren bereits in ihrer Erklärung der Termini technici ‚*intendere*' und ‚*intentio*' eine weiter gefasste Problemstellung wählten als Brentano. Dies zeigt sich deutlich bei Duns Scotus, der betont, unter einem Intendieren sei zunächst ganz allgemein ein „Ausrichten auf anderes" oder ein „Streben nach anderem" (*in aliud tendere*) zu verstehen, richte man sich nun aufgrund einer fremden Kraft auf eine bestimmte Entität oder aufgrund einer eigenen Antriebskraft. Überdies hält Scotus fest, man könne sich auf etwas ausrichten, insofern dies ein gegenwärtiges Objekt sei, aber auch insofern dies ein entfernter oder gar ein abwesender Zielpunkt sei.[14] Mit dieser weit gefassten Erläuterung verdeutlicht Scotus, dass zahlreiche Fälle zu erklären sind, wenn das Problem der Intentionalität analysiert werden soll. Es geht nicht nur darum, jene Fälle zu berücksichtigen, bei denen eine kognitive Instanz – etwa der Intellekt – sich aufgrund eines inneren Vermögens auf ein Objekt ausrichtet und dieses als etwas unmittelbar Präsentes oder gar als etwas Inexistierendes in sich hat. Ebenso wichtig ist es, auf jene Fälle einzugehen, bei denen sich eine kognitive Instanz nur aufgrund einer äußeren Einwirkung auf etwas ausrichten kann. So müssen die zahlreichen Fälle der perzeptiven Intentionalität berücksichtigt werden, die nur möglich sind, weil die Wahrnehmungssinne von den Wahrnehmungsgegenständen affiziert werden. Zudem müssen auch die Fälle untersucht werden, bei denen sich eine kognitive Instanz nicht auf etwas unmittelbar Präsentes richtet. Dazu gehören intentionale Akte des Sich-Erinnerns und des Vorstellens, aber auch des Redens über Abwesendes. Diese ganze

---

[13] Daher darf auch nicht unkritisch angenommen werden, die mittelalterlichen Autoren hätten mit ihren Intentionalitätstheorien das Ziel verfolgt, das Merkmal des Mentalen zu bestimmen, wie dies zahlreiche analytische Philosophen im Anschluss an Brentano versucht haben (vgl. eine kritische Diskussion dieser Versuche in Kim 1996, 15-23). Intentionalität war für sie höchstens *ein* Merkmal geistiger Akte und Zustände, allerdings kein Merkmal, das sie allen geistigen Akten und Zuständen zuschrieben. Sie berücksichtigten in ihrer Liste der geistigen Akte und Zustände (genauer: jener Zustände, die der *anima sensitiva* oder der *anima intellectiva* zuzuschreiben sind) auch nicht-intentionale Zustände wie etwa Stimmungen.

[14] *In II Sent.* (*Opus Oxon.*), dist. 38, q.u. (*Opera omnia*, ed. Wadding XIII, 399): „*Intendere* enim dicit in aliud tendere, hoc potest accipi generaliter, sive ab alio habeat quod in illud tendat, sive a se movente se in illud. Potest etiam tendere in aliquid, sicut in objectum praesens, vel ut in terminum distantem vel absentem."

Fülle von Fällen des „Ausrichtens auf anderes" gilt es in den Blick zu nehmen, ohne dass dabei vorausgesetzt werden darf, alle Fälle würden sich dadurch auszeichnen, dass die intentionalen Akte einen „inexistierenden" Gegenstand aufweisen.

Scotus weist auch darauf hin, dass der Terminus technicus ‚Intention' auf vielfache Weise aufgefasst werden kann. Erstens, so hält er fest, kann darunter ein Willensakt verstanden werden, zweitens ein formaler Gehalt (*ratio formalis*), der sich in einem Gegenstand findet, drittens ein Begriff und viertens schließlich der Aspekt des Sich-Ausrichtens auf ein Objekt.[15] Bei diesen vier Angaben handelt es sich natürlich um eine ziemlich heterogene Liste von Verstehensweisen. Wenn man die erste, die in den Bereich der praktischen Philosophie fällt, zurückstellt und sich auf die anderen drei konzentriert, die das Problem der Intentionalität im Bereich der theoretischen Philosophie betreffen, fällt auf, dass Scotus auf verschiedene Aspekte dieses Problems hinweist. Zunächst erwähnt er etwas, was sich im Gegenstand selbst findet, nämlich einen bestimmten formalen Gehalt (z. B. die Zugehörigkeit zu einer Art oder zu einer Gattung), der es uns erst ermöglicht, etwas *als etwas* zu erfassen. So können wir uns nur deshalb auf einen Menschen als ein Lebewesen richten und ihn auch als ein Lebewesen erfassen, weil er in sich – gleichsam aufgrund seiner metaphysischen Struktur – die Zugehörigkeit zu dieser Gattung hat. Scotus erwähnt aber auch den begrifflichen Aspekt, der ebenfalls zum Problem der Intentionalität gehört. Wenn wir nämlich einen Menschen als ein Lebewesen erfassen, können wir den Begriff ‚Lebewesen' bilden und den konkreten Menschen unter genau diesen Begriff subsumieren. Schließlich weist Scotus noch auf einen weiteren entscheidenden Aspekt hin, nämlich auf den Akt des Sich-Ausrichtens auf etwas. Denn ein Mensch mag noch so sehr einen bestimmten formalen Gehalt haben und wir mögen noch so sehr in der Lage sein, diesen Gehalt begrifflich zu erfassen, wenn wir uns nicht aktiv auf einen Menschen beziehen, erfassen wir diesen Gehalt nicht. Daher muss immer auch dieser Aspekt berücksichtigt werden, und es muss erläutert werden, worin dieser Aspekt genau besteht. Ist das Sich-Ausrichten auf anderes aufgrund einer bestimmten Disposition möglich, die der Intellekt in sich hat? Oder müssen noch andere Voraussetzungen erfüllt sein?

---

[15] *In II Sent. (Rep. Par.)*, dist. 13, q.u. (*Opera omnia*, ed. Wadding XXIII, 44): „... hoc nomen *intentio* aequivocum uno modo dicitur actus voluntatis; secundo, ratio formalis in re, sicut intentio rei, a qua accipitur genus, differt ab intentione, a qua accipitur differentia; tertio modo dicitur conceptus; quarto, ratio tendendi in objectum, sicut similitudo dicitur ratio tendendi in illud cujus est..."

§ 2 *Voraussetzungen und Ausgangspunkte der Diskussionen*

Wie der formale Gehalt eines Gegenstandes, der Begriff von einem Gegenstand und das Sich-Ausrichten auf einen Gegenstand systematisch – nicht bloß terminologisch – miteinander verknüpft sind, wird aufgrund der Liste, die Scotus erstellt, natürlich nicht ersichtlich. Aber die Liste verdeutlicht einen zentralen Punkt: Es wäre unzulässig, das Problem der Intentionalität auf einen einzigen Aspekt zu reduzieren. Vor allem wäre es unangemessen, dieses Problem nur im Hinblick auf den Aspekt des Sich-Ausrichtens auf einen „inexistierenden" Gegenstand zu erklären. Eine angemessene Problemanalyse erfordert, dass zunächst eine Fülle von Aspekten in den Blick genommen wird. Diese Aspekte werfen metaphysische Fragen (z. B. hinsichtlich der inneren Struktur von Gegenständen, die intendiert werden) ebenso auf wie sprachphilosophische Fragen (z. B. hinsichtlich der Bildung von Begriffen für Gegenstände) und kognitionstheoretische Fragen (z. B. hinsichtlich der Entstehung von „gerichteten" Akten).[16] Mit ihren Intentionalitätstheorien verfolgten die mittelalterlichen Autoren die Absicht, alle diese Aspekte zu beleuchten und in Beziehung zueinander zu setzen.

§ 2 *Voraussetzungen und Ausgangspunkte der mittelalterlichen Diskussionen*

Angesichts der Fülle von Problemaspekten stellt sich natürlich die Frage, an welchem Punkt eine Untersuchung der mittelalterlichen Intentionalitätstheorien ansetzen sollte, wenn sie sich nicht einfach auf die Jagd nach Vorläufern für Brentanos Theorie der intentionalen Inexistenz begeben will. Welcher Ausgangspunkt war für die mittelalterlichen Autoren selbst, nicht für ihre Rezeption im späten 19. Jh., der entscheidende? Auf diese Frage gibt es keine eindeutige Antwort, weil sich nicht ein einziger Ausgangspunkt bestimmen lässt. Die mittelalterlichen Autoren knüpften an verschiedene Traditionslinien an und beschäftigten sich in unterschiedlichen Bereichen – in der Optik und Semantik ebenso wie in der Wahrnehmungs- und Intellekttheorie – mit dem Problem der Intentio-

---

[16] Dazu kommen – was für moderne Leserinnen und Leser zunächst verwirrend ist – auch Fragen der Optik. Scotus gibt nämlich die in Anm. 14 zitierte Erläuterung von ‚*intentio*' im Rahmen einer optischen Erklärung des Lichts und der Lichtübertragung. Er behauptet, dass ein Akt der perzeptiven Intentionalität nur dann gelingt, wenn durch einen Lichtstrahl bestimmte Entitäten (sog. *species in medio*) auf das Wahrnehmungsorgan übertragen werden und wenn dann im Wahrnehmungsorgan eine *qualitas sensibilis* existiert. Genau diese Qualität kann seiner Ansicht nach ebenfalls *intentio* genannt werden. Vgl. zu dieser engen Anbindung an optische Theorien Tachau 1988, 11-16, und Tachau 1999.

nalität. Daher gibt es einen ganzen Knäuel von Ansatzpunkten, und es empfiehlt sich, diesen Knäuel zunächst zu entwirren, um die wichtigsten Punkte zu bestimmen. Erst in einem weiteren Schritt kann dann untersucht werden, wie die einzelnen Ansatzpunkte von den mittelalterlichen Autoren weiterentwickelt wurden.

Einen ersten wichtigen Ausgangspunkt für die scholastischen Intentionalitätsdebatten bildete Aristoteles' Schrift *De anima*, die spätestens seit den lateinischen Übersetzungen durch Michael Scotus (1220-1235) und Wilhelm von Moerbeke (vor 1268) allen spätmittelalterlichen Autoren vertraut war und ab der Mitte des 13. Jhs. eine Pflichtlektüre an den Artistenfakultäten darstellte.[17] Diese Schrift enthält zahlreiche Fragestellungen zur Wahrnehmungs- und Intellekttheorie, die von den scholastischen Kommentatoren aufgegriffen wurden. Für die Intentionalitätsdebatten waren vor allem zwei Textstellen von entscheidender Bedeutung. Die erste Stelle findet sich am Ende des zweiten Buches, wo Aristoteles nach einer detaillierten Diskussion der einzelnen Wahrnehmungssinne abschließend festhält:

„Im Allgemeinen muss man für jede Wahrnehmung festhalten, dass die Wahrnehmung das Aufnahmefähige für die wahrnehmbaren Formen ist, und zwar ohne die Materie, wie das Wachs vom Ring das Zeichen aufnimmt ohne das Eisen oder das Gold. Es nimmt das goldene oder eherne Zeichen auf, aber nicht als Gold oder als Erz."[18]

Diese Stelle enthält ansatzweise eine Antwort auf jene Frage, die im Zentrum der Intentionalitätsdebatte steht. Wenn gefragt wird: „Warum ist mein Hören ein Hören *von etwas*?" oder „Warum ist mein Sehen ein Sehen *von etwas*?", lautet die aristotelische Antwort offensichtlich: „weil es mir im Hören gelingt, eine wahrnehmbare Form (einen bestimmten Ton) ohne die Materie aufzunehmen" oder „weil es mir im Sehen gelingt, eine wahrnehmbare Form (eine bestimmte Farbe) ohne die Materie aufzunehmen". Denn genau wie ein Wachsstück, in das ein Siegelring eingedrückt wird, nur die Form und nicht die Materie des Siegelrings aufnimmt, so nimmt auch ein Wahrnehmungsorgan, das via ein Medium in Kontakt zu einem wahrnehmbaren Gegenstand steht, nur die wahrnehmbare Form und nicht die Materie auf.

Eine solche Antwort wirft allerdings mehr Probleme auf, als sie zu lö-

---

[17] Vgl. zur *De anima*-Rezeption Verbeke 1990 sowie die ausführliche Einleitung von Gauthier in Thomas von Aquin, *Sentencia libri De anima* (Leonina XVL/1). Zur Aristoteles-Rezeption im Allgemeinen vgl. Lohr 1982.
[18] *De anima* II, 12 (424a17-21). (Sämtliche Übersetzungen aus dem Griechischen und Lateinischen stammen vom Verfasser.)

sen vermag. Es stellt sich nämlich sogleich die Frage, was hier unter dem Aufnehmen einer wahrnehmbaren Form zu verstehen ist. Wie ist dieser Vorgang zu deuten? Mindestens zwei Interpretationen legen sich nahe. Man könnte das Aufnehmen als einen Prozess der physiologischen Veränderung verstehen, der zudem eine nicht-physiologische Komponente (eine reine Form-Komponente) enthält. Denn genau wie dem Wachsstück etwas eingeprägt wird, so wird auch dem Wahrnehmungsorgan etwas „eingedrückt" (z. B. wird beim Sehen das Auge durch einen Lichtstrahl affiziert), und es erfolgt somit eine physiologische Veränderung. Was aber „eingedrückt" wird, ist nicht selbst etwas Materielles, sondern eine bloße Form. Man könnte das Aufnehmen aber auch als einen nichtphysiologischen Prozess verstehen, d. h. als einen Vorgang, bei dem nichts anderes als die immaterielle Übertragung einer Form erfolgt. Denn genau wie dem Wachsstück überhaupt nichts Materielles vom Siegelring übertragen wird, so wird auch dem Wahrnehmungsorgan nichts Materielles vom Wahrnehmbaren übertragen. Das Wahrnehmungsorgan befindet sich in einem rein immateriellen Prozess der Veränderung; es geht nur vom Zustand des potenziellen Sehens oder Hörens in einen Zustand des aktuellen Sehens oder Hörens über.

Wie auch immer das Aufnehmen der Form verstanden wird,[19] auf jeden Fall handelt es sich dabei nicht um einen gewöhnlichen natürlichen Prozess. Denn in einem gewöhnlichen Prozess wird etwas mit Form *und* Materie aufgenommen. Wenn ich etwa eine Wand rot anstreiche, nimmt die Wand die Farbe Rot mit Form und Materie auf; sie wird dann im wörtlichen Sinn rot. Wenn ich aber etwas Rotes sehe, nehmen meine Augen die Farbe Rot nicht mit Form und Materie auf; sie werden ja nicht im wörtlichen Sinn rot. Da meine Augen ausschließlich die Form aufnehmen, handelt es sich nicht um einen gewöhnlichen natürlichen Prozess der Veränderung. Doch um was für einen Prozess handelt es sich dann?

Angeregt durch die arabischen Kommentatoren, versuchten die Autoren des lateinischen Mittelalters genau diese Frage zu beantworten. Als besonders einflussreich erwies sich dabei die Antwort, die Albertus Magnus skizzierte. Er stellte in seinem Kommentar zu *De anima* fest, beim Aufnehmen der bloßen Form werde eine Farbe, ein Ton oder etwas anderes Wahrnehmbares nicht mit „materiellem Sein" (*esse materiale*) aufgenommen, sondern nur mit „geistigem Sein" (*esse spirituale*), ja es werde gar nicht das Wahrnehmbare als solches aufgenommen, sondern nur eine

---

[19] In der neueren Forschung sind beide Deutungsansätze verfolgt worden. Sorabji 1992 und Everson 1997 vertreten den ersten, Burnyeat 1992 verteidigt den zweiten.

14 Einleitung

Intention (*intentio*) des Wahrnehmbaren.[20] Diese Redeweise wurde von seinem Schüler Thomas von Aquin und von zahlreichen anderen Autoren übernommen, die ebenfalls behaupteten, im Wahrnehmungsorgan finde nicht ein natürlicher Prozess der materiellen Veränderung statt, sondern nur ein Prozess der intentionalen Veränderung, und das Wahrnehmbare werde dabei mit „intentionalem Sein" aufgenommen.[21] Mit dieser These war nicht nur terminologisch die Grundlage für die spätmittelalterlichen Intentionalitätsdebatten gelegt. Es war auch eines der Hauptprobleme formuliert, das die Diskussionen im 13. und 14. Jh. prägen sollte: Wie ist es zu verstehen, dass etwas mit „intentionalem Sein" aufgenommen wird, wenn jemand eine Farbe sieht oder einen Ton hört? Oder allgemeiner formuliert: Wie ist es zu verstehen, dass die Intentionalität von Wahrnehmungsakten auf dem Aufnehmen von Formen mit einem besonderen ontologischen Status beruht?

Ebenso wichtig wie die Wahrnehmungstheorie war für die mittelalterlichen Autoren die Intellekttheorie. Sie übernahmen einhellig die aristotelische Gliederung der Seele in verschiedene Teile und vertraten die These, dass die Wahrnehmungsakte der wahrnehmenden Seele (*anima sensitiva*) zuzuschreiben sind, die Denkakte hingegen dem Intellekt (*anima intellectiva*). In ihrer Analyse der intellektuellen Tätigkeiten orientierten sie sich stets an folgender Textstelle:

„... wie sich das Wahrnehmungsfähige zum Wahrnehmbaren verhält, so muss sich der Intellekt zum Denkbaren verhalten. Daher muss er, da er alles denkt, unvermischt sein..."[22]

Offensichtlich stellt Aristoteles hier eine Analogie her zwischen der Wahrnehmungsfähigkeit und der Denkfähigkeit. Aufgrund dieser Analogie sind die beiden Fragen „Warum ist mein Wahrnehmen ein Wahrnehmen *von etwas*?" und „Warum ist mein Denken ein Denken *an etwas*?" strukturell ähnlich zu behandeln. Wenn die Antwort auf die erste Frage lautet: „weil ich im Wahrnehmen die wahrnehmbaren Formen ohne Materie aufnehme", so muss nun die Antwort auf die zweite Frage lauten: „weil ich im Denken die intelligiblen Formen ohne Materie aufnehme". Aufgrund dieses Aufnehmens ist der Intellekt „der Ort der

---

[20] Vgl. Albertus Magnus, *De anima* II, tract. 3, cap. 3-4 (ed. Colon. VII/1, 101). Für weitere Belege und eine ausführliche Analyse siehe Dewan 1980 und Tellkamp 1999, 72-81.
[21] Vgl. Thomas von Aquin, *Summa theologiae* I, q. 78, art. 3, corp.; I-II, q. 22, art. 2, ad 3. Einen Überblick über die Entstehung des Begriffspaares „esse materiale – esse spirituale/intentionale" bieten Sorabji 1991 und Tweedale 1992.
[22] *De anima* III, 4 (429a17-18).

Formen".²³ Er ist sogar der Ort aller möglichen Formen, wie Aristoteles betont, denn der Intellekt ist imstande, alles zu erfassen. Freilich nimmt der Intellekt die intelligiblen Formen stets ohne Materie auf, weil er selber immateriell ist und prinzipiell nichts Materielles aufnehmen kann. Somit stellt sich im Rahmen der aristotelischen Theorie gar nicht die Frage, ob denn intelligible Formen auch mit der Materie aufgenommen werden können, und es stellt sich auch nicht die Frage, wie sich das Aufnehmen mit der Materie zum Aufnehmen ohne Materie verhält.

Trotzdem ergeben sich zahlreiche Probleme, die von den mittelalterlichen Kommentatoren eingehend diskutiert wurden. Sie konzentrierten sich vor allem auf die Frage, was unter den intelligiblen Formen zu verstehen ist und wie diese Formen aufgenommen werden können. Ist für das Aufnehmen ein besonderer Abstraktionsprozess erforderlich? Müssen die intelligiblen Formen irgendwie aus den materiellen Dingen oder aus den wahrnehmbaren Formen herausgelöst werden? Wie bereits in der Wahrnehmungstheorie stellte Albertus Magnus auch in dieser intellekttheoretischen Debatte die Weichen. Er vertrat mit Nachdruck die These, hier müsse eine Abstraktion erfolgen, und wies darauf hin, dass verschiedene Grade der Abstraktion zu unterscheiden sind. Der Intellekt als das höchste Vermögen eines Menschen nehme die Formen mit dem höchsten Grad der Abstraktion auf – freilich nicht so, wie sie in den materiellen Dingen selbst existieren, sondern nur als Intentionen (*intentiones*) dieser Dinge.²⁴ Damit führte Albertus Magnus wiederum eine terminologische Präzisierung ein, die von den späteren Autoren übernommen wurde. Und er führte gleichzeitig eine wichtige inhaltliche These in die Intellekttheorie ein. Zahlreiche Philosophen des 13. und 14. Jhs. schlossen sich seiner Meinung an, dass nicht der materielle Gegenstand oder eine wahrnehmbare Form in den Intellekt gelangen kann, sondern nur eine Intention. Diese These löste allerdings rege Debatten aus. Denn wie ist es zu verstehen, dass eine Intention oder gar mehrere Intentionen in den Intellekt gelangen? Was für einen Status haben solche Intentionen? Und warum ermöglicht die Präsenz von Intentionen, dass sich unser Denken auf etwas bezieht?

Nicht nur die Wahrnehmungs- und Intellekttheorie in *De anima* bildete einen Ausgangspunkt für die mittelalterliche Intentionalitätsdebatte. Mindestens so prägend war auch die semantische Theorie, die Aristoteles im ersten Kapitel von *De interpretatione* skizziert hatte.²⁵

---

²³ *De anima* III, 4 (429a27-28).
²⁴ Vgl. Albertus Magnus, *De anima* II, tr. 3, cap. 4 (ed. Colon. VII/1, 102).
²⁵ Vgl. *De int.* 1 (16a3-8). Eine ausführliche Interpretation dieser zentralen Stelle bieten Weidemann 1994, 134-151, und Charles 1994.

Dank der Übersetzung des Boethius war dieser Text während des ganzen Mittelalters präsent und wurde rege kommentiert.[26] Geschriebene und gesprochene Wörter, so hatte Aristoteles behauptet, sind nicht bloße Abfolgen von Lauten oder Linien, die in eine Wachstafel eingeritzt sind. Sie sind vielmehr sprachliche Zeichen, die für „Eindrücke in der Seele" (*passiones animae*) stehen, die ihrerseits Abbilder von Dingen in der Welt sind. In unterschiedlichen Sprachen werden zwar ganz unterschiedliche geschriebene und gesprochene Wörter verwendet, aber die jeweiligen Seeleneindrücke sind für alle Menschen gleich, genauso wie die Dinge in der Welt für alle Menschen gleich sind.

Eine solche semantische Theorie geht offensichtlich von einer Unterscheidung dreier Ebenen aus. Es gibt erstens die linguistische Ebene der gesprochenen und geschriebenen Wörter, zweitens die geistige Ebene der Seeleneindrücke und drittens die außergeistige Ebene der Dinge in der Welt. Die semantische Grundfrage, wie und warum sich sprachliche Ausdrücke überhaupt auf etwas beziehen können, lässt sich nur durch eine genaue Analyse dieser drei Ebenen beantworten. Vor allem lässt sie sich nur dann klären, wenn die zweite Ebene näher betrachtet wird. Genau diese Ebene vermittelt ja zwischen den sprachlichen Äußerungen und den Dingen in der Welt. Auf den ersten Blick ist allerdings unklar, was unter den Seeleneindrücken zu verstehen ist. Sind dies geistige Bilder von Dingen in der Welt, lediglich geistige Akte oder Bestandteile einer geistigen Sprache? Und können wir uns mit geschriebenen oder gesprochenen Wörtern nur deshalb auf Dinge in der Welt beziehen, weil diese Wörter stets mit Seeleneindrücken verknüpft sind? Die mittelalterlichen Kommentatoren erörterten eingehend diese Fragen, die natürlich in enger Verbindung zur Grundfrage in der Intentionalitätsdebatte stehen. Denn wenn wir uns tatsächlich nur mittels der Seeleneindrücke sprachlich auf etwas beziehen können, muss geklärt werden, wie sich denn diese Seeleneindrücke auf etwas beziehen können. Oder anders formuliert: Wenn die sprachliche Bezugnahme stets durch geistige Entitäten vermittelt ist und nur durch die Präsenz dieser Entitäten überhaupt möglich ist, muss geklärt werden, wie sich denn die geistigen Entitäten auf etwas beziehen können. Dies ist natürlich die Grundfrage in der Intentionalitätsdebatte: Wie kann sich ein Seeleneindruck (mag er nun ein geistiges Bild oder eine andere Art von geistiger Entität sein) auf etwas beziehen? Wie kann er intentional sein?

---

[26] Vgl. zur mittelalterlichen Rezeption Isaac 1953 sowie die editorische Einleitung zu Thomas von Aquin, *Expositio libri Peryermenias* (ed. Leonina I*/1, 45*-84*).

§ 2 Voraussetzungen und Ausgangspunkte der Diskussionen

Die Verknüpfung der semantischen Debatte rund um das erste Kapitel von *De interpretatione* mit der Intentionalitätsdebatte wurde noch durch eine terminologische Festlegung verstärkt, die auf die arabische Rezeption der aristotelischen Schrift zurückgeht. Denn al-Farabi hatte in seinem Kommentar zu *De interpretatione* für die Seeleneindrücke den arabischen Ausdruck ‚ma'qul' verwendet, der in der lateinischen Rezeption mit ‚intentio' wiedergegeben wurde.[27] Aufgrund dieser Rezeption wurde es im 13. und 14. Jh. üblich, die lateinischen Ausdrücke ‚passio animae' und ‚intentio' synonym zu verwenden.[28] Beide dienten dazu, die geistigen Entitäten zu bezeichnen, deren Existenz erforderlich ist, damit wir uns mit geschriebenen und gesprochenen Wörtern auf etwas beziehen können. Die Verwendung dieser Ausdrücke warf natürlich die Frage auf, wie es überhaupt möglich ist, dass sich geistige Entitäten auf etwas beziehen können. Welche besondere Struktur müssen diese Entitäten aufweisen?

Die enge Verbindung der semantischen Debatte mit der Intentionalitätsdebatte ist indessen nicht nur aristotelischen Ursprungs, sondern hat auch augustinische Quellen. Im Dialog *De magistro* erörtert Augustinus an einer Stelle die Frage, worauf wir uns richten, wenn wir ein sprachliches Zeichen – etwa das Wort ‚Mensch' – verstehen. Sicherlich beziehen wir uns im Normalfall nicht nur auf das Wort selbst; wenn wir ‚Mensch' verstehen, beziehen wir uns ja nicht nur auf ein bestimmtes Nomen. Wir richten uns vielmehr auf die Dinge selbst, also auf Menschen aus Fleisch und Blut, die durch das Wort bezeichnet werden. Dies ist möglich, so argumentiert Augustinus, weil sich unsere *intentio* auf die bezeichneten Dinge bezieht, sobald sprachliche Zeichen gehört werden.[29] Was ist diese *intentio*? Man könnte darunter zunächst ganz allgemein die Aufmerksamkeit für bestimmte Dinge verstehen. Ein solches Verständnis wirft aber sogleich die Frage auf, wie eine gezielte Aufmerksamkeit möglich ist und wie sich diese zum Sprechen und Hören eines Wortes verhält. Wird durch das Hören und Sprechen eine gewisse mentale „Gerichtetheit" ausgelöst? Oder setzt erfolgreiches Sprechen und Hören immer

---

[27] Vgl. zur Übersetzungsgeschichte Gyekye 1971 und Knudsen 1982, 479. Wie Gyekye 1971, 35-36, betont, verwendete al-Farabi ‚ma'qul' als synonymen Ausdruck für ‚ma'na', und ‚ma'na' wurde in der lateinischen Übersetzung seiner Schrift *De intellectu* ausdrücklich mit ‚intentio' wiedergegeben. In der lateinischen Rezeption späterer arabischer Autoren bürgerte sich dann ‚intentio' als Bezeichnung für den Seeleneindruck (gr. *pathêma tês psychês*) ein. So etwa Averroes, *Commentvm medivm svper libro Peri Hermeneias Aristotelis*, differentia prima (ed. Hissette 1996, 1): „Dicemus ergo quod dictiones quibus ratiocinatur significant primo intentiones que sunt in anima..."
[28] So z. B. Ockham, *Summa Logicae* I, 1 (OPh I, 7).
[29] *De magistro* VIII, 24 (CCSL XXIX, 184): „... auditis signis ad res significatas feratur intentio."(Ich danke Peter Schulthess für den Hinweis auf diese Stelle.)

schon eine „Gerichtetheit" voraus? Und was für ein mentaler Akt oder Zustand ist unter dieser „Gerichtetheit" zu verstehen? Diese Fragen verdeutlichen, dass das Problem der erfolgreichen Zeichenverwendung unmittelbar in die Intentionalitätsproblematik mündet.

Eine noch engere Verbindung zwischen Semantik und Intentionalitätstheorie schafft Augustinus in den Schriften *De doctrina christiana* und *De trinitate*, in denen er seine Lehre vom „inneren Wort" entwickelt. Er geht dort von der These aus, dass wir nur deshalb in der Lage sind, uns mit gesprochenen Wörtern auf Dinge in der Welt zu beziehen, weil wir über „Wörter im Herzen" verfügen, die in uns entstehen, wenn wir ein Wissen von den Dingen erwerben; diese inneren Wörter gehören keiner konventionellen Sprache an.[30] Hinter dieser These verbergen sich – modern gesprochen – mindestens drei Teilthesen: eine Mentalismusthese (erfolgreiche Sprachverwendung ist nur möglich, wenn bestimmte mentale Zustände vorhanden sind), eine Strukturthese (die mentalen Zustände sind mentale Wörter und haben somit eine sprachliche Struktur) und eine Universalismusthese (die mentalen Wörter können nicht einer bestimmten Sprache zugeordnet werden; sie gehören einer universalen Mentalsprache an). Alle drei Teilthesen führen unmittelbar zur Intentionalitätsproblematik hin. Denn was die mentalen Wörter sind und welche Funktion sie bei der Verwendung gesprochener Wörter haben, wird erst verständlich, wenn geklärt ist, wie es überhaupt möglich ist, im Geist sprachliche Entitäten zu bilden, die sich auf etwas beziehen. Wie ist es etwa möglich, dass wir ein mentales Wort für Menschen bilden? Und warum kann sich dieses mentale Wort auf Menschen beziehen: allein dadurch, dass es aufgrund einer Kausalrelation zu Menschen entstanden ist, oder aufgrund anderer Faktoren? Die mittelalterlichen Augustinus-Leser waren sich bewusst, dass diese Fragen einer Klärung bedürfen, und setzten daher in der Intentionalitätsdebatte unmittelbar bei der Lehre vom „inneren Wort" an. Teilweise verbanden sie diese Lehre sehr eng mit der aristotelischen Lehre von den „Eindrücken in der Seele", indem sie diese Eindrücke mit den *verba in corde* gleichsetzten.[31]

---

[30] In *De doctrina christiana* I, 12 (CCSL XXXII, 13) spricht Augustinus vom „uerbum quod corde gestamus"; in *De trinitate* XV, 19 (CCSL L, 486) sagt er: „... uerbum est quod in corde dicimus, quod nec graecum est nec latinum nec linguae alicuius alterius..." Eine konzise Interpretation dieser Stellen bietet Panaccio 1999, 111-118.

[31] Diese Gleichsetzung zeigt sich etwa bei Thomas von Aquin in *Super Evangelium S. Ioannis Lectura*, cap. 1, lect. 1 (ed. Cai 1952, 7). Fuchs 1999, 155, spricht daher zu Recht von „einer Synthetisierung des aristotelischen und des augustinischen Ansatzes". Auch Ockham führt aristotelische und augustinische Quellen zusammen, wenn er in *Summa logicae* I, 1 (OPh I, 7) die *passiones animae* mit den *verba mentalia* gleichsetzt.

§ 2 Voraussetzungen und Ausgangspunkte der Diskussionen

Ein weiterer wichtiger Ausgangspunkt für die mittelalterlichen Intentionalitätsdebatten liegt in der lateinischen Rezeption der arabischen Optik. Die arabischen Autoren, die im 13. Jh. rege rezipiert wurden, hatten eingehend die Frage erörtert, unter welchen Bedingungen eine optische Wahrnehmung zustande kommen kann. Sie hatten unterschiedliche Modelle entwickelt, um zu erklären, in welcher Relation ein wahrnehmbarer Gegenstand zum Auge stehen muss, damit eine Wahrnehmung erfolgt. Das Modell, das Alhazen in seiner Schrift *De aspectibus* dargelegt hatte, erwies sich für die lateinische Rezeption als besonders einflussreich. Es legte die Grundlage für die Theorie der Perspektivisten, einer Gruppe von Autoren (Roger Bacon, John Pecham, Witelo u.a.), die im 13. Jh. Traktate zur Optik verfassten.[32] Diesen Autoren zufolge kann nur dann eine optische Wahrnehmung erfolgen, wenn vom wahrnehmbaren Gegenstand besondere Entitäten, sogenannte *species*, auf das Auge übertragen werden. Da diese Entitäten immer durch ein Medium übertragen werden, im Normalfall durch die Luft, hießen sie auch *species in medio*.[33] Welchen ontologischen Status diese Entitäten haben und wie sie im Medium übertragen werden, war im 13. und 14. Jh. freilich eine strittige Frage. Unstrittig war aber, dass ihre Existenz eine notwendige Bedingung für jede optische Wahrnehmung ist. Denn nur dank der *species in medio* kann überhaupt etwas zum Wahrnehmenden gelangen, und nur dank dieser Entitäten kann der Wahrnehmende die Form des Wahrnehmbaren aufnehmen, wie die aristotelische Theorie es fordert.

Entscheidend ist nun, dass die *species*-Theorie nicht nur im eng begrenzten Rahmen der Optik diskutiert wurde. Sie wurde vielmehr als eine Theorie behandelt, die als generelle Grundlage für Wahrnehmungsmodelle dienen sollte, denn die optische Wahrnehmung wurde als paradigmatischer Fall von Wahrnehmung betrachtet. Wenn die *species* erst die Aufnahme von Formen ermöglichen, so wurde argumentiert, muss jede Erklärung dieser Aufnahme bei den *species* ansetzen. Vor allem gilt es zu klären, welche Struktur diese Entitäten haben. Sind sie Abbilder der wahrnehmbaren Gegenstände? Und sind sie als materielle oder als immaterielle Abbilder zu verstehen? Kann jemand nur deshalb wahrnehmbare Formen aufnehmen, weil er in Form der *species* Abbilder der wahrnehmbaren Gegenstände in sich aufnimmt? Diese Fragen verdeutlichen bereits, dass ein enger Bezug zwischen der *species*-Theorie und der Intentionalitätsdebatte besteht. Denn diese Fragen zielen auf das

---

[32] Vgl. einen Überblick in Lindberg 1976 und 1997, Smith 1981 sowie in der Einleitung zu Roger Bacon, *Perspectiva* (ed. Lindberg 1996, xxv-xciv).
[33] Vgl. ausführlich Maier 1967, Tachau 1982 und 1988, 3-16.

Grundproblem in der ganzen Debatte ab: auf das Problem, wie sich jemand in einem Wahrnehmungsakt überhaupt auf etwas beziehen kann.

Verstärkt wurde die Verknüpfung der *species*-Theorie mit der Intentionalitätsdebatte durch die explizite Verwendung des Ausdrucks ‚*intentio*'. Roger Bacon stellte in seiner Schrift *De multiplicatione specierum* (um 1260 verfasst) nämlich fest, die *species* sei nicht etwa der wahrnehmbare Gegenstand selbst (wenn jemand etwa einen Baum sieht, wird ja nicht der Baum selbst auf das Auge des Wahrnehmenden übertragen), sondern nur eine Intention des Gegenstandes. Und diese Intention habe ein „schwächeres Sein" als der Gegenstand selbst.[34] Diese Bemerkung löste eine ausführliche Debatte darüber aus, was hier unter einer Intention zu verstehen ist und wie der besondere ontologische Status dieser Entität zu verstehen ist. Ist unter dem „schwächeren Sein" ein Status zu verstehen, der dem Status eines materiellen Gegenstands zwar untergeordnet ist, aber trotzdem materieller Natur ist? Oder ist darunter ein nicht-materieller Status zu verstehen? Und wie gewinnt die Intention einen derartigen Status?

Schließlich lässt sich ein letzter Ausgangspunkt für die mittelalterliche Intentionalitätsdebatte in der augustinischen Tradition ausfindig machen. Augustinus hatte in seiner kurzen, aber einflussreichen *Quaestio de ideis* nämlich ein Modell zur Erklärung des göttlichen Wissens vorgelegt, das während des ganzen Mittelalters intensiv diskutiert wurde.[35] Diesem Modell zufolge verfügt Gott über ein Wissen von allen Dingen, von den aktuell existierenden ebenso wie von den möglicherweise existierenden, indem er Ideen von den Dingen in seinem Intellekt hat. Diese Ideen sind unveränderlich und unvergänglich, sodass Gott zu jedem Zeitpunkt – vor dem Schöpfungsakt ebenso wie danach – ein Wissen von den Dingen in der Welt haben kann. Diese platonisch inspirierte These löste im Mittelalter rege Debatten aus. Denn was ist unter den göttlichen Ideen zu verstehen: allgemeine Formen bzw. Vorlagen für die individuel-

---

[34] Roger Bacon, *De multiplicatione specierum* I, 1 (ed. Lindberg 1983, 4): „Intentio vocatur in usu vulgi naturalium propter debilitatem sui esse respectu rei, dicentis quod non est vere res sed magis intentio rei, id est similitudo."
[35] Vgl. zur mittelalterlichen Rezeption de Rijk 1975 und 1990 sowie Hoenen 1997. Zur mittelalterlichen Begriffsgeschichte von ‚*idea*' vgl. Hamesse 1990. Wie Hoenen nachweist, war die Rezeption der augustinischen Lehre im Zeitraum zwischen 1250 und 1330 besonders rege und produktiv. Denn während dieser Zeit wurde die ursprünglich metaphysisch konzipierte Ideenlehre in epistemologischen Kontexten eingesetzt. Im Vordergrund stand nicht mehr so sehr die Frage, inwiefern die göttlichen Ideen „Urbilder" der Dinge sind. Es wurde vielmehr diskutiert, wie denn Gott mit Hilfe der Ideen ein Wissen von den Dingen in der Welt haben kann. Welche Rolle, so lautete nun die Leitfrage, spielen die Ideen im kognitiven Prozess – primär im göttlichen, sekundär aber auch im menschlichen?

§ 2 Voraussetzungen und Ausgangspunkte der Diskussionen

len Dinge? Und welchen Status haben sie im göttlichen Intellekt? Sind sie mit dem göttlichen Intellekt identisch, oder können sie irgendwie von ihm unterschieden werden? Diese Fragen, die zunächst in einem theologischen Kontext diskutiert wurden, gewannen an philosophischer Bedeutung, als im 13. Jh. verschiedene Autoren (unter ihnen Duns Scotus) behaupteten, zwischen dem göttlichen Wissen und dem menschlichen bestehe eine gewisse Analogie. Denn genau wie Gott mit Hilfe von Ideen ein Wissen von den Dingen habe, so sei auch den Menschen nur mit Hilfe von Ideen ein Wissen möglich. Und genau wie die göttlichen Ideen weder mit den materiellen Dingen in der Welt noch mit dem göttlichen Intellekt selbst gleichgesetzt werden könnten, so ließen sich auch die menschlichen Ideen weder mit den materiellen Dingen noch mit dem menschlichen Intellekt identifizieren. Sie seien vielmehr besondere Entitäten, die nicht ein „reales Sein", sondern nur ein „objektives Sein" (d. h. eine Existenz als Objekte des Intellekts) oder ein „intelligibles" bzw. „intentionales Sein" haben.[36]

Mit der Gegenüberstellung zweier unterschiedlicher Seinsweisen und der expliziten Verwendung des Ausdrucks ‚intentional' tauchte in den mittelalterlichen Diskussionen einmal mehr die besondere Terminologie auf, die für die Intentionalitätsdebatte prägend wurde. Es wurde aber auch inhaltlich ein zentraler Punkt in dieser Debatte zur Sprache gebracht. Wenn nämlich eine epistemische Relation zu Gegenständen in der Welt nur mit Hilfe besonderer geistiger Entitäten – so genannter Ideen – möglich ist, stellt sich sogleich die Frage, was für besondere Merkmale oder Eigenschaften diese Entitäten haben. Was zeichnet die Ideen aus, dass wir uns mit ihrer Hilfe auf etwas beziehen können? Und der Verweis auf das „intentionale Sein" dieser Ideen ruft natürlich gleich die weitere Frage hervor, um welchen ontologischen Status es sich dabei handelt. Wie verhält sich dieser Status zu jenem, den außergeistige Gegenstände haben? Genau mit diesen Fragen, die weit in die Ontologie und in die Erkenntnistheorie hinein reichen, setzten sich die Autoren des 13. und 14. Jhs. eingehend auseinander.

Die kurzen Ausführungen zu den Quellen und Ansatzpunkten der mittelalterlichen Intentionalitätsdebatte verdeutlichen, dass diese Debatte in unterschiedlichen Kontexten an unterschiedliche Texte anknüpfte: in der Wahrnehmungstheorie an *De anima* II, in der Intellekttheorie an *De anima* III und an die augustinische *Quaestio de ideis*, in

---

[36] Vgl. Duns Scotus, *Ordinatio* I, dist. 36, q.u., n. 28 (Vat. VI, 281f.). Scotus hält ausdrücklich fest (ibid.): „... motiva quae adducuntur de intellectu divino, videntur posse adduci de intellectu nostro."

der Semantik an *De interpretatione* 1 und an die augustinischen Texte zum „inneren Wort", in der Optik an Alhazens *De aspectibus* und an die lateinische Rezeption dieser Schrift in den Texten der Perspektivisten.[37] Wie unterschiedlich diese Kontexte auch sein mögen, sie weisen doch alle eine gemeinsame Terminologie auf; überall ist von Intentionen oder von intentionalem Sein die Rede. Vor allem aber weisen sie eine gemeinsame Problemstellung auf. In allen Kontexten wird die Frage aufgeworfen, wie denn Bezugnahme auf etwas möglich ist, sei dies nun Bezugnahme in einem Wahrnehmungsakt (insbesondere in einem Akt der optischen Wahrnehmung), in einem Denkakt (sei dies nun ein göttlicher oder ein menschlicher Akt) oder in einer sprachlichen Äußerung. Angesichts dieser verschiedenen Kontexte darf sich eine Untersuchung der mittelalterlichen Intentionalitätstheorien nicht nur auf einige wenige Formen von Intentionalität konzentrieren, etwa auf jene Formen (Hoffen, Wünschen, Sich-Erinnern usw.), die in der heutigen Diskussion meistens als typische Beispiele für intentionale Akte und Zustände angegeben werden. Eine Untersuchung, welche die vielfältigen Ansätze der mittelalterlichen Autoren berücksichtigen will, muss auf mehreren Ebenen ansetzen und mehrere Leitfragen formulieren:

(1) *Intentionalität von Wahrnehmungsakten*: Wie ist es zu erklären, dass das Sehen immer ein Sehen von etwas ist, das Hören ein Hören von etwas usw.? Welche Wahrnehmungsprozesse und welche Veränderungen im Wahrnehmungsorgan müssen stattfinden, damit es zu solchen intentionalen Wahrnehmungsakten kommt? Und im Hinblick auf die aristotelische Wahrnehmungstheorie gilt es zu fragen: Was für ein Aufnehmen von wahrnehmbaren Formen muss erfolgen, damit ein Wahrnehmungsakt zustande kommt?

(2) *Intentionalität von Denkakten*: Wie ist es zu erklären, dass wir geistig etwas erfassen können? Welche kognitiven Prozesse müssen stattfinden, damit es zu intentionalen Denkakten kommt? Im Hinblick auf die aristotelische Intellekttheorie gilt es im Besonderen zu fragen: Was für ein Aufnehmen von intelligiblen Formen muss erfolgen, damit ein Denkakt zustande kommt? Und mit Bezug auf die augustinischen Zusätze zu dieser Theorie gilt es zu fragen: Wie verhält sich der Denkakt zu den Ideen, die primär im göttlichen und sekundär im menschlichen Geist existieren?

---

[37] Dies sind natürlich nur die wichtigsten Texte. Daneben spielten auch weitere naturphilosophische Schriften des Aristoteles (z. B. *De sensu et sensato*), die arabischen Kommentare zu *De anima* und die *Sentenzen* des Petrus Lombardus eine wichtige Rolle.

(3) *Intentionalität von sprachlichen Äußerungen*: Wie ist es zu erklären, dass sich gesprochene und geschriebene Wörter, aber auch ganze Sätze, auf etwas beziehen? Welche semantischen Eigenschaften müssen die Wörter und Sätze haben, damit es zu solchen intentionalen Sprechakten kommt? Im Hinblick auf die aristotelische Semantik gilt es im Besonderen zu fragen: Wie müssen die gesprochenen und geschriebenen Wörter mit Seeleneindrücken verknüpft sein, damit sie sich auf etwas beziehen können? Und was sind diese Seeleneindrücke?

In der folgenden Untersuchung sollen stets alle drei Problembereiche in den Blick genommen werden. Je nach Autor oder Autorengruppe, die analysiert wird, müssen natürlich unterschiedliche Schwerpunkte gesetzt werden. Denn einige mittelalterliche Autoren konzentrierten sich auf die Intentionalität von Wahrnehmungsakten, während sich andere eher mit der Intentionalität auf der Ebene des Intellekts beschäftigten und wieder andere bei der sprachlichen Intentionalität ansetzten. Trotz dieser unterschiedlichen Gewichtung gilt es aber, stets alle Ebenen zu berücksichtigen. Die Feststellung, die W. Lyons im Hinblick auf die modernen Intentionalitätsdebatten getroffen hat, gilt nämlich auch für die mittelalterlichen Diskussionen: „Intentionalität findet sich an verschiedenen Orten, wenn auch in unterschiedlicher Form an jedem dieser Orte."[38] Das Ziel einer umfassenden Untersuchung sollte darin bestehen, die verschiedenen Orte aufzusuchen und anhand genauer Textanalysen zu bestimmen, in welcher Form sich die Intentionalität an jedem dieser Orte manifestiert.

§ 3 Methodische Vorbemerkungen

Die bisherigen Ausführungen haben gezeigt, dass die Intentionalitätsdebatte im Mittelalter äußerst vielschichtig war und nicht auf einen einzigen Problembereich (etwa auf jenen der rein intellektuellen Akte) oder gar auf einen einzigen theoretischen Ansatz (etwa auf jenen, den Brentano mit Verweis auf „die Scholastiker des Mittelalters" verfolgte) reduziert werden darf. Sie haben zudem verdeutlicht, dass eine Untersuchung stets an mehreren Punkten ansetzen und einen ganzen Knäuel von Fragestellungen entwirren muss. Um angesichts der Textfülle zu vermeiden, dass eine solche Untersuchung in eine reine Materialsammlung aus-

---

[38] Lyons 1995, 161: „... intentionality is to be found in a number of places, though in a different form in each of those places."

ufert, muss das Untersuchungsgebiet aber eingeschränkt werden. Zudem müssen einige methodische Prinzipien bestimmt werden, die es erlauben, das Textmaterial zu strukturieren und philosophisch – nicht nur historisch oder philologisch – auszuwerten.

Eine erste Beschränkung betrifft die zeitliche Abgrenzung des Untersuchungsgebietes. In der vorliegenden Studie sollen Intentionalitätstheorien analysiert werden, die zwischen 1252 (Beginn der ersten Lehrtätigkeit Thomas von Aquins in Paris) und 1332 (Abschluss von Adam Wodehams zweitem Sentenzenkommentar) verfasst wurden. Diese achtzig Jahre sind natürlich nur eine kurze Periode in der Geschichte der mittelalterlichen Philosophie. Sie stellen aber eine äußerst lebendige und spannungsreiche Periode dar, im Hinblick auf die Entwicklung von Intentionalitätstheorien wohl die wichtigste Periode. Denn wenn die Intentionalitätsproblematik auch schon vor der Mitte des 13. Jhs. formuliert und diskutiert wurde (etwa von Abaelard und anderen Autoren des 12. Jhs.),[39] so zeigte sie sich doch erst ab der Mitte des 13. Jhs. in ihrer ganzen Komplexität, denn erst ab diesem Zeitpunkt waren im universitären Lehrbetrieb sämtliche Traditionslinien präsent, die im vorangehenden Paragraphen kurz skizziert wurden: die aristotelische Wahrnehmungs- und Intellekttheorie, die aristotelische und die augustinische Semantik, die perspektivistische Optik und die augustinische Ideentheorie. Es war nicht zuletzt die gleichzeitige Präsenz einer Fülle von Traditionslinien und Ansatzpunkten, die der Intentionalitätsdebatte eine besondere Dynamik verlieh. Dank dieser Dynamik entstanden im kurzen Zeitraum von achtzig Jahren verschiedene theoretische Modelle, die sich teilweise ergänzten, teilweise aber auch in Konkurrenz zueinander standen. Natürlich wurde die Intentionalitätsproblematik auch nach 1332, d. h. nach der ersten Generation von Ockhamisten, noch eingehend diskutiert. Besonders zu erwähnen sind Buridan und dessen Nachfolger, die Autoren im Zirkel von John Mair, die deutschen Albertinisten des 15. Jhs. und die spanischen Scholastiker des 16. Jhs. Eine genaue Analyse dieser Autoren, die auf frühere Modelle zurückgriffen und diese ausbauten, würde allerdings eine gesonderte Untersuchung erfordern.

Eine weitere Beschränkung betrifft die Auswahl des Textmaterials. Selbst innerhalb des relativ kurzen Zeitraums von achtzig Jahren sind im

---

[39] Deutlich kommt die Intentionalitätsproblematik in Abaelards *Tractatus de intellectibus* zum Ausdruck (die Authentizität dieses Textes ist freilich umstritten), in dem ausführlich die Frage erörtert wird, wie sich der Intellekt auf etwas beziehen kann. Abaelard verwendet in dieser Schrift ausdrücklich den Ausdruck ‚intentio'; vgl. *Des intellections*, §§ 19 und 47 (ed. Morin 1994, 38 und 52).

§ 3 Methodische Vorbemerkungen 25

Oxforder und Pariser Milieu, aber auch in der deutschen Dominikanerschule und an der Universität von Bologna, derart viele Texte zur Intentionalitätsproblematik verfasst worden, dass sie nicht alle betrachtet werden können. Im Folgenden soll nicht ein Überblick über möglichst viele Texte und Autoren vermittelt werden. Vielmehr sollen exemplarisch einige zentrale Texte herausgegriffen und fünf Modelle vorgestellt werden, die jeweils einen eigenen theoretischen Ansatz verfolgen und sich auf bestimmte Aspekte der komplexen Problematik konzentrieren. Es lassen sich sicherlich noch andere Texte untersuchen, die Ansätze zu weiteren Modellen oder zu Modifikationen der fünf Modelle enthalten. Die vorliegende Untersuchung erhebt keineswegs einen Anspruch auf Vollständigkeit. Im Gegenteil: Eine auf Vollständigkeit abzielende, kompendienhafte Darstellung soll bewusst vermieden werden, denn das Ziel einer philosophiehistorischen Untersuchung (im Gegensatz zu einer reinen Materialsammlung) kann nicht darin bestehen, möglichst viele Texte und Autoren Revue passieren zu lassen. Eine solche Untersuchung verfolgt vielmehr das Ziel, ausgehend von einigen exemplarischen Texten philosophische Modelle zu rekonstruieren, ihre besonderen Voraussetzungen zu zeigen und sie auf ihre argumentative Überzeugungskraft hin zu prüfen.

Eine Rekonstruktion von Modellen erfordert natürlich auch terminologische Untersuchungen. Es muss näher betrachtet werden, in welchen Kontexten überhaupt von Intentionen oder von intentionaler Existenz die Rede war, und es muss geprüft werden, in welchem Sinn der Terminus ‚*intentio*' im 13. und 14. Jh. verwendet wurde.[40] Allerdings darf eine philosophiegeschichtliche Untersuchung nicht einfach mit einer Terminologiegeschichte gleichgesetzt werden. Denn einerseits wurde die Intentionalitätsproblematik auch in Kontexten behandelt, in denen nicht von *intentiones* oder gar von *intentionalitas* die Rede war (etwa in Debatten über *species* oder über mentale Sprache); andererseits war in bestimmten Diskussionen von *intentiones* die Rede (etwa in der Ethik und in der Handlungstheorie), ohne dass dabei die Intentionalitätsproblematik behandelt wurde.[41] Es gilt hier, genau zwischen der Ge-

---

[40] Einen begriffsgeschichtlichen Überblick bieten Engelhardt 1976 und Knudsen 1982.
[41] Dies zeigt Simonin 1930 exemplarisch für Thomas von Aquin. Ähnliches ließe sich auch für andere Autoren nachweisen, z. B. für Ockham, der einerseits in wahrnehmungstheoretischen Kontexten (etwa in *In III Sent.*, q. 3; OTh VI, 105-129) die Intentionalitätsproblematik diskutiert, ohne von *intentiones* zu sprechen, andererseits in ethischen Kontexten (etwa in *In III Sent.*, q. 11; OTh VI, 372) explizit von *intentiones* spricht, ohne auf intentionalitätstheoretische Fragen im engeren Sinne einzugehen.

schichte der Intentionalitätsproblematik und der Geschichte des Terminus ‚intentio' zu unterscheiden. Die beiden sind nicht miteinander identisch, wenn sie sich auch häufig überschneiden.[42] In den folgenden Textanalysen soll stets die Intentionalitätsproblematik im Vordergrund stehen, ganz gleichgültig, ob diese Problematik nun mit Hilfe des Ausdrucks ‚intentio' oder mit anderen Fachausdrücken formuliert und diskutiert wurde.

Wenn sich eine philosophiehistorische Untersuchung nicht einfach auf eine Terminologiegeschichte oder auf einen doxographischen Überblick beschränken will, sieht sie sich allerdings mit einem methodischen Problem konfrontiert. Einerseits müssen die philosophischen Modelle einer früheren Epoche in ihrem jeweiligen Kontext erschlossen und rekonstruiert werden. Nur so lassen sich anachronistische Verzerrungen und Fehldeutungen vermeiden, und nur so lassen sich die besonderen Fragestellungen und Argumentationsformen erkennen, die für eine bestimmte Periode – im vorliegenden Fall für das späte 13. und das frühe 14. Jh. – charakteristisch sind. Andererseits müssen die vergangenen Theorien aber auch auf ihren spezifischen systematischen Gehalt hin untersucht und evaluiert werden. Nur so lassen sich bloße Textparaphrasen und rein werkimmanente Interpretationen vermeiden, und nur so lässt sich erkennen, warum die Texte einer vergangenen Periode auch heute noch von philosophischem Interesse sind. Zwischen den historisch-philologischen und den systematischen Ansprüchen, die an eine philosophiehistorische Arbeit gestellt werden, besteht immer eine gewisse Spannung, die auch in der vorliegenden Studie nicht einfach aufgelöst werden kann. Es sollen aber beide Pole in dieser Spannung berücksichtigt wer-

---

[42] Die Terminologiegeschichte wird (wie etwa in Engelhardt 1976) meistens bis zu den arabischen Vorlagen für die Verwendung des Ausdrucks ‚intentio' im 13. Jh. zurückgeführt. Doch ein solcher Ansatz, wie gewinnbringend und interessant er auch in philologischer Hinsicht sein mag, wird dem philosophischen Problem der Intentionalität nicht gerecht (vgl. eine prägnante Kritik an der reinen Terminologiegeschichte in Caston 1993 und 2001). Es gilt zu untersuchen, in welchen Kontexten Fragen wie „Warum können sich Wahrnehmungen und Gedanken auf etwas beziehen?", „Wie können sie einen Inhalt haben?" und „Wie ist Denken an etwas auch dann möglich, wenn kein materieller Gegenstand unmittelbar präsent ist?" erörtert wurden. Ob in diesen Diskussionen auch der Ausdruck ‚intentio' verwendet wurde, ist von untergeordneter Bedeutung. Für eine Untersuchung der Intentionalitätsproblematik kann es sogar irreführend sein, wenn dieser Ausdruck als Ausgangspunkt gewählt wird, wie Hasse am Beispiel Avicennas gezeigt hat. In der lateinischen Fassung von Avicennas De anima bezeichnet ‚intentio' nämlich das Attribut eines wahrgenommenen Gegenstandes und keineswegs den Inhalt eines mentalen Aktes. Hasse 2000, 128, stellt daher konzis fest: „It will be shown that Avicenna's psychological theory of ‚intentions' has hardly anything to do with intentionality, nor in fact with ethical or logical ‚intentions'."

den; die kontextbezogene Rekonstruktion von Modellen soll stets mit einer Evaluation von Argumenten einhergehen. Um den besonderen systematischen Ansatz gewisser Texte zu verdeutlichen, sollen teilweise auch Bezüge zur heutigen Intentionalitätsdebatte hergestellt werden. Denn häufig wird erst durch eine Gegenüberstellung von mittelalterlichen und modernen Ansätzen ersichtlich, was in den mittelalterlichen Texten besonders originell und über den jeweiligen historischen Kontext hinaus von Bedeutung ist. Freilich darf eine solche Gegenüberstellung nicht unkritisch erfolgen. Mindestens drei methodische Probleme sind dabei zu berücksichtigen.

Ein erstes Problem betrifft die Fragestellung, an der sich die ganze Untersuchung orientiert. Geht man von heutigen Intentionalitätsdebatten aus, stellt sich vornehmlich die Frage, wie denn eine Person in ihren Wahrnehmungs-, Denk- und Sprechakten auf etwas abzielen kann. Dass dieses Abzielen vornehmlich ein *aktiver* Vorgang ist, scheint dabei selbstverständlich zu sein. Geht man hingegen von den mittelalterlichen Debatten aus, ist dies keineswegs selbstverständlich.[43] Eine der zentralen Fragen, mit der sich die mittelalterlichen Autoren beschäftigten, war gerade die Frage nach dem Verhältnis von Aktivität und Passivität. Das heißt: Ist Intentionalität tatsächlich als ein aktives Abzielen auf Gegenstände in der Welt zu verstehen oder vielmehr als ein passives Aufnehmen und Weiterverarbeiten von bestimmten Eindrücken? Da diese Frage von zahlreichen Autoren erörtert wurde und da sie sogar Anlass zu regen Kontroversen gab, soll sie in den Ausführungen zu den einzelnen Modellen immer wieder berücksichtigt werden. Es wäre verfehlt, sämtlichen mittelalterlichen Autoren von vornherein zu unterstellen, dass sie Intentionalität als ein aktives Abzielen verstanden und lediglich den Prozess dieses Abzielens zu erklären versuchten.

Ein zweites Problem betrifft den theoretischen Rahmen der Intentionalitätsdebatten. In den heutigen Diskussionen wird meistens wie selbstverständlich angenommen, dass Intentionalität ein besonderes Merkmal der *geistigen* Akte und Zustände ist. Teilweise wird in Anlehnung an Brentano sogar angenommen, Intentionalität sei genau jenes charakteristische Merkmal, durch das sich geistige Akte und Zustände von physi-

---

[43] Darauf weist zu Recht Tachau 1999 hin. Sie betont, dass das optische Problem, wie denn das Auge in einem Wahrnehmungsprozess durch Lichtstrahlen und besondere Entitäten (insbesondere *species in medio*) affiziert werde, ein zentraler Bestandteil der mittelalterlichen Intentionalitätsdebatte war. Allerdings sind auch hier einseitige Gewichtungen zu vermeiden. Es ist zu betonen, dass das optische Problem lediglich *ein* Problem in einem ganzen Knäuel von Problemen darstellte.

schen unterscheiden.⁴⁴ Dabei wird aber häufig ein Begriff des Geistes verwendet, der eine eigenartige Verbindung aus Cartesianismus und Materialismus darstellt.⁴⁵ Einerseits werden die geistigen Akte und Zustände nämlich von den materiellen unterschieden und so charakterisiert, wie dies für die cartesianische Tradition typisch ist: als Akte und Zustände, die bewusst sind, unmittelbar präsent und untrüglich erfassbar. Andererseits wird aber in klarer Abgrenzung gegenüber dem cartesianischen Dualismus darauf hingewiesen, dass geistige Akte und Zustände stets eine materielle Grundlage haben; sie dürfen nicht einfach einer immateriellen Substanz zugeschrieben werden. Eine solche Verbindung von cartesianischen und materialistischen Elementen wirft natürlich Probleme auf. Vor allem stellt sich die Frage, wie es denn zu erklären ist, dass ein intentionaler Akt oder Zustand einerseits aufgrund seiner besonderen Charakteristika nicht auf einen materiellen Hirnzustand reduziert oder mit diesem identifiziert werden kann, andererseits aber doch in enger Relation zu einem Hirnzustand steht oder gar in einem solchen Zustand realisiert ist.

Diese komplexe Frage, die in den heutigen Debatten immer wieder gestellt wird,⁴⁶ darf aber nicht einfach an die mittelalterlichen Debatten herangetragen werden, auch dann nicht, wenn Vergleiche zwischen mittelalterlichen und modernen Modellen gezogen werden. Es muss stets berücksichtigt werden, dass die mittelalterlichen Autoren ihre Modelle innerhalb eines aristotelischen Rahmens (teilweise mit neuplatonischen Zusätzen) entwickelten, in dem geistige und materielle Akte einander nicht in dualistischer Manier gegenübergestellt wurden, in dem aber auch nicht der Versuch unternommen wurde, geistige Akte zu „naturalisieren". Die entscheidende Frage lautete für die Autoren des 13. und 14. Jhs. nicht, ob die intentionalen geistigen Akte trotz ihrer besonderen Charakteristika irgendwie auf materielle Akte reduziert oder gar mit

---

⁴⁴ Gelegentlich wird Brentano sogar so verstanden (z. B. von Field 1978), dass er Intentionalität als ein irreduzibles, nicht-materielles Charakteristikum von geistigen Akten und Zuständen auffasst – als ein Charakteristikum, das sich innerhalb einer materialistischen Theorie nicht erklären lässt. Ein solches Textverständnis ist aber kaum angemessen, wie Haldane 1989, 1, bereits gezeigt hat. Brentano wählte nämlich nicht eine materialistische Theorie als Ausgangspunkt, und er versuchte nicht zu zeigen, dass Intentionalität in einer solchen Theorie keinen Platz hat. Er war vielmehr ein Anti-Materialist; auch physische Phänomene sind seiner Ansicht nach keine materiellen Gegenstände oder Eigenschaften, sondern bloße Sinneseindrücke (vgl. oben Anm. 4). Intentionalität ist für ihn ein Merkmal, das eine Klasse von *Phänomenen* von einer anderen Klasse unterscheidet.

⁴⁵ Putnam 1994a, 464, nennt dies treffend das „Cartesian *cum* materialist picture".

⁴⁶ Gemäß Lyons 1995, 5, ist dies sogar die zentrale Frage in der ganzen heutigen Debatte.

diesen identifiziert werden können.[47] Für sie stand vielmehr die Frage im Vordergrund, wie denn eine ganze *Person* auf verschiedenen Ebenen – auf der Wahrnehmungsebene ebenso wie auf jener des Intellekts – intentionale Akte und Zustände haben kann. In ihren Antworten auf diese Frage gingen sie immer davon aus, dass einige dieser Akte (nämlich jene auf der Wahrnehmungsebene) immer auch materielle Aspekte aufweisen, da sie nur in einem organischen Körper vorkommen können, während andere (nämlich jene auf der Ebene des Intellekts) rein immateriell sind. Die mittelalterlichen Autoren waren daher höchstens „Semi-Materialisten", wie R. Pasnau treffend festgestellt hat.[48] Angesichts dieses aristotelischen Ansatzes, der stets mehrere Ebenen berücksichtigt, wäre es verfehlt, von einer einheitlichen Ebene der geistigen Akte und Zustände auszugehen und genau diese Ebene in moderner Manier zu einer rein materiellen Ebene in Beziehung zu setzen.

Ein drittes methodisches Problem, das bei einer Gegenüberstellung von mittelalterlichen und modernen Modellen zu berücksichtigen ist, betrifft die Analyse sprachlicher Äußerungen. Nach der sprachlichen Wende im 20. Jh. haben zahlreiche Autoren in der analytischen Tradition versucht, die Intentionalitätsproblematik auf der sprachlichen Ebene zu untersuchen. Die besonderen Charakteristika von intentionalen Akten und Zuständen, so lautet dabei die entscheidende methodische Annahme, zeigt sich am deutlichsten in Sätzen über solche Akte und Zustände. So enthalten Sätze über Intentionales weder eine Existenzverpflichtung (‚Peter denkt an Pegasus' impliziert weder ‚Pegasus existiert' noch ‚Pegasus existiert nicht') noch eine Wahrheitsverpflichtung (‚Peter glaubt, dass die Erde flach ist' impliziert weder die Wahrheit noch die Falschheit von ‚Die Erde ist flach'). Und die koextensionalen Ausdrücke in solchen Sätzen können nicht *salva veritate* ausgetauscht werden (‚Peter glaubt, dass Cicero ein großer Staatsmann war' impliziert nicht ‚Peter glaubt, dass Tullius ein großer Staatsmann war'). R. Chisholm und P. Geach, die diese und andere Besonderheiten von Sätzen über Intentiona-

---

[47] Der Grund dafür liegt nicht nur darin, dass sie über einen anderen Begriff des Geistes verfügten als die gegenwärtigen Autoren, nämlich über einen aristotelischen Begriff, der dem Geist (genauer: der *anima*) neben kognitiven Funktionen auch vegetative zuordnete. Ein wichtiger Grund besteht auch darin, dass sie von einem anderen Begriff der Materie ausgingen. Materie war für sie etwas rein Potenzielles, das erst durch die Verbindung mit einer Form aktualisiert wird. Die Vorstellung, dass ein Stück Materie an sich Zustände und Akte hat, wäre für einen aristotelisch geprägten Autor undenkbar gewesen. Wie Burnyeat 1992, 26, zu Recht betont, besteht gerade im unterschiedlichen Materiebegriff der entscheidende Differenz zwischen aristotelischen und physikalistisch-materialistischen Autoren.
[48] Vgl. Pasnau 1997a, 36.

les untersuchten, wiesen ausdrücklich darauf hin, dass sich derartige semantische Analysen bereits in mittelalterlichen Texten finden.[49] Man könnte daher annehmen, dass die mittelalterlichen Autoren bereits die sprachliche Wende vollzogen und das Problem der Intentionalität vornehmlich als das Problem der semantischen Eigenheiten von Sätzen über Intentionales diskutierten.

Auch in diesem Punkt ist allerdings Vorsicht geboten. Es darf nicht von vornherein angenommen werden, alle mittelalterlichen Autoren hätten bereits die sprachliche Wende vollzogen. Zwar lassen sich im 14. Jh. durchaus einige Philosophen (Richard Kilvington, William Heytesbury, Johannes Buridan u.a.) ausfindig machen, die bei einer sprachlichen Analyse ansetzten und im Rahmen einer epistemischen Logik genau jene Probleme untersuchten, auf die R. Chisholm und P. Geach aufmerksam gemacht haben.[50] Es gab im 13. Jh. aber auch zahlreiche andere Autoren, die nicht einen sprachanalytischen Ansatz wählten. Selbst für die Philosophen des 14. Jhs. gilt, dass sie – wie im vorangehenden Paragraphen skizziert wurde – einen mehrstufigen Zugang zur Intentionalitätsproblematik wählten. Sprachliche Intentionalität war für sie *eine* Form von Intentionalität, aber nicht die einzige. Und Sprachanalyse stellte für sie *eine* Form der Analyse dar, aber keineswegs die einzige. Eine ebenso große Bedeutung besaß für sie die Analyse von Wahrnehmungsprozessen und nicht sprachlich artikulierten intellektuellen Tätigkeiten. Um eine Verengung auf einen bestimmten Ansatz zu vermeiden, sollen in der vorliegenden Untersuchung daher unterschiedliche Formen der Analyse berücksichtigt werden. Wahrnehmungs- und intellekttheoretische Analysen sollen ebenso dargestellt und evaluiert werden wie semantische. Nur so wird deutlich, dass die mittelalterliche Intentionalitätsdebatte polyphon angelegt war: als eine komplexe Debatte, in der Stimmen aus unterschiedlichen Bereichen und Traditionen zusammengeführt wurden.

---

[49] Vgl. Chisholm 1967, 9-10, und Geach 1972.
[50] Dies zeigt im Hinblick auf Buridan exemplarisch Biard 1988. Einen Überblick über die Entwicklung der epistemischen Logik und ihre Anwendung auf die Intentionalitätsproblematik bietet Boh 1993.

TEIL I
DAS MODELL DER FORMALEN IDENTITÄT:
THOMAS VON AQUIN

Eine der einflussreichsten mittelalterlichen Intentionalitätstheorien, die bis weit in die Neuzeit hinein diskutiert wurde und auch die Entstehung der modernen Intentionalitätsdebatten im späten 19. Jh. prägte, stammt von Thomas von Aquin. In zahlreichen Werken diskutiert Thomas die Frage, wie denn Erkenntnis von etwas – von einem bestimmten Gegenstand oder Gegenstandsbereich – möglich sei. Eine Antwort auf diese Frage erfordert seiner Ansicht nach eine eingehende Erörterung der Frage, wie sich die Akte und Zustände einer erkennenden Person auf etwas beziehen können. Denn erst wenn diese grundsätzliche Frage geklärt ist, lässt sich in einem weiteren Schritt untersuchen, welche besonderen Bedingungen erfüllt sein müssen, damit mit diesen Akten und Zuständen nicht eine beliebige Information, sondern Erkenntnis erworben wird. Kurzum: Erst wenn das Problem der Intentionalität geklärt ist, kann auch das Erkenntnisproblem gelöst werden.

Thomas setzt in unterschiedlichen Werken zwar an unterschiedlichen Punkten an, um die Intentionalitätsproblematik zu behandeln, aber in allen Schriften – vom frühen *Sentenzenkommentar* über die beiden *Summae* bis zum *De anima*-Kommentar[1] – vertritt er eine Grundthese, die das Leitmotiv für seine Intentionalitätstheorie bildet: Eine Person kann sich nur dann kognitiv auf etwas beziehen, wenn ihr Intellekt sich dem Gegenstand angleicht, der erkannt werden soll und von dem ein Wissen angestrebt wird. „Jede Erkenntnis erfolgt durch eine Angleichung des Wissenden an das Gewusste",[2] hält Thomas programmatisch fest. Eine solche Angleichung setzt seiner Ansicht nach voraus, dass der Intellekt eins wird mit dem Gegenstand, der erkannt werden soll. Daher behauptet er in Anlehnung an Aristoteles: „Das geistig Erkennbare im Akt ist der Intellekt im Akt" oder „Das geistig Erkannte im Akt ist der Intellekt

---

[1] Vgl. zur intellektuellen Entwicklung Torrell 1993. Ich konzentriere mich im Folgenden vor allem auf die *Summa theologiae* (= *ST*) und auf den Kommentar zu *De anima* (= *Sentencia libri De anima*), teilweise auch auf die *Summa contra Gentiles* (= *ScG*) und auf die *Quaestiones disputatae De veritate* (= *De veritate*).
[2] *De veritate*, q. 8, art. 5 (ed. Leonina XXII, vol. II, 235): „... omnis cognitio est per assimilationem scientis ad scitum." Vgl. auch ibid., q. 8, art. 8 (ed. Leonina XXII, vol. II, 246).

im Akt".³ Man könnte diese These die *Identitätsthese* nennen: Kognitive Bezugnahme gelingt nur dann, wenn der aktuell tätige Intellekt mit dem aktuell erkannten Gegenstand identisch wird.

Wird die Identitätsthese in dieser knappen Form formuliert, ist sie allerdings kaum verständlich, ja sie erscheint sogar ziemlich bizarr. Wie soll denn der Intellekt mit einem Gegenstand identisch werden können? Wie soll etwa mein Intellekt, wenn ich mich auf einen Baum beziehe und ihn zu erkennen versuche, mit dem Baum identisch werden können? Mein Intellekt verwandelt sich doch nicht in einen Baum, und er nimmt auch keine Baumteile in sich auf.⁴ Da Thomas behauptet, der Intellekt gleiche sich dem Erkennbaren an (und nicht umgekehrt), ist die Identitätsthese offenbar im Rahmen einer umfassenden Theorie über eine zielgerichtete kognitive Assimilation zu verstehen. Aber warum erfolgt diese Assimilation nur in eine Richtung? Und aufgrund welcher besonderen Fähigkeit ist der Intellekt imstande, sich dem erkennbaren Gegenstand anzugleichen? Diese Fragen lassen sich erst beantworten, wenn geklärt ist, welche Bedingungen erfüllt sein müssen, damit eine kognitive Assimilation zustande kommt. Ich werde daher in einem ersten Schritt (§ 4) Thomas' kognitives Kriterium näher betrachten. Erst in einem zweiten Schritt (§§ 5-8) werde ich dann der Frage nachgehen, welche Konsequenzen sich aus diesem Kriterium für eine Erklärung der Intentionalität auf verschiedenen Ebenen ergeben: auf der Wahrnehmungsebene, auf der Ebene der Denkakte und auf jener der sprachlichen Äußerungen.

---

³ *ST* I, q. 14, art. 2, corp.: „intelligibile in actu est intellectus in actu". *ST* I, q. 85, art. 2, ad 1: „... intellectum in actu est intellectus in actu..." Vgl. auch *Sentencia libri De anima* III, 7 (ed. Leonina XLV/1, 236). Ich übersetze ‚*intelligibile*' mit ‚geistig Erkennbares', um zu verdeutlichen, dass es sich hier um Erkennbares auf der Ebene des Intellekts, nicht auf jener der Sinne oder des Vorstellungsvermögens, handelt.

⁴ Owens 1991, 114, weist auf die zentrale Bedeutung der Identitätsthese hin, hält dann aber fest, diese These stoße bei Studenten immer wieder auf Widerstand: „They instinctively revolt against the prospect of *being* the things they know. They do not like the idea of being a brown cow or a big bad wolf just because they are seeing those animals or thinking about them." Wird die Identitätsthese in dieser Weise formuliert, kann man den skeptischen Studentinnen und Studenten nur beipflichten. Es ist in der Tat kaum einsichtig, wie eine Person (bzw. ihr Intellekt) aufgrund einer kognitiven Relation zu einer Kuh mit einer Kuh identisch werden soll. Die Identitätsthese wird erst dann verständlich, wenn auch erklärt wird, (i) durch welche kognitiven Prozesse der Intellekt mit dem Erkenntnisgegenstand identisch werden kann und (ii) welchen ontologischen Status der mit dem Intellekt identische Erkenntnisgegenstand hat.

§ 4 Das kognitive Kriterium

Auf die Grundfrage, worin sich ein kognitives Wesen, das sich auf etwas bezieht, von einem nicht-kognitiven Wesen unterscheidet, gibt Thomas an einer Stelle eine konzise Antwort. Er hält fest:

„Erkennendes unterscheidet sich darin von Nicht-Erkennendem, dass Nicht-Erkennendes nur die eigene Form hat, während Erkennendes imstande ist, die Form auch noch eines anderen Dinges zu haben."[5]

Aufgrund dieser Aussage könnte man zunächst das folgende kognitive Kriterium formulieren:

(1) Eine Entität x ist genau dann kognitiv, wenn sie imstande ist, die Form einer Entität y zu haben.

Thomas formuliert dieses Kriterium im Rahmen eines metaphysischen Programms, das aristotelisch geprägt ist. Daher ist unter der Form einerseits eine *substantielle* Form zu verstehen, d. h. jenes Prinzip, das sich mit der Materie verbindet und einem Gegenstand oder Lebewesen zu jedem Zeitpunkt eine bestimmte Struktur verleiht. So ist etwa die substantielle Form eines Menschen genau jenes Prinzip, das sich mit einem bestimmten Stück Materie (Knochen, Sehnen, Muskeln usw.) verbindet und dieses derart strukturiert, dass aus der Verbindung der beiden ein Mensch und nicht irgendein anderes Lebewesen resultiert. Unter der Form kann andererseits aber auch eine *akzidentelle* Form verstanden werden, d. h. jenes Prinzip, das ein Gegenstand zu einem bestimmten Zeitpunkt hat, zu einem anderen Zeitpunkt aber auch verlieren kann, und das diesem Gegenstand eine bestimmte akzidentelle Eigenschaft verleiht. So ist etwa die Form der Röte jenes Prinzip, das eine rote Rose genau zu dem Zeitpunkt hat, in dem sie rot ist, und das für ihre spezifische Farbe verantwortlich ist.

Der entscheidende Punkt besteht für Thomas nun darin, dass eine kognitive Entität nicht nur ihre eigene substantielle oder akzidentelle Form hat, sondern auch jene einer anderen Entität in sich haben kann. So wird ein Mensch nicht nur durch seine eigene substantielle Form strukturiert, sondern er ist auch imstande, die substantielle Form einer Rose zu haben. Er kann nämlich erfassen, was das strukturierende Prinzip für eine Rose ist, und er kann dieses Prinzip durch Wahrnehmungs- und

---

[5] *ST* I, q. 14, art. 1, corp.: „... cognoscentia a non cognoscentibus in hoc distinguuntur, quia non cognoscentia nihil habent nisi formam suam tantum; sed cognoscens natum est habere formam etiam rei alterius..." Vgl. auch *ST* I, q. 80, art. 1, corp.

Denkprozesse in sich aufnehmen. Ebenso kann er die akzidentelle Form der Röte erfassen und in sich aufnehmen. Daher ist ein Mensch ein kognitives Wesen im Gegensatz zu einer Rose, die nur durch ihre eigene Form strukturiert wird, aber nicht zusätzlich die Form eines anderen Gegenstandes erfassen und in sich aufnehmen kann.

Wird das kognitive Kriterium in dieser Allgemeinheit formuliert, können allerdings sogleich Beispiele vorgebracht werden, die es *ad absurdum* führen. Angenommen, ein brennendes Haus setzt das Nachbarhaus in Brand. Dann nimmt das Nachbarhaus offensichtlich die Form einer anderen Entität – die akzidentelle Form der Hitze im ersten Haus – auf und hat sie in sich. Trotzdem kann man kaum sagen, es sei deswegen schon kognitiv. Oder eine graue Wand, die weiß gestrichen wird, nimmt die Form einer anderen Entität – die akzidentelle Form der Weiße – auf und hat sie nach Abschluss der Malerarbeiten in sich. Aber es wäre abwegig zu behaupten, die Wand sei deswegen kognitiv und erkenne die Farbe. Auf diesen Punkt machte bereits Ockham aufmerksam. Er zitierte Thomas' kognitives Kriterium und bemerkte dann kritisch, es sei viel zu weit gefasst, denn auch Nicht-Kognitives könne die Form einer anderen Entität in sich aufnehmen.[6] In (1) mag vielleicht eine notwendige Bedingung für Kognitives formuliert sein, aber noch keineswegs eine hinreichende Bedingung.

Ockhams Kritik scheint zunächst genau den schwachen Punkt in Thomas' kognitivem Kriterium zu treffen. Thomas hält nämlich fest, dass Veränderung bei materiellen Gegenständen genau dadurch zustande kommt, dass der Gegenstand, der verändert wird (der „erleidende" Gegenstand) durch eine Form des verändernden Gegenstandes (des „tätigen" Gegenstandes) affiziert wird und diese in sich aufnimmt.[7] Somit scheint er zu dem absurd anmutenden Eingeständnis gezwungen zu sein, dass jeder Gegenstand, der sich durch die Aufnahme einer Form verändert, auch ein kognitiver Gegenstand ist.

Eine genauere Betrachtung des kognitiven Kriteriums zeigt aber, dass sich keineswegs eine Absurdität ergibt. Thomas präzisiert nämlich, dass eine Form auf unterschiedliche Weise aufgenommen werden kann.[8] Einerseits kann sie genau so aufgenommen werden, wie sie in einem materi-

---

[6] *In I Sent.*, dist. 35, q. 1 (OTh IV, 425): „... propositio quam accipit est falsa, quia non est magis de ratione non cognoscentis non habere aliud quam suam formam quam de ratione cognoscentis, nam ita potest non cognoscens recipere aliquid ab alio sicut potest cognoscens." Vgl. eine ausführliche Diskussion in Adams 1987, 1015-1021.

[7] Thomas geht vom Prinzip „omne paciens recipit aliquid ab agente secundum quod est agens" aus; vgl. *Sentencia libri De anima* II, 24 (ed. Leonina XLV/1, 168).

[8] Vgl. *Sentencia libri De anima* II, 24 (ed. Leonina XLV/1, 169).

ellen Gegenstand existiert, nämlich als eine Form, die zusammen mit der Materie existiert. Dann wird sie auf materielle Weise aufgenommen. Dies ist etwa der Fall, wenn ein Haus vom brennenden Nachbarhaus Feuer fängt oder wenn eine Wand teilweise weiß gestrichen wird. Dann nimmt das Haus die Form der Hitze auf materielle Weise auf; es wird im wörtlichen Sinn heiß und verbrennt. Und die Wand nimmt die Form der Weiße ebenfalls auf materielle Weise auf; sie verändert ihre Oberfläche an einer bestimmten Stelle und wird im wörtlichen Sinn weiß. Andererseits kann die Form auch ohne die Materie aufgenommen werden. Genau dies ist der Fall, wenn ein Mensch die Form der Hitze oder der Weiße in sich aufnimmt und erkennt. Er wird dann nicht im wörtlichen Sinn heiß oder weiß, sondern er erfasst – modern ausgedrückt – das Strukturprinzip von Hitze oder Weiße auf immaterielle Weise. (Natürlich kann ein Mensch auch im wörtlichen Sinn heiß oder weiß werden, etwa wenn er eine Hand ans Feuer hält oder sich Farbe auf das Gesicht streicht. Aber dann nimmt er die entsprechende Form nicht als kognitives Wesen auf, sondern als materieller Gegenstand. Er ist dann genauso wie das Haus oder die Wand einer materiellen Veränderung ausgesetzt.) Wird die Form auf immaterielle Weise aufgenommen, existiert sie auf „intentionale" oder „geistige" Art und Weise im Aufnehmenden, wie Thomas betont:

„Daher wird die Form im Erleidenden ohne Materie aufgenommen, insofern sich das Erleidende dem Tätigen gemäß der Form angleicht, nicht gemäß der Materie. Auf diese Weise nimmt der Wahrnehmungssinn die Form ohne Materie auf, weil die Form im Wahrnehmungssinn eine andere Seinsweise hat als im wahrnehmbaren Gegenstand. Denn im wahrnehmbaren Gegenstand hat sie natürliches Sein, im Wahrnehmungssinn aber hat sie intentionales bzw. geistiges Sein."[9]

Angesichts dieser Aussage stellt sich natürlich sogleich die Frage, was denn unter dem intentionalen oder geistigen Sein im Gegensatz zu einem natürlichen Sein zu verstehen ist. Diese zentrale Frage soll im Moment noch zurückgestellt und erst in § 5 eingehend erörtert werden. Hier gilt es zunächst nur, das kognitive Kriterium präziser zu fassen. Thomas versteht es offensichtlich in folgendem Sinne:

---

[9] *Sentencia libri De anima* II, 24 (ed. Leonina XLV/1, 169): „... et ideo forma recipitur in paciente sine materia in quantum paciens assimilatur agenti secundum formam et non secundum materiam; et per hunc modum sensus recipit formam sine materia, quia alterius modi esse habet forma in sensu et in re sensibili: nam in re sensibili habet esse naturale, in sensu autem habet esse intentionale siue spirituale." Vgl. auch *Sentencia libri De anima* II, 14 (ed. Leonina XLV/1, 127-128); *ST* I, q. 78, art. 3, corp.; *ST* I-II, q. 22, art. 2, ad 3; *Quaest. disp. De anima*, art. 13, corp.

(2) Eine Entität x ist genau dann kognitiv, wenn sie imstande ist, die Form einer Entität y ohne die Materie mit intentionalem Sein aufzunehmen und in sich zu haben.

Wird das Kriterium so formuliert, lassen sich die zitierten Gegenbeispiele leicht zurückweisen. Es kommt nämlich nicht nur darauf an, *was* aufgenommen wird, sondern immer auch, *wie* etwas aufgenommen wird. Genau die intentionale Art und Weise, die nicht mit der materiellen gleichgesetzt werden darf, unterscheidet den Vorgang des Aufnehmens bei einer kognitiven Entität von jenem bei einer nicht-kognitiven Entität. Aufgrund dieser besonderen Art des Aufnehmens hat die Entität y ein besonderes intentionales Sein in x.

Das Kriterium ist allerdings immer noch sehr weit gefasst. Es sagt nichts darüber aus, um welche Art von Entität es sich beim Kognitiven handelt. Tiere können offensichtlich ebenso kognitiv sein wie Menschen, Engel oder Gott. Denn auch Tiere können eine Form auf intentionale Weise aufnehmen, z. B. wenn ein Hund etwas Weißes sieht und die entsprechende Form aufnimmt, ohne selber weiß zu werden. Daher hält Thomas explizit fest, dass auch Tiere sich auf etwas beziehen und in gewisser Weise etwas erkennen können.[10] Dies heißt freilich nicht, dass Tiere in gleicher Weise kognitiv sind wie Menschen, Engel oder Gott. Im kognitiven Kriterium wird nur eine Minimalbedingung formuliert. Für Menschen (oder auch für Engel und für Gott) können noch Zusatzbedingungen formuliert werden, die für eine besondere Art von Kognition (z. B. für eine intellektuelle) erfüllt sein müssen. Zu beachten ist hier lediglich, dass Thomas nicht ein Kriterium wählt, das – wie in der postcartesianischen Tradition üblich – eine scharfe Trennlinie zwischen Tieren und Menschen zieht. Menschen werden nicht von vornherein als kognitive Wesen den nicht-kognitiven Tieren gegenübergestellt. Und das heißt natürlich im Hinblick auf die Intentionalitätsproblematik: Intentionalität wird nicht von vornherein als ein besonderes Merkmal den Menschen zugesprochen und den Tieren abgesprochen. Im Gegenteil: Intentionalität wird zunächst als ein *nicht* typisch menschliches Merkmal eingeführt – als ein Merkmal, das vielmehr alle Entitäten auszeichnet, die eine Form auf intentionale Weise aufnehmen und in sich haben können.[11] Erst in ei-

---

[10] Vgl. *ST* I, q. 78, art. 4, corp., wo Thomas auf die kognitiven Fähigkeiten eines Schafes hinweist.

[11] In *ST* I, q. 14, art. 1, corp., betont Thomas, dass sich Erkenntnisfähigkeit bei Gott, Menschen und Tieren findet, weil alle diese Wesen die Form eines anderen Gegenstandes aufnehmen können. Allerdings sind diese Wesen hierarchisch geordnet: Nur bei Gott erfolgt das Aufnehmen vollständig immateriell; daher ist Gott „in summo cognitionis".

nem weiteren Schritt ist genauer zu spezifizieren, welche besondere Art von Intentionalität unterschiedliche Entitäten – Tiere, Menschen, Engel, Gott – aufgrund ihrer unterschiedlichen kognitiven Fähigkeiten haben, und es muss erläutert werden, wie diese Fähigkeiten in einem konkreten Fall aktiviert werden.

Das kognitive Kriterium in der Formulierung (2) scheint aber immer noch zu weit gefasst zu sein. Thomas hält nämlich nicht nur fest, dass Tiere, Menschen, Engel und Gott Formen auf intentionale Weise in sich haben können, sondern er gesteht dies auch der Luft und dem Wasser zu. Manchmal sagt er in metaphorischer Weise sogar, Luft und Wasser seien „wahrnehmend" bezüglich einer Form, z.B. jener der Farbe.[12]

Diese auf den ersten Blick erstaunliche Feststellung ist auf den aristotelischen Hintergrund seiner Wahrnehmungstheorie zurückzuführen. Im Rahmen der aristotelischen Wahrnehmungstheorie kann ein Wahrnehmungssinn nämlich nur dann eine Form aufnehmen, wenn zwischen Wahrnehmungsorgan und Wahrnehmungsgegenstand ein Medium liegt. So kann jemand beim Betrachten einer roten Rose nur dann die Form der Röte aufnehmen, wenn zwischen dem Auge und der Röte die Luft als Medium vorliegt. Wird das Auge direkt auf den Gegenstand gelegt, erfolgt keine Wahrnehmung.[13] Für unterschiedliche Wahrnehmungssinne gibt es zwar unterschiedliche Medien (neben der Luft auch Wasser und Fleisch), aber jeder Wahrnehmungssinn ist auf ein Medium angewiesen.

Mit dieser Theorie war nicht nur Thomas vertraut, sondern sie war lange vor ihm auch den arabischen Kommentatoren bekannt. Diese vertraten die Ansicht, bei jeder Wahrnehmung müsse die Form nicht nur vom Wahrnehmungssinn aufgenommen werden, sondern auch vom jeweiligen Medium, ja die Existenz der Form im Medium sei eine notwendige Bedingung dafür, dass die Form überhaupt in den Wahrnehmungssinn gelangen könne. Besonders im Falle der optischen Wahrnehmung insistierten sie darauf, dass die Form in einem Lichtstrahl – also in einem bestimmten Teil der Luft – existieren und durch stete Vervielfachung an das Auge übermittelt werden muss. Im 13. Jh. wurde diese Theorie von verschiedenen lateinischen Autoren, den sog. Perspektivisten (unter ihnen Roger Bacon), rezipiert und weiterentwickelt. Sie behaupteten, die Form sei dank besonderer Entitäten, sog. *species in medio*, im jeweiligen Medium. Bacon wies explizit darauf hin, dass die Form in einem Medium wie der Luft

---

[12] *Sentencia libri De anima* II, 25 (ed. Leonina XLV/1, 174): „... aer et aqua (quorum utrumque est dyaphanum) sunt perceptiua coloris..."
[13] Vgl. *De anima* II, 11 (423b20-22).

„aufgrund der Schwäche ihres Seins in Bezug auf den Gegenstand" nur eine intentionale Existenz hat.[14] Denn im Medium existiert die Form nicht in gleicher Weise wie im Wahrnehmungsgegenstand. So existiert etwa die Form der Röte, die von einer Rose zum Auge übertragen wird, nicht genau gleich im Lichtstrahl wie in der Rose. Der Lichtstrahl wird nämlich nicht im wörtlichen Sinne dadurch rot, dass er die Form der Röte überträgt. Er hat diese Form nur auf intentionale Weise in sich.

Wenn Thomas an die aristotelische Wahrnehmungstheorie anknüpft, so stützt er sich nicht nur auf *De anima*, sondern immer auch auf die Theorie der Perspektivisten. Daher vertritt er die These, dass nicht nur der Wahrnehmungssinn, sondern auch das Medium die Form aufnimmt, und zwar auf intentionale Weise.[15] Diese These scheint aber eine seltsame Konsequenz zu haben, wenn sie in Verbindung mit dem kognitiven Kriterium gebracht wird: Auch ein Medium wie Luft oder Wasser kann eine Form auf intentionale Weise aufnehmen; also genügt auch ein Medium dem kognitiven Kriterium; also ist auch ein Medium eine kognitive Entität. Angesichts dieser Konsequenz ist es nicht erstaunlich, dass Thomas' Standpunkt in der neueren Forschung als äußerst problematisch beurteilt wurde. So behauptete M. Tweedale, Thomas vertrete eine inkonsistente Theorie, wenn er einerseits all das als kognitiv einstufe, was eine Form intentional aufnehmen könne, andererseits aber auch einräume, dass Luft und Wasser eine Form intentional aufnehmen können.[16] R. Pasnau stellte kritisch fest, Thomas verfüge nicht einmal über ein scharfes kognitives Kriterium. Der Unterschied zwischen dem Kognitiven und dem Nicht-Kognitiven erweise sich vielmehr als ein gradueller Unterschied. Wasser und Luft könnten zwar eine Form auf intentionale Weise aufnehmen und seien deshalb in einem gewissen Sinne kognitiv. Da sie aber die Form nicht so aufnehmen, wie dies für weitere kognitive Prozesse erforderlich ist, könne ihnen nur der niedrigste Grad an kognitiver Fähigkeit zugeschrieben werden.[17]

---

[14] Roger Bacon, *De multiplicatione specierum* I, 1 (ed. Lindberg 1983, 4): „Forma quidem vocatur in usu Alhacen, auctoris *Perspectivae* vulgate. Intentio vocatur in usu vulgi naturalium propter debilitatem sui esse respectu rei, dicentis quod non est vere res sed magis intentio rei, id est similitudo." Vgl. ausführlich dazu Lindberg 1997.

[15] *ST* I, q. 56, art. 2, ad 3: „Sicut etiam et forma coloris in pariete habet esse naturale, in medio autem deferente habet esse intentionale tantum." Vgl. auch *Sentencia libri De anima* II, 14 (ed. Leonina XLV/1, 128), wo Thomas sagt: „... immutatio uero spiritualis est secundum quod species recipitur in organo sensus *aut in medio* per modum intentionis..." (Hervorhebung D.P.).

[16] Vgl. Tweedale 1992, 218.

[17] Vgl. Pasnau 1997a, 56-57.

§ 4 Das kognitive Kriterium 39

Ist Thomas tatsächlich inkonsistent? Oder ist er gezwungen, auch Luft und Wasser bis zu einem bestimmten Grad kognitive Fähigkeiten zuzugestehen? Ich glaube nicht, dass man diese Schlussfolgerungen ziehen muss, wenn man ein weiteres zentrales Element seiner aristotelisch geprägten Theorie berücksichtigt. Dieses Element findet sich in den Ausführungen über die gegenseitige Zuordnung von Wahrnehmungssinn und Wahrnehmungsformen.

Aristoteles weist in *De anima* darauf hin, dass eine Wahrnehmungstheorie zunächst bei den für einen bestimmten Wahrnehmungssinn eigentümlichen Wahrnehmungsformen (den *sensibilia propria*) ansetzen muss. So ist dem Gesichtssinn die Farbe zugeordnet, dem Gehörsinn der Ton, dem Geruchssinn der Geruch usw. Jeder Wahrnehmungssinn ist von Natur aus dazu disponiert, die ihm zugeordnete Form aufzunehmen.[18] Genau an diese Ausführungen knüpft Thomas an und verwendet sie als Ausgangspunkt für eine umfassende These: In jedem Wahrnehmungssinn muss es eine gewisse proportionale Entsprechung oder eine natürliche Disposition für das Wahrzunehmende geben.[19] Andernfalls ist kein Wahrnehmungsakt und damit auch kein kognitiver Akt möglich. Die natürliche Disposition befähigt den Wahrnehmungssinn nicht nur dazu, eine ihm entsprechende Form zu haben, sondern sie auch zu erfassen. Daher hält Thomas fest, der wahrnehmbare Gegenstand bzw. die Form dieses Gegenstandes werde vom entsprechenden Sinn wahrgenommen.[20] Genau darin liegt nun der entscheidende Unterschied zu einem Medium wie Luft oder Wasser. Das Medium hat zwar die Form in sich, sogar auf intentionale Weise, aber es speichert sie nur ab. Es ist nur eine Art Behälter für die Form, vermag sie aber nicht wahrzunehmen und zu erfassen.[21] Daher ist ein Medium nichts Kognitives. Es ist, wie der Name bereits ausdrückt, nur ein *Mittel* für das Zustandekommen eines kognitiven Aktes. Dieser Punkt mag anhand eines modernen Vergleichs noch deutlicher werden.

---

[18] Vgl. *De anima* II, 7 (418a11-17).
[19] *Sentencia libri De anima* II, 24 (ed. Leonina XLV/1, 170): „... oportet enim in organis senciendi ad hoc quod senciatur, esse quandam rationem, id est proportionem, ut dictum est."
[20] *ST* I, q. 78, art. 3, corp.: „Est autem sensus quaedam potentia passiva, quae nata est immutari ab exteriori sensibili. Exterius ergo immutativum est quod per se a sensu percipitur..."
[21] *Sentencia libri De anima* II, 24 (ed. Leonina XLV/1, 171): „... odorare est sic pati aliquid ab odore quod senciat odorem, aer autem non sic patitur ut senciat, quia *non habet potenciam sensitivam*, set sic patitur ut sit sensibilis, in quantum scilicet est medium in sensu." (Hervorhebung D.P.)

Angenommen, zwei Personen führen zusammen ein Telefongespräch. In diesem Fall werden die Äußerungen der einen Person via Telefonhörer und -leitung an das Ohr der anderen Person übermittelt. Die sprachlichen Äußerungen sind dann in einem gewissen Sinne im Hörer und in der Leitung. Man könnte sogar sagen, die Äußerungen seien auf intentionale Weise – oder modern ausgedrückt: auf codierte Weise – und nicht auf materielle Weise in diesen technischen Hilfsmitteln. Hörer und Leitung werden ja nicht materiell durch die Äußerungen verändert und verbogen. Sie werden nur insofern verändert, als sie eine codierte Information aufnehmen und weiterleiten. Obwohl die technischen Hilfsmittel also die sprachlichen Äußerungen auf gewisse Weise aufnehmen und in sich haben, wäre es abwegig zu behaupten, dass sie diese Äußerungen verstehen. Sie sind nicht mehr als ein Mittel für das Zustandekommen eines Telefongesprächs. Nur die beiden Personen sind in der Lage, die sprachlichen Äußerungen in sich aufzunehmen *und* zu erfassen. Ähnliches gilt für das Medium im Falle einer Wahrnehmung. Es kann die Form zwar auf codierte Weise in sich haben und an den Wahrnehmungssinn weiterleiten, aber es kann sie eben nur in sich haben. Einzig der Wahrnehmungssinn bzw. die wahrnehmende Person ist in der Lage, die Form in sich zu haben *und* zu erfassen, denn einzig diese Instanz verfügt über eine besondere Disposition zum Wahrnehmen.[22]

Zieht man diese Präzisierung in Betracht, kann man das kognitive Kriterium noch genauer fassen:

(3) Eine Entität x ist genau dann kognitiv, (i) wenn sie imstande ist, die Form einer Entität y ohne die Materie mit intentionalem Sein aufzunehmen und in sich zu haben, und (ii) wenn sie ein natürliches Vermögen hat, die Form zu erfassen.

Diesem Kriterium zufolge ergibt sich nicht die absurd anmutende Konsequenz, dass auch Luft und Wasser zum Bereich des Kognitiven gezählt werden müssen; denn Luft und Wasser genügen nur der Bedingung (i), nicht aber (ii).[23]

---

[22] Es ist zu betonen, dass der Wahrnehmungssinn immer Bestandteil einer wahrnehmenden Person ist und als eine bestimmte Fähigkeit von dieser Person verwendet wird. Wenn Thomas behauptet, der Wahrnehmungssinn erfasse etwas oder nehme etwas wahr (vgl. oben Anm. 20), ist dies also nicht in dem Sinne zu verstehen, dass der Sinn als „homunculus" innerhalb einer Person tätig wird. Es ist stets die *Person*, die durch die Aktivierung eines Sinnes etwas wahrnimmt.

[23] Man könnte vielleicht einwenden, dass das Kriterium aufgrund der Bedingung (ii) zirkulär ist. Denn heißt „eine Disposition haben, etwas zu erfassen" nicht einfach „eine Disposition haben, kognitiv tätig zu sein"? Dann besagt das Kriterium lediglich, dass eine Entität genau dann kognitiv ist, wenn sie eine Disposition hat, kognitiv tätig zu sein – eine

§ 4 *Das kognitive Kriterium* 41

Dass Luft und Wasser nicht zum Bereich des Kognitiven gehören, steht noch aus einem weiteren Grund fest. Thomas formuliert das kognitive Kriterium, wie es in seiner einfachsten Form oben zitiert wurde,[24] in einem theologischen Kontext. Er diskutiert dort die Frage, ob Gott ein Wissen habe und wie sich sein Wissen von demjenigen der Menschen unterscheide. In diesem Kontext steht von vornherein fest, dass von Entitäten die Rede ist, die über eine Seele bzw. einen Geist verfügen. Die Frage ist nur, worin sich der Geist Gottes vom Geist bzw. von der Seele der Menschen sowie anderer Lebewesen unterscheidet und wie Gott aufgrund seines spezifischen Geistes, der reiner Intellekt ist, kognitiv sein kann. Kurzum: Es geht um die Frage, was ein mit Geist bzw. Seele ausgestattetes Wesen als ein kognitives Wesen auszeichnet. Um diese Frage zu beantworten, hält Thomas fest, dass es nicht ausreicht, irgendeine Seele zu haben. Pflanzen haben nämlich auch eine Seele, sind aber nicht kognitiv. Kognitiv ist ein Wesen erst dann, wenn es über eine Seele verfügt, die es ihm erlaubt, die Form eines Gegenstandes auf intentionale Weise aufzunehmen. In der ganzen Diskussion steht somit fest, dass Luft und Wasser, die nicht über eine Seele verfügen, keine möglichen Kandidaten für Kognitives sind. Daher bemüht sich Thomas auch nicht, in seinem kognitiven Kriterium explizit eine Bedingung zu formulieren, um ein Medium aus dem Bereich des Kognitiven auszuschließen. Ihm geht es um den entscheidenden Punkt, dass ein Wesen selbst dann, wenn es eine Seele hat, nur kognitiv ist, sofern es eine Form auf eine bestimmte Weise aufnehmen kann.

Die bisherigen Ausführungen haben gezeigt, dass Thomas mit seiner Intentionalitätstheorie bei einer aristotelisch geprägten These ansetzt: Sich kognitiv auf etwas zu beziehen heißt immer, die Form eines Gegenstandes mit intentionalem Sein aufzunehmen. Angesichts dieser These muss im Folgenden näher untersucht werden, was unter dem intentionalen Sein (*esse intentionale*) im Gegensatz zu einem natürlichen Sein (*esse naturale*) zu verstehen ist. Zudem ist deutlich geworden, dass Thomas den Prozess des intentionalen Aufnehmens nicht bloß dem Intellekt zu-

---

offensichtliche Zirkularität. Auf einen solchen Einwand kann erwidert werden, dass in der Bedingung (ii) nicht in allgemeiner Weise von einer Disposition, etwas zu erfassen, die Rede ist. Es ist vielmehr von einer spezifischen Disposition die Rede, nämlich von jener, eine Form zu erfassen. Dadurch wird genau bestimmt, worauf sich die Disposition beziehen muss, und es wird eine Zirkularität vermieden. Wenn wir etwa sagen, jemand sei genau dann musikalisch, wenn er die Disposition hat, musikalische Themen zu erfassen, formulieren wir auch kein zirkuläres Kriterium. Wir spezifizieren dann, dass die Disposition musikalische Themen und nicht irgendwelche Objekte betrifft.

[24] Vgl. Anm. 5.

schreibt, sondern auch und sogar primär den Wahrnehmungssinnen. Seine Intentionalitätstheorie ist daher auf mindestens zwei Ebenen anzusiedeln: auf jener der äußeren und inneren Wahrnehmungssinne ebenso wie auf jener des Intellekts. Es wäre unangemessen, die Intentionalitätsproblematik lediglich als die Frage nach der Gerichtetheit von geistigen Akten wie Glauben, Wünschen, Hoffen usw. zu verstehen, wie dies in der heutigen Debatte meistens der Fall ist.[25] Für Thomas stellt sich immer auch die Frage nach der Gerichtetheit von Wahrnehmungsakten. Eine Klärung der Frage „Warum ist meine Rotwahrnehmung eine Wahrnehmung *von etwas*?" ist für ihn mindestens so wichtig wie eine Antwort auf die Frage „Warum ist mein Denken an den Besuch von Freunden ein Denken *an etwas*?". Schließlich ist noch eine weitere Differenz zu den gegenwärtigen Debatten deutlich geworden: Für Thomas ist Intentionalität nicht (oder zumindest nicht primär) als eine Relation zwischen propositionalen Einstellungen und Propositionen zu verstehen.[26] Er konzentriert sich nicht auf die Frage, warum wir uns mit Akten oder Zuständen wie Glauben, Hoffen oder Wünschen auf Objekte der Form „dass p" richten können. Er interessiert sich vielmehr für die Frage, wie wir uns überhaupt auf Gegenstände richten können und wie es uns gelingt, deren Form aufzunehmen. Ob und wie auf der Grundlage der aufgenommenen Formen Propositionen erfasst oder gebildet werden, ist für ihn ein untergeordnetes Problem.

§ 5 Die Intentionalität der Wahrnehmungs- und Vorstellungsakte

Thomas setzt mit seiner Beschreibung und Erklärung von intentionalen Akten auf der Stufe der Wahrnehmung an. Nur wenn auf dieser Stufe Formen aufgenommen werden, ist auch auf der Stufe des Intellekts eine Aufnahme von Formen möglich. Und nur dann kann sich der Intellekt in seinen Akten auf etwas richten. Die Existenz von intentionalen Wahrnehmungsakten ist somit eine notwendige (aber freilich noch keine hin-

---

[25] Diese Aussage ist freilich im Hinblick auf verschiedene Autoren zu spezifizieren. So berücksichtigen Searle 1983 und Lyons 1995 durchaus auch perzeptive Akte wie Sehen und Hören. Doch meistens überwiegen in den gegenwärtigen Diskussionen die Beispiele für geistige Akte. Dies zeigt sich deutlich bei Field 1978, der das Problem der Intentionalität von vornherein als das Problem der Gerichtetheit von Zuständen wie Glauben und Begehren versteht.
[26] Dadurch unterscheidet er sich deutlich von heutigen Autoren wie Field 1978 und Searle 1983, 4-13, die immer bei propositionalen Zuständen und ihren Objekten ansetzen.

§ 5 Die Intentionalität der Wahrnehmungs- und Vorstellungsakte

reichende) Bedingung für das Zustandekommen von intentionalen Denkakten.

Doch wie werden in einem Wahrnehmungsakt Formen aufgenommen? Zur Beantwortung dieser Frage müssen zwei Bereiche betrachtet werden: die äußeren und die inneren Sinne. In beiden Bereichen muss eine gewisse Veränderung stattfinden. Thomas erläutert die Veränderung in den äußeren Sinnen folgendermaßen:

„Es gibt aber eine zweifache Veränderung: eine natürliche und eine geistige. Eine *natürliche* erfolgt, wenn die Form des Verändernden mit einem natürlichen Sein im Veränderten aufgenommen wird, so wie die Hitze im Erhitzten aufgenommen wird. Eine *geistige* aber erfolgt, wenn die Form des Verändernden mit einem geistigen Sein im Veränderten aufgenommen wird, so wie die Form der Farbe in der Pupille aufgenommen wird, die ja dadurch nicht gefärbt wird. Für die Tätigkeit des Wahrnehmungssinns ist aber eine geistige Veränderung erforderlich, durch die eine Intention der wahrnehmbaren Form im Wahrnehmungsorgan entsteht. Andernfalls, wenn eine natürliche Veränderung allein zum Wahrnehmen genügte, würden alle natürlichen Körper wahrnehmen, solange sie verändert werden."[27]

Offensichtlich weist Thomas hier auf einen engen Zusammenhang zwischen einem bestimmten ontologischen Status und einer bestimmten Art von Veränderung hin: Wird eine wahrnehmbare Form mit natürlichem Sein aufgenommen, erfolgt eine natürliche Veränderung; wird sie hingegen mit geistigem Sein aufgenommen, erfolgt eine geistige Veränderung. An einer anderen Stelle spricht Thomas auch von einem „intentionalen oder geistigen Sein", das er einem natürlichen Sein gegenüberstellt.[28] Entscheidend ist freilich, dass ein und dieselbe wahrnehmbare Form je nach Kontext mit einem natürlichen oder einem geistigen Sein aufgenommen wird und eine entsprechende Veränderung auslöst. So wird etwa die Form der Weiße mit natürlichem Sein von einer Wand aufgenommen, wenn diese weiß gestrichen wird, und sie bewirkt dann eine natürliche Veränderung: Die Wand *wird* weiß. Betrachtet hingegen eine Person die frisch gestrichene Wand, wird dieselbe Form mit geistigem Sein von dieser Person

---

[27] *ST* I, q. 78, art. 3, corp.: „Est autem duplex immutatio: una naturalis, et alia spiritualis. Naturalis quidem, secundum quod forma immutantis recipitur in immutato secundum esse naturale, sicut calor in calefacto. Spiritualis autem, secundum quod forma immutantis recipitur in immutato secundum esse spirituale; ut forma coloris in pupilla, quae non fit per hoc colorata. Ad operationem autem sensus requiritur immutatio spiritualis, per quam intentio formae sensibilis fiat in organo sensus. Alioquin, si sola immutatio naturalis sufficeret ad sentiendum, omnia corpora naturalia sentirent dum alterantur." Vgl. auch *Sentencia libri De anima* I, 10 (ed. Leonina XLV/1, 50) und II, 24 (ed. Leonina XLV/1, 169); *Quaest. disp. De anima*, art. 13, corp.
[28] Vgl. *Sentencia libri De anima* II, 24 (ed. Leonina XLV/1, 169): „... nam in re sensibili habet esse naturale, in sensu autem habet esse intentionale siue spirituale..."

(genauer: von ihren Augen) aufgenommen, und sie bewirkt dann eine geistige Veränderung: Die Person *sieht* etwas Weißes. Es geht hier nicht darum, zwei unterschiedliche Gegenstandsbereiche zu bestimmen. Vielmehr müssen zwei unterschiedliche ontologische Status für denselben Gegenstandsbereich – für den Bereich der wahrnehmbaren Formen – und zwei unterschiedliche Arten von Veränderung unterschieden werden.[29]

Thomas betont, dass eine gewisse Hierarchie unter den fünf Wahrnehmungssinnen besteht. Der Gesichtssinn wird nämlich ausschließlich geistig bzw. intentional verändert, wenn er eine Form aufnimmt, und in ihm findet ausschließlich eine geistige Veränderung statt. Daher nimmt er den höchsten Rang ein. Die anderen Sinne hingegen nehmen die jeweilige Form teilweise geistig und teilweise natürlich auf, sodass in ihnen teilweise eine geistige und teilweise eine natürliche Veränderung stattfindet. Aufgrund dieser „unreinen" geistigen Veränderung sind sie dem Gesichtssinn untergeordnet.[30]

Doch was ist unter einer geistigen bzw. intentionalen Veränderung im Gegensatz zu einer natürlichen zu verstehen? Zunächst ist terminologisch festzuhalten, dass es sich nicht um eine intellektuelle Veränderung handelt; Thomas spricht von einer *immutatio spiritualis* und nicht von einer *immutatio intellectualis*.[31] Dies ist unmittelbar einleuchtend, da

---

[29] Es ist freilich zu beachten, dass Thomas terminologisch nicht immer konsistent ist. Manchmal sagt er, die Form selber werde mit einem natürlichen oder geistigen Sein aufgenommen (vgl. *Sentencia libri De anima* II, 24; ed. Leonina XLV/1, 169). Manchmal spricht er auch von einer „species sensibilis", die mit einem natürlichen oder geistigen Sein aufgenommen wird (vgl. ibid. I, 50; ed. Leonina XLV/1, 50). Er unterscheidet damit aber nicht unterschiedliche Gegenstandsbereiche, denn eine „species sensibilis" ist nichts anderes als eine wahrnehmbare Form, die von der Materie des Wahrnehmungsgegenstandes abgelöst und im Wahrnehmungsorgan aufgenommen wird. Vgl. zur Terminologie auch Tellkamp 1999, 82.

[30] In *ST* I, q. 78, art. 3, corp. gibt Thomas folgende hierarchische Ordnung an: Auf den Gesichtssinn („maxime spiritualis, et perfectior inter omnes sensus") folgen der Gehör- und der Geruchssinn und schließlich der Tast- und der Geschmackssinn. Je mehr natürliche Veränderung in einem Sinn erfolgt, desto niedriger steht er in der hierarchischen Ordnung. Vgl. zu dieser Hierarchie ausführlich Burnyeat 2001.

[31] Thomas beruft sich für die Verwendung des Ausdrucks ‚spirituale' auf Augustinus; vgl. *ST* I, q. 78, art. 4, ad 6. Dieser führt in *De genesi ad litteram* XII, cap. 7-8 (CSEL 28/3, ed. Zycha 1894, 387-391) die Dreiteilung „corporale – spirituale – intellectuale" ein. „Spirituale" nimmt dabei eine Mittelstellung ein, nämlich die Stellung von etwas Geistigem im Körper. Augustinus illustriert diese Mittelstellung mit dem Gebet; denn es ist nicht einfach der Körper, der betet, sondern der Geist im Körper. Wie Tellkamp 1999, 65-81, nachgewiesen hat, sind für Thomas' Verwendung von ‚spirituale' aber Averroes und Albert der Große mindestens so wichtig, wenn nicht gar wichtiger als Augustinus. Vor allem Albert war für Thomas bedeutsam, da er die Rede von einem „geistigen Sein" explizit in einen wahrnehmungstheoretischen Kontext einführte und teilweise von den theologischen Konnotationen befreite.

§ 5 Die Intentionalität der Wahrnehmungs- und Vorstellungsakte 45

diese Veränderung in einem Wahrnehmungssinn – genauer: in einem Wahrnehmungsorgan – und nicht im Intellekt stattfindet. Doch wie kann in einem Wahrnehmungsorgan, etwa im Auge, eine geistige Veränderung erfolgen? Diese Frage hat in der neueren Forschung rege Diskussionen ausgelöst. Zwei unterschiedliche Interpretationslinien sind dabei verfolgt worden.

Einige Interpreten vertreten die Ansicht, die geistige Veränderung sei als ein vollständig immaterieller Prozess zu verstehen, nämlich als ein bloßes Gewahr-werden, das keine materielle Veränderung des Wahrnehmungsorgans involviert. Konkret heißt dies: Wenn das Auge die Form der Röte aufnimmt, so nimmt es keine roten Partikel auf. Es verfärbt sich nicht rot und wird auch sonst in keiner Weise materiell affiziert. Das Auge verändert sich nur in dem Sinne, dass die Person, die dieses Auge hat, der Röte gewahr wird.[32] Andere Interpreten hingegen argumentieren, dass das Auge Bestandteil des materiellen Körpers ist und dass es somit materiell verändert werden muss, wenn irgendeine Veränderung erfolgt, sei diese nun natürlicher oder geistiger Art.[33] Der Unterschied zwischen den beiden Arten von Veränderung bestehe nur darin, dass im Falle einer natürlichen Veränderung der veränderte Gegenstand materielle Teile oder Partikel vom verändernden Gegenstand übernehme. So nehme z. B. eine Wand, die weiß gestrichen wird, materielle Farbpartikel auf. Im Falle einer geistigen Veränderung hingegen werde der veränderte Gegenstand materiell affiziert, ohne dass er materielle Teile oder Partikel vom verändernden Gegenstand übernehme. So werde das Auge in dem Sinne geistig verändert, dass die Pupille affiziert werde (z. B. indem Bilder auf ihr entstehen), ohne dass das Auge im wörtlichen Sinn farbig werde.

Die Auseinandersetzung zwischen den Vertretern dieser beiden Interpretationen ist weit mehr als ein Dissens über ein exegetisches Detail. Sie ist Ausdruck einer fundamental unterschiedlichen Einschätzung der aristotelischen Wahrnehmungstheorie, von der Thomas ausgeht. Für die Vertreter der ersten Interpretation verdeutlicht die These von der rein geistigen Veränderung, dass diese Wahrnehmungstheorie in einem modernen, naturwissenschaftlichen Kontext kaum

---

[32] Vgl. Burnyeat 1992, 18: „... the eye's taking on a colour is just one's becoming aware of some colour." Burnyeat schreibt diese Ansicht nicht nur Thomas, sondern schon Aristoteles und Philoponus zu. Auch Deely 1968 versteht die Veränderung des Auges als einen rein immateriellen Prozess.
[33] Dies betonen mit Nachdruck Cohen 1982, 195, und Nussbaum & Putnam 1992, 53.

mehr nachvollziehbar ist und höchstens noch einen antiquarischen Wert besitzt.³⁴ Die Vertreter der zweiten Interpretation hingegen behaupten, diese These sei auch heute noch von aktuellem Interesse, denn sie ziele auf eine funktionale und nicht auf eine materiale Analyse des Wahrnehmungsprozesses ab. Die These verdeutliche nämlich, dass nicht die materielle Grundlage (z. B. das Augengewebe) das Entscheidende bei einem Wahrnehmungsprozess ist, sondern die funktionale Rolle (z. B. das Aufnehmen und Weiterleiten von visuellen Eindrücken), die der auf einer materiellen Grundlage realisierte Zustand spielt. Die These weise verblüffende Ähnlichkeiten mit der Hauptthese des modernen Funktionalismus auf und besitze daher immer noch Aktualität.³⁵

Welche der beiden Interpretationen ist als die überzeugendere zu wählen? Werden sie in dieser Zuspitzung formuliert, sind wohl beide unangemessen, denn eine adäquate Interpretation verlangt verschiedene Ergänzungen und Präzisierungen.³⁶ Zunächst ist die Gegenüberstellung der Ausdrücke ‚geistig' und ‚natürlich' genauer zu betrachten. Von den Vertretern beider Interpretationen wird angenommen, der Ausdruck ‚geistig' (‚*spirituale*', wenn von den Wahrnehmungssinnen die Rede ist, ‚*intelligibile*' im Hinblick auf den Intellekt) werde synonym zu ‚immateriell' verwendet und ‚natürlich' synonym zu ‚materiell'. Doch diese Annahme lässt sich kaum aufrechterhalten. An einer wenig beachteten Stelle, an der Thomas die Erkenntnis von Engeln erklärt, macht er nämlich folgende Aussage:

„... ein Engel erkennt einen anderen durch eine Species, die in seinem Intellekt existiert. Diese unterscheidet sich vom Engel, dessen Abbild sie ist, nicht gemäß einem materiellen und immateriellen Sein, sondern gemäß einem natürlichen und intentionalen Sein. Denn der Engel selbst ist eine subsistierende Form mit natür-

---

³⁴ So behauptet Haldane 1983, 238, man müsse Thomas' Analyse der Sinneswahrnehmung verwerfen, wenn man zu einer adäquaten Theorie gelangen wolle. Burnyeat 1992, 26, stellt provokativ fest (freilich primär mit Bezug auf Aristoteles), die ganze Konzeption des Geistes, die dieser Theorie der Sinneswahrnehmung zugrunde liegt, sei spätestens seit Descartes vollkommen unplausibel geworden. Sie sei gänzlich zu beseitigen.

³⁵ So Nussbaum & Putnam 1992 und Sorabji 1992, die sich freilich primär auf Aristoteles beziehen und Thomas nur als einen Vertreter der aristotelischen Theorie erwähnen. Einen expliziten Bezug zu Thomas schafft Pasnau 1997a, 42. Vgl. zur funktionalistischen Deutung ausführlich Perler 1997.

³⁶ Burnyeat 2001 hat seine frühere Aussage in beachtlichem Maße präzisiert. Ich werde im Folgenden nicht im Detail auf seine Argumentation eingehen, sondern weitere Argumente darlegen, die zeigen sollen, dass es verfehlt wäre, einfach die moderne Gegenüberstellung materiell-immateriell auf Thomas' Redeweise von einer geistigen Veränderung zu projizieren.

lichem Sein. Aber dessen Species, die im Intellekt des anderen Engels ist, hat dort nur intelligibles Sein."[37]

Die Rede von kognitiven Entitäten, sog. Species, soll erst in § 6 ausführlich untersucht werden. Hier ist nur die Bestimmung und gegenseitige Abgrenzung von natürlichem und geistigem bzw. intelligiblem Sein von Bedeutung. Offensichtlich gilt hier nicht die Gleichsetzung ‚natürlich = materiell' und ‚geistig = immateriell'. Ein Engel ist ja immer schon immateriell, und trotzdem lässt sich auch bei einem Engel die Unterscheidung zwischen natürlichem und geistigem Sein treffen. Thomas geht in seiner Aussage vielmehr von folgender Feststellung aus: Unter dem natürlichen Sein ist die Existenzweise zu verstehen, die ein Engel *an sich* hat, unabhängig von irgendeiner kognitiven Relation zu etwas anderem. Im Gegensatz dazu ist unter dem geistigen Sein jene Existenzweise zu verstehen, die ein Engel hat, insofern er von einem anderen Engel mit Hilfe einer Species erkannt wird, also die Existenzweise *in einer kognitiven Relation* zu etwas anderem. Kurz gesagt: Der Engel hat an sich immaterielles und natürliches Sein; in einer kognitiven Relation hat er immaterielles und geistiges Sein.

Entscheidend ist in diesem Zusammenhang die Tatsache, dass Thomas genau unterscheidet zwischen der Existenzweise, die ein Engel an sich hat, und jener, die er in einer kognitiven Relation hat. Die Existenzweise, die ein Engel oder eine andere Entität an sich hat, hängt nur von dieser Entität ab. Jene Existenzweise hingegen, die eine Entität in einer kognitiven Relation hat, hängt von dem ab, was diese Relation herstellt und die Entität aufnimmt. Thomas geht nämlich stets von der These aus, dass sich das Aufgenommene nach dem Aufnehmenden richtet.[38] Wird beispielsweise eine Rose kognitiv von einem Engel aufgenommen, richtet sich ihre Existenzart in der kognitiven Relation nach dem Engel. Wird sie von einem Menschen kognitiv aufgenommen, richtet sich ihre Existenzart nach dem Menschen. Daraus ergibt sich eine entscheidende Konsequenz für eine Interpretation der Gegenüberstellung von natürlichem und geistigem Sein: Das natürliche Sein eines Gegenstandes kann ganz unterschiedlicher Art sein, je nach Art des Gegenstandes. So ist eine

---

[37] *ST* I, q. 56, art. 2, ad 3: „... unus angelus cognoscit alium per speciem eius in intellectu suo existentem, quae differt ab angelo cuius similitudo est, non secundum esse materiale et immateriale, sed secundum esse naturale et intentionale. Nam ipse angelus est forma subsistens in esse naturali: non autem species eius quae est in intellectu alterius angeli, sed habet ibi esse intelligibile tantum." Auf diese wichtige Stelle hat bereits Pasnau 1997a, 38, hingewiesen.
[38] Vgl. *ST* I, q. 84, art. 7, corp.; *ST* I, q. 85, art. 1, corp.

Rose an sich betrachtet ein materieller Gegenstand und hat somit ein materielles natürliches Sein, während ein Engel an sich betrachtet immateriell ist und ein immaterielles natürliches Sein hat. Wird eine Rose von einem Engel erkannt, d. h. kognitiv aufgenommen, hat sie aufgrund der rein immateriellen Existenzweise des Engels eine immaterielle geistige Existenz. Wird eine Rose hingegen von einem Menschen wahrgenommen, so kann sie aufgrund der materiellen Existenzweise des Menschen (genauer: der Wahrnehmungsorgane eines Menschen) keine rein immaterielle geistige Existenz haben. Sie hat dann eine geistige Existenz in etwas Materiellem. Diese unterschiedlichen Existenztypen lassen sich folgendermaßen schematisch darstellen:

	natürlich	*geistig*
materiell	Rose an sich	Rose, insofern sie von einem Menschen erkannt wird
immateriell	Engel an sich	Engel, insofern er von einem anderen Engel erkannt wird

Diesem Schema zufolge kann eine Entität eine geistige Existenz in etwas Materiellem haben. Genau auf diese Art von Existenz, die klar von einer geistigen Existenz in etwas Immateriellem zu unterscheiden ist, zielt Thomas mit seiner Erklärung des Aufnehmens von Formen in den Wahrnehmungsorganen ab: Wahrnehmbare Formen werden mit geistiger (oder intentionaler) Existenz in den materiellen Wahrnehmungsorganen aufgenommen.

Doch ist die Rede von einer geistigen Existenz in etwas Materiellem nicht ein Paradoxon? Muss man nicht sagen, dass eine Entität entweder eine geistige oder eine materielle Existenz hat? Wer diesen Einwand erhebt, geht von einer postcartesianischen Konzeption aus, die eine klare Trennung zwischen dem Geistigen und dem Materiellen vollzieht.[39] Doch diese Trennung darf einer praecartesianischen Theorie nicht einfach unterstellt werden. Thomas weist ausdrücklich darauf hin, dass das

---

[39] Wie Burnyeat 2001 in seiner Schlussbemerkung zu Recht festhält, hat die Verwirrung, die Thomas' Rede von einem geistigen Sein in der modernen Forschung ausgelöst hat, ihren Ursprung darin, dass heute mit postcartesianischen Begriffen operiert wird. Wenn man nämlich den modernen Begriff von etwas Materiellem auf Thomas' Texte anwendet, werden seine Aussagen unverständlich. Es ist hier entscheidend, einen solchen Anachronismus zu vermeiden und sich stets zu vergegenwärtigen, dass das Materielle bei Thomas (wie auch bei Aristoteles) nicht in einem cartesianischen Sinn zu verstehen ist. Das Materielle ist etwas rein *Potenzielles*, das erst durch die Form zu etwas Aktuellem wird. Daher ist auch ein konkreter materieller Gegenstand, z. B. eine Rose, etwas Materielles, das mit einer Form verbunden ist und erst durch diese zu einem aktuellen Gegenstand gemacht wird.

§ 5 *Die Intentionalität der Wahrnehmungs- und Vorstellungsakte* 49

Wahrnehmbare, insofern es in einem Wahrnehmungsorgan ist, eine Mittelstellung zwischen dem rein Geistigen und dem rein Materiellen einnimmt.[40] Es ist einerseits nicht auf materielle Weise in etwas Materiellem (etwa wie die weiße Farbe in der weiß gestrichenen Wand ist), andererseits auch nicht auf geistige Weise in etwas Geistigem (etwa wie die bloße Form der weißen Farbe im Intellekt eines Engels ist). Es ist vielmehr auf geistige Weise in etwas Materiellem. Dass dies keineswegs ein Paradoxon ist, mag – bei aller Vorsicht gegenüber vorschnellen Analogien zu modernen Theorien – folgender Vergleich verdeutlichen.

Angenommen, wir erhalten auf elektronischem Weg eine Nachricht und drucken sie aus. Auf dem Papier hat die Nachricht an sich betrachtet, d. h. als eine Menge von gedruckten Buchstaben, eine materielle Existenz in etwas Materiellem. In unserem Intellekt hat sie, als eine Menge von Wörtern mit semantischem Gehalt betrachtet, eine geistige Existenz in etwas Geistigem. Welche Existenz hat die Nachricht nun im Computer? Man könnte sagen, dass sie eine geistige Existenz – oder modern ausgedrückt: eine codierte Existenz – in etwas Materiellem hat. Denn der Computer ist im Gegensatz zum menschlichen Intellekt ein materieller Gegenstand,[41] aber er hat die Fähigkeit, Wörter mit einem semantischen Gehalt auf codierte Weise aufzunehmen, abzuspeichern und weiterzuleiten. Ähnlich könnte man nun sagen, dass auch ein Wahrnehmungsorgan wie z. B. das Auge zwar etwas Materielles ist, aber über die Fähigkeit verfügt, eine Form auf geistige bzw. codierte Weise aufzunehmen und in sich zu haben.[42] Das Auge verfärbt sich ja nicht rot, wenn es

---

[40] *Sentencia libri De anima* II, 5 (ed. Leonina XLV/1, 88): „... esse autem sensibile est medium inter utrumque..." Auf die zentrale Bedeutung dieser Stelle weist Hoffman 1990, 84-85, zu Recht hin. Hoffman interpretiert diese Stelle allerdings in dem Sinne, dass es verschiedene Grade von Materialität und Immaterialität gibt. Das sinnlich Wahrnehmbare nehme eine Mittelstellung ein, da es weder ganz materiell noch ganz immateriell aufgenommen werde: „Forms are received neither wholly immaterially nor wholly materially by the senses." (Ibid., 85) Diese Interpretation scheint mir nicht ganz zutreffend zu sein. Thomas definiert die Mittelstellung des sinnlich Wahrnehmbaren nicht so, dass es halb materiell und halb immateriell aufgenommen wird. Er versteht sie vielmehr in dem Sinne, dass das sinnlich Wahrnehmbare zwar in etwas Materiellem aufgenommen wird, aber nicht auf materielle Weise. Entscheidend ist für ihn, dass es im Materiellen geistig (und zwar *ganz* geistig) aufgenommen wird.

[41] Reduktionistische Materialisten würden dies natürlich bestreiten und darauf insistieren, dass der menschliche Intellekt auf das Gehirn reduziert werden kann und daher ebenso wie der Computer etwas Materielles ist. Im vorliegenden Vergleich wird eine nicht-reduktionistische Position angenommen.

[42] Wie in § 4 bereits betont wurde, kann natürlich auch ein Medium (z. B. Luft oder Wasser) etwas auf codierte Weise in sich haben. Auch im Medium kann eine Form auf intentionale oder geistige Weise sein, wie Thomas betont. Doch ein Medium ist nicht mit ei-

die Form der Röte aufnimmt. Daher ist die Form nicht auf materielle Weise in etwas Materiellem. Doch das Auge ist im Gegensatz zum Intellekt auch nicht etwas Immaterielles. Daher kann die Form nicht auf geistige Weise in etwas Immateriellem sein. Die im Auge existierende Form nimmt vielmehr die bereits erwähnte Mittelstellung ein: Sie hat eine geistige bzw. codierte Existenz in etwas Materiellem.

Dass es sich bei diesem geistigen Sein nicht um einen rein immateriellen Status handeln kann, zeigt auch eine Textstelle, an der Thomas die Gegenüberstellung von natürlichem und geistigem Sein erläutert. Er sagt, manchmal könne eine Form, die sich in einem aktiven Gegenstand befinde, mit derselben Seinsweise von einem passiven Gegenstand aufgenommen werden. Dies sei genau dann möglich, wenn aktiver und passiver Gegenstand die gleiche Disposition für die Form haben; in diesem Fall werde eine Form mit natürlichem Sein aufgenommen. Manchmal verhalte es sich aber auch anders, denn manchmal könne eine Form nur mit einer anderen Seinsweise aufgenommen werden. Der Grund dafür liege darin, dass die materielle Disposition des passiven Gegenstandes nicht gleich sei wie die materielle Disposition des aktiven Gegenstandes.[43] In diesem zweiten Fall werde eine Form mit geistigem Sein aufgenommen. Mindestens zwei Punkte sind an dieser Erläuterung bemerkenswert. Zunächst fällt natürlich auf, dass Thomas auf Dispositionen rekurriert. Das Aufnehmen der Form ist für ihn als Aristoteliker immer als das Aktualisieren einer bestimmten Disposition zu verstehen und nicht als das mysteriöse Übertragen einer Entität. Zweitens – das ist in diesem Zusammenhang entscheidend – ist bemerkenswert, dass Thomas sowohl dem aktiven als auch dem passiven Gegenstand eine *materielle* Disposition zuschreibt. Folglich kann die Veränderung auch nur in etwas Materiellem stattfinden. Allerdings kann nur eine besondere Art von Veränderung stattfinden, da ja zwei unterschiedliche Dispositionen vorliegen. Die Veränderung muss zwar in etwas Materiellem erfolgen, aber sie kann nur im Aufnehmen einer Form bestehen, und dieses Auf-

---

nem kognitiven Apparat ausgestattet. Es kann die Form daher nur auf intentionale Weise in sich *haben*, aber nicht *erfassen*. Diesen wichtigen Unterschied scheint mir Pasnau 1997a, 56, zu übersehen, wenn er zunächst überzeugend festhält, dass geistige Existenz in etwas Materiellem möglich ist, dann aber behauptet, Medium und Wahrnehmungsorgan seien nur graduell verschieden, denn beide könnten etwas auf intentionale Weise in sich haben.

[43] *Sentencia libri De anima* II, 24 (ed. Leonina XLV/1, 169): „Quandoque uero forma recipitur in paciente secundum alium modum essendi quam sit in agente, quia dispositio materialis pacientis ad recipiendum non est similis dispositioni materiali que erat in agente..."

§ 5 *Die Intentionalität der Wahrnehmungs- und Vorstellungsakte* 51

nehmen ist eine geistige Veränderung. Kurzum: Es kann nur eine geistige Veränderung in etwas Materiellem erfolgen.[44]
Versteht man die These von der geistigen Veränderung in diesem Sinne, ist sie sicherlich nicht als die These von einem mysteriösen Gewahr-werden zu deuten, wie die erste der beiden oben skizzierten Interpretationen vorschlägt. Denn das Auge oder ein anderes Wahrnehmungsorgan kann bloß eine Form bzw. eine Information auf codierte Weise aufnehmen, aber es vermag nicht, sich ihrer gewahr zu werden oder sie gar zu decodieren. Nur der Intellekt ist zu einer solchen Tätigkeit fähig. Die These ist aber auch nicht im Sinne des modernen Funktionalismus zu verstehen, wie die zweite Interpretation vorschlägt. Denn dem Funktionalismus zufolge wird ein bestimmter Zustand einzig und allein mit Bezug auf seine kausale Rolle in einem System definiert, ohne Berücksichtigung der materiellen Grundlage.[45] Für den Funktionalismus ist es entscheidend, dass ein bestimmter Zustand (z. B. eine Rotwahrnehmung) nur kontingenterweise in einer bestimmten Grundlage implementiert ist. Das heißt, es spielt keine Rolle, ob ein Wahrnehmungszustand in einem menschlichen Auge, in einem Katzenauge oder sogar in einem künstlich hergestellten Auge implementiert ist. Wichtig ist nur, *dass* der Wahrnehmungszustand in einer hinreichend komplexen materiellen Grundlage implementiert ist, unwichtig ist hingegen, in *welcher* materiellen Grundlage er implementiert ist.

Für Thomas besteht jedoch eine viel stärkere Relation zwischen einem Wahrnehmungszustand und seiner materiellen Grundlage. Da eine wahrnehmbare Form von Natur aus einem ganz bestimmten Wahrnehmungssinn (und damit auch einem bestimmten Wahrnehmungsorgan) zugeordnet ist, wie in § 4 bereits dargelegt wurde, kann nicht eine beliebige materielle Grundlage vorhanden sein. Wenn etwa eine menschliche Rotwahrnehmung stattfindet und wenn somit die Form der Röte aufgenommen wird, muss dieses Aufnehmen im menschlichen Auge stattfinden, das eine bestimmte materielle Struktur hat, denn diese Form ist genau dem Auge zugeordnet. Und das Aufnehmen eines Tones muss im

---

[44] Dies ist gegenüber jenen Interpreten (u.a. Deely 1968) einzuwenden, die unter der geistigen Veränderung etwas rein Immaterielles verstehen. Wie Tellkamp 1999, 129, zu Recht feststellt, übersehen die traditionellen Kommentatoren, die auf einen Immaterialismus abzielen, dass die ganze Wahrnehmungstheorie (und damit auch die Theorie von einer geistigen Veränderung) im Kontext einer Kausaltheorie steht, die versucht, die Relation zwischen materiellen Entitäten – wahrnehmbaren Gegenständen und Wahrnehmungsorganen – zu erklären.
[45] Vgl. die konzise Darstellung von Lycan & Block 1994.

menschlichen Ohr stattfinden, da der Ton genau dem Ohr zugeordnet ist.[46] Für Thomas besteht eine notwendige, von Natur aus festgelegte Zuordnung von Wahrnehmungszustand und materiellem Wahrnehmungsorgan. Daher könnte er kaum der funktionalistischen Grundthese zustimmen, dass ein Zustand allein mit Bezug auf seine kausale Rolle, ohne Berücksichtigung der materiellen Grundlage, zu definieren ist. Er vertritt vielmehr die These einer notwendigen Implementierung: Bestimmte Akte oder Zustände müssen in bestimmten Wahrnehmungsorganen stattfinden, weil die Formen, die in diesen Akten oder Zuständen aufgenommen werden, bestimmten Wahrnehmungsorganen zugeordnet sind.

Bislang ist erst deutlich geworden, wie wahrnehmbare Formen in den äußeren Wahrnehmungssinnen aufgenommen werden. Mit diesem Aufnehmen in den Augen, Ohren usw. ist der Wahrnehmungsprozess aber noch keineswegs abgeschlossen. Zusätzlich müssen auch die inneren Wahrnehmungssinne tätig werden. Thomas unterscheidet vier solche Sinne:[47] (1) Im Gemeinsinn (*sensus communis*) werden die einzelnen wahrnehmbaren Formen zusammengeführt. (2) Im Vorstellungsvermögen (*phantasia*) werden auf der Grundlage der wahrnehmbaren Formen sogenannte Phantasmata hergestellt und gespeichert.[48] (3) Im Denkvermögen (*vis cogitativa*; *vis aestimativa* bei den Tieren) werden sog. Intentionen erfasst, die auf den wahrnehmbaren Formen beruhen. (4) Im Erinnerungsvermögen (*vis memorativa*) werden diese Intentionen ge-

---

[46] Natürlich kann die Form der Röte auch von einem Katzenauge aufgenommen werden und die Form des Tons von einem Katzenohr. Aber dann entsteht ein *anderer* Wahrnehmungszustand als beim Menschen. Eine Katze hat aufgrund ihrer spezifischen Wahrnehmungsorgane ihre besonderen Wahrnehmungszustände, genauso wie ein Mensch aufgrund seiner besonderen Wahrnehmungsorgane seine spezifischen Wahrnehmungszustände hat. Die Frage, ob ein Katzen-Wahrnehmungszustand auch auf der materiellen Grundlage eines menschlichen Auges oder Ohrs realisiert sein könnte, wäre für Thomas (genau wie für Aristoteles) kaum eine sinnvolle Frage. Vgl. zum aristotelischen Hintergrund prägnant M. Frede 1992, 104.
[47] Vgl. *ST* I, q. 78, art. 4, corp. Eine ausführliche Analyse der inneren Sinne bietet Tellkamp 1999, 218-294.
[48] Genau wie die mittelalterlichen Autoren lasse ich den griechischen Ausdruck ‚phantasma' unübersetzt. Er ist etymologisch auf die Verben ‚phainesthai' oder ‚phantazesthai' zurückzuführen und bedeutet zunächst nichts anderes als ‚was sich zeigt' oder ‚was erscheint'. (Vgl. zur Etymologie und zur aristotelischen Verwendung des Ausdrucks, die für die mittelalterlichen Autoren entscheidend war, D. Frede 1992, 279.) Die Übersetzung ‚Vorstellungsbild' oder ‚Bild' bzw. ‚image' (vgl. Tweedale 1990, 36), die gelegentlich gewählt wird, kann zu Missverständnissen Anlass geben. Wie ich im Folgenden erläutern werde, ist ein Phantasma nämlich kein Bild im strengen Sinne, d. h. keine piktoriale Repräsentation.

speichert. Die Tätigkeit dieser vier inneren Sinne lässt sich am besten anhand eines Beispiels verdeutlichen. Angenommen, ich stehe vor einer Rose, sehe, berühre und rieche sie. Der Gesichts-, der Tast- und der Geruchsinn nehmen dann jeweils eine wahrnehmbare Form auf. Die drei Formen sind zunächst voneinander getrennt und werden erst im Gemeinsinn miteinander verbunden und auf ein einziges Objekt bezogen. Diese Verbindung ermöglicht es dem Vorstellungsvermögen, ein Phantasma von der Rose zu bilden. Das Phantasma stellt die Rose genau so dar, wie ich sie wahrgenommen habe: mit einer bestimmten Farbe, einer bestimmten Oberflächenbeschaffenheit und einem bestimmten Geruch. Dank dem partikulären Denkvermögen kann ich dann urteilen, dass genau diese Rose vor mir steht. Und mit dem Erinnerungsvermögen kann ich mich entsinnen, dass genau diese Rose schon gestern vor mir gestanden hat.

Thomas betont, dass sich alle diese Vermögen im materiellen Gehirn – nicht etwa im immateriellen Intellekt – befinden. Genau wie Albertus Magnus ordnet er sie bestimmten Gehirnpartien zu.[49] Diese Zuordnung (das partikuläre Denkvermögen wird z. B. im „mittleren Teil" des Gehirns lokalisiert) mutet von einem modernen Standpunkt aus betrachtet vielleicht seltsam an,[50] doch sie sollte nicht einfach ignoriert werden. Sie verdeutlicht nämlich, dass alle genannten Tätigkeiten eine materielle Grundlage benötigen. Sind jene Gehirnteile verletzt, in denen sich die jeweiligen Vermögen befinden, können auch die entsprechenden Tätigkeiten nicht mehr oder nur in eingeschränkter Weise ausgeführt werden. Auf diese Verankerung der kognitiven Tätigkeiten im Gehirn weist Thomas immer wieder hin.[51] Es wäre daher unangemessen, ihm eine rein intellektualistische Position zuzuschreiben. Kognitive Tätigkeiten sind für ihn nicht ausschließlich eine Angelegenheit des Intellekts.

Im Hinblick auf die Intentionalitätsproblematik muss besonders das Vorstellungsvermögen genauer betrachtet werden. Zunächst stellt sich die Frage, was unter den Phantasmata zu verstehen ist, die von diesem Vermögen hergestellt werden. Handelt es sich dabei um Sinneseindrücke, um Begriffe, um piktoriale Repräsentationen oder um andere Enti-

---

[49] Vgl. zur physiologischen und anatomischen Theorie Alberts, auf die Thomas zurückgreift, Steneck 1980.
[50] Kenny 1993, 34, hält schroff fest, die anatomischen und physiologischen Erklärungen seien „almost always mistaken, and need not detain us."
[51] In *ST* I, q. 84, art. 7, corp. und ad 2, hält Thomas ausdrücklich fest, dass die kognitiven Fähigkeiten eingeschränkt sind, wenn ein physiologischer Defekt oder eine Verletzung vorliegt.

täten? Um einzelne Sinneseindrücke – optische, taktile, haptische usw. – kann es sich sicherlich nicht handeln, denn bevor das Vorstellungsvermögen tätig wird, hat der Gemeinsinn bereits das synthetisiert, was in den verschiedenen Wahrnehmungssinnen aufgenommen wird. Phantasmata entstehen erst, wenn die einzelnen Sinneseindrücke (genauer: die einzelnen Wahrnehmungsformen, die durch die Sinne aufgenommen werden) miteinander verbunden werden.[52] Um Begriffe kann es sich bei den Phantasmata ebenso wenig handeln, denn Begriffe werden ausschließlich vom Intellekt gebildet und verwendet, während die Phantasmata in den inneren Sinnen lokalisiert sind. Zudem sind Begriffe stets allgemein und können von unterschiedlichen Dingen prädiziert werden. So ist etwa der Begriff ‚Katze' ein allgemeiner Begriff, der von dieser oder jener individuellen Katze prädiziert werden kann. Das Phantasma, das ich auf der Grundlage einer Wahrnehmung von einer bestimmten Katze gebildet habe, bezieht sich hingegen auf genau *diese* Katze, die ich unter ganz bestimmten Bedingungen wahrgenommen habe.

Da Phantasmata offensichtlich weder einzelne Sinneseindrücke noch Begriffe sind, liegt es zunächst nahe, sie als Bilder aufzufassen. Freilich können sie nicht intellektuelle Bilder sein, da sie ja – wie bereits erwähnt – stets im Gehirn und nicht im Intellekt lokalisiert sind. Trotzdem scheinen sie Bilder zu sein, zumal Thomas ausdrücklich sagt, sie seien Abbilder (*similitudines*) von Singulärem.[53] Ein Phantasma von einer Katze wäre somit ein Bild, d. h. eine piktoriale Repräsentation, von genau jener Katze, die ich wahrgenommen habe.

Eine Gleichsetzung der Phantasmata mit piktorialen Repräsentationen ist jedoch aus mindestens zwei Gründen unzulässig. Zunächst ist zu beachten, dass Phantasmata auf der Grundlage unterschiedlichster Wahrnehmungen gebildet werden können, nicht nur – wie im Beispiel mit der Katze – auf der Grundlage einer visuellen Wahrnehmung. Andernfalls könnte ein von Geburt an blinder Mensch nie ein Phantasma haben, da er ja nie über eine visuelle Wahrnehmung verfügt. Doch Thomas zufolge kann auch ein Blinder ein Phantasma herstellen, indem er auf das zurückgreift, was er mit den vier anderen Wahrnehmungssinnen aufnimmt. Er kann somit über ein nicht-piktoriales Phantasma verfügen.

---

[52] Frede 2001, 175, nennt sie daher treffend „the joint stock of sensory experience" und verdeutlicht dadurch, dass sie nicht allein aus visuellen Eindrücken hervorgehen und nicht einfach eine visuelle Struktur haben.

[53] *ST* I, q. 84, art. 7, ad 2: „... dicendum quod etiam ipsum phantasma est similitudo rei particularis..." Vgl. auch *ST* I, q. 79, art. 4, ad 4. Ausgehend von diesen Erklärungen fasst Kenny 1993, 93, das Phantasma als ein „visual image" auf.

§ 5 Die Intentionalität der Wahrnehmungs- und Vorstellungsakte 55

Und auch Menschen, die über eine visuelle Wahrnehmung verfügen, können nicht-piktoriale Phantasmata erwerben, z. b. wenn sie eine konkrete Vorstellung von einem gehörten Musikstück oder von einer verzehrten Speise haben. Die Tatsache, dass ein Phantasma auch auf der Grundlage einer auditiven oder gustativen Wahrnehmung hergestellt werden kann, verdeutlicht, dass es nicht (oder zumindest nicht notwendigerweise) einen piktorialen Charakter hat.

Noch ein weiterer Grund spricht dagegen, die Phantasmata mit piktorialen Repräsentationen gleichzusetzen. Wenn Thomas sie *similitudines* nennt, so versteht er darunter nämlich nicht einfach Abbilder oder Bilder (*imagines*).⁵⁴ Er betont, dass eine *similitudo* „gemäß einer Übereinstimmung oder Übereinkunft in der Form" (*secundum convenientiam vel communicationem in forma*) zu verstehen ist, und er präzisiert dann, dass es verschiedene Arten von Übereinstimmung gibt:

„Einige Dinge werden ähnlich genannt, die in derselben Form gemäß derselben Hinsicht auf dieselbe Weise übereinstimmen [...]. Auf eine andere Art werden jene ähnlich genannt, die in derselben Form gemäß derselben Hinsicht übereinstimmen, aber nicht auf dieselbe Weise [...]. Auf eine dritte Art werden jene ähnlich genannt, die in derselben Form übereinstimmen, aber nicht gemäß derselben Hinsicht."⁵⁵

Der entscheidende Punkt in dieser Erklärung besteht darin, dass die Ähnlichkeitsrelation zwischen zwei Entitäten ausschließlich als eine Übereinstimmung in der Form bzw. als ein gemeinsames Haben einer Form (sei dies nun eine substantielle oder eine akzidentelle Form) bestimmt wird.⁵⁶ Die drei unterschiedlichen Arten von Ähnlichkeit sind

---

⁵⁴ In *ST* I, q. 93, art. 1, corp., hält Thomas unter Berufung auf Augustinus ausdrücklich fest: „... ubi est imago, continuo est et similitudo; sed ubi est similitudo, non continuo est imago." Wie Imbach & Putallaz 1997 (besonders 72) nachgewiesen haben, verwendet Thomas den Ausdruck ‚imago' fast ausschließlich in theologischen Kontexten, nicht etwa in erkenntnistheoretischen. Vor allem verwendet er ‚imago' nicht, um damit eine epistemische *similitudo*-Relation zu erklären.

⁵⁵ *ST* I, q. 4, art. 3, corp.: „Quaedam enim dicuntur similia, quae communicant in eadem forma secundum eandem rationem, et secundum eundem modum [...]. Alio modo dicuntur similia, quae communicant in forma secundum eandem rationem, et non secundum eundem modum [...]. Tertio modo dicuntur aliqua similia, quae communicant in eadem forma, sed non secundum eandem rationem..." Vgl. auch prägnant *De veritate* q. 8, art. 8, corp. (ed. Leonina XXII, vol. II, 246): „... similitudo autem inter aliqua duo est secundum convenientiam in forma." Für weitere Belege siehe Fuchs 1999, 218-219.

⁵⁶ Selbst an jenen Stellen, wo Thomas auf eine *imago* rekurriert, erklärt er diese als eine *similitudo formae* und damit als eine Übereinstimmung in der Form. So etwa in *ST* I, q. 45, art. 7, corp.: „Aliquis autem effectus repraesentat causam quantum ad similitudinem formae eius [...] et haec est repraesentatio *imaginis*." Auch eine *imago* ist keine piktoriale Repräsentation im modernen Sinn.

einzig und allein auf unterschiedliche Arten von Übereinstimmung in der Form zurückzuführen:

Ähnlichkeit 1: x und y stehen genau dann in einer Ähnlichkeitsrelation, (i) wenn x und y eine gemeinsame Form haben, (ii) wenn sie diese Form in derselben Hinsicht haben, und (iii) wenn sie diese Form auf dieselbe Weise haben.

Ähnlichkeit 2: x und y stehen genau dann in einer Ähnlichkeitsrelation, (i) wenn x und y eine gemeinsame Form haben, (ii) wenn sie diese Form in derselben Hinsicht haben, (iii) wenn sie diese Form aber nicht auf dieselbe Weise haben.

Ähnlichkeit 3: x und y stehen genau dann in einer Ähnlichkeitsrelation, (i) wenn x und y eine gemeinsame Form haben, (ii) wenn sie diese Form aber nicht in derselben Hinsicht haben, und (iii) wenn sie diese Form auch nicht auf dieselbe Weise haben.

Thomas gibt selber Beispiele für diese drei unterschiedlichen Arten von Ähnlichkeit.[57] Zwei weiße Gegenstände, die genau die gleiche Intensität von Weiße haben, weisen die erste Art von Ähnlichkeit auf, denn sie haben dieselbe gemeinsame Form (nämlich die akzidentelle Form der Weiße) in derselben Hinsicht (nämlich im Hinblick auf ihre Oberfläche) auf dieselbe Weise (nämlich mit derselben Intensität). Zwei weiße Gegenstände hingegen, die eine unterschiedliche Intensität von Weiße haben, weisen die zweite Art von Ähnlichkeit auf, denn sie haben zwar dieselbe gemeinsame Form in derselben Hinsicht, aber auf unterschiedliche Weise (nämlich mit größerer oder geringerer Intensität). Ursache und Wirkung, die nicht zur selben Art oder Gattung von Gegenständen gehören, weisen die dritte Art von Ähnlichkeit auf, denn sie haben zwar eine gemeinsame Form, aber weder in derselben Hinsicht noch auf dieselbe Weise. Wenn etwa ein Feuer einen Kessel voller Wasser erhitzt, so haben das Feuer und das Wasser die gemeinsame Form der Hitze, freilich nicht in derselben Hinsicht (für das Feuer ist die Hitze essentiell, für das Wasser nicht) und auch nicht auf dieselbe Weise.

Diese Erklärung von Ähnlichkeit zeigt, dass die Bestimmung der Phantasmata als *similitudines* immer als eine Bestimmung hinsichtlich des gemeinsamen Habens einer Form zu verstehen ist. Konkret heißt dies: Mein Phantasma, das ich aufgrund des Sehens, Berührens oder Riechens einer bestimmten Katze erworben habe, steht in einer Ähnlich-

---

[57] Vgl. *ST* I, q. 4, art. 3, corp.

§ 5 Die Intentionalität der Wahrnehmungs- und Vorstellungsakte 57

keitsrelation zu dieser Katze, weil das Phantasma und die Katze eine gemeinsame Form – die Form der Katze – aufweisen. Aber natürlich haben sie diese Form auf unterschiedliche Weise, denn in der Katze ist sie auf natürliche Weise vorhanden, in meinem Phantasma hingegen nur auf intentionale Weise. Und sie haben die Form auch nicht in derselben Hinsicht, denn in der Katze ist die Form als strukturierendes Prinzip präsent; die Katze wird ja erst durch die Form zu einer Katze und nicht zu einem beliebigen Lebewesen. In meinem Phantasma hingegen ist die Form nur als kognitiver Inhalt präsent; das Phantasma wird durch die Form ja nicht zu einer Katze, sondern es stellt lediglich die Katze dar. Es liegt somit höchstens eine Ähnlichkeitsrelation der dritten Art vor. Trotzdem ist es entscheidend, dass eine Übereinstimmung in der Form und somit auch eine Ähnlichkeitsrelation vorliegt.

Dass eine Ähnlichkeitsrelation einzig und allein aufgrund einer Übereinstimmung in der Form vorliegt, mag anhand eines modernen Beispiels noch deutlicher werden. Angenommen, wir machen einen Bluttest und bestimmen die DNA-Struktur. Wenn wir nach Abschluss des Tests die DNA-Struktur auf einem Stück Papier schematisch darstellen, so liegt in gewisser Weise eine Übereinstimmung zwischen dem Blut und der schematischen Darstellung vor. Man könnte sogar sagen, dass die schematische Darstellung dem Blut ähnlich ist, freilich nicht, weil sie ein Abbild im Sinne einer piktorialen Repräsentation ist, sondern weil das getestete Blut und die schematische Darstellung genau die gleiche Struktur aufweisen. Die DNA-Struktur ist *in* beiden, wenn auch auf unterschiedliche Weise. Im Blut ist sie als strukturierendes Prinzip präsent, in der schematischen Darstellung hingegen nur als deren besonderer Inhalt. Ähnliches lässt sich auch für den Wahrnehmungsgegenstand und das Phantasma sagen: Die jeweilige Form (sei dies nun eine substantielle Form wie jene der Katze oder eine akzidentelle wie jene der Weiße) ist *in* beiden, wenn auch auf unterschiedliche Weise. In der Katze bzw. im weißen Gegenstand ist sie als strukturierendes Prinzip präsent, im Phantasma hingegen als besonderer kognitiver Inhalt.

Wie in § 4 bereits erwähnt wurde, ist die Form gemäß der aristotelisch geprägten Wahrnehmungstheorie natürlich auch in einem Medium (z. B. in der Luft oder im Wasser) vorhanden, aber nur wie in einer Art Behälter. Sie kann vom Medium nicht erfasst werden. Anders verhält es sich bei einer wahrnehmenden Person. Wenn ich ein Phantasma von einer bestimmten Katze habe und wenn somit die Form dieser Katze in meinem Phantasma enthalten ist, bin ich auch in der Lage, diese Form zu erfassen, und zwar genau so, wie sie im Phantasma enthalten ist: als die Form genau *dieser* Katze, die ich unter bestimmten Bedingungen mit bestimmten Eigenschaften wahrgenommen habe. Mein Phantasma ist nicht nur eine Art Behälter für die Form der Katze. Je nachdem, wie ich das Phantasma erworben habe, kann ich die Form der individuellen Katze mit Bezug auf ihr farbiges Fell und ihre spitzen Ohren erfassen (nämlich wenn ich das Phantasma ausgehend von einer visuellen Wahrnehmung erworben habe), oder ich kann diese Form mit Bezug auf ihr weiches Fell und ihren flauschigen Schwanz erfassen (nämlich wenn ich das Phantasma ausgehend von einer taktilen Wahrnehmung erworben habe). Da das Phantasma auch abgespeichert werden kann, bin ich auch dann noch in der Lage, mir das farbige Fell oder den flauschigen Schwanz vorzustellen, wenn ich die Katze nicht mehr sehe und nicht mehr berühre. Ich bin somit fähig, nicht nur eine aktuelle Wahrnehmung von genau *dieser* unmittelbar präsenten Katze zu haben, sondern ich kann auch eine Vorstellung haben (allerdings nur von *dieser* Katze, nicht von einer Katze im Allgemeinen), wenn die Katze nicht mehr präsent ist.

Zusammenfassend kann festgehalten werden, dass die Präsenz eines Phantasmas Intentionalität auf der Ebene der Wahrnehmung und der Vorstellung ermöglicht. Die Bezugnahme des Phantasmas auf einen Wahrnehmungsgegenstand wird dadurch gewährleistet, (i) dass das Phantasma in einer Kausalrelation zum Wahrnehmungsgegenstand steht (es wird ja auf der Grundlage einer visuellen, taktilen, auditiven usw. Wahrnehmung gewonnen) und (ii) dass das Phantasma und der Wahrnehmungsgegenstand in einer Form übereinstimmen. Vollständige Intentionalität ist nur möglich, wenn eine Kausalrelation *und* eine Übereinstimmung in der Form vorliegen. Würde die Kausalrelation fehlen (z. B. weil ein böser Dämon das Phantasma von einer Katze in mein Vorstellungsvermögen gelegt hätte, ohne dass ich je eine Wahrnehmung von einer Katze hatte),[58] gäbe es ebenso wenig eine Bezugnahme auf einen bestimmten Wahrnehmungsgegenstand wie in dem Fall, wo die Übereinstimmung in der Form fehlte.

Es scheint zunächst, als wäre das Problem der Intentionalität damit schon befriedigend gelöst. Thomas betont jedoch, dass sich dieses Pro-

---

[58] In *De potentia*, wo sich Thomas mit den arabischen Occasionalisten auseinandersetzt, betont er, dass eine Kausalrelation vorliegen muss. Die bloße Präsenz eines Phantasmas oder einer *species sensibilis*, die – wie die Occasionalisten behaupten – auch von Gott hervorgebracht sein könnte, reicht nicht aus für eine intentionale Relation. Was in den Wahrnehmungssinnen ist, muss auf natürliche Weise, d. h. durch eine kausale Verbindung, dorthin gelangt sein. *De potentia* q. 3, art. 7, corp.: „Si enim illa species caloris in organo ab alio agente fieret, tactus etsi sentiret calorem, non tamen sentiret calorem ignis nec sentiret ignem esse calidum..." Vgl. eine Diskussion in Perler & Rudolph 2000, 141-143.

§ 5 *Die Intentionalität der Wahrnehmungs- und Vorstellungsakte* 59

blem nicht auf die Ebene der Wahrnehmungssinne beschränkt. Zusätzlich ist die Ebene des Intellekts zu berücksichtigen, d. h. es müssen die spezifisch intellektuellen Tätigkeiten beachtet werden, die über das Bilden und Erfassen eines Phantasmas hinausgehen. Angesichts dieser Forderung stellt sich natürlich die Frage, warum Thomas auf einer besonderen intellektuellen Aktivität beharrt. Warum beschränkt er seine Intentionalitätstheorie nicht auf eine Theorie des Herstellens und Verwendens von Phantasmata?

Eine ausführliche Antwort auf diese Frage lässt sich erst formulieren, wenn feststeht, worin die intellektuellen Tätigkeiten genau bestehen. Doch bereits an dieser Stelle kann ein wichtiger Punkt festgehalten werden. Hätte eine Person nur Phantasmata, so könnte sie sich nur auf einzelne Gegenstände beziehen, die ihr in konkreten Wahrnehmungssituationen präsent sind oder präsent waren. Phantasmata beziehen sich nämlich ausschließlich auf Singuläres.[59] So könnte ich mich nur auf *diese* Katze beziehen, die mir in *diesem* Licht aus genau *dieser* Entfernung in einer visuellen Wahrnehmung präsent ist oder präsent war. Ich wäre aber nicht in der Lage, allgemein zu erfassen, was eine Katze ist, und ich wäre ebenso wenig in der Lage, allgemein zu erklären, worin sich eine Katze von einem Hund unterscheidet. Kurzum: Ich wäre nicht in der Lage, das allgemeine Prädikat ‚Katze' zu bilden und es vom Prädikat ‚Hund' zu unterscheiden.

Eng damit verknüpft ist ein weiterer Punkt.[60] Da ich nicht über ein allgemeines Prädikat verfügen würde, wäre ich nicht in der Lage, einen singulären Wahrnehmungsgegenstand einer bestimmten Art von Gegenständen zuzuordnen. Daher wäre ich auch nicht in der Lage, etwas *als etwas* zu erfassen. Ich könnte beispielsweise das warme, weiche Ding mit dem braunen Fell, das ich gesehen und berührt habe, nicht als eine Katze – als ein Ding, das zu einer bestimmten Art von Lebewesen gehört – erfassen. Ich wäre nur in der Lage, eine ausführliche Beschreibung all jener Eigenschaften zu geben, die mir in der Wahrnehmungssituation präsent waren. Denn nur diese Eigenschaften sind im Phantasma, das sich auf die wahrgenommene und auf keine andere Katze bezieht, enthalten. Ich befände mich dann in der Situation von Personen, die an visueller Agnosie leiden. Dies sind Personen, die zwar über einen funktionierenden optischen Wahrnehmungsapparat verfügen, aber nicht die Fähigkeit besitzen, das Wahrgenommene zu kategorisieren und als etwas Bestimmtes

---

[59] Vgl. *ST* I, q. 86, art. 1, corp.
[60] Auf diesen Punkt hat Stump 1998, 296f., zu Recht aufmerksam gemacht.

zu identifizieren. So gibt es an visueller Agnosie leidende Ehemänner, die ihre eigene Frau zwar sehen und ihre Größe, Haarfarbe, Gesichtsfarbe usw. beschreiben können, aber nicht in der Lage sind, ihre Frau als ihre Frau zu identifizieren; sie können nicht etwas *als etwas* sehen und kategorisieren.[61] Genauso wäre auch eine Person, die nur über ein Phantasma verfügte, nicht in der Lage, über eine Beschreibung von wahrgenommenen Eigenschaften hinauszukommen. Sie wäre nicht fähig, etwas *als etwas* zu kategorisieren. Dazu ist sie erst in der Lage, wenn sie auch über einen allgemeinen Begriff für den entsprechenden Gegenstand verfügt; diesen erwirbt sie erst mittels eines intellektuellen Aktes.

Dass auf der Wahrnehmungs- und Vorstellungsebene allgemeine Begriffe fehlen, wird auch aus Thomas' Beschreibung des Denkvermögens (*vis cogitativa*) – des dritten der drei inneren Sinnesvermögen – deutlich. Er stellt fest, bei den Menschen sei dies eine *ratio particularis*, d. h. ein Denkvermögen, das sich ausschließlich auf Singuläres bezieht.[62] Menschen können dank diesem Vermögen singuläre Aussagen machen und Urteile fällen, die auf Verbindungen solcher Aussagen beruhen. Aber sie verfügen noch nicht über eine *ratio universalis* und sind daher auch nicht in der Lage, allgemeine Aussagen zu machen und Syllogismen zu bilden. Tiere, so stellt Thomas fest, verfügen nicht einmal über dieses elementare Denkvermögen, sondern nur über ein Einschätzungsvermögen (*vis aestimativa*), das durch Instinkte gesteuert wird. Wenn etwa ein Schaf einen Wolf sieht und sogleich die Flucht ergreift, so tut es dies nicht, weil es syllogistisch denkt: ‚Alle Wölfe sind gefährlich; dieses Tier ist ein Wolf; also ist dieses Tier gefährlich.' Das Schaf ist nicht einmal zur Aussage ‚Dieses Tier ist ein Wolf' fähig, weil es keinen allgemeinen Begriff bilden und von etwas Individuellem prädizieren kann. Es verfügt nur über ein Phantasma vom individuellen Wolf, und aufgrund der Präsenz dieses Phantasmas ergreift es instinktiv die Flucht. Verkürzt ausgedrückt könnte man sagen: Das Schaf nimmt den Wolf zwar wahr, aber es erfasst ihn nicht als Wolf und ist nicht in der Lage, allgemeine Aussagen über den Wolf zu machen. Wenn man dem Schaf Intentionalität zuschreibt, so darf dies nur in Bezug auf Wahrnehmungsakte geschehen, die sich auf etwas Individuelles, unmittelbar Präsentes beziehen.

---

[61] Das Beispiel stammt von Sacks 1985, der zahlreiche Fallbeispiele von visueller Agnosie beschreibt.
[62] Vgl. *ST* I, q. 78, art. 4, corp.; q. 81, art. 3, corp.

§ 6 Die Intentionalität der intellektuellen Akte: die species-Theorie

Menschen sind im Gegensatz zu Tieren nicht nur zu Wahrnehmungs- und Vorstellungsakten fähig. Sie können nämlich nicht nur etwas unmittelbar Präsentes sehen, fühlen, riechen usw., sondern sie sind auch in der Lage zu erfassen, *was* sie sehen, fühlen, riechen usw. Daher sind sie (zumindest im Normalfall) auch fähig, etwas *als etwas* zu erfassen. In der Terminologie des Thomas heißt dies: Sie sind auch in der Lage, das Wesen einer Sache zu erfassen.[63] Dazu reichen aber die inneren und äußeren Wahrnehmungssinne nicht aus, denn diese ermöglichen nur das Aufnehmen von wahrnehmbaren Formen und das Bilden von Phantasmata. Zusätzlich zu den Wahrnehmungssinnen muß auch der Intellekt aktiv werden, denn dieser ist in der Lage, vom Phantasma eine kognitive Entität – eine sog. intelligible Species (*species intelligibilis*)[64] – zu abstrahieren und dadurch das Wesen einer Sache zu erfassen. Auf dieser Grundlage kann er dann weitere Akte vollziehen. Er ist nämlich zu drei Arten von Tätigkeiten fähig: (i) zum Erfassen des Wesens einer Sache, (ii) zum Urteilen über die Beschaffenheit einer Sache, (iii) zum Verknüpfen von einzelnen Urteilen zu Argumentationsketten.[65] Die zweite und die dritte Art von Tätigkeiten beruhen immer auf dem Erfassen des Wesens.

Die These, dass zusätzlich zur Bildung eines Phantasmas die Abstraktion einer Species erforderlich ist, steht nicht nur im Mittelpunkt der Erkenntnistheorie bei Thomas. Sie nimmt auch in seiner Intentionalitätstheorie einen zentralen Platz ein. Nur wenn eine Species abstrahiert wird, so lautet die Kernthese dieser Theorie, ist auch intellektuelle Be-

---

[63] Thomas verwendet zur Bezeichnung des Wesens verschiedene Ausdrücke: ‚*quidditas*' (*ST* I, q. 17, art. 3, ad 1; q. 84, art. 7, corp.; q. 85, art. 5, corp.; q. 86, art. 2, corp.), ‚*essentia*' (*ST* I, q. 57, art. 1, ad 2; q. 85, art. 5, corp.), ‚*quod quid est*' (*ST* I, q. 17, art. 3, ad 1; q. 57, art. 1, ad 2; q. 89, art. 5, corp.), ‚*natura rei*' (*ST* I, q. 84, art. 7, corp.; q. 87, art. 2, ad 2). Ich werde im Folgenden einheitlich den deutschen Ausdruck ‚Wesen' gebrauchen.

[64] Genau wie ‚*phantasma*' lasse ich auch ‚*species*' bzw. ‚*species intelligibilis*' unübersetzt, denn auch bei diesem Terminus technicus sollen Missverständnisse vermieden werden. Die Übersetzung ‚Erkenntnisbild' oder ‚intellectual image' (vgl. Panaccio 1992, 128), die gelegentlich gewählt wird, legt irrtümlicherweise nahe, die Species sei eine piktoriale Repräsentation. Wie ich im Folgenden zeigen werde, fehlt der Species genau wie dem Phantasma der piktoriale Charakter. Auch die Übersetzung ‚*idea*' (vgl. Kenny 1993, 46) könnte zu Fehldeutungen führen. Denn eine Species ist keine *idea* im Sinne der frühneuzeitlichen Repräsentationalisten, d. h. keine Entität, die sich zwischen den äußeren Gegenstand und den Intellekt einfügt und das primäre Erkenntnisobjekt bildet.

[65] Diese drei Tätigkeiten sind die *apprehensio*, die *iudicatio* und die *ratiocinatio*. Vgl. *Exp. libri Peryermenias* I, 1 (ed. Leonina I*/1, 5); *ST* II-II, q. 83, art. 1, ad 3.

zugnahme auf eine Sache möglich. Und nur dann ist mehr als die bloße Bezugnahme auf diese oder jene singuläre Sache möglich; dann ist Bezugnahme auf das allgemeine Wesen einer Sache möglich. Diese These wirft ganz abgesehen von allgemeinen erkenntnis- und intellekttheoretischen Problemen mindestens zwei Fragen auf.[66] Was ist unter der Abstraktion der Species zu verstehen? Und um was für eine Entität handelt es sich bei der Species?[67]

Auf die erste Frage gibt Thomas eine klare Antwort. Er stellt fest, dass zwei Arten von Abstraktion zu unterscheiden sind.[68] Einerseits kann unter einer Abstraktion das Abtrennen eines Gegenstandes (oder einer Eigenschaft) von einem anderen Gegenstand verstanden werden. Dies tun wir gewöhnlich in prädikativen Aussagen. Wenn wir etwa ‚Menschen sind nicht geflügelt' sagen, abstrahieren wir das Geflügeltsein von den Menschen; wir sprechen den Menschen dann eine bestimmte Eigenschaft ab.[69] Andererseits kann unter einer Abstraktion auch ein Vorgang verstanden werden, der sich auf einen einzigen Gegenstand bezieht. Dieser Vorgang zielt darauf ab, genau das in einem Gegenstand zu bestimmen, was wesentlich zu diesem Gegenstand gehört, und

---

[66] Die allgemeinen intellekttheoretischen Probleme (etwa der ontologische Status des Intellekts, seine Individualität und sein Verhältnis zum Körper) sollen hier nicht erörtert werden. Vgl. eine konzise Problemübersicht in Kretzmann 1993 und de Libera 1994b.

[67] Man könnte noch eine dritte Frage stellen: Wie kann ausgehend von den wahrnehmbaren Formen, die etwas *Akzidentelles* sind, eine intelligible Species gewonnen werden, die etwas *Essentielles* vergegenwärtigt? Wie Stump 1999, 176, bin ich der Ansicht, dass Thomas diese Frage, die systematisch gesehen wichtig ist, nicht ausdrücklich behandelt. Ich werde ihr daher im Folgenden nicht nachgehen. Eine plausible Antwort könnte folgendermaßen lauten: Die wahrnehmbaren Formen – Farben, Töne usw. – sind an sich betrachtet zwar nur etwas Akzidentelles. Aber wenn eine wahrnehmende Person sie aufnimmt und wenn sie auf ihrer Grundlage ein Phantasma bildet, dann nimmt sie diese Formen immer als etwas auf, was mit einer bestimmten wesentlichen Form verbunden ist. Daher ist in den wahrnehmbaren Formen implizit immer auch die wesentliche Form enthalten, die dann abstrahiert und dadurch explizit gemacht wird. Konkret heißt dies: Wenn ich eine Katze sehe, dann nehme ich die wahrnehmbare Form der Farbe auf, die natürlich nur eine akzidentelle Form ist. Aber ich nehme sie nicht als eine beliebige Form der Katze abstrahieren, sondern als eine Form, die sich in der Katze und in nichts anderem befindet. Daher ist mir die essentielle Form der Katze implizit zusammen mit der akzidentellen Form gegeben. Wenn ich dann ein Phantasma von der Katze bilde, so ist die essentielle Form ebenfalls implizit darin enthalten. Und wenn ich schließlich eine intelligible Species von der Katze abstrahiere, so mache ich dieses implizit Enthaltene explizit. Es gibt somit keinen mysteriösen Übergang von etwas Akzidentellem zu etwas Essentiellem, sondern einen komplexen Prozess, in dem das Implizite explizit gemacht wird.

[68] Vgl. *ST* I, q. 85, art. 1, ad 1; *Super Boetium de Trinitate*, q. 5, art. 3 (ed. Leonina L, 147-149).

[69] Thomas spricht daher auch von einer *separatio*, die er von einer *abstractio* im engeren Sinn unterscheidet. Vgl. dazu Geiger 2000.

zwar ganz unabhängig von den individuierenden Bedingungen, denen dieser Gegenstand unterworfen ist. Genau diese zweite Art von Abstraktion ist für das Herstellen der Species erforderlich. Denn eine Species entsteht dadurch, dass der Intellekt sich ausschließlich auf das konzentriert, was wesentlich zu diesem Gegenstand gehört, und von allen individuierenden Bedingungen absieht:

„Und darin besteht das Abstrahieren des Universalen vom Partikulären bzw. der intelligiblen Species von den Phantasmata: die spezifische Natur zu betrachten, und zwar unabhängig von einer Betrachtung der individuellen Prinzipien, die durch die Phantasmata repräsentiert werden."[70]

Der entscheidende Punkt besteht darin, dass sich diese Art von Abstraktion auf einen einzigen Gegenstand bezieht und nur bei diesem Gegenstand von den individuellen Bedingungen absieht, die immer materielle Bedingungen sind. Es geht darum, das Wesen des gegebenen Gegenstandes und damit auch seine Artzugehörigkeit zu bestimmen. Das Beispiel mit der Katze mag diesen Punkt veranschaulichen: Ich kann zunächst ein Phantasma von der Katze gewinnen, indem ich sie im Garten vorbeirennen sehe, ein anderes, indem ich sie betrachte, wie sie vor mir steht; wieder ein anderes, indem ich sie durchs Gebüsch schleichen sehe. Jedes dieser drei Phantasmata stellt die Katze mit ganz bestimmten individuellen Eigenschaften dar. Ich kann nun davon abstrahieren, indem ich das bestimme, was der gemeinsame Inhalt der drei Phantasmata ist und was mir auch dann noch gegeben ist, wenn ich von der jeweiligen Situation absehe.[71] Ich frage mich dann: Was macht die Katze, die mir in allen drei Phantasmata präsent ist, eigentlich zu einer Katze und nicht zu irgendeinem anderen Lebewesen? Was ist das Katzenhafte an der Katze? Genau diese Frage kann ich beantworten, wenn ich eine intelligible Species abstrahiere; denn dank dieser Species bin ich in der Lage, das Wesen der Katze zu erfassen.

---

[70] *ST* I, q. 85, art. 1, ad 1: „Et hoc est abstrahere universale a particulari, vel speciem intelligibilem a phantasmatibus, considerare scilicet naturam speciei absque consideratione individualium principiorum, quae per phantasmata repraesentantur." In *Super Boetium de Trinitate*, q. 5, art. 3 (ed. Leonina L, 149) argumentiert Thomas noch differenzierter. Er hält dort fest, dass streng genommen zwei Vorgänge der Abstraktion zu unterscheiden sind: einerseits das Abstrahieren der Form von der Materie, andererseits das Abstrahieren des Universalen vom Singulären. Wenn diese beiden Vorgänge auch häufig gleichzeitig vollzogen werden, sind sie doch strukturell zu unterscheiden.

[71] Es ist Thomas zufolge entscheidend, dass ich dann etwas bestimme und erfasse, was bereits in den Phantasmata enthalten ist. Ich füge den Phantasmata nichts hinzu. Vielmehr werden diese von meinem Intellekt „illuminiert", wie Thomas in metaphorischer Weise sagt (vgl. *ST* I, q. 85, art. 1, ad 4). Damit bringt er zum Ausdruck, dass das, was potenziell bereits in den Phantasmata vorhanden ist, vom Intellekt aktualisiert und erfasst wird.

Unter einer Abstraktion ist somit immer das Absehen von den individuierenden materiellen Bedingungen eines Gegenstandes zu verstehen. Wenn eine Abstraktion erfolgt, wird freilich nicht von der Materie schlechthin abgesehen. Thomas betont, dass man zwischen zwei Arten von Materie unterscheiden muss:

„... die Materie ist zweifach, es gibt nämlich eine allgemeine und eine gezeigte oder individuelle: Die allgemeine ist z. B. Fleisch und Knochen, die individuelle ist *dieses* Fleisch und *diese* Knochen. Der Intellekt abstrahiert also die Species eines natürlichen Gegenstandes von der individuellen wahrnehmbaren Materie, nicht aber von der allgemeinen wahrnehmbaren Materie."[72]

Wenn jemand im Falle einer Katze abstrahiert, so sieht er nicht vollständig von der Materie einer Katze ab. Denn er könnte das Wesen einer Katze gar nicht erfassen, wenn er nicht einsehen würde, dass zu einer Katze immer materielle Gliedmassen, ein materielles Fell, ein materieller Schwanz usw. gehören. In der Abstraktion wird lediglich von genau *diesem* materiellen Fell und von *diesen* materiellen Gliedmassen abgesehen. Kurzum: Die Katze wird zwar als materielles Lebewesen erfasst, aber nicht als ein Lebewesen, das in einem bestimmten Stück Materie manifest ist.

Diese Auffassung von Abstraktion geht freilich von drei gewichtigen Prämissen aus. Erstens nimmt Thomas an, dass es in einem individuellen Gegenstand ein allgemeines Wesen gibt, das durch einen geeigneten kognitiven Prozess erfasst werden kann. Dass ein solches Wesen tatsächlich im Gegenstand selbst und nicht nur im abstrahierenden Intellekt vorhanden ist, setzt er als Universalienrealist – ganz im Gegensatz zu den Konzeptualisten und Nominalisten – voraus.[73] Die für ihn entscheidende Frage lautet nicht, ob es dieses Wesen überhaupt gibt, sondern wie es aus einem individuellen Gegenstand gleichsam herausgelöst werden kann. Angesichts dieser starken metaphysischen Voraussetzung ist es nicht erstaunlich, dass spätere Autoren, die dem Universalienrealismus skeptisch gegenüberstanden, Thomas in diesem Punkt kritisierten. Die ganze Abstraktionstheorie, so stellten Ockham und seine Nachfolger fest, ist nur dann überzeugend, wenn angenommen wird, dass es im indi-

---

[72] ST I, q. 85, art. 1, ad 2: „... materia est duplex, scilicet communis, et signata vel individualis: communis quidem, ut caro et os; individualis autem, ut hae carnes et haec ossa. Intellectus igitur abstrahit speciem rei naturalis a materia sensibili individuali, non autem a materia sensibili communi."

[73] Da Thomas betont, dass das Wesen nicht „an sich" als distinkter Gegenstand existiert, sondern immer in materiellen Gegenständen instantiiert ist, kann er freilich nur als moderater und nicht als starker Universalienrealist bezeichnet werden. Vgl. zu seiner Position bezüglich der Universalienfrage de Libera 1996a, 262-283.

§ 6 Die Intentionalität der intellektuellen Akte: die species-Theorie 65

viduellen Gegenstand selbst ein allgemeines Wesen gibt, das erfasst und vom Intellekt aufgenommen werden kann. Wird diese entscheidende universalienrealistische Prämisse aufgegeben und wird angenommen, dass das angeblich allgemeine Wesen vom Intellekt erst durch einen Vergleich verschiedener Individuen konstruiert wird, fällt die ganze Theorie in sich zusammen.[74]

Zweitens geht Thomas davon aus, dass die Materie das Individuationsprinzip ist und dass das allgemeine Wesen nur dann erfasst werden kann, wenn es von der Materie abstrahiert wird. Auch in diesem Punkt ist seine Theorie freilich angreifbar. Denn sobald in Frage gestellt wird, dass tatsächlich die Materie (und nicht etwa eine *haecceitas* oder eine individuelle Form) das Individuationsprinzip ist, kann auch bezweifelt werden, dass das Erfassen des allgemeinen Wesens tatsächlich ein Abstrahieren von der Materie erfordert.

Drittens schließlich geht Thomas von gewissen Annahmen bezüglich der kognitiven Fähigkeiten aus. Er setzt voraus, dass wir Menschen über die Fähigkeit verfügen, ausgehend von Wahrnehmungseindrücken und Phantasmata das Wesen eines Gegenstandes zu erfassen. Und er setzt weiter voraus, dass wir dieses Wesen *korrekt* erfassen können. Dies zeigt sich deutlich in seiner Erklärung der Abstraktion. Er stellt nämlich fest, dass ein entscheidender Unterschied zwischen den beiden oben erwähnten Arten von Abstraktion besteht. Hinsichtlich der ersten Art kann seiner Ansicht nach immer ein Irrtum auftreten. Denn wenn wir etwas von etwas anderem abtrennen und eine prädikative Aussage machen, können wir uns immer irren. Es ist ja möglich, dass wir aufgrund eines eingeschränkten Wissens zu Unrecht etwas von etwas anderem abtrennen, z. B. indem wir eine bestimmte Eigenschaft einem Gegenstand absprechen, die er in Tat und Wahrheit hat. (Die Entwicklung der Wissenschaften bestätigt diese Feststellung. Beispielsweise wurde bis zur kopernikanischen Wende die Aussage ‚Die Erde dreht sich nicht um die Sonne' für wahr gehalten – ein Irrtum, wie sich herausstellte.) Bei der zweiten Art von Abstraktion hingegen ist Thomas zufolge kein Irrtum möglich. Denn wenn wir das Wesen einer Sache abstrahieren, so können wir es nicht falsch abstrahieren:

„Das dem Intellekt eigene Objekt aber ist das Wesen einer Sache. In Bezug auf das Wesen der Sache, für sich genommen, täuscht sich der Intellekt daher nicht. Aber in Bezug auf das, was die Essenz oder das Wesen einer Sache umgibt, kann

---

[74] Ockham stellt lapidar fest, es gebe gar kein Wesen bzw. keine allgemeine Natur, die aufgenommen werden könne. Daher sei auch die Abstraktion einer Species unmöglich. Vgl. *In II Sent.*, qq. 12-13 (OTh V, 303).

sich der Intellekt täuschen, nämlich wenn er eines auf ein anderes zuordnet: beim Zusammensetzen oder Trennen oder auch beim Schlussfolgern."[75]

In dieser Aussage klingt deutlich die bereits erwähnte Unterscheidung dreier Tätigkeiten des Intellekts an. Thomas vertritt die These, dass hinsichtlich der ersten Tätigkeit (Erfassen des Wesens) kein Irrtum möglich ist.[76] Ein Irrtum kann nur bei der zweiten Tätigkeit (Urteilen, das in einem Zusammensetzen oder Trennen von Subjekt und Prädikat besteht) und bei der dritten Tätigkeit (Überlegen, das durch eine Verbindung von Urteilen zustande kommt) auftreten. Konkret heißt dies: Wenn ich durch Abstraktion das Wesen einer Katze erfasse, irre ich mich nicht. Es gibt dann nur zwei Möglichkeiten – entweder ich erfasse das Wesen, oder ich erfasse es nicht. Irren kann ich mich nur in einem Urteil über die Katze, z. B. wenn ich ‚Katzen haben keine Lunge' behaupte, oder wenn ich eine Überlegung wie ‚Da Katzen keine Lunge haben, können sie nicht atmen' anstelle.

Man könnte die These vom irrtumsfreien Erfassen des Wesens die *Untrüglichkeitsthese* nennen. Diese These erscheint auf den ersten Blick allerdings ziemlich unplausibel. Ist es nicht möglich, so könnte man einwenden, dass jemand sich schon beim Erfassen des Wesens einer Sache irrt? Angenommen, ich sehe einen Wal im Wasser, bilde zunächst ein Phantasma und abstrahiere dann eine Species, sodass ich das Wesen des Wals erfasse. Aufgrund einer mangelhaften zoologischen Bildung fasse ich den Wal aber als einen Fisch auf und nicht – was korrekt wäre – als ein Säugetier. Habe ich mich dann nicht bereits beim Erfassen des Wesens einer Sache geirrt, bevor ich urteile und Überlegungen anstelle? Oder betrachten wir ein Beispiel aus der Wissenschaftsgeschichte. Die Alchemisten fassten Gold als eine Mischung aus anderen Elementen auf und versuchten, durch das Herstellen der richtigen Mischung künstlich Gold herzustellen. Erst die Entwicklung der modernen Chemie zeigte, dass Gold in seinem Wesen nicht eine Mischung aus anderen Elementen ist, sondern selber ein Element darstellt. Haben sich die Alchemisten nicht im Auffassen des Wesens von Gold geirrt? Thomas' Untrüglich-

---

[75] *ST* I, q. 85, art. 6, corp.: „Obiectum autem proprium intellectus est quidditas rei. Unde circa quidditatem rei, per se loquendo, intellectus non fallitur. Sed circa ea quae circumstant rei essentiam vel quidditatem, intellectus potest falli, dum unum ordinat ad aliud, vel componendo vel dividendo vel etiam ratiocinando." Vgl. auch *ST* I, q. 17, art. 3, corp.; q. 85, art. 1, ad 1; *Sentencia libri De anima* III, 5 (ed. Leonina XLV/1, 224 und 227); *ScG* I, cap. 59, n. 496.

[76] Dies gilt freilich nur für das Erfassen des Wesens *einfacher* Dinge, wie Thomas in *ST* I, q. 85, art. 6, corp. betont. Jemand kann nämlich irrtümlicherweise zwei unvereinbare Wesen miteinander kombinieren und dadurch das Wesen eines geflügelten vernunftbegabten Wesens konstruieren.

§ 6 *Die Intentionalität der intellektuellen Akte: die species-Theorie*   67

keitsthese scheint solche Beispiele von Irrtümern zu übersehen oder gar zu leugnen. Wenn jemand das Wesen einer Sache erfasst, kann er dieser These zufolge gar nicht anders, als es korrekt zu erfassen.

Angesichts der naheliegenden Einwände scheint die Untrüglichkeitsthese unhaltbar zu sein. Sie immunisiert den Intellekt gleichsam gegenüber Irrtümern, was der Erfahrung widerspricht. Bei näherer Betrachtung erweist sie sich allerdings als bedeutend komplexer und subtiler, als sie auf den ersten Blick erscheint.[77] Für ein adäquates Verständnis der These müssen jedoch verschiedene Punkte berücksichtigt werden. Zunächst ist zu beachten, dass Thomas keineswegs behauptet, jemand erfasse gleichsam auf einen Schlag und in vollständiger Weise das Wesen einer Sache. Er betont vielmehr, dass der menschliche Intellekt im Gegensatz zum göttlichen nur Schritt für Schritt das Wesen erfassen kann; der menschliche Intellekt bewegt sich in mehreren Etappen vom Stadium des bloß potenziellen Erfassens zum Stadium des aktuellen Erfassens.[78] Im ersten Stadium ist er kaum in der Lage, das Wesen zu erfassen, und er ist noch viel weniger in der Lage, es korrekt zu beschreiben. Die korrekte Wesensbeschreibung ergibt sich erst nach und nach. Dieser wichtige Punkt lässt sich wiederum am besten anhand eines Beispiels illustrieren. Begegnet eine Person in der Steppe zum ersten Mal einem bislang unbekannten Tier, etwa einem Jaguar, so kann sie vielleicht nur ganz vage erfassen, dass dies ein großes, katzenähnliches Tier ist. Die Person ist nicht in der Lage, alle wesentlichen Merkmale des Jaguars zu erfassen und zu beschreiben. Ja, sie gibt vielleicht eine falsche Beschreibung und muss sich von ihrem Begleiter, einem zoologischen Experten, korrigieren lassen. Erst nach und nach, wenn diese Person sich länger in der Steppe aufhält und mehr über die dortige Fauna lernt, kann sie zu einer korrekten Beschreibung der wesentlichen Merkmale gelangen. Und erst ganz am Ende ihres Aufenthaltes, wenn sie selber zu einer zoologischen Expertin geworden ist, kann sie das Wesen des Jaguars vollständig und korrekt erfassen. Man muss hier genau zwischen dem *anfänglichen* Erfassen, das keine Beschreibung oder sogar eine teilweise falsche Beschreibung des Jaguars einschließt, und dem *abschließenden* Erfassen, das eine vollständige und korrekte Beschreibung einschließt, unterscheiden.

---

[77] Vgl. Jenkins 1991 und 1997, 103-123, sowie Kretzmann 1991, 185-193, die teilweise andere Argumente anführen als jene, die ich im Folgenden vorstellen werde, um die These zu erläutern.
[78] Vgl. prägnant *ST* I, q. 14, art. 6, corp. und das Beispiel in *ST* I, q. 85, art. 3, corp. ad 3: „... prius enim cognoscimus hominem quadam confusa cognitione, quam sciamus distinguere omnia quae sunt de hominis ratione."

Wie das moderne Beispiel zeigt, ist es der Untrüglichkeitsthese zufolge nicht erforderlich, dass eine Person bzw. ihr Intellekt von Anfang an eine vollständige und korrekte Wesensbeschreibung gibt. Es ist nur erforderlich, dass sie das Wesen von Anfang an in bescheidenen Ansätzen – mögen diese Ansätze auch vage und unkorrekt artikuliert sein – erfasst und dass sie in der Lage ist, dieses Erfassen Schritt für Schritt zu vertiefen. Daher ist es durchaus denkbar, dass eine Person, die zum ersten Mal einen Wal sieht, diesen zunächst als Fisch auffasst und erst in einem späteren Schritt, wenn sie das Wesen des Wals genauer untersucht hat, einsieht, dass es sich um ein Säugetier handelt. Eine korrekte zoologische Klassifikation ist im *anfänglichen* Erfassen noch nicht erforderlich.

Weiter ist zu beachten, dass sich die Untrüglichkeitsthese nur auf das Erfassen des Wesens bezieht, nicht aber auf die detaillierte Beschreibung des Wesens. Thomas hält ja in der oben zitierten Aussage fest, dass der Intellekt sich sehr wohl in Bezug auf das irren kann, „was die Essenz oder das Wesen einer Sache umgibt",[79] d. h. in Bezug auf die besonderen Aspekte oder Eigenschaften, die zu einem Wesen gehören. Wenn jemand etwa das Wesen eines Wals erfasst, so weiß er nicht *eo ipso* auf untrügliche Weise, dass ein Wal einen ganz bestimmten Fortpflanzungsapparat, einen bestimmten Verdauungsapparat, einen bestimmten Wahrnehmungsapparat usw. hat. Was alles zum Wesen eines Wals gehört, muss erst Schritt für Schritt durch empirische Forschung herausgefunden werden. Im ersten Schritt wird nur erfasst, dass etwas ein Wal ist. Oder allgemein ausgedrückt: Im ersten Schritt wird nur ‚Dies ist x' erfasst (wobei x nur approximativ bestimmt wird), aber nicht ‚Dies ist x mit den wesentlichen Eigenschaften F, G, H usw.'.

Schließlich ist noch ein weiterer Punkt zu beachten. Thomas stellt die Untrüglichkeitsthese auf, indem er eine Parallele zwischen den Sinnen und dem Intellekt herstellt: Genau wie jedem Wahrnehmungssinn ein bestimmtes wahrnehmbares Objekt zugeordnet ist, ist auch dem Intellekt ein bestimmtes Objekt zugeordnet.[80] Und genau wie sich der Wahrnehmungssinn hinsichtlich seines Objekts im Prinzip nicht täuschen kann, kann sich auch der Intellekt hinsichtlich seines Objekts im Prinzip nicht irren. Da das spezifische Objekt des Intellekts das Wesen eines Gegenstandes ist, kann sich der Intellekt hinsichtlich des Wesens im Prinzip nicht irren. Es gibt allerdings Ausnahmen für die prinzipielle Regel.

---

[79] Vgl. oben Anm. 75.
[80] Vgl. *ST* I, q. 85, art. 6, corp.; *Sentencia libri De anima* III, 5 (ed. Leonina XLV/1, 227).

§ 6 *Die Intentionalität der intellektuellen Akte: die species-Theorie* 69

Thomas zitiert selber ein Beispiel für eine Ausnahme: Obwohl dem Geschmackssinn die Süße zugeordnet ist, und obwohl somit die Zunge derart disponiert ist, dass sie die Süße korrekt wahrnimmt, kann es vorkommen, dass sie die Süße fälschlicherweise als Bitterkeit wahrnimmt, nämlich dann, wenn die wahrnehmende Person krank ist. Die Untrüglichkeit des Wahrnehmungssinns gilt nur dann, wenn *normale* Wahrnehmungsbedingungen vorliegen, d. h. wenn sowohl das Wahrnehmungsobjekt als auch der Wahrnehmungssinn bzw. die wahrnehmende Person in jenem Zustand ist, der für eine optimale Wahrnehmungsrelation erforderlich ist. Thomas vertritt eine wahrnehmungstheoretische Position, die man mit einem Ausdruck aus der heutigen Debatte „Zuverlässigkeitstheorie" (*reliabilism*) nennen könnte: Korrekte Wahrnehmung ist dann und nur dann möglich, wenn zuverlässige Wahrnehmungsbedingungen vorliegen und der kognitive Apparat zuverlässig funktioniert.[81] Aufgrund der Parallele, die Thomas zwischen den Wahrnehmungssinnen und dem Intellekt zieht, heißt dies, dass auch korrekte intellektuelle Tätigkeiten nur dann möglich sind, wenn zuverlässige kognitive Bedingungen vorliegen. Ist der Intellekt aufgrund besonderer Umstände in seiner Tätigkeit eingeschränkt (z. B. weil er in einem verletzten oder kranken Körper ist, der nur in ungenügender Weise Wahrnehmungen hat und daher nur eine ungenügende Grundlage für die intellektuellen Tätigkeiten bildet), kann er einem Irrtum verfallen.[82] Der Intellekt ist nicht in jedem Fall einer Wesenserkenntnis irrtumsfrei, sondern nur in jenen Fällen, in denen zuverlässige kognitive Bedingungen vorliegen.

Diese Präzisierungen verdeutlichen, dass die Untrüglichkeitsthese nicht einfach als eine überzogene These zurückgewiesen werden kann. Sie behauptet nämlich nicht, dass der menschliche Intellekt immer und überall unfehlbar ist, sondern macht nur darauf aufmerksam, dass der Intellekt *unter geeigneten kognitiven Bedingungen* prinzipiell in der Lage ist, das Wesen der materiellen Gegenstände zu erfassen.[83] Allerdings

---

[81] Vgl. ausführlich Stump 1991 und Kretzmann 1991.

[82] Thomas diskutiert verschiedene Beispiele in *ST* I, q. 84, art. 8, corp., und kommt zum Schluss: „Unde impossibile est quod sit in nobis iudicium intellectus perfectum, cum ligamento sensus, per quem res sensibiles cognoscimus." Vgl. auch *ST* I, q. 84, art. 7, corp.

[83] Was unter den geeigneten kognitiven Bedingungen zu verstehen ist, muss im Einzelfall spezifiziert werden. Stump 1991, 149-150, illustriert diesen Punkt mit einem interessanten Vergleich. Genau wie im Hinblick auf ein Rennauto verschiedene Bedingungen (Zustand des Autos, der Straße, des Fahrers usw.) spezifiziert werden müssen, die für ein erfolgreiches Rennen gegeben sein müssen, sind auch im Hinblick auf den erkennenden Menschen verschiedene Bedingungen (Zustand der Wahrnehmungssinne, des Intellekts usw.) für eine erfolgreiche Erkenntnis anzugeben.

wird in der Untrüglichkeitsthese einmal mehr der Essentialismus deutlich, der Thomas' gesamte Erkenntnis- und Intentionalitätstheorie prägt. Die These setzt nämlich voraus, dass jeder Gegenstand ein bestimmtes Wesen hat und dass der menschliche Intellekt dieses Wesen im Normalfall korrekt aufnehmen kann. Die These geht davon aus, dass der menschliche Intellekt geradezu auf das Wesen der Gegenstände abgestimmt ist. Wenn er unter geeigneten Bedingungen den geeigneten kognitiven Prozess vollzieht (nämlich die Abstraktion einer intelligiblen Species von einem Phantasma), dann kann er gar nicht anders, als das Wesen zu erfassen.[84] Wie sich in den folgenden Kapiteln zeigen wird, hat genau diese starke These verschiedene Autoren des 13. und 14. Jhs. zur Kritik provoziert. Denn es ist äußerst fraglich, ob jeder Gegenstand „an sich" ein allgemeines Wesen hat, und es ist ebenso fraglich, ob der Intellekt und die Gegenstände so perfekt aufeinander abgestimmt sind, dass das Erfassen des Wesens im Normalfall gelingt.

Nachdem nun die Frage geklärt ist, was unter der Abstraktion einer intelligiblen Species zu verstehen ist, muss die zweite der beiden oben formulierten Fragen wieder aufgenommen werden. Um was für eine Entität handelt es sich bei der intelligiblen Species? Auf den ersten Blick scheint sich diese Frage leicht beantworten zu lassen. Die Species, so könnte man erwidern, ist nichts anderes als das Wesen eines Gegenstandes, insofern es durch den Prozess der Abstraktion in den Intellekt gelangt ist. Genau dies hält Thomas an einer Stelle explizit fest:

„Daher ist die intelligible Species eine Darstellung (*similitudo*) des Wesens der Sache selbst, und sie ist auf gewisse Weise das Wesen und die Natur der Sache gemäß dem intelligiblen Sein, nicht gemäß dem natürlichen Sein, wie es in den Sachen vorkommt."[85]

Thomas präzisiert hier, dass die intelligible Species nur „auf gewisse Weise" das Wesen einer Sache ist. Denn das Wesen ist nicht in gleicher Weise

---

[84] Diese gewichtige Annahme ist bei Thomas nicht zuletzt theologisch begründet. Er geht davon aus, dass der menschliche Intellekt auf das Wesen der Gegenstände in der Welt abgestimmt ist, weil er von Gott so geschaffen wurde, dass er das Wesen erfassen kann. Er ist von Natur aus „in potentia tam ad similitudines quae sunt principia sentiendi, quam ad similitudines quae sunt principia intelligendi", wie Thomas in *ST* I, q. 84, art. 3, corp., betont. Kretzmann 1991, 161, nennt dies treffend „theistic reliabilism": Aufgrund des göttlichen Schöpfungsaktes besteht eine Garantie dafür, dass der Intellekt auf das Wesen der Gegenstände abgestimmt ist. Radikaler Skeptizismus ist daher von vornherein ausgeschlossen.

[85] *Quodl.* VIII, q. 2, art. 2, corp.: „Unde species intelligibilis est similitudo ipsius essentiae rei, et est quodammodo ipsa quidditas et natura rei secundum esse intelligibile, non secundum esse naturale, prout est in rebus." Vgl. auch *ST* I, q. 85, art. 2, corp.: „... similitudo rei intellectae, quae est species intelligibilis, est forma secundum quam intellectus intelligit."

im Intellekt wie in der Sache selbst. In der Sache bzw. im materiellen Gegenstand ist es auf *natürliche* Weise. Dort ist es nämlich stets mit einem bestimmten Stück Materie verbunden; es strukturiert den materiellen Gegenstand und macht ihn genau zu dem Gegenstand, der er ist. Im Intellekt hingegen ist das Wesen nur auf *intelligible* Weise. Aufgrund des Abstraktionsprozesses ist das Wesen dann losgelöst von der Materie und existiert nur als kognitiver Inhalt im Intellekt, ohne den Intellekt selbst zu strukturieren. Wer etwa über die intelligible Species von einer Katze verfügt, hat in seinem Intellekt das Wesen einer Katze, aber eben nur auf intelligible und nicht auf natürliche Weise. Diese Person bzw. ihr Intellekt wird durch das bloße Haben einer Katzen-Species ja nicht zu einer Katze. Sie hat nur den kognitiven Inhalt „Katze", d. h. sie erfasst, was das Katzenhafte an einer Katze ist.

Eine solche Erklärung, die auf eine Gleichsetzung der Species mit dem Wesen der Sache im Intellekt abzielt, muss sich allerdings mit zwei Einwänden auseinandersetzen. Ein erster Einwand kann sich auf eine berühmte, häufig zitierte Stelle berufen, an der Thomas sagt, die Species sei nicht das, was vom Intellekt erfasst und erkannt wird, sondern lediglich das, wodurch das Wesen einer Sache erfasst wird. Thomas betont, dass man das kognitive Hilfsmittel (das *id quo*), das wir zum Erfassen benötigen, nicht mit dem verwechseln darf, was erfasst wird (dem *id quod*).[86] Wenn aber die Species tatsächlich nur ein kognitives Hilfsmittel ist, dann kann sie nicht das Wesen der Sache im Intellekt sein. Man muss doch genau unterscheiden zwischen (a) dem Wesen selbst und (b) dem Hilfsmittel, aufgrund dessen das Wesen im Intellekt ist. Die Species kann nicht gleichzeitig (a) und (b) sein.

Diese Schwierigkeit beruht darauf, dass Thomas die intelligible Species in zweifacher Hinsicht betrachtet und auch den Ausdruck ‚intelligible Species' in zweifacher Weise verwendet. Im frühen *Sentenzenkommentar* weist er ausdrücklich auf die zweifache Betrachtungsweise hin:

„Die erkannte Species kann in zweifacher Weise betrachtet werden: entweder gemäß dem Sein, das sie im Intellekt hat, und dann hat sie ein singuläres Sein; oder gemäß der Tatsache, dass sie eine Darstellung (*similitudo*) einer so erkannten Sache ist, insofern sie zur Erkenntnis dieser Sache führt, und in dieser Hinsicht hat sie eine Universalität."[87]

---

[86] *ST* I, q. 85, art. 2, corp.: „Et ideo dicendum est quod species intelligibilis se habet ad intellectum ut quo intelligit intellectus." Thomas erläutert, dass die Species nur dann das Objekt des Intellekts ist, wenn der Intellekt darüber reflektiert, wie er etwas erfasst.

[87] *In II Sent.*, dist. 17, q. 2, art. 1, ad 3 (ed. Fretté & Maré 1873, 225): „... species intellecta potest dupliciter considerari: aut secundum esse quod habet in intellectu, et sic habet esse singulare; aut secundum quod est similitudo talis rei intellectae, prout ducit in cognitionem

Versteht man die Species in einem *ontologischen* Sinn, dann ist sie eine Entität, die im Intellekt existiert, und dann hat sie – wie Thomas betont – ein singuläres Sein, denn dann ist sie nichts anderes als ein individuelles Akzidens des Intellekts. Sie ist dann in der Tat nicht das, was vom Intellekt erfasst wird, sondern bloß ein kognitives Hilfsmittel: das, was der Intellekt benötigt, damit er überhaupt etwas erfassen kann. Versteht man die Species hingegen in einem *inhaltlichen* Sinn, dann ist sie nicht bloß ein Akzidens des Intellekts, sondern das, was kognitiv im Intellekt ist und was vom Intellekt erkannt oder verstanden wird: das Wesen einer Sache. Da dieses Wesen allgemein ist, hat die Species dann einen universalen Charakter.

Diese zweifache Verstehensweise, von der Thomas hier spricht, und die damit verbundene zweifache Verwendungsweise des Ausdrucks ‚intelligible Species' ist nichts anderes als der Verweis auf eine zweifache Betrachtungsweise ein und derselben Sache, wie sie sich über das Mittelalter hinaus gehalten hat und teilweise noch heute üblich ist.[88] Wenn wir etwa einen Brief erhalten und gefragt werden, was wir erhalten haben, können wir eine zweifache Antwort geben. Einerseits können wir sagen, wir hätten ein mit Tinte beschriebenes Stück Papier erhalten. Andererseits können wir auch sagen, wir hätten eine Nachricht erhalten. Die erste Antwort zielt auf eine ontologische Bestimmung ab. Wir spezifizieren dann, was für eine Entität wir erhalten haben. Hätten wir den gleichen Brief in hundertfacher Ausführung erhalten, hätten wir hundert Entitäten erhalten. Die zweite Antwort hingegen zielt auf eine inhaltliche Bestimmung ab. Wir spezifizieren dann, was uns auf dem mit Tinte beschriebenen Papier vermittelt wird; wir verweisen auf die Nachricht, die wir lesen. Selbst wenn wir den Brief in hundertfacher Ausführung erhalten hätten, hätten wir nur eine Nachricht erhalten. Kurzum: Mit der ersten Antwort verweisen wir auf das Mittel der schriftlichen Kommunikation (das *id quo*), mit der zweiten auf den Inhalt, den wir zur Kenntnis nehmen (das *id quod*). Genau gleich verhält es sich mit der zweifachen Bestimmung der intelligiblen Species. Thomas widerspricht sich nicht, wenn er einerseits sagt, die Species sei nicht mehr als ein Hilfsmit-

---

eius, et ex hac parte habet universalitatem..." Vgl. eine ausführliche Diskussion in L. Spruit 1994, 169ff.

[88] Besonders auffällig ist die zweifache Betrachtungsweise bei Descartes, der in der Vorrede zu den *Meditationes* (ed. Adam & Tannery VII, 8) feststellt, eine Idee könne einerseits „materialiter" betrachtet werden (d. h. in Bezug auf das, woraus sie gemacht ist: die ontologische Betrachtungsweise), andererseits aber auch „obiective" (d. h. in Bezug auf das, was sie darstellt oder enthält: die inhaltliche Betrachtungsweise). Vgl. zu dieser scholastisch motivierten Unterscheidung Perler 1996a, 78-99.

§ 6 *Die Intentionalität der intellektuellen Akte: die species-Theorie* 73

tel, andererseits aber auch behauptet, sie sei das Wesen der Sache im Intellekt. Mit diesen beiden Antworten zielt er auf die beiden unterschiedlichen Aspekte der Species ab. Ontologisch betrachtet ist sie nicht mehr als ein Akzidens des Intellekts und somit ein bloßes Hilfsmittel. Inhaltlich betrachtet ist sie das Wesen, das der Intellekt aufnimmt und erfasst.

Nun muss noch eine weitere Schwierigkeit diskutiert werden. In der oben zitierten Textstelle aus den *Quodlibeta* scheint Thomas im gleichen Satz zwei Aussagen zu machen, nämlich (i) dass die Species eine Darstellung (*similitudo*) des Wesens ist und (ii) dass die Species das Wesen ist, insofern es auf intelligible Weise im Intellekt ist. Die Rede von einer Darstellung findet sich auch in der zitierten Stelle aus dem *Sentenzenkommentar* und in zahlreichen anderen Textstellen.[89] Doch sind die Aussagen (i) und (ii) nicht ganz unterschiedliche Aussagen, die sorgfältig voneinander getrennt werden müssen? Es ist doch eine Sache, x als eine Darstellung von y zu bestimmen; eine ganz andere Sache ist es, x mit y zu identifizieren.

Diese Schwierigkeit lässt sich beheben, wenn der spezifische Begriff von Darstellung (*similitudo*) beachtet wird, an dem sich Thomas orientiert. Wie in § 5 bereits erläutert wurde, ist unter einer *similitudo* nicht etwas zu verstehen, was etwas anderes im wörtlichen Sinne abbildet; „x ist eine *similitudo* von y" heißt für Thomas nicht „x ist eine piktoriale Repräsentation von y", sondern „x und y haben eine gemeinsame Form" oder „x und y stimmen in einer Form überein".[90] (Ob sie die gemeinsame Form auch in gleicher Hinsicht auf die gleiche Weise haben, ist von Fall zu Fall zu untersuchen.) Wenn x und y eine gemeinsame Form haben, sind sie bezüglich dieser Form identisch. Dies bedeutet natürlich nicht, dass sie vollkommen identisch sind, aber sie sind formal identisch. Konkret heißt dies: Ein Kessel voller Wasser, der durch ein Herdfeuer erwärmt wurde, ist eine *similitudo* des Herdfeuers, und zwar nicht etwa, weil der Kessel dem Herdfeuer in einem piktorialen Sinne ähnlich wäre, sondern weil die beiden eine Form gemeinsam haben, nämlich die Form

---

[89] Vgl. *ST* I, q. 85, art. 2, corp.; *ScG* I, cap. 53, n. 444; *De veritate*, q. 10, art. 4, corp. (ed. Leonina XXII, vol. II, 306). Für eine Diskussion weiterer Stellen vgl. Pasnau 1997a, 105-113.
[90] Black 1999, 68, weist ebenfalls darauf hin, dass Thomas eine „implicit equation" von Identität und Ähnlichkeit annimmt, stellt dann aber kritisch fest: „Aquinas glides smoothly from stronger identity claims to weaker similitude claims." Berücksichtigt man allerdings die Tatsache, dass Thomas ‚similitudo' als Terminus technicus verwendet, muss man nicht von einem „Hinübergleiten" von einer stärkeren zu einer schwächeren These sprechen: Die Rede von einer *similitudo* ist nichts anderes als die Rede von einer Identität, denn *similitudo* besteht in nichts anderem als im gemeinsamen Haben ein und derselben Form.

der Hitze. Dadurch sind sie in gewisser Weise identisch, aber eben nur formal, nicht etwa materiell oder numerisch.

Wendet man diesen besonderen Begriff von Darstellung auf Thomas' Ausführungen über die intelligible Species an, ergibt sich keineswegs eine Spannung oder ein Widerspruch, wenn er einerseits sagt, die Species sei eine Darstellung einer Sache (genauer: des Wesens einer Sache), und andererseits behauptet, die Species sei identisch mit dem Wesen der Sache. Er verdeutlicht damit vielmehr, dass unter der Darstellung nichts anderes als eine bestimmte Art von Identität zu verstehen ist: Die Species ist genau dadurch eine *similitudo* einer bestimmten Sache, dass sie mit dieser Sache eine Form gemeinsam hat.[91] Dabei handelt es sich nicht um irgendeine Form, sondern um die *wesentliche* Form einer Sache, kurzum: um ihr Wesen. Darum kann man sagen, dass die Species und die Sache im Wesen übereinstimmen oder eben hinsichtlich des Wesens identisch sind.

Berücksichtigt man diese spezifische Auffassung von Darstellung, die auf formale Identität abzielt, lässt sich sogleich eine scheinbar naheliegende Interpretation ausschließen. Species sind keine Bilder im wörtlichen Sinn, d. h. keine piktorialen Repräsentationen, und Thomas entwickelt keine Bildertheorie, wenn er intelligible Species einführt. Wer eine Katzen-Species abstrahiert und erfasst, stellt nicht ein geistiges Bild von Katzen her und betrachtet nicht mittels irgendeiner mysteriösen Introspektion dieses Bild. Vielmehr abstrahiert er das Wesen der Katze, und er hat genau dieses Wesen auf intelligible Weise in seinem Intellekt. Die Species ist nichts anderes als das Wesen mit der besonderen intelligiblen Existenzweise. Es geht hier nicht darum, zwei Arten von Entitäten voneinander zu unterscheiden, nämlich Katzen außerhalb des Intellekts und ein Katzenbild im Intellekt. Vielmehr geht es darum, zwei Existenzweisen zu unterscheiden, und zwar Existenzweisen *ein und desselben Wesens*. Das Katzenwesen kann auf natürliche Weise außerhalb des Intellekts in dieser oder jener materiellen Katze existieren und auf intelligible Weise im Intellekt.[92]

---

[91] Vgl. *ScG* III, cap. 49, n. 2266: „Similitudo intelligibilis per quam intelligitur aliquid secundum suam substantiam, oportet quod sit eiusdem speciei, vel magis species eius; sicut forma domus quae est in mente artificis, est eiusdem speciei cum forma domus quae est in materia, vel potius species eius; non enim per speciem hominis intelligitur de asino vel equo quid est."

[92] Wenn das Wesen auf intelligible Weise im Intellekt existiert, dann liegt eine „similitudo ad repraesentationem" vor, wie Thomas in *De veritate,* q. 2, art. 3, ad 9 (ed. Leonina XXII, vol. I, 53), sagt. Denn das Wesen ist dann nicht zusammen mit der Materie im Intellekt, und es strukturiert den Intellekt nicht so, wie es den materiellen Gegenstand strukturiert. Es ist nur als kognitiver Inhalt im Intellekt.

§ 6 Die Intentionalität der intellektuellen Akte: die species-Theorie

Hier zeigt sich einmal mehr die Parallele, die Thomas zwischen den Wahrnehmungssinnen und dem Intellekt zieht. In § 5 ist nämlich bereits deutlich geworden, dass auch die Phantasmata, die vom Vorstellungsvermögen hergestellt werden, keine inneren Bilder sind. Auch für die Phantasmata gilt, dass sie *similitudines* der Gegenstände sind, insofern sie mit diesen eine Form gemeinsam haben. Und auch für die Phantasmata gilt, dass sie sich nur aufgrund dieser formalen Identität und nicht aufgrund einer piktorialen Darstellung auf die Gegenstände beziehen. Doch was, so kann man nun fragen, ist dann der Unterschied zwischen den Phantasmata und den Species, wenn beide sich dadurch auszeichnen, dass sie mit den Gegenständen formal identisch sind?

Mindestens zwei wichtige Unterschiede können angegeben werden. Zunächst differieren Phantasmata und Species in ihrer Existenzweise. Da Phantasmata immer in den inneren Wahrnehmungssinnen existieren, und da diese Sinne Bestandteile des Körpers sind, können die Phantasmata keine immaterielle Existenzweise haben. Daher können auch die jeweiligen Formen, die in den Phantasmata präsent sind, keine rein immaterielle Existenzweise haben. Sie haben vielmehr eine „spirituelle" bzw. geistige Existenzweise in dem bereits erläuterten Sinn. Sie existieren auf geistige Weise (oder modern ausgedrückt: auf codierte Weise) in etwas Materiellem. Anders verhält es sich mit den Species. Da diese stets im Intellekt sind, und da der Intellekt nicht Bestandteil des Körpers ist, haben auch die jeweiligen Formen bzw. die Wesen, die in diesen Species präsent sind, eine unkörperliche, intellektuelle Existenzweise. Es ist aber ein und dieselbe Form, die auf der jeweiligen Ebene die entsprechende Existenzweise hat. Erkenne ich etwa eine Katze, so hat die Form der Katze im ersten Schritt, nämlich wenn ich ein Phantasma bilde, ein geistiges Sein (*esse spirituale*) in den inneren Wahrnehmungssinnen. Erst in einem zweiten Schritt, nämlich wenn mein Intellekt die Katzen-Species abstrahiert, hat die essentielle Form ein rein intellektuelles Sein (*esse intelligibile*). Auch dabei handelt es sich freilich um eine Art von codierter Existenz. Denn wie bereits mehrfach betont wurde, werde ich bzw. mein Intellekt ja nicht zu einer Katze, wenn ich eine Katzen-Species abstrahiere. Ich nehme nur einen bestimmten kognitiven Inhalt auf, ähnlich wie ein Computer einen Inhalt aufnimmt, wenn er eine Wesensbeschreibung für Katzen in digitaler Form aufnimmt.

Zwischen Phantasma und Species besteht noch ein weiterer, für Thomas entscheidender Unterschied. Solange jemand über das Phantasma verfügt, hat er noch nicht die „reine" Form aufgenommen. Er hat sie nur so aufgenommen, wie sie ihm ausgehend von einem partikulären Gegenstand mit bestimmten individuierenden materiellen Eigenschaften präsent ist. Erst wenn jemand die Species abstrahiert, hat er die „reine" Form aufgenommen, und erst dann besteht auch eine „reine" Relation der formalen Identität. Somit habe ich erst dann, wenn ich die Katzen-Species abstrahiert habe, nichts anderes als die Form der Katze aufgenommen. Denn erst dann habe ich ganz unabhängig von dieser oder jener Farbe, Gestalt, Fellbeschaffenheit usw. das Katzenhafte erfasst. Und erst dann kann ich sagen, dass nichts anderes als das Wesen der Katze in meinem Intellekt ist.

Daraus ergibt sich eine unmittelbare Konsequenz für die Intentionalitätsproblematik. Es sind zwei verschiedene intentionale Beziehungen zu unterscheiden:

(a) Ein Wahrnehmungsakt richtet sich auf eine Form, sodass diese *mit* individuierenden Eigenschaften im Phantasma präsent ist.

(b) Ein intellektueller Akt richtet sich auf eine Form, sodass diese *ohne* individuierende Eigenschaften in einer intelligiblen Species präsent ist.

Da (b) zufolge die individuierenden Eigenschaften fehlen, kann sich ein intellektueller Akt nicht auf einen individuellen Gegenstand beziehen. Wenn ich an eine Katze denke, kann ich also nicht an diese oder jene Katze denken; ich kann nur an das Katzenhafte im Allgemeinen denken. Genau dies gesteht Thomas zu. Er stellt fest,

„dass unser Intellekt das Singuläre in den materiellen Dingen nicht direkt und primär erkennen kann [...]. Indirekt aber und gleichsam durch eine gewisse Reflexion kann er das Singuläre erkennen, denn [...] auch nachdem er die intelligiblen Species abstrahiert hat, kann er diesen zufolge nur dann aktuell erkennen, wenn er sich den Phantasmata zuwendet, in denen er die intelligiblen Species erkennt, wie in *De anima* III gesagt wird."[93]

Der Hauptgrund dafür, dass der Intellekt sich nicht direkt auf einen individuellen Gegenstand beziehen kann, liegt darin, dass die Materie das Individuationsprinzip für einen solchen Gegenstand ist. Da der Intellekt aber immateriell ist, kann er nichts Materielles in sich aufnehmen. Er ist nur imstande, das immaterielle Wesen aufzunehmen. Daher kann er sich direkt auch nur auf dieses Wesen beziehen. Eine Bezugnahme auf den in-

---

[93] *ST* I, q. 86, art. 1, corp.: „... singulare in rebus materialibus intellectus noster directe et primo cognoscere non potest [...]. Indirecte autem, et quasi per quandam reflexionem, potest cognoscere singulare: quia [...] etiam postquam species intelligibiles abstraxit, non potest secundum eas actu intelligere nisi convertendo se ad phantasmata, in quibus species intelligibiles intelligit, ut dicitur in III de Anima."

§ 6 *Die Intentionalität der intellektuellen Akte: die species-Theorie* 77

dividuellen materiellen Gegenstand ist nur mit Hilfe der Phantasmata möglich.

Dieser Punkt ist von entscheidender Bedeutung für ein in den heutigen Debatten aktuelles Problem, das von Thomas zwar nicht ausdrücklich thematisiert worden ist, das sich aber mit Hilfe seines Erklärungsansatzes lösen lässt: die Bezugnahme auf einen unter mehreren qualitativ identischen Gegenständen.[94] Angenommen, vor mir stehen fünf Katzen, die alle zur selben Art gehören und genau gleich aussehen. Wie kann ich mich dann auf eine bestimmte Katze beziehen? Oder nehmen wir sogar an, um ein berühmtes Gedankenexperiment von H. Putnam zu zitieren, es gebe neben dieser Erde noch eine Zwillingserde, auf der eine Zwillingskatze existiert, die der Katze auf dieser Erde bis auf das letzte Haar im Fell gleicht. Wie kann ich mich dann auf die Katze auf dieser Erde beziehen? Wäre kognitive Bezugnahme nur mit Hilfe des Intellekts möglich, würde ich mich unterschiedslos auf die Katze auf dieser Erde und auf die Zwillingskatze auf der Zwillingserde beziehen, denn ich würde einfach das Wesen der Katze erfassen, das sich unterschiedslos in beiden Katzen befindet. Was mir ermöglicht, mich auf genau *diese* Katze zu beziehen (und auch zu wissen, dass ich mich auf genau *diese* Katze beziehe), ist mein Phantasma. Weil ich es von der Katze auf dieser Erde und nicht von der Zwillingskatze auf der Zwillingserde erworben habe und weil ich somit in einer Kausalrelation zu genau dieser Katze stehe, ist meine Bezugnahme eindeutig festgelegt. Entscheidend ist dabei, dass dies nicht einfach von außen betrachtet der Fall ist. Nicht bloß für eine andere Person, die sieht, wie ich die Katze berührt oder gesehen und von ihr ein Phantasma erworben habe, ist meine Bezugnahme auf genau *diese* Katze festgelegt. Auch für mich ist die Bezugnahme eindeutig festgelegt, denn ich bin mir bewusst, dass ich von genau *dieser* Katze ein Phantasma erworben habe.[95] Die Kausalrelation, die zum individuellen Gegenstand besteht und die Bezugnahme eindeutig festlegt, ist somit (zumindest im

---

[94] In der gegenwärtigen Debatte wird dies meistens das „problem of particularity" genannt; vgl. Searle 1983, 62.

[95] Versteht man Thomas' Erklärungsansatz auf diese Weise, stellt sich nicht das „firstperson internal problem" (Searle 1983, 63), das Searle in mehreren gegenwärtigen Ansätzen sieht. Es geht nämlich nicht einfach darum, dass von außen betrachtet eine eindeutige Bezugnahme besteht. Auch aus der Sicht der ersten Person liegt eine solche Bezugnahme vor. Allerdings ist einschränkend festzuhalten, dass dies nur für den Normalfall gilt. Es sind auch Fälle konstruierbar (die von Thomas freilich nicht diskutiert werden), die eine eindeutige Bezugnahme aus der Sicht der ersten Person in Frage stellen. Wenn etwa ein *genius malignus* in mir ein Phantasma von einer Katze erzeugen würde, gleichzeitig aber mehrere gleichaussehende Katzen vor mir stünden, könnte ich nicht sagen, auf welche Katze ich mich beziehe.

Normalfall) eine auch aus der Innenperspektive bewusste Relation. Daher ist auch aus der Innenperspektive betrachtet eine eindeutige Bezugnahme auf einen individuellen Gegenstand möglich.

Thomas behauptet, die eindeutige Bezugnahme werde durch eine „Rückwendung zu den Phantasmata" (*reflexio* oder *conversio ad phantasmata*) festgelegt.[96] Diese Redeweise legt nahe, dass der Intellekt in zwei Schritten vorgeht. In einem ersten Schritt bezieht er sich ausschließlich auf das Wesen eines Gegenstandes, und erst in einem zweiten Schritt, wenn er wieder auf die Wahrnehmungsebene zurückgeht und das Phantasma aktiviert, bezieht er sich auf den individuellen, materiellen Gegenstand. Ein solches Zwei-Schritt-Verfahren scheint aber ziemlich seltsam zu sein. Angenommen, ich denke jetzt an die Katze, die in meinem Garten herumstreunt. Kann ich mich dann nicht *direkt* genau auf diese Katze beziehen, ohne dass ich zwei distinkte Schritte vollziehen muss? Und kann ich mich nicht allein mit dem Intellekt auf diese Katze beziehen, ohne dass ich auf irgendetwas in den inneren Wahrnehmungssinnen zurückgreifen muss?

Angesichts eines solchen naheliegenden Einwandes ist es nicht erstaunlich, dass Thomas' Erklärung der Intentionalität eines intellektuellen Aktes immer wieder kritisiert worden ist. Bereits mittelalterliche Autoren – allen voran Duns Scotus und Ockham – betonten, es müsse dem Intellekt möglich sein, sich direkt auf individuelle Gegenstände zu beziehen.[97] Auch moderne Interpreten weisen immer wieder darauf hin, dass Thomas' Intentionalitätstheorie in diesem Punkt unbefriedigend ist. So wendet F.-X. Putallaz ein, dieser Theorie zufolge könne sich ein Mensch mit seinem Intellekt höchstens indirekt auf einen individuellen Gegenstand beziehen, was kaum überzeugend sei.[98]

Wird die indirekte Bezugnahme und die sog. Rückwendung zu den Phantasmata als ein Zwei-Schritt-Verfahren verstanden, liegt in der Tat

---

[96] Vgl. *ST* I, q. 86, corp.; *De veritate*, q. 2, art. 6, corp. (ed. Leonina XXII, vol. I, 66); *De veritate*, q. 10, art. 5, corp. (ed. Leonina XXII, vol. II, 309). Thomas betont an diesen Stellen, dass die *reflexio* keine Reflexion im strengen Sinn, d. h. kein höherstufiger reflexiver Akt, ist. Der Intellekt geht nur „durch eine gewisse Reflexion" (*per quandam reflexionem*) zum Phantasma zurück.

[97] Mit seiner Theorie der intuitiven Erkenntnis zielt Scotus auf eine solche direkte intellektuelle Bezugnahme ab. Ockham vertritt sogar die These, dass sich jedes direkte Erfassen – sei dies nun ein intuitives oder ein abstraktives – auf einen individuellen Gegenstand richtet. Vgl. *In I Sent.*, prol., q. 1 (OTh I, 30-33); ausführlich dazu unten § 30. Eine ausführliche Darstellung der Kritik an Thomas' Position im späten 13. und frühen 14. Jh. bietet Bérubé 1964.

[98] Putallaz 1991a, 121: „L'homme jouit ainsi d'un pouvoir de connaissance indirecte et imparfaite du singulier; en aucun cas il ne peut prétendre à une intuition intellectuelle, directe et immédiate..."

eine unbefriedigende Erklärung vor. Die Rede von einer Rückwendung muss aber nicht unbedingt in diesem Sinn verstanden werden. Sie lässt sich auch derart deuten, dass ein Mensch kraft seines Intellekts das Wesen einer Sache erfasst und *gleichzeitig* eine Rückwendung (oder besser: Hinwendung) zu den Phantasmata vollzieht, d. h. gleichzeitig das verwendet, was ihm in einer Wahrnehmung vermittelt wurde. Der Ausdruck ‚Rückwendung' ist hier nicht in einem zeitlichen Sinn zu verstehen. Denn wenn sich jemand auf etwas bezieht, setzt er nicht zuerst den Intellekt ein und dann die Wahrnehmungssinne. Vielmehr setzt er alle seine kognitiven Fähigkeiten, die intellektuellen ebenso wie die perzeptiven, gleichzeitig ein.[99] Wenn ich etwa an die Katze in meinem Garten denke, so setze ich meinen Intellekt ein und erfasse dadurch das Wesen der Katze, und *gleichzeitig* verwende ich auch meine Wahrnehmungseindrücke von der Katze. Aufgrund der intellektuellen Tätigkeit gelingt es mir, an die Katze als Katze zu denken; aufgrund der abgespeicherten Wahrnehmungseindrücke bin ich in der Lage, an genau *diese* Katze zu denken.

Diese Erklärung, die auf der gleichzeitigen Verwendung von perzeptiven und intellektuellen Fähigkeiten insistiert, verdeutlicht, dass die oben getroffene Unterscheidung zwischen Wahrnehmungsakt und intellektuellem Akt zwar korrekt ist, sofern sie auf die strukturelle Differenz zwischen verschiedenen Typen von Akten abzielt. Die Unterscheidung ist aber reichlich künstlich oder gar unzutreffend, wenn sie in Bezug auf das konkrete Auftreten solcher Akte verstanden wird. Denn im Normalfall treten Wahrnehmungsakte und intellektuelle Akte nicht nacheinander auf. Sie erfolgen vielmehr gleichzeitig. Wenn ich etwas wahrnehme, setze ich normalerweise auch den Intellekt ein und erfasse dadurch auch das Wesen des Wahrgenommenen. Und wenn ich an etwas denke, setze ich normalerweise auch die Wahrnehmungssinne ein und denke an etwas, insofern es mir in einer konkreten Wahrnehmungssituation präsent ist oder präsent war. Man sollte hier nicht den Fehler begehen, die strukturelle Unterscheidung zwischen Wahrnehmungsakten und intellektuellen Akten als eine zeitliche Abfolge dieser Akte zu verstehen.[100] Daher

---

[99] Dies gilt freilich nur für den Normalfall. Natürlich gibt es auch Fälle, in denen jemand ausschließlich die intellektuellen Fähigkeiten einsetzt (z. B. wenn er an mathematische Gegenstände denkt) oder die intellektuellen zusammen mit den imaginativen (z. B. wenn er an Pegasus denkt). Die intellektuellen und die perzeptiven Fähigkeiten werden nicht notwendigerweise zusammen aktiviert.

[100] Dies gilt umso mehr, als man nicht die Wahrnehmungssinne und den Intellekt als zwei „homunculi" auffassen darf, die unabhängig voneinander oder nacheinander Akte vollziehen. Die Wahrnehmungssinne und der Intellekt sind vielmehr zwei kognitive *Fähig-*

sollte man Thomas' Ansatz in der Intentionalitätstheorie auch nicht so verstehen, als sei das Denken an etwas ausschließlich als das Erfassen eines allgemeinen Wesens zu verstehen. Das Denken an etwas umfasst im Normalfall das Erfassen eines allgemeinen Wesens *und* das Spezifizieren dieses Wesens in einem individuellen Gegenstand.

§ 7 Direkter Realismus oder Repräsentationalismus?

Bislang ist deutlich geworden, dass das Problem der Intentionalität auf zwei Ebenen – Wahrnehmungssinne und Intellekt – zu behandeln ist, wenn auch auf unterschiedliche Weise: auf der ersten Ebene mit Rekurs auf die Phantasmata, auf der zweiten mit Bezug auf die intelligiblen Species. Doch auf beiden Ebenen, so wurde argumentiert, richten sich die Akte im Normalfall unmittelbar auf Gegenstände in der Welt.[101] Der Unterschied zwischen den beiden Arten von Akten besteht nur darin, dass sich die Wahrnehmungsakte genau so auf die Gegenstände richten, wie diese mit individuellen Eigenschaften in einer bestimmten Wahrnehmungssituation präsent sind (oder präsent waren), während sich die intellektuellen Akte nur auf das Wesen der Gegenstände richten, unabhängig von allen individuellen Eigenschaften. Versteht man die Gerichtetheit der Akte auf diese Weise, ist Thomas' Intentionalitätstheorie in einen erkenntnistheoretischen Rahmen einzuordnen, der gewöhnlich *direkter Realismus* genannt wird: Akte des Wahrnehmens und des Denkens richten sich im Normalfall direkt auf Gegenstände in der Welt, nicht auf irgendwelche Sinnesdaten, Ideen, intentionale Objekte oder repräsentierende Entitäten, die sich gleichsam zwischen die erkennende Person und die Erkenntnisgegenstände einschieben. Eine solche Auffassung der Intentionalitätstheorie wird dadurch gestützt, dass Thomas keine inneren Bilder einführt, wie in den §§ 5-6 dargelegt wurde. Weder die Phantasmata noch die Species sind Bilder im wörtlichen Sinn, d. h. piktoriale Entitäten, auch wenn Thomas sie als *similitudines* bezeichnet. Sie können nur deshalb „Ähnlichkeiten" oder Darstellungen von den Gegenständen genannt werden, weil sie mit diesen in der Form übereinstimmen.

---

keiten eines Menschen. Es ist stets der ganze Mensch, nicht der Intellekt als eine isolierte Instanz, der denkt. Und der Mensch setzt neben dem Intellekt in den meisten Fällen auch die Wahrnehmungssinne als weitere kognitive Fähigkeit ein. Auf den gleichzeitigen Einsatz dieser beiden Fähigkeiten weisen auch Kenny 1993, 113, und Stump 1998, 303, hin.

[101] Einen Sonderstatus haben natürlich die reflexiven Akte, die sich auf Akte des Intellekts oder des Willens richten. Thomas behandelt sie in *ST* I, q. 87, art. 3.

§ 7 Direkter Realismus oder Repräsentationalismus? 81

Diese Interpretation der Intentionalitätstheorie ist in der neueren Forschung aber von verschiedener Seite angefochten worden. So vertritt R. Pasnau die Auffassung, Thomas sei kein direkter Realist, sondern vielmehr ein Repräsentationalist, denn seiner Theorie zufolge seien die Species – nicht etwa die Gegenstände in der Welt – die primären Objekte, die erfasst werden. Gegenstände in der Welt würden nur vermittelt durch die Species erfasst. Von einem extremen Repräsentationalisten unterscheide sich Thomas lediglich darin, dass er behaupte, Urteile und Meinungen würden sich trotz der Vermittlung durch die Species auf Gegenstände in der Welt beziehen.[102] Auch C. Panaccio zählt Thomas zu den Repräsentationalisten. Er weist darauf hin, dass Thomas nicht nur auf die Species rekurriert, sondern zusätzlich auf die „erkannte Intention" (*intentio intellecta*), d. h. auf eine Entität im Intellekt, und dass er genau diese Intention zum primären Objekt des Intellekts macht.[103] Nicht ein Gegenstand in der Welt, sondern die Intention von einem Gegenstand werde primär erfasst.

Angesichts dieser Deutungen, die dem bisher verfolgten Interpretationsansatz widersprechen,[104] muss die Frage, ob Thomas' Intentionalitätstheorie nun im Rahmen eines direkten Realismus oder eines Repräsentationalismus zu verstehen ist, genauer geprüft werden. Ein geeigneter Ansatz zur Klärung dieser Frage ist eine Textstelle, auf die bereits in § 6 hingewiesen wurde. Thomas hält fest,

„dass die intelligible Species sich zum Intellekt verhält wie das, wodurch der Intellekt erkennt [...]. Weil aber der Intellekt über sich selber reflektiert, erkennt er gemäß derselben Reflexion sowohl sein eigenes Erkennen als auch die Species, durch die er erkennt. Und so ist die intellektuelle Species sekundär das, was erkannt wird. Aber das, was primär erkannt wird, ist der Gegenstand, für den die intelligible Species eine Darstellung (*similitudo*) ist."[105]

---

[102] Vgl. Pasnau 1997a, 195-219. Er hält abschließend fest (ibid., 293): „There is no radical conceptual difference between the role of early-modern ideas and the role of Aquinas's species. Aquinas shares the presupposition, characteristic of seventeenth-century philosophy, that the immediate and direct objects of cognitive apprehension are our internal impressions. His position on this question is subtle and interesting. But it is not radically distinct from modern theories." Vgl. eine ausführliche Diskussion dieser These in Perler 2000.

[103] Vgl. Panaccio 2001.

[104] Sie widersprechen auch den Ansätzen von Haldane 1989, Solère 1989, Kenny 1993 (prägnant ibid., 35), Kretzmann 1993 (besonders 138) und Stump 1998.

[105] *ST* I, q. 85, art. 2, corp.: „... species intelligibilis se habet ad intellectum ut quo intelligit intellectus [...]. Sed quia intellectus supra seipsum reflectitur, secundum eandem reflexionem intelligit et suum intelligere, et speciem qua intelligit. Et sic species intellectiva secundario est id quod intelligitur. Sed id quod intelligitur primo, est res cuius species intelligibilis est similitudo."

In ähnlicher Weise betont Thomas auch an anderen Stellen, die Species könne höchstens sekundär das Objekt sein, das der Intellekt erkennt.[106] Wenn jemand etwa eine Species von einer Katze bildet, so erkennt er primär das Wesen der Katze und nur sekundär – durch eine Reflexion über die Art und Weise, wie er dieses Wesen erfasst – die Species von der Katze. Wer annimmt, die Species werde unmittelbar erkannt, verwechselt das primäre und das sekundäre Objekt des Intellekts.

Mindestens zwei Argumente sprechen Thomas zufolge für diese Auffassung.[107] Erstens: Wenn die Species das Objekt des Erkennens wäre, dann würde jeder Mensch nur eine Entität in seinem Intellekt erfassen. Da aber die Wissenschaften von dem handeln, was wir erfassen, würden auch diese nur von dem handeln, was jeder in seinem individuellen Intellekt erfasst. Jede Wissenschaft, die Physik ebenso wie die Biologie, die Astronomie usw., wäre somit Psychologie; sie würde nur von psychischen Entitäten handeln, nicht von Gegenständen in der materiellen Welt. Wenn diese fatale Konsequenz vermieden werden soll, muss eingeräumt werden, dass wir die Gegenstände selbst bzw. ihre Wesen erfassen und dass die Wissenschaften (mit Ausnahme der Psychologie) genau von diesen Gegenständen und nicht bloß von Entitäten in unserem Intellekt handeln.

Zweitens würde sich Thomas zufolge ein uneingeschränkter Relativismus ergeben, wenn die Species als das primäre Objekt des Erfassens angenommen würde. Denn jeder Mensch verfügt über seine eigene Species, die ihm auf je eigene Weise etwas darstellt. Jemand könnte also sagen: „Ich erfasse meine Species, die mir einen Gegenstand x als F darstellt", und ein anderer könnte behaupten: „Ich erfasse meine Species, die mir x als nicht-F darstellt". Obwohl die beiden Personen dem Gegenstand x kontradiktorische Eigenschaften zuschreiben, können sie einander nicht widersprechen, weil sie ja nicht primär eine Behauptung über x und dessen Eigenschaft machen, sondern nur über ihre jeweilige Species, die x auf eine bestimmte Weise darstellt. Jede Behauptung wäre somit nur noch relativ wahr, nämlich genau für denjenigen, der seine eigene Species erfasst und über diese Species spricht.

Diese beiden Argumente bringen Thomas dazu, die Species (ebenso wie die Phantasmata auf der Ebene der Wahrnehmung) nur als das *Mittel* zum Erfassen eines Gegenstandes zu bestimmen. Wie in § 6 bereits aus-

---

[106] Vgl. *Sentencia libri De anima* III, 2 (ed. Leonina XLV/1, 213); *Quaestio disp. De anima*, art. 2, ad 5; *ScG* II, cap. 75, n. 1550. An allen diesen Stellen betont Thomas, die Species sei das „id quo" und nicht das „id quod" für einen Akt des Erfassens und Verstehens.

[107] Vgl. *ST* I, q. 85, art. 2, corp.

§ 7 *Direkter Realismus oder Repräsentationalismus?* 83

geführt wurde, sind sie natürlich nur dann ein Mittel, wenn sie in ontologischer Hinsicht betrachtet werden, d. h. als ein Akzidens des Intellekts.[108] Denn wenn verschiedene Personen einen Gegenstand erfassen, hat jede Person ihre eigene Species. Jede verfügt über ein individuelles Akzidens in ihrem Intellekt, und jede erfasst einen Gegenstand mittels dieses Akzidens. Inhaltlich betrachtet ist die Species allerdings nichts anderes als das Wesen des erfassten Gegenstandes, insofern dieses im Intellekt ist. Konkret heißt dies: Denken zwei Personen an eine Katze, hat zwar jede ihre eigene Katzen-Species, aber beide erfassen ein und dasselbe Wesen der Katze. Es gibt in diesem Fall zwei distinkte kognitive Hilfsmittel, aber nur ein einziges Objekt, das primär erfasst wird und das den Inhalt für die Hilfsmittel bildet.

Diese Präzisierung verdeutlicht, dass Thomas durchaus die Existenz von kognitiven Hilfsmitteln zugesteht. Man darf ihm nicht einen naiven direkten Realismus zuschreiben, der behauptet, eine Person könne durch eine magische Kraft direkt auf einen Gegenstand Zugriff nehmen und diesen gleichsam vereinnahmen, ohne auf irgendwelche Hilfsmittel (seien diese nun in den Sinnen oder im Intellekt) angewiesen zu sein. Er vertritt vielmehr einen *modifizierten direkten Realismus*. Dieser Position zufolge sind kognitive Hilfsmittel zwar erforderlich, und nur dank dieser Hilfsmittel kann ein Gegenstand überhaupt erfasst werden. Trotzdem ist es der Gegenstand selbst, der primär erfasst wird. Man muss hier genau zwischen zwei Positionen unterscheiden. Der modifizierte direkte Realismus behauptet:

(1) Im Erkenntnisprozess wird primär ein äußerer Gegenstand mit Hilfe von inneren kognitiven Entitäten erfasst. Die kognitiven Entitäten werden nur sekundär in einem Akt der Reflexion erfasst.

Der Repräsentationalismus hingegen behauptet:

(2) Im Erkenntnisprozess wird primär eine innere kognitive Entität erfasst. Ein äußerer Gegenstand kann nur sekundär als die Ursache dieser inneren Entität erfasst bzw. durch Kausalüberlegungen erschlossen werden.

Der Repräsentationalismus ist charakteristisch für einige Autoren der frühen Neuzeit und für Sinnesdatum-Theoretiker des 20. Jhs., die behaupten, dass eine Person primär eine Idee bzw. ein Sinnesdatum in ihrem Geist erfasst und nur sekundär – durch einen Schluss auf die Ursa-

---

[108] Vgl. die zweifache Bestimmung der Species oben in Anm. 87.

che der Idee bzw. des Sinnesdatums – einen äußeren Gegenstand. Die Tatsache, dass Thomas die Species ausdrücklich als ein *id quo*, d. h. als ein bloßes Hilfsmittel, im Erkenntnisprozess bestimmt, verdeutlicht, dass er eine solche Position ablehnt. Er stimmt (1) und nicht (2) zu.

Würde Thomas die Species immer – wie in der oben zitierten Stelle aus der *Summa theologiae* – als ein Hilfsmittel bestimmen, das lediglich sekundär erfasst wird, ließe sich leicht zeigen, dass er einen modifizierten direkten Realismus vertritt. Es gibt aber auch andere Textstellen, die auf den ersten Blick zugunsten des Repräsentationalismus sprechen. Genau auf diese Stellen verweisen jene Interpreten, die Thomas eine repräsentationalistische Position zuschreiben. So findet sich im frühen *Sentenzenkommentar* folgende Aussage:

„Man muss allerdings wissen, dass das Erkannte zweifach benannt wird, genau wie auch das Gesehene. Es gibt nämlich ein erstes Gesehenes, das die in der Pupille existierende Species des gesehenen Gegenstandes ist. Diese ist auch die Vervollkommnung des Sehenden, das Prinzip des Sehens und das Licht als Medium für den gesehenen Gegenstand. Und es gibt das zweite Gesehene, das der Gegenstand selbst außerhalb der Seele ist. In ähnlicher Weise ist das erste Erkannte die Darstellung (*similitudo*) des Gegenstandes, die im Intellekt ist, und das zweite Erkannte ist der Gegenstand selbst, der durch diese Darstellung erkannt wird."[109]

Gemäß dieser klaren Aussage ist das erste Objekt, das der Intellekt erfasst, nichts anderes als die Species. Erst das zweite Objekt ist der äußere Gegenstand, der nur erfasst wird, insofern er durch die Species vermittelt wird. Sollte man Thomas aufgrund dieser eindeutigen Unterscheidung zweier Objekte und aufgrund der Degradierung des äußeren Gegenstandes zum sekundären Objekt zu den Repräsentationalisten zählen, wie dies R. Pasnau vorschlägt?[110] Ich glaube nicht, dass sich dieser Schluss aufdrängt, vor allem dann nicht, wenn jener Punkt berücksichtigt wird, der in den bisherigen Untersuchungen immer wieder betont wurde: Die Species ist nur als Hilfsmittel betrachtet eine vom äußeren Gegenstand distinkte Entität. Inhaltlich betrachtet ist sie nichts

---

[109] *In I Sent.*, dist. 35, q. 1, art. 2, corp.: „Sciendum tamen est, quod intellectum dupliciter dicitur, sicut visum etiam. Est enim primum visum quod est ipsa species rei visibilis in pupilla existens, quae est etiam perfectio videntis, et principium visionis, et medium lumen rei visibilis. Et est visum secundum, quod est ipsa res extra animam. Similiter intellectum primum est ipsa rei similitudo, quae est in intellectu et est intellectum secundum ipsa res, quae per similitudinem illam intelligitur."
[110] Vgl. Pasnau 1997a, 202. Unter Repräsentationalisten sind dabei immer die Vertreter eines starken Repräsentationalismus zu verstehen, die wie Locke annehmen, die primären Erkenntnisobjekte seien nur Ideen oder andere innere Entitäten.

§ 7 Direkter Realismus oder Repräsentationalismus?

anderes als dieser Gegenstand, insofern er im Intellekt existiert. Man sollte hier nicht zwischen zwei distinkten Entitäten unterscheiden, sondern zwischen zwei Existenzweisen eines Gegenstandes, genauer: zwischen zwei Existenzweisen der Natur oder Form eines Gegenstandes. Außerhalb des Intellekts existiert sie auf materielle Art und Weise; innerhalb des Intellekts existiert sie auf immaterielle Art und Weise. Thomas bringt dies anhand eines Beispiels prägnant zum Ausdruck:

„Die Natur selbst aber, z. B. die Natur des Menschen, hat ein zweifaches Sein: ein materielles, demzufolge sie in der natürlichen Materie ist; ein anderes, immaterielles aber, demzufolge sie im Intellekt ist."[111]

Der entscheidende Punkt besteht darin, dass es nicht eine Natur im materiellen Gegenstand gibt und eine weitere Natur – gleichsam einen Doppelgänger der ersten – im Intellekt. Es ist vielmehr ein und dieselbe Natur, die im materiellen Gegenstand und im Intellekt instantiiert ist. Wenn nun Thomas zwischen dem ersten und dem zweiten Erkannten unterscheidet, so ist diese Unterscheidung immer in Bezug auf diese zweifache Existenzweise der Natur zu verstehen. Das „erste Erkannte" ist der Inhalt einer Species, d. h. die Natur oder Form des Gegenstandes, insofern sie auf immaterielle Weise im Intellekt ist. Das „zweite Erkannte" ist *dieselbe* Natur oder Form, insofern sie in der materiellen Welt existiert. Da es nur eine Form gibt, wenn auch mit unterschiedlicher Existenzweise, gibt es auch nur eine „Hinwendung" zur Species (genauer: zum Inhalt der Species) und zum Gegenstand, wie Thomas ausdrücklich sagt.[112] Denn eine Person erfasst nicht zuerst die Species, um dann von dieser inneren Entität auf den äußeren Gegenstand zu schließen. Es erfolgt kein Übergang von einer inneren, repräsentierenden Entität zu einer äußeren, repräsentierten Entität. Vielmehr gibt es ein einziges Erfassen der Species und des äußeren Gegenstandes. Denn hinsichtlich ihres Inhaltes ist die Species ja nichts anderes als die Natur, die auch im materiellen Gegenstand instantiiert ist: *Indem* jemand die Species erfasst, erfasst er auch die Natur des durch die Species dargestellten Gegenstandes.

---

[111] Sentencia libri De anima II, 12 (ed. Leonina XLV/1, 116): „Ipsa autem natura [...], puta natura hominis, habet duplex esse: unum quidem materiale secundum quod est in materia naturali; aliud autem inmateriale secundum quod est in intellectu."

[112] In II Sent., dist. 4, q. 1, art. 1, ad 4 (ed. Fretté & Maré 1873, 71): „... dicendum quod virtutis cognoscitivae est una conversio in speciem rei et in rem ipsam; unde ex hoc quod aliquis per speciem rei quam apud se habet, rem illam cognoscit, non dicitur conferre; sed ex eo quod ex similitudine unius rei aliam rem accipit..." Meine Interpretation dieser Stelle unterscheidet sich grundlegend von jener, die Pasnau 1997a, 205, vorträgt.

Diesen zentralen Punkt, der auf den ersten Blick vielleicht seltsam erscheint, mag ein modernes Beispiel illustrieren. Angenommen, wir betrachten Urlaubsfotos, auf denen Szenen mit verschiedenen Personen zu sehen sind. Wenn wir nun beim Betrachten der Fotos ausrufen: „Hier badet Onkel Werner im Meer!" oder „Da spielt Anna mit einem Ball!", dann beziehen wir uns *direkt* auf Onkel Werner und Anna; wir schließen nicht auf sie. Diese direkte Bezugnahme ist möglich, weil wir direkt Onkel Werner und Anna sehen, insofern sie auf den Fotos dargestellt sind. Der Inhalt der Fotos ist identisch mit diesen Personen. Natürlich gilt es hinsichtlich ihrer Existenzweise eine Unterscheidung zu treffen. Denn in den Fotos existieren sie nur auf einem Stück Papier, in der realen Welt hingegen existieren sie als Menschen aus Fleisch und Blut. Doch trotz dieser zweifachen Existenzweise sind es die Personen selbst, die wir in den Fotos und in der realen Welt sehen. Man könnte auch sagen, dass wir gleichsam durch die Fotos hindurch die Personen sehen und über sie – nicht nur über papierene Doppelgänger – Aussagen machen.

Ähnlich verhält es sich nun auch mit einem Gegenstand, den wir intellektuell erfassen. Es ist ein und derselbe Gegenstand, der einerseits im Intellekt existieren kann (nämlich als Inhalt einer Species) und andererseits außerhalb des Intellekts (nämlich als materieller Gegenstand mit individuellen Eigenschaften). Daher gibt es auch nur eine einzige „Hinwendung" zum Inhalt der Species und zum äußeren Gegenstand. Die entscheidende Frage ist hier nicht, wie wir durch irgendein Schließen von einer inneren, repräsentierenden Entität zu einer äußeren gelangen können. Die entscheidende Frage lautet vielmehr, welcher Existenzweise des einen Gegenstandes wir uns zuwenden. Erfassen wir ihn, insofern er im Intellekt ist oder insofern er in der materiellen Welt existiert? An der oben zitierten Stelle aus dem *Sentenzenkommentar* betont Thomas, dass wir ihn primär erfassen, insofern er im Intellekt ist. Deshalb ist die Species (genauer: der Inhalt der Species) das erste Erkannte. Der Intellekt kann nämlich nur das erfassen, was in seinem Bereich liegt, und dazu gehört nichts, was materiellen Bedingungen unterliegt. Obwohl der Intellekt den Gegenstand also nur mit einer bestimmten Existenzweise erfassen kann, erfasst er den Gegenstand selbst, nicht etwa einen inneren Stellvertreter oder einen geistigen Doppelgänger. Thomas' Aussage, dass primär die Species erfasst wird und bloß sekundär der Gegenstand in der materiellen Welt, weist nicht auf einen Repräsentationalismus hin, zumindest dann nicht, wenn darunter eine Position verstanden wird, die behauptet, man schließe von inneren repräsentierenden Entitäten auf äußere repräsentierte Entitäten.[113] Sie verdeutlicht nur, dass Thomas genau zwischen den beiden Existenzweisen innerhalb und außerhalb des Intellekts unterscheidet.

Bislang sind nur jene Textstellen betrachtet worden, an denen Thomas vom Erfassen der Species spricht. In einigen Werken führt er aber zusätzlich zur Species noch eine weitere kognitive Entität ein. So sagt er in der *Summa contra Gentiles*, der Intellekt bilde eine „erkannte Intention", die er folgendermaßen charakterisiert:

„Da diese erkannte Intention gleichsam der Zielpunkt einer Verstandestätigkeit ist, ist sie von der intelligiblen Species verschieden, die den Intellekt aktualisiert und die als das Prinzip einer Verstandestätigkeit betrachtet werden muss, wenn auch beide jeweils Darstellungen (*similitudines*) des erkannten Gegenstandes sind."[114]

Dieser Aussage zufolge sind in einem kognitiven Prozess offensichtlich zwei Schritte zu unterscheiden. In einem ersten Schritt wird die Species gebildet, und zwar immer durch Abstraktion von einem Phantasma. Die Species stellt das Prinzip für eine intellektuelle Tätigkeit dar, da sie erst einen Akt des Erfassens und alle weiteren Akte ermöglicht. Erst wenn z. B. die Species von einer Katze abstrahiert wurde, ist der Intellekt in der Lage, das Wesen einer Katze zu erfassen. In einem zweiten Schritt bildet der Intellekt dann die „erkannte Intention". Da Thomas behauptet, diese Intention sei der Zielpunkt (*terminus*) eines intellektuellen Aktes, scheint er die These zu vertreten, dass nicht etwa der äußere Gegenstand, sondern diese innere Intention das primäre Objekt des Intellekts ist. Diese These scheint zugunsten des Repräsentationalismus zu sprechen: Der Intellekt erfasst primär die Intention, die auf der Grundlage der Species gebildet wird und ausschließlich im Intellekt existiert. Diese innere Intention repräsentiert den äußeren Gegenstand. Erst sekundär, d. h. vermittelt durch die Intention, kann der Intellekt dann auch den äußeren Gegenstand erfassen oder auf diesen schließen.

---

[113] Dies ist gegen Pasnau 1997a, 200-208, einzuwenden, der das Erfassen der Species im Sinne einer „act-object doctrine" auffasst. Er behauptet, ein intellektueller Akt richte sich primär auf die Species als inneres Objekt. Eine solche Interpretation übersieht meiner Ansicht nach, dass die Species nicht einfach ein inneres Objekt ist (wie etwa eine Idee oder ein Sinnesdatum für Repräsentationalisten ein inneres Objekt ist), sondern eine kognitive Entität, die aufgrund der *similitudo*-Relation in ihrem Inhalt mit dem äußeren Gegenstand identisch ist. Es wäre hier angemessener, von einer „act-content doctrine" zu sprechen und den Inhalt als den Gegenstand, insofern er im Intellekt ist, zu charakterisieren.

[114] *ScG* I, cap. 53, n. 444: „Haec autem intentio intellecta, cum sit quasi terminus intelligibilis operationis, est aliud a specie intelligibili quae facit intellectum in actu, quam oportet considerari ut intelligibilis operationis principium: licet utrumque sit rei intellectae similitudo."

Eine solche repräsentationalistische Interpretation übersieht allerdings einige wichtige Details. Zunächst ist zu beachten, dass Thomas ausdrücklich sagt, die Intention sei genau wie die Species eine *similitudo* eines Gegenstandes. Darunter versteht er, wie bereits mehrfach bemerkt wurde, nicht eine piktoriale Repräsentation, sondern eine Entität, die mit einer anderen in der Form übereinstimmt. Für ihn heißt „x steht in einer *similitudo*-Relation zu y" ja nichts anderes als „x hat eine gemeinsame Form mit y". Wenn also eine Intention eine *similitudo* eines Gegenstandes ist, so ist sie nicht einfach ein inneres Bild. Sie ist vielmehr eine Entität, die mit dem Gegenstand hinsichtlich der Form identisch ist. Wer etwa eine Katzen-Intention in seinem Intellekt hat, verfügt über eine kognitive Entität, die mit Katzen in der materiellen Welt hinsichtlich der Form identisch ist. Eine solche Person verfügt nicht über eine innere repräsentierende Entität, die irgendwie auf einen äußeren repräsentierten Gegenstand verweist. (Zum Vergleich: Wer über einen Live-Mitschnitt von einem Konzert verfügt, hat nicht bloß eine Repräsentation des Konzerts. Er hat vielmehr eine Entität, die hinsichtlich ihres akustischen Inhalts mit dem Inhalt des Konzerts identisch ist.) Es ist hier wichtig, die Darstellungsrelation stets als eine Relation der formalen Identität und nicht als eine Repräsentationsbeziehung zu verstehen.[115]

Noch ein weiterer Punkt ist zu beachten. Thomas bemerkt, der Intellekt bilde auf der Grundlage der Species die Intention, „die der Gehalt (*ratio*) ist, den die Definition bezeichnet."[116] Eine Katzen-Intention ist also nichts anderes als der Gehalt, den die Definition von einer Katze bezeichnet. Und dies ist genau das Wesen einer Katze. Aufgabe einer Definition ist es nämlich, durch Angabe der übergeordneten Gattung (in diesem Fall: Lebewesen) und der spezifischen Differenz das Wesen eines Gegenstandes anzugeben. Wenn Thomas unter einer Katzen-Intention nichts anderes als das Wesen einer Katze versteht, wird einmal mehr deutlich, dass er nicht auf eine Repräsentationsbeziehung zwischen innerer Intention und äußerem Gegenstand abzielt, sondern auf eine Relation der formalen Identität: Die Intention ist nichts anderes als das Wesen eines Gegenstandes, insofern dieses im Intellekt existiert. Berücksichtigt man diesen Punkt, lässt sich auch erklären, in welchem Sinn die Intention der Zielpunkt (*terminus*) des Intellekts ist, wie Thomas sagt. Der Intellekt richtet sich nämlich nicht auf den Gegenstand, insofern er eine materielle

---

[115] Dies ist gegen Panaccio 1992, 141, einzuwenden, der ‚*similitudo*' im modernen Sinn von ‚Repräsentation' versteht.
[116] ScG I, cap. 53, n. 443: „... intellectus, per speciem rei formatus, intelligendo format in seipso quandam intentionem rei intellectae, quae est ratio ipsius, quam significat definitio."

Existenz hat, sondern insofern er im Intellekt existiert. Die Rede vom Zielpunkt ist aber keineswegs so zu verstehen, dass sich der Intellekt nur auf eine innere, repräsentierende Entität richtet.

Freilich stellt sich dann die Frage, warum Thomas zusätzlich zur Species die Intention einführt, wenn doch beide in einer Relation der formalen Identität zum Gegenstand stehen. Warum begnügt er sich nicht damit, eine einzige kognitive Entität einzuführen und von einer einzigen formalen Identität zwischen dieser Entität und dem Gegenstand zu sprechen? Die komplexe Entstehungsgeschichte des Textes zeigt, dass Thomas selber in dieser Frage unschlüssig war.[117] In der vorliegenden Textfassung gibt er aber einen konkreten Grund an.[118] Er weist darauf hin, dass eine Person in gleicher Weise einen Gegenstand erfassen kann, ob dieser nun gegenwärtig ist oder nicht, und zwar unabhängig von allen materiellen Bedingungen. Hätte jemand nur die Species, die ja immer von einem Phantasma abstrahiert ist, das seinerseits auf der Grundlage eines gegenwärtigen Gegenstandes gebildet wird, könnte er nur einen gegenwärtigen Gegenstand erfassen. Und hätte jemand nur ein Phantasma, könnte er sich zwar einen abwesenden Gegenstand vorstellen, aber nur zusammen mit materiellen Bedingungen. Nur mit Hilfe der Intention gelingt es einer Person, sich einen nicht gegenwärtigen Gegenstand ohne die jeweiligen materiellen Bedingungen vorzustellen. Die Intention ist also zusätzlich zur Species (und natürlich auch zusätzlich zum Phantasma) erforderlich, damit ein nicht gegenwärtiger Gegenstand in seinem Wesen erfasst werden kann.

§ 8 Die Intentionalität der sprachlichen Äußerungen: die verbum-*Theorie*

Bezugnahme auf etwas erfolgt nicht nur in Akten des Wahrnehmens, Vorstellens und Denkens, sondern auch in Sprechakten. Denn auch wenn wir ein Wort äußern, beziehen wir uns auf einen Gegenstand oder auf eine Eigenschaft, und wenn wir ganze Sätze äußern, beziehen wir uns auf Sachverhalte, Tatsachen oder Ereignisse. Wie erklärt Thomas diese Form der Intentionalität? Und wie verhält sich seine Erklärung dieser besonderen Form zu seiner Analyse der anderen Formen von Intentionalität? Da eine umfassende sprachphilosophische Untersuchung weit

---

[117] Wie Geiger 1963 nachgewiesen hat, verfasste Thomas drei Versionen von *ScG* I, 53, in denen er das Verhältnis von Species und Intention jeweils unterschiedlich bestimmte.
[118] Vgl. *ScG* I, cap. 53, n. 443.

über den Rahmen dieser Studie hinausginge,[119] beschränke ich mich in der Erörterung dieser Fragen auf einen einzigen Typus von sprachlichen Äußerungen, nämlich auf Wörter wie ‚Katze' oder ‚Baum', die sich auf natürliche Gegenstände und Arten beziehen. Wie ist es einem Sprecher möglich, sich mit solchen Wörtern auf etwas zu beziehen?

Auf diese Frage findet sich in Thomas' Texten eine klare Antwort. Er behauptet, wer ein gesprochenes Wort nicht bloß als eine Lautkombination, sondern als ein bedeutungshaltiges Wort verwende, benötige ein „inneres Wort" (*verbum interius*). Erst die Existenz des inneren Wortes ermögliche sprachliche Bezugnahme. Und was durch ein gesprochenes Wort primär bezeichnet werde, sei nichts anderes als dieses innere Wort:

„Dieses innerliche Verstehen des Intellekts wird im strengen Sinne *Wort* genannt. Es ist nämlich das, was durch das äußere Wort bezeichnet wird."[120]

In dieser Aussage zeigt sich zum einen der aristotelische Ansatz, von dem Thomas – wie vor ihm bereits die Mehrheit der mittelalterlichen Autoren – in der Semantik ausgeht. Im einflussreichen ersten Kapitel von *De interpretatione* hält Aristoteles nämlich fest, dass gesprochene Wörter nicht unmittelbar Gegenstände in der Welt bezeichnen. Vielmehr stehen sie primär als Zeichen für „Eindrücke in der Seele" (*passiones animae*) und nur sekundär für Gegenstände in der Welt.[121] An diese These knüpft Thomas an, wenn er betont, dass sprachliche Bezugnahme immer durch die Existenz eines inneren Wortes vermittelt ist. Zum anderen kommt in Thomas' Aussage auch der Einfluss der augustinischen Sprachtheorie zum Ausdruck. Denn die These, dass ein inneres Wort dem äußeren vorausgeht und erst die Bezeichnung des äußeren Wortes ermöglicht, lässt sich direkt auf Texte Augustins zurückführen.[122] Thomas verbindet die aristotelische und die augustinische Tradition miteinander, indem er darauf insistiert, dass Aristoteles' „Eindrücke in der Seele" nichts anderes sind als die inneren Wörter.[123] Konkret heißt dies:

---

[119] Eine ausführliche Darstellung bieten Paissac 1951 und Lonergan 1967. Für eine konzise Einführung vgl. Panaccio 1992, Pasnau 1997b und Fuchs 1999, 145-167.

[120] *De potentia*, q. 8, art. 1, corp.: „Haec autem conceptio intellectus in nobis proprie verbum dicitur: hoc enim est quod verbo exteriori significatur." Siehe auch *De potentia*, q. 9, art. 5, corp.; *De veritate*, q. 4, art. 1, corp. (ed. Leonina XXII, vol. I, 119), *Super Evangelium S. Ioannis Lectura*, cap. 1, lect. 1 (ed. Cai 1952, 7).

[121] Vgl. *De int.* 1 (16a3-8). Thomas diskutiert diese Stelle ausführlich in *Exp. libri Peryermenias* I, 2 (Leonina I*/1, 5-13).

[122] So etwa auf das 10. Kap. von *De trinitate* XV, in dem die Lehre vom inneren Wort eine zentrale Rolle spielt. Vgl. zu dieser Traditionslinie Paissac 1951; Panaccio 1992, 126-129; Panaccio 1999, 94-119.

[123] Vgl. *Super Evangelium S. Ioannis Lectura*, cap. 1, lect. 1 (ed. Cai 1952, 7).

§ 8 Die Intentionalität der sprachlichen Äußerungen

Wer das Wort ‚Katze' äußert, bezeichnet damit einen Eindruck in der Seele, der nichts anderes ist als das innere Wort ‚KATZE'. Genau aufgrund dieser semantischen Relation zum inneren Wort ist ‚Katze' nicht bloß eine beliebige Lautfolge, sondern eine semantische Einheit, die sich auf etwas bezieht.

Diese These wirft allerdings mindestens zwei grundlegende Fragen auf. Erstens stellt sich natürlich die Frage, was unter dem inneren Wort zu verstehen ist. Offensichtlich handelt es sich dabei um eine kognitive Entität. Aber um was für eine Entität? Ist das innere Wort mit der intelligiblen Species identisch, oder handelt es sich dabei um eine besondere Entität? Zweitens stellt sich die Frage, wie sprachliche Bezugnahme auf Gegenstände außerhalb des Intellekts möglich ist, wenn ein gesprochenes Wort doch primär nur ein inneres Wort im Intellekt bezeichnet. Verwirft Thomas die These, dass direkte sprachliche Bezugnahme auf materielle Gegenstände möglich ist? Verpflichtet er sich damit einem semantischen Mentalismus oder gar einem semantischen Repräsentationalismus?

Die Antwort auf die erste Frage scheint sich auf den ersten Blick aus den bisherigen Ausführungen zu ergeben. Das innere Wort, so könnte man annehmen, ist nichts anderes als die intelligible Species, die im Intellekt existiert. Die Species ist nämlich genau jene kognitive Entität, die es ermöglicht, dass ein Gegenstand im Intellekt präsent ist. Eine solche Gleichsetzung des inneren Wortes mit der Species wäre jedoch verfehlt. In *De potentia* und in einem Quodlibet hält Thomas ausdrücklich fest, dass die beiden nicht identisch sind.[124] Die intelligible Species ist seiner Ansicht nach „ein Prinzip für die Handlung des Intellekts";[125] sie aktualisiert den Intellekt und ermöglicht, dass er überhaupt eine Erkenntnis von einem Gegenstand gewinnt. Das innere Wort hingegen ist das, was im Intellekt präsent ist, nachdem dieser aktualisiert worden ist und nachdem er eine Erkenntnis von einem bestimmten Gegenstand gewonnen hat. Verkürzt ausgedrückt könnte man sagen: Die intelligible Species ist *vor* dem Erkenntnisakt im Intellekt vorhanden, das innere Wort *danach*. Sprachliche Bezugnahme ist aber erst möglich, wenn bereits ein Er-

---

[124] Vgl. *De potentia*, q. 8, art. 1, corp.; *Quodl.* V, q. 5, art. 2, corp. Siehe auch *Super Evangelium S. Ioannis Lectura*, cap. 1, lect. 1 (ed. Cai 1952, 8). Thomas wendet sich damit gegen Bonaventura, der die Identität von Species und innerem Wort angenommen hatte; vgl. Fuchs 1999, 153-154.

[125] *De potentia*, q. 8, art. 1, corp.: „Differt autem [sc. conceptio vel verbum interius] a specie intelligibili; nam species intelligibilis, qua fit intellectus in actu, consideratur ut principium actionis intellectus..."

kenntnisakt vorhanden ist. Daher ist für eine sprachliche Bezugnahme die Präsenz des inneren Wortes erforderlich.

Thomas' Unterscheidung zwischen der intelligiblen Species und dem inneren Wort mag auf den ersten Blick vielleicht künstlich oder sogar unnötig erscheinen. Sie ist aber keineswegs überflüssig, wie das bereits oft zitierte Katzen-Beispiel verdeutlichen mag. Wenn ich in einer konkreten Wahrnehmungssituation eine Katze sehe, ein Phantasma von ihr bilde und eine Katzen-Species abstrahiere, so verfüge ich während dieses ganzen Vorganges noch über keine Erkenntnis von der Katze. Der Wahrnehmungs- und Abstraktionsprozess dient ja gerade dazu, eine Erkenntnis zu erwerben. Erst wenn ich die Katzen-Species vollständig abstrahiert habe, verfüge ich über eine Erkenntnis von der Katze, denn erst dann existiert das Wesen der Katze auf immaterielle Weise in meinem Intellekt. Die Katzen-Species ist also das, was *vor* der erfolgreichen Erkenntnis von der Katze in meinem Intellekt ist. Habe ich eine solche Erkenntnis aber einmal gewonnen, so ist die Katze auf immaterielle Weise in meinem Intellekt und bleibt dank des Gedächtnisses auch dort. Sie ist dann als Inhalt des inneren Wortes ‚KATZE' in meinem Intellekt. Und wann immer ich das Wort ‚Katze' höre oder ausspreche, assoziiere ich es mit diesem inneren Wort. Entscheidend ist dabei, dass mir dies erst *nach* Abschluss des Erkenntnisprozesses gelingt.

Berücksichtigt man die für Thomas entscheidende Differenz zwischen dem, was vor und was nach Abschluss des Erkenntnisprozesses im Intellekt ist, wird einsichtig, warum er das innere Wort von der Species unterscheidet und warum er behauptet, nur dank der Präsenz des inneren Wortes sei sprachliche Bezugnahme möglich. Solange der Erkenntnisprozess noch nicht abgeschlossen ist und solange jemand erst die Species bildet, aber noch nicht über das innere Wort verfügt, ist eine Person nämlich gar nicht imstande, ein Wort zu verstehen. Konkret heißt dies: Solange jemand noch nicht vollständig erkannt hat, was eine Katze ist, und solange diese Person das Wesen der Katze noch nicht auf immaterielle Weise in ihrem Intellekt hat, ist das gesprochene Wort ‚Katze' für sie eine bloße Lautfolge. Verstehen kann sie dieses Wort erst, wenn sie auch über das innere Wort ‚KATZE' verfügt.

Wenn Thomas zwischen der Species und dem inneren Wort unterscheidet, bedeutet dies allerdings nicht, dass er zwei voneinander strikt getrennte Entitäten unterscheidet. Das innere Wort ist nicht eine besondere Entität, die zusätzlich zur Species im Intellekt produziert wird.[126]

---

[126] Dies ist gegenüber Panaccio zu betonen, der behauptet, ein besonderer Prozess des Intellekts „takes the impressed intelligible *species* as its starting point and, out of it, produ-

§ 8 Die Intentionalität der sprachlichen Äußerungen 93

Sie ist, wie bereits betont wurde, vielmehr jene Entität, die nach Abschluss des Erkenntnisprozesses im Intellekt ist, während die Species vor diesem Abschluss im Intellekt ist. Man könnte daher sagen, dass die Species nach Abschluss des Erkenntnisprozesses gleichsam in das innere Wort transformiert wird: Was während des Erkenntnisprozesses dazu dient, das Wesen eines Gegenstandes schrittweise aufzunehmen, ist nach Abschluss dieses Prozesses genau das, was das Wesen der Sache präsent macht. Es geht hier weniger darum, zwei Entitäten voneinander zu unterscheiden, als zwei unterschiedliche Punkte im Erkenntnisprozess zu bestimmen; am Anfangspunkt befindet sich die Species, am Endpunkt das innere Wort. Daher betont Thomas, dass der Intellekt im inneren Wort „terminiert", d. h. darin seinen Endpunkt findet.[127] Denn das innere Wort ist das, was der Intellekt am Ende des Erkenntnisprozesses etabliert und was es ihm ermöglicht, einen Gegenstand vollständig zu verstehen.

Nachdem nun geklärt ist, welche Entität im Intellekt erforderlich ist, damit sprachliche Bezugnahme überhaupt möglich ist, muss die zweite der beiden Ausgangsfragen aufgenommen werden: Wie ist sprachliche Bezugnahme auf Gegenstände außerhalb des Intellekts möglich, wenn ein gesprochenes Wort doch primär nur ein inneres Wort bezeichnet? Wie kann ich mit ‚Katze' lebendige Katzen bezeichnen, wenn dieses gesprochene Wort doch primär nur das innere Wort ‚KATZE' in meinem Intellekt bezeichnet? Es scheint, als würde Thomas höchstens eine indirekte Bezeichnung der äußeren Gegenstände einräumen. Er hält nämlich fest, dass ein gesprochenes Wort unmittelbar das ihm zugeordnete innere Wort bezeichnet und dadurch einen äußeren Gegenstand vermittelt.[128] Für das gesprochene Wort ‚Katze' muss man somit zwei semantische Beziehungen unterscheiden. Es bezeichnet (1) direkt das innere Wort ‚KATZE' und (2) indirekt, d. h. vermittelt durch das innere Wort, lebendige Katzen. Eine solche Unterscheidung zwischen dem direkt und dem

---

ces something new, the *verbum mentis*." (Panaccio 1992, 128) Das innere Wort ist nicht eine neue Entität, sondern das Endprodukt eines Prozesses.

[127] *De veritate*, q. 4, art. 2, corp. (ed. Leonina XXII, vol. I, 123): „... sciendum est quod verbum intellectus nostri [...] est id ad quod operatio intellectus nostri terminatur, quod est ipsum intellectum, quod dicitur conceptio intellectus..."

[128] *De potentia*, q. 8, art. 1, corp.: „Haec autem conceptio intellectus in nobis proprie *verbum* dicitur: hoc enim est quod verbo exteriori significatur: vox enim exterior neque significat ipsum intellectum, neque speciem intelligibilem, neque actum intellectus, sed intellectus conceptionem qua mediante refertur ad rem." *De veritate*, q. 4, art. 1, corp. (ed. Leonina XXII, vol. I, 119): „... oportet quod verbum interius sit illud quod significatur per exterius verbum."

indirekt Bezeichneten scheint allerdings eine verheerende Konsequenz zu haben. Thomas scheint sich dadurch dem semantischen Repräsentationalismus zu verpflichten, d. h. jener Position, die behauptet, dass ein Gegenstand außerhalb des Intellekts nur so bezeichnet werden kann, wie er durch eine repräsentierende Entität im Intellekt vermittelt wird.

Obwohl es naheliegt, von einem semantischen Repräsentationalismus zu sprechen, wäre es verfehlt, Thomas eine solche Position zuzuschreiben. Es ist nämlich zu beachten, dass Thomas trotz seiner Behauptung, dass das innere Wort durch das gesprochene Wort bezeichnet wird, mit Nachdruck festhält, dass das innere Wort nur ein Hilfsmittel ist, mit dem etwas außerhalb des Intellekts bezeichnet wird. Er bemerkt, der Intellekt verstehe etwas

„wie mit einem Instrument, das er verwendet, um anderes zu erkennen. Auf diese Weise erkennt der Intellekt mit dem Wort, denn er bildet das Wort, um einen Gegenstand zu erkennen."[129]

Wenn der Intellekt etwa das innere Wort ‚KATZE' bildet, so tut er dies nicht, um eine rein mentale, repräsentierende Entität zu erkennen. Er bildet das innere Wort vielmehr, um Katzen in der Welt zu erkennen. ‚KATZE' ist ein kognitives Instrument – freilich ein notwendiges Instrument – zum kognitiven Erfassen von Katzen außerhalb des Intellekts. Die Stellen, an denen Thomas sagt, das innere Wort werde durch das gesprochene Wort bezeichnet, sind somit nicht in dem Sinne zu verstehen, dass das innere Wort das primäre Referenzobjekt eines gesprochenen Wortes ist. Diese Stellen weisen nur darauf hin, dass das innere Wort als semantisches Hilfsmittel durch ein gesprochenes Wort bezeichnet wird. Entscheidend ist aber nicht das Hilfsmittel als solches, sondern dessen *Inhalt*: das, was dem Intellekt durch das Hilfsmittel zugänglich gemacht wird. Daher hält Thomas an einer Stelle sogar fest, das innere Wort sei das, in dem (*in quo*) der Intellekt etwas erkenne.[130]

Zudem ist zu beachten, dass der Inhalt des semantischen Hilfsmittels nichts anderes ist als das Wesen eines Gegenstandes. Denn was der Intellekt am Endpunkt des Erkenntnisprozesses versteht, ist ja – wie bereits mehrfach betont wurde – nichts anderes als das Wesen. ‚Ein inneres Wort von etwas haben' heißt also nichts anderes als ‚am Endpunkt des

---

[129] *Quodlibet* V, q. 5, art. 2, ad 1: „... sicut instrumento quo utitur ad aliud intelligendum: et hoc modo intellectus verbo intelligit, quia format verbum ad hoc quod intelligat rem."
[130] *Super Evangelium S. Ioannis Lectura*, cap. 1, lect. 1 (ed. Cai 1952, 8): „Istud ergo sic expressum, scilicet formatum in anima, dicitur verbum interius; et ideo comparatur ad intellectum, non sicut quo intellectus intelligit, sed sicut in quo intelligit..."

§ 8 Die Intentionalität der sprachlichen Äußerungen 95

Erkenntnisprozesses das Wesen eines Gegenstandes verstehen'. Dieses Wesen existiert dann auf immaterielle Weise im Intellekt. Daher kann Thomas sehr wohl sagen, ein gesprochenes Wort bezeichne das innere Wort, ohne damit einem semantischen Repräsentationalismus zu verfallen. Er bringt mit dieser Behauptung lediglich zum Ausdruck, dass ein gesprochenes Wort ein semantisches Hilfsmittel *mit einem bestimmten Inhalt* bezeichnet, und dieser Inhalt ist das Wesen, insofern es auf immaterielle Weise im Intellekt ist. Der entscheidende Punkt ist dabei, dass es sich um ein und dasselbe Wesen handelt, das auch in den Gegenständen außerhalb des Intellekts instantiiert ist. Thomas vertritt nämlich die bereits in §§ 5-6 diskutierte These, dass es eine zweifache Existenzweise für ein Wesen gibt: innerhalb und außerhalb des Intellekts.

Schließlich ist auch zu beachten, dass es Stellen gibt, an denen Thomas ausdrücklich sagt, das gesprochene Wort bezeichne nicht irgendeine repräsentierende Entität, sondern das Wesen einer Sache. So erklärt er die Bezeichnung des Wortes ‚Mensch', indem er festhält:

„Das Nomen ‚Mensch' bezeichnet nämlich die menschliche Natur in Abstraktion von Singulärem. Daher kann es nicht unmittelbar einen singulären Menschen bezeichnen."[131]

Angesichts dieser Aussage kann man in der Tat festhalten, dass es Thomas zufolge unmöglich ist, direkt diesen oder jenen individuellen Menschen zu bezeichnen. Der Grund dafür liegt aber nicht darin, dass das gesprochene Wort ‚Mensch' lediglich eine mentale Repräsentation des Menschen bezeichnet. Der Grund besteht vielmehr darin, dass dieses Wort nur etwas bezeichnen kann, was dem Intellekt auch präsent ist. Und was dem immateriellen Intellekt präsent ist, muss selber immateriell sein. Also kann ‚Mensch' nur die immaterielle Natur des Menschen – nicht diesen oder jenen materiellen Menschen – bezeichnen. Diese immaterielle Natur ist dem Intellekt als Inhalt eines inneren Wortes präsent. Doch auch hier ist wiederum zu beachten, dass es ein und dieselbe Natur ist, die im inneren Wort und in diesem oder jenem Menschen instantiiert ist.

Zusammenfassend kann festgehalten werden, dass Thomas nicht behauptet, ein gesprochenes Wort bezeichne eine innere Repräsentation von einem äußeren Gegenstand. Er vertritt vielmehr die Ansicht, dass ein gesprochenes Wort das Wesen (oder die Natur) eines Gegenstandes

---

[131] *Exp. libri Peryermenias* I, 2 (ed. Leonina I*/1, 11): „... significat enim hoc nomen ‚homo' naturam humanam in abstractione a singularibus, unde non potest esse quod significet inmediate hominem singularem."

bezeichnet, insofern dieses als Inhalt eines inneren Wortes dem Intellekt präsent ist.[132] Mit dieser These distanziert sich Thomas freilich nicht nur vom Repräsentationalismus, sondern auch vom naiven Realismus. Er lehnt nämlich die Position ab, derzufolge sich ein gesprochenes Wort an sich unmittelbar auf Gegenstände in der Welt bezieht. Dies ist unmöglich, weil ein gesprochenes Wort an sich ja nur eine Lautfolge ist. Bezugnahme wird erst möglich, wenn eine Lautfolge auch mit einer kognitiven Entität verknüpft wird. Daher insistiert Thomas darauf, dass ein Sprecher nur dann mit einem gesprochenen Wort auf etwas Bezug nehmen kann, wenn er über eine kognitive Entität verfügt, die einen bestimmten Inhalt hat. Oder verkürzt ausgedrückt: Sprachliche Bezugnahme ist nicht durch sprachliche Zeichen allein möglich, sondern nur durch eine Verbindung dieser Zeichen mit kognitiven Entitäten. Und diese Entitäten existieren natürlich im Geist. So betrachtet vertritt Thomas in der Tat einen gewissen Mentalismus. Er verficht aber keineswegs einen Mentalismus, der behauptet, dass ein gesprochenes Wort primär nur etwas im Geist bezeichnet und lediglich sekundär in Relation zu etwas außerhalb des Geistes steht.[133] Seine Pointe besteht darin, dass er – metaphorisch gesprochen – keine Trennwand zwischen Entitäten im Geist und außerhalb des Geistes einführt. Was ein gesprochenes Wort bezeichnet, ist nämlich nichts anderes als das Wesen eines Gegenstandes, insofern es im Geist ist, und zwar *dasselbe* Wesen, das auch im Gegenstand selbst präsent ist. Das Wesen kann sowohl im Geist als auch außerhalb des Geistes instantiiert sein.

In dieser These zeigt sich einmal mehr, dass der Semantik (wie auch der Erkenntnistheorie) bei Thomas ein bestimmtes metaphysisches Programm zugrunde liegt. Denn die These, dass ein gesprochenes Wort das Wesen eines Gegenstandes bezeichnet, insofern es im Geist ist, setzt mindestens zwei metaphysische Thesen voraus, nämlich (i) dass ein Gegenstand tatsächlich ein (und nur ein) Wesen hat und (ii) dass dieses Wesen sowohl materiell als auch geistig instantiiert sein kann. Selbst wenn

---

[132] Dies gilt natürlich nur für Wörter wie ‚Katze' oder ‚Mensch', also für generelle Termini, nicht für singuläre. Mit singulären Termini kann sich ein Sprecher nur dann auf etwas beziehen, wenn er auch Phantasmata verwendet. So kann ich mich mit ‚Sokrates' nur dann auf Sokrates und auf keinen anderen Menschen beziehen, wenn ich auch Phantasmata vom individuellen Sokrates habe. Wie in § 7 bereits dargestellt wurde, ermöglichen ja nur die Phantasmata eine Relation zu Singulärem.
[133] Er vertritt also keineswegs jenen Mentalismus, den Putnam 1988, 19, Aristoteles und der aristotelischen Tradition zuschreibt. Gemäß dieser extremen Form von Mentalismus bezeichnet ein Wort nämlich ausschließlich eine mentale Repräsentation, die vom repräsentierten Gegenstand getrennt ist.

§ 8 Die Intentionalität der sprachlichen Äußerungen

man diese keineswegs selbstverständlichen metaphysischen Thesen akzeptiert, kann man gegen die semantische These jedoch Einwände erheben.

Ein erster Einwand drängt sich auf, wenn nicht nur die semantische Funktion so einfacher Wörter wie ‚Katze' oder ‚Baum' untersucht wird, sondern auch jene von Wörtern wie ‚Bockhirsch' oder ‚Chimäre'. Wie können diese Wörter das Wesen eines Gegenstandes bezeichnen, insofern es im Geist instantiiert ist, wenn es doch gar kein Wesen für den Bockhirsch oder die Chimäre gibt? Es gibt höchstens ein Wesen für Böcke und Hirsche bzw. für Löwen, Ziegen und Schlangen. Doch der Bockhirsch oder die Chimäre ist ein reines Phantasieprodukt. Muss Thomas seine allgemeine semantische These im Hinblick auf die Wörter für solche Phantasieprodukte nicht revidieren oder zumindest einschränken?

Auf diese Frage könnte man vielleicht antworten, dass Thomas seine These nicht revidieren, sondern höchstens explizieren muss, nämlich mit einem Verweis darauf, dass es für einige Gegenstände (Katzen, Bäume usw.) ein natürliches Wesen gibt, für andere hingegen (Bockhirsche, Chimären usw.) ein vom Menschen geschaffenes Wesen, dass aber beide Arten von Wesen von den jeweiligen Wörtern bezeichnet werden.

Eine solche Antwort würde aber nicht Thomas' eigener Intention entsprechen. Er hält nämlich explizit fest, dass es keine geschaffenen Wesen gibt:

„Weil es nämlich für das Nicht-Seiende kein Was-sein oder Wesen gibt, kann von dem, was nicht ist, keiner wissen, was es in seinem Wesen ist. Man kann aber die Bezeichnung des Namens bzw. den aus mehreren Namen zusammengesetzten Gehalt (*ratio*) kennen. So kann jemand wissen, was das Wort ‚tragelaphus' bzw. ‚hircocervus' (was dasselbe bedeutet) bezeichnet, weil es ein gewisses Tier bezeichnet, das aus einem Bock und einem Hirsch zusammengesetzt ist. Es ist aber unmöglich zu wissen, was ein Bockhirsch in seinem Wesen ist, weil es in der Wirklichkeit nichts Derartiges gibt."[134]

Entscheidend ist für Thomas offensichtlich, dass ‚Bockhirsch' nicht das Wesen eines Bockhirsches bezeichnen kann, weil es kein derartiges Wesen gibt. Trotzdem bezeichnet dieses Wort etwas Bestimmtes, nämlich die Verbindung aus einem Bock und einem Hirsch. Diese Verbindung ist

---

[134] *Exp. libri Posteriorum* II, 6 (ed. Leonina I*/2, 194): „Quia enim non entis non est aliqua quiditas uel essencia, de eo *quod non est nullus* potest scire ‚quod quid est', set potest scire significationem nominis, uel rationem ex pluribus nominibus compositam, sicut potest aliquis scire quid significat hoc nomen ‚tragelaphus' uel ‚yrcoceruus' (quod quidem est), quia significat quoddam animal compositum ex yrco et ceruo; set impossibile est sciri ‚quod quid est' yrcoceruri, quia nichil est tale in rerum natura."

zwar ein Phantasieprodukt, die beiden Bestandteile dieses Produkts finden sich jedoch in der Natur und zeichnen sich durch ein bestimmtes Wesen aus. Deshalb gibt es so etwas wie ein Fundament für das Phantasieprodukt. Thomas kann somit daran festhalten, dass ein Wort wie ‚Bockhirsch' zwar kein Wesen, sehr wohl aber einen „zusammengesetzten Gehalt" (*ratio composita*) bezeichnet, der seinerseits im Wesen realer Tiere fundiert ist. Dies bedeutet für die allgemeine semantische These, dass sie nicht revidiert oder eingeschränkt, sondern differenziert werden muss: Wörter für natürliche Gegenstände bezeichnen das Wesen dieser Gegenstände; Wörter für Phantasieprodukte bezeichnen den Gehalt dieser Produkte, der nichts anderes als eine Zusammensetzung aus dem Wesen verschiedener Gegenstände darstellt. Dieser Gehalt kann durch eine Analyse auf eine Menge von Wesen zurückgeführt werden. Dadurch bleibt die im Kern essentialistische semantische These unangetastet.

Gegen diese These kann indessen noch ein weiterer Einwand vorgebracht werden. Das Wesen, das ein gesprochenes Wort angeblich bezeichnet, ist das, was durch die Definition eines Gegenstandes ausgedrückt wird. In zahlreichen Fällen verwenden wir aber ein gesprochenes Wort, ohne dass wir eine Definition für das angeben können, was dieses Wort bezeichnet. So können wir von Krokodilen und Fledermäusen sprechen, ohne dass wir in der Lage wären, eine genaue Definition für diese Tiere zu geben. Heißt dies, dass in solchen Fällen nur Zoologen, die eine Definition formulieren können, imstande sind, das jeweilige Wesen zu bezeichnen? Oder können auch zoologische Laien etwas bezeichnen, jedoch etwas anderes als das Wesen dieser Tiere?

Thomas erkennt, dass hier eine Schwierigkeit besteht. Wenn die semantische These so verstanden wird, dass das bezeichnete Wesen eines Gegenstandes mit der Definition für diesen Gegenstand gleichgesetzt wird, wird sie äußerst restriktiv. Die Bezeichnung eines Gegenstandes setzt dann immer ein Expertenwissen vom jeweiligen Gegenstand voraus. Ein derart restriktives Verständnis weist Thomas jedoch zurück. Er hält fest, dass ein Wort zunächst einen bestimmten Gehalt (*ratio*) bezeichnet, der auf zweifache Weise verstanden werden kann. Einerseits kann darunter eine bloße Zusammensetzung aus beschreibenden Elementen für einen Gegenstand verstanden werden; andererseits kann darunter das Wesen verstanden werden, das durch die Definition des Gegenstandes ausgedrückt wird.[135] Für das Beispiel mit dem Krokodil

---

[135] *Exp. libri Posteriorum* II, 8 (ed. Leonina I*/2, 203): „Ad distinguendum autem rationem significantem ‚quid est' ab aliis, subiungit quod dupliciter aliqua *ratio* potest dici *una*: quedam enim est una solum *coniunctione* [...] (et per hunc modum dicitur esse una ratio

bedeutet dies: Einerseits können wir als zoologische Laien ‚Krokodil' sagen und damit etwas bezeichnen, das wir vage als großes, gefräßiges, in Flüssen lebendes Tier umschreiben. Wir müssen also keine genaue Definition für das Krokodil formulieren, sondern können von dem ausgehen, was uns aufgrund eigener Erlebnisse und anderer Wissensquellen bekannt ist. Andererseits kann aber auch ein Zoologe ‚Krokodil' sagen und damit das Wesen eines Krokodils bezeichnen, das er mit einer genauen Definition zum Ausdruck bringt. Entscheidend ist hier, dass Thomas keineswegs fordert, in jedem Fall müsse das präzis definierte Wesen bezeichnet werden. Er räumt ein, dass – mit D. Charles gesprochen – die Bezeichnung eines Wortes zunächst „semantisch seicht" sein kann und noch keine definitorische Genauigkeit aufweist.[136] Erst durch wissenschaftliche Untersuchungen können wir dieses Stadium überwinden und Schritt für Schritt zu einer präzisen Bezeichnung gelangen. Freilich steht für Thomas fest, dass wir im letzten Schritt nicht etwas völlig anderes bezeichnen als im ersten. Wir bezeichnen vielmehr dasselbe Wesen, das wir anfangs nur vage und umrisshaft bezeichnet haben. Doch wir bezeichnen eben *dasselbe* Wesen, ob wir nun am Anfang oder am Ende stehen, ob wir Laien sind oder Experten.

Offensichtlich zwingt auch der zweite Einwand Thomas nicht zu einer Revision seiner semantischen These. Er kann daran festhalten, dass ein gesprochenes Wort primär das Wesen eines Gegenstandes bezeichnet. Er muss lediglich hinzufügen, dass dieses Wesen manchmal nur vage und umrisshaft bezeichnet wird, manchmal hingegen präzis. Diese Hinzufügung ist freilich alles andere als trivial. Sie verdeutlicht nämlich, dass Thomas durchaus der „semantisch seichten" Bezeichnung Rechnung trägt, die im Alltag häufig vorkommt. Er vertritt nicht ein restriktives semantisches Projekt, das nur noch jene Fälle von Bezeichnung als echte Fälle akzeptiert, in denen das Wesen eines Gegenstandes präzis bezeichnet wird. Im Gegenteil: Den Ausgangspunkt bilden für ihn gerade jene Fälle, in denen eine präzise Bezeichnung fehlt. Genau diese Fälle verdeutlichen nämlich, dass wissenschaftliche Untersuchungen erforderlich sind, damit die „semantisch seichte" Bezeichnung Schritt für Schritt

que est expositiua nominis, uel manifestatiua ipsius rei nominate per aliqua accidencia, ut si dicatur quod: ‚Homo est animal risibile susceptibile discipline'); *alia uero* ratio est una in quantum simpliciter significat unum de re una, cuis est ratio, et hoc *non secundum accidens*; et talis ratio est diffinitio significans ‚quid est', quia essencia cuiuslibet rei est una."
[136] Vgl. Charles 2000, 19, der von „semantically shallow" spricht. Charles bezieht seine Interpretation freilich auf Aristoteles, allerdings genau auf jene Stelle in *Anal. Post.* II, 10 (93b29ff.), die Thomas als Ausgangspunkt für seine Unterscheidung zweier Bezeichnungsweisen nimmt.

durch eine präzise ersetzt werden kann. Und genau diese Fälle zeigen auch, dass es zwar nur ein Wesen für einen bestimmten Gegenstand gibt, dass dieses Wesen aber auf vielfache Weise bezeichnet werden kann. Die These, dass ein gesprochenes Wort das Wesen eines Gegenstandes bezeichnet, legt Thomas also keineswegs auf die viel enger gefasste These fest, dass dieses Wesen auf genau eine Weise bezeichnet wird. Seine semantische These lässt vielmehr eine Vielzahl von Bezeichnungsweisen – vage und präzise – für ein Objekt zu.

§ 9 Schlussfolgerungen

Zu Beginn dieses Kapitels wurde festgehalten, dass Thomas von Aquins Intentionalitätstheorie auf einer zentralen These beruht: auf der Identitätsthese. Eine Person kann sich nur dann kognitiv auf einen Gegenstand beziehen, wenn ihr Intellekt diesen Gegenstand in sich aufnimmt und mit ihm identisch wird. Genau in dieser Identitätsthese liegt aber die Hauptschwierigkeit der ganzen Theorie. Denn wie soll der Intellekt mit einem Gegenstand, etwa mit einem Baum, identisch werden können? Wie soll der Intellekt einen Baum aufnehmen können? Der Intellekt kann sich doch nicht in einen Baum verwandeln, und er kann auch keine Baumteile in sich aufnehmen. Es ist auf den ersten Blick kaum verständlich, in welchem Sinn hier von einer Identitätsrelation die Rede ist, und es ist noch viel weniger einsichtig, wie eine Identitätsrelation Intentionalität ermöglichen soll.

Die vorangehenden Untersuchungen widmeten sich dieser Hauptschwierigkeit und versuchten, Klärung zu schaffen. Wie sich gezeigt hat, zielt Thomas auf eine ganz bestimmte Art von Identität zwischen Intellekt und intelligiblem Gegenstand ab, nämlich auf eine *formale Identität*: Der Intellekt muss sich nicht in einem wörtlichen Sinn in den intelligiblen Gegenstand verwandeln, sondern er muss die Form dieses Gegenstandes aufnehmen. Dazu ist natürlich ein komplexer kognitiver Prozess erforderlich, der mit einem Wahrnehmungsakt beginnt und sich mit der Bildung verschiedener kognitiver Entitäten (Phantasmata, intelligible Species, inneres Wort) fortsetzt. Am Ende dieses Prozesses wird ein Zustand erreicht, in dem die Form des Gegenstandes auf immaterielle Weise im Intellekt existiert und – das ist der entscheidende Punkt – identisch ist mit der Form, die auf materielle Weise im Gegenstand existiert. Die kognitive Bezugnahme auf einen Baum erfolgt also nicht durch die mysteriöse Verwandlung des Intellekts in einen Baum, sondern durch die Herstellung einer Identitätsbeziehung. Der Intellekt wird insofern identisch mit einem Baum, als er schrittweise dessen Form aufnimmt und am Ende über dieselbe Form verfügt, die auch im Baum selbst ist.[137]

Mit diesem Erklärungsansatz gelingt Thomas eine klare Abgrenzung gegenüber zwei rivalisierenden Theorien. Einerseits kann er sich von einem naiven direkten Realismus absetzen, der davon ausgeht, dass sich intellektuelle Akte gleichsam von sich aus auf Gegenstände richten und diese zu ihren Objekten machen können. Dies ist Thomas zufolge unmöglich, denn intellektuelle Akte greifen nicht mit einer mysteriösen Kraft von sich aus in die Welt aus und haken nicht gleichsam in die Gegenstände ein. Ein „Einhaken" ist nur möglich, wenn die Gegenstände dem Intellekt mittels kognitiver Entitäten überhaupt zugänglich werden. Daher ist auf verschiedenen Ebenen die Bildung derartiger Entitäten erforderlich.

Andererseits grenzt sich Thomas aber auch vom Repräsentationalismus ab. Denn obwohl er die Existenz kognitiver Entitäten als unerlässlich erachtet, behauptet er nicht, dass diese Entitäten die unmittelbaren Objekte sind, auf die sich der Intellekt bezieht. Diese Entitäten sind nicht mehr als kognitive Hilfsmittel, die ermöglichen, dass die Form eines Gegenstandes überhaupt im Intellekt existieren kann. Wer an einen Baum denkt, erfasst nicht die Baum-Species als eine Entität in seinem Intellekt. Er erfasst vielmehr die Form des Baumes, die einerseits im Intellekt ist (nämlich als Inhalt der Baum-Species), andererseits aber auch im materiellen Baum. Es gibt hier keine Kluft zwischen einer repräsentierenden Entität im Intellekt und einer repräsentierten Entität außerhalb des Intellekts, sondern eine zweifache Existenzweise der Form.

Die Rede von einer Form mit zweifacher Existenzweise mag auf den ersten Blick seltsam erscheinen, sie ist aber keineswegs obskur oder nur im Kontext der Philosophie des 13. Jhs. verständlich. H. Putnam hat in der neueren Diskussion darauf hingewiesen, dass der aristotelische Begriff der Form auch heute noch sinnvoll ist und in Diskussionen über Intentionalität verwendet werden sollte.[138] Denn intentionale Relationen

---

[137] Dies ist natürlich nicht nur die Kernthese der Intentionalitätstheorie, sondern auch der Wahrheitstheorie. Wahrheit kommt – wie die berühmte Adaequatio-Formel verdeutlicht – durch eine „Angleichung des Intellekts an den Gegenstand" zustande. Diese Formel ist nicht einfach im Sinn einer starren Korrespondenzrelation zwischen zwei Relata zu verstehen. Sie verdeutlicht vielmehr, dass eine *dynamische* Relation vorliegt: Der Intellekt gleicht sich Schritt für Schritt dem Gegenstand an, indem er im kognitiven Prozess die Form des Gegenstandes aufnimmt. Daher weist Thomas darauf hin, dass die Adaequation nur „per assimiliationem cognoscentis ad rem cognitam" (*De veritate*, q. 1, art. 1, corp.; ed. Leonina XXII, vol. I, 5) zustande kommt.
[138] Vgl. Putnam 1994b, 68.

bleiben unterbestimmt, wenn sie – wie dies in gegenwärtigen Theorien häufig der Fall ist – nur mit Rekurs auf Kausalrelationen erklärt werden. Wer sagt, das An-einen-Baum-Denken beziehe sich genau deswegen auf einen Baum, weil es durch einen Baum verursacht wurde, gibt nur eine genetische Erklärung für den Denkakt, noch dazu eine ziemlich fragwürdige Erklärung. Denn was einen Denkakt verursacht hat, muss nicht immer mit dessen Objekt identisch sein. Es ist sehr wohl möglich, dass das An-einen-Baum-Denken durch etwas anderes als durch einen Baum verursacht wurde, z. B. durch Darstellungen von Bäumen oder durch Berichte über Bäume, vielleicht sogar durch Gegenstände, die irrtümlicherweise für Bäume gehalten wurden, jedoch gar keine Bäume sind. Wer das An-einen-Baum-Denken erklären will, sollte nicht (oder zumindest nicht ausschließlich) auf eine Ursache verweisen, sondern den *Inhalt* des Denkaktes erklären. Er sollte erläutern, was dieser Inhalt ist und wie er sich zu einem äußeren Gegenstand verhält. Genau hier bietet die Theorie der Form, die man – modern ausgedrückt – als eine Theorie der Struktur auffassen kann, eine Lösung: Ein Denkakt bezieht sich auf einen bestimmten äußeren Gegenstand (ganz gleichgültig, ob er durch diesen Gegenstand verursacht wurde oder nicht), weil er eine bestimmte innere Struktur aufweist, die auch im Gegenstand selbst präsent ist. Es ist genau die gleichzeitige Präsenz der Struktur im Denkakt und im Gegenstand selbst, die es ermöglicht, dass sich der Denkakt auf diesen Gegenstand bezieht.

Fasst man die Theorie der formalen Identität als eine Theorie der Strukturidentität auf, erweist sie sich als eine durchaus verständliche Theorie, die keineswegs bloß ein Kuriosum des 13. Jhs. darstellt. Der interessante Punkt besteht bei Thomas nun darin, dass er diese Theorie mit einer Kausaltheorie kombiniert. Er vertritt nämlich die These, dass im Normalfall nur deshalb die Struktur (oder Form) eines Gegenstandes im Intellekt präsent sein kann, weil der Intellekt in einer Kausalrelation zu diesem Gegenstand steht oder gestanden hat.[139] Hätte ich nie einen Baum gesehen und nie ein Phantasma von einem Baum erworben, hätte ich auch keine intelligible Species von einem Baum bilden können. Und dann hätte ich auch die Struktur (oder Form) des Baumes nicht in den

---

[139] Es ist zu betonen, dass dies nur für den Normalfall gilt. In einigen Fällen (z. B. wenn jemand an Pegasus denkt) liegt keine direkte Kausalrelation vor. Derartige Fälle sind nur dadurch möglich, dass der Intellekt gewisse Gegenstände, zu denen er in einer Kausalrelation gestanden hat (z. B. Pferde und Vögel im Falle des Pegasus), miteinander kombiniert. Das Denken an fiktive Entitäten ist immer als das Denken an komplexe, vom Intellekt selbst gebildete Gegenstände zu verstehen.

§ 9 Schlussfolgerungen

Intellekt aufnehmen können. Kurzum: Wäre keine Kausalrelation vorhanden, wäre auch die Strukturidentität nicht entstanden. Thomas weist immer wieder auf die Bedeutung der Kausalrelation hin und verwirft entschieden jene Theorien (etwa die Theorie der angeborenen Formen oder jene der Partizipation an ewig existierenden Formen),[140] die von einer solchen Relation absehen. In diesem Insistieren auf der Kausalrelation, die durch die Wahrnehmung hergestellt wird, liegt eine besondere Leistung seiner Intentionalitätstheorie. Diese Theorie verdeutlicht nämlich, dass sich eine Erklärung der Intentionalität nicht auf rein intellektuelle Akte beschränken kann. Eine adäquate Intentionalitätstheorie muss immer auf der Ebene der Wahrnehmung ansetzen, denn genau auf dieser Ebene entsteht die Kausalrelation, die eine Person mit einem materiellen Gegenstand verbindet. Und nur diese Ebene ermöglicht es, dass die Form eines Gegenstandes aufgenommen und somit eine Relation der formalen Identität hergestellt werden kann.

Thomas' Intentionalitätstheorie wirft aber auch einige gewichtige Probleme auf. Ein erstes Problem, das in den heutigen Diskussionen immer wieder hervorgehoben wird, aber auch im Mittelalter bereits diskutiert wurde, betrifft die metaphysischen Voraussetzungen dieser Theorie. Thomas nimmt an, dass ein Gegenstand eine ganz bestimmte Form (genauer: eine allgemeine Form) hat, die durch einen geeigneten Abstraktionsprozess gleichsam aus dem Gegenstand herausgelöst werden kann. Hinter dieser Annahme verbirgt sich – modern gesprochen – die Position des externen Realismus, die jedem Gegenstand eine feste Struktur zuweist, und zwar ganz unabhängig von einer intentionalen Relation. Aber dies ist eine problematische Position, wie Putnam in der neueren Diskussion gezeigt hat.[141] Denn wie können wir wissen, dass ein Gegenstand an sich eine feste, unverrückbare Struktur hat, wenn uns ein Gegenstand doch nur in intentionalen Relationen zugänglich ist? Wie können wir zudem wissen, dass dies eine *allgemeine* Struktur ist, die in zahlreichen individuellen Gegenständen, aber auch in zahlreichen Intellekten instantiiert sein kann? Wie sich in den folgenden Kapiteln zeigen wird, setzten genau an diesem Punkt verschiedene mittelalterliche Autoren (z. B. Petrus Aureoli, Wilhelm von Ockham) mit ihrer Kritik ein. Sie verwarfen die Grundthese, dass es in den Gegenständen eine allgemeine

---

[140] Vgl. konzis *ST* I, q. 84, art. 3, corp.
[141] Vgl. prägnant Putnam 1994b, 74: „The greatest difficulty facing someone who wishes to hold an Aristotelian view is that the central intuition behind that view, that is, the intuition that a natural kind has a single determinate form (or ‚nature' or ‚essence') has become problematical."

Form gibt, die auch im Intellekt instantiiert sein kann. Damit wurde aber die ganze Theorie der formalen Identität fragwürdig. Denn wenn man von der Prämisse ausgeht, dass es höchstens individuelle Formen gibt, kann man nicht mehr behaupten, eine Form könne gleichzeitig in einem materiellen Gegenstand und im Intellekt instantiiert sein. Und dann lässt sich natürlich auch nicht mehr die These aufrechterhalten, es könne eine Identitätsrelation zwischen der Form im materiellen Gegenstand und der Form im Intellekt geben.

Eng damit verknüpft ist ein weiterer problematischer Punkt. Thomas geht davon aus, dass der Intellekt auf die allgemeinen Formen der Gegenstände abgestimmt ist und diese unter geeigneten kognitiven Bedingungen aufnehmen kann. Wie in § 6 deutlich geworden ist, vertritt er sogar die Untrüglichkeitsthese, derzufolge sich der Intellekt im Aufnehmen und Erfassen der Form nicht irren kann. Auch diese These ist allerdings problematisch. Denn wie können wir sicher sein, dass der Intellekt tatsächlich auf die Formen der Gegenstände abgestimmt ist? Und wie können wir gewiss sein, dass es dem Intellekt tatsächlich gelingt, die Formen der Gegenstände zu abstrahieren? Könnte es nicht sein, dass der Intellekt aufgrund äußerer Einflüsse oder aufgrund seiner inneren Konstitution nicht in der Lage ist, Formen zu abstrahieren? Könnte es nicht sein, dass der Intellekt gar nicht imstande ist, Formen auf natürlichem Wege aufzunehmen? Wie sich in den folgenden Kapiteln zeigen wird, gaben diese skeptischen Fragen bereits im ausgehenden 13. Jh. Anlass zu ausführlichen Debatten.[142] Ob diese skeptischen Fragen berechtigt sind, muss erst noch geprüft werden. Und wie sie gegebenenfalls beantwortet werden können, muss ebenfalls noch näher betrachtet werden. An dieser Stelle soll nur darauf hingewiesen werden, dass Thomas von Aquin skeptische Einwände gar nicht berücksichtigt.[143] Aufgrund seiner optimistischen

---

[142] Vor allem Heinrich von Gent prägte diese Debatten mit seiner These, dass es dem Menschen aufgrund verschiedener kognitiver Beschränkungen unmöglich ist, auf natürlichem Weg die essentielle Form der Gegenstände zu erfassen. Vgl. dazu unten § 17.

[143] Daher kann man kaum behaupten, wie dies in der älteren Forschung immer wieder der Fall war, Thomas habe mit seiner Theorie der formalen Identität den Skeptizismus erfolgreich bekämpft (vgl. eine konzise Diskussion und Kritik der älteren Literatur in Pasnau 1997a, 295-305). Thomas weist die skeptische Position vielmehr von vornherein zurück, indem er von der Untrüglichkeitsthese ausgeht und behauptet, dass es dem Intellekt prinzipiell möglich ist, die Formen der Gegenstände korrekt zu erfassen. Wie Kretzmann 1991, 161-164, überzeugend nachweist, beruht diese These vornehmlich auf einem theologischen Fundament. Thomas geht davon aus, dass Gott als gütiger Schöpfer den Menschen mit zuverlässigen kognitiven Fähigkeiten ausgestattet hat, sodass der Mensch im Prinzip fähig ist, Formen korrekt zu erfassen. Die Erschaffung eines kognitiv fallhiblen Menschen würde der göttlichen Güte widersprechen.

Einschätzung der kognitiven Leistungsfähigkeit nimmt er es als unbestritten an, dass der Intellekt Formen aufnehmen kann und dass er sich somit kognitiv auf etwas beziehen kann.

Schließlich muss noch eine dritte Schwierigkeit berücksichtigt werden. Wie bereits mehrfach betont wurde, ist es für Thomas von zentraler Bedeutung, dass die Identitätsrelation zwischen dem Intellekt und einem Gegenstand nur mit Hilfe kognitiver Entitäten hergestellt werden kann. Diese Entitäten (vornehmlich die intelligiblen Species) werden von ihm aber unterschiedlich charakterisiert. An einigen Stellen werden sie *ontologisch* als besondere kognitive Entitäten eingeführt, die der Intellekt bildet und primär erfasst; an anderen Stellen hingegen werden sie *inhaltlich* mit den Formen identifiziert, die auf immaterielle Weise im Intellekt sind. Dieses Schwanken zwischen einer ontologischen und einer inhaltlichen Bestimmung ist jedoch problematisch. Wird nämlich nur der ontologische Aspekt berücksichtigt, scheint es, als wären die Species kognitive Entitäten, die gleichsam zwischen den Intellekt und die äußeren Gegenstände eingeschoben werden. Und dann entsteht in der Tat der Eindruck, als könne es keine unmittelbare intentionale Relation zwischen dem Intellekt und den Gegenständen in der Welt geben – als wären diese Gegenstände gleichsam hinter einem „Schleier von Species" verborgen. Es ist daher nicht erstaunlich, dass die Frage nach dem genauen Status und der Funktion der intelligiblen Species den weiteren Verlauf der Intentionalitätsdebatte beherrschte. Wie ist es möglich, so fragten Petrus Johannis Olivi, Wilhelm von Ockham und andere, dass der Intellekt sich direkt auf Gegenstände in der Welt bezieht, wenn ihm doch nur die Species unmittelbar präsent sind? Wie lässt sich eine erkenntnisrealistische Position mit der Einführung derartiger Entitäten vereinbaren? Es waren nicht zuletzt diese Fragen, die Thomas von Aquins Intentionalitätstheorie zu einer zwar prominenten, aber auch umstrittenen Theorie im späten 13. und frühen 14. Jh. werden ließen.

TEIL II
DAS KONSTITUTIONSMODELL:
PETRUS JOHANNIS OLIVI UND
DIETRICH VON FREIBERG

Das Modell der formalen Identität, das im vorangehenden Kapitel dargestellt und diskutiert wurde, beruht auf der aristotelischen Annahme, dass Bezugnahme auf einen Gegenstand nur dann gelingt, wenn der Intellekt den Gegenstand in sich aufnimmt. Welche kognitiven Prozesse für dieses Aufnehmen erforderlich sind und in welcher Form der Gegenstand aufgenommen wird, war unter den Aristoteles-Kommentatoren zwar eine umstrittene Frage. Unumstritten war aber, dass Intentionalität immer ein Aufnehmen und somit einen *rezeptiven* Vorgang bedingt. Dies heißt freilich nicht, dass sich Intentionalität auf einen rein passiven Prozess reduziert. Wie in den Ausführungen zur Ausarbeitung des Identitätsmodells bei Thomas von Aquin deutlich geworden ist, besteht ein zentraler Punkt dieses Modells darin, dass es den rezeptiven Vorgang in Kombination mit einem aktiven zu erklären versucht. Denn der Intellekt kann einen Gegenstand nur dann aufnehmen, wenn er das, was überhaupt aufnehmbar ist (die immaterielle Form), auf der Grundlage von Phantasmata abstrahiert. Und eine solche Abstraktion erfordert natürlich immer eine Aktivität des Intellekts. Daher unterscheidet Thomas, wie in der aristotelischen Tradition üblich, sorgfältig zwischen zwei Vermögen des Intellekts, einem aktiven und einem passiven. Trotzdem steht für ihn fest, dass eine Intentionalitätstheorie beim rezeptiven Vorgang ansetzen und erklären muss, welche kognitiven Leistungen erforderlich sind, damit das Aufnehmen eines Gegenstandes gelingt.

Gegen eine solche Konzeption von Intentionalität regte sich bereits kurz nach Thomas von Aquins Tod Widerstand. Verschiedene Kritiker wiesen darauf hin, dass es grundsätzlich verfehlt ist, in einer Analyse intentionaler Akte und Zustände bei einem rezeptiven Vorgang anzusetzen, selbst dann, wenn zusätzlich noch ein aktiver Aspekt berücksichtigt wird. Vor allem die augustinisch inspirierten Autoren insistierten darauf, dass Intentionalität nicht als ein kognitives Aufnehmen von Gegenständen zu erklären ist, sondern gerade umgekehrt als ein Prozess des kognitiven Abzielens oder Sich-Ausrichtens auf Gegenstände: als ein genuin *aktiver*, vom Intellekt initiierter Vorgang. Besonders der Franziskaner

108   *Teil II Das Konstitutionsmodell*

Petrus Johannis Olivi, der in den siebziger Jahren des 13. Jhs. an der Pariser Universität studierte (allerdings ohne den Magister-Titel zu erlangen) und sich in mehreren Werken ausführlich mit dem Problem der Intentionalität beschäftigte,[1] vertrat mit Nachdruck die These, dass keine Bezugnahme auf Gegenstände möglich ist, wenn der Intellekt nicht seine Aufmerksamkeit auf die Gegenstände richtet und gleichsam seinen Blick (*aspectus*) auf sie heftet.[2] Eine intentionale Relation entsteht erst, wenn der Intellekt gezielt bestimmte Gegenstände zu seinen kognitiven Objekten macht. Daher muss eine adäquate Intentionalitätstheorie immer vom aktiven Intellekt und nicht etwa von irgendwie einwirkenden und assimilierbaren Gegenständen ausgehen.

Der Dominikaner Dietrich von Freiberg, der ebenfalls in den siebziger Jahren an der Pariser Universität studierte und nach längerer Lehrtätigkeit an deutschen Dominikanerkonventen nach Paris zurückkehrte, wo er 1296-1297 als Magister dozierte,[3] ging in seiner Intentionalitätstheorie noch einen Schritt weiter. Er behauptete nicht nur, dass sich der Intellekt aktiv auf Gegenstände ausrichtet, sondern dass er diese sogar konstituiert, und zwar nicht bloß als Denkgegenstände, sondern als Gegenstände mit einer essentiellen Struktur.[4] Erst der aktive Intellekt macht die Gegenstände zu dem, was sie sind; er verleiht ihnen ihre kategoriale Bestimmung. Dies ist natürlich eine kühne These, die man die *Konstitutionsthese* nennen könnte: Bezugnahme auf etwas ist nur dann möglich,

---

[1] Die ausführlichste Diskussion widmete er diesem Problem im zweiten Buch seines Sentenzenkommentars, der auf die Pariser Studienzeit zurückgeht, in der vorliegenden Form aber wahrscheinlich erst in den achtziger Jahren außerhalb von Paris verfasst wurde. Da die einzelnen *Quaestiones* zu unterschiedlichen Zeiten redigiert wurden, ist eine genaue Datierung unmöglich. Olivi musste die Pariser Universität bereits als „baccalarius formatus" verlassen, und sein eigener Orden leitete 1282-83 ein Verfahren gegen ihn ein. Eine Untersuchungskommission stellte eine Liste der falschen und häretischen Thesen zusammen, die er angeblich vertrat. Erst 1287 wurde er dank der Fürsprache des Matthäus von Aquasparta rehabilitiert. Vgl. zur Biographie Olivis, insbesondere zum Prozess, der gegen ihn geführt wurde, Burr 1976.
[2] *In II Sent.*, q. 72 (III, 9): „… quantumcumque potentia cognitiva per habitum et species ab actione cognitiva differentes sit informata, non potest in actionem cognitivam exire, nisi prius intendat actualiter in obiectum, ita quod aspectus suae intentionis sit actualiter conversus et directus in illud." Zur zentralen Bedeutung des „aspectus" vgl. auch ibid., q. 59 (II, 543), q. 73 (III, 63-64), q. 74 (III, 113 und 122-123). (Die römische Zahl bezieht sich jeweils auf den Band der *Quaestiones*.)
[3] Vgl. zur Biographie Sturlese 1984.
[4] *De origine rerum praedicamentalium* 5, n. 33 (III, 190): „…unamquamque rem ex propria ratione in esse quiditativo constituit." Vgl. auch ibid., nn. 1, 37 und 43 (III, 181, 192 und 193). *De intellectu et intelligibili* III, 8, 7 (I, 184): „… intellectus intelligit rem in suis principiis et sic conceptionaliter ipsam constituit determinando sibi sua principia." (Die römische Zahl bezieht sich jeweils auf den Band der *Opera omnia*.)

wenn der Intellekt kraft seines aktiven Vermögens überhaupt Gegenstände konstituiert. Eine Intentionalitätstheorie, die auf dieser These beruht, steht in klarem Kontrast zu jeder Theorie, die von bereits konstituierten Gegenständen ausgeht und lediglich zu erklären versucht, wie diese Gegenstände in den Intellekt gelangen können.

Bevor Dietrich von Freibergs radikale These dargestellt und analysiert wird (§§ 13-15), soll zunächst Petrus Johannis Olivis Ansatz näher betrachtet werden (§§ 10-12). Denn bei Olivi zeigt sich bereits deutlich, dass eine Intentionalitätstheorie, die sich an einem rezeptiven Vorgang orientiert, zahlreiche Fragen aufwirft. Zudem weist Olivi auf verschiedene Probleme hin, die sich ergeben, wenn man – wie dies Thomas von Aquin und zahlreiche andere Aristoteliker vorschlagen – das Aufnehmen von Gegenständen mit Rekurs auf kognitive Hilfsmittel erklärt.

§ 10 Unvermittelte Intentionalität: die Kritik an der species-Theorie

In Übereinstimmung mit den meisten seiner Zeitgenossen geht Olivi davon aus, dass das Problem der Intentionalität auf mehreren Ebenen zu behandeln ist. Wenn nämlich gefragt wird, wie sich eine Person auf etwas beziehen kann, muss erläutert werden, wie sich eine Person mit ihren Akten des Wahrnehmens, Vorstellens und Denkens auf etwas richten kann.[5] Diese drei Ebenen sind zwar eng miteinander verknüpft; denn Vorstellen setzt immer Wahrnehmen voraus, und Denken setzt Vorstellen voraus. Dennoch handelt es sich um drei distinkte Ebenen, die gesondert analysiert werden müssen. Olivi setzt daher zunächst auf der Ebene der Wahrnehmung an und stellt die Frage, wie sich eine Person mittels der äußeren Wahrnehmungssinne sehend, hörend, tastend usw. auf wahrnehmbare Gegenstände richten kann.

Auf diese Frage gab es – wie in der Einleitung bereits erwähnt wurde – in der Mitte des 13. Jhs. eine einflussreiche Antwort, die von den Perspektivisten (John Pecham, Roger Bacon u.a.) ausformuliert wurde.[6]

---

[5] Olivi berücksichtigt zudem die Ebene der volitiven Akte, der er in q. 58 sogar eine Vorrangstellung einräumt. Die Freiheit des Willens kann seiner Ansicht nach nämlich erst bewiesen werden, wenn gezeigt wird, dass der Wille von sich aus auf etwas abzielen kann und nicht durch einwirkende Gegenstände auf bestimmte Akte festgelegt wird. Zur Willensproblematik, die hier nicht näher betrachtet werden soll, vgl. Putallaz 1995, 139-162.
[6] Vgl. zur Entstehung dieser Theorie bei Alhazen und zu ihrer Rezeption im lateinischen Westen Maier 1967, Smith 1981, Tachau 1988, 3-26, und oben § 2.

Diese Autoren behaupteten, ein Wahrnehmender könne sich nur dadurch auf einen Gegenstand richten, dass er besondere Entitäten – sog. *species in medio* – aufnehme, die vom Wahrnehmungsgegenstand zum Wahrnehmungsorgan übertragen werden. Diese Übertragung erfolge durch ein Medium, in dem sich die Species über große Distanzen hinweg vervielfältigen.[7] So könne jemand nur dann einen Baum sehen, wenn er Baum-Species aufnehme, die vom Baum ausgehen, durch die Luft übertragen werden und auf dem Auge auftreffen. Wie sich diese Species im Medium vervielfältigen können, wie sie auf dem Wahrnehmungsorgan auftreffen und welchen ontologischen Status sie haben, wurde unter den Perspektivisten zwar kontrovers diskutiert. Aber alle waren sich einig, dass erfolgreiche Wahrnehmung immer die Übertragung von Species voraussetzt.

Diese Erklärung des Wahrnehmungsprozesses, die ihren Ursprung in der arabischen Optik und Wahrnehmungstheorie hat, geht natürlich von zwei gewichtigen Prämissen aus. Erstens nimmt sie an, dass Wahrnehmen als ein passiver Prozess zu verstehen ist. Der Wahrnehmende richtet sich nicht auf den Wahrnehmungsgegenstand, sondern er „erleidet" etwas seitens dieses Gegenstandes. Zweitens geht diese Erklärung davon aus, dass die Species vermittelnde Entitäten zwischen dem Wahrnehmungsorgan und dem Wahrnehmungsgegenstand sind. Gemäß dieser Erklärung reicht es für eine erfolgreiche Wahrnehmung nicht aus, dass es – wie die aristotelische Theorie annimmt – ein Medium zwischen dem Organ und dem Gegenstand gibt.[8] Im Medium müssen zudem besondere Entitäten existieren, denn die wahrnehmbaren Formen des Gegenstandes können nur mit Hilfe dieser Entitäten gleichsam weitertransportiert werden.

Olivi setzt mit seiner Diskussion der Wahrnehmungsakte bei dieser Theorie der Perspektivisten an.[9] Er weist sie allerdings entschieden zu-

---

[7] Wie in der Literatur üblich, spreche ich in abgekürzter Form von Species. Es ist allerdings zu beachten, dass es sich dabei zunächst nur um die *species in medio* handelt, nicht etwa um die *species sensibiles* oder *intelligibiles*. Die Theorie der *species in medio* ist eine optische Theorie, die vornehmlich auf eine Erklärung der visuellen Wahrnehmung abzielt. Sie impliziert nicht eine Theorie der *species sensibiles* oder *intelligibiles*, auch wenn verschiedene Autoren in der Mitte des 13. Jhs. die beiden Theorien miteinander verknüpften. Wie Tachau 1988, 3-26, nachweist, spielte Roger Bacon für diese Verknüpfung eine zentrale Rolle, denn er kombinierte den Perspektivismus mit der aristotelischen Wahrnehmungs- und Intellekttheorie.

[8] Vgl. *De anima* II, 7 (419a12-21) für die visuelle Wahrnehmung.

[9] In *In II Sent.*, q. 58 (II, 491) spricht er ausdrücklich von den „sequentes perspectivam Arabum". Wie Tachau 1988, 40-41, nachweist, zielt er damit vornehmlich auf Roger Bacon ab, allerdings ohne ihn mit Namen zu erwähnen.

§ 10 Unvermittelte Intentionalität: die Kritik an der species-Theorie 111

rück, indem er ihre beiden Prämissen als unbegründete und verfehlte Annahmen verwirft. Wahrnehmen ist seiner Meinung nach weder als ein passiver Prozess zu verstehen noch als ein Vorgang, für den vermittelnde Entitäten erforderlich sind. Er vertritt die Ansicht, dass „einzig die aktive Kraft dieses Vermögens [sc. des Wahrnehmungsvermögens] die Wirkursache für diesen Akt [sc. den Wahrnehmungsakt] ist".[10] Damit jemand einen Baum sehen kann, ist einzig und allein das aktive Ausrichten des visuellen Vermögens auf einen gegenwärtigen Baum erforderlich. Doch was spricht gegen die Annahme von *species in medio*? Warum sind keine vermittelnde Entitäten anzunehmen? Olivi führt eine Reihe von Argumenten an, die nicht nur zeigen sollen, dass die Annahme derartiger Entitäten überflüssig ist, sondern dass sie zudem falsch ist und verheerende Konsequenzen für eine Wahrnehmungstheorie hat. Ich möchte die vier wichtigsten Argumente kurz vorstellen und diskutieren.

Ein erstes Argument richtet sich gegen die These, dass die Species, die auf dem Wahrnehmungsorgan auftreffen, dort einen Wahrnehmungsakt auslösen. Olivi wendet dagegen ein, dass die Species nur dann einen solchen Akt auslösen könnten, wenn sie wesentlich „lebendig und kognitiv" wären. Denn was etwas Aktives, Kognitives auslöst, muss selber aktiv und kognitiv sein;[11] Ursache und Wirkung müssen einander angemessen sein. Die Species sind aber inaktive Entitäten und an sich nicht kognitiv – bloße Partikel, die durch die Luft übertragen werden. Daher können sie auch keinen Wahrnehmungsakt auslösen. Einzig und allein das Wahrnehmungsvermögen kann einen derartigen Akt auslösen, denn einzig dieses Vermögen ist wesentlich aktiv und kognitiv.

Dieser Einwand scheint auf den ersten Blick auf einem Missverständnis zu beruhen. Ein Verteidiger der Species-Theorie könnte sogleich entgegnen, dass diese Entitäten durchaus kognitiv sind. Sie übermitteln dem Wahrnehmungsorgan ja die wahrnehmbaren Formen eines Gegenstandes und haben deshalb einen bestimmten Gehalt. Wenn etwa Baum-Species auf dem Auge auftreffen, so übermitteln sie die Form einer bestimmten Baumfarbe und die Form einer bestimmten Baumgröße. Was

---

[10] *In II Sent.*, q. 58 (II, 467): „Quia ad minus secundum hanc viam sequetur quod sola virtus activa ipsius potentiae sit causa effectiva ipsius actus..." Ibid., q. 58 (II, 466): „... ad quid igitur requiritur semper actualis aspectus et quaedam virtualis protensio ipsius potentiae ad obiectum..." Ibid., q. 74 (III, 122-123): „... obiectum praesens aspectui in ipsum converso et intento sufficienter se praesentat ei per semetipsum, immo et melius, quam per aliquam speciem creatam ab eius solida entitate et propria veritate deficientem..."
[11] *In II Sent.*, q. 73 (vol. III, 83): „... immediatum principium actus essentialiter vivi et cognitivi oportet essentialiter esse vivum et cognitivum..."

112 Teil II Das Konstitutionsmodell

derartige Formen übermittelt, hat einen kognitiven Gehalt und kann daher unmittelbar einen Wahrnehmungsakt auslösen.

Eine solche Rückweisung des Einwandes übersieht allerdings einen entscheidenden Punkt in Olivis Argument. Selbst wenn die Species in gewisser Weise einen kognitiven Charakter haben, sind sie doch nicht aktiv und können daher auch keinen Akt auslösen. Ihre Präsenz kann höchstens eine *Bedingung* für das Entstehen eines Wahrnehmungsaktes sein, keineswegs aber die *Ursache* für einen solchen Akt. Ein modernes Beispiel möge dies verdeutlichen. Angenommen, eine Radiostation sendet auf einer bestimmten Frequenz ihr Programm aus. Die entsprechenden Funkwellen treffen auf einem Radiogerät auf, das jedoch ausgeschaltet ist. Bewirken die Funkwellen, dass das Radio nun aktiv wird und Musik spielt? Lösen sie etwas aus? Natürlich nicht. Solange das Gerät ausgeschaltet ist, mögen noch so viele Funkwellen auftreffen, es erklingt keine Musik. Auch wenn die Funkwellen in gewisser Weise einen Gehalt haben (sie übermitteln ja ein Musikstück), bewirken sie nicht das Erklingen von Musik, weil sie an sich jeder Aktivität entbehren; sie sind nicht mehr als ein Transportmittel. Musik erklingt erst, wenn das Radiogerät auf Empfang geschaltet ist. In ähnlicher Weise versteht Olivi die Funktion der Species. Falls diese Entitäten tatsächlich existieren, ist ihr Auftreffen auf dem Wahrnehmungsorgan höchstens eine Bedingung dafür, dass ein Wahrnehmungsakt entsteht. Sie lösen aber nicht selber einen solchen Akt aus, weil sie inaktive Transportmittel sind. Einzig und allein das aktive Wahrnehmungsvermögen kann einen Akt auslösen, nämlich genau dann, wenn es „auf Empfang geschaltet" ist oder, wie Olivi metaphorisch sagt, wenn es seinen Blick auf das Transportmittel richtet und dessen Gehalt erfasst:

„Niemals wird eine Species dem Vermögen selbst aktuell einen Gegenstand vergegenwärtigen, wenn das Vermögen sie nicht anblickt, sodass es sich ihr zuwendet und seinen Blick auf sie heftet."[12]

Indem Olivi diesen Punkt betont, macht er auf die Schwachstelle einer jeden Wahrnehmungstheorie aufmerksam, die vermittelnde Entitäten zwischen einer wahrnehmenden Person und einem Wahrnehmungsgegenstand annimmt und diesen Entitäten eine kausale Fähigkeit zuspricht. Selbst wenn es erforderlich sein sollte, dass eine Person P ein Objekt O nur mittels einer Entität x wahrnehmen kann, bedeutet dies

---

[12] *In II Sent.*, q. 58 (II, 469): „... nunquam species actu repraesentabit obiectum ipsi potentiae, nisi potentia aspiciat ipsam, ita quod convertat et figat aspectum suum in ipsam." Vgl. auch ibid. (II, 486-488).

nicht, dass x eine Wahrnehmung von O in P verursacht. Die Aussage „Wenn x präsent ist, kann P eine Wahrnehmung von O haben" darf nicht einfach mit der Aussage „Weil x präsent ist, verursacht x eine Wahrnehmung von O in P" gleichgesetzt werden. Die bloße Präsenz von x bewirkt gar nichts, da x über keine kausale Fähigkeit verfügt. Es ist stets erforderlich, dass P die Präsenz von x auch tatsächlich feststellt und bemerkt, dass x O vermittelt. Oder verkürzt ausgedrückt: P muss den kognitiven Gehalt von x auch erfassen. Dazu ist ein aktives Vermögen in P erforderlich.

Olivi führt noch ein weiteres Argument gegen die Species-Theorie an.[13] Wenn Species tatsächlich über größere Distanzen durch ein Medium übermittelt werden, und wenn sie sich in diesem Medium tatsächlich vervielfältigen, wie die Perspektivisten behaupten, dann gibt es eine ganze Serie von Species und nur die letzte in dieser Serie trifft auf dem Wahrnehmungsorgan auf. Doch diese letzte Species steht dann nur in einem unmittelbaren Kontakt zur vorletzten Species und vergegenwärtigt nur diese vorletzte Species. Also kann es gar keine Wahrnehmung vom Gegenstand selbst geben, sondern höchstens von der vorletzten Species. Allgemein formuliert heißt dies: Wenn es nicht bloß eine einzige vermittelnde Entität x gibt, sondern die Serie x_1-x_n, dann vergegenwärtigt die letzte Entität x_n nicht das Objekt O, sondern nur die Entität x_{n-1}. Daher ist eine Vergegenwärtigung von O und damit auch eine Wahrnehmung von O unmöglich.

Dieser Einwand scheint auf den ersten Blick lediglich auf eine Eigenheit der perspektivistischen Theorie abzuzielen. Diese Theorie nimmt nämlich in der Tat an, dass es eine Vervielfältigung von Species im Medium gibt. Dann stellt sich natürlich die Frage, wie denn die letzte Species in der Reihe der vervielfältigten Species noch den Gegenstand, der am Anfang dieser Reihe steht, vergegenwärtigen kann. Die Perspektivisten würden auf diese Frage wahrscheinlich antworten, dass alle Species in dieser Reihe, wie lange auch immer sie sein mag, Abbilder des Gegenstandes sind. Roger Bacon, ein führender Vertreter der perspektivistischen Theorie, nennt die Species ausdrücklich *imagines* des Gegenstandes, von dem sie ausgehen.[14] Daher könnte er argumentieren, dass auch die letzte Species, die auf dem Wahrnehmungsorgan auftrifft, immer noch ein Abbild des Gegenstandes ist und diesen – nicht etwa die zweitletzte Species – vergegenwärtigt. Allerdings müsste er dann genauer er-

---

[13] Vgl. *In II Sent.*, q. 73 (III, 84).
[14] *De multiplicatione specierum* I, 1 (ed. Lindberg 1983, 4): „Dicitur autem similitudo et ymago respectu generantis eam, cui assimilatur et quod imitatur."

klären, wie eine lange Reihe von Bildern entstehen kann, die alle denselben Gegenstand abbilden. Wie wird der Abbildcharakter von einer Species zur nächsten weitergegeben? Auf diese Frage gibt Bacon keine explizite Antwort. Daher ist es nicht erstaunlich, dass Olivi genau an diesem Punkt kritisch einhakt.

Olivis Einwand zielt aber noch auf ein weiteres, grundsätzliches Problem ab, mit dem sich jede Theorie auseinandersetzen muss, die vermittelnde Entitäten im Wahrnehmungsprozess annimmt. Was bewirkt, dass diese Entitäten tatsächlich einen Gegenstand und nicht etwa nur andere vermittelnde Entitäten vergegenwärtigen? Was gibt jeder solchen Entität eine „Gerichtetheit" auf den Gegenstand? Wohl kaum eine bloße Abbildrelation, denn wenn alle vermittelnden Entitäten vollständige Abbilder des Gegenstandes sind, so ist jede einzelne Entität auch ein Abbild jeder anderen, und man kann ebenso gut sagen, dass eine vermittelnde Entität sich nur auf eine andere derartige Entität richtet. Ein Beispiel möge dies veranschaulichen. Angenommen, wir stehen in einem Spiegelsaal, in dem wir zehnfach gespiegelt eine Person sehen. Warum können wir sicher sein, dass wir tatsächlich die Person sehen und nicht nur das zehnte Spiegelbild, das sich auf das neunte bezieht? Wenn bloß die Abbildrelation die „Gerichtetheit" eines Spiegelbildes garantiert, dann kann man ja auch sagen, dass sich das zehnte Spiegelbild auf das neunte richtet, denn zwischen den beiden besteht ebenfalls eine Abbildrelation. Um behaupten zu können, dass sich jedes Spiegelbild tatsächlich auf die Person richtet und diese vergegenwärtigt, muss man auf etwas Zusätzliches verweisen, nämlich auf eine Relation (z. B. eine Kausalrelation) zur Person: Nur die Tatsache, dass auch das zehnte Spiegelbild letztendlich – wenn auch vermittelt durch andere Spiegelbilder – von der Person verursacht wurde, garantiert, dass sich dieses Spiegelbild auf die Person und nicht bloß auf ein anderes Spiegelbild bezieht.

Es ist bemerkenswert, dass Olivi selber eine Parallele zur Spiegelsituation zieht, wenn er auch nicht von einem Spiegelsaal spricht. Er stellt die Frage, was man erblickt, wenn man einen Gegenstand im Spiegel sieht: bloß ein Abbild (eine Species) vom Gegenstand oder den Gegenstand selbst? Seine Antwort ist eindeutig: Wir sehen den Gegenstand selbst. Freilich räumt er ein, dass wir den Gegenstand nur sehen, insofern er im Spiegel reflektiert wird. Aber trotzdem, so betont er, sehen wir den Gegenstand und nicht bloß ein Abbild.[15] Ganz gleichgültig, wie uns

---

[15] *In II Sent.*, q. 58 (II, 498): „... species rei secundum veritatem non videtur in speculo, sed potius ipsa res videtur per radios reflexos in speculo." Vgl. auch q. 73 (III, 69).

§ 10 Unvermittelte Intentionalität: die Kritik an der species-Theorie 115

ein Gegenstand vermittelt wird, wir beziehen uns im Wahrnehmungsakt auf den Gegenstand selbst und nicht auf eine vermittelnde Instanz. Daher würde Olivi wohl auch behaupten, dass wir im Spiegelsaal die Person selbst sehen und nicht das neunte oder das zehnte Spiegelbild. Die perspektivistische Theorie begeht seiner Ansicht nach den Irrtum, dass sie nicht nur annimmt, (i) das letzte Abbild in einer langen Reihe von Abbildern treffe beim Wahrnehmenden auf, sondern auch, (ii) nur dieses Abbild werde wahrgenommen. Annahme (ii) ist falsch, weil sie die vermittelnde Instanz (falls diese tatsächlich existiert) einfach mit dem Wahrnehmungsobjekt gleichsetzt.

Die Kritik an dieser Annahme zeigt sich noch in einem weiteren Argument, das Olivi gegen die Species-Theorie anführt. Wenn eine Person nur die Species wahrnimmt, die auf dem Auge oder auf einem anderen Wahrnehmungsorgan auftrifft, nicht aber den Gegenstand selbst, dann ist diese Person nicht in der Lage zu beurteilen, ob der Gegenstand weit entfernt ist oder nahe liegt.[16] Sie erfasst ja nur die Species, ungeachtet jeder Distanz zum Gegenstand. Dies ist aber vollkommen unplausibel, denn wir nehmen einen Gegenstand anders wahr, wenn er weit entfernt ist oder nahe liegt.

Mit diesem Einwand verdeutlicht Olivi, dass eine Wahrnehmungstheorie nicht nur grundsätzlich erklären muss, wie ein Gegenstand wahrgenommen werden kann. Sie muss auch erläutern, wie er in einer bestimmten Situation mit bestimmten perspektivischen Eigenschaften wahrgenommen werden kann. Es besteht nämlich ein Unterschied, ob wir unmittelbar vor einem Gegenstand stehen oder ihn aus zehn Meter Distanz sehen, ob wir ihn von vorne oder von der Seite sehen usw. Doch genau diesen Unterschied vermag die Species-Theorie nicht zu erklären, wenn sie behauptet, dass die auf das Wahrnehmungsorgan übertragene Species erfasst wird. Diese Species ist ja höchstens eine originalgetreue Kopie des Gegenstandes, sie gibt aber keine Auskunft über die spezifische Wahrnehmungssituation.

Schließlich formuliert Olivi noch einen Einwand, der den ontologischen Status der Species betrifft. Handelt es sich dabei um Entitäten mit „natürlichem und wahrnehmbarem Sein" oder um solche mit „intentionalem und geistigem Sein"?[17] Beide Antworten, so hält Olivi fest, könnte

---

[16] *In II Sent.*, q. 73 (III, 85): „Ergo per speciem obiecti praedicti non videbitur quantitas seu distantia spatii intermedii ac per consequens nec obiectum videbitur ut distans ab ipso vidente."
[17] In *In II Sent.*, q. 73 (III, 87) spricht er von „duo genera specierum, una scilicet habens esse naturale et sensibile et alia habens solum esse intentionale et spirituale et simplex..."

man geben, doch beide wären unbefriedigend. Wenn die Species natürliches Sein haben, sind sie nichts anderes als materielle Partikel, die auf dem Wahrnehmungsorgan auftreffen, und wenn sie zudem wahrnehmbares Sein haben, werden sie – nicht etwa der Gegenstand, von dem sie ausgehen – gesehen. Jede wahrnehmende Person sieht dann nur kleine Partikel auf ihrem Auge, was offensichtlich abwegig ist. Sind die Species hingegen Entitäten mit „intentionalem und geistigem Sein", so ist kaum einsichtig, wie sie das Auge affizieren und dort eine Wahrnehmung bewirken können. Es ist nämlich unmöglich, dass eine Entität, die nicht natürliches Sein hat, von einem Körper mit natürlichem Sein ausgeht, durch die Luft, die natürliches Sein hat, übertragen wird und das Auge, das ebenfalls natürliches Sein hat, affiziert.[18]

Mit dieser Kritik trifft Olivi einen empfindlichen Punkt der Species-Theorie. Diese Theorie hat entweder absurde Konsequenzen, wenn sie materielle Partikel auf dem Wahrnehmungsorgan und nicht die materiellen Gegenstände zu den Wahrnehmungsobjekten macht, oder sie wirft kaum lösbare ontologische Probleme auf, wenn sie Entitäten mit einem nicht-natürlichen Status einführt. Wird die zweite Möglichkeit angenommen, ist nämlich nicht nur erklärungsbedürftig, wie derartige Entitäten überhaupt entstehen können. Man muss dann zudem erläutern, wie es zu einem Übergang vom natürlichen Gegenstand zur nicht-natürlichen Species und zu einem weiteren Übergang von der nicht-natürlichen Species zum natürlichen Wahrnehmungsorgan kommen kann. Kurzum: Man muss seltsame ontologische Transformationen erklären. Olivi lehnt derartige Transformationen ab und verdeutlicht damit, dass er auf einem *naturalistischen* Zugang zum Wahrnehmungsproblem beharrt: Wahrnehmungsprozesse dürfen allein mit Bezugnahme auf natürliche Gegenstände und natürliche Dispositionen erklärt werden. Entitäten mit einem besonderen „intentionalen Sein" haben keinen explanatorischen Wert, da sowohl ihre Genese als auch ihre Relation zu den natürlichen Entitäten obskur ist. Olivis wiederholter Verweis darauf, dass die Gegenstände selbst und nicht etwa materielle Partikel oder besondere Entitäten wahrgenommen werden, verdeutlicht zudem, dass er auf einem *erkenntnisrealistischen* Erklärungsansatz insistiert: Eine wahrnehmende Person richtet sich auf die natürlichen Gegenstände selbst, nicht auf vermittelnde Entitäten, und sie erkennt im Normalfall

---

[18] *In II Sent.*, q. 73 (III, 87): „... impossibile est quod una harum specierum non habeat esse reale seu naturale, sed tantum intentionale, et tamen quod vere et naturaliter fluat a forma naturali et corporali et vere ac realiter informet corpus naturale, puta, aerem et oculum."

diese Gegenstände. Olivi schließt ausdrücklich einen modifizierten Erkenntnisrealismus aus (z. B. wie er sich bei Thomas von Aquin findet), dem zufolge eine Person zwar die natürlichen Gegenstände selbst wahrnimmt, aber nur mit Hilfe besonderer kognitiver Entitäten. Er hält diese Position für unhaltbar, da sie nicht zu erklären vermag, wie denn diese Entitäten – wie auch immer ihr ontologischer Status bestimmt wird – einen Wahrnehmungsakt auslösen können. Nur das aktive Wahrnehmungsvermögen ist fähig, einen derartigen Akt hervorzubringen. Und wenn es einen Wahrnehmungsakt hervorbringt, ist dieser so beschaffen, dass er sich auf natürliche Gegenstände und nicht auf vermittelnde Entitäten richtet.

Die Tatsache, dass Olivi in der Wahrnehmungstheorie keine vermittelnde *species in medio* annimmt, bedeutet allerdings nicht, dass er derartige Entitäten vollständig ablehnt. In physikalischen Kontexten, in denen er die Verbreitung des Lichts oder das Einwirken eines materiellen Gegenstandes auf einen anderen Gegenstand erklärt, beruft er sich durchaus auf Species.[19] Seine Kritik richtet sich ausschließlich gegen die Berufung auf Species in einem wahrnehmungstheoretischen Kontext. Denn in diesem Kontext leisten die Species gar nicht, was sie angeblich zu leisten vermögen. Sie können unmittelbar keinen Wahrnehmungsakt auslösen, sie können keine Wahrnehmung von der besonderen Situation vermitteln, in der ein Gegenstand erfasst wird, und sie können vor allem keine direkte Wahrnehmung von einem Gegenstand bewirken. Daher haben sie nicht jene kognitive Funktion, die ihnen von den Vertretern der Species-Theorie zugeschrieben wird.

Die Wahrnehmungsproblematik stellt freilich nur einen Teil der Intentionalitätsproblematik dar. Mindestens so wichtig sind die intentionalen Vorstellungs- und Denkakte. Sind nicht zumindest für diese Akte vermittelnde Entitäten erforderlich? Hinsichtlich der Vorstellungsakte gibt Olivi eine knappe, aber klare Antwort. Auch für eine adäquate Erklärung dieser Akte dürfen keine besonderen Entitäten im Vorstellungsvermögen angenommen werden. Denn wer sich etwas vorstellt, stellt sich den Gegenstand selbst und nicht irgendeine innere Entität vor. Selbst wer sich etwas Fiktives vorstellt, etwa einen goldenen Berg oder eine Chimäre, bezieht sich nicht auf eine besondere Entität im Vorstellungsvermögen, sondern auf eine – in der realen Welt freilich unmögli-

---

[19] So etwa in *In II Sent.*, qq. 24-25 (I, 434-446). Wie Pasnau 1997a, 168-169, nachgewiesen hat, wehrt sich Olivi in einem späteren Brief ausdrücklich gegen das Missverständnis, er habe im Sentenzenkommentar die Species vollständig abgelehnt. Die Ablehnung bezieht sich nur auf die kognitive Funktion, die den Species zugeschrieben wird.

che – Verbindung von äußeren Gegenständen.[20] Zudem, so stellt Olivi spöttisch fest, ist es unmöglich, dass im Vorstellungsvermögen, das in einem überaus kleinen Organ angesiedelt ist, eine Menge von Species aufbewahrt wird, ohne dass ein Durcheinander zwischen all diesen Entitäten entsteht.[21] Diese polemische Kritik könnte von den Vertretern der Species-Theorie zwar zurückgewiesen werden. Sie behaupten ja nicht, dass die Species kleine ausgedehnte Körper sind, die gleichsam aufeinander geschichtet und an einem besonderen Ort aufbewahrt werden. Ihrer Ansicht nach sind die Species lediglich kognitive Entitäten, die sich durch einen bestimmten Inhalt auszeichnen. Aber Olivi wäre auch mit einer solchen Replik kaum zufrieden. Wenn die Species nämlich nicht kleine körperliche Entitäten sind, stellt sich die Frage, um was für Entitäten es sich handelt. Sind dies zwar reale, aber doch nur intentionale Entitäten? Wie können solche Entitäten im Vorstellungsvermögen entstehen? Und wie können sie dort aufbewahrt werden? Genau auf diese ontologischen Schwierigkeiten zielt Olivis Kritik ab. Wenn die Species nämlich nicht natürliche Entitäten sind, ist es kaum einsichtig, wie sie in einem natürlichen Vermögen präsent sein können.

Mit dieser Kritik an den ontologischen Grundlagen ist die Species-Theorie allerdings noch nicht endgültig widerlegt. Ein Verfechter dieser Theorie könnte daran festhalten, dass zumindest für die Denkakte kognitive Hilfsmittel, sog. *species intelligibiles*, erforderlich sind. Denn nur mit Hilfe dieser Species, die sowohl von den *species in medio* als auch von den Species im Vorstellungsvermögen verschieden sind, gelingt es dem Intellekt, sich auf etwas zu beziehen und die Natur eines Gegenstandes zu erfassen. Wie im vorangehenden Kapitel deutlich geworden ist (§ 6), beruft sich Thomas von Aquin auf derartige Species, und wie im nächsten Kapitel noch ausführlicher gezeigt wird (§ 17), verteidigt auch Johannes Duns Scotus ihre Existenz. Gegen die Annahme der intelligiblen Species lässt sich nicht einfach einwenden, dass es unvorstellbar ist, wie kleine körper-

---

[20] In *In II Sent.*, q. 58 (II, 504-505) bemerkt Olivi, dass wir uns gar nicht die Bewegung fiktiver Entitäten vorstellen könnten, wenn diese einfach Species im Vorstellungsvermögen wären. Dann müssten wir uns nämlich vorstellen, dass sich körperliche Entitäten in uns bewegen, was absurd ist. Ein Vertreter der Species-Theorie würde dieses Argument freilich zurückweisen. Wer sich etwa eine laufende Chimäre vorstellt, imaginiert ja nicht eine körperliche Species, die läuft. Er imaginiert vielmehr etwas, was der *Inhalt* einer solchen Species ist. Die Beschreibungen, die auf den Inhalt zutreffen (z. B. dass er etwas Laufendes darstellt), gelten nicht für das kognitive Vehikel im Vorstellungsvermögen. Eine solche Unterscheidung zwischen Vehikel und Inhalt wird von Olivi nicht berücksichtigt.

[21] *In II Sent.*, q. 58 (II, 503): „Impossibile enim videtur quod in organo imaginationis quod est tam modicae quantitatis possint species quasi innumerabiles absque omni confusione et commixtione earum conservari."

§ 10 Unvermittelte Intentionalität: die Kritik an der species-Theorie 119

liche Partikel in den Intellekt gelangen können und dort gleichsam gestapelt werden. Der Intellekt und alles in ihm ist nämlich prinzipiell unkörperlich. Daher kann es sich bei den intelligiblen Species nicht um materielle Partikel handeln, sondern nur um *immaterielle* kognitive Entitäten. Und derartige Entitäten können durchaus im Intellekt existieren.

Olivi verwirft jedoch auch die Existenz der intelligiblen Species. Er vertritt mit Nachdruck die These, dass der Intellekt keine vermittelnde Entitäten benötigt, um sich mit seinen Akten auf Gegenstände beziehen zu können.[22] Der Intellekt ist vielmehr von sich aus aufgrund einer inhärenten aktiven Kraft in der Lage, sich auf etwas zu beziehen. Was unter dieser Kraft zu verstehen ist und wie sie eine intentionale Relation herstellen kann, soll im folgenden Paragraphen genauer untersucht werden. Hier sollen zunächst nur die Gründe näher betrachtet werden, die Olivi zur Verwerfung der intelligiblen Species bewegen.

Der Hauptgrund betrifft die angebliche kognitive Funktion dieser Species. Die Vertreter der Species-Theorie behaupten nämlich, die wichtigste Funktion bestehe darin, dem Intellekt einen Gegenstand zu vergegenwärtigen. Dagegen führt Olivi einen Einwand an, der sich folgendermaßen rekonstruieren lässt:[23]

(1) Eine Species vergegenwärtigt dem Intellekt nur dann einen Gegenstand, wenn der Intellekt sich der Species kognitiv zuwendet und sie erfasst.
(2) Was der Intellekt erfasst, hat die Funktion eines Objekts.
(3) Wenn der Intellekt primär die Species erfasst, hat sie die Funktion eines primären Objekts.

---

[22] Er formuliert diese These in *In II Sent.*, q. 58 (II, 463) und q. 74 (III, 114). Es ist zu betonen, dass er die intelligiblen (oder intellektuellen) Species sorgfältig von den *species in medio* sowie von den *species sensibiles* unterscheidet. Daher kann man kaum den Einwand erheben, wie L. Spruit 1994, 223, ihn formuliert, seine Rückweisung der Species „seems to depend on a peculiar species theory, exclusively understood in terms of sensory entities impinging on the mind, and consequently open to many justified objections." Olivi ist sich bewusst, dass die intelligiblen Species nicht einfach Entitäten des inneren oder äußeren Sinne sind und dass sie auch nicht einfach auf mechanische Weise dem Intellekt eingeprägt werden. In q. 58 (II, 459-460) spricht er ausdrücklich von „species intellectuales" und diskutiert verschiedene Erklärungen ihrer Genese.

[23] Olivi formuliert den Einwand in komprimierter Form in *In II Sent.*, q. 58 (II, 469): „Praeterea, nunquam species actu repraesentabit obiectum ipsi potentiae, nisi potentia aspiciat ipsam, ita quod convertat et figat aspectum suum in ipsam. Sed illud ad quod convertitur aspectus potentiae habet rationem obiecti, et illud ad quod primo convertitur habet rationem primi obiecti. Ergo species istae plus habebunt rationem obiecti quam rationem principii intermedii seu repraesentativi." Unter der „potentia" ist in diesem Kontext immer das intellektuelle Vermögen zu verstehen. Vgl. auch q. 74 (III, 122-123).

(4) Also ist nicht der äußere Gegenstand, sondern die Species das primäre Objekt des Intellekts.
(5) Also vergegenwärtigt die Species dem Intellekt primär nicht den Gegenstand, sondern sich selbst.
(6) Also verhindert die Species, dass der Intellekt einen unmittelbaren kognitiven Zugang zum Gegenstand haben kann.

Olivi schließt sein Argument mit der Bemerkung ab, die Species schiebe sich als ein inneres Objekt zwischen den Intellekt und den Gegenstand, und er fügt hinzu:

„... wenn sich etwas anderes zwischen den Blick des [intellektuellen] Vermögens und das Objekt selbst schieben würde, dann verhüllte es den Gegenstand eher und verhinderte eher, dass dieser in seiner Präsenz an sich betrachtet wird, als dass es dazu beitragen würde."[24]

Hier findet sich lange vor der neuzeitlichen Kritik am „veil of ideas" bereits die berühmte Metapher vom „Verhüllen" (*velare*): Die Species enthüllt einen Gegenstand nicht, indem sie ihn dem Intellekt vergegenwärtigt, sondern verhüllt ihn, indem sie sich selber als primäres Objekt präsentiert und dadurch verhindert, dass der Intellekt einen unmittelbaren Zugang zum Gegenstand hat. Dies ist natürlich die klassische Kritik am Repräsentationalismus, die spätestens seit Thomas Reids Attacke gegen die neuzeitliche Ideentheorie ein erkenntnistheoretischer Topos geworden ist.[25] Was veranlasst Olivi bereits im 13. Jh. zu dieser Kritik?

Betrachten wir die einzelnen Argumentationsschritte. Schritt (1) ist einleuchtend und kaum problematisch. Eine Entität kann in der Tat nur etwas vergegenwärtigen, wenn sie auch erfasst wird. Würde die Species gleichsam unbemerkt und verborgen im Intellekt „logieren", hätte sie keine kognitive Funktion und könnte keinen Gegenstand vergegenwärtigen. Dies würden auch die Verteidiger der Species-Theorie zugestehen. So sagt Thomas von Aquin ausdrücklich, dass der Intellekt die Species erfassen muss.[26] Problematischer ist hingegen (2). Olivi geht davon aus, dass das Erfasste immer auch die Funktion eines Objekts hat. Dies ist einerseits eine ungefährliche Annahme, die sich bereits aus einer Analyse der Ausdrücke ‚erfassen' und ‚erblicken' (oder ‚*aspicere*' und ‚*figere as-*

---

[24] *In II Sent.*, q. 58 (II, 469): „... si aliquid aliud interponeretur inter aspectum potentiae et ipsum obiectum, illud potius velaret rem et impediret eam praesentialiter aspici in se ipsa quam ad hoc adiuvaret."
[25] Vgl. zu diesem Topos Perler 1996a, 3-10.
[26] Er behauptet sogar, dass der Intellekt sie primär erfasst. So nennt er sie in *In I Sent.*, dist. 35, q. 1, art. 2, corp. das „intellectum primum". Vgl. eine Diskussion dieser Stelle oben in § 7.

pectum' in Olivis metaphorischer Sprache) ergibt. Es handelt sich dabei nämlich um transitive Verben; ‚erfassen' heißt stets ‚etwas erfassen' bzw. ‚ein Objekt erfassen'. Das Erfasste muss somit die Funktion eines Objekts haben. Anderseits ist (2) eine verhängnisvolle Annahme, wenn nicht präzisiert wird, wie das Objekt zu verstehen ist. Ein Objekt kann nämlich an sich betrachtet werden oder als etwas, was auf anderes verweist. Wenn wir etwa ein Porträt von einer Person betrachten, so können wir es einerseits an sich betrachten, d. h. als ein Stück Leinwand mit Ölfarben, andererseits auch als etwas, was auf anderes – auf die dargestellte Person – verweist. Die Verteidiger der Species-Theorie würden darauf insistieren, dass auch eine Species in zweifacher Weise zu betrachten ist: einerseits an sich, d. h. als ein Akzidens des Intellekts, andererseits als etwas, was auf anderes – auf einen Gegenstand außerhalb des Intellekts – verweist. Sie würden darauf beharren, dass der Intellekt, wenn er die Species als primäres Objekt erfasst, sie auf die zweite Art erfasst: als etwas, was auf anderes verweist. Genau aus diesem Grund betonen die Vertreter der Species-Theorie, dass die Species eine repräsentierende bzw. vergegenwärtigende Entität ist und dass der Intellekt sie auch als solche erfasst.[27] Daher würden sie das Argument ab Schritt (3) folgendermaßen revidieren:

(4*) Die Species hat die Funktion eines primären Objekts, insofern sie primär etwas repräsentiert.
(5*) Die Species repräsentiert primär einen Gegenstand.
(6*) Also erfasst der Intellekt die Species, insofern sie primär einen Gegenstand repräsentiert.
(7*) Also ermöglicht die Species, dass der Intellekt einen Zugang zum repräsentierten Gegenstand hat, und sie verhindert dies nicht.

Die Differenz zwischen den Verteidigern der Species-Theorie und Olivi besteht offensichtlich darin, dass die ersten betonen, der Intellekt erfasse die Species nur in einer bestimmten Hinsicht als Objekt, nämlich insofern sie etwas repräsentiert und dadurch auf einen Gegenstand außerhalb des Intellekts verweist, während Olivi behauptet, der Intellekt erfasse sie als Objekt *tout court*. Man könnte daher gegen seine Position den Einwand erheben, dass er eine wichtige Präzisierung übersieht und dadurch die Species-Theorie verfälscht. Zu einer Theorie, die gleichsam einen verhüllenden Schleier zwischen den Intellekt und den Gegenstand legt,

---

[27] Dass die Species als eine repräsentierende Entität aufgefasst werden muss, hält auch Olivi in *In II Sent.*, q. 58 (II, 468–469) ausdrücklich fest. Er betont, die Species sei „ad repraesentandum obiectum" erforderlich und sie habe deshalb eine „ratio repraesentativi".

wird sie erst dann, wenn die entscheidende Funktion des Repräsentierens übersehen wird.[28]

Olivis Kritik an der Species-Theorie lässt sich allerdings nicht so leicht zurückweisen. Mindestens zwei Punkte müssen beachtet werden. Wenn die Species tatsächlich die Funktion des Repräsentierens hat, stellt sich erstens die Frage, warum sie diese Funktion hat. Was macht sie zu einer Entität, die auf anderes verweist? Man könnte darauf antworten, wie dies einige Autoren nach Olivi getan haben,[29] dass sie aufgrund einer Zeichenrelation diese spezifische Funktion hat. Die Species verweist nämlich als inneres Zeichen auf äußeres Bezeichnetes. Aber eine solche Antwort wirft ihrerseits die Frage auf, warum denn eine Species ein Zeichen sein kann: aufgrund einer Abbildrelation, einer Kausalrelation oder irgendeiner anderen Relation? Zudem lässt sich dann Olivis Kritik in leicht modifizierter Form wiederholen. Wenn die Species ein inneres Zeichen ist, erfasst der Intellekt primär nur dieses Zeichen. Erst sekundär erfasst er das äußere Bezeichnete. (Zum Vergleich: Wenn wir auf einer Landstraße das Warnzeichen „Achtung Kühe!" sehen, erfassen wir primär dieses Zeichen. Erst sekundär erfassen wir gegebenenfalls lebendige Kühe, vor denen wir gewarnt werden.) Die Species schiebt sich gleichsam als inneres Zeichen zwischen den Intellekt und den Gegenstand und verhindert einen unmittelbaren Zugang zum Gegenstand.

Natürlich könnte man die Frage, warum die Species auf etwas anderes verweist, auch im Sinne Thomas von Aquins beantworten. Seiner Ansicht nach verweist die Species ja auf einen Gegenstand, weil sie in ihrem Inhalt mit der Form des Gegenstandes identisch ist. Eine solche Antwort beruht jedoch auf starken Prämissen, wie sich in §§ 6-7 gezeigt hat. Sie setzt nämlich voraus, (i) dass es im Gegenstand eine allgemeine Form gibt, (ii) dass diese Form an unterschiedlichen Orten instantiiert sein kann und (iii) dass sie im Intellekt auf intelligible Weise instantiiert ist. Nur wenn diese drei Annahmen gemacht werden, lässt sich eine Identität zwischen dem Inhalt der Species und dem Gegenstand selbst behaupten. Wenn man diese Prämissen jedoch nicht annimmt (nichts deutet darauf hin, dass Olivi sie akzeptiert), bleibt die Frage offen, wie denn der

---

[28] Daher lässt sich der Vorwurf des Repräsentationalismus nicht gegen die Vertreter der klassischen Species-Theorie – etwa gegen Thomas von Aquin – erheben. Erst wenn die klassische Theorie im Sinne einer „Schleier-Theorie" umgedeutet wird, stellt sich das Problem des Repräsentationalismus. Vgl. zu diesem Prozess der Umdeutung ausführlich Perler 2000.

[29] Explizit Duns Scotus, *Super libr. I Periherm.*, q. 2 (ed. Vivès I, 541).

Gegenstand selbst erfasst werden kann, wenn das primäre Objekt des Intellekts doch nur die repräsentierende Species ist.

Eng damit verbunden ist ein zweites Problem, das verdeutlicht, dass Olivis Kritik an der Species-Theorie nicht so leicht zurückgewiesen werden kann: das Problem der unmittelbaren Bezugnahme. Ein Vertreter der Species-Theorie könnte nämlich einräumen, dass die Species in der Tat primär erfasst wird und der Gegenstand nur sekundär. Doch dies, so könnte er sagen, stellt kein Problem dar, weil die Species ja nur eine vermittelnde Instanz ist. Sie verweist aufgrund ihrer Funktion des Repräsentierens sogleich auf den äußeren Gegenstand. Das primär Erfasste leitet den Intellekt gleichsam an das sekundär Erfassbare weiter. Daher ist die Species kein Schleier, der den Gegenstand verhüllt, sondern eine Instanz, die zum Gegenstand hinführt.

Olivi geht explizit auf eine solche mögliche Replik ein. Er stellt fest, dass die These, der Intellekt erfasse die Species als primäres Objekt, in zweifacher Weise verstanden werden kann.[30] Man kann sie einerseits so verstehen, dass die Species nicht über sich hinausweist. Dann gibt es natürlich keinen kognitiven Zugang zum äußeren Gegenstand. Der Intellekt ist dann in der inneren Welt der Species gefangen, was niemand – auch nicht die Verteidiger der Species-Theorie – annimmt. Andererseits kann man die These auch so verstehen, wie die Vertreter der Species-Theorie sie interpretieren, nämlich dass die Species durchaus über sich hinaus auf etwas verweist. Aber dann, so stellt Olivi fest, wird der Gegenstand erst erfasst, *nachdem* die Species betrachtet wurde, und dann wird der Gegenstand zweifach erfasst: primär wie er durch die Species repräsentiert ist, sekundär an sich.[31] Dadurch geht offensichtlich der primäre Zugang zum Gegenstand selbst verloren. Der Intellekt kann ihn nur noch in vermittelter Form erfassen: als etwas, was repräsentiert wird und somit nur sekundär erfasst wird.

Hier zeigt sich die Schwierigkeit einer jeden Theorie, die im kognitiven Prozess eine vermittelnde Instanz annimmt. Wenn eine solche Theo-

---

[30] Vgl. *In II Sent.*, q. 74 (III, 123).
[31] *In II Sent.*, q. 74 (III, 123): „Si secundo modo, scilicet, quod transeat ultra, ergo post inspectionem speciei inspiciet obiectum adhuc in se ipso, et sic cognoscet ipsum duobus modis, primo scilicet per speciem, secundo in se ipso." Olivi formuliert hier nur eine moderate Kritik, denn er hält fest, dass der Gegenstand zwar nur sekundär, aber trotzdem „in se ipso" erfasst wird. Die Kritik könnte freilich noch radikaler formuliert werden. Es stellt sich nämlich die Frage, wie der Gegenstand überhaupt noch „in se ipso" erfasst werden kann, wenn er doch immer durch die Species vermittelt wird. Jedes Erfassen bezieht sich offensichtlich nur noch auf den Gegenstand, insofern er durch die Species repräsentiert wird.

rie nicht – wie etwa jene des Thomas – eine Identität zwischen dem Inhalt dieser Instanz und dem Gegenstand annimmt, muss sie die Kernthese des Erkenntnisrealismus aufgeben. Sie muss dann einräumen, dass unvermittelte Bezugnahme auf Gegenstände in der Welt unmöglich ist. Genau dies bekämpft Olivi, indem er darauf insistiert, dass sich der Intellekt als ein aktives Vermögen ohne vermittelnde Species auf die Gegenstände richten kann. Olivi behauptet freilich nicht, dass es überhaupt nichts Vermittelndes zwischen dem Intellekt und den Gegenständen in der Welt gibt. Damit eine Bezugnahme auf Gegenstände möglich wird, sind durchaus Verbindungsglieder erforderlich, denn die Gegenstände gelangen nicht von sich aus in den Intellekt, auch dann nicht, wenn der Intellekt sich auf sie richtet. Stets sind Wahrnehmungseindrücke und Vorgänge im Gehirn erforderlich. Dass derartige *körperliche* Verbindungsglieder erforderlich sind, wird von Olivi durchaus eingeräumt. Er gibt beispielsweise eine ausführliche physiologische Beschreibung des Auges und erläutert, welche Veränderungen dort bei einem visuellen Akt stattfinden.[32] Doch er bestreitet, dass es *repräsentationale* Verbindungsglieder gibt, d. h. Entitäten mit einem repräsentationalen Gehalt, seien diese nun in einem körperlichen Organ oder im Intellekt. Solche Glieder würden sich nämlich als primäre Objekte dem Intellekt präsentieren und erst sekundär auf die repräsentierten Gegenstände in der Welt verweisen.

Olivi weist noch auf einen anderen Punkt hin, der sich für den weiteren Verlauf der Intentionalitätsdebatte im späten 13. und frühen 14. Jh. als folgenreich erweisen sollte. Wenn tatsächlich repräsentierende Species existierten, so hält er fest, und wenn sie auf Gegenstände verweisen würden, aber nicht mit diesen identisch wären, dann könnte Gott unserem Intellekt eine Species präsentieren, ohne dass ein äußerer Gegenstand existiert. Gott könnte dies so perfekt tun, dass wir die Nicht-Existenz des äußeren Gegenstandes gar nicht bemerken würden. Wir würden die repräsentierende Species dann in genau gleicher Weise erfassen, ob nun tatsächlich ein äußerer Gegenstand existiert oder nicht.[33]

Dies ist in der Stoßrichtung natürlich ein skeptisches Argument.[34]

---

[32] Vgl. *In II Sent.*, q. 73 (III, 95-97). Olivi beruft sich auf eine Theorie, die den unterschiedlichen Teilen des Auges unterschiedliche Säfte („humores") zuordnet.

[33] *In II Sent.*, q. 58 (II, 470): „Praeterea, ponatur quod Deus talem speciem exhiberet aspectui nostro re non existente aut a nobis absente, tunc ita bene videretur res sicut si esset praesens et actu existens, immo non esset ibi nec plus nec minus."

[34] Bei der Rede von einem skeptischen Argument oder allgemein von Skeptizismus ist im Hinblick auf die mittelalterlichen Debatten freilich Vorsicht geboten, wie Schmitt 1972, 5-13, bereits zu Recht bemerkt hat. Wird – wie Schmitt dies vorschlägt – unter dem Skeptizismus ausschließlich der pyrrhonische oder akademische Skeptizismus verstanden, lässt

Wenn wir die repräsentierende Species nämlich in genau gleicher Weise erfassen, ob sie nun in Relation zu einem äußeren Gegenstand steht oder nicht, stellt sich sogleich die Frage, wie wir denn wissen können, dass tatsächlich ein äußerer Gegenstand existiert. Welche Gewissheit haben wir dafür, dass es nicht nur die innere Welt unserer Species gibt, sondern auch eine Außenwelt? Olivi wirft noch nicht explizit diese skeptische Frage auf; er beschränkt sich auf knappe Bemerkungen über das mögliche Eingreifen Gottes. Erst die Autoren des 14. Jhs., die sich in verstärktem Maße auf die Hypothese des allmächtigen, in kognitive Prozesse eingreifenden Gottes berufen, weisen explizit auf die skeptischen Folgen hin.[35] Aber im Ansatz wird die Skeptizismus-Problematik bereits von Olivi skizziert. Wenn der Intellekt nämlich primär nur eine repräsentierende Entität x und nicht das äußere Objekt O erfasst, und wenn x als eine distinkte Entität aufgefasst wird, dann ist es prinzipiell möglich, dass keine Relation zwischen x und O besteht. Im Normalfall gehen wir natürlich davon aus, dass eine Relation vorhanden ist, weil wir die Species auf der Grundlage von Wahrnehmungseindrücken bilden, die ihrerseits von einem äußeren Gegenstand stammen. Aber diese Relation muss nicht bestehen. Sie ist nicht in der Species selbst angelegt, die ja eine *distinkte* Entität im Intellekt ist. Daher kann die verbindende Relation von Gott jederzeit unterbrochen werden. Gott kann gleichsam eine Trennwand zwischen der inneren Species und der Außenwelt errichten. Und da wir nur die innere Species erfassen, wissen wir nicht, ob es auf der anderen Seite der Trennwand auch tatsächlich eine Außenwelt gibt.

Genau um diese skeptische Konsequenz zu vermeiden, insistiert Olivi darauf, dass wir keine innere Species und keine Trennwand annehmen dürfen: Wenn wir an etwas denken, so erfassen wir im Normalfall direkt einen äußeren Gegenstand. Mit dieser Aussage macht Olivi einen entscheidenden argumentativen Schachzug gegen den Skeptizismus. Wenn

---

sich bei Olivi kein Ansatz zu einem skeptischen Argument finden, denn Olivi knüpft nicht an die beiden Hauptformen des antiken Skeptizismus an. Wenn unter Skeptizismus in einem weiteren Sinn jedoch eine philosophische Strömung verstanden wird, die bezweifelt, dass wir neben bloßen Meinungen auch zuverlässiges Wissen haben können, findet sich im genannten Argument zumindest der Ansatz zu einer skeptischen Haltung.

[35] So etwa Nicholas Aston, Stephen Patrington und andere englische Autoren des 14. Jhs., die in Kennedy 1983 und 1985 diskutiert werden. Zwar formuliert bereits Ockham die Hypothese eines in die Erkenntnisprozesse eingreifenden Gottes, er zieht daraus aber noch keine skeptischen Konsequenzen. In *Quodl.* V, q. 5 (OTh IX, 498) betont er, dass Gott im Menschen höchstens einen „actus creditivus" verursachen kann, aufgrund dessen ein nicht-gegenwärtiger Gegenstand für gegenwärtig gehalten wird. Gott verursacht jedoch keinen Akt des evidenten Wissens. Vgl. ausführlich dazu unten § 30.

nämlich die skeptische Frage, ob wir ein sicheres Wissen von der Außenwelt haben können, ihren Ursprung in den beiden Annahmen hat, (i) dass es zwischen dem Intellekt und der Außenwelt innere repräsentierende Entitäten gibt und (ii) dass der Intellekt nur zu den repräsentierenden Entitäten einen direkten Zugang hat, dann sollte man diese Frage nicht dadurch beantworten, dass man zu zeigen versucht, wie der Intellekt mittels der inneren Entitäten auf Gegenstände in der Außenwelt schließen kann. Durch das bloße Schließen auf äußere Gegenstände gewinnen wir kaum ein sicheres Wissen. Man sollte die Frage vielmehr als eine irreführende Frage zurückweisen, die auf problematischen Annahmen beruht. Denn (i) und (ii) sind Annahmen, die stillschweigend eine repräsentationalistische Erklärung des kognitiven Prozesses voraussetzen. Wenn man diese Annahmen verwirft und daran festhält, dass der Intellekt im Normalfall einen *direkten* Zugang zur Außenwelt hat, ergeben sich keine skeptischen Probleme. Und dann muss man auch keine Strategie entwickeln, um den Skeptizismus zu widerlegen. Kurzum: Der Skeptizismus lässt sich zurückweisen, indem man aufzeigt, dass er auf unbegründeten repräsentationalistischen Annahmen beruht.

Wenn Olivi auch immer wieder betont, dass keine vermittelnden Entitäten angenommen werden dürfen, lehnt er die Species-Theorie doch nicht vollständig ab. Er räumt ein, dass wir in einigen Fällen auf innere repräsentierende Entitäten angewiesen sind, nämlich genau dann, wenn wir uns an etwas erinnern, was nicht präsent ist. Dann gibt es nämlich kein äußeres Objekt, auf das sich der Intellekt unmittelbar richten könnte. Da sich der Intellekt in seinen Akten aber notwendigerweise auf etwas richtet, muss er sich auf ein Ersatzobjekt beziehen: auf eine *species memorialis*.[36] Daher ist für den Spezialfall der Erinnerung die Annahme von Species gerechtfertigt. Aus der Tatsache, dass sich der Intellekt in diesem besonderen Fall auf eine Species richtet, darf aber nicht voreilig geschlossen werden, dass er sich immer primär auf eine Species bezieht und diese erfasst. Denn was im Ausnahmefall zutrifft, trifft nicht im Normalfall zu. Dieses Argument weist natürlich eine verblüffende Ähnlichkeit mit jenem berühmten Argument auf, das im 20. Jh. gegen die Vertreter der Sinnesdatum-Theorie vorgebracht wurde:[37] Aus der Tatsache, dass wir in einigen Fällen (etwa wenn wir etwas imaginieren

---

[36] Vgl. die erste der sieben Thesen in *In II Sent.*, q. 74 (III, 114). Zur Entstehung der *species memorialis* sagt Olivi lediglich (III, 116): „... per actum intelligendi generatur species memorialis in materiali utero ipsius intellectus." Vgl. eine kurze Analyse dieser metaphorischen Formulierung in Hoeres 1961, 33-34.

[37] Vgl. Ayer 1956, 88.

oder träumen) bloß ein inneres Sinnesdatum und nicht einen äußeren Gegenstand erfassen, darf nicht einfach geschlossen werden, dass wir immer bloß einen derartigen inneren Gegenstand erfassen. Der Ausnahmefall darf nicht vorschnell verallgemeinert werden. Im Normalfall, d. h. wenn tatsächlich Gegenstände präsent sind und wenn wir tatsächlich Wahrnehmungseindrücke von ihnen haben, erfassen wir direkt Gegenstände in der Welt. Genau diesen Punkt betont auch Olivi: Im Normalfall erfassen wir Gegenstände in der Welt und nicht innere repräsentierende Entitäten. Daran ändert auch der Spezialfall der Erinnerung nichts. Unser Intellekt ist nämlich so disponiert, dass er sich direkt auf etwas außerhalb seiner selbst beziehen kann, sofern ein äußerer Gegenstand präsent ist.

§ 11 Die „virtuelle Präsenz" des Intellekts beim intendierten Gegenstand

Wenn der Intellekt sich tatsächlich unvermittelt auf Gegenstände in der Welt beziehen kann, stellt sich natürlich die Frage, wie ihm dies gelingt. Wie kann er sich als ein immaterielles Vermögen auf materielle Gegenstände richten und diese erfassen? Besteht nicht eine Kluft zwischen dem Immateriellen und dem Materiellen? Es war nicht zuletzt diese Schwierigkeit, die zahlreiche Autoren des 13. und frühen 14. Jhs. (unter ihnen Thomas von Aquin und Johannes Duns Scotus) dazu bewog, eine unvermittelte Bezugnahme abzulehnen und vermittelnde Species anzunehmen. Der Intellekt, so argumentierten sie, kann nicht von sich aus auf die Gegenstände Zugriff nehmen, denn Immaterielles kann nicht von sich aus Materielles erfassen. Eine kognitive Relation zwischen dem Intellekt und den Gegenständen ist erst möglich, wenn die Gegenstände dem immateriellen Intellekt überhaupt zugänglich gemacht und auf ihn abgestimmt (oder „proportioniert") werden.[38] Genau diese Funktion erfüllen die intelligiblen Species. Sie werden nämlich als immaterielle kognitive Hilfsmittel auf der Grundlage von materiellen Phantasmata abstrahiert

---

[38] In *ST* I, q. 85, art. 1, corp., hält Thomas programmatisch fest: „obiectum cognoscibile proportionatur virtuti cognoscitivae." Der materielle Gegenstand ist dem immateriellen Intellekt nur dann „proportioniert", wenn er ihm auf immaterielle Weise durch die Species vergegenwärtigt wird. Ähnlich betont auch Scotus, dass eine Proportionierung bzw. eine Angleichung des materiellen Gegenstandes an den immateriellen Intellekt erforderlich ist. Diese ist nur dann möglich, wenn mittels der Species ein Übergang von einer Ordnung zur anderen („de ordine in ordinem"), d. h. von der materiellen zur immateriellen, erfolgt. Vgl. *Ordinatio* I, dist. 3, pars 3, q. 1, n. 359 (Vat. III, 216-217); ausführlich dazu unten § 18.

und schlagen so gleichsam die Brücke zwischen dem materiellen und dem immateriellen Bereich.

Im Gegensatz zu zahlreichen Zeitgenossen hält Olivi eine solche Brückenfunktion für überflüssig. Seiner Ansicht nach ist keine Vermittlung zwischen dem materiellen und dem immateriellen Bereich erforderlich, da der Intellekt von sich aus auf die Gegenstände Zugriff nehmen kann. Er verfügt nämlich über eine aktive Kraft, die es ihm ermöglicht, sich direkt auf materielle Gegenstände zu richten. Immer wieder verweist Olivi in metaphorischer Sprache auf diese unvermittelte Bezugnahme, die der Intellekt durch einen direkten „Anblick" der Gegenstände hat:

„Wenn er [sc. der Intellekt] den Gegenstand nämlich so anblickt, dass das ganze Sich-Hinneigen und Sich-Zuwenden vollkommen zur Ruhe kommt und sich festigt, und wenn somit seine ganze Fähigkeit durch das kognitive Erfassen des Gegenstandes erfüllt und ausgefüllt wird (und zwar so, dass er nicht vorrangig darüber hinaus etwas anderes anblickt), dann sagt man, dass er vollständig auf diesen Gegenstand geheftet ist und auf ihn abzielt."

„Denn der kognitive Akt bzw. Anblick heftet sich auf den Gegenstand und hat ihn intentional in sich aufgesogen. Daher wird ein kognitiver Akt ‚Erfassen' und ‚erfassendes Sich-Ausrichten auf einen Gegenstand' genannt. In diesem Sich-Ausrichten und Aufsaugen ist der Akt aufs engste dem Gegenstand angepasst und stimmt mit ihm überein."

„... er [sc. der Intellekt] kann nicht zu einer kognitiven Handlung übergehen, wenn er nicht vorher aktuell auf den Gegenstand abzielt, sodass der Blick seiner Intention sich aktuell diesem Gegenstand zuwendet und auf ihn gerichtet ist."[39]

Diese Aussagen verdeutlichen zwar, dass Olivi auf einer direkten Bezugnahme insistiert, die nicht auf irgendwelche Vermittlungen zwischen dem immateriellen Intellekt und dem materiellen Gegenstand angewiesen ist. Mit der bloßen These von einem direkten „Anblick" ist allerdings noch nicht erklärt, wie die Kluft zwischen dem immateriellen und dem materiellen Bereich überwunden werden kann. Zudem ist die metaphorische Rede von einem „Anblicken", „Abzielen" und „Aufsaugen" äußerst vage und scheint das, was sie eigentlich erklären sollte, nämlich

---

[39] *In II Sent.*, q. 73 (III, 66-67): „Quando enim sic aspicit obiectum quod tota inclinatio et impendentia perfecte quiescit et stabilitur, et tota eius capacitas ex cognitiva apprehensione obiecti repletur et occupatur, et hoc sic quod non praevalet aliquid aliud aspicere ultra: tunc dicitur perfecte figi et terminari in illo obiecto..." Ibid., q. 72 (III, 35): „Nam actus et aspectus cognitivus figitur in obiecto et intentionaliter habet ipsum intra se imbibitum; propter quod actus cognitivus vocatur apprehensio et apprehensiva tentio obiecti. In qua quidem tentione et imbibitione actus intime conformatur et configuratur obiecto..." Ibid., q. 72 (III, 9): „... non potest in actionem cognitivam exire, nisi prius intendat actualiter in obiectum, ita quod aspectus suae intentionis sit actualiter conversus et directus in illud." Vgl. auch q. 58 (II, 486-487).

§ 11 Die „virtuelle Präsenz" des Intellekts beim intendierten Gegenstand 129

das Phänomen der Intentionalität, bereits vorauszusetzen. „Etwas anblicken" und „auf etwas abzielen" sind ja nichts anderes als Umschreibungen für intentionale Relationen.

Angesichts dieser Schwierigkeiten ist es nicht erstaunlich, dass neuere Kommentatoren in Olivis Ausführungen kaum eine präzise Analyse oder gar eine Erklärung der Intentionalitätsproblematik erkennen konnten. So stellte K.H. Tachau fest, Olivi formuliere nur ansatzweise Argumente, die dringend einer Vervollständigung bedürfen.[40] R. Pasnau bemerkte, Olivi gebe nicht einmal annäherungsweise eine Erklärung für das „Abzielen" des Intellekts auf Gegenstände.[41] L. Spruit erhob sogar den Vorwurf, Olivi befinde sich in einer theoretischen Sackgasse. Es gelinge ihm nicht zu erklären, wie der dynamische Intellekt auf ein statisches Objekt ausgreifen könne.[42] Diese pessimistischen Einschätzungen sind angesichts der teilweise vagen Ausdrucksweise Olivis verständlich. Trotzdem werden sie seiner Position nicht ganz gerecht. Er vertritt nämlich nicht einfach die absurd anmutende These, dass der immaterielle Intellekt die Gegenstände mit Hilfe wundersamer kognitiver Kräfte anblickt. Seine Rede vom „Anblicken" oder „Abzielen" hat durchaus ein theoretisches Fundament, wenn er dieses auch nicht in sämtlichen Details erläutert. Um dieses Fundament zu erkennen, muss man sich zunächst vergegenwärtigen, welchen kognitionstheoretischen Ansatz er wählt.

Kognitive Tätigkeiten sind Olivi zufolge nur möglich, wenn eine kognitive Fähigkeit einem Gegenstand präsent ist. Diese Präsenz kann auf zwei Arten verstanden werden:

„... eine Fähigkeit kann einem Gegenstand entweder essentiell oder virtuell präsent sein, d. h. sie kann ihm dadurch präsent sein, dass ihr Wesen wirklich bei ihm ist, oder dadurch, dass der Anblick ihres Vermögens so wirkungsvoll auf ihn gerichtet ist, als ob er ihn wirklich erreichen würde."[43]

Die essentielle Präsenz wird von Olivi nicht weiter erklärt. Man könnte sie aber in jenem Sinne verstehen, in dem traditionelle Aristoteliker sie

---

[40] Tachau 1988, 48-49: „Olivi's arguments remain sketches, a skeleton begging for flesh on the bones..."
[41] Pasnau 1997a, 175: „Olivi never comes close to giving a determinate account of virtual attention." Ibid. spricht Pasnau sogar von einer „odd position", er legt aber gleichzeitig eine subtile, detaillierte Analyse dieser Position vor.
[42] L. Spruit 1994, 224: „... he is caught up in a ‚stalemate' position between a static object and a dynamic mind whose intentional outward projection appears insufficiently argued for to guarantee an effective cognitive grasp of the sensible world."
[43] *In II Sent.*, q. 58 (II, 486): „... virtus aliqua potest esse praesens alicui aut essentialiter aut virtualiter, hoc est dictu, quod potest esse praesens alicui per hoc quod sua essentia est vere iuxta istum aut per hoc quod aspectus suae virtutis ita efficaciter est directus in ipsum acsi realiter attingeret ipsum."

deuten. Gemäß deren Auffassung liegt eine essentielle (und nicht bloß eine akzidentelle) Präsenz vor, wenn sich eine kognitive Fähigkeit einem Gegenstand vollständig angleicht und Schritt für Schritt dessen Form aufnimmt. Essentielle Präsenz entsteht somit durch einen Prozess der Assimilation an einen Gegenstand. Olivi zufolge erfordern kognitive Tätigkeiten jedoch nicht diese Art von Präsenz. Seiner Ansicht nach ist nur eine *virtuelle Präsenz* erforderlich. Darunter ist die aktuelle Gerichtetheit des kognitiven Vermögens auf einen Gegenstand zu verstehen, wie das Zitat verdeutlicht.[44] Indem Olivi betont, dass es sich einzig um eine virtuelle Präsenz handelt, schließt er ausdrücklich die Notwendigkeit einer lokalen oder kausalen Präsenz aus. Das Vermögen muss nicht am selben Ort sein wie der Gegenstand, es muss auch nicht vom Gegenstand affiziert werden. Es muss nur auf den Gegenstand bezogen sein.

Olivi schreibt diese Art von Präsenz sowohl dem perzeptiven wie auch dem intellektuellen Vermögen zu. Ob wir etwas sehen, hören, tasten usw. oder ob wir an etwas denken, in allen diesen Fällen ist eine kognitive Tätigkeit nur möglich, wenn eine virtuelle Präsenz des jeweiligen Vermögens vorliegt. Olivi spricht dabei von einer virtuellen Präsenz, weil es sich um die Präsenz eines Vermögens (*virtus*) handelt, nicht etwa weil es sich um eine bloß mögliche, aber nicht wirkliche Präsenz handelt.[45] Er behauptet, jeder Mensch nehme diese Art von Präsenz an sich selber wahr. Jeder spüre nämlich, dass er sich in bestimmten Situationen auf etwas richte und dass er nur dadurch etwas sehen, hören usw. oder an etwas denken könne.

Nun könnte man freilich einwenden, dass mit der Rede von einer virtuellen Präsenz noch nicht viel erklärt ist. Olivi scheint die kognitionstheoretische Grundfrage, warum wir uns überhaupt kognitiv auf etwas beziehen können, einfach mit einem Verweis auf die Präsenz des kognitiven Vermögens zu beantworten. Indem er diese Präsenz aber wiederum als eine kognitive Gerichtetheit umschreibt, erklärt er die Gerichtetheit bzw. Intentionalität nicht, sondern setzt sie bereits voraus. Damit scheint er den fatalen Fehler einer *petitio principii* zu begehen: Das Phänomen der Intentionalität, das erklärt werden sollte, wird in der Erklärung wieder angeführt.

Würde Olivi darauf abzielen, das Phänomen der Intentionalität im strengen Sinne zu erklären, dann würde er mit seinem Verweis auf die

---

[44] Vgl. auch *In II Sent.*, q. 73 (III, 64), wo Olivi von einem „actualis aspectus" spricht.
[45] Dies zeigt sich schon darin, dass Olivi sagt (vgl. Anm. 43), das Vermögen sei „efficaciter" auf einen Gegenstand gerichtet und erreiche ihn gleichsam „realiter". Vgl. weitere Belege in Pasnau 1997a, 172.

§ 11 Die „virtuelle Präsenz" des Intellekts beim intendierten Gegenstand 131

virtuelle Präsenz in der Tat einer *petitio principii* zum Opfer fallen. Wer etwas erklären will, sollte nämlich das zu erklärende Phänomen auf andere, bereits bekannte Phänomene – im Idealfall auf basalere Phänomene – zurückführen und darf es in der Erklärung nicht selbst wieder voraussetzen. Der entscheidende Punkt in Olivis Argumentation besteht jedoch darin, dass er keine Erklärung im strengen Sinne geben will. Er beabsichtigt nicht, Intentionalität als ein unbekanntes Phänomen auf bekanntere, basalere Phänomene zurückzuführen. Seiner Ansicht nach ist Intentionalität bereits ein basales, jedem von uns bekanntes Phänomen, das nicht auf ein noch basaleres Phänomen zurückgeführt werden kann. Olivi weist ausdrücklich darauf hin, dass jeder von uns die kognitive Gerichtetheit an sich selber feststellt,[46] und er hält fest, diese sei im kognitiven Vermögen genauso fundamental angelegt, wie die Ausrichtung auf einen Magneten im Eisenstück angelegt ist.[47] Wir können die Intentionalität einzelner kognitiver Tätigkeiten höchstens dadurch erläutern, dass wir auf die Intentionalität des jeweiligen kognitiven Vermögens – auf die „virtuelle Präsenz" – verweisen. Aber diese Intentionalität kann nicht mit Verweis auf etwas noch Basaleres erklärt werden. Sie ist bereits etwas Grundlegendes, was von Natur aus in jedem kognitiven Vermögen angelegt ist.

Mit einem solchen nicht-reduktionistischen Ansatz grenzt sich Olivi natürlich von sämtlichen theoretischen Ansätzen ab, die das Phänomen der Intentionalität auf andere Phänomene zurückführen und dadurch erklären wollen. Im Besonderen setzt er sich von zwei Ansätzen ab, die zu seiner Zeit prominent waren. Einerseits weist er den kausaltheoretischen Ansatz zurück, der versucht, Intentionalität mit Rekurs auf Kausalrelationen zwischen einem kognitiven Vermögen und einem äußeren Gegenstand zu erklären. Seiner Ansicht nach ist es unzulässig, Erklärungen wie „Der Akt des Sehens richtet sich auf einen Baum, weil der Baum auf das Auge und damit auf das Sehvermögen einwirkt" oder „Der Akt des Denkens richtet sich auf die Katze im Garten, weil die Katze das Denkvermögen aktiviert" zu geben. Derartige Erklärungen sind nicht nur unzulässig, weil materielle Gegenstände gar nicht in der Lage sind, auf ein immaterielles Vermögen einzuwirken. Sie sind auch weitgehend nutzlos, weil sie die Gerichtetheit des jeweiligen Vermögens immer voraussetzen. Denn selbst wenn der Baum tatsächlich auf das Sehvermögen einwirkt, sieht eine Person nichts, sofern sie ihr Sehvermögen nicht auf den Baum

---

[46] *In II Sent.*, q. 58 (II, 487): „... sentimus in nobis ipsum aspectum virtualiter magis ac magis ad exteriora dirigi, acui et protendi..."
[47] Vgl. *In II Sent.*, q. 73 (III, 64).

richtet. Die Gerichtetheit kommt nicht durch die Kausalrelation zustande, sondern muss im entsprechenden Vermögen schon vorhanden sein. Olivi veranschaulicht diesen zentralen Punkt mit einem konkreten Beispiel.[48] Wenn jemand mit offenen Augen, Ohren und Nasenlöchern schläft, dann werden seine äußeren Sinne affiziert. Trotzdem sieht, hört und riecht diese Person nichts – ganz einfach, weil sie ihr Seh-, Hör- und Riechvermögen auf nichts richtet. Die bloße Kausalrelation bewirkt offensichtlich keine Gerichtetheit auf das Sichtbare, Hörbare und Riechbare. Daher kann perzeptive Intentionalität (ebenso wie intellektuelle Intentionalität) nicht mit Rekurs auf eine derartige Relation erklärt werden. Verkürzt ausgedrückt heißt dies: Kausalrelationen generieren keine Intentionalität, sondern setzen diese in einem kognitiven Kontext immer schon voraus.

Olivi grenzt sich andererseits auch von jenem Ansatz ab, den einige Aristoteliker seiner Zeit vertraten. Seiner Ansicht nach lässt sich Intentionalität nämlich auch nicht dadurch erklären, dass man ein Aufnehmen des Gegenstandes in das kognitive Vermögen, im Besonderen in den Intellekt, annimmt. Immer wieder weist Olivi darauf hin, dass die Annahme eines solchen rezeptiven Vorganges unbegründet ist und dass seine Zeitgenossen in diesem Punkt ganz zu Unrecht Aristoteles folgen. „Ohne ausreichenden Grund", bemerkt er spitz, „ja fast ohne Grund argumentiert Aristoteles für diese These. Ohne Grund glaubt man ihm wie dem Gott dieser Zeit."[49] Es gibt Olivi zufolge kein plausibles Argument dafür, dass das kognitive Vermögen etwas erleidet und etwas aufnimmt, da es sich dabei doch um ein *aktives* Vermögen handelt. Und selbst wenn das Vermögen den Gegenstand irgendwie aufnehmen sollte, wäre es dazu nur in der Lage, nachdem es sich auf diesen Gegenstand gerichtet hat. Wer auf einen rezeptiven Vorgang verweist, muss immer schon eine aktive Gerichtetheit im kognitiven Vermögen annehmen. Auch hier gilt: Rezeptivität setzt in einem kognitiven Kontext immer schon Intentionalität voraus.

Berücksichtigt man diesen kognitionstheoretischen Ansatz, der Intentionalität als ein basales, nicht weiter reduzierbares Phänomen auffasst, kann man Olivi kaum zum Vorwurf machen, dass er dieses Phänomen ungenügend erklärt. Die Pointe seines Ansatzes besteht ja gerade darin, dass er Intentionalität als etwas bestimmt, was nicht weiter erklärbar ist: als etwas Bekanntes und Basales, was nicht auf Bekannteres und

---

[48] Vgl. *In II Sent.*, q. 58 (II, 484) und q. 73 (III, 89-90).
[49] *In II Sent.*, q. 58 (II, 482): „... Aristoteles nulla sufficienti ratione, immo fere nulla ratione probat suum dictum, sed absque ratione creditur sibi tanquam deo huius saeculi."

§ 11 Die „virtuelle Präsenz" des Intellekts beim intendierten Gegenstand 133

Basaleres zurückgeführt werden kann. Freilich bedeutet dies nicht, dass sein Ansatz deswegen bereits vollkommen unproblematisch ist. Man kann durchaus in Zweifel ziehen, dass Intentionalität ein bekanntes, basales Phänomen ist, und man kann ebenfalls bezweifeln, dass Intentionalität in jedem kognitiven Vermögen bereits angelegt ist. Übt man jedoch ausgehend von derartigen Zweifeln Kritik an Olivis Theorie, muss man erstens nachweisen, dass es tatsächlich bekanntere, basalere Phänomene gibt (was kein leichtes Unterfangen ist), und man muss zweitens zeigen, wie Intentionalität auf diese Phänomene zurückgeführt werden kann (was ebenfalls kein einfaches Vorhaben ist). Kurzum: Man muss Olivis nicht-reduktionistische Strategie widerlegen. Wenn man ihm aber einfach zum Vorwurf macht, seine Theorie biete gar keine Erklärung, verfehlt man die Pointe seines Ansatzes.

Man kann ihm auch kaum zum Vorwurf machen, dass er die Verbindung zwischen dem immateriellen Intellekt und den materiellen Gegenständen – bildlich gesprochen: das Einhaken des Intellekts in diesen Gegenständen – nicht erklärt. Eine derartige Erklärung ist nämlich nur dann erforderlich, wenn man davon ausgeht, dass der Intellekt sich den Gegenständen irgendwie angleicht und sie in sich aufnimmt. Nimmt man nämlich eine Assimilation an, muss man darlegen, wie sich denn etwas Immaterielles an etwas Materielles angleichen kann. Weist man aber eine Assimilation zurück, wie dies Olivi tut, muss man auch keinen besonderen Übergang erklären. Man muss dann nur eine Gerichtetheit des Immateriellen auf das Materielle annehmen. Da diese Gerichtetheit aber als etwas Basales im immateriellen Intellekt ist und von diesem ausgeht, ist sie nicht problematisch. (Zum Vergleich: Dass der endliche menschliche Geist an das unendliche Weltall denken kann, ist nicht weiter problematisch, solange nicht angenommen wird, das Unendliche müsse irgendwie vom Endlichen absorbiert werden. Wenn das An-das-Unendliche-Denken bloß als eine kognitive Gerichtetheit ohne jede Assimilation aufgefasst wird, kann es durchaus dem menschlichen Geist zugeschrieben werden; es ist keine besondere Vermittlung zwischen dem Endlichen und dem Unendlichen erforderlich.)

Man würde die Pointe der Theorie Olivis zudem verfehlen, wenn man die Details unberücksichtigt ließe. Olivi begnügt sich nämlich nicht damit, auf Intentionalität als ein basales Phänomen zu verweisen. Er erläutert auch die Struktur dieses Phänomens, indem er präzisiert, dass es sich dabei um eine Relation mit zwei Termini handelt.[50] Der ers-

---

[50] Vgl. *In II Sent.*, q. 73 (III, 66).

te Terminus, der „formale und intrinsische", befindet sich im kognitiven Vermögen, denn von diesem geht die Gerichtetheit aus. Es handelt sich dabei um einen intrinsischen Terminus, weil er nicht von außen in das kognitive Vermögen gelegt wird, sondern in diesem bereits von Natur aus vorhanden ist. Das kognitive Vermögen ist ja von sich aus dazu disponiert, sich auf etwas zu beziehen. Der zweite Terminus hingegen, der „objektive", befindet sich in dem jeweiligen Gegenstand, auf den sich das kognitive Vermögen richtet. Der entscheidende Punkt besteht für Olivi nun darin, dass es sich dabei nur um den zweiten Terminus der Relation und nicht etwa um eine Ursache handelt. Der äußere Gegenstand wirkt nicht auf das kognitive Vermögen ein und bringt in ihm nichts hervor. Olivi weist mit Nachdruck darauf hin, dass dem Gegenstand keine kausale Funktion zugeschrieben werden darf.[51] Der Gegenstand „terminiert" nur die Gerichtetheit, die im kognitiven Vermögen bereits vorhanden ist, d. h. er legt sie auf einen bestimmten Zielpunkt fest. Der genaue Mechanismus dieses Festlegens wird von Olivi nicht erklärt, aber er lässt sich anhand eines einfachen Beispiels erläutern. Angenommen, wir suchen in einem Raum einen Gegenstand, z. B. einen Schlüssel, den wir dort verloren haben. Wenn unser Blick dann durch den Raum schweift, so geht das Blicken einzig und allein von unserem Sehvermögen aus. Es hat in diesem Vermögen den „formalen und intrinsischen Terminus". Solange wir suchen, heftet sich unser Blicken freilich noch nicht auf einen einzigen Gegenstand. Es geht vielmehr von einem zum nächsten über. Erst wenn wir den Schlüssel entdeckt haben, ist unser Blicken „terminiert", d. h. auf etwas Bestimmtes festgelegt. Wir schweifen dann mit unserem Blick nicht mehr durch den Raum, sondern betrachten nur noch den Schlüssel. In diesem Sinne lässt sich Olivis Rede von einem „Terminieren" verstehen. Jede Gerichtetheit ist eine kognitive Relation, die vom jeweiligen Vermögen ausgeht, aber durch einen Gegenstand (im Normalfall durch einen materiellen Gegenstand) auf einen bestimmten Zielpunkt festgelegt wird.

Wie die Gerichtetheit vom kognitiven Vermögen ausgeht und wie die Festlegung auf einen bestimmten Gegenstand erfolgt, wird von Olivi nicht im Detail erklärt. Zwei mögliche Erklärungen lassen sich aber ausschließen. Erstens handelt es sich nicht einfach um einen mysteriösen kognitiven oder intentionalen Strahl, der gleichsam vom kognitiven Ver-

---

[51] *In II Sent.*, q. 73 (III, 103): „... mutatio aspectus non ponitur fieri ab obiecto sicut ab efficiente, sed solum sicut a terminante..."

mögen ausgesendet wird und auf einem Gegenstand auftrifft. Keine Textstellen deuten darauf hin, dass Olivi dem kognitiven Vermögen (sei dies nun intellektuell oder perzeptiv), das er stets als ein natürliches Vermögen auffasst, eine übernatürliche, nicht im Vermögen selbst angelegte Gerichtetheit zuschreibt. Wie im vorangehenden Paragraphen bereits deutlich geworden ist, wählt er ja einen naturalistischen Zugang zur Intentionalitätsproblematik und weist die Annahme besonderer intentionaler Entitäten oder Relationen zurück. Zweitens handelt es sich auch nicht um einen materiellen Strahl, d. h. um eine Ansammlung von Partikeln, die vom Vermögen ausgesendet werden und auf dem Gegenstand aufprallen. Dies ist ausgeschlossen, weil die Gerichtetheit ja auch vom Intellekt ausgehen kann, der ein immaterielles Vermögen ist. Zudem schließt Olivi in Bezug auf das perzeptive Vermögen (vornehmlich das Sehvermögen) aus, dass materielle Entitäten von ihm ausgesendet werden. Er wendet sich ausdrücklich gegen die optische Emissionstheorie, die annimmt, das Sehvermögen „emittiere" Entitäten, die auf dem sichtbaren Gegenstand aufprallen.[52]

Die Gerichtetheit, die vom kognitiven Vermögen ausgeht, ist am ehesten als eine natürliche, im Vermögen selbst angelegte *Aufmerksamkeit* zu verstehen – als eine Aufmerksamkeit, die nicht von einem materiellen Gegenstand verursacht wird, aber trotzdem in einem solchen Gegenstand ihren Zielpunkt findet und dadurch „terminiert" wird. Das Beispiel mit dem Schlüssel mag diesen Punkt verdeutlichen. Wenn wir den suchenden Blick durch den Raum schweifen lassen, so senden wir keine mysteriösen Strahlen aus und „emittieren" auch keine materiellen Strahlen. Wir richten vielmehr unsere Aufmerksamkeit auf den Schlüssel. Dabei handelt es sich um eine natürliche Form von Aufmerksamkeit, die wir als kognitive Wesen bereits haben. (Wie diese Aufmerksamkeit entstanden ist – etwa durch das Bedürfnis, eine bestimmte Türe zu öffnen –, ist hier von untergeordneter Bedeutung. Entscheidend ist nur, dass die Aufmerksamkeit nicht durch die Einwirkung eines materiellen Gegenstandes verursacht wurde.) Wenn die Aufmerksamkeit auch nicht durch den Schlüssel verursacht wurde, so wird sie durch ihn doch gleichsam befriedigt oder erfüllt. Denn sobald wir den Schlüssel gefunden haben, findet die Aufmerksamkeit den Zielpunkt, auf den sie von Anfang an ausgerichtet war.

Versteht man Olivis Ausführungen über die intrinsische Gerichtetheit eines kognitiven Vermögens in diesem Sinne, so konzentrieren sie

---

[52] Vgl. Pasnau 1997a, 173 (mit ausführlichen Belegen).

sich darauf, Intentionalität als eine Form von gezielter Aufmerksamkeit zu umschreiben. Dabei handelt es sich wohlgemerkt nur um eine Umschreibung und nicht um eine Erklärung. Olivi fasst Intentionalität ja als ein basales, uns allen vertrautes Phänomen auf, das nicht im strengen Sinne erklärt werden muss. Die Struktur dieses Phänomens lässt sich seiner Ansicht nach aber besser verstehen, wenn berücksichtigt wird, dass Intentionalität eine natürliche kognitive Relation ist, die immer von einem kognitiven Vermögen ausgeht und immer schon auf etwas gerichtet ist. Bei dieser Gerichtetheit sind jedoch zwei Stadien zu berücksichtigen, nämlich ein erstes Stadium der nicht-erfüllten Gerichtetheit (die bloße Aufmerksamkeit für etwas) und ein zweites Stadium der erfüllten Gerichtetheit (die „Terminierung" der Aufmerksamkeit durch einen äußeren Gegenstand).[53] In beiden Stadien ist das kognitive Vermögen die alleinige Ursache für die Gerichtetheit, und in beiden Stadien handelt es sich um eine unvermittelte Gerichtetheit. Abgesehen vom Spezialfall der Erinnerung richtet sich das kognitive Vermögen nämlich im ersten Stadium nicht auf eine innere Species, und sie wird im zweiten Stadium auch nicht durch eine Species „terminiert". Das kognitive Vermögen richtet sich vielmehr direkt auf einen äußeren Gegenstand und wird durch diesen „terminiert".

Olivis Ausführungen zur Struktur einer intentionalen Relation verdeutlichen, dass sich hinter seiner metaphorischen Rede von einem „Anblicken" oder „Aufsaugen" des Gegenstandes eine subtile Intentionalitätstheorie verbirgt. Wenn es sich auch um eine durchdachte Theorie und nicht etwa bloß um eine unvollständige Skizze handelt, bleiben in dieser Theorie doch einige Punkte offen. Ein erster Punkt betrifft die basale Gerichtetheit des kognitiven Vermögens. Man mag mit Olivi darin übereinstimmen, dass eine solche Gerichtetheit im Sinne einer fundamentalen Aufmerksamkeit immer schon im Vermögen vorhanden sein muss und nicht von außen in dieses gelegt werden kann. Doch wie, so kann man fragen, kann sich die Aufmerksamkeit auf einen bestimmten Gegenstand und nicht bloß auf Gegenstände im Allgemeinen richten? Wie gelingt es uns beispielsweise, unsere Aufmerksamkeit auf den verlorenen Schlüssel und auf nichts anderes zu richten? Auf eine derartige

---

[53] In *In II Sent.*, q. 73 (III, 64) trifft Olivi sogar eine terminologische Unterscheidung zwischen den beiden Arten von Gerichtetheit in den beiden Phasen. In der ersten Phase besteht eine „conversio", in der zweiten ein „actualis aspectus". Die „conversio" geht dem „actualis aspectus" immer voraus: „Motio tamen istum aspectum praecedens et causans vocatur conversio potentiae ad obiectum; non enim haec conversio est ipse aspectus, quia ipsa cessat esse perseverante aspectu super eodem obiecto."

§ 11 Die „virtuelle Präsenz" des Intellekts beim intendierten Gegenstand 137

Frage gibt Olivi keine Antwort. Er setzt voraus, dass wir nicht nur über eine allgemeine, sondern auch über eine spezifische Aufmerksamkeit verfügen, die im Vermögen selbst angelegt ist. Genau diese Voraussetzung könnte jedoch angefochten werden. So könnten die Vertreter einer Kausalitäts- oder Assimilationstheorie darauf hinweisen, dass eine allgemeine Aufmerksamkeit in der Tat vorhanden sein muss; denn wenn sich ein Vermögen auf nichts richtet, kann es auch von nichts affiziert werden und nichts in sich aufnehmen.[54] Doch die spezifische Aufmerksamkeit kann nicht bereits vorhanden sein; ein Vermögen richtet sich nicht *von sich aus* auf diesen oder jenen spezifischen Gegenstand. Die spezifische Aufmerksamkeit kommt erst dadurch zustande, dass das kognitive Vermögen in einer Kausalrelation zu einem spezifischen Gegenstand steht oder gestanden hat. Erst wenn ich den Schlüssel einmal gesehen habe, kann ich zu einem späteren Zeitpunkt meine Aufmerksamkeit auf ihn richten und ihn suchen. Dieser entscheidende Unterschied zwischen einer allgemeinen Aufmerksamkeit, die in einem kognitiven Vermögen bereits angelegt ist, und einer spezifischen Aufmerksamkeit, die erst durch einen Kontakt zu einem spezifischen Gegenstand zustande kommt, wird von Olivi nicht erklärt.

Ein zweiter Punkt betrifft das Festlegen der Aufmerksamkeit durch einen äußeren Gegenstand. Wie bereits erläutert wurde, betont Olivi, dass darunter keine Einwirkung des Gegenstandes auf das kognitive Vermögen zu verstehen ist. Er erklärt aber nicht, wie das Festlegen bzw. „Terminieren" zu verstehen ist, wenn es nicht als eine Kausalrelation aufzufassen ist. Wie kann etwa der Schlüssel unsere Aufmerksamkeit festlegen, sodass sie sich auf genau diesen Gegenstand heftet? Wie kann es dadurch zu einer erfüllten Aufmerksamkeit kommen? Auch hier könnten die Vertreter einer Kausalitäts- oder Assimilationstheorie wieder auf eine Lücke in Olivis Theorie verweisen. Denn für die Festlegung der Aufmerksamkeit auf einen bestimmten Gegenstand ist ihrer Ansicht nach eine Kausalrelation erforderlich. So muss etwa der Schlüssel Sinnesreize in uns auslösen, damit der umherschweifende Blick zur Ruhe kommt.

Schließlich ist noch ein dritter Punkt zu beachten. In seiner ganzen Diskussion der Intentionalitätsproblematik orientiert sich Olivi an Fällen, in denen wir uns perzeptiv oder intellektuell auf individuelle, unmit-

---

[54] Darauf weist Thomas von Aquin in *ScG* I, cap. 55, n. 458, ausdrücklich hin: „Vis cognoscitiva non cognoscit aliquid actu nisi adsit intentio..." Vgl. auch *De veritate* 13, q. 3, corp., und eine Analyse in Pasnau 1997a, 134-138.

telbar präsente Gegenstände richten.[55] Er geht kaum auf jene Fälle ein, in denen wir uns auf etwas Allgemeines beziehen.[56] Diese zweite Art von Fällen muss eine Intentionalitätstheorie aber auch berücksichtigen. Wir müssen ja nicht nur erklären, wie und warum wir uns auf diesen oder jenen Schlüssel beziehen können, sondern auch, wie und warum wir uns allgemein auf Schlüssel beziehen können. Was ermöglicht es uns, so etwas wie die Natur des Schlüssels zu erfassen? Wie sich im vorangehenden Kapitel gezeigt hat, war es nicht zuletzt diese Frage, die Thomas von Aquin dazu bewog, intelligible Species anzunehmen. Nur mit diesen kognitiven Hilfsmitteln lässt sich seiner Ansicht nach die allgemeine Natur eines Gegenstandes erfassen. Indem Olivi derartige Hilfsmittel ablehnt, kann er zwar einen streng erkenntnisrealistischen Standpunkt verteidigen. Er kann aber noch nicht zeigen, wie die Gerichtetheit auf etwas Allgemeines möglich ist. Denn selbst wenn Gerichtetheit oder Aufmerksamkeit eine basale Eigenschaft des kognitiven Vermögens ist, muss immer noch erläutert werden, wie unterschiedliche Typen von Gerichtetheit – Gerichtetheit auf Individuelles *und* auf Allgemeines – möglich sind und wie diese Typen gegebenenfalls voneinander abhängen.

§ 12 Unvermittelte sprachliche Intentionalität: die Kritik an der verbum-Theorie

Bezugnahme auf etwas ist nicht nur in perzeptiven Akten des Sehens, Hörens usw. sowie in intellektuellen Akten des Erfassens und Denkens möglich. Auch in sprachlichen Äußerungen können wir uns auf etwas beziehen. Wie erklärt Olivi diese Form von Intentionalität? Im kurzen *Tractatus de verbo*, der den Anfang seines Kommentars zum Johannes-Evangelium bildet, findet sich ansatzweise eine Antwort auf diese Frage.[57] Olivi geht dort zunächst von der These aus, dass sprachliche Be-

---

[55] Eine Ausnahme stellen jene Passagen dar, in denen Olivi den Fall der Erinnerung diskutiert; vgl. *In II Sent.*, q. 74 (III, 115-117). Aber auch in diesem Fall, für den wir eine *species memorialis* benötigen, bildet die Präsenz eines individuellen Gegenstandes den Ausgangspunkt. Nur wenn jemand einen individuellen Gegenstand wahrgenommen hat, kann er eine entsprechende Species bilden, die ihm genau diesen Gegenstand in Erinnerung ruft.

[56] In *In II Sent.*, q. 74 (III, 116) hält er nur kurz fest, dass Allgemeines nicht durch eine Species erfasst werden kann. Er erläutert aber nicht, wie es sonst erfasst werden kann.

[57] Dieser Text ist nach dem Kommentar zum Matthäus-Evangelium (zwischen 1279 und 1281 entstanden) und vor dem Sentenzenkommentar (zwischen 1286 und 1287 verfasst) geschrieben worden. Vgl. die editorische Einleitung in *Tractatus de verbo* (ed. Pasnau 1993, 122).

zunahme nur mit Hilfe eines „inneren Wortes" (*verbum interius*) möglich ist. Sprachliche Äußerungen sind an sich betrachtet nämlich nichts anderes als Ansammlungen von Lauten. Erst wenn sie mit einem inneren Wort verknüpft werden, können sie sich auf etwas beziehen. Oder modern ausgedrückt: Erst die Verbindung von Phonemen mit mentalen Zuständen ermöglicht sprachliche Bezugnahme auf etwas.

Diese These, die teilweise auf aristotelischen und teilweise auf augustinischen Vorlagen beruht,[58] ist keineswegs neu. Sie wurde von Thomas von Aquin vertreten, wie in § 8 gezeigt wurde, und findet sich bei den meisten Autoren des 13. Jhs. Entscheidend ist freilich nicht die These als solche, sondern die genaue Interpretation ihrer Bestandteile. Es muss nämlich erläutert werden, was unter dem inneren Wort zu verstehen ist: ein mentaler Akt, ein mentales Bild oder eine besondere mentale Entität? Zudem ist erklärungsbedürftig, wie das innere Wort mit den Lauten einerseits sowie mit den Gegenständen in der Welt andererseits verknüpft ist. Olivi geht auf diese Probleme ein, indem er sich kritisch mit einer Position auseinandersetzt, die er folgendermaßen charakterisiert:

„Gewisse Autoren sagen nämlich, dass unser mentales Wort etwas ist, was dem Akt des Denkens oder des aktuellen Betrachtens folgt und von diesem hervorgebracht wird. Nachdem dieses dann hervorgebracht wurde, so sagen sie, wird der Gegenstand in diesem Wort gleichsam wie in einem Spiegel klar erkannt bzw. betrachtet."[59]

An dieser Position, die alle zentralen Elemente der *verbum*-Theorie enthält, sind drei Punkte zu beachten. (i) Das mentale Wort wird als eine distinkte Entität aufgefasst, die sowohl temporal als auch kausal dem Erfassensakt folgt. Wie die kausale Abhängigkeit zu verstehen ist, wird zwar nicht präzisiert, aber sie ist wahrscheinlich im Sinne einer unmittelbaren mentalen Verursachung zu verstehen: Wenn jemand einen Gegenstand x erfasst, dann verursacht das Erfassen von x sogleich die Bildung eines mentalen Wortes für x. (ii) Dem mentalen Wort wird ein piktorialer Charakter zugeschrieben. Die Aussage, der Gegenstand werde in ihm „wie in einem Spiegel" betrachtet, verdeutlicht nämlich, dass es eine Art

---

[58] Sie geht einerseits auf die berühmte aristotelische These (*De int.* 1, 16a3-8) zurück, dass gesprochene Wörter Zeichen für „passiones animae" sind, andererseits auf die augustinische These, dass es ein „verbum in corde" gibt, das weder zum Griechischen noch zum Lateinischen noch sonst zu einer Sprache gehört (*De trinitate* XV, 10). Vgl. zu diesem Hintergrund Panaccio 1999, 36-52 und 94-119.

[59] *Tractatus de verbo* 6.1 (ed. Pasnau 1993, 138): „Quidam enim dicunt quod nostrum verbum mentale est quiddam subsequens actum cogitationis seu actualis considerationis et ab ipso formatum, et tandem postquam est formatum <dicunt> rem in ipso <verbo> quasi in speculo clare intelligi seu speculari." Ähnlich auch *In II Sent.*, q. 74 (III, 120-121).

von intellektuellem Spiegelbild sein muss. (iii) Das mentale Wort wird als das primär Erfasste bestimmt, der äußere Gegenstand nur als das sekundär Erfasste.[60] Wer ein gesprochenes Wort als ein zeichenhaftes Wort (und nicht bloß als eine Lautkombination) verwendet, erfasst somit primär ein mentales Wort, d. h. ein inneres Spiegelbild, und nur sekundär einen materiellen Gegenstand.

Wem ist diese Position zuzuschreiben? Wie in scholastischen Texten üblich, begnügt sich Olivi mit dem Verweis auf „gewisse Autoren" und gibt keinen Namen an. Man könnte allerdings Thomas von Aquin als einen Vertreter dieser Position vermuten,[61] zumindest im Hinblick auf (i) und (iii). Thomas sagt nämlich in der Tat, dass das mentale Wort eine distinkte Entität ist, und er fasst es als das primär Erfasste auf.[62] Wie in § 8 gezeigt wurde, schreibt er ihm allerdings nicht einen piktorialen Charakter zu. Seine Aussage, das mentale Wort sei eine *similitudo* des Gegenstandes, könnte aber in diesem Sinne verstanden werden, zumindest dann, wenn dieser Terminus technicus nicht in seiner strengen Bedeutung aufgefasst wird. Wenn nämlich nicht beachtet wird, dass „x ist eine *similitudo* von y" nichts anderes heißt als „x stimmt mit y in einer Form überein", dann kann man in der Tat den Eindruck gewinnen, das mentale Wort sei ein inneres Abbild des äußeren Gegenstandes. Und dann kann man die dargestellte Position als einen semantischen Repräsentationalismus verstehen, d. h. als eine Theorie, die behauptet, dass ein gesprochenes Wort nur indirekt einen Gegenstand bezeichnet, nämlich insofern er durch ein inneres Abbild repräsentiert wird.

Eine solche Theorie verträgt sich freilich schlecht mit dem dezidiert anti-repräsentationalistischen Ansatz, den Olivi in seiner Erklärung der perzeptiven und der intellektuellen Intentionalität wählt. Es ist daher nicht erstaunlich, dass er diese Theorie kategorisch ablehnt. Er hält sie für falsch und in sich widersprüchlich. Neben einer Reihe von Autoritätsargumenten führt er vor allem zwei sachliche Argumente gegen sie an.[63] Das erste Argument richtet sich gegen (i), d. h. gegen die Annahme, dass das mentale Wort eine distinkte mentale Entität ist, die auf einen Akt des Erfassens folgt. Um was für eine Entität, so fragt Olivi, soll es

---

[60] *Tractatus de verbo* 6.1 (ed. Pasnau 1993, 138): „Istudque verbum vocant intellectum primum, id est, id quod primo est intellectum ab intellectu et quod est primum obiectum eius; rem vero per ipsum intellectam vocant intellectum secundum."

[61] Diese Vermutung äußert Pasnau in seiner Einleitung; vgl. *Tractatus de verbo* (ed. Pasnau 1993, 125-126).

[62] Vgl. *De potentia*, q. 8, art. 1, corp.; ibid., q. 9., art. 9, corp.; *De veritate*, q. 4, art. 1, corp.

[63] Vgl. *Tractatus de verbo* 6.2.2. (ed. Pasnau 1993, 141).

sich dabei handeln? Es kann nicht eine Entität sein, die nach dem Akt irgendwie im Geist verbleibt. Eine solche Entität ist nämlich die *species memorialis*, die es uns ermöglicht, auch dann noch an einen Gegenstand zu denken, wenn er nicht mehr präsent ist und wenn wir ihn nicht mehr aktuell erfassen. Es wäre jedoch überflüssig, neben dieser Species noch eine weitere Entität anzunehmen, die gleichsam im Geist abgespeichert wird. Das mentale Wort kann aber auch nicht eine Entität sein, die nur solange im Geist bleibt, wie der Akt des Erfassens andauert. Olivi behauptet, dass sich die Vertreter der repräsentationalistischen Position widersprächen, wenn sie diese Erklärung anführten. Dann würden sie nämlich einerseits gemäß (iii) behaupten, das mentale Wort sei das primär erfasste Objekt, und zwar das Objekt für einen vom Erfassensakt verschiedenen Akt. Andererseits würden sie das mentale Wort aber trotzdem dem Erfassensakt zuordnen und ihm nur die Dauer dieses Aktes zugestehen. Dies wäre kaum konsistent. Wenn das mentale Wort tatsächlich ein distinktes Objekt ist, dann kann es auch weiterexistieren, wenn der Erfassensakt nicht mehr existiert. Aber wenn es tatsächlich weiterexistiert, kann es kaum etwas anderes als eine *species memorialis* sein. Ansonsten würde man eine sonderbare Entität annehmen, die irgendwie zusätzlich zu dieser Species existiert.

Mit dieser Kritik macht Olivi auf eine fundamentale ontologische Schwierigkeit der repräsentationalistischen *verbum*-Theorie aufmerksam. Diese Theorie nimmt eine distinkte Entität im Geist an, in der ein äußerer Gegenstand gleichsam gespiegelt wird, erklärt aber nicht, welchen Status diese Entität hat. Doch genau eine solche Erklärung ist erforderlich, wenn die Vertreter dieser Theorie mehr als eine bloße Behauptung aufstellen wollen. Sie müssen dann darlegen, welche Art von mentaler Entität vom Erfassensakt verursacht wird und auch dann noch im Geist verbleiben kann, wenn dieser Akt nicht mehr existiert. Zwei mögliche Kandidaten für eine solche Entität können Olivi zufolge sogleich ausgeschlossen werden. Es kann sich nicht um einen besonderen mentalen Akt handeln. Dann müsste man nämlich annehmen, dass es gleichzeitig zwei Akte im Geist gibt, einen Erfassensakt und einen davon distinkten Akt, der die Funktion eines Objekts hat. Ein Akt hat aber (abgesehen vom Fall der Reflexion) nicht die Funktion eines Objekts. Um eine besondere Disposition kann es sich ebenfalls nicht handeln. Eine Disposition befähigt nämlich den Geist, ein Objekt zu erfassen oder hervorzubringen. Das mentale Wort wird aber selber als Objekt aufgefasst. Um welche Art von Entität handelt es sich dann? Solange die Vertreter der repräsentationalistischen Theorie diese zentrale Frage nicht beantworten, bleibt ihre Theorie eine unbegründete These.

Das zweite Argument, das Olivi gegen die repräsentationalistische *verbum*-Theorie anführt, richtet sich gegen die angebliche Notwendigkeit, ein mentales Wort als eine distinkte Entität anzunehmen. „Es gibt nämlich keine Notwendigkeit oder keinen Nutzen", stellt er lapidar fest, „ein solches Wort anzunehmen."[64] Wer behauptet, es bestehe eine Notwendigkeit, muss Gründe dafür angeben. Doch die Gründe, die von den Vertretern der repräsentationalistischen Theorie angeführt werden, sind nicht überzeugend:[65]

(a) Sie verweisen zunächst darauf, dass jeder von uns an sich selber feststellt, dass er ein derartiges Wort bildet. Ein solcher Rekurs auf die Selbsterfahrung ist Olivi zufolge aber keineswegs ein schlagendes Argument. Das Einzige, was wir an uns selber feststellen, sind seiner Ansicht nach mentale Akte und, falls wir uns an etwas erinnern, auch *species memoriales*. Wir machen aber keineswegs die Erfahrung, dass in unserem Geist neben den Akten und den Species noch besondere Entitäten vorhanden sind. Wer dies behauptet, unterstellt der Erfahrung etwas, was lediglich stipuliert wird.

(b) Die Vertreter der repräsentationalistischen Theorie verweisen zudem darauf, dass ein distinktes mentales Wort für das Denken an etwas Allgemeines notwendig ist. Wenn wir nämlich nicht nur individuelle Gegenstände erfassen, sondern auch allgemeine Aspekte von ihnen abstrahieren, bilden wir ein mentales Wort. Auch dieses Argument hält Olivi keineswegs für stichhaltig. Wenn wir Allgemeines abstrahieren, so wendet er ein, erfolgt dies einzig durch einen Akt des Abstrahierens, nicht durch die Bildung eines mentalen Wortes. Auch in diesem Fall ist es nicht notwendig, zusätzlich zum Akt noch eine besondere mentale Entität anzunehmen.

Die repräsentationalistische *verbum*-Theorie ist Olivi zufolge zum Scheitern verurteilt. Sie kann weder stichhaltig begründen, weshalb es überhaupt notwendig ist, ein mentales Wort als eine distinkte Entität im Geist anzunehmen, noch kann sie erklären, um welche Art von Entität es sich dabei handeln soll. Es ist bemerkenswert, dass Olivi sich auf diese Einwände beschränkt.[66] Er greift nicht die These an, dass das mentale

---

[64] *Tractatus de verbo* 6.2.3. (ed. Pasnau 1993, 144): „Nulla enim est necessitas aut utilitas ponere tale verbum."

[65] Vgl. *Tractatus de verbo* 6.2.3. (ed. Pasnau 1993, 144).

[66] Die übrigen Einwände, die hier nicht diskutiert werden sollen, sind rein theologischer Natur oder verweisen darauf, dass die Annahme einer distinkten mentalen Entität nicht mit der Meinung Augustins übereinstimmt. Vgl. *Tractatus de verbo* 6.2.1 und 6.2.4 (ed. Pasnau 1993, 138-141 und 145-146).

Wort einen piktorialen Charakter hat und den äußeren Gegenstand gleichsam spiegelt. Wie die Ausführungen zu Thomas von Aquins semantischer Theorie gezeigt haben (vgl. § 8) und wie die Diskussion der Position Ockhams noch verdeutlichen wird (vgl. § 32), ist diese These durchaus angreifbar. Wenn überhaupt ein mentales Wort angenommen wird, kann es auch als eine Entität mit einem rein linguistischen Charakter aufgefasst werden, d. h. als eine Entität, die Bestandteil einer mentalen Sprache ist und gewisse syntaktische Merkmale – nicht etwa piktoriale – aufweist. Es fällt auch auf, dass Olivi nicht die repräsentationalistische Grundthese angreift. Er bekämpft nicht die These, dass ein äußerer Gegenstand nur bezeichnet werden kann, insofern er durch ein mentales Wort repräsentiert bzw. gespiegelt wird. Auch diese These ist durchaus anfechtbar. Man könnte, wie etwa Thomas von Aquin, darauf hinweisen, dass der Inhalt des mentalen Wortes identisch ist mit der Form des äußeren Gegenstandes und dass daher keine Repräsentationsbeziehung besteht.[67] Oder man könnte wie später Ockham festhalten, dass der äußere Gegenstand stets direkt bezeichnet wird, selbst wenn ein mentales Wort (für Ockham Bestandteil einer mentalen Sprache) existiert: Durch das mentale Wort wird der Gegenstand auf natürliche Weise bezeichnet, durch das gesprochene hingegen auf konventionelle Weise.[68] Olivi verzichtet jedoch auf eine derartige Argumentation, wahrscheinlich weil er eine Erklärung der semantischen Funktion des mentalen Wortes für überflüssig hält, solange nicht stichhaltig gezeigt werden kann, dass eine solche Entität überhaupt angenommen werden muss.

Doch wie ist die sprachliche Bezugnahme auf einen Gegenstand zu verstehen, wenn sie nicht im Sinne des semantischen Repräsentationalismus aufzufassen ist? Olivi deutet eine Antwort auf diese Frage lediglich an. Seine Einwände gegen den Repräsentationalismus verdeutlichen jedoch, dass sich seine Antwort dem ontologischen Ökonomieprinzip verpflichtet: Die sprachliche Bezugnahme mittels eines mentalen Wortes darf nicht als eine Bezugnahme mittels einer besonderen Entität im Geist verstanden werden. Im Normalfall gibt es im Geist nämlich nichts anderes als die mentalen Akte, im Spezialfall der Erinnerung zudem die *species memoriales*. Daher kann das mentale Wort im Normalfall nichts anderes als ein mentaler Akt sein. Ein mentales Wort für einen Gegenstand zu bilden heißt somit nichts anderes, als einen mentalen Akt hervorzubringen.

[67] Vgl. *Super Evangelium S. Ioannis Lectura*, cap. 1, lect. 1 (ed. Cai 1952, 8), wo Thomas festhält, das innere Wort sei das, in dem (*in quo*) der Intellekt etwas erkenne.
[68] Vgl. *Summa Logicae* I, 1 (OPh I, 8).

Eine solche simple Antwort wäre aber unbefriedigend. Dass ein mentaler Akt vollzogen werden muss, ist nämlich unbestritten. Auch die Vertreter der repräsentationalistischen Theorie räumen dies ein. Die entscheidende Frage, die eine semantische Theorie beantworten muss, ist vielmehr, wie durch einen solchen Akt oder auf der Grundlage eines solchen Aktes etwas im Geist entstehen kann, was mit einem gesprochenen Wort verknüpft werden kann, sodass sich dieses Wort auf einen ganz bestimmten Gegenstand bezieht. Wie kann ich etwa ausgehend vom Erfassen eines Baumes etwas Mentales bilden, sodass ich mich mit ‚Baum' tatsächlich auf einen Baum und auf nichts anderes beziehe? Diese Frage lässt sich nicht einfach dadurch beantworten, dass man auf den mentalen Akt verweist und die Annahme jeder zusätzlichen mentalen Entität zurückweist. Der Akt als solcher ermöglicht noch nicht die Bezugnahme auf einen Baum. Er ist ja lediglich ein Akzidens des Intellekts. Bezugnahme wird erst möglich, wenn der Akt einen spezifischen *Inhalt* hat – einen Inhalt, der zwar keine distinkte mentale Entität ist, dem Akt aber eine spezifische Gerichtetheit auf einen Gegenstand gibt. Genau diesen Inhalt gilt es zu erklären. An einer Stelle geht Olivi auf dieses Problem ein. Er hält fest:

„... was wir auch immer durch eine aktuelle Betrachtung unseres Intellekts primär und an sich begreifen, das begreifen wir in diesem Akt des Betrachtens. In dem innerlichen Begreifen und Bilden wird aber nicht nur der Akt selbst begriffen, sondern auch sein Objekt, insofern es intentional bzw. repräsentational im Akt selbst existiert."[69]

Offensichtlich gibt es im Intellekt nicht nur den Akt selbst, sondern auch das Objekt, das *im Akt selbst* existiert, und zwar mit einer besonderen intentionalen bzw. repräsentationalen Existenz. Genau dadurch hat der Akt einen Inhalt. Wenn also gefragt wird, was es mir ermöglicht, mich mit ‚Baum' auf einen Baum zu beziehen, so lautet Olivis Antwort: die Tatsache, dass im mentalen Akt ein Baum intentional existiert. Durch diese „Inexistenz" hat der Akt einen spezifischen Inhalt und bezieht sich auf einen Baum und auf nichts anderes.

An diesem Erklärungsansatz fällt natürlich auf, dass Olivi eine *Akt-Theorie* zur Erklärung sprachlicher Bezugnahme wählt: Damit wir uns mit einem gesprochenen Wort auf einen Gegenstand beziehen können,

---

[69] *Tractatus de verbo* 6.2.3. (ed. Pasnau 1993, 144-145): „... quicquid per actualem considerationem nostri intellectus concipimus primo et per se, hoc concipimus in ipso actu considerandi. In eius quidem interna conceptione et formatione non solum ipse actus concipitur sed etiam suum obiectum, in quantum intentionaliter seu repraesentative in ipso actu existit."

ist einzig und allein die Verknüpfung des Wortes mit einem mentalen Akt erforderlich. Es darf keine besondere Entität angenommen werden, die sich wie ein Spiegel zwischen diesen Akt und den Gegenstand einschiebt. Olivi vertritt aber nicht eine naive Akt-Theorie. Er behauptet ja nicht, dass der Akt als solcher – als ein bloßer Bestandteil des Intellekts – Bezugnahme auf einen Gegenstand ermöglicht. Nur dank des spezifischen Aktinhalts ist eine Bezugnahme möglich. Allerdings liegt in Olivis knapper Erklärung dieses Inhalts die größte Schwierigkeit seiner Theorie. Was ist nämlich unter dem Objekt zu verstehen, „insofern es intentional bzw. repräsentational im Akt selbst existiert"? Sicherlich ist damit nicht so etwas wie ein innerer Stellvertreter für den äußeren Gegenstand gemeint. Dies würde ja Olivis gesamter Argumentation gegen den Repräsentationalismus widersprechen. Wenn er von einem „repräsentationalen Existieren" (*repraesentative existere*) spricht, kann er kaum das Existieren eines inneren *repraesentans* meinen, das auf ein äußeres *repraesentatum* verweist. Darunter ist eher das Existieren des Gegenstandes selbst gemeint, insofern er im mentalen Akt präsent ist. Diese Präsenz liegt vor, wenn der Gegenstand selbst – nicht ein innerer Stellvertreter – auf intentionale Weise im mentalen Akt existiert. Olivi erklärt jedoch nicht, wie diese besondere Existenzweise zustande kommt. Wie in § 11 deutlich geworden ist, beruft er sich im Gegensatz zu Thomas von Aquin und anderen Aristotelikern ja nicht auf einen Prozess der immateriellen Assimilation des Gegenstandes. Daher bleibt die Frage offen, wie der mentale Akt den Gegenstand selbst mit einer intentionalen bzw. repräsentationalen Existenz als Inhalt haben kann.

Wenn Olivis Akt-Theorie auch eine wichtige Frage offen lässt, so stellt sie doch entscheidende Weichen für den weiteren Verlauf der Diskussionen über sprachliche Bezugnahme. Sie verdeutlicht nämlich, dass diese Art von Bezugnahme nicht einfach mit Rekurs auf eine besondere mentale Entität namens „inneres Wort" erklärt werden kann. Solange diese Entität nicht präzise bestimmt und in ihrem Verhältnis zu anderen mentalen Entitäten erläutert wird, ist mit einem solchen Rekurs noch nichts erklärt; er führt nur zu einer Vervielfachung von Entitäten.[70] Zudem lenkt Olivi die Aufmerksamkeit auf jenen Punkt, den nach ihm auch Ockham, Wodeham und andere Autoren betonen: Wer sprachliche

---

[70] Natürlich führt er auch zu einer Vermehrung von epistemischen Relationen. Neben der Relation des Erfassens äußerer Gegenstände muss dann auch die Relation des Erfassens oder Betrachtens des inneren Wortes angenommen werden. Es ist jedoch unklar, was unter dieser zweiten Art von Erfassen zu verstehen ist: ein Blick in den inneren Spiegel? Mit seiner Rede vom Spiegelbild (vgl. Anm. 59) deutet Olivi diese Schwierigkeit nur an, ohne sie im Detail zu erörtern.

Bezugnahme erklären will, muss darlegen, wie wir uns mit gesprochenen Wörtern *direkt* auf Gegenstände in der Welt beziehen können, ohne Verwendung eines inneren „Spiegelbildes" oder einer anderen vermittelnden Instanz.

§ 13 Die Aktivität und Kreativität des Intellekts

Olivi war nicht der einzige Autor in der zweiten Hälfte des 13. Jhs., der Kritik an jenem theoretischen Ansatz übte, der Intentionalität vornehmlich als einen passiven Prozess – als ein Aufnehmen der intelligiblen Gegenstände – zu erklären versuchte. Auch der deutsche Dominikaner Dietrich von Freiberg wies diesen Ansatz entschieden zurück. Genau wie Olivi betonte er, dass Intentionalität als ein aktiver Prozess zu verstehen ist: als ein Abzielen auf verstehbare Gegenstände, ja sogar als ein kategoriales Konstituieren dieser Gegenstände. Und genau wie Olivi wies er darauf hin, dass der Intellekt dazu keine vermittelnden Entitäten und keine von außen einwirkende Instanz benötigt. Der Intellekt ist vielmehr von sich aus fähig, sich auf die intelligiblen Gegenstände zu beziehen. Im Gegensatz zu Olivi entwickelte Dietrich seine Konzeption von Intentionalität jedoch nicht ausgehend von einer Analyse der Wahrnehmungsakte. Dietrich wählte als Ausgangspunkt vielmehr eine Untersuchung des Intellekts. Daher sollen zuerst die Kernpunkte dieser Untersuchung dargestellt und diskutiert werden. Erst wenn feststeht, was der Intellekt ist und wie er tätig werden kann, wird nämlich verständlich, wie er auf Gegenstände „abzielen" und sie kategorial konstituieren kann.[71]

Wenn vom Intellekt und seinen spezifischen Fähigkeiten die Rede ist, muss man Dietrich zufolge zunächst grundsätzlich zwischen drei Arten von kognitiven Tätigkeiten unterscheiden, zu denen ein kognitives Wesen fähig ist.[72] Es gibt erstens die Tätigkeiten des sinnlichen Erkennens

---

[71] Dietrich entwickelte seine Intellekttheorie in mehreren Abhandlungen. Ich konzentriere mich im Folgenden auf die beiden wichtigsten, nämlich auf den *Tractatus de visione beatifica* (= *De visione*; um 1290 entstanden) und auf den *Tractatus de intellectu et intelligibili* (= *De intellectu*; um 1296 entstanden). Vgl. zur Datierung die editorischen Einleitungen in *Opera omnia* I, 7 und 128. Zudem stütze ich mich auf die *Quaestio utrum in Deo sit aliqua vis cognitiva inferior intellectu* (= *Quaestio*), die als Zusatz zum *Tractatus de visione beatifica* zu betrachten ist.
[72] Vgl. *Quaestio* 1.1., 1-10 (Opera III, 293-294). Die Verweise nach dem Kurztitel beziehen sich zunächst auf die Kapiteleinteilung und dann auf die Abschnitte, die vom Herausgeber nummeriert wurden.

§ 13 Die Aktivität und Kreativität des Intellekts 147

(*cognitio sensitiva*). Diese werden mittels der äußeren und inneren Sinne ausgeführt und richten sich auf Individuelles, sinnlich Wahrnehmbares. Zweitens gibt es die Tätigkeiten des rationalen Erkennens (*cognitio rationalis*). Diese werden mit dem rationalen Vermögen ausgeführt und umfassen alles, was in das Gebiet des rationalen Denkens fällt, nämlich das Erfassen, das Urteilen und das Überlegen. Sie beziehen sich immer auf Allgemeines. Denn Allgemeines wird erfasst (z. B. das Mensch-sein, das Lebewesen-sein), über Allgemeines wird geurteilt (z. B. dass der Mensch ein Lebewesen ist), und über allgemeine Sachverhalte werden Überlegungen angestellt, im Idealfall in Form von Syllogismen. Drittens schließlich gibt es die Tätigkeiten des intellektuellen Erkennens (*cognitio intellectualis*). Diese werden einzig mit dem Intellekt ausgeführt, und sie sehen sowohl vom Individuellen als auch vom Allgemeinen ab; sie beziehen sich ausschließlich auf das „einfache Wesen" eines Gegenstandes.

Mit der Bestimmung der ersten beiden Arten von Tätigkeiten folgt Dietrich der traditionellen Klassifikation, die sich in zahlreichen kognitionstheoretischen Untersuchungen seiner Zeit findet. Es war weitgehend unbestritten, dass es einerseits Aktivitäten gibt, die sich auf individuelle, materielle Gegenstände beziehen, und andererseits solche, die sich auf Allgemeines beziehen. Ebenso unbestritten war, dass jene Aktivitäten, die sich auf Allgemeines beziehen, wiederum in drei verschiedene Klassen unterteilt werden müssen. Genau diese Unterteilung (Erfassen, Urteilen, Überlegen) wurde auch von Thomas von Aquin und anderen Philosophen vor Dietrich getroffen. Diese Autoren bestimmten die drei Klassen von Aktivitäten jedoch als die typisch intellektuellen Tätigkeiten; sie sprachen von den „drei Operationen des Intellekts".[73] Dietrich hingegen spricht nur von rationalen Tätigkeiten. Die intellektuellen Tätigkeiten im strengen Sinn finden sich seiner Ansicht nach erst dort, wo weder Individuelles noch Allgemeines erkannt wird, sondern das „einfache Wesen".[74] Indem er eine solche zusätzliche dritte Ebene annimmt, geht er über den traditionellen Ansatz hinaus. Doch was ist unter dieser Ebene zu verstehen? Was heißt es, dass durch die intellektuellen Tätigkeiten einzig das einfache Wesen erkannt wird?

Man könnte zunächst annehmen, darunter sei einfach das Abstrahie-

---

[73] So etwa Thomas von Aquin in *Exp. libri Peryermenias* I, 1 (Leonina I*1, 5), und *ST* II-II, q. 83, art. 1, ad 3.
[74] *Quaestio* 1.1., 9 (III, 294): „... intellectivum autem in sui cognitione abstrahit ab utroque istorum modorum cognoscendi [...], eius scientia non est universalis nec particularis, sed simplici intellectualitate versatur circa obiectum suum, quod est eius simplex essentia..."

ren des allgemeinen Wesens bzw. der Natur eines Gegenstandes zu verstehen, und dieses Abstrahieren erfolge immer auf der Grundlage eines Phantasma, das von einem individuellen Gegenstand stammt. Eine solche Annahme, die Dietrichs Kognitionstheorie im Sinne Thomas von Aquins versteht, kann jedoch sogleich ausgeschlossen werden – nicht nur, weil sich Dietrich an verschiedenen Stellen dezidiert von Thomas absetzt,[75] sondern auch, weil sie seiner Klassifikation offensichtlich widerspricht. Das Erkennen des Wesens ist für Dietrich nämlich nicht das Abstrahieren eines allgemeinen Wesens von etwas Individuellem. Er betont ja, dass bei dieser Art von Erkennen sowohl vom Individuellen als auch vom Allgemeinen abgesehen wird. Zudem weist er das, was Thomas das Erfassen des allgemeinen Wesens nennt, eindeutig dem rationalen Erkennen zu. Die erste Form von rationalem Erkennen besteht nämlich im Erfassen einer allgemeinen Natur wie etwa dem Mensch-sein oder dem Lebewesen-sein. Die *apprehensio*, die Thomas als die erste und grundlegende Form des intellektuellen Erkennens bestimmt, wird von Dietrich als die erste Form des rationalen Erkennens klassifiziert.

Wie ist das intellektuelle Erkennen dann zu verstehen, wenn es nicht einfach im Sinne des Thomas als das Abstrahieren einer allgemeinen Natur aufzufassen ist? Dietrich erklärt es folgendermaßen:

„Das intellektuelle [Erkennen] aber abstrahiert so von den beiden genannten, nämlich vom rationalen und vom sinnlichen, dass die beiden genannten Erkenntnisformen im Akt des intellektuellen Erkennens sind, durch den Gott erkennt, und dass die Art der Gewissheit beider Erkenntnisformen im Akt ist, wenn auch in einfacher und unvergleichlich höherer Weise, als sie in diesen ist."[76]

Offensichtlich transzendiert das intellektuelle Erkennen das sinnliche und das rationale. Es richtet sich nicht einfach auf den individuellen oder den allgemeinen Aspekt eines Gegenstandes, sondern geht über diese Aspektgebundenheit hinaus.[77] Dietrich betont, dass Gott einen Gegen-

---

[75] Zu Dietrichs Antithomismus vgl. Flasch 1978, 15-17, und 1983, XVII-XXVI und XLI-LX, und Imbach 1997. Durch eine genaue Auswertung sämtlicher Stellen, an denen sich Dietrich auf Thomas bezieht, konnte Imbach zeigen, dass die Kritik nicht nur marginale Punkte betrifft. Imbach 1997, 257: „Les thèses thomasiennes que Thierry rejette concernent le coeur du thomisme du point de vue *doctrinal* et *méthodique*."
[76] *Quaestio* 1.2., 3 (III, 295): „Intellectivum autem ab utroque dictorum, scilicet rationali et sensitivo, abstrahit, ut in actu intellectivae cognitionis, qua Deus cognoscit, utraque dictarum cognitionum et modus certitudinis utriusque sit in actu, modo tamen simplici et incomparabiliter eminentiore, quam sint in se ipsis."
[77] Mojsisch 1977, 62, meint, dieses Transzendieren sei „ein Affront gegen die formale Logik, gegen eine Metaphysik, die sich in der Distinktion von particulare und universale verliert und nur für Gott eine Ausnahme zulässt..." Mojsisch ist sicherlich beizupflichten, dass Dietrich in innovativer Weise über die schematische metaphysische Unterscheidung

§ 13 Die Aktivität und Kreativität des Intellekts

stand auf diese Weise erkennt, denn Gott ist weder an den individuellen noch an den allgemeinen Aspekt gebunden. Dietrich versieht diese Aussage aber mit einem wichtigen Zusatz: *Jeder* Intellekt, der wesentlich Intellekt ist, auch der menschliche, erkennt auf diese Weise.[78] Daher ist nicht nur der göttliche, sondern auch der menschliche, gottähnliche Intellekt zu der dritten Art von Erkenntnis fähig.

Damit ist natürlich noch nicht erklärt, was unter dem Erkennen des einfachen Wesens zu verstehen ist. Es muss noch erläutert werden, worin dieses Wesen besteht und wie es durch ein Transzendieren der beiden anderen Erkenntnisformen erfasst werden kann. Doch die Parallele, die Dietrich zwischen dem göttlichen und dem menschlichen Intellekt zieht, verdeutlicht bereits, dass er in seiner Kognitionstheorie von einer fundamentalen These ausgeht: Auch der menschliche Intellekt kann das bloß sinnliche und das bloß rationale Erkennen transzendieren, denn er ist ein Ebenbild Gottes und somit zu mehr fähig als zu einem Erkennen, das immer von den Sinneseindrücken ausgeht und von diesen abstrahiert. Als gottähnlicher Intellekt ist der menschliche Intellekt ein produktiver, von sich aus agierender Intellekt.

Diese gehaltvolle These wirft freilich sogleich die Frage auf, was unter einer Gottähnlichkeit oder einem Ebenbild Gottes zu verstehen ist. In welchem Sinne ist der menschliche Intellekt eine *imago* des göttlichen Intellekts?[79] Und welche Konsequenzen ergeben sich aus dieser Gottähnlichkeit für die spezifischen Tätigkeiten des menschlichen Intellekts? Im *Tractatus de visione beatifica* erläutert Dietrich seinen Gebrauch des Wortes ‚*imago*'. Er hält dort fest, dass eine Entität x nicht einfach dadurch ein Bild einer Entität y ist, dass x y ähnlich ist. Eine *imago* ist nicht einfach eine *similitudo*.[80] „Ein Ei ist nämlich nicht ein Bild eines anderen

---

partikulär-universal hinausgeht. Es ist allerdings fraglich, ob dies bereits ein „Affront gegen die formale Logik" ist. Denn was weder universal noch partikulär ist, ist nicht notwendigerweise etwas, was im Rahmen einer formalen (zweiwertigen) Logik nicht erklärt werden kann. Darunter lässt sich – wie weiter unten noch ausgeführt wird – auch die kategoriale Struktur verstehen: etwas, was einen Gegenstand als einen Gegenstand einer bestimmten Kategorie (Substanz, Qualität usw.) auszeichnet.

[78] Vgl. *Quaestio* 1.3., 4 (III, 296).
[79] Dass der menschliche Intellekt eine *imago* des göttlichen ist, hält Dietrich in *De visione* 1.2.1., 1 (I, 36) ausdrücklich fest. Dies gilt freilich nur für den tätigen und nicht für den möglichen Intellekt.
[80] Wie Flasch 1986, 129, gezeigt hat, trifft Dietrich hier eine sorgfältige Unterscheidung. Ist x eine *similitudo* von y, besteht – in Flaschs Worten – nur eine akzidentelle Entsprechung zwischen den beiden (z. B. hinsichtlich der äußeren Form, Farbe oder Gestalt). Ist x hingegen eine *imago* von y, liegt eine substantielle Entsprechung vor, die dadurch entstanden ist, dass x aus y hervorgegangen ist.

Eis, wie sehr es ihm auch ähnlich ist, weil es nicht von ihm ausgedrückt wird."[81] Offensichtlich macht nicht eine Ähnlichkeitsrelation x zu einem Bild von y, sondern eine besondere Relation des „Ausgedrückt-werdens" (*esse expressum*). Darunter könnte man zunächst eine simple kausale Relation (im Sinne einer natürlichen *causa efficiens*) verstehen, d. h. man könnte annehmen, dass x ein Bild von y ist, weil x von y irgendwie erschaffen wurde. Eine solche Interpretation wird von Dietrich aber sogleich zurückgewiesen. Er betont, dass selbst dann, wenn ein Mensch mit seinen Händen einen anderen Menschen erschaffen würde, der zweite Mensch nicht ein Bild des ersten wäre. Eine simple kausale Relation bewirkt nicht, dass x ein Bild von y ist, wenn das Verursachte aus etwas ganz anderem besteht als das Verursachende und wenn somit im Verursachten nichts vom Verursachenden enthalten ist. Das Verursachte ist erst dann ein Bild des Verursachenden, wenn eine besondere Art von kausaler Relation besteht, nämlich ein „Ausfließen" des Verursachten aus dem Verursachenden. Dann ist das Ausfließende nämlich im Verursachten präsent. Dietrich betont:

„Ein Hervorbringen dieser Art ist nämlich ein Aus-sich-Fließen und ein Bewirken von anderem aus sich heraus. Das Abgebildete aber ist etwas, was sein Bild ausdrückt – es drückt gleichsam sich selber in einem anderen aus."[82]

In dieser Formulierung zeigt sich deutlich ein neuplatonisch geprägtes Verständnis von Kausalität. „Etwas verursachen" heißt gemäß der neuplatonischen Tradition, die im 13. Jh. vor allem durch den *Liber de causis* prominent war, ja immer „aus sich herausfließen lassen" bzw. „sich ergießen". Oder verkürzt ausgedrückt: Kausalität ist im Sinne von Emanation zu verstehen.[83] An diese Tradition knüpft Dietrich an, wenn er betont, dass nicht eine beliebige Kausalrelation vorliegen muss, damit x ein Bild von y ist, sondern eine Relation des „Ausfließens". Entscheidend ist für eine solche Relation, dass das, was „ausfließt" bzw. emaniert, immer im „Ausgeflossenen" bzw. Emanierten enthalten und präsent ist. Somit gilt: x ist dann ein Bild von y, wenn x durch Emanation aus y entstanden

---

[81] *De visione* 1.2.1.1.6., 1 (I, 41): „Ovum enim non est imago alterius ovi, quantumcumque sit simile, quia non est expressum ab eo."

[82] *De visione* 1.2.1.1.6., 2 (I, 41): „Efficere enim inquantum huiusmodi est extra se fluere et facere aliud a se. Imaginatum autem expressivum est suae imaginis quasi sui ipsius in altero." Vgl. auch ibid., 1.2.1.1.6., 6 (I, 42).

[83] So heißt es in *Liber de causis* I.1 (ed. Pattin 1966, 46), die erste Ursache fließe in anderes („est influens"), und ibid. I.17 (49) wird behauptet, wann immer eine sekundäre Ursache etwas bewirke, fließe auch die primäre Ursache in die Wirkung. Vgl. zur zentralen Stellung dieses neuplatonischen Gedankens in der gesamten deutschen Dominikanerschule de Libera 1994a, 25-30.

§ 13 Die Aktivität und Kreativität des Intellekts 151

ist und wenn y dadurch in x präsent ist. Wenn nun der menschliche Intellekt ein Ebenbild des göttlichen Intellekts ist, wie Dietrich behauptet, gilt folglich: Der menschliche Intellekt ist ein Ebenbild des göttlichen Intellekts, weil der menschliche Intellekt durch Emanation aus dem göttlichen entstanden ist und weil der göttliche Intellekt dadurch im menschlichen präsent ist.

Noch ein weiterer Punkt ist für ein angemessenes Verständnis der *imago*-Relation entscheidend. Der menschliche Intellekt ist nicht einfach als ein Produkt aus dem göttlichen entstanden bzw. von ihm gemacht worden. Er geht vielmehr in einem Prozess aus dem göttlichen hervor und erkennt in diesem Prozess immer seinen Ursprung.[84] Daher besteht ein dynamisches Verhältnis zwischen den beiden Intellekten, und dies in zweifacher Hinsicht: zum einen in metaphysischer Hinsicht, weil ja der menschliche Intellekt Schritt für Schritt aus dem göttlichen hervorgeht und nicht einfach auf einen Schlag produziert wird; zum anderen in epistemologischer Hinsicht, weil der menschliche Intellekt den göttlichen Schritt für Schritt erkennt. Indem Dietrich betont, dass nicht bloß der göttliche Intellekt den menschlichen Intellekt erkennt, sondern umgekehrt auch der menschliche den göttlichen, distanziert er sich von einem einfachen Schema, das nur die Richtung von der ersten Ursache zum „Ausgeflossenen" in den Blick nimmt. Entscheidend ist für Dietrich, dass immer auch eine Rückwendung des „Ausgeflossenen" zu seiner Ursache erfolgt. Genau darin liegt ein weiterer entscheidender Aspekt der Gottähnlichkeit: Genau wie der göttliche ist auch der menschliche ein wesentlich aktiver, *erkennender* Intellekt.

Diese neuplatonische Erklärung der Gottähnlichkeit hat zahlreiche theologische und metaphysische Konsequenzen, die hier nicht weiter verfolgt werden sollen. Entscheidend sind in diesem Kontext lediglich die Konsequenzen für die Intentionalitätstheorie. Da der menschliche Intellekt durch Emanation (nicht durch eine beliebige Kausalrelation) aus dem göttlichen entstanden ist, ist der göttliche Intellekt im menschlichen präsent, und der menschliche Intellekt ist ebenso aktiv und kreativ wie der göttliche. Daher ist der menschliche Intellekt fähig, *von sich aus* kognitiv tätig zu sein, sobald er geschaffen ist. Er ist nicht darauf angewiesen, durch die Einwirkung äußerer Gegenstände oder anderer Intellekte aktiviert zu werden. Eine solche Konzeption des Intellekts hat na-

---

[84] Dietrich spricht ausdrücklich von einem *procedere*. *De intellectu* II.34, 3 (I, 172): „Procedere autem inquantum imago est procedere cognoscendo eum, a quo procedit, ita, quod ipsa talis cognitio sit ipsa processio et acceptio suae essentiae..." Vgl. dazu Flasch 1986, 128-130.

türlich unmittelbare Auswirkungen auf die gesamte Fragestellung der Intentionalitätsdebatte. Wenn der menschliche Intellekt nämlich aufgrund seiner Gottähnlichkeit von sich aus kognitiv tätig ist, sollte eine Intentionalitätstheorie nicht darauf abzielen, eine Erklärung dafür zu finden, warum der menschliche Intellekt überhaupt kognitiv aktiv werden und sich auf etwas beziehen kann. Eine solche Theorie muss vielmehr darlegen, wie der von sich aus aktive Intellekt sich auf etwas beziehen kann. Mit welcher Art von Aktivität richtet sich der Intellekt auf Gegenstände? Und was bewirkt diese Aktivität in den Gegenständen? Genau diese Fragen muss eine adäquate Intentionalitätstheorie beantworten. Es geht nicht darum, die Genese der intellektuellen Tätigkeiten zu erklären (etwa mit Rekurs auf Wahrnehmungsakte), sondern die spezifische Art und die Konsequenzen dieser Tätigkeiten.

Dietrich gibt eine solche Erklärung im Rahmen einer ausführlichen Erörterung verschiedener intellekttheoretischer Thesen.[85] Besonders zwei von den insgesamt fünf Thesen sind für seine Intentionalitätstheorie von Bedeutung. Die erste These lautet: Der tätige Intellekt ist immer aktuell tätig und versteht immer aktuell etwas.[86] Indem Dietrich präzisiert, dass sich diese These nur auf den tätigen und nicht auf den möglichen Intellekt bezieht, verdeutlicht er, dass nur ein Teil des Intellekts immer aktuell tätig ist. Im Gegensatz zu den radikalen Averroisten fasst er diesen Teil freilich als einen individuellen Intellekt auf: Jeder Mensch hat seinen eigenen tätigen Intellekt, und jeder Mensch hat somit einen Intellekt, der immer aktuell tätig ist.[87] Dass der Intellekt immer aktuell tätig sein muss, ergibt sich Dietrich zufolge bereits aus einem korrekten Verständnis des Ausdrucks ‚Intellekt'.[88] Denn dieser Ausdruck bezeichnet etwas, was durch sein Wesen Intellektualität hat und somit essentiell (nicht bloß akzidentell) intellektuell tätig ist. Was aber essentiell intellektuell tätig ist, muss *immer* tätig sein, und zwar von sich aus. Es kann nicht etwas sein, was erst aufgrund einer äußeren Einwirkung tätig wird. Der Intellekt kann also nicht ein Vermögen sein, das nur dann tätig wird, wenn materielle Gegenstände auf die Sinne einwirken und wenn dadurch intellektuelle Tätigkeiten ausgelöst werden.

---

[85] Er stellt diese Thesen in *De visione* 1.1.1.3.6., 2 (I, 22) vor. Vgl. eine konzise Diskussion sämtlicher fünf Thesen in Flasch 1978 und Halfwassen 1997, 354-358; zur zweiten These, die auf die Selbsterkenntnis des Intellekts abzielt, vgl. Putallaz 1991b, 329-380; zur gesamten Theorie des tätigen Intellekts vgl. Mojsisch 1977, 46-71.
[86] Vgl. *De visione* 1.1.2. (I, 22-25).
[87] Vgl. *De intellectu* II.13, 1 (I, 155).
[88] Vgl. *De visione* 1.1.2.1., 2 (I, 23).

§ 13 *Die Aktivität und Kreativität des Intellekts* 153

Gegen diese These könnten traditionelle Aristoteliker allerdings sogleich einen Einwand vorbringen. Wir stimmen zu, so könnten sie sagen, dass es neben dem möglichen Intellekt einen tätigen gibt, der wesentlich aktiv ist. Wir räumen auch ein, dass dieser nichts erleidet (wie ja Aristoteles selber sagt),[89] sondern auf anderes einwirkt. Dass er aber wesentlich tätig ist, heißt nicht, dass er *immer* tätig ist. Dies bedeutet lediglich, dass er genau zu dem Zeitpunkt, zu dem er aktiv wird, als ein tätiger und nicht als ein erleidender Intellekt aktiv wird. Damit er aber überhaupt aktiv werden und etwas verstehen kann, muss eine Einwirkung äußerer Gegenstände erfolgen. Konkret heißt dies: Damit der Intellekt die Natur eines Baumes verstehen kann, muss zuerst eine kausale Relation zu einem Baum bestehen. Aufgrund dieser Relation entsteht ein Baum-Phantasma, von dem der tätige Intellekt dann eine Baum-Species abstrahiert. Nur indem der Intellekt vom Phantasma abstrahiert, kann er überhaupt aktiv werden, und nur so kann er die Natur des Baumes erfassen. Er ist nicht imstande, ohne irgendeinen Kontakt zu einem Baum dessen Natur zu erfassen und zu verstehen.

Ein Einwand dieser Art könnte von Thomas von Aquin stammen. Thomas betont nämlich, dass die These, der Intellekt sei immer tätig und verstehe immer etwas, nur so zu verstehen ist, dass er habituell immer etwas versteht, aber nicht aktuell.[90] Der Intellekt *kann* immer etwas verstehen, aber aktuell versteht er nur dann etwas, wenn er in einem Kontakt zu einem Gegenstand steht oder gestanden hat. Der Intellekt ist nämlich kein autarkes Vermögen, das von sich aus zu jedem Zeitpunkt aktuell tätig ist, unabhängig von jeder Relation zur Außenwelt. Er benötigt im Normalfall eine empirische Grundlage, um tätig werden zu können.

Genau diese Auffassung weist Dietrich zurück.[91] Wenn man dem tätigen Intellekt nur ein habituelles und nicht ein aktuelles Verstehen zuschreibt, reduziert man seiner Ansicht nach den Intellekt auf ein Vermögen, das wie das Erinnerungsvermögen nur zu gewissen Zeitpunkten von einem potenziellen in einen aktuellen Zustand übergeht. Doch eine

---

[89] Vgl. *De anima* III, 5 (430a18).
[90] *ST* I, q. 93, art. 7, ad 4: „Et sic patet quod anima semper intelligit et amat se, non actualiter, sed habitualiter." Vgl. auch *ST* I, q. 84, art. 2, corp., wo Thomas betont, dass der menschliche Intellekt nur dann aktiv tätig ist, wenn er Gegenstände auf immaterielle Weise aufnimmt. Im Gegensatz zum göttlichen Intellekt ist der menschliche aufgrund seines Wesens nicht immer tätig.
[91] Er nennt nicht ausdrücklich Thomas als Vertreter dieser Auffassung, sondern verweist nur auf „quidam", die diese Auffassung verteidigen. Wie Mojsisch in seinem kritischen Apparat verdeutlicht (I, 25), zielt Dietrich aber eindeutig auf Thomas ab.

solche Reduktion ist unzulässig. Der Intellekt geht nicht bloß zu bestimmten Zeitpunkten in einen aktuellen Zustand über, er ist *immer* in einem solchen Zustand. Daher kann er nicht nur wie das Erinnerungsvermögen etwas bereits Erfasstes reaktivieren, sondern er erfasst und versteht aktuell *immer* etwas. Kurzum: Der tätige Intellekt ist nicht auf eine Aktivierung angewiesen, sondern er ist immer schon aktiv.

Doch wie ist eine stete Aktivität möglich? Dietrich zufolge kann man diese Frage nur beantworten, wenn man das Rezeptivitätsmodell des Verstehens aufgibt, d. h. wenn man die Auffassung verwirft, der Intellekt könne nur dann etwas verstehen, wenn ein äußerer Gegenstand die kognitiven Fähigkeiten aktiviere, indem er die Bildung von Phantasmata und intelligiblen Species auslöse. Dietrich bestreitet zwar nicht, dass es Phantasmata und Species als kognitive Hilfsmittel gibt. Er weist aber darauf hin, dass sie nicht dem Intellekt zuzuschreiben sind. Die Phantasmata werden in den inneren Sinnen gebildet und die Species im kogitativen (oder rationalen) Vermögen, das für das rationale Erkennen zuständig ist.[92] Wie bereits dargestellt wurde, unterscheidet Dietrich klar zwischen dem rationalen und dem intellektuellen Erkennen. Wenn also für das rationale Erkennen kognitive Hilfsmittel benötigt werden, heißt dies nicht, dass auch für das intellektuelle Erkennen, das ja das rationale transzendiert, ebenfalls Hilfsmittel erforderlich sind. Zudem weist Dietrich darauf hin, dass die kognitiven Hilfsmittel keine Entitäten sind, die den Intellekt erst aktiv werden lassen und bewirken, dass er etwas versteht. Sie stellen lediglich eine „akzidentelle Disposition" dar.[93] Was unter einer solchen Disposition zu verstehen ist, wird von Dietrich zwar nicht ausführlich erklärt, lässt sich aber anhand eines Beispiels verdeutlichen.

Wenn ich verstehen will, was ein Baum ist, gelingt mir dies am ehesten, wenn ich einen Baum betrachte, ihn mit anderen Gegenständen vergleiche und dadurch feststelle, welche besonderen Merkmale ein Baum aufweist. In diesem ganzen Prozess des Betrachtens und Vergleichens gewinne ich nämlich Phantasmata und Species, die mir einen Baum vergegenwärtigen. Doch die Phantasmata und die Species versetzen mich nur in die Lage, ein möglichst anschauliches Verständnis davon zu gewinnen, was ein Baum ist. Sie „disponieren" mich zu einem solchen Verständnis, aber sie verursachen es nicht. Streng genommen ist es mein Intellekt, der ein Verständnis verursacht. Er bringt nämlich einen Akt hervor, der sich auf einen Baum richtet, und er allein bewirkt, dass der

---

[92] Vgl. *De visione* 4.3.2., 9 (I, 115).
[93] Vgl. *De intellectu* II.3, 2 (I, 148).

betrachtete Gegenstand als Baum und nicht als ein beliebiger Gegenstand verstanden wird. Es ist Dietrich zufolge entscheidend, zwischen dem Bewirken oder Verursachen des Verstehens (der Funktion des Intellekts) und dem bloßen Disponieren zu einem Verstehen (der Funktion der kognitiven Hilfsmittel) zu unterscheiden. Genau diesen Unterschied übersehen jene Autoren, die behaupten, die intelligiblen Species könnten bewirken, dass der Intellekt etwas versteht.

Indem Dietrich betont, dass einzig und allein der Intellekt das Verstehen von etwas verursacht, verdeutlicht er, dass er das Rezeptivitätsmodell durch ein Kreativitätsmodell ersetzt: Nicht weil der Intellekt in irgendeiner Weise affiziert wird, versteht er, was ein Gegenstand ist, sondern weil er selbst *von sich aus* das Verstehen verursacht. Doch warum, so kann man sogleich fragen, ist der Intellekt dazu in der Lage? Aus der Tatsache, dass er immer aktiv ist, ergibt sich nicht unmittelbar, dass er auch das Verstehen eines jeden Gegenstandes verursacht. Warum verfügt der Intellekt über diese besondere Fähigkeit? Auf diese naheliegende Frage gibt Dietrich eine klare Antwort: Der Intellekt verfügt über eine solche Fähigkeit, weil er „das Prinzip und die wesentliche Ursache" für die verstandenen Gegenstände ist.[94] Diese Antwort bedarf freilich einiger Erläuterungen. Es muss untersucht werden, was für eine Art von Ursache der Intellekt ist und wie er sich zu den anderen Arten von Ursachen verhält. Bereits an dieser Stelle lässt sich aber festhalten, dass Dietrich eine folgenreiche Wende vollzieht. Im Gegensatz zu zahlreichen Aristotelikern seiner Zeit geht er nicht davon aus, dass es bereits verursachte, vollständig konstituierte Gegenstände gibt, die – vermittelt durch kognitive Entitäten – dem Intellekt präsent sind und bewirken, dass er etwas versteht. Dietrich dreht die Kausalrelation um. Nicht wie sich die Gegenstände dem Intellekt präsentieren und wie sie ein Verstehen bewirken, ist für ihn entscheidend, sondern wie der Intellekt auf die Gegenstände einwirkt bzw. wie er für sie die „wesentliche Ursache" ist und wie er sie dadurch versteht.

§ 14 Die kategoriale Konstitution der Gegenstände

Wenn der stets aktive Intellekt tatsächlich das Prinzip und die wesentliche Ursache für die Gegenstände ist, muss genauer erklärt werden, in

---

[94] *De visione* 1.1.2.1., 4 (I, 23): „Relinquitur igitur intellectum agentem esse principium intellectorum et causam essentialem."

welchem Sinn er eine solche Ursache sein kann. Ist er eine Wirkursache, eine Formursache oder eine andere Art von Ursache? Und erschafft er die Gegenstände im wörtlichen Sinn, ähnlich wie ein Handwerker materielle Dinge erschafft, oder bewirkt er etwas in den bereits erschaffenen Gegenständen? In seinem *Tractatus de origine rerum praedicamentalium*, einer metaphysischen Abhandlung zum Kategorienproblem, geht Dietrich ausführlich auf diese Fragen ein.[95] Denn im Gegensatz zu zahlreichen Zeitgenossen erachtet er das Kategorienproblem nicht als ein logisch-semantisches Problem. Ihn interessiert nicht die Frage, welche besondere semantische Funktion die kategorialen Ausdrücke ‚Substanz‘, ‚Qualität‘, ‚Relation‘ usw. haben. Ebenso wenig beschäftigt ihn die Frage, welche Entsprechung zwischen dem sprachlichen Ausdruck für eine bestimmte Kategorie, der mentalen Vorstellung von einer Kategorie und der Kategorie in der extramentalen Wirklichkeit besteht.[96] Dietrich konzentriert sich vielmehr auf die grundlegende metaphysische Frage, warum es überhaupt etwas gibt, was wir mit kategorialen Ausdrücken bezeichnen. Warum gibt es Substanzen, Qualitäten, Relationen usw.? Was ist die Ursache für diese Kategorien? Von diesen Leitfragen geht Dietrich aus, und er versucht sie zu beantworten, indem er zunächst unterschiedliche Typen von Ursachen bestimmt.[97]

Unter einer Ursache kann erstens das verstanden werden, was einen Gegenstand hervorbringt oder ihn auf ein bestimmtes Ziel festlegt. Dies ist – in traditioneller Terminologie ausgedrückt – die Wirk- oder Zielursache, die Dietrich als extrinsische Ursache bestimmt. Zweitens kann unter einer Ursache etwas verstanden werden, was im Gegenstand selbst ist, nämlich seine Form oder seine Materie. Somit kann unter einer Ursache auch – wiederum in traditioneller Terminologie ausgedrückt – die Form- oder Materialursache verstanden werden, die Dietrich als intrinsische Ursache auffasst. Doch er begnügt sich nicht mit einer Angabe dieser vier traditionellen Typen von Ursachen. Er hält fest, dass es noch eine weitere, bislang unbenannte Art von Ursache gibt, nämlich jene, „durch die etwas von etwas anderem den Gehalt seiner Entität (*rationem suae*

---

[95] Diese Abhandlung ist vor den intellekttheoretischen Schriften entstanden, wahrscheinlich am Anfang der achtziger Jahre, sicherlich aber vor 1286. Vgl. die editorische Einleitung von L. Sturlese (III, 131-133). Zum Verhältnis zu den intellekttheoretischen Arbeiten siehe Flasch 1983, 41-42.

[96] Wie Sturlese 1996, 188, gezeigt hat, grenzt sich Dietrich in diesem Punkt deutlich von den Modisten ab, die eine genaue Entsprechung zwischen den *modi significandi*, den *modi intelligendi* und den *modi essendi* für die Kategorien annahmen. Dietrichs Kategorienschrift ist nicht zuletzt ein Gegenentwurf zu demjenigen der Modisten.

[97] Vgl. *De origine* 1., 2-5 (III, 138-139).

§ 14 Die kategoriale Konstitution der Gegenstände

entitatis) bezieht."[98] Diese Art von Ursache ist das Prinzip für einen Gegenstand, d. h. das, was einen Gegenstand begründet.

Die Rede von einer Ursache, die den „Gehalt" einer Entität hervorbringt, ruft natürlich sogleich die Frage hervor, was unter einem solchen Gehalt zu verstehen ist. Will man diese Frage beantworten, muss man den metaphysischen Rahmen näher betrachten, in dem Dietrich seine Lehre von den Ursachen entwickelt. Im Anschluss an Aristoteles geht er davon aus, dass die Ausdrücke ‚Seiendes' („*ens*") und Entität (‚*entitas*") in vielfacher Weise verwendet werden, dass aber die wichtigste Verwendung auf das Wesen einer Sache abzielt: auf das, was eine Sache genau zu dem macht, was sie ist, und was durch ihre Definition ausgedrückt wird. Wenn man also ‚x ist seiend' behauptet, sagt man damit nicht einfach, dass x existiert, sondern dass x ein bestimmtes Wesen hat. Mit dem Prädikat ‚seiend' zielt man genau auf dieses Wesen ab.[99] Es gibt jedoch unterschiedliche Arten von Wesen und daher auch unterschiedliche Arten von Seiendem. Die beiden wichtigsten Arten sind Substanz und Akzidens. Eine Substanz zeichnet sich nämlich dadurch aus, dass sie nicht in etwas anderem oder an etwas anderem ist, sondern subsistiert und Träger für anderes sein kann. Genau diese *unabhängige* Seinsweise macht eine Substanz zu dem, was sie ist. Im Gegensatz dazu ist ein Akzidens immer in etwas anderem oder an etwas anderem. Es bedarf immer eines Trägers und hat somit eine *abhängige* Seinsweise.[100] Da es diese beiden unterschiedlichen Seinsweisen gibt, muss bei einer

---

[98] *De origine* 1., 5 (III, 138): „Est et tertius modus, quo aliquid ex alio rationem suae entitatis trahit, innominatus quidem..."

[99] *De ente et essentia* 1., 8 (II, 28): „Et sic apparet de significatione huius nominis ‚ens'. Importat enim in sua significatione totam essentiam eius, de quo praedicatur..." Dietrich erklärt dann, dass „ens" und „entitas" dasselbe bezeichnen, jedoch auf unterschiedliche Weise, denn „ens" bezeichne auf konkrete Weise, „entitas" hingegen auf abstrakte Weise. Der entscheidende Punkt besteht darin, dass „ens" nicht etwas bezeichnet, was von dem verschieden ist, was „essentia" bezeichnet. In klarer Abgrenzung gegenüber Thomas von Aquin vertritt Dietrich die These, dass es keinen realen Unterschied zwischen den beiden Significata gibt. Vgl. zu dieser antithomistischen These, die im Zentrum von *De ente et essentia* steht, Imbach 1996a und de Libera 1996b (zur Verwendung von „ens" und „entitas" besonders 138-140).

[100] Da es eine abhängige Seinsweise hat, verfügt es streng genommen nicht einmal über ein selbständiges Wesen. Es ist ein bloßer „modus seu dispositio substantiae", wie Dietrich in *De accidentibus* 17., 9 (II, 77) betont. Damit wendet er sich gegen die Auffassung, ein Akzidens habe an sich ein Wesen und könne daher von einer Substanz abgetrennt werden und unabhängig von ihr existieren. Die Rede von einem abgetrennten, unabhängig existierenden Akzidens ist seiner Ansicht nach (ganz im Gegensatz zur Auffassung Thomas von Aquins) eine „contradictio in adiecto". Vgl. ausführlich zu dieser Differenz Imbach 1996b, 274-281.

Bestimmung des Wesens eine erste, grundlegende Unterscheidung getroffen werden: Wer ‚x ist seiend' sagt und damit auf das Wesen abzielt, sagt entweder ‚x hat eine unabhängige Seinsweise' oder ‚x hat eine abhängige Seinsweise'. Genau in dieser Differenz besteht der unterschiedliche Gehalt (*ratio*) des Wesens und damit auch der unterschiedliche Gehalt einer Entität.[101]

Doch woher bezieht nun eine Entität ihren Gehalt? Die Substanz als eine unabhängige und somit fundamentale Entität hat ihren Gehalt aus sich selbst; sie wird nicht durch eine andere Entität begründet.[102] Die Qualität bzw. das qualitative Akzidens als eine von der Substanz abhängige Entität hat ihren Gehalt teilweise von der Substanz; es gibt ja keine Qualität unabhängig von einer Substanz.[103] (Zur Veranschaulichung: Es gibt zwar Bäume und Häuser unabhängig von anderen Dingen, aber kein Grün-sein oder Weiß-sein unabhängig von diesem grünen Baum oder jenem weißen Haus.) Die Qualität bezieht ihren Gehalt aber nicht ausschließlich von der Substanz. Es gibt nämlich verschiedene Arten von Qualitäten, die alle als abhängige Entitäten ihren eigenen Gehalt haben und sich voneinander unterscheiden. (Das Grün-sein unterscheidet sich ja vom Weiß-sein, auch wenn diese Qualitäten immer in dieser oder jener Substanz sind.) Dietrich zufolge beziehen sie diesen je eigenen Gehalt von der Natur. Denn die Natur bringt Veränderungen und Bewegungen hervor, und dies kann sie nur tun, wenn sie auch Qualitäten mit einem spezifischen Gehalt hervorbringt. Qualitäten sind nämlich ein Prinzip für Veränderungen und Bewegungen.[104] So verändert sich etwa ein Baum dadurch, dass er anstelle der Farbe Grün die Farbe Braun annimmt. Streng genommen ist also nicht diese oder jene Qualität, sondern der Wechsel von Qualitäten das Prinzip für Veränderungen. Ähnliches gilt auch für Quantitäten. Auch diese sind nämlich ein Prinzip für Veränderungen. Daher wird der Gehalt von Quantitäten ebenso wie jener von Qualitäten von der Natur verursacht. Alles, was zu den übrigen Kategorien gehört (Relationen, Ort, Zeit usw.), ist jedoch kein Prinzip für Veränderungen und wird nicht von der Natur hervorgebracht. Die Ursache für den Gehalt all dieser Entitäten ist vielmehr der Intellekt. Er konstitu-

---

[101] Die ganze Erklärung von „ens" (erster Teil zitiert in Anm. 99) lautet daher: „Importat enim in sua significatione totam essentiam eius, de quo praedicatur, sive sit substantia sive accidens, quamvis sub diversa ratione de ipsis praedicetur, sicut et diversa ratione convenit eis esse, et hoc essentialiter, utrique modo sibi proprio essentiali."

[102] Vgl. *De origine* 1., 23 (III, 143).

[103] Daher betont Dietrich in *De origine* 1., 5 (III, 139): „Et sic se habent res aliorum generum respectu substantiae, inquantum sunt entia..."

[104] Vgl. *De origine* 1., 16 (III, 142).

§ 14 Die kategoriale Konstitution der Gegenstände 159

iert sie in ihrer jeweiligen kategorialen Struktur bzw. in ihrem „wesentlichen Sein".[105]

Dietrich erläutert ausführlich, wie sich die einzelnen Kategorien voneinander unterscheiden, und er gibt Kriterien an, mit deren Hilfe sich die unterschiedlichen Arten von kategorialer Struktur bestimmen lassen. Diese Ausführungen, die alle auf eine Begründung und Erläuterung (teilweise auch auf eine Modifikation) der aristotelischen Kategorientafel abzielen, sollen hier nicht näher betrachtet werden.[106] Entscheidend ist in diesem Zusammenhang nur Dietrichs Grundthese, dass der Intellekt den Gehalt der Kategorien außer Substanz, Qualität und Quantität begründet. An einigen Stellen geht Dietrich sogar über diese These hinaus. Er behauptet nämlich, die Natur vermöge auch eine Substanz, eine Qualität oder eine Quantität nur als Naturding zu begründen. Der spezifische Gehalt werde diesen Dingen jedoch vom Intellekt verliehen.[107] Nur der Intellekt sei imstande, etwas als eine Substanz oder als eine Qualität usw. zu erfassen. Kurzum: Nur der Intellekt sei in der Lage, eine Entität mit ihrer kategorialen Struktur zu erfassen. Daraus zieht Dietrich die Schlussfolgerung:

„Das wesentliche Sein scheint nämlich nur beim Intellekt zu sein, weil ein Gegenstand eine bestimmte Seinsweise nur hat, insofern für ihn die eigenen derartigen Prinzipien vom Intellekt festgelegt werden."[108]

Dies ist natürlich eine radikale These, die auf die kategoriale Bestimmung *aller* Entitäten abzielt. Denn wenn Dietrich auch zugesteht, dass es von Natur aus bestimmte Arten von Entitäten gibt, so hält er doch fest, dass sie ihr wesentliches Sein (und das heißt immer: ihre kategoriale Struktur) nicht von Natur aus haben, sondern vom Intellekt erhalten. Der Intellekt verursacht oder begründet dieses Sein.[109] Konkret heißt

---

[105] *De origine* 1., 20 (III, 143): „Haec autem entia, de quibus sermo est, sic sunt ab actu intellectus, quod intellectus determinat ea circa res naturae tamquam formas quasdam et modos entium naturae, et hoc secundum diversas diversorum generum determinatas naturas." *De origine* 5., 33 (III, 190): „Secundum hoc enim unamquamque rem ex propria ratione in esse quiditativo constituit." Vgl. auch ibid. 2., 15 (III, 148) und 5., 1 (III, 181).
[106] Vgl. eine ausführliche Darstellung in Flasch 1972 und eine konzise Übersicht in Flasch 1983, LXIV-LXV.
[107] Vgl. *De origine* 2., 32 (III, 151) und ibid. 51 (III, 156), wo Dietrich sagt, die Natur sei nur „ratione fundamenti" die Ursache für alle Entitäten. Im Hinblick auf die „ratio sui proprii generis" hingegen sei der Intellekt die Ursache.
[108] *De origine* 5., 39 (III, 192): „Esse enim quiditativum non videtur esse nisi apud intellectum eo, quod res non habet hunc modum, nisi inquantum sibi ab intellectu determinantur propria principia huiusmodi."
[109] Dietrich spricht ausdrücklich von einem Verursachen und nicht bloß von einem Interpretieren oder Beschreiben. *De origine* 5., 43 (III, 193): „... intellectus habet aliquo modo rationem causalis principii respectu rerum."

dies: Es gibt von Natur aus zwar Bäume und das Grün-sein, aber der Intellekt verursacht die Substanz-Struktur der Bäume und die Qualität-Struktur des Grün-seins, und zwar dadurch, dass er diese Entitäten als Substanzen bzw. als Qualitäten erfasst. Denn indem der Intellekt Bäume und Farben erfasst, bestimmt er sie *als etwas* und gibt ihnen dadurch eine kategoriale Struktur.

Zieht man in Betracht, dass der Intellekt nur bezüglich der kategorialen Struktur etwas begründet oder hervorbringt, wird deutlich, in welchem Sinne er eine Ursache ist. Zum einen ist er sicherlich nicht in dem Sinne eine Ursache, in dem ein Handwerker eine Ursache für materielle Gegenstände ist. Der Intellekt bringt ja nicht Bäume aus Holz oder Häuser aus Steinen hervor. Dass er nicht in diesem naiven Sinn als Ursache tätig sein kann, ergibt sich schon daraus, dass er ein immaterielles Vermögen ist, das nicht in die Natur eingreifen und Materielles erschaffen kann. Zum anderen ist der Intellekt aber auch nicht – wie man vielleicht erwarten könnte – eine Ursache, die bloß Gedankendinge hervorbringt. Er ist zwar imstande, Gedankendinge zu erschaffen. So kann er sich etwa goldene Berge oder Chimären ausdenken. Aber seine Tätigkeit beschränkt sich nicht auf die Erschaffung derartiger fiktiver Gegenstände, die ausschließlich in ihm selbst existieren. Der Intellekt ist auch und sogar vornehmlich imstande, *reale* Gegenstände – Gegenstände, die außerhalb des Intellekts tatsächlich existieren oder existieren können – als kategorial konstituierte Gegenstände zu verursachen.

Dass sich die These von der kategorialen Verursachung nicht bloß auf fiktive Gegenstände bezieht, zeigt sich nicht nur darin, dass Dietrich diese These uneingeschränkt auf alle Entitäten bezieht. Dies geht auch aus seiner Bemerkung hervor, dass der Intellekt Gegenstände der ersten und nicht bloß der zweiten Intention kategorial verursacht.[110] Gegenstände der ersten Intention sind gemäß der im späten 13. Jh. üblichen Terminologie jene Gegenstände, die durch objektsprachliche Ausdrücke bezeichnet werden, d. h. durch Ausdrücke, die auf Gegenstände in der Welt – nicht bloß auf sprachliche oder mentale Gegenstände – referieren.[111] So sind Bäume und Häuser, aber auch das Grün-sein und das Vater-sein, Gegenstände erster Intention; sie werden durch entsprechende objektsprachliche Ausdrücke bezeichnet. Gegenstände zweiter Intention hingegen werden nicht durch solche Ausdrücke bezeichnet. Die klassischen Beispiele für derartige Gegenstände sind Art und Gattung. Die entspre-

---

[110] Vgl. *De origine* 1., 20 und 25 (III, 143 und 144); ibid. 5., 52-55 (III, 196-197).

[111] Vgl. zur Terminologie Pinborg 1974 und Knudsen 1982. Zur Entstehung dieser Terminologie in der arabischen Logik und Psychologie vgl. Gyekye 1971 und Maierù 1987.

§ 14 Die kategoriale Konstitution der Gegenstände 161

chenden Ausdrücke ‚Art' und ‚Gattung' bezeichnen nämlich nicht Objekte in der Welt, sondern die mentalen Begriffe für Art und Gattung. Ob und wie diese Begriffe eine Fundierung in der extramentalen Wirklichkeit haben, war unter den Autoren des späten 13. Jhs. zwar eine umstrittene Frage. Unumstritten war aber, dass sie eben nur Begriffe und damit Produkte des Intellekts sind. Auch Dietrich schließt sich dieser Meinung an. Er hält fest, die Gegenstände zweiter Intention seien „gewisse Formen" im Intellekt, mit denen die Gegenstände außerhalb des Intellekts verstehbar werden.[112] Damit verdeutlicht er, dass die Gegenstände zweiter Intention im Gegensatz zu jenen erster Intention nur im Intellekt existieren. Und indem er betont, dass der Intellekt Gegenstände *erster* Intention begründet oder verursacht, bekräftigt er seine Hauptthese: Der Intellekt begründet Gegenstände, die in der realen Welt existieren (oder zumindest existieren können) und durch objektsprachliche Ausdrücke bezeichnet werden. Die begründende Funktion des Intellekts beschränkt sich nicht auf Gegenstände, die nur in ihm selbst existieren, weil er sie selbst erfindet (wie etwa goldene Berge und Chimären) oder weil er sie selbst durch Abstraktion bildet (wie die Begriffe für Art und Gattung).

Freilich begründet der Intellekt die Gegenstände in der realen Welt nicht schlechthin. Er begründet sie nur hinsichtlich ihrer kategorialen Konstitution. Dietrich insistiert darauf, dass bei einer Analyse der Begründung oder Verursachung von Gegenständen mindestens drei verschiedene Aspekte zu beachten sind.[113] (a) Betrachtet man einen Gegenstand hinsichtlich seiner inneren Beschaffenheit, so muss man seine Form und seine Materie als Ursachen angeben. Konkret heißt dies: Betrachtet man einen Baum hinsichtlich der Beschaffenheit seines Stammes, seiner Äste, seiner Blätter usw. und fragt man, warum er so beschaffen ist, muss die Antwort lauten: weil er aus einer spezifischen Form und einer spezifischen Materie besteht. (b) Betrachtet man einen Gegenstand hinsichtlich des Zieles, auf das er festgelegt ist, so muss man auf die Natur als Ursache rekurrieren. Es ist nämlich die Natur, die bewirkt, dass ein Baum wächst und eine bestimmte Größe erreicht.[114] (c) Betrachtet man einen Gegenstand schließlich hinsichtlich seiner kategorialen Struk-

---

[112] Vgl. *De origine* 1., 19 (III, 143) und 5., 53 (III, 197). Zu Dietrichs Erklärung der Gegenstände zweiter Intention vgl. de Libera 1984.
[113] Vgl. *De origine* 1., 6 (III, 139) und 5., 37 (III, 192).
[114] Im Rahmen einer aristotelischen Erklärung müsste man natürlich sagen, dass sich die Natur in der spezifischen Form des Baumes manifestiert. Der Baum wächst nicht, weil von außen die Natur auf ihn einwirkt, sondern weil er von Natur aus über eine Form verfügt, die sein Wachstum festlegt. Das Verhältnis zwischen Form und Natur wird von Dietrich jedoch nicht erklärt.

tur, so muss man auf den Intellekt als Ursache verweisen. Es ist nämlich der Intellekt, der den Baum als Substanz auffasst und ihn somit kategorial strukturiert.

Gegen These (c) könnte allerdings sogleich ein Einwand erhoben werden. Warum ist es nicht die Natur, die einen Gegenstand kategorial strukturiert? Die Natur bewirkt doch, dass ein Baum eben eine Substanz und das Grün-sein nur eine Qualität ist. Die Natur strukturiert die Gegenstände auf eine bestimmte Weise. Erst *nachdem* sie derart strukturiert sind, können sie vom Intellekt entsprechend erfasst und in Kategorien eingeteilt werden.

Dietrich würde einen solchen Einwand sogleich zurückweisen. Unter der Natur versteht er nämlich einzig und allein ein finalistisches Prinzip, d. h. ein Prinzip, das alle Dinge auf ein Ziel oder einen Zweck hin festlegt.[115] So wächst etwa ein Baum nicht zufällig, sondern von Natur aus; die Natur legt ihn von Anfang seiner Existenz an darauf fest, dass er größer wird und eine bestimmte Höhe erreicht. Doch auch die Natur legt nicht die kategoriale Struktur eines Baumes fest. Da aber alles, was eine kategoriale Struktur hat, diese Struktur entweder von der Natur oder vom Intellekt hat,[116] muss ein Baum wie auch jeder andere Gegenstand seine kategoriale Struktur vom Intellekt haben. Erst der Intellekt macht den von Natur aus wachsenden Baum zu einer Substanz. Oder genauer gesagt: Erst der Intellekt gibt ihm das „wesentliche Sein" einer Substanz und verleiht ihm dadurch eine kategoriale Struktur.

Hier zeigt sich einmal mehr die herausragende Stellung, die Dietrich dem Intellekt (und zwar auch dem menschlichen, nicht nur dem göttlichen) einräumt. Der Intellekt ist nicht bloß ein Vermögen, das die von Natur aus strukturierten Gegenstände aufnimmt oder sich diesen durch einen kognitiven Prozess irgendwie angleicht. Immer wieder betont Dietrich, dass dem Intellekt nicht einfach eine rezeptive Funktion zugeschrieben werden darf. Wenn der Intellekt einen Gegenstand erfasst und versteht, dann übt er eine *aktive* Funktion aus: Er strukturiert ihn auf eine bestimmte Weise, indem er kategoriale Prinzipien auf ihn anwendet:

„Einzig dies nämlich ist das Verstehen: das Erfassen eines Gegenstandes gemäß dessen Festlegung auf derartige Prinzipien."[117]

---

[115] *De origine* 1., 12 (III, 141): „... unumquodque ens in ordine ad suas causas dicitur res naturae, inquantum videlicet est ab actu naturae in ordine ad aliquem finem."

[116] Vgl. explizit *De origine* 1., 19 (III, 142).

[117] *De origine* 5., 26 (III, 187): „Hoc enim solum est intelligere, scilicet apprehendere rem secundum talium principiorum eius determinationem..." Vgl. auch ibid., 33 und 39 (III, 190 und 192).

§ 14 Die kategoriale Konstitution der Gegenstände 163

Einen Gegenstand zu verstehen heißt somit immer, ihn als eine Substanz, als eine Qualität, als eine Quantität usw. zu erfassen. Oder modern ausgedrückt: Einen Gegenstand zu verstehen heißt, ihn unter eine bestimmte Kategorie zu subsumieren. Und dieses Subsumieren ist stets eine Leistung des aktiven Intellekts. Gäbe es keinen Intellekt, gäbe es auch keine kategorial strukturierten Gegenstände, sondern nur hylemorphistische Komposita.

Die Gegenstände werden vom Intellekt freilich nicht willkürlich strukturiert, sondern unter Berücksichtigung bestimmter Kriterien. Dietrich gibt vier solche Kriterien an.[118] Die beiden wichtigsten Kriterien sind folgende: Erstens muss beachtet werden, was der wesentliche und formale Gehalt eines Gegenstandes ist (z. B. ob es sich um einen einheitlichen Gegenstand oder um eine Vielheit von Gegenständen handelt). Zweitens ist darauf zu achten, ob er ein Subjekt im technischen Sinn dieses Wortes ist, d. h. ein Träger für andere Entitäten. Wenn nun ein Gegenstand den wesentlichen und formalen Gehalt von etwas Einheitlichem hat, und wenn er als Subjekt für anderes dienen kann, dann wird er vom Intellekt als eine Substanz konstituiert: als etwas, was zur ersten und grundlegenden Kategorie gehört. Dietrichs Angabe von präzisen Kriterien verdeutlicht, dass er Beschränkungen berücksichtigt, die dem Intellekt auferlegt sind. Denn obwohl der Intellekt über eine produktive Fähigkeit verfügt, kann er einen Gegenstand doch nicht beliebig als eine Substanz oder als eine Qualität oder als zu einer anderen Kategorie zugehörig konstituieren. Als Substanz ist ein Gegenstand nur dann konstituierbar, wenn er eine Einheit und ein Subjekt darstellt. Somit gibt es durchaus bestimmte Merkmale, die in der Natur gegeben sind. Der entscheidende Punkt besteht für Dietrich aber darin, dass nicht bereits die kategoriale Struktur in der Natur gegeben ist. Es ist der Intellekt, der unter Berücksichtigung bestimmter gegebener Merkmale die jeweilige Struktur festlegt.

Noch ein weiterer Punkt ist zu beachten. Der Intellekt bestimmt oder verursacht streng genommen nicht einen unkomplexen Gegenstand.[119] Er verursacht ja nicht einfach den Baum oder das Grün-sein, sondern er verursacht, dass der Baum eine Substanz ist und dass das Grün-sein eine Qualität ist. Somit bezieht er sich auf etwas Komplexes. Wie sich dieses zu den unkomplexen Gegenständen verhält, wird von Dietrich zwar nicht erläutert, aber seine These, dass der verursachende Intellekt sich

---

[118] Vgl. *De origine* 2., 2-5 (III, 145).
[119] Vgl. explizit *De intellectu* 17., 1 (I, 190).

nicht einfach auf Unkomplexes bezieht, verdient Beachtung. Sie verdeutlicht nämlich, dass Dietrich den Intellekt als ein Vermögen auffasst, das – ganz im Gegensatz zum rein kogitativen Vermögen – nicht einfach dazu dient, diesen oder jenen Gegenstand zu erfassen. Der Intellekt gibt den Gegenständen nur als Bestandteilen von Komplexem (modern gesprochen: von Sachverhalten) eine kategoriale Struktur, und dieses Komplexe wird durch Propositionen erfasst. Die Grundstruktur der intellektuellen Tätigkeiten lautet deshalb „Der Intellekt erfasst, dass x F ist" und nicht einfach „Der Intellekt erfasst x".

Dietrich begnügt sich freilich nicht mit der vagen Aussage, dass der Intellekt etwas erfasst. Wie bereits mehrfach erwähnt wurde, macht er die stärkere Aussage, dass er etwas *verursacht*, indem er den Gegenständen eine kategoriale Struktur zuschreibt. Diese Aussage ruft natürlich die Frage hervor, um welche Art von Ursache es sich dabei handelt. An einer Stelle gibt Dietrich eine explizite Antwort auf diese Frage. Er hält fest, der Intellekt sei eine Wirkursache.[120] Diese Feststellung ist in mindestens zweifacher Hinsicht bemerkenswert. Einerseits verdeutlicht sie, dass Dietrich neben den vier traditionellen Arten von Ursachen keineswegs eine fünfte mysteriöse Art von Ursache einführt. Auch der kategorial konstituierende Intellekt ist eine Ursache, die im Rahmen der aristotelischen Lehre von den natürlichen Ursachen zu erklären ist. Andererseits zeigt Dietrichs Feststellung aber auch, dass er über einen differenzierten Begriff von Wirkursache verfügt. Denn wie bereits erwähnt, ist der Intellekt sicherlich nicht in dem Sinne eine Wirkursache, wie ein Handwerker eine Wirkursache für einen materiellen Gegenstand ist. Er erschafft einen Gegenstand ja nicht aus einem Stück Materie. Daher muss man zwischen zwei Arten von Wirkursachen unterscheiden, nämlich zwischen jenen, die *materiell* etwas bewirken oder hervorbringen, und jenen, die *kategorial* etwas bewirken.[121] Der innovative Punkt bei Dietrich besteht darin, dass er auch das kategoriale Bewirken als ein Bewirken im strengen Sinn, d. h. als das Handeln einer Wirkursache, auffasst. Der Intellekt

---

[120] *De origine* 5., 45 (III, 194): „... intellectus respectu rerum primo et per se intelligibilium habet rationem et modum causae efficientis." Dietrich fügt ergänzend hinzu, der Intellekt sei auch eine Zielursache, aber nicht für die Gegenstände, sondern für den jeweiligen Menschen, in dem er ist. Denn indem der Intellekt tätig ist und Gegenstände kategorial konstituiert, erreicht ein Mensch seine Vollkommenheit.

[121] Dietrich betont daher, der Intellekt bewirke nicht in einem naturphilosophischen Sinn etwas, sondern er sei nur „gleichsam bewirkend". *De origine* 2., 14 (III, 147): „Oportet igitur principium et causam horum accipere apud intellectum quasi effective et apud substantiam sive rei essentiam quasi subiective et rei rationem quasi originaliter et informative."

interpretiert die Gegenstände nicht nur und wendet nicht nur kategoriale Begriffe auf sie an, sondern er wirkt auf sie ein, indem er ihnen eine kategoriale Struktur gibt.

§ 15 Eine kopernikanische Wende im Mittelalter?

Die bisherigen Ausführungen haben gezeigt, dass Dietrich von Freiberg dem Intellekt eine kreative und produktive Funktion zuschreibt: Erst durch den Intellekt erhalten die Gegenstände eine kategoriale Struktur. Doch was hat diese intellekttheoretische These mit der Intentionalitätsproblematik zu tun? Ein fundamentaler Zusammenhang ist bereits am Ende von § 13 deutlich geworden. Wenn der Intellekt die Gegenstände tatsächlich strukturiert, dann muss die ganze Problemstellung anders formuliert werden, als sie von Thomas von Aquin und anderen Autoren in der Mitte des 13. Jhs. in die Intentionalitätsdebatte eingeführt wurde. Es gilt nicht mehr zu fragen, wie der Intellekt auf Gegenstände Bezug nehmen kann, indem er sie mit Hilfe besonderer kognitiver Entitäten aufnimmt und indem er mit ihnen identisch wird. Es ist vielmehr umgekehrt zu fragen, wie der Intellekt gleichsam auf die Gegenstände ausgreifen und ihnen eine kategoriale Struktur verleihen kann. Nicht wie die Gegenstände auf den Intellekt einwirken ist entscheidend, sondern wie der Intellekt auf die Gegenstände einwirkt. An einer Stelle bringt Dietrich diese Umkehrung der Kausalrelation deutlich zum Ausdruck:

„Wenn also zwischen dem Intellekt und seinen derartigen Objekten eine Kausalrelation besteht, ist es notwendig, dass sie sich eher beim Intellekt mit Bezug auf die Gegenstände vorfindet als umgekehrt."[122]

Aufgrund dieser Umkehrung der Kausalrelation könnte Dietrichs Position als ein radikaler Wendepunkt in der mittelalterlichen Debatte angesehen werden – als ein Wendepunkt, der eine verblüffende Ähnlichkeit mit der „kopernikanischen Wende" bei Kant aufweist. Bekanntlich verwarf Kant den methodischen Ansatz der traditionellen Metaphysik, die davon ausging, dass sich die menschliche Erkenntnis nach den Gegenständen in der Welt richten muss. Er forderte: „Man versuche es daher einmal, ob wir nicht in den Aufgaben der Metaphysik damit besser fortkommen, daß wir annehmen, die Gegenstände müssen sich nach unse-

---

[122] *De origine* 5., 21 (III, 186): „Si igitur inter intellectum et huiusmodi sua obiecta attenditur aliqua causalitas, necesse est ipsam inveniri potius apud intellectum respectu rerum quam e converso."

rem Erkenntnis richten..."[123] In ähnlicher Weise scheint bereits vierhundert Jahre vor Kant Dietrich von Freiberg zu fordern: Nehmen wir an, dass sich die Gegenstände nach unserem kategorial konstituierenden Intellekt richten und nicht umgekehrt. In mehreren Aufsätzen hat K. Flasch auf diese Parallele hingewiesen und die These vertreten, dass sich bereits bei Dietrich eine „kopernikanische Wende" abzeichnet. Denn bereits bei Dietrich finde sich „eine ausdrückliche Theorie der seinsbegründenden Funktion unseres theoretischen Denkens."[124] Dies heißt freilich nicht, dass sich bereits bei Dietrich sämtliche Elemente der Kantischen Theorie der reinen Vernunft finden. Er geht ja von der traditionellen Unterscheidung zwischen einem tätigen und einem möglichen Intellekt aus und entwickelt vor diesem aristotelischen Hintergrund eine Theorie des produktiven Intellekts. Ebenso wenig bedeutet dies, dass Dietrich einfach Kants Kategorienlehre antizipiert. Es ist offensichtlich, dass sich Dietrich in seiner Kategorienlehre, insbesondere in seiner Bestimmung der einzelnen Kategorien, eng an der aristotelischen Kategorientafel orientiert, während Kant diese als eine unsystematische Tafel verwirft. Die Parallele, auf die Flasch hingewiesen hat, besteht einzig darin, dass Dietrich ebenso wie später Kant dem Intellekt eine produktive, „seinsbegründende" Funktion zuschreibt und nicht bloß eine rezeptive Funktion.

Lässt sich also bereits im späten 13. Jh. eine „kopernikanische Wende" ausfindig machen? Diese Frage erfordert eine differenzierte Antwort, die auch die historischen Voraussetzungen der Position Dietrichs berücksichtigt. Er hat seine Theorie von der konstitutiven Leistung des Intellekts nämlich nicht als eine Abkehr von den Theorien seiner Zeit verstanden, sondern im Gegenteil als eine Weiterführung und Vertiefung bestehender Positionen, freilich als eine Weiterführung, die in einigen Punkten auch eine Distanzierung von anderen Autoren des 13. Jhs. beinhaltet.[125] Besonders auffällig ist die Distanzierung von seinem Ordens-

---

[123] *KrV*, Vorrede zur zweiten Auflage, B XVI.
[124] Flasch 1972, 196. Vgl. auch Flasch 1978, 1983 und 1984. In den späteren Texten argumentiert Flasch freilich vorsichtiger. Besonders in Flasch 1983, LXXXIX, weist er auf „die Differenz zweier geschichtlicher Welten" hin und betont: „Die philosophische Bedeutung Dietrichs würde zu eng gesehen, wenn man ihn nur als Vorläufer Kants läse." Dennoch hält er an seiner bereits 1972 formulierten Grundthese fest, dass sich klare Parallelen zwischen dem Projekt Dietrichs und jenem Kants finden.
[125] In *De origine* 1., 9 (III, 138) hält Dietrich ausdrücklich fest, er wolle die konstitutive Funktion des Intellekts „secundum philosophos et maxime Peripateticos" untersuchen. Schon seine Intention unterscheidet sich also von derjenigen Kants. Er will nicht eine frühere Tradition überwinden oder mit ihr brechen, sondern den traditionellen peripatetischen Ansatz weiterführen.

§ 15 *Eine kopernikanische Wende im Mittelalter?* 167

bruder Thomas von Aquin, mit dem er sich in mehreren Werken implizit oder explizit auseinandersetzt.[126] Im Vergleich zu Thomas lässt sich bei Dietrich in mindestens drei Punkten eine Veränderung feststellen.

Erstens vertritt Dietrich die These, wie bereits in § 13 festgehalten wurde, dass der Intellekt *immer* aktiv tätig ist und nicht erst aktiviert werden muss. Da seine Aktivität kognitiver Art ist, bedeutet dies: Der Intellekt ist immer kognitiv tätig und versteht immer etwas, ohne dass er durch äußere Gegenstände aktiviert werden muss. Er ist dazu imstande, weil er ja selber das verursacht, was er versteht. Diese These unterscheidet sich grundlegend von derjenigen des Thomas, der behauptet, erst wenn der Intellekt Gegenstände auf immaterielle Weise aufnehme, könne er etwas verstehen. Zweitens behauptet Dietrich, der menschliche Intellekt könne durch sein Wesen alles verstehen, während Thomas die Auffassung vertritt, nur Gott sei dazu in der Lage.[127] Thomas zufolge benötigt der menschliche Intellekt immer kognitive Hilfsmittel, die zwischen dem Bereich des Immateriellen und jenem des Materiellen vermitteln. Dietrich hingegen lehnt diese Auffassung ab,[128] weil es seiner Ansicht nach gar keine Kluft zwischen dem immateriellen Intellekt und den materiellen Gegenständen gibt. Was der Intellekt versteht, ist nämlich von vornherein etwas Immaterielles: die kategoriale Struktur der Gegenstände. Diese Struktur findet sich zwar in materiellen Gegenständen, nicht bloß in Gedankendingen, ist aber selber nicht materiell. So ist das Substanz-sein oder das Qualität-sein nicht ein materieller Bestandteil neben anderen materiellen Bestandteilen, sondern eben bloß eine immaterielle kategoriale Struktur. Drittens schließlich behauptet Dietrich, wie mehrfach betont wurde, dass der Intellekt im wörtlichen Sinne etwas hervorbringt. Er ist eine Wirkursache, die den Gegenständen eine kategoriale Struktur verleiht. Für Thomas hingegen ist der Intellekt keine Ursache in diesem Sinne. Natürlich schreibt auch er dem tätigen Intellekt eine kausale Funktion zu. Der Intellekt bewirkt seiner Ansicht nach, dass die potenziell verstehbaren Gegenstände aktuell verstehbar werden, indem er intelligible Species abstrahiert.[129] Aber diese Tätigkeit beschränkt sich auf das Abstrahieren der Species. Der Intellekt hat ja die

---

[126] Wie Mojsisch 1980 gezeigt hat, distanziert er sich in einigen zentralen Punkten (etwa in der These, dass der Intellekt *wesentlich* Intellekt ist), auch von Albert dem Großen.
[127] Vgl. *De visione* 1.1.5., 1 (I, 30); als Kontrast Thomas von Aquin, *ST* I, q. 84, art. 2, corp.
[128] Wie in Anm. 92-93 verdeutlicht wurde, lehnt er freilich nicht pauschal die Existenz kognitiver Hilfsmittel ab. Er weist nur die These zurück, dass der Intellekt auf derartige Hilfsmittel angewiesen ist, um aktiv zu werden.
[129] Vgl. *Quaestio disp. De anima*, art. 4, corp.; *ST* I, q. 85, art. 1, corp.

Aufgabe, durch das Abstrahieren die allgemeine Natur der Gegenstände zu erfassen. Er hat jedoch nicht die Aufgabe, die Gegenstände kategorial zu konstituieren. Für Thomas sind die Gegenstände bereits *in natura* kategorial konstituiert.

Betrachtet man diese drei Differenzen, kann man Dietrich in der Tat eine eigenständige Position zusprechen, die gegenüber der im späten 13. Jh. einflussreichen Theorie Thomas von Aquins auf kritische Distanz geht. Allerdings ist bei einer Bewertung dieser Position Vorsicht geboten. Sie stellt weniger eine Wende oder einen Bruch mit früheren Theorien dar als eine kreative Verbindung und Ausarbeitung bereits bestehender Theorieelemente. Dies zeigt eine genauere Betrachtung der drei genannten Thesen. Die erste These, dass der Intellekt immer aktiv ist, ist nämlich nichts anderes als die konsequente Verteidigung einer Aussage, die sich bereits bei Aristoteles findet. Aristoteles hielt ausdrücklich fest, der tätige Intellekt sei nicht derart, dass „er manchmal denkt und manchmal nicht denkt".[130] Er zeichne sich vielmehr durch eine dauernde Aktivität aus. Genau diese genuin aristotelische These verteidigt Dietrich gegenüber abschwächenden Interpretationen.[131]

Die zweite These, derzufolge der Intellekt alles durch sein Wesen erkennt, stellt ebenfalls keine Innovation dar. Sie ist eine konsequente Weiterführung zweier Hauptthesen aus dem *Liber de causis*. In Prop. XII (109) dieser neuplatonischen Schrift heißt es nämlich, jede Intelligenz erkenne ihr eigenes Wesen. Und in Prop. XIV (124) wird behauptet, eine Intelligenz, die ihr eigenes Wesen erkenne, kehre durch eine vollständige Rückkehr (*reditione completa*) auch wieder zu ihrem eigenen Wesen zurück.[132] Diesen Thesen liegt die Annahme eines dreistufigen Prozesses zugrunde: Zuerst erfasst eine Intelligenz ihr eigenes Wesen, dann erkennt sie durch ihr Wesen andere Entitäten, und schließlich kehrt sie wieder vollständig zum eigenen Wesen zurück. Entscheidend ist dabei, dass sie andere Entitäten erkennen kann, weil diese immer schon im eigenen Wesen angelegt sind. Daher impliziert das Erkennen des eigenen Wesens das Erkennen von anderem.[133] Die drei Schritte im Erkenntnisprozess haben immer das eigene Wesen als Bezugspunkt. Genau diesen Gedankengang übernimmt Dietrich, wenn er behauptet, der Intellekt

[130] Vgl. *De anima* III, 5 (430a22).
[131] Vor allem verteidigt er sie gegen die Abschwächung des Thomas, der behauptet, die Aussage des Aristoteles beziehe sich nicht uneingeschränkt auf den tätigen Intellekt, sondern nur insofern dieser aktuell sei. Vgl. *ST* I, q. 79, art. 4, ad 2.
[132] Vgl. *Liber de causis* (ed. Pattin 1966, 74 und 79).
[133] *Liber de causis* XII.112 (ed. Pattin 1966, 75): „Et, quando scit essentiam suam, scit reliquas res quae sunt sub ea, quoniam sunt ex ea."

verstehe mit demselben Erkenntnisakt, mit dem er sich selbst verstehe, auch alles außer seiner selbst.[134] Alles, was er verstehe, sei immer schon in seinem Wesen angelegt.[135] Deshalb könne der Intellekt auch alles durch sein Wesen verstehen und bedürfe keiner Aktivierung von außen. Betrachtet man diese Erklärung der zweiten These, zeigt sich, dass Dietrich keine vollkommen neue These präsentiert. Er wendet nur eine Überlegung, die im *Liber de causis* allgemein auf die Intelligenzen bezogen war, auf den menschlichen Intellekt an.

Angesichts des neuplatonischen Hintergrundes lässt sich auch Dietrichs dritte These – die entscheidende These im Hinblick auf die „seinsbegründende" Funktion – besser verstehen. Offensichtlich ist der Intellekt imstande, die Gegenstände kategorial zu konstituieren, weil er sie bereits in sich enthält. Dietrich erläutert sogar, wie der Intellekt sie in sich enthält: Er ist ein Urbild (*exemplar*) aller möglichen Gegenstände.[136] Aus diesem Grund muss der Intellekt die Gegenstände nicht durch einen Abstraktionsprozess in sich aufnehmen. Er hat sie bereits in urbildlicher Gestalt in sich und lässt sie aus sich hervorgehen. Dazu ist er in der Lage, weil er seinerseits aus dem göttlichen Intellekt hervorgegangen ist. Er ist ja, wie in § 13 bereits dargestellt wurde, ein Abbild Gottes. Somit liegt eine vollständige Kausalkette in einem neuplatonischen Sinne vor: Der göttliche Intellekt als der erste und uneingeschränkt aktive Intellekt ist das erste Urbild aller Entitäten. Er lässt den menschlichen Intellekt aus sich hervorgehen. Dieser ist ebenfalls wesentlich Intellekt und deshalb ebenfalls wesentlich (wenn auch nur sekundär) ein Urbild aller Entitäten. Er lässt diese aus sich hervorgehen, freilich nicht indem er sie materiell erschafft, sondern indem er sie kategorial konstituiert. In dieser konstitutiven Tätigkeit ist er dem göttlichen Intellekt ähnlich.

Betrachtet man diese neuplatonisch geprägte Argumentation, die Dietrich in seinen intellekttheoretischen Schriften entwickelt, kann man in einem gewissen Sinne von einer „seinsbegründenden" Funktion des Intellekts sprechen. Dietrich verwirft nämlich jene Theorien, die dem Intellekt lediglich eine rezeptive Funktion oder eine Abstraktionsleistung zuschreiben. In diesem Punkt ist Flasch sicherlich beizupflichten. Doch Dietrichs Theorie stellt deshalb noch keine „kopernikanische Wende" und keinen Anfangspunkt der neuzeitlichen Philosophie

---

[134] Vgl. *De visione* 1.1.3., 5 (I, 27).
[135] Daher sagt Dietrich in *De visione* 1.1.3.1., 3 (I, 28), der Intellekt verstehe streng genommen nichts außerhalb seiner selbst.
[136] Vgl. *De visione* 1.1.4., 1 (I, 28).

dar.[137] Sie lässt sich eher als eine neuplatonische Wende oder noch treffender als eine neuplatonische Transformation der aristotelischen Intellekttheorie und damit auch der aristotelischen Intentionalitätstheorie charakterisieren.[138] Geprägt vom *Liber de causis*, untersucht Dietrich nämlich nicht die empiristische Frage, wie sich der Intellekt auf der Grundlage von Sinneseindrücken auf Gegenstände in der Welt beziehen kann. Er konzentriert sich vielmehr auf die Frage, wie sich der gottähnliche menschliche Intellekt *von sich aus* auf die Gegenstände beziehen kann und wie er sie durch seine Bezugnahme in einer bestimmten Hinsicht konstituieren kann. Freilich wiederholt Dietrich nicht bloß den neuplatonischen Gedanken von der Emanation der Gegenstände aus dem Intellekt. Er verwendet diesen Gedanken auf innovative Weise, indem er ihn auf das Kategorienproblem anwendet. Seiner Ansicht nach konstituiert der Intellekt die Gegenstände ja nicht schlechthin, sondern hinsichtlich ihrer kategorialen Struktur. Die jeweilige Struktur erklärt Dietrich zwar mit Rückgriff auf die aristotelische Kategorienlehre, aber seine Begründung der konstitutiven Leistung des Intellekts ist eindeutig neuplatonischer Natur.

[137] Dass sie nicht die neuzeitliche Philosophie einleitet, verdeutlicht schon die Tatsache, dass Dietrich den menschlichen Intellekt immer in Abhängigkeit vom göttlichen erklärt: Der menschliche Intellekt hat seine seinsbegründende Funktion nur, insofern er aus dem göttlichen hervorgeht, der als erste Ursache den ganzen Kosmos begründet. Halfwassen 1997, 352, stellt daher gegenüber Flasch zu Recht kritisch fest, dass Dietrich „an der Weltbegründung des göttlichen Einen ausdrücklich festhält und diese sowohl auf die Konstitution des Intellekts als auch auf die Erschaffung der Natur bezieht." Zudem ist grundsätzliche methodische Vorsicht geboten, wenn nach dem Ursprung der neuzeitlichen Philosophie im Mittelalter gefragt wird. Eine solche Fragestellung setzt nicht nur eine bestimmte Interpretation mittelalterlicher Theorieelemente voraus, sondern geht auch stillschweigend von einer bestimmten Auffassung der neuzeitlichen Philosophie aus. Neuzeitliche Philosophie, so wird angenommen (von Flasch 1972 ebenso wie von Halfwassen 1997), sei im Kern Subjektivitätstheorie. Gegen diese Annahme lassen sich aber zahlreiche Einwände vorbringen, wenn innerhalb der neuzeitlichen Philosophie andere Theorien – etwa jene zur Naturphilosophie oder zur Wissenschaftstheorie – in den Blick genommen werden. Es scheint mir daher auch im Hinblick auf eine differenzierte Beurteilung der neuzeitlichen Philosophie problematisch, im Mittelalter nach einer Theorie des autonomen, produktiven Subjekts zu suchen und diese dann als Anfangspunkt der neuzeitlichen Philosophie zu bestimmen.
[138] Es ist zu beachten, dass Dietrich nicht einfach den aristotelischen Ansatz durch einen neuplatonischen ersetzt oder die aristotelische Theorie gar ignoriert. Er greift vielmehr den aristotelischen Ansatz auf, versucht ihn gegenüber Missverständnissen zu verteidigen (z. B. gegenüber der irreführenden Annahme, der Intellekt sei nicht immer aktiv) und mit neuplatonischen Theorieelementen zu verbinden. Wie bereits erwähnt, hält er in *De origine*, prooemium, 9 (III, 138) ausdrücklich fest, er wolle die Frage nach der konstitutiven Leistung des Intellekts „secundum philosophos et maxime Peripateticos" untersuchen. Es wäre daher unangebracht, seine Position einfach einer aristotelischen gegenüberzustellen.

Angesichts des neuplatonischen Hintergrundes ist es wenig hilfreich, eine Parallele zu Kants Theorieprogramm zu ziehen. Dietrich verfolgt nicht die Absicht, „das bisherige Verfahren der Metaphysik umzuändern" und zu zeigen, „daß wir nach dem Beispiel der Geometer und Naturforscher eine gänzliche Revolution mit derselben vornehmen."[139] Er strebt weniger eine revolutionäre Veränderung der Metaphysik an als eine konsequente Anwendung der neuplatonischen Maximen, insbesondere der Grundsätze, dass der menschliche Intellekt ein gottähnlicher und daher produktiver Intellekt ist und dass er alle Gegenstände als Urbilder in sich enthält – Grundsätze, die Kant fremd sind. Daher will Dietrich auch nicht zeigen, wie und warum eine bestimmte Art von Erkenntnis ohne Rückgriff auf die Erfahrung möglich ist. Ebenso wenig will er darlegen, was die kategorialen Begriffe als „reine Verstandesbegriffe" sind und wie sie deduziert werden können. Er verfolgt vielmehr die Absicht, im Detail zu erläutern, worin die Produktivität des menschlichen Intellekts besteht und was für Folgen der Urbild-Charakter des Intellekts hat. Kurzum: Dietrich bemüht sich um eine Explikation der Konsequenzen, die sich aus dem neuplatonischen Theorieprogramm für eine aristotelische Konzeption des Intellekts ergeben, nicht um die Etablierung eines neuen Programms.

Die Anwendung des neuplatonischen Programms auf die Kategorienproblematik ist zweifellos ein genialer Schachzug Dietrichs. Damit gelingt es ihm, die kategoriale Struktur der Gegenstände nicht nur im Rahmen einer Prädikationsanalyse zu beschreiben, wie dies die meisten seiner Zeitgenossen taten, sondern diese Struktur auch zu begründen. Im Hinblick auf die Intentionalitätsproblematik weist seine Theorie jedoch einige problematische Punkte auf. Auf drei Punkte soll zum Schluss hingewiesen werden.

Der erste Punkt betrifft Dietrichs Rekurs auf den Intellekt als Ursache. Wie in § 14 dargelegt wurde, begründet er diesen Rekurs dadurch, dass er festhält, wenn die Ursache nicht im Gegenstand selber sei (nämlich als Form oder Materie), müsse sie außerhalb von ihm sein. Sie sei dann entweder in der Natur oder im Intellekt. Da die Ursache nicht in der Natur liege (diese ziele nur auf das ab, wodurch ein Gegenstand seine natürlichen Tätigkeiten vollziehen könne), könne somit nur der Intellekt die Ursache für die kategoriale Struktur sein.[140] An dieser Argumentation fällt zunächst auf, dass Dietrich der Natur eine äußerst begrenzte

---

[139] *KrV*, B XXII.
[140] Vgl. *De origine* 1., 18-19 (III, 142).

Funktion zuspricht. Überspitzt ausgedrückt könnte man sagen: Nur durch eine Minimierung der Natur (sie wird auf den Bereich von nicht weiter erklärten natürlichen Tätigkeiten beschränkt) gelingt ihm eine Maximierung des Intellekts (er wird nicht nur als verstehendes, sondern auch als verursachendes Prinzip bestimmt). Dies ist zum einen im Hinblick auf die Natur problematisch. Man könnte nämlich einwenden, dass die Natur höchstens in jenen Kontexten, wo Prozesse der Veränderung stattfinden, ein Prinzip ist, das sog. natürliche Tätigkeiten (Wachsen, Sich-Ernähren, Bewegen usw.) reguliert. In anderen Kontexten, in denen von der Konstitution von Gegenständen die Rede ist, könnten ihr aber auch andere Funktionen zugesprochen werden. So könnte man argumentieren, dass die Natur dafür verantwortlich ist, dass ein Baum eine Substanz ist, eine Farbe hingegen eine Qualität: Die Natur verleiht einem Seienden eine bestimmte Struktur, und zwar unabhängig davon, ob diese Struktur auch vom Intellekt erkannt und einem Seienden zugesprochen wird. Indem Dietrich die Natur von vornherein auf das Hervorbringen von sog. natürlichen Tätigkeiten festlegt, schränkt er ihren Funktionsbereich erheblich ein.

Dietrichs Argumentation ist zum anderen aber auch im Hinblick auf den Intellekt problematisch. Denn indem er den Intellekt lediglich *ex negativo* als Ursache bestimmt, erklärt er noch nicht, warum der Intellekt die kausale Fähigkeit hat, die kategoriale Struktur zu verursachen. Dass er genau diese Fähigkeit hat, ergibt sich nicht einfach daraus, dass die Natur sie nicht hat; denn was die Natur nicht hat, ist nicht notwendigerweise etwas, was der Intellekt hat. Es ist eine positive Begründung für die kausale Fähigkeit erforderlich. Man könnte vielleicht jene Begründung anführen, die sich in Dietrichs intellekttheoretischen Schriften findet. Der Intellekt, so könnte man argumentieren, ist ein Urbild aller Gegenstände und kann sie deshalb verursachen. Doch auch diese Begründung ist unzureichend, wenn sie nicht vertieft wird. Denn aus der Tatsache, dass der Intellekt ein Urbild ist, folgt nur, dass er auch eine Ursache ist, aber es folgt nicht unmittelbar, dass er eine Ursache in einer spezifischen Hinsicht ist. Warum ist der Intellekt in der Lage, eine Entität ausgerechnet als Substanz oder als Qualität oder als Quantität usw. zu verursachen? Warum kann er einer Entität eine kategoriale und nicht etwa eine formale oder eine andere Art von Struktur geben? Auf diese Fragen findet sich in Dietrichs Texten keine Antwort. Doch eine befriedigende Erklärung der Intentionalitätsproblematik verlangt nach einer Antwort. Wenn nämlich die Tatsache, dass sich der Intellekt auf etwas bezieht, bedeutet, dass sich der Intellekt auf etwas als Substanz oder als Qualität oder als Quantität usw. bezieht, dann muss erklärt werden, warum sich die konstitutive Leistung im intentionalen Akt ausgerechnet auf die *kategoriale* Struktur bezieht. Ist dies eine fundamentale Struktur, die im Intellekt urbildlich angelegt ist? Oder handelt es sich um eine Struktur, die der Intellekt entwirft und auf die Gegenstände projiziert?

Eine weitere Schwierigkeit betrifft das Verhältnis der intellektuellen Leistung zu anderen kognitiven Leistungen. Wie zu Beginn von § 13 dargelegt wurde, unterscheidet Dietrich sorgfältig zwischen drei Arten von kognitiven Leistungen, nämlich dem sinnlichen, dem rationalen und dem intellektuellen Erkennen. Er behauptet, das intellektuelle Erkennen transzendiere die beiden anderen Arten von Erkennen, denn es betreffe weder den individuellen noch den allgemeinen Aspekt eines Gegenstandes, sondern einzig und allein das „einfache Wesen", das in der kategorialen Struktur bestehe. Doch Dietrich erklärt nicht im Detail, wie dieses Transzendieren erfolgt. Er stellt lediglich fest, das intellektuelle Erkennen umfasse die beiden anderen Arten und schließe sie in seiner Aktualität ein; er erläutert dieses Einschließen aber nicht.[141] Da er zudem festhält, das intellektuelle Erkennen werde nicht vom sinnlichen und rationalen ausgelöst (der Intellekt verursacht ja alles durch sein eigenes Wesen), stellt sich die Frage, wie sich denn das intellektuelle Erkennen zu den anderen Arten von kognitiven Tätigkeiten verhält. Wie verhält sich etwa die konstitutive Leistung meines Intellekts, einen Tisch als Substanz zu erkennen, zu meinem Sehen eines bestimmten Tisches, zu meiner Vorstellung von einem Tisch und zu meiner Erinnerung an einen Tisch? Auf diese Frage findet sich bei Dietrich keine Antwort. Es scheint, als würde er den gottähnlichen, stets aktiven Intellekt als ein autarkes kognitives Vermögen bestimmen.

Gegen diese Kritik könnte man einwenden, dass es doch Textstellen gibt, an denen Dietrich neben dem Intellekt auch andere kognitive Vermögen berücksichtigt. Die wichtigsten Stellen sind jene, an denen er den Begriff des *ens conceptionale* einführt. Unter den *entia conceptionalia* versteht er zunächst allgemein alles, „dessen Sein in einem gewissen Begreifen besteht."[142] Da ein Begreifen (*conceptio*) aber auf unterschiedliche Weise erfolgen kann, sind auch verschiedene Arten von *entia concep-*

---

[141] So sagt er in *Quaestio* 1.2., 4 (III, 295) lediglich: „Intellectivum autem ab utroque, scilicet rationali et sensitivo, distinguitur, non cum exclusione eorum, sed, ut ita dicatur, cum quadam collectione et comprehensione utriusque eorum in sui superexcedenti actualitate..."
[142] *De substantiis spiritualibus* 4, 2 (II, 305): „Dico autem entia conceptionalia, quorum esse in quadam conceptione consistit..." Siehe auch *De visione beatifica* 3.2.9.1., 6 (I, 86) und für weitere Stellen Mojsisch 1984.

tionalia zu unterscheiden. Dietrich verweist auf vier Arten:[143] (1) Zunächst kann etwas durch die körperlichen Sinne begriffen (genauer: gesehen, gerochen, getastet usw.) werden und somit im Körper ein „begriffenes Sein" haben. (2) Dann kann etwas mit dem Vorstellungsvermögen begriffen werden und dadurch in diesem Vermögen ein „begriffenes Sein" haben. Dieses Sein ist nichts anderes als ein vorgestelltes oder geistiges Sein. (3) Des Weiteren kann etwas durch den Intellekt gemäß den Prinzipien, die dem Ding innewohnen, begriffen werden, und ein entsprechendes „begriffenes Sein" im Intellekt haben. (4) Schließlich kann etwas durch den Intellekt gemäß dessen eigenen Prinzipien begriffen werden und auf diese besondere Weise ein „begriffenes Sein" im Intellekt (freilich nur im aktiven Intellekt) haben.

Bei dieser Liste handelt es sich offensichtlich um eine hierarchische Ordnung von verschiedenen Weisen, wie ein Ding in einem kognitiven Vermögen ist. Das bereits erwähnte Beispiel möge die knappe Aufzählung der vier Weisen veranschaulichen. Wenn wir einen Tisch sehen und berühren, erhalten wir bestimmte Sinneseindrücke, die es ermöglichen, dass der Tisch in gewisser Weise – visuell oder taktil – in unseren Sinnesorganen existiert. Wir können uns den Tisch aber auch vorstellen, selbst wenn er nicht vor uns steht und wenn wir somit keine visuellen oder taktilen Eindrücke haben. Dann existiert der Tisch nur in unserem Vorstellungsvermögen. Darüber hinaus können wir auch versuchen, die wesentlichen Eigenschaften eines Tisches zu verstehen, und zwar unabhängig davon, ob wir uns diesen oder jenen konkreten Tisch vorstellen. Dann existiert der Tisch gemäß seinen eigenen wesentlichen Eigenschaften oder Konstruktionsprinzipien im Intellekt. Schließlich aber – das ist der entscheidende Punkt – können wir Dietrich zufolge den Tisch auch gemäß jenen Prinzipien begreifen, die im aktiven Intellekt angelegt sind und die auf den Tisch angewendet werden. Diese sind nichts anderes als die kategorialen Prinzipien. Der aktive Intellekt begreift den Tisch nämlich als Substanz, nicht etwa als eine Qualität oder als eine Quantität. Man könnte sagen (auch wenn dies Dietrich nicht explizit so formuliert), dass der Tisch aufgrund dieser kategorialen Konstruktion im Intellekt ein kategoriales begriffenes Sein hat.

Die Schwierigkeit besteht nun darin, dass Dietrich zwar vier verschiedene Arten von „begriffenem Sein" angibt und dabei auf verschiedene kognitive Vermögen verweist, jedoch nicht erläutert, wie diese kognitiven Vermögen miteinander koordiniert werden. Wie ist es mir beispiels-

---

[143] Vgl. *De substantiis spiritualibus* 4., 8 (II, 306).

§ 15 Eine kopernikanische Wende im Mittelalter? 175

weise möglich, dass ich den Tisch *gleichzeitig* als einen Gegenstand mit bestimmten Eigenschaften sehe und ihn als eine Substanz erfasse? Oder in Dietrichs Terminologie ausgedrückt: Wie kann der Tisch gleichzeitig im körperlichen Vermögen ein körperliches „begriffenes Sein" haben, im Intellekt hingegen ein rein intellektuelles „begriffenes Sein"? Dietrich weist nur darauf hin, dass verschiedene Stufen von „begriffenem Sein" zu berücksichtigen sind, weil es verschiedene kognitive Vermögen gibt. Er erläutert aber nicht, wie die einzelnen Vermögen miteinander verknüpft sind. Dadurch verliert er jenen Aspekt aus dem Auge, den seine Vorgänger (unter ihnen so unterschiedliche Autoren wie Thomas von Aquin und Petrus Johannis Olivi) betont hatten: Da das intellektuelle Vermögen nur *ein* kognitives Vermögen neben anderen darstellt, und da alle Vermögen zusammen eine Einheit bilden, muss ihr Zusammenspiel erklärt werden. Es muss erläutert werden, in welcher Relation Wahrnehmen, Vorstellen und Denken zueinander stehen. Dietrich scheint diese Relation aus dem Blick zu verlieren, wenn er sich auf die Leistungen des Intellekts konzentriert und die Tätigkeiten der übrigen Vermögen (vornehmlich der Wahrnehmungssinne) nur am Rande erwähnt.

Diese problematische Fokussierung auf den Intellekt zeigt sich auch in Dietrichs Bestimmung des Verhältnisses zwischen dem Intellekt und der Seele eines Menschen. Einerseits betont er zwar in Abgrenzung gegenüber Averroes, dass jeder Mensch über einen individuellen Intellekt verfügt;[144] er verwirft die Annahme eines supraindividuellen Intellekts. Andererseits vertritt er aber nicht die These, dass der individuelle Intellekt seinem Wesen nach mit den übrigen Seelenvermögen vereint ist und dass somit jeder Mensch eine individuelle Seele besitzt, die auf verschiedenen Stufen verschiedene Vermögen – vegetative, sensitive und intellektuelle – aufweist. Dietrich behauptet vielmehr, der Intellekt sei ein inneres kausales Prinzip (*principium causale*) für die Seele, ähnlich wie das Herz kausales Prinzip für ein Lebewesen sei.[145] Damit schreibt er dem Intellekt zwar eine besondere Rolle zu. Er bestimmt ihn ja nicht – wie etwa Thomas von Aquin – als ein Seelenvermögen neben anderen, sondern als etwas Grundlegendes, ohne das die Seelenvermögen gar nicht existieren und aktiv werden könnten. Gleichzeitig hebt er damit aber den Intellekt von den Seelenvermögen ab und schafft eine Kluft zwischen dem Intellekt

---

[144] *De intellectu* II.13, 1 (I, 155): „... intellectus agens est singulus singulorum et unus uniuscuiusque, secundum singulos homines multiplicatus et numeratus."

[145] *De intellectu* II.2, 1 (I, 147): „... intellectus agens est principium causale ipsius substantiae animae, principium, inquam, secundum substantiam aliquo modo intrinsecum sicut cor in animali."

und diesen Vermögen.[146] Vor allem separiert er den Intellekt vom Wahrnehmungsvermögen. Der Intellekt baut nicht als ein weiteres kognitives Vermögen auf der Tätigkeit des Wahrnehmungsvermögens auf, er abstrahiert nicht aus den Phantasmata, die das Wahrnehmungsvermögen liefert, sondern ist als ein autarkes Vermögen tätig. Diese Abgrenzung des Intellekts vom Wahrnehmungsvermögen wirft wiederum die Frage auf, wie denn eine Verbindung von perzeptiver und intellektueller Tätigkeit zustande kommt. Wie kann der Intellekt auf der Grundlage von Wahrnehmungseindrücken und Phantasmata Gegenstände kategorial erfassen? Oder wie kann umgekehrt das Wahrnehmungsvermögen auf der Grundlage der intellektuellen Tätigkeit Gegenstände in bestimmter Hinsicht erfassen? Auf diese Fragen gibt Dietrich keine Antwort.

Eng damit verknüpft ist ein dritter problematischer Punkt. Indem Dietrich sein Augenmerk ausschließlich auf den Intellekt richtet, und zwar auf den stets aktiven Intellekt, der nicht durch Sinneswahrnehmungen aktiviert werden muss, kann er erfolgreich empiristische Theorien zurückweisen, die das intentionale Denken mit simplen Rezeptivitäts- und Affektionsmodellen zu erklären versuchen.[147] Doch dies ist nur die eine Seite der Medaille. Die andere Seite besteht in einem Defizit. Dietrich vermag nicht zu erklären, welche Rolle Sinneseindrücke in der Genese intentionaler Akte spielen. Wenn man – wie K. Flasch dies vorschlägt – Dietrich mit Kant vergleichen möchte, müsste man kritisch feststellen, dass Dietrich zwar den Aspekt der Spontaneität akzentuiert, aber jenen der Rezeptivität vernachlässigt. Dies hat Folgen für die ganze Intentionalitätstheorie. Von den zahlreichen Ebenen, die eine solche Theorie berücksichtigen müsste, wird in Dietrichs Ansatz nur jene des Intellekts analysiert. Und auch in Bezug auf den Intellekt wird nur eine Tätigkeit – das kategoriale Konstituieren – berücksichtigt. Auf Fragen wie „Warum kann der Intellekt sich auf bestimmte Bestandteile eines Gegenstandes (z. B. auf die Form oder die Materie) beziehen?" oder „Warum kann der Intellekt Wörtern einen

---

[146] Auf diese Kluft weist Suarez-Nani 1998, 107, zu Recht hin: „... on est amené à constater un écart entre l'âme et son principe, un écart d'autant plus paradoxal que ce principe est intrinsèque à l'âme et qu'il représente même ce qu'elle a de plus intime." Suarez-Nani korrigiert damit die allzu harmonisierende Interpretation von de Libera 1994a, 201, der nur von einem scheinbaren Paradoxon spricht. Es ist nämlich in der Tat eine paradoxe Situation, dass der Intellekt einerseits als intrinsisches Prinzip in der Seele ist, andererseits aber nicht als ein Seelenvermögen Bestandteil der Seele ist, sondern gerade von den Seelenvermögen separiert wird.

[147] Flasch 1983, LXXIX, sieht darin eine besondere Leistung Dietrichs und eine Parallele zu Kant.

Gehalt verleihen, sodass sich diese auf etwas beziehen?" geht er nicht ein. Und Fragen, die eine teils sinnliche und teils intellektuelle kognitive Bezugnahme betreffen, d. h. Fragen wie „Warum kann jemand einen roten Apfel als einen roten Apfel sehen?" oder „Warum kann jemand das hohe C hören?", lässt er ganz unberücksichtigt. Eine Beantwortung derartiger Fragen würde eine Analyse der Aufnahme und Verarbeitung von Sinneseindrücken erfordern. Doch eine solche Analyse sucht man bei Dietrich vergeblich. Sein theoretischer Ansatz, der auf innovative Weise aristotelische und neuplatonische Theorieelemente miteinander verbindet, maximiert zwar die Leistungen des Intellekts, minimiert aber gleichzeitig die Leistungen der übrigen kognitiven Vermögen.

§ 16 Schlussfolgerungen

Die beiden Autoren, die in diesem Kapitel diskutiert wurden, scheinen auf den ersten Blick kaum Gemeinsamkeiten aufzuweisen. Denn der Franziskaner Petrus Johannis Olivi geht in seiner Intentionalitätstheorie von der Wahrnehmungsproblematik aus und setzt sich in seiner Erörterung dieser Problematik ausführlich mit der *species*-Theorie der Perspektivisten auseinander. Der deutsche Dominikaner Dietrich von Freiberg hingegen konzentriert sich auf Probleme der Intellekttheorie und erarbeitet vor einem neuplatonischen Hintergrund eine Lösung für diese Probleme, ohne dabei auf die Wahrnehmungstheorie einzugehen. Trotz dieser Differenzen im Ausgangspunkt und im methodischen Ansatz finden sich bei den beiden Autoren jedoch zwei gemeinsame Grundthesen. Beide behaupten erstens, dass der Intellekt *von sich aus* auf Gegenstände Bezug nehmen kann, und beide vertreten zweitens die Ansicht, dass der Intellekt dazu keine repräsentierende Entität benötigt.

Mit der ersten These grenzen sich die beiden Autoren von jenen Erklärungsansätzen ab, die davon ausgehen, dass der Intellekt erst aktiviert und auf etwas ausgerichtet werden muss, um intentionale Akte vollziehen zu können. Sie distanzieren sich im Besonderen von der Assimilationstheorie, die behauptet, erst wenn der immaterielle Intellekt die materiellen Gegenstände mit Hilfe besonderer kognitiver Entitäten aufgenommen habe, könne er sich auf diese Gegenstände beziehen. Diese Distanzierung kommt bei Olivi deutlich zum Ausdruck. Er lehnt sich terminologisch zwar noch an die Assimilationstheorie an, hält aber fest, unter einer Assimilation sei nicht ein rezeptiver Vorgang zu verstehen, sondern „ein aktives Erkennen, das dem Gegenstand sehr ähnlich ist und ihn ausdrückt."[148] Entscheidend ist, dass ein *aktives* Erkennen erfolgt: Der Intellekt bezieht sich von sich aus auf etwas und vollzieht einen Akt, der einen bestimmten Gegenstand zum Inhalt hat und ihn dadurch ausdrückt. Diese Bezugnahme ist nicht bloß die Folge eines „Erleidens", d. h. einer passiven Aufnahme bestimmter Eindrücke. Auch Dietrich von Freiberg insistiert darauf, dass der Intellekt von sich aus intentionale Akte vollzieht. Dies zeigt sich besonders deutlich in seiner Behauptung, dass der Intellekt immer aktuell tätig ist und sich immer kognitiv auf etwas bezieht.[149] Auch für Dietrich steht fest, dass der Intellekt nicht durch die Einwirkung eines äußeren Gegenstandes aktiviert werden muss.

Mit der zweiten These weisen die beiden Autoren natürlich jede Form von Repräsentationalismus zurück, wobei sie sich allerdings auf unterschiedliche Kontexte konzentrieren. Olivi versucht den repräsentationalistischen Ansatz vor allem im Bereich der Wahrnehmung und der intellektuellen Kognition zurückzuweisen. Weder für das Sehen oder Hören eines Gegenstandes noch für das intellektuelle Erfassen ist seiner Ansicht nach die Präsenz einer repräsentierenden Entität erforderlich. Dietrich hingegen weist den Repräsentationalismus hinsichtlich der kategorialen Konstitution von Gegenständen zurück. Damit der Intellekt eine Entität als eine Substanz oder als eine Qualität, Quantität usw. erfassen kann, benötigt er keine repräsentierende Idee.[150] Der Intellekt ist nämlich als Urbild (*exemplar*) die Ursache für die kategoriale Struktur aller Entitäten und kann daher von sich aus eine bestimmte Entität als eine Substanz oder als eine Qualität, Quantität usw. konstituieren. Der Grund für diese besondere Leistung, die Dietrich dem Intellekt zuschreibt, liegt freilich nicht so sehr in einer präkantianischen Theorie der Vernunft, wie in der neueren Forschung teilweise angenommen wurde, als vielmehr in einer neuplatonisch geprägten Konzeption des Intellekts.

Mit der These, dass der Intellekt kein repräsentierendes Hilfsmittel

---

[148] *In II Sent.*, q. 74 (III, 130): „... dicendum quod cum dicitur ‚omnis cognitio fit per assimilationem ad obiectum' perinde est acsi dicatur ‚omnis cognitio fit per actualem cognitionem obiecto simillimam eiusque expressivam'."

[149] Vgl. Anm. 86.

[150] Es ist zu betonen, dass sich Dietrich zur Erklärung dieser besonderen Funktion nicht auf repräsentierende Entitäten beruft. Dies schließt nicht aus, dass er für andere Funktionen solche Entitäten (oder vorsichtiger ausgedrückt: kognitive Hilfsmittel) zulässt. So hält er in *De origine* 5., 42 (III, 193) fest, unter „intelligibile" könne in einem ersten Sinn das verstanden werden, „quod uno modo nominat intentionem rei sive formam apud intellectum, qua res intelligitur". Er schließt also nicht aus, dass es ein Hilfsmittel im Intellekt gibt, durch das eine Sache vergegenwärtigt wird, wenn sie einmal konstituiert ist. Doch für die Konstituierung als Substanz oder als Qualität ist keine *intentio* erforderlich.

§ 16 Schlussfolgerungen

benötigt, grenzen sich die beiden Autoren – insbesondere Olivi – freilich nicht nur von einem Repräsentationalismus ab, sondern auch von einem modifizierten Erkenntnisrealismus. Wie in § 10 deutlich geworden ist, bestreitet Olivi ja vollständig die Existenz einer intelligiblen Species, und zwar auch einer Species, die – wie etwa Thomas von Aquin behauptet – nicht das ist, was der Intellekt primär erfasst, sondern lediglich das Hilfsmittel, mit dem der Intellekt etwas erfasst. Würde man die Species als kognitives Hilfsmittel annehmen, müsste man Olivi zufolge trotzdem einräumen, dass der Intellekt zuerst das bloße Hilfsmittel erfasst, das ihm unmittelbar präsent ist, und erst sekundär den durch das Hilfsmittel vergegenwärtigten Gegenstand. Damit müsste man zugestehen, dass der Gegenstand nicht unmittelbar und gleichsam unverhüllt erfasst wird. Genau um diese Konsequenz zu vermeiden und eine *unmittelbare* kognitive Bezugnahme zu gewährleisten, insistiert Olivi darauf, dass der Intellekt ohne Species intentionale Akte vollziehen kann.

Hinter dieser Argumentation verbirgt sich freilich ein grundlegender Dissens mit Thomas von Aquin. Thomas kann nämlich nur deshalb die Existenz der Species verteidigen und gleichzeitig eine erkenntnisrealistische Position aufrechterhalten, weil er eine Identitätsthese voraussetzt; der Inhalt der Species ist seiner Ansicht nach identisch mit der Natur des Gegenstandes. Genau diese Identitätsthese setzt Olivi *nicht* voraus. Daher ist es nicht erstaunlich, dass die Species für ihn nur noch eine vom materiellen Gegenstand distinkte Entität im Intellekt ist. Wer die Species erfasst, hat seiner Auffassung zufolge nur noch einen unmittelbaren Zugang zu dieser inneren Entität, die höchstens aufgrund einer Repräsentationsfunktion auf den äußeren Gegenstand verweist; ein direkter epistemischer Zugang zum äußeren Gegenstand ist unmöglich. Olivis Ablehnung der Identitätsthese führt unweigerlich zu einer Transformation des modifizierten Realismus in einen Repräsentationalismus.

Olivis eigene Grundthese, dass der Intellekt von sich aus auf die Gegenstände „ausgreift", sie „anblickt" oder auf sie „abzielt", wie er metaphorisch sagt,[151] ist aber keineswegs unproblematisch. Es stellt sich sogleich die Frage, woher der Intellekt diese Fähigkeit hat. In ähnlicher Weise wirft auch Dietrich von Freibergs Grundthese, dass der Intellekt von sich aus die Gegenstände kategorial erfasst, die Frage auf, wieso der Intellekt dazu in der Lage ist. Wie sich gezeigt hat, geben die beiden Autoren eine verblüffend einfache Antwort auf diese Frage: Der Intellekt ist dazu in der Lage, weil er über eine besondere intentionale Fähigkeit

---

[151] Vgl. Anm. 39.

verfügt. Dabei handelt es sich um eine fundamentale intellektuelle Fähigkeit, die nicht auf andere Fähigkeiten zurückgeführt werden kann und auch nicht von außen gleichsam in den Intellekt gelegt wird. Dietrich von Freiberg untermauert diese Feststellung mit der These, dass der Intellekt ja gottähnlich ist und daher immer über die Fähigkeit verfügt, sich von sich aus auf Gegenstände zu beziehen.

Wenn die Antwort der beiden Autoren auch verblüffend einfach ausfällt, so erscheint sie auf den ersten Blick doch kaum befriedigend. Muss die Fähigkeit zur kognitiven Bezugnahme nicht mit Rekurs auf andere Fähigkeiten oder Eigenschaften erläutert werden? Muss nicht erklärt werden, warum der Intellekt über eine intentionale Fähigkeit verfügt? Olivis Pointe besteht darin, dass er genau diese Fragen verneint. Die Fähigkeit zur kognitiven Bezugnahme kann seiner Ansicht nach nicht weiter erklärt und auf basalere Fähigkeiten oder Eigenschaften zurückgeführt werden; sie ist bereits basal. Ähnlich verwirft auch Dietrich die Ansicht, die besondere Fähigkeit des Intellekts, auf Gegenstände Bezug zu nehmen und sie kategorial zu strukturieren, lasse sich mit Rekurs auf Basaleres erklären. Wenn sie sich überhaupt erklären lässt, dann höchstens mit Verweis auf eine kausale Fähigkeit des Intellekts. Der Intellekt ist nämlich imstande, die Gegenstände kategorial zu erfassen, weil er die kategoriale Struktur verursacht. Aber das Verursachen geht dem Erfassen nicht voraus. Vielmehr erfasst der Intellekt einen Gegenstand, indem er ihm eine kategoriale Struktur verleiht und indem er somit als Ursache tätig ist. Wenn man die Fähigkeit zur kognitiven Bezugnahme erklären will, muss man sie daher zusammen mit der Fähigkeit, eine kategoriale Struktur zu verursachen, erklären.

Vertreten Olivi und Dietrich von Freiberg eine „magische Theorie der Intentionalität",[152] wenn sie behaupten, der Intellekt verfüge von sich aus über die fundamentale Fähigkeit zur kognitiven Bezugnahme? Diese kritische Frage ist zu verneinen. Wenn die beiden Autoren dem Intellekt eine solche Fähigkeit zuschreiben, so sprechen sie ihm nämlich nicht eine übernatürliche Kraft zu, mysteriöse kognitive Strahlen auszusenden. Sie vertreten nur die Auffassung, dass es im Intellekt eine nicht-reduzierbare und nicht-eliminierbare Fähigkeit gibt, die in einer Erklärung intentionaler Akte berücksichtigt werden muss. Derartige Akte lassen sich nämlich nicht einfach mit Verweis auf eine vom Gegenstand ausgehende Kausalrelation erklären. Wer etwa erklären will, warum sich eine Person kognitiv auf einen Baum beziehen und – wie Dietrich fest-

---

[152] Der Ausdruck stammt von Putnam 1981, 3-5 (vgl. auch Einleitung, § 1), der ihn freilich nicht mit Bezug auf mittelalterliche Autoren verwendet.

hält – diesen sogar kategorial strukturieren kann, kann sich nicht darauf beschränken, auf kausale Inputs (z. B. Wahrnehmungseindrücke) zu verweisen. Durch das bloße Aufnehmen und Verarbeiten derartiger Inputs ist eine Person nicht in der Lage, einen intentionalen Akt zu vollziehen. Dazu ist sie nur imstande, wenn sie überhaupt die basale Fähigkeit hat, sich auf etwas – z. B. auf einen Baum – zu beziehen. Diese Fähigkeit wird durch die kausalen Inputs höchstens aktiviert, aber nicht generiert.

Indem sowohl Olivi als auch Dietrich von Freiberg darauf insistieren, dass die Fähigkeit zur kognitiven Bezugnahme als eine fundamentale Fähigkeit des Intellekts angenommen werden muss, widersetzen sie sich – modern gesprochen – dem Versuch, Intentionalität zu naturalisieren. Denn es ist ihrer Ansicht nach unmöglich, Intentionalität einzig und allein mit Verweis auf nicht-intentionale physiologische und physikalische Vorgänge zu erklären. Eine Naturalisierung ist für sie zum einen ausgeschlossen, weil sie (ganz im Gegensatz zu zahlreichen Autoren des späten 20. Jhs.) stets davon ausgehen, dass der gesamte Intellekt ein immaterielles Vermögen ist, das nicht auf ein physiologisches Vermögen reduziert oder mit einem solchen identifiziert werden kann. Daher muss auch die besondere Fähigkeit des Intellekts, sich auf etwas zu beziehen, eine *immaterielle* Fähigkeit sein, die sich nicht auf physiologische Fähigkeiten im Körper reduzieren lässt. Zum anderen ist eine Naturalisierung für diese Autoren aber auch undenkbar, weil intentionale Akte ja nicht einfach durch natürliche Inputs entstehen. Sie entstehen nur, wenn eine besondere intentionale Fähigkeit vorhanden ist, die auf einen Gegenstand abzielt und zu diesem überhaupt eine Relation herstellt. Erst dann können auch Inputs aufgenommen und verarbeitet werden. Es muss also zunächst so etwas wie eine gezielte Aufmerksamkeit für den Gegenstand geben. Und diese Aufmerksamkeit kann nur vom Intellekt ausgehen; sie entsteht nicht durch physiologische oder physikalische Vorgänge.

Mit dieser Argumentation weisen die beiden Autoren auf eine empfindliche Schwachstelle einer jeden Intentionalitätstheorie hin, die Intentionalität zu naturalisieren versucht. Eine vollständige Naturalisierung gelingt nämlich nur dann, wenn gezeigt werden kann, dass Intentionalität *ausschließlich* durch physiologische und physikalische Prozesse zustande kommt, die ihrerseits nichts anderes als kausale Prozesse sind.[153]

---

[153] So versteht prominenterweise Quine die Naturalisierung. Er betont (vgl. Quine 1969), die „naturalisierte" Erkenntnistheorie und auch die „naturalisierte" Psychologie seien als Teildisziplinen der empirischen Wissenschaften zu verstehen. Sie hätten die Aufgabe, mittels empirischer Methoden Zustände zu beschreiben, die durch bestimmte Reizungen – also durch Kausalrelationen – in einem Menschen entstehen und andere Zustände zur Folge haben.

182 Teil II Das Konstitutionsmodell

Aber wie entsteht einzig und allein durch kausale Prozesse die gezielte Aufmerksamkeit für einen bestimmten Gegenstand? Wie entsteht etwa einzig und allein durch das Einwirken eines Baumes auf meine Sinnesorgane meine Aufmerksamkeit für den Baum? Es wirken ja gleichzeitig noch viele andere Gegenstände in meiner Umgebung auf meine Sinnesorgane ein. Wenn ich mich nicht auf den Baum konzentriere, werde ich nicht in der Lage sein, jene Eindrücke, die vom Baum ausgehen, von der Fülle anderer Eindrücke zu unterscheiden. Diese Konzentration auf den Baum ist nicht etwas, was bereits durch eine physiologische Kausalrelation gegeben ist. Sie muss vielmehr zusätzlich zu einer solchen Relation gegeben sein und kann weder auf sie reduziert noch mit ihr identifiziert werden.

Olivis und Dietrichs theoretischer Ansatz, der die intellektuelle Leistung des Sich-Konzentrierens oder Sich-Ausrichtens auf einen Gegenstand betont, stellte einen wichtigen Beitrag zur mittelalterlichen Intentionalitätsdebatte dar, konnte sich in den universitären Zentren des späten 13. und frühen 14. Jhs. jedoch nicht als Neuansatz durchsetzen. Die Gründe dafür sind vielfältig.[154] Doch ein Grund liegt sicherlich in einem fundamentalen Problem, das der Ansatz aufwirft. Dieses Problem, das sich bei Olivi deutlich zeigt, ergibt sich aus der Grundthese, dass sich der Intellekt *direkt* auf äußere Gegenstände bezieht, ohne kognitive Entitäten zu benötigen. Wie, so kann man fragen, ist dies möglich, wenn intellektuelle Akte nicht wie mysteriöse kognitive Strahlen auf Gegenstände abzielen? Selbst wenn die äußeren Gegenstände die primären kognitiven Objekte sind, und selbst wenn der Intellekt von sich aus über die basale Fähigkeit verfügt, sich auf die Gegenstände zu beziehen, müssen diese dem Intellekt doch zugänglich gemacht werden. So wird ein Baum nicht schon dadurch zum primären kognitiven Objekt, dass er vor einer Person steht, die mit einem Intellekt ausgestattet ist. Der Baum muss dieser Person erst kognitiv zugänglich werden, im besten Fall durch Wahrnehmungseindrücke; denn erst auf einer Wahrnehmungsgrundlage kann eine Person ihren Intellekt auf den Baum ausrichten. Die Verbindung zwischen der Wahrnehmungsgrundlage und der intellektuellen Tätigkeit bedarf jedoch einer Erklärung. Es muss analysiert werden, wie die Fähigkeit des Intellekts, sich

---

[154] Sie sind eng mit der bislang nur ansatzweise erforschten Rezeptionsgeschichte verknüpft. Die Tatsache, dass Olivi innerhalb seines eigenen Ordens umstritten war und nie den Magistertitel erlangte, schränkte die Verbreitung seiner Schriften erheblich ein. Dietrich von Freiberg lehrte zwar als Magister in Paris, wurde aber fast ausschließlich innerhalb der deutschen Dominikanerschule rezipiert; vgl. einen ersten Überblick über die Rezeptionsgeschichte in de Libera 1994.

auf einen Gegenstand zu beziehen, durch die Aufnahme und Verarbeitung von Wahrnehmungseindrücken auf einen bestimmten Gegenstand – etwa auf einen bestimmten Baum – festgelegt wird.

Nicht zuletzt aus diesem Grund verteidigten auch nach Olivi zahlreiche Autoren (z. B. Duns Scotus und Johannes Reading) die Existenz von Species und anderen kognitiven Entitäten – nicht etwa, um repräsentierende Entitäten einzuführen, die einen direkten Zugang zu den äußeren Gegenständen verhindern, sondern um zu erklären, wie eine Person auf der Grundlage eines Wahrnehmungsaktes überhaupt einen gezielten intellektuellen Akt vollziehen kann. Zudem wiesen die Verteidiger der Species darauf hin, dass neben der Bezugnahme auf individuelle Gegenstände auch die Bezugnahme auf die allgemeine Natur von Gegenständen erklärt werden muss.[155] Warum kann sich der Intellekt auf so etwas wie die allgemeine Natur oder das Wesen eines Baumes beziehen, wenn er doch nur Akte vollzieht, die sich direkt auf diesen oder jenen Baum richten? Benötigt der Intellekt nicht besondere kognitive Hilfsmittel, um die allgemeine Natur erfassen zu können? Mit seiner radikalen Ablehnung kognitiver Entitäten vermag Olivi zwar die direkte Bezugnahme auf Individuelles zu garantieren, er kann diese und ähnliche Fragen aber kaum beantworten.

Dietrich von Freiberg lässt die Verbindung zwischen der Wahrnehmungsgrundlage und der Aktivität des Intellekts sogar ganz unberücksichtigt. Er analysiert ausschließlich die konstitutive Leistung des Intellekts. Doch damit lässt er, wie am Ende von § 15 bereits angedeutet wurde, die entscheidende Frage außer Acht, wie sich denn der Intellekt in Zusammenarbeit mit anderen kognitiven Vermögen auf etwas beziehen kann. Wie kann der Intellekt einen Baum als einen Baum und damit als eine Substanz erfassen, wenn gleichzeitig das Sehvermögen den Baum mit bestimmten visuellen Eigenschaften erfasst? Welche Verbindung besteht zwischen dem intellektuellen und dem perzeptiven Vermögen? Fragen dieser Art bewogen zahlreiche Autoren nach Dietrich dazu, nicht nur die besondere Leistung des Intellekts zu untersuchen, sondern auch die Leistung anderer kognitiver Vermögen. Denn eine Analyse des kategorialen „Ausgreifens" auf Gegenstände führt nur zu Klärung eines Teils der Intentionalitätsproblematik. Mindestens so wichtig ist jener Teil, der das perzeptive „Aufnehmen" von Gegenständen betrifft.

---

[155] Darauf verweist mit Nachdruck Duns Scotus. Er behauptet, nur mit Hilfe einer Species könne der Intellekt einen Gegenstand „sub ratione universalis" erfassen; vgl. ausführlich § 18. Auch Johannes Reading betont diesen Punkt in *De necessitate specierum intelligibilium*, nn. 76-96 (ed. Gál 1969, 94-99).

TEIL III
DAS MODELL DER INTENTIONALEN OBJEKTE:
JOHANNES DUNS SCOTUS UND FRÜHE SCOTISTEN

Die beiden Modelle zur Erklärung intentionaler Akte, die bislang dargestellt und analysiert wurden, waren weit über das späte 13. Jh. hinaus bekannt und wurden teilweise rege rezipiert. Besonders die von Thomas von Aquin entwickelte Theorie der formalen Identität war während des ganzen Spätmittelalters Gegenstand intensiver Diskussionen. Bereits an der Wende vom 13. zum 14. Jh. erwuchs ihr aber eine ernsthafte Konkurrenz in jenem Modell, das Johannes Duns Scotus entwarf und das ebenfalls während des gesamten ausgehenden Mittelalters einen nachhaltigen Einfluss auf die Intentionalitätsdebatten ausübte. Bis in die frühe Neuzeit hinein knüpften verschiedene Autoren explizit oder implizit an dieses Modell an.[1] Man könnte es in knapper Form als das *Modell der intentionalen Objekte* bezeichnen. Es beruht nämlich auf der These, dass Intentionalität als die Gerichtetheit auf Objekte mit einem besonderen Status zu erklären ist. Wer sich kognitiv auf etwas bezieht, so behauptet Duns Scotus, richtet sich primär auf Objekte mit „intentionalem" oder „intelligiblem Sein" (*esse intentionale, intelligibile*).[2] Gelegentlich spricht Scotus auch von einem „verminderten Sein" (*esse deminutum*), einem „objektiven Sein" (*esse obiectivum*) oder einem „erkannten Sein" (*esse cognitum*).[3]

Die Rede von einem intentionalen oder intelligiblen Sein stellte terminologisch betrachtet keine Innovation dar. Sie war den Autoren des

---

[1] Eine explizite Anknüpfung findet sich bei den Scotisten des 17. Jhs., etwa bei Johannes Poncius und Bartholomäus Mastrius; vgl. ausführlich Hoffmann 1999, Kap. 7. Implizite Verweise finden sich prominenterweise bei Descartes, der vom „objektiven Sein" der Gegenstände im Intellekt spricht; vgl. zu Descartes' scholastischem Hintergrund Normore 1986 und Perler 1996a, 100-112.

[2] *Lectura* I, dist. 3, pars 1, q. 3, n. 188 (Vat. XVI, 300): „... obiectum ut cognitum habet esse ‚intentionale'." Vgl. auch *Ordinatio* I, dist. 3, pars 1, q. 4, n. 260 (Vat. III, 158); *Ordinatio* I, dist. 36, q.u., n. 66 (Vat. VI, 298); *Quaestiones in Metaphysicam* VII, q. 18, n. 51 (OPh IV, 353).

[3] Er verwendet diese Ausdrücke synonym in *Ordinatio* I, dist. 36, q.u., nn. 32-36 und n. 47 (Vat. VI, 283-285 und 289).Vgl. auch *Ordinatio* I, dist. 3, pars 3, q. 1, n. 386 (Vat. III, 235); ibid. Appendix A (Vat. III, 363); *Ordinatio* IV, dist. 16, q. 2, n. 13 (Vivès XVIII, 477b); *Ordinatio* II, dist. 3, pars 2, q. 1, n. 271 (Vat. VII, 526); *Lectura* II, dist. 3, pars 2, q. 1, n. 246 (Vat. XVIII, 307); *Quaestiones in Metaphysicam* V, q. 1, n. 77 (OPh III, 411) und VII, q. 19, n. 32 (OPh IV, 367).

13. Jhs. spätestens seit der lateinischen Rezeption von *De anima* geläufig.[4] Der Ausdruck ‚vermindertes Sein' war ebenfalls keine scotische Erfindung; er findet sich bereits in der arabischen Rezeption der aristotelischen *Metaphysik*.[5] Und natürlich waren auch die Ausdrücke ‚objektives Sein' und ‚erkanntes Sein' bereits vor Scotus bekannt; sie wurden von verschiedenen Autoren des späten 13. Jhs. in erkenntnistheoretischen und theologischen Kontexten verwendet.[6] Neu war bei Scotus weniger das Vokabular als die besondere Verwendung dieses Vokabulars zur Ausformulierung einer eigenständigen Intentionalitätstheorie. Die Kernthese dieser Theorie wirft allerdings sogleich verschiedene Fragen auf. Zunächst stellt sich die ontologische Frage, was unter den intentionalen Objekten zu verstehen ist. Handelt es sich dabei um eine besondere Art von Entitäten? Oder um Entitäten, die in irgendeiner Weise auf mentale oder extramentale Objekte reduziert werden können? Weiter stellt sich die psychologische Frage, welchen Zugriff wir auf die intentionalen Objekte haben. Sind sie unserem Geist unmittelbar präsent? Oder müssen wir bestimmte kognitive Leistungen erbringen, um sie zu erfassen? Schließlich stellt sich auch die epistemologische Frage, welche Art von Wissen wir mit unserer „Gerichtetheit" auf die intentionalen Objekte gewinnen. Erwerben wir dadurch nur ein Wissen von einer beschränkten Klasse von Entitäten oder auch ein Wissen von Gegenständen in der Welt? Diese Fragen lassen sich erst beantworten, wenn der weitere Kontext der scotischen Intentionalitätstheorie genauer bestimmt ist. Diese Theorie ist nämlich Bestandteil eines umfassenden erkenntnistheoretischen Programms, das in detaillierter Auseinandersetzung mit skeptischen Einwänden versucht, die Möglichkeit *natürlicher* Erkenntnis und damit auch die Möglichkeit *natürlicher* intentionaler Erkenntnisakte zu verteidigen. Was die intentionalen Objekte sind und welche Art von Wissen wir mit diesen Objekten gewinnen, lässt sich erst erklären, wenn feststeht, dass es grundsätzlich möglich ist, sich auf na-

---

[4] Vgl. zur Rezeptionsgeschichte Sorabji 1991 (mit Textauszügen im Anhang) und Tweedale 1992.

[5] Vgl. Maurer 1950, der auf Stellen bei Averroes und in der *Metaphysica Nova* (einer lateinischen Übersetzung der arabischen Fassung der *Metaphysik*) verweist.

[6] Besonders verbreitet waren diese Ausdrücke in den Diskussionen über den Status der Ideen im göttlichen Intellekt. Vgl. zur Bedeutung dieser Diskussionen im ausgehenden 13. Jh. Hamesse 1990 und Hoenen 1997. Wie de Rijk 1990 nachgewiesen hat, trug vor allem Heinrich von Gent entscheidend dazu bei, dass die Terminologie von einem theologischen Kontext auf einen erkenntnistheoretischen ausgeweitet wurde. Denn Heinrich betonte, ein Gegenstand habe als Objekt des Intellekts (primär des göttlichen, sekundär des menschlichen) objektives Sein.

türliche Weise auf derartige Objekte zu beziehen. Daher soll zunächst Scotus' Verteidigung der natürlichen Intentionalität dargestellt werden (§ 17), und erst in einem weiteren Schritt (§§ 18-21) sollen dann die einzelnen Elemente seiner Theorie der intentionalen Objekte sowie die Ausarbeitung dieser Theorie bei zwei unmittelbaren Nachfolgern genauer betrachtet werden.

§ 17 Die Verteidigung der natürlichen Intentionalität

Scotus entwickelt sein erkenntnistheoretisches Programm in enger Auseinandersetzung mit dem rivalisierenden Programm Heinrichs von Gent, das im ausgehenden 13. Jh. äußerst einflussreich war und als das Programm der göttlichen Illumination bekannt wurde.[7] Die Hauptthese dieses Programms lässt sich folgendermaßen zusammenfassen: Es ist für einen Menschen unmöglich, auf natürlichem Wege – d. h. allein mit Hilfe der natürlichen kognitiven Fähigkeiten – eine Erkenntnis von Gegenständen in der Welt zu gewinnen. Erkenntnis im strengen Sinne ist nur mit Hilfe göttlicher Illumination möglich. Heinrich begründet diese folgenreiche These, indem er zunächst eine Unterscheidung zwischen zwei Arten von Erkenntnis trifft.[8]

Es gibt einerseits eine Erkenntnis dessen, was wahr ist (*cognitio veri*). Diese besteht im Erfassen eines Gegenstandes, wie er sich in einer bestimmten Situation verhält und wie er einer erkennenden Person präsent ist. An einem modernen Beispiel verdeutlicht, heißt dies: Wenn ich vor einem grünen Baum stehe und diesen erfasse, habe ich eine Erkenntnis dessen, was wahr ist. Denn dann erfasse ich den Baum genau so, wie er sich in der konkreten Situation verhält und wie er mir in dieser Situation präsent ist. Heinrich räumt ein, dass wir Menschen auf natürlichem Wege eine derartige Erkenntnis gewinnen können. Denn wenn wir unsere Wahrnehmungssinne und unsere intellektuellen Fähigkeiten korrekt verwenden, können wir im Normalfall (d. h. abgesehen von Fällen der

---

[7] Ich diskutiere dieses Programm im Folgenden so, wie es von Scotus in der *Ordinatio* und in der *Lectura* rezipiert wurde. Dabei gehe ich nicht auf die Frage ein, ob diese Rezeption Heinrich von Gents eigener Theorie in allen Punkten gerecht wird. Auch auf den augustinischen Hintergrund dieser Theorie werde ich nicht näher eingehen. Ausführliche Analysen der Position Heinrichs und Vergleiche mit ihrer Darstellung bei Scotus bieten Brown 1984, Marrone 1988 und Pasnau 1995.

[8] Vgl. Heinrich von Gent, *Summa quaestionum ordinariarum*, a. 1, q. 2 (ed. Badius 1520, 4vC). Scotus fasst die Unterscheidung in *Ordinatio* I, dist. 3, pars 1, q. 4, nn. 208-210 (Vat. III, 126-128) zusammen.

Sinnestäuschung und der Halluzination) die materiellen Gegenstände so erfassen, wie sie sich tatsächlich verhalten. Doch diese Art von Erkenntnis ist sehr beschränkt. Sie gibt uns nur Auskunft über die aktuelle, unmittelbar wahrnehmbare Beschaffenheit von Gegenständen in konkreten Situationen. Sie vermittelt uns aber kein Wissen darüber, wie sich ein Gegenstand in anderen Situationen verhält oder wie er sich aufgrund seiner essentiellen Struktur in allen Situationen verhalten muss.

Andererseits gibt es eine Erkenntnis der Wahrheit (*cognitio veritatis*). Diese besteht im Feststellen einer Übereinstimmung zwischen einem konkreten Gegenstand und seinem Urbild bzw. Modell (*exemplar*).[9] Heinrich zufolge muss man zwischen einem geschaffenen und einem ungeschaffenen Modell unterscheiden. Das geschaffene Modell ist die intelligible Species, die auf der Grundlage von Sinneseindrücken abstrahiert wird und im menschlichen Geist existiert; das ungeschaffene Modell ist die Idee im göttlichen Geist. Das geschaffene Modell für einen Baum ist somit die Baum-Species, d. h. eine kognitive Entität in meinem Intellekt, die ich ausgehend von visuellen, taktilen oder anderen Baumeindrücken gebildet habe. Das ungeschaffene Modell hingegen ist die Baum-Idee, die unveränderlich und ewig im göttlichen Intellekt existiert.

Eine Erkenntnis der zweiten Art ist tiefgreifender als jene der ersten Art. Denn aufgrund einer „Erkenntnis der Wahrheit" können wir bestimmen, was in allen Situationen wesentlich ist für einen Gegenstand. Das Modell – sei es nun geschaffen oder ungeschaffen – gibt nämlich die essentiellen Eigenschaften an, die ein Gegenstand immer haben muss, um überhaupt ein Gegenstand einer bestimmten Art zu sein. Konkret heißt dies: Das Modell für einen Baum gibt genau jene essentiellen Eigenschaften an, die jeder Baum zu jedem Zeitpunkt und in jeder Situation haben muss, um überhaupt ein Baum zu sein. Wird nun eine Übereinstimmung zwischen einem konkreten Baum und dem Modell festgestellt, so wird erfasst, dass der konkrete Baum tatsächlich die essentiellen Eigenschaften hat. Oder verkürzt ausgedrückt: Es wird erfasst, dass das allgemeine Modell auf den konkreten Baum passt. Genau diese „Erkenntnis der Wahrheit" wird in wissenschaftlichen Untersuchungen angestrebt, denn in solchen Untersuchungen geht es nicht einfach darum, die wechselhaften wahrnehmbaren Eigenschaften eines Gegenstandes zu bestimmen, sondern die essentiellen Eigenschaften.

Heinrich von Gent vertritt nun die These, dass eine „Erkenntnis der

---

[9] Scotus nennt dies in seiner Darstellung eine „conformitas ad exemplar"; vgl. *Ordinatio* ibid., n. 210 (Vat. III, 128).

§ 17 Die Verteidigung der natürlichen Intentionalität 189

Wahrheit" nur mit Hilfe des ungeschaffenen Modells, also nur mittels einer göttlichen Idee, möglich ist.[10] Dass eine derartige Erkenntnis auch allein mit Hilfe eines geschaffenen Modells gewonnen werden kann, schließt er aus drei Gründen aus.[11]

(i) Zunächst weist Heinrich darauf hin, dass der Gegenstand, von dem das geschaffene Modell abstrahiert wird, veränderlich ist. Daher kann durch eine Abstraktion höchstens ein veränderliches Modell gewonnen werden. Wenn das Modell aber die essentiellen Eigenschaften angeben soll, die ein Gegenstand zu *jedem* Zeitpunkt haben muss, so muss es ein unveränderliches Modell sein, das zu jedem Zeitpunkt in gleicher Weise als Prototyp dient. Für das Baum-Beispiel bedeutet dies: Ein konkreter, wahrnehmbarer Baum ist veränderlich und weist je nach Jahreszeit unterschiedliche Eigenschaften auf (im Herbst ist er bunt, im Winter kahl, im Frühling blühend usw.). Daher kann von ihm kein unveränderliches Baum-Modell abstrahiert werden, das anzeigt, welche essentiellen Eigenschaften ein Baum zu jeder Jahreszeit hat. Je nach Jahreszeit entstehen unterschiedliche Modelle, die unterschiedliche akzidentelle Eigenschaften anzeigen. Dies bedeutet aber, dass es nicht ein einziges, unveränderliches Baum-Modell gibt, auch nicht eine einzige Übereinstimmung mit einem Modell, sondern unterschiedliche Typen von Übereinstimmung mit unterschiedlichen Modellen (mit dem Herbst-Baum, dem Winter-Baum usw.).

(ii) Des Weiteren weist Heinrich darauf hin, dass die Seele der wahrnehmenden Person ebenfalls veränderlich ist und dass sie somit kein unveränderliches Modell hervorbringen kann. Je nach Situation, in der sich eine Person gerade befindet, ist ihre Seele nämlich unterschiedlich disponiert. So ist, um wiederum ein illustrierendes Beispiel anzuführen, etwa die Seele einer wachen, ausgeschlafenen Person anders disponiert als jene einer übermüdeten Person, was zur Folge hat, dass eine Person je nach Situation unterschiedliche Baum-Modelle bildet: im wachen Zustand ein klares, detailreiches Modell, im übermüdeten Zustand hingegen nur ein unscharfes. Aufgrund dieser wechselhaften Disposition ist es einer Person unmöglich, ein unveränderliches Baum-Modell zu bilden, das zu je-

---

[10] Heinrich von Gent, *Summa quaestionum ordinariarum*, a. 1, q. 2 (ed. Badius 1520, 5vF); Scotus, *Ordinatio* ibid., n. 211 (Vat. III, 128): „Sed quod per tale exemplar, acquisitum in nobis, habeatur omnino certa et infallibilis notitia veritatis de re, hoc videtur omnino impossibile..."
[11] Vgl. *Ordinatio* ibid., nn. 211-213 (Vat. III, 128-130). Es ist zu beachten, dass Heinrich die Bildung eines geschaffenen Modells keineswegs ausschließt. Doch wenn ein derartiges Modell hergestellt und verwendet wird, kann es seiner Ansicht nach nur *zusammen* mit dem ungeschaffenen Modell zu einer „Erkenntnis der Wahrheit" führen.

dem Zeitpunkt in gleicher Weise in ihrer Seele ist und in gleicher Weise als Protoyp dient.

(iii) Schließlich stellt Heinrich fest, dass es kein sicheres Kriterium gibt, mit dessen Hilfe eine Person, die bloß über das geschaffene Modell verfügt, eine zuverlässige Erkenntnissituation von einer unzuverlässigen unterscheiden könnte. So kann etwa eine Person, die nur über das selbst gebildete Baum-Modell verfügt, den Wachzustand nicht vom Schlafzustand unterscheiden. In beiden Situationen stellt ihr nämlich das Modell in gleicher Weise einen Baum dar. Sie ist dann nicht in der Lage zu beurteilen, ob dieses Modell auch tatsächlich auf einen existierenden Baum oder nur auf einen geträumten Baum passt. Daher kann sie auch nicht beurteilen, ob es tatsächlich einen Baum gibt, der die im Modell angezeigten essentiellen Eigenschaften hat.

Diese drei Gründe, die alle aus der skeptischen Tradition stammen, bringen Heinrich von Gent zum Schluss, dass eine „Erkenntnis der Wahrheit" nur mit Hilfe des ungeschaffenen Modells möglich ist. Nur ein solches Modell, d. h. nur die göttliche Idee, ist unveränderlich, und nur ein solches Modell erlaubt es uns, zuverlässige Erkenntnissituationen von unzuverlässigen zu unterscheiden. Der entscheidende Punkt besteht nun darin, dass wir dieses Modell nicht selbständig erwerben, indem wir uns der Sinneswahrnehmung und der anderen kognitiven Vermögen bedienen. Es wird uns vielmehr durch göttliche Illumination vermittelt. Über die Art und Weise, wie diese Illumination erfolgt, schweigt sich Heinrich – zumindest in der Darstellung des Scotus – freilich aus. Er hält nur fest, Gott mache uns das ungeschaffene Modell nicht etwa als unmittelbares Erkenntnisobjekt (*cognitum*) zugänglich, sondern als Erkenntnisgrund (*ratio cognoscendi*).[12] Genau wie die Sonne für uns nicht das Objekt sei, das wir unmittelbar sehen, sondern der Grund zum Sehen, sei auch das ungeschaffene Modell der Erkenntnisgrund. Dieser Vergleich legt folgende Erklärung nahe: Genau wie die Dinge erst im Sonnenlicht für uns sichtbar werden, so werden auch die Gegenstände erst in den unveränderlichen Ideen oder durch die Ideen für uns erkennbar. Erst wenn wir einen Baum „im Licht" der Baum-Idee erkennen (oder modern gesprochen: erst wenn wir den konkreten Baum unter den allgemeinen, unveränderlichen Begriff von einem Baum subsumieren), können wir ihn als Baum und nicht bloß als eine Ansammlung von wahrnehmbaren Eigenschaften erkennen. Denn erst dann gelingt es uns, die unveränderlichen essentiellen Eigenschaften des Baumes zu bestim-

---

[12] Vgl. *Ordinatio* ibid., nn. 214-215 (Vat. III, 130-131).

men. Unser primäres Objekt ist somit nicht die Baum-Idee, sondern der konkrete Baum. Aber wir erkennen diesen Baum erst dank der Baum-Idee überhaupt als Baum.[13]

Heinrichs Kernthese, dass für eine erfolgreiche „Erkenntnis der Wahrheit" stets eine göttliche Illumination erforderlich ist, hat entscheidende Konsequenzen für eine Erklärung der Intentionalität. Denn wenn wir einen Baum tatsächlich nur mit Hilfe göttlicher Illumination als Baum erkennen können und wenn wir uns somit nur dank dieser übernatürlichen Unterstützung auf einen Gegenstand als einen Gegenstand einer bestimmten Art beziehen können, ist der Bereich der natürlichen Intentionalität äußerst beschränkt. Mit Hilfe der natürlichen kognitiven Fähigkeiten können wir uns höchstens auf einen Gegenstand beziehen, insofern er uns in einer konkreten Situation mit bestimmten wahrnehmbaren Eigenschaften gegeben ist. Aber wir sind unfähig, uns über diese bloße Wahrnehmungsebene hinaus kognitiv auf einen Gegenstand zu beziehen und dessen essentielle Eigenschaften zu bestimmen. Für diese Art von Intentionalität benötigen wir eine kognitive Unterstützung, die außerhalb unserer eigenen Fähigkeiten liegt.

Wie reagiert Scotus auf diese Illuminationstheorie, die nicht nur die Möglichkeit natürlicher Erkenntnis bestreitet, sondern auch den Bereich der natürlichen Intentionalität drastisch einschränkt? Er weist sie entschieden zurück. Seiner Ansicht nach kann eine solche Theorie keine Theorie der natürlichen Erkenntnis ersetzen. Sie kann auch nicht den Skeptizismus entkräften, der angeblich bei einem Rekurs auf rein natürliche Erkenntnis droht. Im Gegenteil: Heinrichs Theorie hat ihrerseits skeptische Konsequenzen; sie spricht „für die Meinung der Akademiker".[14] Wenn sich materielle Gegenstände nämlich stets verändern, wie in Argument (i) behauptet wird, kann von ihnen nie eine stabile Erkenntnis gewonnen werden, auch nicht mit Hilfe eines ungeschaffenen Modells. Dann kann man nur beschreiben, wie sich die Gegenstände zu einem bestimmten Zeitpunkt gerade verhalten, aber man kann keine es-

---

[13] In einer solchen Erklärung bleibt freilich noch offen, wie wir über die Baum-Idee verfügen können. Wird sie von Gott in unseren Intellekt gelegt? Können wir sie im göttlichen Intellekt erfassen? Oder ist sie bereits in potenzieller Form in unserem Intellekt angelegt? In Scotus' Darstellung der Position Heinrichs bleiben diese Fragen offen. Für mögliche Antworten auf diese und ähnliche Fragen bei Heinrich selbst vgl. dessen *Summa quaestionum ordinariarum*, a. 1, q. 3 (ed. Badius 1520, 8v-10v) und eine konzise Darstellung in Adams 1987, 568-571.

[14] *Ordinatio* ibid., n. 218 (Vat. III, 132): „Contra istam opinionem primo ostendo quod istae rationes non sunt rationes fundamentales alicuius opinionis verae, nec secundum intentionem Augustini, sed sunt pro opinione academicorum..."

sentiellen Eigenschaften bestimmen, die sie zu jedem Zeitpunkt haben. Würde man derartige Eigenschaften bestimmen, würde man ja etwas Unveränderliches, Dauerhaftes in den Gegenständen annehmen. Gerade dies darf man aber nicht tun, wenn man die Gegenstände als vollständig veränderlich auffasst. Man muss sich dann wohl oder übel damit begnügen (genau wie dies die Skeptiker fordern), die Gegenstände so zu beschreiben, wie sie zu diesem oder jenem Zeitpunkt gerade erscheinen – mit oder ohne ungeschaffenes Modell.[15]

Scotus weist auch darauf hin, dass der Rekurs auf ein ungeschaffenes Modell keineswegs dazu beiträgt, jenen skeptischen Einwand zu entkräften, der in Argument (iii) vorgetragen wird.[16] Wenn wir tatsächlich über kein Kriterium verfügen, um den Wachzustand vom schlafenden Zustand zu unterscheiden, können wir eine solche Unterscheidung auch nicht mit Hilfe eines ungeschaffenen Modells treffen. Dieses Modell gibt ja nur die essentiellen Eigenschaften für einen Gegenstand an, es sagt aber nichts über unseren kognitiven Zustand aus, und es sagt somit auch nichts darüber aus, ob ein Gegenstand im Wachzustand oder im schlafenden Zustand erfasst wird. Kurzum: Das ungeschaffene Modell trägt nichts zur Lösung der Frage bei, ob und wie ein tatsächlich existierender Gegenstand von einem bloß geträumten Gegenstand unterschieden werden kann.

Wenn die skeptischen Einwände gegen die Möglichkeit sicherer Erkenntnis zurückgewiesen werden sollen, darf man Scotus zufolge nicht zu einem ungeschaffenen Modell und damit zu einer Theorie der übernatürlichen (oder zumindest übernatürlich unterstützten) Erkenntnis Zuflucht nehmen.[17] Man muss vielmehr nachweisen, dass es trotz der zahlreichen epistemischen Fehlerquellen Bereiche gibt, in denen eine sichere *natürliche* Erkenntnis möglich ist. Scotus führt drei solche Bereiche an.

---

[15] In diesem Einwand, den Scotus nur kurz skizziert (vgl. Vat. III, 133-134), bleibt freilich ein wichtiger Punkt unberücksichtigt. Es darf nicht von vornherein ausgeschlossen werden, dass auch ein veränderlicher Gegenstand einige *unveränderliche* Eigenschaften aufweist, auf deren Grundlage ein Modell gebildet werden kann. So darf nicht ausgeschlossen werden, dass ein Baum trotz seiner jahreszeitlichen Veränderung immer einige unveränderliche Eigenschaften hat, die ihn als Baum auszeichnen. Für weitere Einwände gegen Scotus' Kritik vgl. Pasnau 1995, 72-74.
[16] Vgl. *Ordinatio* ibid., n. 222 (Vat. III, 134-135).
[17] Auch die gleichzeitige Verwendung des ungeschaffenen und des geschaffenen Modells führt Scotus zufolge nicht aus der skeptischen Falle heraus, denn die Verbindung von etwas Beständigem, Sicherem (dem ungeschaffenen Modell) mit etwas Unbeständigem, Unsicherem (dem geschaffenen Modell) führt zu etwas Unsicherem, genau wie die Verbindung einer notwendigen und einer kontingenten Prämisse nur zu einem kontingenten Schlusssatz führt. Vgl. *Ordinatio* ibid., n. 221 (Vat. III, 134).

§ 17 Die Verteidigung der natürlichen Intentionalität   193

Zunächst gibt es die Erkenntnis der selbst-evidenten Prinzipien. Eine solche Erkenntnis beruht nicht auf der Sinneswahrnehmung und ist daher auch nicht anfällig für mögliche Fehler, die ihren Ursprung im wahrnehmbaren Gegenstand haben (etwa weil er sich dauernd verändert, wie in (i) behauptet wird) oder in der wahrnehmenden Seele (etwa weil sie sich ebenfalls dauernd verändert, wie in (ii) behauptet wird). Diese Prinzipien werden nämlich einzig durch ein intellektuelles Erfassen der jeweiligen Termini erkannt. Wer etwa eine Erkenntnis vom Prinzip ‚Jedes Ganze ist größer als sein Teil' hat, verfügt allein durch das Erfassen der Termini ‚Ganzes' und ‚Teil' über eine solche Erkenntnis, nicht etwa weil er dieses oder jenes Ganze und seine Teile wahrnimmt. Er erfasst dann, dass „die Termini der selbst-evidenten Prinzipien eine derartige Identität haben, dass der eine Terminus auf evidente und notwendige Weise den anderen einschließt".[18] Modern ausgedrückt heißt dies: Die selbst-evidenten Prinzipien werden als analytische Sätze aufgefasst, die allein aufgrund der Bedeutung ihrer Termini als wahr erkannt werden. Wer die Bedeutung des einen Terminus versteht, versteht immer auch die Bedeutung des anderen Terminus und damit auch die Wahrheit des ganzen Satzes. Wer etwa die Bedeutung des Terminus ‚Ganzes' versteht, versteht immer auch die Bedeutung von ‚ist größer als sein Teil' und damit auch die Wahrheit des Satzes ‚Jedes Ganze ist größer als sein Teil'; denn ‚Ganzes' heißt nichts anderes als ‚etwas, was sich aus Teilen zusammensetzt und größer ist als einer seiner Teile'. Um ein solches selbst-evidentes Prinzip zu verstehen, bedarf es somit keines Modells, auch nicht eines ungeschaffenen. Daher ist auch keine göttliche Illumination nötig. Es ist ausschließlich das Verstehen der Bedeutung von Termini erforderlich. Und bei diesem Verstehen ist – sofern jemand über minimale sprachliche und logische Kompetenz verfügt – ein Irrtum ausgeschlossen. Scotus zufolge ist es unmöglich, dass jemand die Termini eines selbst-evidenten Prinzips erfasst, das Prinzip formuliert und ihm trotzdem nicht zustimmt.[19]

Mit dieser Berufung auf das Verstehen von selbst-evidenten Prinzipien etabliert Scotus nicht nur einen ersten Bereich von Erkenntnis, der

---

[18] *Ordinatio* ibid., n. 230 (Vat. III, 138-139): „... termini principiorum per se notorum talem habent identitatem ut alter evidenter necessario alterum includat..."

[19] Wie Adams 1987, 576, zu Recht bemerkt, erklärt Scotus allerdings nicht, in welchem Sinne es für eine solche Person unmöglich ist, dem Prinzip zuzustimmen. Man könnte die Unmöglichkeit einerseits als eine *psychologische* verstehen: Das Verständnis der einzelnen Termini zwingt die Person, dem Prinzip zuzustimmen. Andererseits könnte man sie auch als eine *logische* auffassen: Es wäre selbstwidersprüchlich, die Termini aufzufassen, nicht aber dem Prinzip zuzustimmen.

gegenüber den skeptischen Anfechtungen immun ist. Er führt auch einen ersten Bereich von intentionalen Akten ein, zu denen wir Menschen ohne eine übernatürliche Unterstützung fähig sind. Denn auf selbst-evidente Prinzipien können wir uns allein dadurch beziehen, dass wir die Termini dieser Prinzipien erfassen. Wie wir diese Termini auf rein natürlichem Wege erfassen, wird von Scotus allerdings nicht erläutert. Daher könnte ein Skeptiker immer noch kritisch nachfragen: Wie sind wir überhaupt in der Lage, Termini zu verstehen? Und wie können wir sicher sein, dass wir die Termini der Prinzipien korrekt verstehen? Welches Kriterium haben wir, um das korrekte Verstehen vom unkorrekten zu unterscheiden? Auf derartige Fragen geht Scotus nicht ein. Er setzt voraus, dass wir die Termini der Prinzipien korrekt verstehen können. Damit macht er freilich die gewichtige sprachphilosophische Annahme, dass es ein korrektes Verstehen gibt, das ungeachtet jeder Sinnestäuschung und jedes anderen Fehlers in der Wahrnehmung immun ist gegen einen möglichen Irrtum.

Scotus führt noch einen weiteren Bereich ein, in dem sichere natürliche Erkenntnis möglich ist. Er behauptet, wir könnten durch Erfahrung Erkenntnis gewinnen, nämlich indem wir feststellen, dass in den meisten Fällen eine bestimmte Ursache eine bestimmte Wirkung hat. Es gilt nämlich das Prinzip: „Alles, was in den meisten Fällen durch eine unfreie Ursache hervorgeht, ist eine natürliche Wirkung dieser Ursache".[20] Unter einer unfreien Ursache ist dabei eine nicht zufällige Ursache zu verstehen. Wenn ich etwa – um Scotus' eigenes Beispiel zu zitieren – feststelle, dass ein bestimmtes Gewürz in den meisten Fällen scharf geschmeckt hat, darf ich behaupten, dass dieses Gewürz die Empfindung von etwas Scharfem hervorgerufen hat. Und dann habe ich eine Kausalrelation erkannt, die in der Natur vorliegt.

Eine solche Berufung auf empirisch gewonnene Erkenntnis ist freilich nicht unproblematisch. Erstens erklärt Scotus nicht, wie wir zu dem zitierten Prinzip gelangen, das wir seiner Meinung nach auf einzelne Fälle anwenden können. Er stellt lediglich fest, es handle sich dabei um „einen in der Seele ruhenden Satz",[21] dessen Termini durch die Sinneswahrnehmung gewonnen werden. Die einzelnen Termini können seiner Ansicht nach sogar durch eine irreführende Sinneswahrnehmung gewonnen werden, z. B. wenn etwas, was gar keine natürliche Wirkung ist, als solche wahrgenommen wird. Wie der Übergang vom Erfassen der

---

[20] *Ordinatio* ibid., n. 235 (Vat. III, 142): „... quidquid evenit ut in pluribus ab aliqua causa non libera, est effectus naturalis illius causae."

[21] *Ordinatio* ibid., n. 235 (Vat. III, 141-142): „per propositionem quiescentem in anima".

§ 17 Die Verteidigung der natürlichen Intentionalität

einzelnen Termini zum Bilden des ganzen Prinzips erfolgt, wird von Scotus allerdings nicht erklärt. Eine solche Erklärung ist hier aber erforderlich, weil das genannte Prinzip ja kein analytischer Satz ist. Ist das Prinzip jedem Menschen in potenzieller Form angeboren, sodass es beim Vorhandensein der einzelnen Termini sogleich aktuell gebildet werden kann? Oder wird das ganze Prinzip auch auf empirischem Wege gewonnen?[22] Zweitens erläutert Scotus nicht, wie wir eine „unfreie Ursache" von einer freien unterscheiden können. Angenommen, ich habe zehnmal ein bestimmtes Gewürz gegessen und zehnmal eine Empfindung von etwas Scharfem gehabt. Wie kann ich sicher sein, dass tatsächlich das Gewürz und nicht etwas anderes (z. B. eine Speise, die ich zusammen mit dem Gewürz gegessen habe) die Ursache für diese Empfindung war? Wie kann ich gewiss sein, dass die vermeintliche Ursache auch die wahre Ursache war und nicht bloß eine zufällige Begleiterscheinung der wahren Ursache? Drittens schließlich formuliert Scotus auch kein Kriterium, das eine Bestimmung der „meisten Fälle" erlauben würde. Angenommen, ich habe zehnmal ein bestimmtes Gewürz gegessen und danach siebenmal eine Empfindung von etwas Scharfem gehabt, dreimal jedoch nicht. Können diese sieben Fälle als die „meisten Fälle" bezeichnet werden? Sind sie statistisch bereits derart signifikant, dass das Gewürz als die Ursache für die Empfindung bestimmt werden kann? Auch auf diese Frage geht Scotus nicht ein.

Angesichts dieser offenen Fragen würde sich kaum ein Skeptiker davon überzeugen lassen, dass es sich bei der empirisch gewonnenen Erkenntnis um eine unfehlbare Erkenntnis handelt, wie Scotus behauptet.[23] Skeptiker würden wohl darauf insistieren, dass wir durch Beobachtung von Zusammenhängen, die uns als Kausalrelationen erscheinen, höchstens Meinungen gewinnen können, aber noch kein Wissen bzw. keine Erkenntnis im strengen Sinn. Für Scotus' Intentionalitätstheorie sind die Ausführungen über diese Art von Erkenntnis aber trotzdem von Bedeutung. Sie verdeutlichen nämlich, dass er – wie vor und nach ihm zahlrei-

---

[22] Erst wenn diese Fragen beantwortet sind, lässt sich ausschließen, dass Scotus einen Innatismus vertritt. Honnefelder 1979, 205, weist zwar zu Recht darauf hin, dass ein Innatismus hinsichtlich der einzelnen Termini oder Begriffe ausgeschlossen ist. Aber damit ist das Innatismus-Problem noch nicht vollständig geklärt. Es stellt sich immer noch die Frage, ob die nicht-analytischen Prinzipien empirisch erworben oder angeboren sind. Man muss hier sorgfältig zwischen (a) einem Empirismus oder Innatismus bezüglich einzelner Begriffe und (b) einem Empirismus oder Innatismus bezüglich ganzer Prinzipien unterscheiden.
[23] In *Ordinatio* ibid., n. 235 (Vat. III, 141) behauptet er, auf diese Weise könne ein Experte „infallibiliter" eine Erkenntnis gewinnen.

che andere Aristoteliker – davon ausgeht, dass wir uns auf kausale Zusammenhänge in der Natur beziehen können, und zwar allein durch unsere Beobachtung der Natur, ohne irgendwelche göttliche Illumination. Wenn uns eine derartige Bezugnahme aber tatsächlich gelingt, muss erläutert werden, *wie* uns dies gelingt. Welche kognitiven Prozesse befähigen uns, an bestimmte Gegenstände (z. B. an ein Gewürz) zu denken und sogar einen kausalen Zusammenhang zwischen einzelnen Gegenständen oder Sachverhalten herzustellen? Diese Frage verdeutlicht, dass die Verwerfung einer durch Illumination ermöglichten Intentionalität und die Annahme einer natürlichen Intentionalität sogleich Fragen bezüglich des Mechanismus der intentionalen Akte aufwerfen. Scotus' Antwort auf diese Fragen soll in den beiden folgenden Paragraphen genauer betrachtet werden.

Zunächst ist aber noch ein dritter Bereich zu beachten, in dem Scotus zufolge natürliche Erkenntnis möglich ist: die eigenen Akte und Zustände. Wann immer ich etwas sehe, höre, verstehe usw., ist es absolut gewiss, dass ich sehe, höre, verstehe.[24] Denn obwohl daran gezweifelt werden kann, dass das jeweilige Objekt korrekt gesehen, gehört oder verstanden wird (es sind ja stets Sinnestäuschungen oder Halluzinationen möglich), kann am bloßen Akt des Sehens, Hörens oder Verstehens nicht gezweifelt werden. Freilich gilt dies nur für die *eigenen* Akte; an jenen einer anderen Person kann durchaus gezweifelt werden. Und natürlich sind die eigenen Akte nur solange unbezweifelbar, als sie auch tatsächlich präsent sind. An jenen, die in der Vergangenheit liegen, kann durchaus gezweifelt werden.

An diesem Argument, das auf die untrügerische Selbstpräsentation der eigenen Akte abzielt, ist zu beachten, dass Scotus ausdrücklich auch die Wahrnehmungsakte einschließt.[25] Dies gibt aber zu einer kritischen Frage Anlass: Kann man sich nicht auch hinsichtlich der eigenen Wahrnehmungsakte irren? Es ist doch denkbar, dass jemand nicht beurteilen kann, ob er sich in einem Wachzustand oder in einem schlafenden Zustand befindet. Somit ist es auch denkbar, dass jemand gar nicht weiß, ob er tatsächlich sieht, hört usw., oder nur träumt zu sehen, zu hören usw. Wenn er dies aber nicht weiß, ist das Sehen oder Hören für ihn nicht unbezweifelbar. Scotus antwortet auf diesen Einwand, den er explizit stellt, nicht mit jenem berühmten Argument, das Descartes später in seiner

---

[24] Vgl. *Ordinatio* ibid., nn. 238-239 (Vat. III, 144-146).
[25] *Ordinatio* ibid., n. 239 (Vat. III, 145): „Et sicut est certitudo de ‚vigilare‘ sicut de per se noto, ita etiam de multis aliis actibus qui sunt in potestate nostra (ut ‚me intelligere‘, ‚me audire‘), et de aliis qui sunt actus perfecti."

§ 17 Die Verteidigung der natürlichen Intentionalität 197

Diskussion des Traumarguments anführte.[26] Im Gegensatz zu Descartes sagt Scotus nicht, dass eine solche Person – ob wach oder schlafend – zumindest glaubt zu sehen oder zu hören und dass dieses Glauben ebenfalls ein unbezweifelbarer mentaler Akt sei. Scotus wählt eine andere Argumentationsstrategie. Er gesteht zu, dass für eine Person das eigene Sehen oder Hören in der Tat bezweifelbar ist, solange sie derart disponiert ist, dass sie den Wachzustand nicht vom schlafenden Zustand unterscheiden kann. Aber „wann sie disponiert ist und wann nicht, das ist für sie selbst-evident."[27] Es ist für eine Person also selbst-evident, wann sie sich in einer bestimmten Disposition befindet. Da ihr diese Disposition erlaubt, zwischen Wachzustand und schlafendem Zustand zu unterscheiden, ist sie in der Lage, wirkliches eigenes Sehen oder Hören von bloß geträumtem Sehen oder Hören zu unterscheiden.

Diese Antwort verdeutlicht, dass Scotus noch nicht eine Version des Cartesischen Traumarguments formuliert. Für das Cartesische Argument ist es ja entscheidend, dass es für eine Person *nicht* selbst-evident ist, wie sie disponiert ist, und dass sie deshalb nicht zwischen Wachzustand und schlafendem Zustand unterscheiden kann; die beiden Zustände präsentieren sich ihr in genau gleicher Weise.[28] Indem Scotus betont, dass eine Person diese Zustände durchaus voneinander unterscheiden kann, nimmt er dem Einwand allerdings die Schärfe. Zudem bleibt er eine Antwort darauf schuldig, weshalb es für eine Person selbst-evident ist, wie sie disponiert ist. Zeichnet sich die Disposition, die eine Unterscheidung der beiden Arten von Zuständen ermöglicht, durch eine bestimmte phänomenale Qualität aus? Oder verfügt eine Person einfach über die angeborene Fähigkeit, diese besondere Disposition von einer anderen Disposition zu unterscheiden?

Zusammenfassend kann festgehalten werden, dass es für Scotus drei Bereiche sicherer natürlicher Erkenntnis gibt und damit auch mindestens drei Arten von natürlichen intentionalen Akten:

---

[26] Scotus formuliert den Einwand in *Ordinatio* ibid., n. 254 (Vat. III, 154), Descartes an prominenter Stelle in der I. Meditation (ed. Adam & Tannery VII, 19).
[27] *Ordinatio* ibid., n. 257 (Vat. III, 156): „... potest potentia indisposita errare, non autem disposita: et quando sit disposita, et quando non, hoc est per se notum..."
[28] Genau deshalb ist das Traumargument in der I. Meditation ein Zweifelsargument. Denn wenn sich die beiden Zustände nicht unterscheiden lassen, kann man immer daran zweifeln, dass man sich gerade in einem Wachzustand befindet. Erst am Ende der VI. Meditation – nach der Überwindung des radikalen Zweifels – weist Descartes darauf hin, dass sich die beiden Zustände unterscheiden lassen (vgl. Adam & Tannery VII, 89): Im Wachzustand sind unsere Erlebnisse logisch verknüpft, im schlafenden Zustand nicht.

(1) Akte, die sich auf Termini und ihre Verknüpfungen in analytischen Sätzen richten;
(2) Akte, die sich auf Gegenstände und Sachverhalte in der Welt sowie auf deren Kausalrelationen richten;
(3) Akte, die sich auf die eigenen Akte und Zustände richten.

Alle drei Arten von Akten sind sowohl hinsichtlich ihrer Genese als auch hinsichtlich ihrer Struktur erklärungsbedürftig. Besonders problematisch sind aber die Akte der zweiten Art. Wie kann sich eine Person auf Gegenstände und Sachverhalte in der Welt richten, wenn doch – wie Heinrich von Gents Argumente zeigen – sowohl die empirische Basis (die veränderlichen Gegenstände) als auch das kognitive Mittel zum Erfassen dieser Basis (die veränderliche Seele) problematisch ist? Und wie kann eine Person diese Gegenstände und Sachverhalte zum Inhalt von Erkenntnisakten machen? Eine Beantwortung dieser Fragen erfordert eine detaillierte Analyse des kognitiven Prozesses, der für die Bildung solcher Akte erforderlich ist. Erst wenn geklärt ist, wie eine Person auf natürlichem Wege intentionale Akte bilden kann, lässt sich in einem weiteren Schritt untersuchen, welche Bedingungen diese Akte erfüllen müssen, damit sie *korrekte* intentionale Akte sind, d. h. damit sie sich genau so auf die Gegenstände beziehen, wie diese wirklich sind.

§ 18 Die Analyse des kognitiven Prozesses

Wie zahlreiche andere Aristoteliker des 13. Jhs. erklärt Scotus den kognitiven Prozess, der für die Entstehung intentionaler Akte erforderlich ist, indem er zunächst bei der Wahrnehmung ansetzt. Bezugnahme auf einen Gegenstand ist im Normalfall nämlich nur dann möglich, wenn ein solcher Gegenstand in einem Wahrnehmungsakt präsent ist.[29] Dieser Akt bildet den Ausgangspunkt für einen dreistufigen kognitiven Prozess. In einem ersten Schritt werden die wahrnehmbaren Formen des Gegenstandes aufgenommen; in einem zweiten Schritt wird ein Phantasma gebildet; schließlich wird in einem dritten Schritt eine intelligible Species abstrahiert. Vollständige Bezugnahme auf einen Gegenstand ist im Normalfall nur mit Hilfe einer Species möglich. Und *korrekte* Bezug-

---

[29] Wie Tachau 1988, 55-61, nachweist, konzentriert sich Scotus dabei vor allem auf den Akt der visuellen Wahrnehmung, den er mit Bezugnahme auf optische Theorien erklärt.

§ 18 Die Analyse des kognitiven Prozesses 199

nahme gelingt nur dann, wenn die Species korrekt abstrahiert und verwendet wird.[30]

Eine solche Unterteilung des kognitiven Prozesses in drei Hauptschritte stellte im ausgehenden 13. Jh. keine Innovation dar. Sie findet sich bereits bei Thomas von Aquin, wie in §§ 5-6 deutlich geworden ist, und war den meisten aristotelisch gesinnten Autoren geläufig. Doch die These, dass drei Schritte erforderlich sind, war keineswegs unumstritten. Besonders die Annahme eines gesonderten dritten Schrittes löste in Paris und Oxford kontroverse Diskussionen aus. Verschiedene Autoren wiesen die Annahme zurück, dass am Ende des kognitiven Prozesses spezielle Entitäten – intelligible Species – erforderlich sind.[31] Für die Ablehnung der Species wurden zahlreiche Gründe angeführt, ausschlaggebend waren aber vor allem zwei Argumente. Einerseits wurde eingewendet, die Species seien innere Repräsentationen, die sich gleichsam zwischen den Intellekt und die materiellen Gegenstände einschieben und dadurch einen unmittelbaren Zugang zu den Gegenständen verhindern. Dieses Argument wurde von Petrus Johannis Olivi betont, wie in § 10 erläutert wurde. Olivi verteidigte gegen die Vertreter der Species-Theorie die

---

[30] Dies gilt freilich nur für die „abstraktive Erkenntnis" (*cognitio abstractiva*), die Scotus in der *Ordinatio* und in der *Lectura* ausführlich diskutiert und die ich im Folgenden analysieren werde. In anderen Werken (prominenterweise in *Quodl.*, qq. 6 und 13) führt Scotus zudem die „intuitive Erkenntnis" (*cognitio intuitiva*) ein. Mit Hilfe dieser zweiten Form von Erkenntnis kann sich der Intellekt ohne eine Species auf einen Gegenstand beziehen. Er erfasst diesen Gegenstand dann als etwas unmittelbar Präsentes und Existierendes. (Ein Verzeichnis sämtlicher Stellen, an denen Scotus von der intuitiven Erkenntnis spricht, findet sich bei Day 1947, 48-139. Eine konzise Analyse dieser Stellen bieten Honnefelder 1979, 218-267, Tachau 1988, 68-81, Wolter 1990b.) Allerdings ist zu beachten, dass Scotus an keiner Stelle den kognitiven Prozess erläutert, der eine intellektuelle intuitive Erkenntnis ermöglicht. Zudem bestreitet er an einigen Stellen, dass eine derartige Erkenntnis vor dem Tod überhaupt möglich ist. So sagt er in *Quaestiones in Metaphysicam* II, q. 3, n. 81 (OPh III, 225): „In intellectu, notitia visionis vel intuitiva – prima cognitio – non est possibilis in via..." Angesichts dieser und ähnlicher Aussagen haben neuere Interpreten (Dumont 1989, Pasnau 2003) mit Nachdruck darauf hingewiesen, dass die abstraktive Erkenntnis im erkenntnistheoretischen Programm des Scotus eine weitaus wichtigere Stellung einnimmt als die intuitive Erkenntnis. Adams & Wolter 1993, 181, betonen sogar, dass es keine Stelle gibt, an der Scotus eindeutig die These vertritt, intuitive Erkenntnis sei *ante mortem* möglich. Der prominente Platz, den die Theorie der intuitiven Erkenntnis in der Wirkungsgeschichte (vor allem bei Petrus Aureoli und Wilhelm von Ockham) erlangte, sollte nicht mit dem relativ bescheidenen Platz verwechselt werden, den diese Theorie in Scotus' eigenen Texten einnimmt. Vgl. zur Wirkungsgeschichte § 22.

[31] Wie in § 10 bereits erläutert wurde, setzte die Kritik an der Species-Theorie bereits kurz nach Thomas von Aquins Tod ein (bei John Pecham, Petrus Johannis Olivi u.a.) und beherrschte die erkenntnistheoretischen Diskussionen im ganzen ausgehenden 13. und beginnenden 14. Jh. Einen historischen Überblick über die Entwicklung der Kritik gibt L. Spruit 1994, 175-255.

These, dass eine unvermittelte Bezugnahme auf materielle Gegenstände gewährleistet sein muss. Andererseits wurde auch eingewendet, die Species seien überflüssige Entitäten. Für einen kognitiven Prozess seien lediglich die Phantasmata und eine göttliche Illumination erforderlich. Nur die Illumination – nicht etwa die Abstraktion von Species – ermögliche es einer Person, über ein zuverlässiges Modell für den intendierten Gegenstand zu verfügen, und nur mit Hilfe eines solchen Modells sei eine Erkenntnis von diesem Gegenstand möglich.

Wenn Scotus trotz dieser Kritik am dreistufigen Modell zur Erklärung des kognitiven Prozesses und damit an der Species-Theorie festhalten will, muss er zwei Probleme lösen. Erstens muss er nachweisen, dass die Species eine spezifische kognitive Funktion haben, und zwar eine Funktion, die nicht überflüssig ist und nicht eine unvermittelte Bezugnahme auf äußere Gegenstände verunmöglicht. Zweitens muss er erläutern, wie die Species allein mit Hilfe der natürlichen kognitiven Fähigkeiten – ohne göttliche Illumination – gewonnen und verwendet werden können. In seiner kritischen Auseinandersetzung mit Heinrich von Gent widmet sich Scotus ausführlich beiden Problemen. Zunächst führt er verschiedene Argumente an, um die besondere Funktion der Species zu verdeutlichen. Die drei wichtigsten Argumente sollen kurz vorgestellt und diskutiert werden.

Das erste Argument kann *das Argument der Aspekt-Repräsentation* genannt und folgendermaßen rekonstruiert werden:[32]

(1) Was einen Gegenstand x repräsentiert, repräsentiert x immer unter einem bestimmten Aspekt.
(2) Wenn ein Phantasma x repräsentiert, repräsentiert es x unter dem Aspekt von etwas Singulärem (*sub ratione singularis*).
(3) Wenn x vollständig repräsentiert werden soll, muss x auch unter dem Aspekt von etwas Allgemeinem (*sub ratione universalis*) repräsentiert werden.
(4) Ein Phantasma kann x nicht unter zwei Aspekten repräsentieren.
(5) Eine intelligible Species repräsentiert x unter dem Aspekt von etwas Allgemeinem.
(6) Für eine vollständige Repräsentation von x ist zusätzlich zu einem Phantasma eine intelligible Species erforderlich.

---

[32] Vgl. *Ordinatio* I, dist. 3, pars 3, q. 1, n. 352 (Vat. III, 211-212); *Lectura* I, dist. 3, pars 3, q. 1, n. 268 (Vat. XVI, 332). Die Herausgeber führen das Argument unter dem Titel „rationes ex parte phantasmatis repraesentantis" auf.

§ 18 Die Analyse des kognitiven Prozesses 201

Dieses Argument geht offensichtlich von der nicht weiter begründeten Annahme aus, dass Repräsentieren immer unter einem bestimmten Aspekt erfolgt: ‚etwas repräsentiert x' heißt immer ‚etwas repräsentiert x unter dem Aspekt F' oder kurz ‚etwas repräsentiert x als F'. Diese erste Prämisse ist freilich nicht besonders problematisch. Es leuchtet sogleich ein, dass es unmöglich ist, einen Gegenstand einfach zu repräsentieren, ohne dabei einen bestimmten Aspekt oder eine bestimmte Hinsicht zu berücksichtigen. Wenn wir etwa ein Porträt von einer Person malen, so stellen wir ein Bild her, das die Person in einer ganz bestimmten Hinsicht – als Privatperson, als Politiker, als Künstler usw. – darstellt. Wir können nicht einfach eine Person darstellen, sondern müssen sie immer *als etwas* darstellen. Gleiches gilt für das kognitive Repräsentieren. Wenn ein Phantasma einen Gegenstand repräsentiert, so repräsentiert es ihn immer *als etwas*. Und weil ein Phantasma immer auf der Grundlage von Sinneseindrücken gewonnen wird, die von einem singulären Gegenstand stammen, repräsentiert es diesen Gegenstand als etwas Singuläres, wie in Prämisse (2) festgehalten wird. So repräsentiert ein Baum-Phantasma, das auf der Grundlage von visuellen Eindrücken gewonnen wurde, einen konkreten Baum als einen singulären Gegenstand mit einer bestimmten Farbe, einer bestimmten Größe, einer bestimmten Gestalt usw. Je nachdem, in welcher Wahrnehmungssituation das Phantasma gebildet wird, repräsentiert es den Baum auf unterschiedliche Weise.

In Prämisse (3) wird nun behauptet, dass ein Gegenstand auch unter dem Aspekt von etwas Allgemeinem repräsentiert werden muss. Warum insistiert Scotus auf dieser Prämisse? Im Text findet sich keine Begründung,[33] doch hinter (3) verbirgt sich eine These, die das gesamte Programm der scotischen Metaphysik bestimmt. Gemäß dieser These setzt sich ein konkreter Gegenstand immer aus zwei Bestandteilen oder Aspekten (*rationes*) zusammen: aus einer „allgemeinen Natur", die den Gegenstand zu einem Gegenstand einer bestimmten Art macht, und aus einer „kontrahierenden" oder „individuierenden Differenz", die ihn zu einem individuellen Gegenstand macht.[34] Keiner dieser beiden Bestandteile existiert in der materiellen Welt isoliert, und keiner ist real vom anderen verschieden. Dies bedeutet aber nicht, dass die beiden identisch sind. Sie unterscheiden sich vielmehr formal voneinander, wie Scotus be-

---

[33] In *Ordinatio* ibid., n. 348 (Vat. III, 209) betont Scotus: „... certum est enim quod universale potest intelligi ab intellectu", allerdings ohne ein Argument vorzutragen, und in *Lectura* ibid., n. 266 (Vat. XVI, 331) hält er knapp fest: „Suppono quod obiectum intellectus potest esse universale."
[34] Vgl. *Ordinatio* I, dist. 3, pars 1, qq. 5-6 (Vat. VII, 474-484).

tont.³⁵ Aufgrund dieses Unterschiedes müssen sie in einer metaphysischen Analyse auch voneinander getrennt werden. Entscheidend ist nun, dass die beiden unterschiedlichen Bestandteile auch unterschiedliche Beschreibungen und damit unterschiedliche Repräsentationen erlauben. Wir können einen Gegenstand, z. B. einen Baum, einerseits im Hinblick auf seine allgemeine Natur repräsentieren. Dann beziehen wir uns auf das, was ihn genau zu einem Baum und nicht zu einem Gegenstand einer anderen Art macht, d. h. wir konzentrieren uns auf einen *allgemeinen* Aspekt. Andererseits können wir einen Baum auch im Hinblick auf seine kontrahierende Differenz repräsentieren. Dann konzentrieren wir uns auf das, was ihn von anderen Bäumen unterscheidet und zu einem individuellen Gegenstand macht, d. h. wir beziehen uns auf einen *singulären* Aspekt. Eine vollständige Repräsentation des Baumes gelingt uns erst, wenn wir beide Aspekte berücksichtigen, denn nur dann schließen wir die beiden konstitutiven Bestandteile in unsere Repräsentation ein.

Berücksichtigt man Scotus' Erklärung der verschiedenen Bestandteile eines Gegenstandes, wird verständlich, warum er (3) einführt. Mit dieser Prämisse verweist er auf das metaphysische Fundament seiner Theorie der Repräsentation. Doch warum führt er zusätzlich (4) ein? Man könnte einwenden, dass es zwar zulässig ist, zwei Aspekte zu unterscheiden, die in einer vollständigen Repräsentation zu berücksichtigen sind. Es ist jedoch fragwürdig zu behaupten, dass eine repräsentierende Entität einen Gegenstand nur unter *einem* Aspekt repräsentieren kann. Doch genau diese Behauptung macht Scotus in seiner Erläuterung des Arguments:

„... eine repräsentierende Entität, die mit ihrer ganzen Funktion etwas unter einem Aspekt repräsentiert, kann nicht gleichzeitig dasselbe oder anderes unter einem anderen Aspekt des Objekts repräsentieren..."³⁶

Diese Behauptung mag auf den ersten Blick Verwunderung hervorrufen. Warum sollte eine repräsentierende Entität nicht in der Lage sein, einen Gegenstand gleichzeitig unter mehreren Aspekten zu repräsentieren? Wenn wir ein Porträt von einer Person malen, kann dieses Porträt die Person doch als einen Lebemann *und* als einen Künstler darstellen. Die besondere Pointe eines gelungenen Porträts besteht ja gerade darin, dass

---

³⁵ Zur formalen Distinktion vgl. *Ordinatio* I, dist. 2, pars 2, qq. 1-4 (Vat. II, 349-361) und *Ordinatio* II, dist. 3, pars 1, qq. 5-6 (Vat. VII, 483-484). Eine konzise Analyse bieten Adams 1982, 412-417, und Wolter 1990a.
³⁶ *Ordinatio* I, dist. 3, pars 3, q. 1, n. 356 (Vat. III, 215): „... repraesentativum secundum totam virtutem suam repraesentans aliquid sub una ratione, non potest simul repraesentare idem vel aliud sub alia ratione obiecti..."

es gleichzeitig mehrere Aspekte einfängt und dadurch die Komplexität einer Person zum Ausdruck bringt. Könnte man nicht in ähnlicher Weise sagen, dass ein Phantasma gleichzeitig mehrere Aspekte eines Gegenstandes repräsentiert und dadurch dessen Komplexität einfängt?

Scotus würde eine solche Überlegung zurückweisen. Seine Rede von unterschiedlichen Aspekten zielt nämlich nicht einfach auf unterschiedliche Eigenschaften oder Rollen ab, die mit Hilfe einer einzigen repräsentierenden Entität dargestellt werden können. Sie bezieht sich vielmehr auf zwei grundsätzlich verschiedene Aspekte: das Allgemeine und das Singuläre. Die Verschiedenheit dieser beiden Aspekte hat ihren Grund in der metaphysischen Struktur eines Gegenstandes, nämlich in seiner Zusammensetzung aus zwei kategorial verschiedenen (wenn auch nur formal und nicht real verschiedenen) Bestandteilen. Würde man die beiden Aspekte miteinander vermengen und behaupten, dass sie mit ein und derselben Entität repräsentiert werden können, würde man die Repräsentationsfunktion der jeweiligen Entität falsch einschätzen. Ein vergleichendes Beispiel möge dies verdeutlichen.

Wenn wir uns auf einen Baum beziehen und ihn darstellen wollen, können wir dies im Hinblick auf verschiedene Aspekte tun. Wir können uns einerseits auf ihn beziehen, insofern er ein materieller Gegenstand mit bestimmten biochemischen Eigenschaften ist. Im Hinblick auf diesen Aspekt stellen wir ihn am besten mit Hilfe einer chemischen Formel dar. Andererseits können wir uns auch auf den Baum beziehen, insofern er ein Naturgegenstand mit bestimmten ästhetischen Eigenschaften ist. Beziehen wir uns auf ihn unter diesem zweiten Aspekt, stellen wir ihn am besten mit Hilfe eines künstlerischen Bildes dar. Der entscheidende Punkt besteht darin, dass es sich dabei um zwei kategorial unterschiedliche Aspekte handelt, die unterschiedliche Formen der Darstellung verlangen. Weder können wir uns in ästhetischer Hinsicht auf den Baum beziehen und ihn mit Hilfe einer chemischen Formel darstellen, noch können wir uns in chemischer Hinsicht auf ihn beziehen und ihn mit Hilfe eines künstlerischen Bildes darstellen. Der jeweilige Aspekt, unter dem wir uns auf den Baum beziehen wollen, verlangt ein spezifisches Mittel der Darstellung.

Ähnlich verhält es sich Scotus zufolge mit den beiden Aspekten, unter denen wir einen Gegenstand kognitiv repräsentieren. Wir können ihn *entweder* unter dem Aspekt von etwas Singulärem *oder* unter dem Aspekt von etwas Allgemeinem repräsentieren. Wählen wir den ersten Aspekt, benötigen wir ein Phantasma; wählen wir den zweiten, brauchen wir eine intelligible Species. Wir können einen Gegenstand aber nicht gleichzeitig unter beiden Aspekten repräsentieren. Ebenso wenig können wir ihn mit dem Phantasma unter dem Aspekt des Allgemeinen repräsentieren oder mit der Species unter dem Aspekt des Singulären. Würden wir dies beabsichtigen, würden wir zwei grundlegend verschiedene Aspekte miteinander vermengen und die Repräsentationsfunktion des Phantasmas sowie der Species falsch einschätzen. Wir würden dann irrtümlicherweise annehmen, zwei grundlegend verschiedene Aspekte könnten durch eine einzige Entität dargestellt werden.

Scotus betont, dass die Beschränktheit der jeweiligen Repräsentationsfunktion auch nicht durch eine göttliche Illumination überwunden werden kann. Ganz gleichgültig, ob ein Phantasma einen Gegenstand mit oder ohne Illumination repräsentiert, es repräsentiert ihn immer unter dem Aspekt des Singulären. Denn es hat diese Repräsentationsfunktion bereits, bevor es in einem bestimmten Licht – im natürlichen oder im übernatürlichen – verwendet wird.[37] Das heißt: Eine repräsentierende Entität ist bereits vor ihrer Verwendung in einem Kontext auf einen bestimmten Aspekt festgelegt. Auch die Verwendung in einem spezifischen Kontext kann an dieser Festlegung nichts ändern. So ist eine chemische Formel darauf festgelegt, einen Baum unter chemischem Aspekt zu repräsentieren. Selbst wenn man die Formel in einem ästhetischen Kontext verwendete (oder sie ästhetisch „illuminierte"), würde sich an dieser Festlegung nichts ändern.

Akzeptiert man die entscheidende Prämisse (4), lässt sich leicht der Schluss ziehen, dass die intelligible Species zusätzlich zum Phantasma erforderlich ist. Gemäß dem allgemeinen Grundsatz der Species-Theorie, dem auch Scotus zustimmt, entsteht die Species nämlich genau dadurch, dass von den individuellen Bedingungen eines Gegenstandes abstrahiert wird. Es wird nur noch das berücksichtigt, was den Gegenstand zu einem Gegenstand einer bestimmten Art macht. Daher repräsentiert die Species den Gegenstand unter dem Aspekt des Allgemeinen, wie in (5) festgehalten wird.

Das Argument der Aspekt-Repräsentation ist nicht nur von Bedeutung, weil es eine spezifische Funktion der Species verdeutlicht, die vom Phantasma nicht wahrgenommen wird. Das Argument wirft auch ein interessantes Licht auf Scotus' allgemeine Auffassung von Intentionalität. Offensichtlich ist Bezugnahme für ihn immer als Bezugnahme unter einem bestimmten Aspekt zu verstehen. Daher lautet die Grundfrage in

---

[37] *Ordinatio* ibid., n. 354 (Vat. III, 213): „Contra. ‚Hoc repraesentativum' prius naturaliter est aliquid in se quam in tali lumine vel in tali repraesentet..."

der Intentionaliätsdebatte für ihn nicht einfach: Wie kann sich der Intellekt auf etwas beziehen? Die Grundfrage lautet vielmehr: Wie kann sich der Intellekt unter einem bestimmten Aspekt auf etwas beziehen? Welches kognitive Hilfsmittel ist erforderlich, um einen Aspekt kognitiv präsent zu machen?

Scotus führt noch ein weiteres Argument zur Verteidigung der Species an. Man könnte es *das Argument des tätigen Intellekts* nennen. Es lässt sich folgendermaßen rekonstruieren:[38]

(1) Der tätige Intellekt ist ein kognitives Vermögen, das reale Handlungen hervorbringt.

(2) Die realen Handlungen zielen auf etwas Reales ab.

(3) Das Reale, auf das der Intellekt abzielt, muss in seinem Bereich liegen und das primäre kognitive Objekt sein.

(4) Phantasmata liegen nicht im Bereich des tätigen Intellekts.

(5) Intellektuelle Akte sind nicht das primäre kognitive Objekt.

(6) Also können weder Phantasma noch intellektuelle Akte das sein, worauf der tätige Intellekt mit seinen Handlungen abzielt.

(7) Einzig die intelligiblen Species liegen im Bereich des tätigen Intellekts und sind das primäre kognitive Objekt.

(8) Also zielt der tätige Intellekt mit seinen Handlungen auf die intelligiblen Species ab.

Dieses Argument geht offensichtlich von der aristotelischen Unterscheidung zwischen einem tätigen und einem passiven Intellekt aus. Dass der tätige Intellekt auf etwas Reales abzielt (Scotus spricht von einem *terminus realis*), ergibt sich unmittelbar aus der Konstruktion der Intellekttheorie. Denn wenn der tätige Intellekt als ein reales Vermögen aufgefasst wird, muss er auf etwas Reales abzielen; ein Vermögen und dessen Objekt müssen aufeinander abgestimmt sein. (Zum Vergleich: Das Sehvermögen zielt auf Sichtbares und nicht etwa auf Hörbares oder Tastbares ab. Auch hier sind Vermögen und intendiertes Objekt aufeinander abgestimmt.) Problematischer sind die Prämissen (3)-(5). Wie ist es zu verstehen, dass das Objekt, auf das ein Vermögen abzielt, in dessen Bereich liegen muss? Und warum liegen die Phantasmata nicht im Bereich des Intellekts? Scotus hält nur fest, dieser reale Zielpunkt könne nicht als etwas aufgefasst werden, was im Phantasma ist, „weil sonst das [derart] Aufgefasste ausgedehnt wäre, und so würde der tätige Intellekt nicht ei-

---

[38] Vgl. *Ordinatio* ibid., n. 359 (Vat. III, 216-218); in verkürzter Form auch *Lectura* ibid., n. 274 (Vat. XVI, 334-335). Argumentationsschritt (3) findet sich nicht explizit im Text, ergibt sich aber aus Scotus' Ausführungen zu (4) und (5).

nen Übergang von einer Ordnung zu einer anderen schaffen."³⁹ Diese auf den ersten Blick rätselhafte Begründung lässt sich folgendermaßen erläutern: Wenn der tätige Intellekt einzig auf die Phantasmata abzielte, dann würde er sich auf etwas richten, was nicht in ihm selbst ist, sondern im Körper. Die Phantasmata werden ja von den inneren Sinnen gebildet, die im Gehirn lokalisiert sind. Die Funktion des tätigen Intellekts besteht aber darin, das im körperlichen Bereich Lokalisierte in den unkörperlichen Bereich überzuführen; er muss einen Übergang von einem Bereich (oder einer Ordnung) in den anderen schaffen.⁴⁰ Genau diese Funktion könnte er nicht wahrnehmen, wenn er nur auf die Phantasmata abzielte. Er würde dann im körperlichen Bereich verbleiben.

Diese Überlegung, die hinter Prämisse (4) steht, verdeutlicht, dass Scotus eine klare Trennlinie zwischen den körperlichen Sinnen und dem unkörperlichen Intellekt zieht. Daher unterscheidet er auch genau zwischen dem Bereich des Körperlichen, auf den die äußeren und inneren Sinne abzielen, und dem Bereich des Unkörperlichen, der dem Intellekt vorbehalten ist. Angesichts einer solchen Unterscheidung wäre es allerdings immer noch möglich, die These zu vertreten, dass der Intellekt auf seine eigenen Akte abzielt. Diese sind ja vollkommen unkörperlich. Scotus weist eine solche Überlegung jedoch mit der zweiten Hälfte von (3) und mit (5) zurück. Der Intellekt zielt seiner Ansicht nach nicht auf die eigenen Akte ab, weil diese nicht die primären kognitiven Objekte sind. Die primären Objekte gehen den Akten immer voraus.⁴¹ Konkret heißt dies: Der Intellekt kann sich nicht primär auf das eigene An-den-Baum-Denken beziehen. Der Denkakt kann höchstens das sekundäre Objekt sein, auf das sich der Intellekt in einer Reflexion bezieht. Das primäre Objekt muss das sein, worauf sich auch der Akt bezieht, in diesem Fall der Baum. Für Scotus ist es allerdings entscheidend, dass sich der Intellekt nicht primär auf den materiellen Baum beziehen kann, ebenso wenig wie er sich auf ein Baum-Phantasma richten kann. Er muss sich primär auf etwas beziehen, was in seinem eigenen Bereich liegt. Dies kann nur

---

³⁹ *Ordinatio* ibid., n. 359 (Vat. III, 216-217): „Ille terminus realis non recipitur in phantasmate, quia illud receptum esset extensum, et ita intellectus agens non transferret ab ordine in ordinem..."

⁴⁰ Angesichts dieser Funktion hält Boulnois 1999, 84, zu Recht fest: „La noétique scotiste est une théorie de transposition." Der entscheidende Punkt im ganzen kognitiven Prozess ist der Übergang vom körperlichen in den unkörperlichen Bereich.

⁴¹ *Ordinatio* ibid., n. 359 (Vat. III, 217): „... obiectum sub ratione obiecti *praecedit* actum." Ibid., n. 370 (Vat. III, 225): „Ad quaestionem ergo dico quod necesse est ponere in intellectu speciem intelligibilem repraesentantem universale ut universale, *priorem* naturaliter actu intelligendi..." (Hervorhebung D.P.)

eine Baum-Species sein, denn nur die Species ist ebenso unkörperlich wie der Intellekt. Und nur die Species, so fügt Scotus mit Verweis auf das bereits diskutierte Argument der Aspekt-Repräsentation hinzu, repräsentiert den Baum unter dem Aspekt von etwas Allgemeinem. Daher zielt der Intellekt primär auf die Species ab, die den Baum genau unter diesem Aspekt repräsentiert.[42]

Das ganze Argument des tätigen Intellekts ist natürlich nur dann überzeugend, wenn die entscheidende Prämisse (3) zugestanden wird. Nur wenn eingeräumt wird, dass der Intellekt auf etwas in seinem eigenen unkörperlichen Bereich abzielen muss, können der materielle Gegenstand und das Phantasma als mögliche Kandidaten ausgeschlossen werden. Und nur dann muss die Species als genau jene Entität angenommen werden, auf die der Intellekt abzielt. Wer Prämisse (3) aber nicht zugesteht und – wie etwa Olivi (vgl. § 11) – annimmt, dass der unkörperliche Intellekt auch auf etwas abzielen kann, was über den Bereich des Unkörperlichen hinausgeht, muss keine Species annehmen.

Schließlich präsentiert Scotus noch ein weiteres, knapp gehaltenes Argument, das für die Annahme von Species spricht. Er selber nennt es *das Argument bezüglich der Präsenz des Objekts*. Es kann folgendermaßen rekonstruiert werden:[43]

(1) Entweder ist der Intellekt dazu fähig, ein Objekt präsent zu haben, ohne dass dieses auch einem niedrigeren Vermögen präsent ist, oder er ist nicht dazu fähig.

(2) Wenn der Intellekt nicht dazu fähig ist, so ist er immer auf ein niedrigeres Vermögen angewiesen und unvollkommen.

(3) Dem Intellekt darf nicht ohne Notwendigkeit eine Unvollkommenheit unterstellt werden.

(4) Wenn der Intellekt tatsächlich fähig ist, ein Objekt präsent zu haben, ohne dass dieses auch einem niedrigeren Vermögen präsent ist, dann nur mit Hilfe der Species.

Dieses Argument geht offensichtlich von einer Hierarchie unter den verschiedenen Seelenvermögen aus: Der sensitive Teil der Seele ist als ein

---

[42] Scotus nennt die Species auch die repräsentierende Form und hält in *Ordinatio* ibid., n. 360 (Vat. III, 218) abschließend fest: „... actio realis non terminatur nisi ad repraesentativum obiecti sub ratione universalis; ergo realis actio intellectus agentis terminatur ad formam aliquam realem, in exsistentia, quae formaliter repraesentat universale ut universale, quia aliter non posset terminari actio eius ad universale sub ratione universalis."
[43] Vgl. *Ordinatio* ibid., n. 366-369 (Vat. III, 222-225); Appendix A, n. 223 (Vat. III, 364); *Lectura* ibid., n. 278 (Vat. XVI 336).

niedrigeres Vermögen dem Intellekt untergeordnet. Diese hierarchische Konzeption wirft freilich die Frage auf, wie die Zusammenarbeit zwischen den verschiedenen Vermögen zu verstehen ist. Wie in Prämisse (2) festgehalten wird, könnte man die Zusammenarbeit so verstehen, dass das übergeordnete Vermögen bei jeder Handlung auf das untergeordnete Vermögen angewiesen ist. Dann müssten die Sinne – insbesondere die inneren Sinne, die für die Produktion von Phantasmata zuständig sind – aber jedesmal, wenn der Intellekt tätig wird, ebenfalls tätig werden, d. h. sie müssten jedesmal Phantasmata bereitstellen. Der Intellekt könnte dann keine von den Sinnen unabhängige Tätigkeit ausführen. Genau diese Annahme weist Scotus in (3) zurück. Damit verwirft er freilich nicht die allgemeine aristotelische Konzeption, dass der Intellekt im Normalfall mit den Sinnen zusammenarbeitet und dass er im Normalfall von dem ausgeht, was die Sinne ihm bereitstellen.[44] Scotus verwirft nur die Annahme, dass der Intellekt *immer* mit den Sinnen zusammenarbeiten muss. So kann der Intellekt z. B. selbst dann, wenn er über kein konkretes Phantasma von einem Dreieck verfügt, verstehen, was ein Dreieck ist. Er kann sich nämlich ein Dreieck kognitiv vergegenwärtigen, indem er nur die Definition des Dreiecks erfasst, ohne auf die sinnliche Präsenz dieses oder jenes Dreiecks angewiesen zu sein.[45] Diese rein kognitive Vergegenwärtigung ist aber nur mit Hilfe der Species möglich. Denn wie im Argument der Aspekt-Repräsentation bereits festgehalten wurde, repräsentiert nur die Species ein Dreieck unter dem Aspekt von etwas Allgemeinem, d. h. im Hinblick auf seine allgemeine Natur. Daher ermöglicht nur die Species, dass der Intellekt die allgemeine Natur eines Dreiecks erfassen und die Definition des Dreiecks verstehen kann.

Die drei Argumente, die Scotus zur Verteidigung der Species anführt, verdeutlichen, dass diese kognitiven Entitäten bestimmte Funktionen haben, die weder von den Phantasmata noch von den intellektuellen Akten wahrgenommen werden: (i) Sie repräsentieren die Gegenstände unter einem allgemeinen Aspekt; (ii) sie sind die realen Entitäten, auf die der

---

[44] Vgl. *Ordinatio* I, dist. 3, pars 1, q. 3, n. 187 (Vat. III, 113-114); *Ordinatio* I, dist. 3, pars 3, q. 1, n. 392 (Vat. III, 239); *Lectura* ibid., n. 300 (Vat. XVI, 345-346). In *Reportatio* II, dist. 23, q.u., n. 3 (Vivès XXIII, 107) hält Scotus ausdrücklich fest, der Intellekt sei „quasi tabula nuda". Seiner Ansicht nach verfügt der Intellekt über keine angeborenen Begriffe oder Prinzipien und ist daher auf die Sinne angewiesen. Vgl. dazu Honnefelder 1979, 205-212.

[45] Zudem kann sich der Intellekt in der Erinnerung einen Gegenstand vergegenwärtigen, ohne dass dieser den Sinnen präsent ist. Die ganze Diskussion der Species-Theorie dient Scotus nicht zuletzt der Erklärung, wie kognitive Bezugnahme im Falle der Erinnerung möglich ist. Dies geht aus seiner Fragestellung in *Ordinatio* ibid., n. 333 (Vat. III, 201) hervor.

Intellekt als reales Vermögen abzielt; (iii) sie ermöglichen unabhängig von den Sinnen eine kognitive Präsenz der Gegenstände. Angesichts dieser drei Funktionen stellt sich allerdings die bereits früher aufgeworfene Frage, wie sich eine Person bzw. ihr Intellekt direkt auf Gegenstände in der Welt beziehen kann, wenn sie in ihren kognitiven Tätigkeiten stets Species als repräsentierende Entitäten benötigt und wenn diese Entitäten sogar das sind, worauf der Intellekt abzielt. Führt die Annahme von Species nicht dazu, dass die direkte Bezugnahme zugunsten einer bloß indirekten aufgegeben wird? Genau diese Schlussfolgerung hat in der neueren Forschung L. Spruit gezogen. Er behauptet, Scotus habe mit seiner Verteidigung der Species „einen Schleier zwischen die Seele und die Welt" gelegt und die Annahme aufgegeben, dass ein direkter Kontakt mit Gegenständen in der Welt möglich ist. Kognitive Bezugnahme sei nur noch dadurch möglich, dass eine Person von ihren inneren, repräsentierenden Species auf äußere Gegenstände schließt.[46]

Ein derartiges Textverständnis scheint aufgrund der Tatsache, dass Scotus die Species ausdrücklich *repraesentativa* nennt und ihnen eine *ratio repraesentandi* zuschreibt, zwar naheliegend zu sein. Trotzdem halte ich es aus mindestens drei Gründen für verfehlt.

Zunächst ist zu beachten, dass die Rede von *repraesentare* bei Scotus noch keine starken repräsentationalistischen Implikationen hat. Wenn er sagt, eine Species repräsentiere einen Gegenstand, so versteht er ‚repräsentieren' nur im Sinne von ‚darstellen', ‚zu verstehen geben' oder ‚vergegenwärtigen'. Was aber vergegenwärtigt wird, ist der äußere Gegenstand selbst, insofern er präsent ist, nicht bloß die Species als eine kognitive Entität. Auf den Gegenstand wird nicht geschlossen, sondern er wird selbst mittels der Species oder in der Species unter einem bestimmten Aspekt vergegenwärtigt. Die Species hat daher die Funktion des Vergegenwärtigens; sie stellt den Gegenstand unter dem allgemeinen Aspekt dar.[47] Scotus wendet sich zwar genau wie Thomas von Aquin gegen einen naiven direkten Erkenntnisrealismus, demzufolge der Intellekt von sich aus, ohne irgendwelche Hilfsmittel zu verwenden, einen Gegenstand erfassen kann. Aber wenn Scotus auch darauf insistiert, dass die Species als Hilfsmittel

---

[46] L. Spruit 1994, 266: „Duns does not hold that the species is the first known, but he seems to share the view that the species is a veil between the soul and the world. [...] cognition inevitably involves some inference from intermediary representations or entities, and lacks *de facto* all (direct) contact with the world."

[47] So sagt Scotus im ersten Argument (*Ordinatio* ibid., n. 352, Vat. III, 212): „Sed intelligere obiectum sub ratione universalis et singularis requirit duplicem rationem repraesentativam vel repraesentandi, et est respectu duplicis rationis ‚repraesentabilis' formaliter..." Ziel ist es, den *Gegenstand* unter einem bestimmten Aspekt zu vergegenwärtigen, nicht die Species.

erforderlich sind, behauptet er doch nicht, dass diese Hilfsmittel primär erfasst werden. Selbst im zweiten Argument, in dem er festhält, dass der Intellekt auf die Species abzielt, sagt er nicht, dass der Intellekt in zwei Schritten vorgeht, nämlich dass er zuerst nur die Species erfasst und dann auf den äußeren Gegenstand schließt. Scotus behauptet vielmehr, dass „der erste Zielpunkt für eine Handlung des tätigen Intellekts das aktuell Allgemeine ist."[48] Dieser Zielpunkt wird aber nur in der Species oder mit der Species erreicht, denn nur in der Species wird der Gegenstand unter dem Aspekt des Allgemeinen präsent. Das bereits oft erwähnte Baum-Beispiel mag diese entscheidende These veranschaulichen.

Angenommen, wir wollen einen Baum auf seine chemische Struktur hin analysieren. Dies gelingt uns nur, wenn wir bestimmte technische Instrumente verwenden, die es uns erlauben, den Baum unter diesem Aspekt zu untersuchen. Was wir aber analysieren und was wir am Ende der Untersuchung beschreiben, sind nicht die technischen Instrumente. Wir schließen auch nicht von den Instrumenten auf die Struktur des Baumes. Wir beschreiben vielmehr die chemische Struktur selbst, und zwar genau so, wie sie dank der technischen Instrumente sichtbar wird. Ähnlich ist nun auch die Funktion der Species zu verstehen. Wir erfassen in einem kognitiven Prozess nicht die Species, und wir schließen auch nicht von der Species auf einen äußeren Gegenstand. Vielmehr erfassen wir den Gegenstand unter einem allgemeinen Aspekt, und zwar so, wie er dank der Species kognitiv präsent ist. Hätten wir die Species nicht, könnten wir den Gegenstand nur mit konkreten wahrnehmbaren Eigenschaften unter einem singulären Aspekt erfassen. Die Species ist somit nicht mit einem Schleier zu vergleichen, der sich gleichsam vor unseren Intellekt legt und eine direkte Sicht auf den Gegenstand versperrt. Im Gegenteil: Erst durch die Species wird der Gegenstand unter dem allgemeinen Aspekt sichtbar und erkennbar. Scotus nennt die Species daher auch den Erkenntnisgrund (*ratio cognoscendi*) und betont, dass sie nur in dieser Funktion ein Medium zwischen dem Intellekt und dem Gegenstand sind. Ein Medium kann nämlich in zweifacher Weise verstanden werden.[49] Einerseits kann es als das aufgefasst werden, was der Intellekt pri-

---

[48] *Ordinatio* ibid., n. 359 (Vat. III, 217): „... primus terminus actionis intellectus agentis est universale in actu..." Vgl. auch Appendix A, n. 217 (Vat. III, 363).

[49] *Quodlibeta*, q. 14 (Vivès XXVI, 108): „... aliquid esse medium cognoscendi, vel in cognoscendo potest intelligi dupliciter: Uno modo, quod sit medium cognitum, sic quod per ipsum cognitum cognoscatur aliud, sicut cognoscitur conclusio per principium. Alio modo, quod non sit medium cognitum, sed ratio cognoscendi solum, sicut species sensibilis in sensu est ratio sentiendi." Nicht nur die „species sensibilis", sondern auch die „species intelligibilis" ist im zweiten Sinne aufzufassen, wie Scotus weiter ausführt.

mär erkennt, sodass der Gegenstand nur noch sekundär – vermittelt durch das Medium – erkannt wird. Andererseits kann es aber auch als der Erkenntnisgrund aufgefasst werden, der eine Erkenntnis erst ermöglicht, jedoch nicht selber primär vom Intellekt erkannt wird. Für Scotus ist die Species eindeutig im zweiten Sinne zu verstehen.

Noch ein weiterer Grund spricht gegen die Annahme, eine Species verhalte sich wie ein kognitiver Schleier. In seiner Erklärung der Veränderung, die der Intellekt durch die Entstehung der Species erfährt, betont Scotus, dass man zwei Arten von Veränderung unterscheiden muss:

„... der Intellekt erfährt nicht nur eine reale Veränderung seitens des realen Objekts, das eine solche reale Species einprägt, sondern er erfährt von diesem Objekt, so wie es in der Species erscheint, auch eine intentionale Veränderung. Diese zweite Veränderung ist ‚das Aufnehmen eines Verstehens‘, das vom Verstehbaren erfolgt, insofern es verstehbar ist und in der intelligiblen Species erscheint; und dieses Verändert-werden ist ein Verstehen."[50]

Offensichtlich müssen in einer Erklärung des kognitiven Prozesses immer zwei Arten von Veränderung berücksichtigt werden. Einerseits erfährt der Intellekt eine *reale* Veränderung, denn er nimmt die Species als eine reale Entität (genauer: als ein reales Akzidens) auf. So betrachtet verhält er sich nicht anders als eine Wand, die weiß gestrichen wird, denn auch diese erfährt eine reale Veränderung, indem sie die weiße Farbe aufnimmt. Doch der Intellekt erfährt zudem noch eine *intentionale* Veränderung, und genau dadurch unterscheidet er sich von der Wand. In der Species, die der Intellekt aufnimmt, „erscheint" (*relucet*) nämlich das Objekt. Oder modern ausgedrückt: In der Species wird ein kognitiver Inhalt sichtbar, und dieser ist nichts anderes als das Objekt. Aufgrund dieses Inhalts gelingt es dem Intellekt, das Objekt zu erfassen. Wie das Objekt mit intentionalem oder objektivem Sein „erscheint", soll in § 19 näher betrachtet werden. Hier ist nur folgender Punkt zu beachten: Scotus behauptet nicht, dass der Intellekt von der Species auf den Gegenstand schließt. Er vertritt vielmehr die These, dass der Gegenstand selbst in der Species „erscheint" und dadurch kognitiv präsent wird.[51]

---

[50] *Ordinatio* ibid., n. 386 (Vat. III, 235): „... intellectus non tantum patitur realiter ab obiecto reali, imprimente talem speciem realem, sed etiam ab illo obiecto ut relucet in specie patitur passione intentionali: et illa secunda passio est ‚receptio intellectionis‘ quae est ab intelligibili in quantum intelligibile, relucens in specie intelligibili – et illud ‚pati‘ est ‚intelligere‘."

[51] *Ordinatio* I, Appendix A, n. 232 (Vat. III, 367): „Dico igitur quod ‚praesentia realis‘ obiecti est causa realis speciei, et in illa est obiectum praesens..." Entscheidend ist, dass Scotus nicht einfach behauptet, die Species sei präsent. Er vertritt vielmehr die These, dass das Objekt in der Species präsent ist.

Schließlich ist noch ein weiterer Punkt zu beachten. In seiner Diskussion der semantischen Frage, ob ein gesprochenes Wort den äußeren Gegenstand oder die intelligible Species bezeichne, vertritt Scotus die Position, dass ein Wort direkt die Species bezeichnet. Er präzisiert aber, dass ein Wort die Species nur bezeichnet, insofern diese als Zeichen aufgefasst wird – als Zeichen, das für den äußeren Gegenstand steht. Wird es derart aufgefasst, bezeichnet ein Wort immer auch den Gegenstand, denn es gilt:

„Da jedes Zeichen, als Zeichen aufgefasst, ein Zeichen für das Bezeichnete ist, folgt, dass ein gesprochener Laut, der eine Ähnlichkeit [d. h. eine Species] bezeichnet, insofern diese ein Zeichen für den Gegenstand ist, auch den Gegenstand selbst bezeichnet..."[52]

Scotus vertritt offensichtlich folgende These: Wenn a ein Zeichen für b ist, b aber selber ein Zeichen für c ist, dann bezeichnet a auch c. Die Bezeichnungsrelation ist transitiv.[53] Entscheidend ist dabei, dass Scotus nicht sagt, wer b – die Species – bezeichne, beziehe sich nur auf eine Entität im Intellekt und könne höchstens auf einen äußeren Gegenstand schließen. Gemäß seiner Auffassung bezeichnet jemand, der die Species bezeichnet, immer auch den äußeren Gegenstand, weil die Species selber ein Zeichen ist und direkt auf den äußeren Gegenstand verweist. Dieses direkte Verweisen verdeutlicht, dass die Species kein kognitiver Schleier ist, der den äußeren Gegenstand gleichsam verhüllt. Im Gegenteil: Weil die Species ein Zeichen für den Gegenstand ist, und weil ein Erfassen der Species als Zeichen immer auch ein Erfassen des Gegenstandes bedeutet, enthüllt die Species gleichsam den äußeren Gegenstand: Sie stellt den Gegenstand unmittelbar so dar, wie er kognitiv präsent ist.

Bislang ist deutlich geworden, welche besondere Funktion der Species im kognitiven Prozess zukommt, und es hat sich gezeigt, dass die wichtigste Funktion – das Repräsentieren des Gegenstandes unter einem bestimmten Aspekt – nicht im Sinne einer „Schleier-Theorie" zu verstehen ist. Nun muss aber noch die zweite Frage aufgenommen werden, die

---

[52] *Super lib. I Perihermeneias*, q. 2 (Vivès I, 541): „... cum enim omne signum inquantum signum, sit signum signati, sequitur, quod vox significans similitudinem inquantum signum rei, significat ipsam rem..." Für eine ausführliche Diskussion dieser Stelle vgl. Perler 2003.

[53] Die Transitivität gilt natürlich nur, wenn a ein Zeichen für b ist, insofern b ein Zeichen ist und auch als solches verstanden wird. Wenn beispielsweise ein Geheimcode ein Zeichen für ein bestimmtes Wort ist, dieses Wort aber nicht als Zeichen für einen Gegenstand aufgefasst wird, sondern lediglich als eine Ansammlung von Schriftzeichen, liegt keine Transitivität vor. Das Wort muss als Zeichen verstanden werden, damit der Code via Wort auch für den Gegenstand steht.

zu Beginn dieses Paragraphen aufgeworfen wurde. Wie kann sich der Intellekt mittels der Species auf natürlichem Wege auf einen Gegenstand beziehen? Warum ist keine übernatürliche Unterstützung erforderlich? Man könnte diese Frage beantworten, indem man einfach darauf verweisen würde, dass die Species auf natürlichem Wege von einem Phantasma abstrahiert wird, und dass das Phantasma seinerseits auf natürlichem Wege in einer Wahrnehmungssituation gebildet wird. Aber damit wäre noch nicht viel gewonnen. Man könnte nämlich stets weiter fragen, warum die Species überhaupt auf natürlichem Wege abstrahiert werden kann. Was ermöglicht die natürliche Produktion der Species und damit auch die natürliche Präsenz eines Gegenstandes?

Auf diese Frage gab es im 13. Jh. zwei extreme Antworten. Die eine Antwort zielte darauf ab, dem Intellekt eine herausragende Stellung einzuräumen, und sie betonte deshalb, dass der Intellekt von sich aus eine Species produzieren und dadurch die natürliche Präsenz eines Gegenstandes bewirken kann. Die andere Antwort schrieb gerade umgekehrt dem materiellen Gegenstand eine besondere Stellung zu und insistierte darauf, dass der Gegenstand allein seine kognitive Präsenz bewirken kann.

Scotus erwägt beide Antworten, aber er hält beide für unbefriedigend. Die erste Antwort vernachlässigt seiner Ansicht nach die Kausalrelation zum materiellen Gegenstand. Denn wenn der Intellekt tatsächlich von sich aus die Präsenz eines Gegenstandes bewirken könnte, so könnte er dies immer tun, ganz gleichgültig, ob nun tatsächlich ein Gegenstand vorhanden ist und ob tatsächlich eine Kausalrelation zu einem Gegenstand besteht. Es wäre dann nicht mehr einsichtig, warum der Intellekt sich manchmal einen Gegenstand vergegenwärtigt und manchmal nicht; er könnte immer kognitiv tätig sein.[54] Die zweite Antwort vernachlässigt gerade umgekehrt die entscheidende Mitarbeit des Intellekts. Sie „entstellt in hohem Maße die Natur der Seele", wie Scotus betont.[55] Der Intellekt wäre dann nur noch ein Empfänger für Eindrücke seitens des Gegenstandes, er hätte aber keine aktive Funktion mehr. Zudem wäre kein kognitiver Irrtum mehr möglich, denn der Gegenstand würde sich immer so kognitiv vergegenwärtigen, wie er tatsächlich ist.[56] Die zahlreichen Beispiele von Sinnestäuschungen und Fehlurteilen zeigen jedoch, dass wir Menschen uns einen Gegenstand durchaus anders vergegenwärtigen können, als er tatsächlich ist.

---

[54] Vgl. *Ordinatio* I, dist. 3, pars 3, q. 2, n. 414 (Vat. III, 251).
[55] *Ordinatio* ibid., n. 429 (Vat. III, 261): „Hoc videtur inconveniens, quia vilificat valde naturam animae."
[56] Vgl. *Ordinatio* ibid., n. 435 (Vat. III, 264-265).

Angesichts der Unangemessenheit der beiden Extrempositionen darf weder der Intellekt allein noch der materielle Gegenstand allein als Ursache für die kognitive Präsenz eines Gegenstandes angegeben werden. Vielmehr müssen beide *zusammen* als Ursachen bestimmt werden. Scotus betont allerdings, dass es sich dabei nicht um zwei gleichberechtigte Ursachen handelt, sondern um Ursachen, die in einer hierarchischen Ordnung zueinander stehen. Diese Ordnung kann indessen unterschiedlich verstanden werden:[57]

(a) Die übergeordnete Ursache bewegt die untergeordnete.
(b) Die übergeordnete Ursache gibt der untergeordneten eine Kraft oder Form, mit der sie sich bewegen kann.
(c) Die übergeordnete Ursache wirkt nicht auf die untergeordnete ein, hat jedoch eine vollkommenere Kraft als die untergeordnete.

Für eine Ordnung vom Typ (a) gibt Scotus selber ein Beispiel an. Wenn eine Hand und ein Holzstab zusammen etwas bewirken, so bewegt stets die Hand den Holzstab. Der Stab ist nicht mehr als ein Instrument, das von sich aus nichts bewirken kann. Die Relation zwischen dem Intellekt und einem Gegenstand ist nicht in diesem Sinne zu verstehen, denn der Intellekt verwendet den Gegenstand nicht einfach als Instrument. Der Gegenstand kann vielmehr von sich aus etwas bewirken. Er ist nämlich imstande, Sinneseindrücke und Phantasmata hervorzurufen und dadurch den Intellekt zu aktivieren. Für eine Ordnung vom Typ (b) führt Scotus zwar kein Beispiel an, aber man könnte an das Verhältnis zwischen einem Mechaniker und einem Automaten denken. Indem der Mechaniker den Automaten konstruiert, gibt er ihm eine bestimmte Funktion und damit auch eine bestimmte kausale Fähigkeit, sodass dieser sich bewegen kann. Von sich aus wäre der Automat jedoch zu keiner Bewegung fähig. Auch auf diese Weise darf das Verhältnis zwischen Intellekt und Gegenstand nicht verstanden werden. Einem Gegenstand wird vom Intellekt nämlich keine kausale Fähigkeit verliehen. Als natürliche Substanz hat ein Gegenstand bereits an sich eine bestimmte kausale Fähigkeit. Daher muss die Relation zwischen dem Intellekt und einem Gegenstand gemäß (c) verstanden werden: Beide Ursachen haben an sich bereits eine kausale Fähigkeit, der Intellekt verfügt jedoch über eine vollkommenere Fähigkeit und ist daher dem Gegenstand übergeordnet.[58] Er

---

[57] Vgl. *Ordinatio* ibid., n. 496 (Vat. III, 293-294).
[58] Scotus illustriert diese Art von Überordnung mit dem Beispiel von Mann und Frau, die zusammen ein Kind zeugen. Jeder der beiden verfügt über eine eigene kausale Fähigkeit, die Fähigkeit des Mannes ist Scotus zufolge aber vollkommener als jene der Frau. Vgl. *Ordinatio*

aktiviert diese vollkommenere Fähigkeit, indem er auf der Grundlage eines Phantasmas eine Species vom Gegenstand bildet. Konkret heißt dies: Um einen Baum kognitiv zu vergegenwärtigen, sind der Intellekt und ein konkreter Baum als Teilursachen erforderlich. Der Baum ist die untergeordnete Ursache; er wirkt auf die Wahrnehmungssinne ein und verursacht ein Phantasma, das den Baum unter einem singulären Aspekt vergegenwärtigt. Der Intellekt ist die übergeordnete Ursache; er abstrahiert die Baum-Species, die den Baum unter einem allgemeinen Aspekt vergegenwärtigt.[59] Zwar kann der Intellekt im Normalfall nicht ohne den Gegenstand und natürlich auch nicht ohne die Sinne aktiv werden. Trotzdem verwendet er den Gegenstand und die Sinne nicht einfach als Instrumente, sondern sie wirken als Teilursachen.

An dieser Erklärung sind zwei Punkte von Bedeutung. Erstens fällt auf, dass Scotus zwar die Vorrangstellung des Intellekts betont, gleichzeitig aber auf die enge Zusammenarbeit mit dem Gegenstand und den Sinnen verweist. Das kognitive Vergegenwärtigen eines Gegenstandes ist als ein komplexer Prozess zu verstehen, an dem verschiedene Teilursachen beteiligt sind. Nur wenn sämtliche Ursachen – auch die zwar untergeordneten, aber dennoch realen Teilursachen – berücksichtigt werden, lässt sich dieser Prozess adäquat beschreiben. Zweitens ist bemerkenswert, dass Scotus einen dezidiert naturalistischen Ansatz wählt. In der ganzen Erklärung der einzelnen Ursachen und ihrer gegenseitigen Ordnung rekurriert er nur auf *natürliche* Ursachen. Die Mitwirkung einer übernatürlichen Ursache (etwa in Form einer göttlichen Illumination oder eines göttlichen Einwirkens auf die Sinne und den Intellekt) ist für ihn ausgeschlossen.

Gegen einen solchen Ansatz könnte ein Vertreter der Illuminationstheorie jedoch sogleich Einspruch erheben. Zeigen die zahlreichen Beispiele für Sinnestäuschungen und Fehlurteile nicht, dass die natürlichen Teilursachen ganz unzuverlässige Ursachen für einen kognitiven Prozess sind? Müssen sie nicht durch eine übernatürliche Ursache korrigiert oder zumindest ergänzt werden? Scotus würde einen solchen Einwand zurückweisen. Er räumt zwar ein, dass die natürlichen Teilursachen nicht vollständig zuverlässig sind; Sinnestäuschungen und Fehlurteile sind

---

ibid., n. 496 (Vat. III, 294) und die Schlussthese ibid., n. 498 (Vat. III, 295): „Sunt ergo causae essentialiter ordinatae, et ultimo modo, videlicet quod una est simpliciter perfectior altera, ita tamen quod utraque in sua propria causalitate est perfecta, non dependens ab alia."

[59] Zudem richtet sich der Intellekt aktiv auf einen Gegenstand – etwa auf den Baum – und nimmt nicht bloß eine Species auf, wie Scotus in *Quaestiones super libros Metaphysicorum* VII, q. 14, n. 29 (OPh IV, 290) betont: „Nam potentia cognitiva non tantum habet recipere speciem obiecti, sed etiam tendere per actum suum in obiectum."

stets möglich. Aber die Pointe seines naturalistischen Ansatzes besteht gerade darin, dass er die Irrtumsanfälligkeit der natürlichen Teilursachen berücksichtigt und gleichzeitig auf Möglichkeiten der Selbstkorrektur hinweist. Scotus verdeutlicht dies anhand eines klassischen Beispiels.[60] Angenommen, wir sehen einen Holzstab, der halb ins Wasser eingetaucht ist, und urteilen, dass er gebrochen ist. In Tat und Wahrheit ist er aber nicht gebrochen. Wie können wir unser Urteil, das wir allein mit unseren natürlichen kognitiven Fähigkeiten gebildet haben, korrigieren? Nicht indem wir zu einer übernatürlichen Unterstützung (etwa zu einem „ungeschaffenen Modell" für einen Holzstab) Zuflucht nehmen, sondern indem wir den Holzstab anfassen und feststellen, dass er hart ist. Dann wenden wir den Grundsatz an, dass nichts Hartes durch etwas Weiches gebrochen werden kann, und wir korrigieren so unser ursprüngliches Urteil.

Die Selbstkorrektur erfolgt offensichtlich in drei Schritten. In einem ersten Schritt setzen wir unterschiedliche Sinne ein und gelangen zu unterschiedlichen Urteilen. In einem zweiten Schritt prüfen wir diese Urteile mit Hilfe von allgemeinen Grundsätzen, die ihrerseits empirisch, nicht etwa auf übernatürlichem Wege, gewonnen wurden.[61] In einem dritten Schritt scheiden wir schließlich jene Urteile aus, die sich nicht mit den allgemeinen Grundsätzen vereinbaren lassen, und korrigieren so die einseitige Information eines einzelnen Sinnes. So gelangen wir Schritt für Schritt zu revidierten Urteilen und zu einem besseren Verständnis der Gegenstände in der Welt. Freilich besteht auch nach einem solchen Prozess der Selbstkorrektur die Möglichkeit eines Irrtums – unfehlbare Urteile gibt es für die Menschen nicht, zumindest nicht in diesem Leben, in dem sie auf die Sinne angewiesen sind. Aber das Ziel eines kognitiven

---

[60] Vgl. *Ordinatio* I, dist. 3, pars 1, q. 4, nn. 242-243 (Vat. III, 147-148).

[61] In *Ordinatio* ibid., n. 243 (Vat. III, 147) betont Scotus, dass die Termini des Grundsatzes „Nichts Hartes wird durch die Berührung mit etwas Weichem gebrochen" auf empirischem Weg gewonnen werden. Dieser Grundsatz ist derart evident, dass gilt: „Haec est ita per se nota ex terminis quod, etiam si essent accepti a sensibus errantibus, non potest intellectus dubitare de illa, immo oppositum includit contradictionem." Selbst wenn ich etwas Weiches berührte, es irrtümlicherweise für etwas Hartes hielte und den Terminus ‚Hartes' bildete, könnte ich den Grundsatz *irrtumsfrei* bilden. Freilich stellt sich dann die Frage, warum eine Irrtumsfreiheit vorliegt. Der Grund dafür ist logisch-semantischer und nicht bloß psychologischer Natur, wie der Schlusssatz im Zitat verdeutlicht: Wer das Gegenteil des Grundsatzes behaupten würde, würde einen Widerspruch behaupten. ‚Hartes' heißt nämlich nichts anderes als ‚nicht durch Weiches Brechbares', sodass jemand, der ‚Einiges Hartes wird durch die Berührung mit etwas Weichem gebrochen' behauptete, Widersprüchliches sagen würde. Allerdings erklärt Scotus nicht, warum ‚Hartes' genau in diesem Sinne aufgefasst werden muss und warum sich der Intellekt, der diesen Terminus in einem Grundsatz verwendet, nicht irren kann. Scotus geht – ohne dafür ein Argument anzugeben – davon aus, dass es ein irrtumsfreies Verstehen gewisser basaler Termini gibt.

Prozesses besteht nicht darin, Unfehlbarkeit zu erlangen. Das Ziel besteht vielmehr darin, durch einen kontrollierten Einsatz sämtlicher natürlicher kognitiver Fähigkeiten (insbesondere sämtlicher Sinne) eine möglichst korrekte Bezugnahme auf Gegenstände und möglichst korrekte Urteile über diese Gegenstände zu erreichen.

§ 19 Die Gegenstände mit „objektivem Sein"

Bislang ist deutlich geworden, dass der mehrstufige kognitive Prozess, den Scotus im Detail erläutert, darauf abzielt, eine möglichst korrekte Bezugnahme auf Gegenstände zu ermöglichen. Doch auf welche Art von Gegenständen? Man könnte zunächst annehmen, dass einfach die Bezugnahme auf materielle Gegenstände angestrebt wird. Wenn ich mich auf einen Baum beziehe, will ich ja diesen oder jenen konkreten Baum kognitiv erfassen; daher richtet sich mein Intellekt auf einen materiellen Baum. Eine solche simple Antwort erweist sich aber aus mehreren Gründen als unzulänglich. Erstens hat die Diskussion der Species-Theorie gezeigt, dass sich der immaterielle Intellekt nicht einfach auf etwas Materielles beziehen kann. Er zielt primär auf etwas ab, was in seinem eigenen immateriellen Bereich liegt, und dies ist nichts anderes als die Species, oder genauer: der Gegenstand, insofern er in der Species „erscheint".[62] Zweitens ist zu beachten, dass sich der Intellekt unter einem bestimmten Aspekt auf einen Gegenstand bezieht. Dies ist der allgemeine Aspekt, der wiederum nur in der Species oder mittels der Species erfassbar wird. Drittens schließlich ist zu berücksichtigen, dass sich der Intellekt auch auf Gegenstände beziehen kann, die keine aktuelle materielle Existenz haben (z. B. Caesar) oder nie eine materielle Existenz hatten (z. B. eine Chimäre).[63] Auch solche Gegenstände sind nur in einer Species oder mittels einer Species erfassbar.

Aus diesen Gründen muss man vorsichtigerweise sagen, dass sich der Intellekt im Normalfall nicht einfach auf einen materiellen Gegenstand bezieht, sondern auf einen Gegenstand (möge er nun an sich betrachtet materiell sein oder nicht), insofern er in einer Species präsent ist.[64] Scotus

---

[62] Vgl. oben Anm. 50.

[63] Scotus diskutiert diese beiden Beispiele in *Super lib. I Periherm.*, qq. 7-8 (Vivès I, 549b-557a).

[64] Es ist zu betonen, dass dies nur für den Fall der abstraktiven Erkenntnis gilt. Wie in Anm. 30 bereits erwähnt wurde, berücksichtigt Scotus auch den Sonderfall der intuitiven Erkenntnis, in dem sich der Intellekt ohne eine Species auf einen unmittelbar präsenten Gegenstand beziehen kann.

nennt dies den Gegenstand mit „intentionalem", „intelligiblem", „objektivem" oder „vermindertem Sein", und er erläutert den besonderen Status dieses Gegenstandes mit folgenden knappen Worten:

„Das allgemeine Objekt hat unter dem Aspekt des Allgemeinen nur ein vermindertes Sein, nämlich ein Erkannt-sein, so wie Herkules in der Statue nur ein vermindertes Sein hat, d. h. ein Im-Bild-repräsentiert-sein."[65]

Offensichtlich ist unter dem verminderten Sein jener Status zu verstehen, den ein Gegenstand als erkannter oder repräsentierter Gegenstand hat. Aber um welchen ontologischen Status handelt es sich dabei? Und wie verhält sich der Gegenstand mit vermindertem Sein zur Species einerseits und zum materiellen Gegenstand andererseits? Scotus beantwortet diese Fragen nicht in einer systematisch angelegten Abhandlung. Er erörtert sie vielmehr im Rahmen einer theologischen Diskussion über den Status der göttlichen Ideen.[66] Seiner Ansicht nach ist der Inhalt der göttlichen Ideen nämlich nichts anderes als die Menge aller Gegenstände mit objektivem oder vermindertem Sein. Der Unterschied zwischen Gott und den Menschen besteht lediglich darin, dass die Gegenstände für Gott primär ein solches Sein haben, weil Gott sie primär mit einem solchen Sein hervorbringt, während sie für die Menschen nur sekundär ein objektives Sein haben. Doch die Struktur dieser Gegenstände ist für Gott und die Menschen genau gleich. Daher gibt eine Analyse des Inhalts der Ideen im göttlichen Intellekt immer auch Aufschluss über den Inhalt der Ideen im menschlichen Intellekt. Scotus weist ausdrücklich darauf hin, dass das, was hinsichtlich des göttlichen Intellekts gesagt werden kann, auch im Hinblick auf den menschlichen Intellekt angeführt werden kann.[67] Mit dieser Aussage weist Scotus freilich nicht nur auf eine strukturelle Analogie zwischen dem göttlichen und dem menschlichen Intellekt hin. Er verdeutlicht auch einen Punkt, der für seine ganze Kognitionstheorie von entscheidender Bedeutung ist: Der menschliche Intellekt darf nicht isoliert betrachtet werden. Ebenso wenig darf er lediglich in Relation zu den materiellen Gegenständen unter-

---

[65] *Ordinatio* I, Appendix A, n. 217: „... ‚universale obiectum sub ratione universalis' non habet nisi ‚esse' deminutum, ut cognitum ‚esse' (sicut Hercules in statua, non habet nisi ‚esse' deminutum, quia ‚esse repraesentatum in imagine')..." Vgl. auch die oben in Anm. 2 und 3 angegebenen Stellen.

[66] Eine ausführliche Analyse dieser Diskussion bieten Hoffmann 1999, Kap. 1-4, und Noone 1998.

[67] Scotus verweist explizit auf diese Analogie in *Ordinatio* I, dist. 36, q.u., n. 28 (Vat. VI, 281): „Omnia etiam motiva quae adducuntur de intellectu divino, videntur posse adduci de intellectu nostro."

sucht werden. Vielmehr muss er immer auch in seiner Verbindung zum göttlichen Intellekt analysiert werden, denn nur aufgrund der Tatsache, dass der göttliche Intellekt *primär* etwas erkennt, ist der menschliche Intellekt imstande, *sekundär* etwas zu erkennen. Gäbe es keinen göttlichen Intellekt (und gäbe es folglich auch keine Gegenstände mit objektivem Sein in diesem Intellekt), wäre der menschliche Intellekt zu keiner kognitiven Leistung fähig.

Stellt man nun die Frage, was sich im göttlichen Intellekt befindet, oder genauer: was der Inhalt der göttlichen Ideen ist, lassen sich auf den ersten Blick zwei Antworten formulieren. Man könnte zunächst erwidern, dass dieser Inhalt die Menge aller in der Schöpfung existierenden Gegenstände ist. Denn genau an diese Gegenstände denkt Gott, und sie sind somit der Inhalt seiner Ideen. Eine solche Antwort greift aber zu kurz, denn Gott denkt nicht nur an das, was aktuell existiert, sondern auch an alles, was früher existiert hat, später existieren wird oder auch nur existieren kann. Das Mögliche ist ebenso Inhalt der göttlichen Ideen wie das früher, jetzt oder später aktuell Existierende. Angesichts dieser Tatsache könnte man eine zweite Antwort formulieren und behaupten, der Inhalt der göttlichen Ideen sei lediglich das Wesen aller Gegenstände. Diese Antwort verteidigte im späten 13. Jh. Heinrich von Gent, und genau an diese Antwort knüpft Scotus an. Er hält sie aber aus mehreren Gründen für ebenso unbefriedigend wie die erste. Wenn nämlich das ewig existierende Wesen der Inhalt der göttlichen Ideen wäre, dann könnte Gott nichts *ex nihilo* erschaffen. Er könnte lediglich einem bereits vorhandenen Wesen materielle Existenz verleihen. So könnte er etwa dem Wesen eines Steines in diesem oder jenem materiellen Stein konkrete Existenz geben. Aber das Wesen selbst wäre bereits vorhanden.[68] Ebenso wenig könnte Gott einen Gegenstand vollständig zerstören. Er könnte lediglich bewirken, dass ein bestimmtes Wesen nicht mehr in diesem oder jenem materiellen Gegenstand instantiiert ist. Das Wesen selbst würde aber ewig verbleiben.[69] Kurzum: Wenn das Wesen aller möglichen Gegenstände der Inhalt der göttlichen Ideen wäre, dann müsste angenommen werden, dass bereits vor der göttlichen Erschaffung und auch nach der göttlichen Zerstörung der Welt etwas vorhanden ist, was absurd ist.

Um diese Absurdität zu vermeiden, vertritt Scotus die These, dass weder die Menge aller existierenden Gegenstände noch die Menge aller

---

[68] Vgl. *Ordinatio* ibid., n. 13 (Vat. VI, 276).
[69] Vgl. *Ordinatio* ibid., n. 18 (Vat. VI, 277-278).

Wesen als der Inhalt der göttlichen Ideen bestimmt werden kann. Dieser Inhalt ist vielmehr die Menge aller Gegenstände mit intelligiblem Sein, und genau diese Gegenstände bringt Gott hervor. Wenn es sich nun mit dem Inhalt der menschlichen Ideen bzw. Denkakte ähnlich verhält, wie Scotus ausdrücklich festhält, kann bereits ein wichtiger Punkt festgehalten werden: Dieser Inhalt ist weder ein materieller, existierender Gegenstand noch ein bloßes Wesen. Wenn ich etwa an einen Stein denke, so ist der Inhalt meines An-den-Stein-Denkens weder der materielle Stein, der vor mir liegt, noch das bloße Wesen des Steines. Der Inhalt ist vielmehr der ganze Stein, aber eben nur insofern ich an ihn denke und insofern er dadurch ein intelligibles Sein (*esse intelligibile*) hat.[70] Doch was heißt dies? An einer Stelle erklärt Scotus das intelligible Sein, indem er wiederum auf die Analogie zwischen dem göttlichen und dem menschlichen Intellekt verweist:

„Wie es scheint, besteht diesbezüglich kein Unterschied zwischen dem göttlichen Intellekt und unserem, außer dass der göttliche Intellekt das Intelligible mit intelligiblem Sein hervorbringt, unser Intellekt es aber nicht primär [derart] hervorbringt. Wenn dieses Sein aber von sich aus nicht derart ist, dass es ein Sein schlechthin verlangt, so heißt ‚es mit einem solchen Sein hervorbringen' nicht, es mit einem Sein schlechthin hervorzubringen. Und daher scheint Folgendes der Fall zu sein: Wenn dieses intelligible Sein im Vergleich zu unserem Intellekt kein Sein schlechthin erfordert, so wird es auch im Vergleich zum Intellekt, der es mit diesem Sein hervorbringt, kein Sein schlechthin sein..."[71]

An dieser Aussage sind zwei Punkte bemerkenswert. Zunächst ist zu beachten, dass die Gegenstände mit intelligiblem Sein genau das sind, was Gott primär hervorbringt und versteht, ein Mensch hingegen sekundär. Die Unterscheidung primär/sekundär ist allerdings nicht in dem Sinne zu verstehen, dass die Menschen sekundär einen Zugriff zu Gegenständen im göttlichen Intellekt haben und diese irgendwie erfassen. Die

---

[70] Ich lasse den Terminus technicus ‚*intelligibile*' unübersetzt, damit dessen Zweideutigkeit nicht verloren geht. Das Intelligible (bzw. der Gegenstand mit intelligiblem Sein) ist einerseits etwas, was ausschließlich im Intellekt existiert; es kann also ebenso wenig in den äußeren oder inneren Sinnen existieren wie in den materiellen Gegenständen. Andererseits ist dies auch etwas, was durch den Intellekt erfasst werden kann und somit als Verstehbares eine kognitive Struktur besitzt.
[71] *Ordinatio* ibid., n. 28 (Vat. VI, 282): „... nec est differentia – ut videtur – inter intellectum divinum et nostrum, quoad hoc, nisi quod intellectus divinus producit illa intelligibilia in esse intelligibili, noster non producit primo. Sed si istud esse non est ex tale quod requirit esse simpliciter, ‚producere illud in tali esse' non est producere in aliquo esse simpliciter: et ideo videtur quod si istud esse intelligibile – comparando ad intellectum nostrum – non requirit esse simpliciter, comparando etiam ad intellectum ‚producentem in isto esse' non erit esse simpliciter..."

§ 19 Die Gegenstände mit „objektivem Sein" 221

Menschen haben (zumindest in diesem Leben) prinzipiell keinen Zugang zum göttlichen Intellekt. Ihnen wird der Inhalt der göttlichen Ideen auch nicht durch eine besondere Illumination zuteil. Die Unterscheidung primär/sekundär ist vielmehr in dem Sinne zu verstehen, dass die Menschen genau wie Gott die Gegenstände mit intelligiblem Sein hervorbringen, aber erst *nachdem* Gott sie bereits derart hervorgebracht hat.[72] Wenn ich etwa an einen Stein denke, so bringe ich in einem gewissen Sinne den Stein mit intelligiblem Sein hervor, denn ich greife ihn aus einer Menge von möglichen Denkobjekten heraus und mache ihn zum Inhalt meines Denkaktes. Freilich muss ich ihn selber derart hervorbringen (ich kann ja nicht einfach die Stein-Idee im göttlichen Intellekt erfassen), im Normalfall indem ich eine Stein-Species bilde. Dies kann ich allerdings erst tun, wenn Gott bereits eine Idee vom Stein gebildet hat, denn erst dann ist der Stein überhaupt ein möglicher Inhalt für meinen Denkakt. Oder allgemein ausgedrückt: Nur was Inhalt des göttlichen Denkens ist, ist auch möglicher Inhalt des menschlichen Denkens. Gott steckt mit seinen Ideen gleichsam den Bereich des menschlichen Denkens ab.

Zweitens ist zu beachten, dass Scotus ausdrücklich festhält, die Gegenstände mit intelligiblem Sein hätten nicht unbedingt ein „Sein schlechthin". Dies heißt nichts anderes, als dass sie nicht an sich ein Sein haben, sondern nur insofern an sie gedacht wird, d. h. nur qua Denkinhalte. Daher müssen sie auch stets in einer bestimmten Hinsicht (*secundum quid*) und nicht etwa schlechthin (*simpliciter*) betrachtet werden. Scotus weist darauf hin, dass man einen gravierenden Fehlschluss begehe, wenn man die beiden Betrachtungsweisen miteinander verwechselte. Man würde dann vorschnell von einer Betrachtung oder Beschreibung, die nur in einer bestimmten Hinsicht auf die Gegenstände zutrifft, auf eine Betrachtung oder Beschreibung schließen, die uneingeschränkt auf sie zutrifft.[73] Für das Beispiel mit dem Stein bedeutet dies: Wenn ich an einen Stein denke, kann ich ihn beschreiben, z. B. indem ich

---

[72] Es ist bezeichnend, dass Scotus im Hinblick auf den menschlichen Intellekt nur von einem Hervorbringen (*producere*) und nicht von einem Erschaffen (*creare*) spricht. Der menschliche Intellekt kann nämlich nicht einfach Gegenstände aus sich selbst erschaffen; er ist kein *creator mundi*. Trotzdem verfügt er über eine produktive Kraft, die allerdings der göttlichen untergeordnet ist.

[73] Scotus nennt dies in *Ordinatio* ibid., n. 34 (Vat. VI, 284) die „fallacia secundum quid et simpliciter", die Aristoteles im Rahmen der Diskussion verschiedener Arten von Trugschlüssen in *Soph. El.* 5 (166b36-167a14) diskutiert hatte. Im 13. Jh. wurde sie in den Logik-Handbüchern ausführlich erörtert, so etwa bei Petrus Hispanus, *Tractatus* VII, n. 120 (ed. L.M. de Rijk 1972, 157-158).

sage, er sei grau und groß. Aber dann beschreibe ich ihn eben nur, insofern er Inhalt meines Denkens ist. Alle meine Beschreibungen treffen nur in dieser Hinsicht auf ihn zu. Ich darf nicht behaupten: ‚Der Stein, insofern ich an ihn denke, ist grau und groß; also ist der Stein auch schlechthin grau und groß'. Ein solcher Schluss ist unzulässig, denn ich darf nicht einfach von einer Beschreibung des Steines qua Denkinhalt zu einer Beschreibung des Steines schlechthin übergehen. Dies gilt auch für Existenzbehauptungen. Ich darf nicht einfach behaupten: ‚Homer existiert, insofern ich an ihn denke; also existiert Homer'. Dann würde ich wiederum einem Trugschluss zum Opfer fallen; ich würde ihm dann die Existenz, die er nur qua Denkinhalt hat, auch schlechthin zuschreiben.[74]

Die Unterscheidung, die Scotus hier trifft, könnte man als eine Unterscheidung zwischen relativen und absoluten Aussagen auffassen. Von relativen Aussagen des Typs

(1) ‚x qua Denkinhalt ist F' oder ‚x qua Denkinhalt existiert'

darf nicht einfach zu absoluten Aussagen des Typs

(2) ‚x ist F' oder ‚x existiert'

übergegangen werden. Relative Aussagen zeichnen sich nämlich dadurch aus, dass sie nur dann auf einen Gegenstand zutreffen, wenn er in Relation zum denkenden Intellekt aufgefasst wird. Sämtliche Aussagen über Gegenstände mit intelligiblem bzw. objektivem Sein müssen in diesem Sinne aufgefasst werden: als Aussagen über Gegenstände, insofern sie Denkinhalte sind und somit in Relation zum Intellekt stehen.[75] Scotus behauptet sogar, dass sie dann als Aussagen über Gegenstände mit einem „verminderten Sein" zu verstehen sind – nicht etwa, weil die Gegenstände selbst irgendwie vermindert sind (wenn ich an einen Stein denke, denke ich im Normalfall an einen ganzen Stein, der nicht halbiert oder in anderer Weise vermindert ist), sondern weil die relative Bestimmung eine Verminderung gegenüber der absoluten Bestimmung darstellt. Scotus erläutert dies anhand eines Beispiels, das bereits Aristoteles

---

[74] *Ordinatio* ibid., n. 34 (Vat. VI, 284): „... non sequitur ‚Homerus est in opinione, ergo Homerus est exsistens', – sed est fallacia secundum quid et simpliciter."

[75] Scotus betont in *Ordinatio* ibid., n. 47 (Vat. VI, 289), dass die Gegenstände genau aufgrund dieser Relation ein objektives Sein (*esse obiectivum*) haben. Sie haben dann nämlich ein Sein als Objekte des Intellekts bzw. in Relation zum Intellekt. Im Gegensatz dazu hat etwas subjektives Sein, wenn es in einer anderen Entität als in einem Subjekt ist. So hat etwa eine Farbe ein subjektives Sein in einer Wand, denn sie existiert in der Wand als in einem Subjekt. Vgl. zur Gegenüberstellung objektiv-subjektiv *Quaestiones in Metaphysicam* II, qq. 2-3, n. 105 (OPh III, 230).

angeführt hatte.⁷⁶ Wenn wir von einem schwarzen Äthiopier sagen, er sei hinsichtlich seiner Zähne weiß, so sprechen wir ihm die weiße Farbe mit vermindertem Sein zu, und zwar nicht weil wir ihm eine verminderte Farbe zusprechen (seine Zähne mögen strahlend weiß sein), sondern weil wir ihm die weiße Farbe nur hinsichtlich der Zähne und nicht hinsichtlich des ganzen Körpers zusprechen. Genau gleich verhält es sich mit den Aussagen über Gegenstände, an die wir denken. Sie sind stets als Aussagen über Gegenstände mit vermindertem Sein zu verstehen – nicht etwa, weil in diesen Aussagen die Gegenstände irgendwie vermindert werden (wir denken im Normalfall an ganze Steine, ganze Bäume usw.), sondern weil diese Aussagen nur in einer bestimmten Hinsicht auf die Gegenstände zutreffen, nämlich insofern sie als Inhalte des Denkens aufgefasst werden.

Die Tatsache, dass Scotus den Gegenständen qua Denkinhalten ein vermindertes oder objektives Sein zuspricht, bedeutet freilich nicht, dass er nur einer begrenzten Klasse von Gegenständen ein derartiges Sein zuschreibt. Er spricht vielmehr *allen* Gegenständen ein vermindertes Sein zu, insofern sie Denkinhalte sind. Ob ich nun an einen Stein, an einen Engel oder an eine Chimäre denke, alle diese Gegenstände – mögen sie an sich betrachtet real existieren oder nicht – haben qua Denkinhalte ein vermindertes Sein. Sogar eine Eigenschaft wie Farbig-sein hat qua Denkinhalt ein vermindertes Sein. Es sind somit nicht nur die sog. zweiten Intentionen, die ein derartiges Sein haben.⁷⁷ Zweite Intentionen sind für Scotus wie für die meisten Autoren seiner Zeit nämlich nur die Begriffe zweiter Ordnung, d. h. Begriffe wie ‚Art' oder ‚Gattung', die auf der Grundlage von Begriffen erster Ordnung gebildet werden.⁷⁸ Natürlich haben auch diese Intentionen qua Denkinhalte ein vermindertes Sein. Wenn ich etwa denke: ‚Eine Art ist einer Gattung untergeordnet', so haben ‚Art' und ‚Gattung' ein vermindertes Sein, denn sie werden dann nicht an sich betrachtet, sondern nur qua Denkinhalt. Doch Scotus beschränkt das verminderte Sein keineswegs auf diese zweiten Intentionen. Wie seine eigenen Beispiele zeigen, kann auch ein Stein oder Homer vermindertes Sein haben, nämlich genau dann, wenn jemand an sie denkt

---

⁷⁶ Vgl. *Ordinatio* ibid., n. 33 (Vat. VI, 284). Die Vorlage dafür ist *Soph. El.* 5 (167a7-9).

⁷⁷ Dies ist gegen Maurer 1950, 222, festzuhalten, der fälschlicherweise behauptet: „In brief, then, we may say that *ens diminutum* is simply the second intention of the intellect."

⁷⁸ Scotus diskutiert die zweiten Intentionen in *Ordinatio* I, dist. 23, q.u. (Vat. V, 352) und *Lectura* I, dist. 23, q.u. (Vat. XVII, 306). Er hält dort fest, dass zweite Intentionen erst gebildet werden, wenn erste Intentionen – Begriffe erster Stufe – in Relation zueinander gesetzt werden. Vgl. ausführlich dazu Verhulst 1975 und Perler 2003.

und sie dadurch zum Denkinhalt macht. Damit etwas ein vermindertes oder objektives Sein hat, ist nicht die Bildung von Begriffen zweiter Ordnung erforderlich.

Wenn auch jeder Gegenstand qua Denkinhalt ein vermindertes oder objektives Sein hat, so hat doch nicht alles, was im Intellekt ist, ein derartiges Sein. Die Akte und die intelligiblen Species sind nämlich auch im Intellekt, aber sie haben dort ein *reales* Sein. Sie sind gleichsam Bestandteile des Intellekts. Ontologisch betrachtet gehören sie zur Kategorie der Qualitäten. Und hinsichtlich ihrer Funktion betrachtet sind sie Instrumente des Intellekts, wie Scotus ausdrücklich festhält.[79] Sie ermöglichen es dem Intellekt, dass er überhaupt Gegenstände erfasst und zu seinem Denkinhalt macht.

Scotus' sorgfältige Unterscheidung der Gegenstände qua Denkinhalte von den Gegenständen schlechthin, aber auch von den Species, hat entscheidende Konsequenzen für eine Erklärung intentionaler Akte und Zustände. In einer solchen Erklärung müssen immer drei Komponenten berücksichtigt werden. Es gibt erstens die *kognitiven Mittel*, mit denen wir an etwas denken. Dies sind im Falle des menschlichen Denkens die intellektuellen Akte und die intelligiblen Species. Denn nur indem wir Akte vollziehen und Species bilden, gelingt es uns überhaupt, an etwas zu denken. Dabei handelt es sich aber immer nur um die Mittel des Denkens, nicht um das, woran wir primär denken. Zweitens gibt es die *materiellen Gegenstände* (die Gegenstände mit realem Sein), die im Normalfall den Ausgangspunkt für unser Denken bilden. Denn nur wenn wir materielle Gegenstände wahrnehmen, können wir Phantasmata und Species herstellen. Und nur dann sind wir in der Lage, an etwas zu denken. Doch auch die materiellen Gegenstände sind nicht das, was wir unmittelbar erfassen und woran wir primär denken. Unser immaterieller Intellekt kann nur etwas erfassen, was in seinem immateriellen Bereich liegt. Daher müssen drittens auch die *Gegenstände qua Denkinhalte* (die Gegenstände mit intelligiblem bzw. objektivem Sein) berücksichtigt werden. Genau sie sind das, was wir unmittelbar erfassen und woran wir primär denken.

Eine solche dreifache Unterscheidung ermöglicht die Lösung verschiedener Probleme. Zunächst erlaubt sie die Verwerfung eines naiven Subjektivismus. Wenn verschiedene Menschen an etwas denken, so denkt nicht jeder bloß an seine eigene Species, die in seinem eigenen In-

---

[79] In *Ordinatio* I, dist. 3, pars 3, q. 3, n. 562 (Vat. III, 334) nennt Scotus die Species ein „quasi instrumentum" des Intellekts.

tellekt existiert und von der Species im Intellekt eines anderen Menschen verschieden ist. Zwar benötigt jeder Mensch seine eigene Species, aber nur als Denkinstrument. Verschiedene Menschen können numerisch verschiedene Denkinstrumente gebrauchen und trotzdem an ein und dasselbe denken. (Zum Vergleich: Wenn wir zehn Abzüge von einem Bild machen, das den Eiffelturm darstellt, so haben wir zehn Mittel der Darstellung. In allen Abzügen wird aber ein und dasselbe dargestellt.) Des Weiteren ermöglicht die dreifache Unterscheidung auch eine Antwort auf die Frage, warum wir an etwas denken können, wenn gar kein materieller Gegenstand vorhanden ist. Dies ist möglich, weil der materielle Gegenstand ebenso wenig wie die Species das ist, was wir unmittelbar erfassen. Er ist im Normalfall bloß der Ausgangspunkt für unser Denken. Normalerweise bilden wir nämlich ausgehend von der Wahrnehmung eines materiellen Gegenstandes ein Phantasma und eine Species, und normalerweise erfassen wir den Denkinhalt in der Species. Es gibt aber auch Ausnahmefälle. So kann Caesar oder eine Chimäre der Inhalt unseres Denkens sein, obwohl wir keinen materiellen Caesar und keine materielle Chimäre gesehen haben. Wir sind nämlich in der Lage, auf indirektem Weg (etwa indem wir Berichte und Fabelgeschichten lesen) Caesar und eine Chimäre zu unserem Denkinhalt zu machen. Schließlich lässt sich mit Hilfe der dreifachen Unterscheidung auch erklären, warum wir in unterschiedlicher Hinsicht an einen Gegenstand denken können. So können wir je nach Jahreszeit an einen Baum als etwas Buntes, etwas Schneebedecktes oder etwas Blühendes denken. Wir haben dann drei unterschiedliche Denkinhalte, obwohl es nur einen einzigen materiellen Baum gibt. Dies ist möglich, weil der Denkinhalt nicht mit dem äußeren Gegenstand identisch ist.

Die Unterscheidung, die Scotus zwischen dem Gegenstand mit objektivem Sein und dem materiellen Gegenstand einführt, legt auf den ersten Blick eine Parallele zu Freges berühmter Unterscheidung zwischen Sinn und Bedeutung nahe. Man könnte annehmen, der Gegenstand mit objektivem Sein sei nichts anderes als der Fregesche Sinn. Eine solche Annahme erweist sich bei näherer Betrachtung aber als verfehlt. Wie die oben zitierte Stelle verdeutlicht, behauptet Scotus nämlich, dass der Gegenstand mit objektivem (oder intelligiblem, vermindertem) Sein *hervorgebracht* wird – primär vom göttlichen Intellekt, sekundär vom menschlichen.[80] Daher ist dieser Gegenstand stets ein Produkt des Intel-

---

[80] Die Produktion dieser Gegenstände betont er auch in *Ordinatio* I, dist. 43, q.u., n. 7 (Vat. VI, 354). Wie Boulnois 1999, 95, zu Recht bemerkt, besteht die Originalität des Scotischen Ansatzes darin, dass im kognitiven Prozess aktiv etwas hervorgebracht und nicht bloß etwas bereits Bestehendes abstrahiert wird.

lekts, das auch im wörtlichen Sinn im Intellekt existiert. Anders verhält es sich mit Freges Sinn. Dieser wird nicht einfach vom Intellekt produziert, sondern er ist die „Art des Gegebenseins" eines Gegenstandes.[81] Wenn ich etwa an den Morgenstern denke, so ist der Sinn ‚Morgenstern' nicht etwas, was mein Intellekt produziert. Er ist vielmehr das spezifische Gegebensein der Venus am Morgen. Die Pointe der Fregeschen Theorie besteht gerade darin, dass sie den Sinn als etwas erklärt, was nicht vom Intellekt produziert wird.[82] Er ist vielmehr ein Aspekt, der zum Gegenstand selbst gehört, insofern er dem Intellekt präsent ist. Noch viel weniger darf der Gegenstand mit objektivem Sein mit Freges Gedanken gleichgesetzt werden.[83] Denn erstens ist ein Fregescher Gedanke etwas, was durch einen ganzen Satz ausgedrückt wird und somit eine propositionale Struktur aufweist. Scotus' Beispiele für Gegenstände mit objektivem Sein (der Stein qua Denkinhalt, Homer qua Denkinhalt) sind aber ausnahmslos Beispiele für einfache Gegenstände, die keine propositionale Struktur aufweisen. Zweitens ist zu beachten, dass Frege den Gedanken als das bestimmt, was einen Wahrheitswert hat. Scotus hingegen schreibt dem Gegenstand mit objektivem Sein keinen Wahrheitswert zu. Drittens schließlich behauptet Frege keineswegs, dass der Gedanke von einem Intellekt – vom göttlichen oder vom menschlichen – geschaffen wird. Er bestimmt ihn vielmehr als etwas ewig Existierendes, zu dem ein Geist bzw. ein Intellekt in Beziehung treten kann, wenn er ihn erfasst.[84]

Aber wie ist dann der Gegenstand mit objektivem Sein zu verstehen, wenn er einerseits zwar vom Intellekt geschaffen wird, andererseits aber nicht etwas rein Subjektives ist, da er ja nicht einfach mit der Species – einer Entität mit subjektiver Existenz im Intellekt – gleichgesetzt werden

---

[81] Vgl. Frege 1980 (Erstveröffentlichung 1892), 41.

[82] Daher unterscheidet Frege den Sinn ausdrücklich von der Vorstellung; vgl. Frege 1980 (Erstveröffentlichung 1892), 43-44. Nur die Vorstellung wird vom Intellekt geschaffen und existiert im Intellekt.

[83] Dies ist gegen de Muralt einzuwenden, der behauptet, es führe eine direkte Linie von Scotus' Gegenstand mit objektivem Sein über Gregor von Riminis *esse significatum* zu Freges Gedanken; vgl. de Muralt 1991, 45 und 164-165. Diese These ist nicht nur im Hinblick auf Frege verfehlt, sondern auch in Bezug auf Gregor von Rimini. Denn das *esse significatum* ist für Gregor das, was durch einen ganzen Satz ausgedrückt wird und einem besonderen ontologischen Bereich, der weder auf Mentales noch auf Materielles reduziert werden darf, zuzuordnen ist. Gregor vertritt weder die These, dass das *esse significatum* vom Intellekt geschaffen werde, noch behauptet er, dass es sich dabei um einen einfachen Gegenstand handelt, insofern er Denkinhalt ist. Vgl. eine Analyse der Position Gregors in Perler 1994.

[84] Vgl. Frege 1976 (Erstveröffentlichung 1918-1919), 33 und 52.

§ 19 Die Gegenstände mit „objektivem Sein"

darf? Welchen ontologischen Status hat dieser Gegenstand? Auf diese Frage gibt Scotus keine eindeutige Antwort. Er sagt lediglich, welchen Status dieser Gegenstand *nicht* hat. Zunächst betont er, dass dieser Gegenstand kein reales Sein hat:

„Insofern der Gegenstand ein Sein im Intellekt hat, hat er nicht reales Sein, sondern nur intentionales Sein."[85]

Diese Abgrenzung gegenüber dem realen Sein leuchtet unmittelbar ein. Denn der Gegenstand mit objektivem Sein hat nicht ein extramentales reales Sein; er ist ja nicht einfach ein materieller Gegenstand oder ein Akzidens eines solchen Gegenstandes. Ebenso wenig hat er ein mentales reales Sein. Ein derartiges Sein haben nur die Akte und die Species im Intellekt; nur sie sind reale Akzidentien des Intellekts. Gleichzeitig betont Scotus, dass der Gegenstand mit objektivem Sein auch nicht bloß gedankliches Sein hat:

„Ich verstehe hier unter einem gedanklichen Seienden nicht das, was objektiv im Intellekt ist (so ist nämlich jedes Universale in der Seele), auch nicht das, was nur subjektiv im Intellekt ist (so sind nämlich das Verstehen und das Wissen in der Seele; diese sind dennoch reale Formen und gehören zur Gattung der Qualität)..."[86]

Ein gedankliches Sein haben jene Gegenstände, die vom Intellekt frei erfunden werden und bloß etwas Gedachtes sind. So verhält es sich jedoch

---

[85] *Ordinatio* I, dist. 3, pars 1, q. 4, n. 260 (Vat. III, 158): „... obiectum in quantum habet ‚esse' in intellectu, non habet ‚esse' reale sed tantum intentionale." Vgl. auch *Ordinatio* I, dist. 13, q.u., n. 34 (Vat. V, 81): „... omne causans verum ens oportet quod habeat aliquod esse exsistentiae, in quantum est causa; ens autem deminutum, quod scilicet est ens cognitum, non habet esse realis exsistentiae." *Ordinatio* I, dist. 36, q.u., n. 66 (Vat. VI, 298): „... ‚esse intellectum' est esse distinctum contra totum esse reale, tam quidditativum quam exsistentiae." Auf den ersten Blick scheint diesen Aussagen die folgende in *Quaestiones in Metaphysicam* V, q. 1, n. 77 (OPh III, 411) zu widersprechen: „Esse obiectivum est esse reale; formale est illud quo nunc illud intentum est, et hoc est esse in intentione. Exemplum: si intelligo rosam exsistentem, et obiectum intellectus est res, obiective formaliter in intellectu est species." Widerspricht sich Scotus, wenn er das objektive Sein an dieser Stelle mit dem realen Sein gleichsetzt, an anderen Stellen aber eine klare Unterscheidung trifft? Es lässt sich ein Widerspuch vermeiden, wenn beachtet wird, dass er an dieser Stelle einzig auf die Gegenüberstellung objektiv-formal abzielt. Objektives Sein hat das Objekt des Intellekts, und dies ist im Normalfall an sich betrachtet etwas mit realem Sein, z. B. eine Rose. Formales Sein hingegen hat, wodurch der Intellekt ein Objekt erfasst, und dies ist die Species. Dass das Objekt des Intellekts *an sich betrachtet* reales Sein hat, bedeutet freilich nicht, dass es auch qua Denkinhalt betrachtet reales Sein hat.

[86] *Opus Oxon.* IV, dist. 1, q. 2, n. 3 (Vivès XVI, 100b): „Nec intelligo hic ‚ens rationis' quod est in intellectu obiective (quia sic omne universale est in anima), nec illud quod est tantum in intellectu subiective (quia sic intellectio et scientia sunt in anima, quae tamen sunt formae reales, et in genere qualitatis)..."

nicht mit den Gegenständen mit objektivem Sein, denn sie sind – wie bereits mehrfach betont – im Normalfall nicht willkürlich erfunden, sondern beruhen auf materiellen Gegenständen. Besonders in jenen Fällen, wo diese Gegenstände einen allgemeinen Aspekt aufweisen, sind sie keineswegs frei erfunden. Dann beruhen sie auf der allgemeinen Natur in den konkreten materiellen Gegenständen. Wenn ich etwa an einen Baum unter dem allgemeinen Aspekt des Baum-seins denke, ist der Inhalt meines Denkens keineswegs etwas frei Erfundenes. Er beruht vielmehr auf der allgemeinen Natur, die sich in jedem einzelnen Baum findet. Natürlich gibt es einige Ausnahmefälle (z. B. wenn jemand an eine Chimäre denkt), in denen die Gegenstände mit objektivem Sein frei erfunden sind. Aber es darf nicht von vornherein angenommen werden, dass es sich bei allen Gegenständen mit objektivem Sein so verhält. Der Ausnahmefall darf nicht mit dem Regelfall gleichgesetzt werden, und daher darf das objektive Sein auch nicht einfach auf ein gedankliches Sein reduziert werden.

Welchen ontologischen Status haben dann die Gegenstände mit objektivem Sein, wenn ihnen weder ein reales noch ein bloß gedankliches Sein zugeschrieben werden kann? Scotus lässt diese Frage offen und hat dadurch unter seinen Schülern, aber auch unter späteren Nachfolgern und Kritikern, eine breite Diskussion ausgelöst.[87] Verschiedene Scotisten glaubten, der Rekurs auf Gegenstände mit objektivem Sein sei erst dann überzeugend, wenn diese Gegenstände auch ontologisch präzise bestimmt werden. Man müsse genau erklären, wie sich diese Gegenstände zu Entitäten mit realem oder bloß gedanklichem Sein verhalten. Wie unterschiedlich die einzelnen Erklärungen ausfielen, soll in den beiden folgenden Paragraphen anhand zweier Beispiele gezeigt werden. Angesichts der Vielzahl an Erklärungsversuchen stellt sich freilich die Frage, warum Scotus selber keine ausführliche Erklärung gegeben hat. Hat er einen wichtigen Punkt in seiner Theorie vernachlässigt, indem er auf eine ontologische Bestimmung verzichtet hat? Diese Frage muss nicht notwendigerweise bejahend beantwortet werden. Man kann die Pointe der scotischen Theorie auch darin sehen, dass sie bewusst auf eine ontologische Bestimmung verzichtet, weil sie nur auf einen epistemologischen Punkt abzielt und jede Reifizierung der Gegenstände mit objektivem Sein vermeiden will. Sie will nur verdeutlichen, dass man genau zwischen den Gegenständen, so wie sie an sich sind, und den Gegenständen,

---

[87] Einen fundierten Überblick über die Debatte im frühen 14. Jh. bietet Kobusch 1987. Zu den Scotisten im 17. Jh. vgl. Hoffmann 1999, Kap. 7.

§ 19 Die Gegenstände mit „objektivem Sein"

so wie sie die Inhalte unseres Denkens sind, unterscheiden muss, ohne damit bereits eine neue Art von Entitäten zu postulieren. Ein modernes Beispiel möge diesen Punkt verdeutlichen.

Wenn wir uns im Kino einen Film anschauen, können wir danach berichten, was wir gesehen haben. Wir erzählen dann von Liebespaaren, eifersüchtigen Ehegatten, romantischen Sommernächten usw., aber eben nur insofern wir sie im Film gesehen haben. Wenn wir nun gefragt werden: „Welche Art von Existenz haben denn all die Gegenstände, von denen du erzählst?", können wir einfach antworten: „Sie haben die Art von Existenz, die Gegenstände nun mal haben, insofern sie im Film dargestellt sind – eine Existenz qua dargestellte Gegenstände". Der Gesprächspartner gibt sich mit dieser einfachen Antwort aber nicht zufrieden und fragt weiter: „Aber was ist das für ein ontologischer Status? Wie verhält er sich zum Status der realen und der bloß gedachten Gegenstände?" Darauf können wir erwidern: „Es ist ganz einfach der Status, den Gegenstände als Inhalt eines Filmes haben. Dieser Inhalt ist aber nicht eine besondere Entität, die zusätzlich zum Film bzw. zur Filmprojektion existiert, auch keine Entität, die zusätzlich zu Liebespaaren und eifersüchtigen Ehegatten aus Fleisch und Blut existiert. Es wäre unsinnig, dem Inhalt des Films einen besonderen ontologischen Status zuzusprechen und ihn auf einer Liste aller Entitäten neben den realen Entitäten aufzuführen. Wenn wir vom Inhalt sprechen, zielen wir nicht auf eine besondere Entität ab, sondern auf das, was wir *in* einer realen Entität – im Film – sehen. Dies ist nur eine epistemologische Bestimmung, denn wir sprechen nur von dem, was uns im Film epistemisch zugänglich ist."

Ähnlich lässt sich auch Scotus' Verzicht auf eine ontologische Bestimmung der Gegenstände mit objektivem Sein verstehen. Er verzichtet darauf, weil er keine unnötigen Entitäten neben den realen und den bloß gedachten Gegenständen einführen möchte. Die Rede von Gegenständen mit objektivem Sein zielt nur auf eine epistemologische Bestimmung ab: auf die Bestimmung der Gegenstände, insofern sie Inhalte des Denkens sind. Sie sind genau das, was wir *in* einer realen Entität – in einer Species – erfassen, aber nichts, was neben oder zusätzlich zu dieser realen Entität existiert. Es wäre unsinnig, den zehn aristotelischen Kategorien noch eine weitere Kategorie hinzuzufügen und zu behaupten, dass zusätzlich zu den Substanzen, Qualitäten, Quantitäten usw. auch noch Gegenstände mit objektivem Sein existieren. Alle Entitäten, die sich den zehn Kategorien zuordnen lassen, können objektives Sein haben. Wenn jemand etwa an einen Stein denkt, ist eine Substanz in seinem Denken. Wenn er an eine Farbe denkt, ist eine Qualität in seinem Denken. Wenn er an einen

Kubikmeter denkt, ist eine Quantität in seinem Denken usw. Alle Arten von Entitäten können im Denken sein und dadurch objektives Sein haben. Entscheidend ist hier nicht eine besondere ontologische Bestimmung, sondern eine epistemologische. Es geht darum, die Gegenstände (Substanzen, Qualitäten, Quantitäten usw.) so, wie sie in unserem Denken sind, von den Gegenständen zu unterscheiden, wie sie an sich sind.

Dass Scotus nur auf eine epistemologische Bestimmung abzielt, verdeutlicht der bereits zitierte Vergleich, den er zwischen den Gegenständen mit objektivem bzw. vermindertem Sein und dem in einer Statue dargestellten Herkules zieht. Ihn interessiert nicht, ob es neben der Statue, einer realen Entität, noch eine andere Entität mit einem besonderen Status gibt. Er konzentriert sich vielmehr darauf, was in der Statue dargestellt ist. Deshalb spricht er Herkules ein Im-Bild-repräsentiert-sein (*esse repraesentatum in imagine*) zu.[88] Entscheidend ist, was uns in der Statue epistemisch zugänglich ist, nicht welche besondere Entität sich gleichsam in der Statue verbirgt. Gleiches gilt für eine kognitive Repräsentation: Entscheidend ist nicht, welche besondere Entität sich zusätzlich zum Akt und zu einer Species im Intellekt verbirgt. Wichtig ist vielmehr, was uns in der Species epistemisch zugänglich wird.

§ 20 Die ontologische Klassifizierung der intentionalen Objekte (Jacobus de Aesculo)

Nicht alle Scotisten sahen wie Scotus selbst den Vorteil einer Theorie von Gegenständen mit intentionalem bzw. objektivem Sein darin, dass sie sich auf eine rein epistemologische Bestimmung beschränkt. Bereits seine ersten Schüler versuchten, diese Gegenstände auch ontologisch zu klassifizieren. Zu diesen Schülern gehört der Franziskaner Jacobus de Aesculo, der um 1310 in Paris lehrte und sich in zwei Quaestionen ausführlich mit der Frage beschäftigte, wie das objektive Sein ontologisch bestimmt werden kann.[89]

---

[88] Vgl. Anm. 65. Vgl auch *Ordinatio* I, dist. 36, q.u., n. 44 (Vat. VI, 288): „Exemplum huius: si Caesar esset annihilatus et tamen esset statua Caesaris, Caesar esset repraesentatus per statuam. Istud ‚esse repraesentatum' est alterius rationis ab omni esse simpliciter (sive essentiae sive exsistentiae)..." Entscheidend ist, dass das Repräsentiert-sein von ganz anderer Art ist als das Sein schlechthin, aber trotzdem nicht eine eigene ontologische Kategorie darstellt.

[89] Eine der beiden Quaestionen stammt aus den *Quodlibeta*, die wahrscheinlich 1311-1312 entstanden sind (vgl. die Einleitung von Yokoyama 1967, 35). Die andere ist Bestandteil der *Quaestiones ordinariae*, die wahrscheinlich im gleichen Zeitraum verfasst wurden.

§ 20 *Die ontologische Klassifizierung der intentionalen Objekte* 231

Genau wie Scotus vertritt Jacobus die Meinung, dass es sich bei den Gegenständen mit objektivem Sein weder um materielle Gegenstände noch um das bloße Wesen von Gegenständen handelt. Gegenstände mit objektivem Sein sind vielmehr Objekte, insofern sie im Intellekt dargestellt bzw. repräsentiert sind. Für Jacobus ist dieses Repräsentiert-sein allerdings ein besonderer ontologischer Status, den er mit Hilfe einer Unterscheidung dreier Seinsarten zu erklären versucht. Erstens, so hält er fest, gibt es das reale Sein (*esse reale*), das allen individuellen Gegenständen in der Welt zukommt, den materiellen Dingen ebenso wie den einzelnen Intellekten und ihren Bestandteilen. Zweitens gibt es das gedankliche Sein (*esse rationis*), das nur jenen Gegenständen zukommt, die vom Intellekt frei erfunden wurden. Drittens schließlich gibt es das intentionale Sein (*esse intentionale*), das zwischen den beiden ersten Arten von Sein anzusiedeln ist. Jacobus charakterisiert es folgendermaßen:

„Das intentionale Sein aber ist das Sein, das einem Gegenstand zukommt, insofern er objektiv, d. h. als eine Repräsentation, in einem anderen realen Seienden ist. Und weil objektiv in etwas repräsentiert zu sein in gleicher Weise Allgemeinem wie Singulärem zukommt, trifft das intentionale Sein nicht mehr auf Allgemeines zu als auf Singuläres oder umgekehrt. Ein solches intentionales Sein ist schwächer als das reale Sein, und daher beruht es immer auf diesem, wenn auch objektiv."[90]

An dieser Charakterisierung fällt natürlich auf, dass Jacobus – ganz im Gegensatz zu Scotus – das intentionale Sein als einen besonderen ontologischen Status bestimmt. Gegenstände mit intentionalem Sein sind nicht einfach Gegenstände, die in einer bestimmten Hinsicht betrachtet werden (nämlich als Inhalte des Denkens), sondern besondere Entitäten, die von den realen und den bloß gedanklichen Entitäten abgegrenzt werden. Zur Abgrenzung verweist Jacobus auf zwei entscheidende Merkmale. Erstens sind Gegenstände mit intentionalem Sein *inexistierende* Entitäten: Sie existieren in einem Gegenstand mit realem Sein, nämlich im Intellekt. Intentionale Gegenstände können somit nicht einem unabhängigen Bereich von Entitäten zugeordnet werden. Sie bilden – modern gesprochen – weder ein Fregesches Reich von Gedanken noch ein Meinongsches Reich von „Außerseiendem". Zweitens sind Gegenstände mit intentionalem Sein *fundierte* Entitäten: Sie beruhen auf Gegenständen

[90] *Zwei Quaestionen*, q. 1 (ed. Yokoyama 1967, 44-45): „Esse vero intentionale est illud quod convenit rei ut habet esse obiective sive repraesentative in aliquo alio ente reali. Et quia repraesentari obiective in aliquo indifferenter convenit tam universali quam etiam singulari, ideo esse intentionale non magis appropriat sibi universale quam singulare nec econverso. Et tale esse intentionale est debilius esse reali, et ideo semper fundatur in ipso, licet obiective."

mit realem Sein und haben dadurch zwar ein „schwächeres Sein" als diese, aber trotzdem nicht bloß ein gedankliches Sein. Im Normalfall beruhen sie sogar auf Gegenständen mit realem materiellem Sein. Konkret heißt dies: Wenn ich an einen Stein denke, erfasse ich etwas, was in meinem Intellekt existiert, nämlich einen intentionalen Stein. Dieser ist von meinem Intellekt jedoch nicht frei erfunden worden. Er ist vielmehr auf der Grundlage eines früher wahrgenommenen materiellen Steines gebildet worden.

Mit Hilfe der beiden Abgrenzungsmerkmale kann Jacobus auf elegante Weise verschiedene Probleme lösen, die sich bei der Einführung von Gegenständen mit intentionalem Sein stellen. Er kann zunächst erklären, in welchem Sinn diese Gegenstände produziert werden, wenn sie doch nicht als reale Gegenstände hervorgebracht werden. Man könnte nämlich fragen, wie der Intellekt als reales Vermögen etwas hervorbringen kann, was nicht real ist. Jacobus' Antwort auf eine solche Frage ist einfach: Der Intellekt verfügt über das besondere Vermögen, Entitäten *sui generis* zu produzieren – Entitäten, die zwar in ihrer Existenz abhängig sind, aber trotzdem weder auf reale noch auf gedankliche Entitäten reduziert werden können. Des Weiteren kann Jacobus auf einfache Weise erklären, wie sich das Denken an Steine, Bäume, Menschen usw. vom Denken an bloße Phantasieprodukte unterscheidet. Die Differenz besteht darin, dass der Intellekt im ersten Fall etwas hervorbringt, was auf realen, extramentalen Dingen beruht. Aufgrund dieses Fundierungsverhältnisses bringt er Gegenstände mit intentionalem Sein hervor. Im zweiten Fall hingegen liegt keine Fundierung vor, und der Intellekt produziert nur etwas mit gedanklichem Sein. Was – d. h. welche Art von Entität – der Intellekt produziert, hängt immer davon ab, auf welcher Grundlage er etwas hervorbringt. Schließlich kann Jacobus noch ein weiteres Problem erklären, nämlich das Verhältnis zwischen der Species und dem Gegenstand mit intentionalem Sein. Wie ist dieses Verhältnis zu verstehen, wenn doch beide Entitäten im Intellekt sind und sogar beide vom Intellekt produziert werden? Für Jacobus ist es entscheidend, dass zwar beide im Intellekt lokalisiert sind, aber als unterschiedliche Entitäten: die Species als ein reales Akzidens, der intentionale Gegenstand nur als Denkinhalt. Wie beide im Intellekt sein und sich trotzdem unterscheiden können, mag folgender moderner Vergleich verdeutlichen.

Wenn wir in einem Museum ein Ölgemälde betrachten und gefragt werden, was wir sehen, können wir zwei Antworten geben. Einerseits können wir sagen, dass wir Ölfarbe auf einer Leinwand sehen, und wir können sogar die genaue Konsistenz und Anordnung der einzelnen

§ 20 *Die ontologische Klassifizierung der intentionalen Objekte* 233

Ölfarbkleckse beschreiben. Dann geben wir etwas an, was im wörtlichen Sinn *im* Bild ist – etwas mit realer Existenz. Dies mag von Bedeutung sein, wenn wir uns als Kunstrestauratoren für den technischen Zustand des Bildes interessieren. Wenn wir aber einfache Museumsbesucher sind, beantworten wir die gestellte Frage am besten, indem wir die Gegenstände beschreiben, die im Bild dargestellt sind. Wir berichten dann von Bergen, Wiesen, Häusern usw., die wir sehen. Auch dann geben wir etwas an, was *im* Bild ist, aber freilich nur insofern es dargestellt ist – etwas mit dargestellter Existenz. Es gibt im Bild sowohl etwas mit realer als auch etwas mit dargestellter Existenz.

Ähnlich verhält es sich Jacobus zufolge auch mit dem Intellekt. Einerseits gibt es in ihm die Species, eine Entität mit realem Sein. Könnten wir den Intellekt inspizieren und ihn gleichsam auf seine technische Qualität hin prüfen (was uns freilich verwehrt ist, weil der Intellekt immateriell ist), könnten wir die Species als einen Bestandteil des Intellekts sehen. Andererseits gibt es aber auch das, was durch die Species dargestellt wird: die intentionalen Gegenstände. Species und intentionale Gegenstände existieren im Intellekt, wenn auch als unterschiedliche Typen von Entitäten. Für Jacobus ist es entscheidend, dass beide gleichzeitig vom Intellekt produziert werden. Er betont:

„Folgendes ist zu wissen: Mit derselben Produktion, mit der die Species von einem Stein an sich im möglichen Intellekt geschaffen wird, ja mit ein und derselben Produktion und nicht etwa mit einer anderen, wird auch akzidentell der Stein mit intelligiblem Sein hervorgebracht."[91]

Wenn der Intellekt an einen Stein denkt, so bildet er nicht zuerst eine Stein-Species und dann einen Stein mit intelligiblem bzw. intentionalem Sein. Er bildet den Stein mit diesem besonderen ontologischen Status vielmehr, indem er die Species produziert. (Zum Vergleich: Der Maler produziert nicht zuerst eine Ansammlung von Ölfarbklecksen und dann eine Darstellung von Bergen, Wiesen und Häusern. Er kreiert diese Darstellung vielmehr, indem er die Ölfarbkleckse auf eine bestimmte Art und Weise anordnet.) Obwohl also nur ein Akt der Produktion erfolgt, werden doch zwei verschiedene Entitäten geschaffen.

Jacobus insistiert darauf, dass die Gegenstände mit intentionalem Sein nicht nur von der Species mit realem Sein zu unterscheiden sind, sondern auch von den materiellen Dingen mit realem Sein. Dies wird nicht nur in

---

[91] *Zwei Quaestionen* (ed. Yokoyama 1967, 53): „... sciendum quod in nobis eadem productione numero qua species lapidis producitur per se in intellectu possibili, eadem productione numero et non alia producitur per accidens lapis in esse intelligibili."

seiner Klassifizierung der drei Seinsarten deutlich, sondern auch in seiner Unterscheidung dreier Arten von Distinktionen. Er behauptet, zwischen den Gegenständen mit realem Sein bestehe eine Realdistinktion, zwischen den gedanklichen Gegenständen eine gedankliche Distinktion und zwischen den intentionalen Gegenständen eine besondere intentionale Distinktion:

„Die intentionale Distinktion aber ist jene, durch die sich Dinge nur im objektiven bzw. im repräsentierten Sein unterscheiden. [...] Die zweite Nebenthese lautet, dass die intentionale Distinktion kleiner ist als die Realdistinktion und größer als die gedankliche Distinktion. Gewisse Dinge können intentional voneinander verschieden sein, ohne dass sie eine Realdistinktion haben."[92]

Mit dieser dritten Art von Distinktion beruft sich Jacobus nicht einfach auf die scotische Formaldistinktion. Denn eine Formaldistinktion besteht zwischen zwei Aspekten (*rationes* oder *formalitates*) x und y, für die gilt: (i) x und y existieren real in einer Entität mit realem Sein, (ii) x kann nicht ohne y existieren und y nicht ohne x, (iii) x kann aber ohne y erfasst werden und y ohne x. Scotus' Paradebeispiel für eine Formaldistinktion ist jene zwischen der allgemeinen Natur und der kontrahierenden (oder individuierenden) Differenz.[93] Beide existieren real in einem materiellen Gegenstand, und sie können dort nur zusammen existieren. Trotzdem können sie vom Intellekt gesondert erfasst werden. Der entscheidende Punkt besteht darin, dass die beiden Aspekte, die formal verschieden sind, *real* in einer Entität mit realem Sein existieren.

Anders verhält es sich mit der intentionalen Distinktion, die Jacobus einführt. Eine solche Distinktion besteht ausschließlich zwischen Gegenständen, insofern sie repräsentiert sind. So besteht nur zwischen einem Stein, insofern ich an ihn denke, und einem Baum, insofern ich an ihn denke, eine intentionale Distinktion, nicht aber zwischen zwei Aspekten im Stein selbst oder im Baum selbst. Die intentionale Distinktion zielt einzig und allein auf eine Unterscheidung der Denkinhalte ab, gleichgültig auf welchen Gegenständen oder Aspekten in der extramentalen Welt diese beruhen. Jacobus weist darauf hin, dass eine solche Distinktion sogar dann bestünde, wenn nur eine einzige Species vorhanden

---

[92] *Zwei Quaestionen* (ed. Yokoyama 1967, 45): „Distinctio vero intentionalis est illa, qua aliqua distinguuntur solum in esse obiectivo sive repraesentativo. [...] Secundum corollarium est istud quod distinctio intentionalis est minor distinctione reali et maior distinctione rationis, et quod aliqua possunt esse distincta intentionaliter absque hoc quod habeant aliquam distinctionem."
[93] Vgl. *Ordinatio* II, dist. 3, pars 1, qq. 5-6, n. 188 (Vat. VII, 483-484) und die konzise Darstellung in Adams 1982, 412-416.

§ 20 *Die ontologische Klassifizierung der intentionalen Objekte* 235

wäre. Selbst wenn z. B. ein Mensch und ein Esel mit Hilfe einer einzigen Species repräsentiert und zum Denkinhalt gemacht würden, gäbe es zwei intentional distinkte Entitäten.[94]

Die Einführung einer intentionalen Distinktion hat entscheidende Konsequenzen. Wenn zwischen allen intentionalen Gegenständen eine intentionale Distinktion besteht, so nicht nur zwischen jenen, die eine unterschiedliche Fundierung haben (z. B. zwischen dem intentionalen Menschen und dem intentionalen Esel), sondern auch zwischen jenen, die ein und dieselbe Fundierung haben.[95] Wenn ich etwa an Sokrates und an den Lehrer Platons denke, so beziehe ich mich auf zwei intentional distinkte Gegenstände, auch wenn beide ein und dieselbe Fundierung haben. Daher gilt nicht:

(1) Ich denke, dass Sokrates weise ist.
(2) Sokrates ist der Lehrer Platons.
(3) Also: Ich denke, dass der Lehrer Platons weise ist.

Dies ist ein Trugschluss, denn ‚Sokrates' bezeichnet zwei unterschiedliche Entitäten: in (1) den intentionalen Sokrates, in (2) hingegen den realen Sokrates. ‚Lehrer Platons' bezeichnet ebenfalls zwei unterschiedliche Entitäten: in (2) den realen Lehrer Platons, der identisch ist mit dem realen Sokrates, in (3) jedoch den intentionalen Lehrer Platons, der – das ist der entscheidende Punkt – intentional distinkt ist vom intentionalen Sokrates. Um den gewünschten Schluss ziehen zu können, muss ich erst herausfinden, dass sowohl der intentionale Lehrer Platons als auch der intentionale Sokrates auf dem realen Sokrates beruht, d. h. ich muss feststellen, dass zwei intentional distinkte Gegenstände ein und dieselbe Fundierung haben. Prima facie weiß ich dies aber nicht. Die Konklusion lässt sich erst ziehen, wenn folgende Ergänzung gemacht wird:

(4) Ich denke, dass der intentionale Sokrates und der intentionale Lehrer Platons auf ein und derselben realen Entität beruhen.

Es bietet sich natürlich an, hier eine Parallele zu modernen Intentionalitätsdebatten zu ziehen. In diesen Debatten – etwa bei J. Searle – wird nämlich ebenfalls darauf hingewiesen, dass die Konklusion unzulässig

---

[94] Vgl. *Zwei Quaestionen* (ed. Yokoyama 1967, 45-46). Das Beispiel stammt von Jacobus.
[95] Diese Konsequenz wird von Jacobus zwar nicht explizit gezogen, sie ergibt sich aber aus seiner Hauptthese. Diese bezieht sich nämlich ausnahmslos auf alle intentionalen Gegenstände. Jacobus behauptet sogar, dass sie ebenso für potenzielle wie für aktuelle Gegenstände gilt (ibid., ed. Yokoyama 1967, 45). Daher muss sie sich auch auf jene intentionalen Gegenstände beziehen, die dieselbe Fundierung haben.

ist, wenn nicht weitere Prämissen hinzugefügt werden.[96] Die Begründung fällt jedoch unterschiedlich aus. Für Jacobus ist die Konklusion aus einem ontologischen Grund unzulässig: Es wird nicht beachtet, dass der intentionale Sokrates nicht einfach mit dem intentionalen Lehrer Platons gleichgesetzt werden darf; zwischen den beiden besteht eine intentionale Distinktion. Für Searle und andere gegenwärtige Autoren hingegen ist die Konklusion aus einem sprachphilosophischen Grund unzulässig: Es wird nicht beachtet, dass mit ‚Ich denke' ein intensionaler Kontext geschaffen wird, und in einem solchen Kontext können die koextensionalen Ausdrücke ‚Sokrates' und ‚Lehrer Platons' nicht *salva veritate* ausgetauscht werden. Wenn auch die Begründung unterschiedlich ausfällt, so ist doch die Problemdiagnose bei beiden gleich. Jacobus wie auch Searle weisen darauf hin, dass wir in unseren Aussagen über das, was wir denken, genau zwischen verschiedenen Denkinhalten unterscheiden müssen, und zwar auch dann, wenn es nur ein einziges extramentales Objekt gibt, das diesen Denkinhalten zugrundeliegt.

Jacobus weist in einer Zusatzthese auch darauf hin, dass die verschiedenen Denkinhalte keinen zusammengesetzten Gegenstand bilden.[97] Selbst wenn man mit einer einzigen Species sowohl an einen Menschen als auch an einen Esel denke könnte, würden der intentionale Mensch und der intentionale Esel nichts Einheitliches darstellen. Man würde nicht so etwas wie einen einheitlichen Mensch-Esel erfassen. Intentionale Gegenstände bleiben distinkt, selbst wenn sie gleichzeitig gedacht werden. Dies gilt natürlich auch für jene intentionalen Gegenstände, die ein und dieselbe Fundierung haben. Der intentionale Sokrates und der intentionale Lehrer Platons bleiben distinkt, selbst wenn man gleichzeitig an sie denkt. Wenn man verschiedene intentionale Gegenstände miteinander verbindet und künstlich etwas Einheitliches schafft (z. B. eine Chimäre, die sich aus einer Ziege und einem Löwen zusammensetzt), so entsteht nicht ein komplexer intentionaler Gegenstand, sondern nur ein Phantasieprodukt: ein Gegenstand mit gedanklichem Sein. Intentionale Gegenstände zeichnen sich dadurch aus, dass sie immer eine unmittelbare Fundierung in *einfachen* realen Gegenständen haben. Daher lassen sich intentionale Gegenstände nicht einfach dadurch von rein gedanklichen Gegenständen unterscheiden, dass man eine Fundierung in realen Gegenständen angibt (in einem gewissen Sinne hat ja auch eine Chimäre

---

[96] Vgl. Searle 1983, 22-24.
[97] *Zwei Quaestionen* (ed. Yokoyama 1967, 46): „Tertium corollarium est id quod illa quae distinguuntur intentionaliter non faciunt compositionem inter se nec cum illo in quo habent tale esse."

bzw. jeder ihrer Bestandteile eine Fundierung), sondern vielmehr dadurch, dass man jeweils für den ganzen Gegenstand eine Fundierung in einem einfachen realen Gegenstand angibt.

Wenn Jacobus mit seiner Einführung der intentionalen Gegenstände als besondere Entitäten auch verschiedene Probleme lösen kann, so wirft seine großzügige Ontologie doch eine fundamentale Frage auf: Wie können wir uns in unserem Denken unmittelbar auf die Welt außerhalb unseres Intellekts beziehen? Wir beziehen uns doch nur auf intentionale Gegenstände – auf Gegenstände, die zwar nicht mit den Species gleichgesetzt werden dürfen, aber trotzdem distinkte Gegenstände im Intellekt sind. Im Gegensatz zu Scotus sagt Jacobus ja nicht, dass wir die äußeren Gegenstände selbst erfassen, insofern sie dem Intellekt präsent sind; er bestimmt die intentionalen Gegenstände nicht einfach in einer bestimmten Hinsicht (*secundum quid*). Er behauptet vielmehr, dass wir besondere Entitäten in unserem Intellekt erfassen. Daher scheint eine unmittelbare Bezugnahme auf reale Gegenstände unmöglich zu sein. Wir können uns nur noch auf Gegenstände beziehen, die eine Fundierung in den realen Gegenständen haben. Aber wie, so kann man dann einwenden, können wir sicher sein, dass tatsächlich eine solche Fundierung vorliegt? Wie können wir wissen, dass tatsächlich reale Gegenstände existieren, wenn wir doch nur intentionale Gegenstände erfassen?

Jacobus setzt sich an keiner Stelle mit diesem skeptischen Einwand auseinander. Er sieht nicht die Gefahr, dass sich gleichsam ein Schleier von intentionalen Gegenständen zwischen den Intellekt und die realen Gegenstände legt. Ebenso wenig sieht er die Gefahr, dass ein Wissen von der Existenz der realen Gegenstände fragwürdig wird. Warum weist er nicht auf eine solche Gefahr hin? Im Text findet sich nur andeutungsweise eine Antwort auf diese Frage. Zunächst ist zu beachten, dass Jacobus genau wie Scotus die ganze Diskussion über intentionale Gegenstände in einem theologischen Kontext führt. Er geht von der Frage aus, wie Gott die Geschöpfe von Ewigkeit an erkennt.[98] Und wie Scotus fasst er die göttliche Erkenntnis als Modellfall für die menschliche Erkenntnis auf. Denn genau wie Gott die Geschöpfe erkennt, indem er sie mit intentionalem Sein hervorbringt, so erkennen auch die Menschen etwas, indem sie Gegenstände mit intentionalem Sein hervorbringen. Entscheidend ist nun, dass Gott sie *primär* mit intentionalem Sein hervorgebracht und dadurch ein Fundament für die Gegenstände mit rea-

---

[98] Sämtliche vier Artikel der ersten Quaestio (ed. Yokoyama 1967, 37-59) kreisen um diese Frage. Die Frage nach der menschlichen Erkenntnis wird ausgehend vom Modell der göttlichen Erkenntnis erörtert.

lem Sein gelegt hat, die er ebenfalls erschaffen hat. Dadurch hat Gott die Voraussetzung dafür geschaffen, dass die Menschen dann *sekundär* Gegenstände mit intentionalem Sein hervorbringen können, nämlich indem sie Gegenstände mit realem Sein wahrnehmen und intelligible Species bilden. Die göttliche Primärerschaffung eines Fundaments für die Gegenstände mit realem Sein sowie die göttliche Erschaffung der materiellen Welt ist gleichsam eine Garantie dafür, dass es auch tatsächlich etwas gibt, auf dessen Grundlage die Menschen Gegenstände mit intentionalem Sein bilden können. Daher ist es für Jacobus ausgeschlossen, dass nur intentionale Gegenstände im menschlichen Intellekt existieren, ohne dass es für sie auch eine Fundierung in der materiellen Welt gibt. Ein radikaler Solipsismus oder Idealismus ist im Rahmen seiner Theorie ausgeschlossen.

Noch ein weiterer Punkt ist zu beachten. Jacobus betont an einigen Stellen, dass für Gott der intentionale und der reale Gegenstand nicht auseinander klaffen. So sagt er:

„Obwohl das intentionale Sein, das der Stein von Ewigkeit an hatte, von anderer Art ist als jenes Sein, das er nun in Wirklichkeit hat, ist es doch hier und dort numerisch ein und derselbe Stein, der beide Arten von Sein hat."[99]

Wenn Gott einen Stein erkennt, so erfasst er nicht eine Entität, die vom realen Stein vollkommen verschieden ist. Er erfasst vielmehr den realen Stein selbst, der – insofern er im göttlichen Intellekt ist – intentionales Sein hat. Wenn nun eine Analogie zwischen dem göttlichen und dem menschlichen Erkennen besteht, wie Jacobus betont, dann gilt auch für einen Menschen, dass er den realen Stein selbst (nicht etwa einen Doppelgänger) erfasst, der – insofern er in seinem Intellekt ist – intentionales Sein hat. Offensichtlich gibt es keine Kluft zwischen zwei verschiedenen Entitäten, sondern vielmehr eine zweifache Seinsweise für eine einzige Entität: Im Intellekt hat sie intentionales Sein, außerhalb des Intellekts hingegen reales Sein.

Die Rede von einer zweifachen Seinsweise ein und derselben Entität deutet darauf hin, dass Jacobus ähnlich wie Thomas von Aquin auf eine Identitätsrelation abzielt. Allerdings verträgt sich seine These, dass numerisch ein und dieselbe Entität im Intellekt und außerhalb des Intellekts existiert, schlecht mit seiner Hauptthese, dass der Gegenstand im Intellekt eine Entität *sui generis* ist – eine Entität mit intentionalem Sein,

---

[99] *Zwei Quaestionen* (ed. Yokoyama 1967, 57): „Licet esse intentionale quod habuit lapis ab aeterno sit alterius rationis ab esse quod habet nunc realiter in effectu, tamen lapis cui convenit utrumque esse est idem numero hic et ibi."

die auf einer Entität mit realem Sein beruht.[100] Was auf einer anderen Entität beruht, ist nicht mit dieser identisch.

So besteht offensichtlich eine Spannung im Erklärungsansatz des Jacobus. Einerseits tendiert er zu einer Identitätstheorie und behauptet, dass ein und dieselbe Entität zwei Seinsweisen hat. Andererseits versucht er, die scotische Theorie vom objektiven Sein ontologisch zu untermauern, indem er behauptet, dieses Sein komme besonderen Gegenständen zu und unterscheide sich sowohl vom realen wie vom gedanklichen Sein. Mit dieser ontologischen Bestimmung führt er aber – ganz im Widerspruch zur Identitätstheorie – Entitäten ein, die sich klar von den Gegenständen in der materiellen Welt unterscheiden.

§ 21 Die Kritik an der ontologischen Klassifizierung (Wilhelm Alnwick)

Dass die Theorie des Jacobus de Aesculo eine Spannung aufweist und zu ontologischen ebenso wie zu epistemologischen Problemen führt, stellte schon sein Zeitgenosse Wilhelm Alnwick fest. In der ersten seiner ausführlichen *Quaestiones de esse intelligibili*, die genau wie die Texte des Jacobus um 1310 entstanden sind, greift er die Position des Jacobus auf und unterzieht sie einer ausführlichen Kritik.[101] Er gesteht zwar zu, dass verschiedene Argumente zugunsten dieser Position angeführt werden können, aber er hält sie trotzdem aus mehreren Gründen für verfehlt.

Ein erster Grund betrifft die Produktion der intentionalen Gegenstände.[102] Diese Gegenstände, so hält Alnwick fest, werden angeblich vom Intellekt produziert. Der Intellekt ist aber ein reales Vermögen. Und ein reales Vermögen zielt immer auf etwas Reales ab, denn es gilt der Grundsatz, dass ein Vermögen und das, was es hervorbringt, immer zu demselben ontologischen Bereich gehören müssen. Daher kann der Intellekt nur etwas produzieren, was real ist: die intelligiblen Species und die

---

[100] In *Zwei Quaestionen* (ed. Yokoyama 1967, 45, zitiert in Anm. 90) sagt Jacobus ausdrücklich, dass das intentionale Sein auf dem realen beruht (*fundatur*).
[101] Zu Alnwicks Biographie und zur Textdatierung vgl. Wanke 1965, 71-78. Leider geht Wanke von der unbegründeten Annahme aus, Alnwick habe sich mit seiner Kritik unmittelbar gegen Scotus gewendet. Wie Ledoux in seinen Anmerkungen zur kritischen Edition bereits klar festgehalten hat (vgl. ed. Ledoux 1937, 3, Anm. 3), ist die Zielscheibe der Kritik nicht Scotus, sondern Jacobus de Aesculo.
[102] Dies ist das dritte von insgesamt zehn Argumenten in *Quaestiones*, q. 1 (ed. Ledoux 1937, 10).

intellektuellen Akte. Er kann aber nicht – wie Jacobus irrtümlicherweise annimmt – etwas produzieren, was ein besonderes intentionales Sein hat.

Mit diesem Argument weist Alnwick auf einen heiklen Punkt in Jacobus' Theorie hin. Jacobus nimmt einfach an, dass der Intellekt die intentionalen Gegenstände als besondere Entitäten produzieren kann, er erklärt aber nicht, wie eine solche Erschaffung möglich sein soll. Wie sollte der Intellekt gleichsam über seinen eigenen ontologischen Bereich hinausgehen und etwas hervorbringen können, was nicht in seinem Bereich liegt? Dass dies unmöglich ist, lässt sich anhand des modernen Vergleichs zeigen, der bereits im vorangehenden Paragraphen angestellt wurde. Wenn wir im Museum ein Gemälde betrachten und einen bestimmten Maler als dessen Urheber bestimmen, so verweisen wir auf eine Entität mit einem realen Vermögen. Eine derartige Entität konnte aber nur etwas hervorbringen, was ebenfalls real ist, d. h. der Maler konnte nur reale Ölfarbkleckse auf einer realen Leinwand anbringen. Er konnte aber nicht neben oder zusätzlich zu diesen realen Entitäten noch eine besondere intentionale Entität produzieren. Wenn behauptet wird, die im Bild dargestellten Gegenstände seien doch eine besondere Entität, so wird eine unzulässige ontologische Annahme gemacht. Der Maler hat nämlich nicht zwei Entitäten – die realen Ölfarbkleckse *und* die dargestellten Gegenstände – produziert. Er hat vielmehr eine einzige Entität hervorgebracht: die Ölfarbkleckse. Aber indem er sie auf eine bestimmte Weise angeordnet hat, hat er auch Gegenstände dargestellt. Gleiches gilt für den Intellekt: Er hat nicht zwei Entitäten – die realen Species *und* die intentionalen Gegenstände – produziert. Als reales Vermögen hat er nur eine Entität hervorgebracht, nämlich die Species. Aber indem er die Species hervorgebracht hat, hat er auch bestimmte Gegenstände repräsentiert. Man vermehrt unnötigerweise Entitäten, wenn man diesen Vorgang als die Produktion zweier distinkter Entitäten auffasst.

Alnwick führt noch ein weiteres Argument gegen die Position des Jacobus an.[103] Dabei geht er von folgendem Grundsatz aus: Wenn eine Entität x ohne eine andere Entität y weder erschaffen noch zerstört werden kann, dann sind x und y real identisch.[104] Für den intentionalen Gegen-

---

[103] Vgl. das vierte Argument in *Quaestiones*, q. 1 (ed. Ledoux 1937, 10-11).

[104] *Quaestiones*, q. 1 (ed. Ledoux, 10): „... ista sunt idem realiter quorum est omnino impossibile unum generari aut corrumpi sine alio..." Es ist zu beachten, dass hier streng genommen zwei Bedingungen mit einer Doppelklausel angegeben werden: x und y sind genau dann real identisch, wenn (i) x nicht ohne y und y nicht ohne x erschaffen werden kann und (ii) wenn x nicht ohne y und y nicht ohne x zerstört werden kann. Die zweite Bedingung ist von Bedeutung, um jene Fälle auszuschließen, in denen eine Entität als ein Nebenprodukt einer anderen Entität erschaffen wird (wie z. B. Traubentrester als Nebenprodukt von Wein entsteht). Diese Fälle genügen zwar Bedingung (i), nicht aber (ii).

stand gilt aber, dass er ohne die Species weder erschaffen noch zerstört werden kann. Denn wann immer der Intellekt eine Species produziert, bringt er auch etwas Repräsentiertes hervor, und wann immer er eine Species zerstört, zerstört er auch etwas Repräsentiertes. Daher sind die beiden real identisch.

In diesem Argument tritt eine Differenz in den ontologischen Annahmen zutage. Für Jacobus ist es sehr wohl möglich, dass ein intentionaler Gegenstand zwar ohne eine entsprechende Species weder erschaffen noch zerstört werden kann, aber trotzdem von der Species distinkt ist. Er geht nämlich davon aus, dass zwei Entitäten zusammen auftreten können, ohne deshalb schon identisch zu sein. Identisch wären sie nur dann, wenn sie auch denselben Status hätten. (Zum Vergleich: Die Ölfarbkleckse und die dargestellten Gegenstände wären nur dann identisch, wenn sie beide denselben Status hätten. Das haben sie aber nicht, denn die Ölfarbkleckse sind materieller Natur; man kann sie auf ihre technische Qualität hin prüfen, übermalen usw. Die dargestellten Gegenstände sind vollständig anderer Natur.) Alnwick hingegen insistiert darauf, dass eine Entität, die nur zusammen mit einer anderen erschaffen und zerstört werden kann, auch mit dieser identisch sein muss. Er bestreitet, dass es zwei gleichsam aneinander geschweißte Entitäten mit je unterschiedlichem Status gibt. Genau wie die Ölfarbkleckse und die durch sie dargestellten Gegenstände ontologisch gesehen dasselbe sind, so sind auch die Species und die durch sie dargestellten bzw. repräsentierten Gegenstände ontologisch gesehen dasselbe. Dass durch die Species etwas dargestellt wird, heißt nicht, dass auch eine besondere Entität hervorgebracht wird: Von einer besonderen epistemologischen Funktion der Species darf nicht einfach auf eine ontologische Produktion geschlossen werden.

Alnwick formuliert noch ein weiteres Argument gegen die Annahme intentionaler Gegenstände.[105] Wenn diese Gegenstände tatsächlich existierten, so hält er fest, dann müssten sie entweder subjektives oder objektives Sein haben. Subjektives Sein, d. h. Existenz als ein Subjekt oder in einem Subjekt, können sie aber nicht haben. Denn was in einem Subjekt existiert (eine Qualität, eine Quantität usw.), ist etwas Reales, und genau das reale Sein wird ihnen ja abgesprochen. Objektives Sein können sie aber ebenfalls nicht haben, denn was derartiges Sein hat, ist Objekt des Intellekts und „terminiert" somit dessen Erkenntnisakte, d. h. es bestimmt das, worauf sich der Intellekt mit seinen Erkenntnisakten richtet.

---

[105] Vgl. das sechste Argument in *Quaestiones*, q. 1 (ed. Ledoux 1937, 11-12).

Es ist aber keineswegs bloß ein intentionaler Gegenstand, der die Akte des Intellekts terminiert.[106] Alnwick lässt in diesem Argument zwar noch offen, was genau die Akte bestimmt. Aber seine Rückweisung besonderer Entitäten verdeutlicht, dass es sich dabei sicherlich nicht um distinkte „innere" Entitäten handelt. Alnwick hält es für unzulässig, derartige Entitäten einzuführen, die sich in den Erkenntnisakten gleichsam zwischen den Intellekt und die äußeren Gegenstände einschieben.

Doch was bestimmt dann die Akte des Intellekts und legt ihre Objekte fest? Worauf richtet sich der Intellekt? Alnwick hält in scotischer Sprache daran fest, dass sich der Intellekt auf Gegenstände mit intentionalem bzw. repräsentiertem Sein richtet. Er fügt aber hinzu:

„... ich zeige, dass das Repräsentiert-sein real identisch ist mit der repräsentierenden Form und das Erkannt-sein real identisch mit der Erkenntnis."[107]

Alnwick identifiziert dann die repäsentierende Form ausdrücklich mit der intelligiblen Species,[108] sodass offensichtlich gilt: Das Repräsentiertsein (oder der Gegenstand mit repräsentiertem bzw. intentionalem Sein) ist real identisch mit der Species. Wenn jemand etwa sagt ‚Ich erfasse einen intentionalen Stein' oder ‚Ich richte mich kognitiv auf einen intentionalen Stein', so heißt dies nichts anderes als ‚Ich habe in meinem Intellekt eine Species, die einen Stein repräsentiert'. Alnwick zufolge wäre es abwegig, zusätzlich zu dieser realen Entität noch eine weitere Entität im Intellekt anzunehmen.

Die Ablehnung einer besonderen Entität ist angesichts der Einwände gegen Jacobus' Theorie verständlich. Sie erlaubt es Alnwick, eine ontologisch sparsame Lösung zu präsentieren und auf die wundersame Erschaffung nicht-realer Entitäten zu verzichten. Gleichzeitig gibt sie aber zu einer kritischen Frage Anlass. Wenn der intentionale Gegenstand mit der Species real identisch ist, und wenn – wie auch Alnwick zugibt – der intentionale Gegenstand genau das ist, was der Intellekt primär erfasst und erkennt, dann erkennt der Intellekt nur etwas in seinem eigenen Intellekt. Gegenstände in der materiellen Welt können niemals seine pri-

---

[106] *Quaestiones*, q. 1 (ed. Ledoux 1937, 11-12): „... esse autem repraesentatum non terminat repraesentationem nec esse cognitum terminat cognitionem secundum actum rectum..."

[107] *Quaestiones*, q. 1 (ed. Ledoux 1937, 8): „... ostendo quod esse repraesentatum est idem realiter cum forma repraesentante et esse cognitum idem realiter cum cognitione..."

[108] *Quaestiones*, q. 1 (ed. Ledoux 1937, 16): „... esse repraesentatum non est alia entitas quam entitas speciei in quadam concretione significata respectu lapidis, et esse intellectum lapidem non est aliud quam intellectio lapidis significata in quadam concretione extrinseca ad lapidem."

§ 21 Die Kritik an der ontologischen Klassifizierung

mären Objekte sein. Dies scheint aber auf eine solipsistische Position hinauszulaufen: Jeder Intellekt erkennt nur seine Species, die von der Species im Intellekt eines anderen Menschen verschieden (und zwar real verschieden) ist. Folglich ist jeder Intellekt auf die Entität beschränkt, die in ihm ist; er ist in sich selbst gefangen.

Eine solche Schlussfolgerung wäre allerdings unangemessen. Wenn Alnwick den intentionalen Gegenstand mit der Species identifiziert, so tut er dies nur in ontologischer Hinsicht. In epistemologischer Hinsicht unterscheidet er aber sorgfältig zwischen der Species als einem kognitiven Hilfsmittel und dem *Inhalt* dieses Hilfsmittels. Dies zeigt der Vergleich, den er zwischen der Species und einer Statue zieht.[109] Wenn wir eine Caesar-Statue betrachten und fragen, was wir primär erfassen und erkennen, so müssen wir Alnwick zufolge antworten: Caesar, insofern er durch die Statue repräsentiert wird. Ontologisch gesehen ist dieser Caesar-insofern-er-repräsentiert-wird real identisch mit der Statue. Denn offensichtlich ist der reale Caesar aus Fleisch und Blut nicht gegenwärtig, und in der Statue versteckt sich auch kein Caesar mit einem besonderen ontologischen Status. Wenn wir aber nach dem fragen, was wir primär erfassen und erkennen, so interessiert uns nicht dieser ontologische Aspekt, sondern vielmehr die Tatsache, dass wir in der Statue Caesar sehen. Er ist genau das, was die Statue darstellt oder „denominiert", wie Alnwick sagt. Freilich denominiert sie Caesar nicht aus sich heraus, sondern nur, weil der Bildhauer sie auf eine bestimmte Weise geschaffen hat – nur weil sie von ihm eine „extrinsische Form" erhalten hat. Genau diese extrinsische Form macht den spezifischen Inhalt aus, den wir beim Betrachten der Statue primär erfassen.

Ähnlich verhält es sich nun auch mit der Species. Wenn wir an einen Stein denken und gefragt werden, was wir primär erfassen, so muss unsere Antwort lauten: den Stein, insofern er durch die Species repräsentiert wird. Ontologisch gesehen ist dieser Stein-insofern-er-repräsentiert-wird real identisch mit der Species. In der Species verbirgt sich ja kein materieller Stein, und dort versteckt sich auch nicht ein Stein mit einem besonderen ontologischen Status. Hier ist aber nicht der ontologische, sondern der epistemologische Aspekt von Bedeutung. Wir wollen ja bestimmen, was wir primär erfassen. Dies ist nichts anderes als das, was die Species darstellt oder „denominiert". Allerdings denominiert sie nicht aus sich heraus einen Stein, sondern nur weil sie auf eine bestimmte Weise vom Intellekt gebildet wurde – nur weil sie vom Intellekt eine

---

[109] Vgl. *Quaestiones*, q. 1 (ed. Ledoux 1937, 15).

„extrinsische Form" erhalten hat.[110] Genau diese extrinsische Form macht ihren spezifischen Inhalt aus, den wir primär erfassen.

Die Pointe in Alnwicks Erklärung besteht darin, dass er zwischen einer ontologischen und einer epistemologischen Betrachtung unterscheidet. Ontologisch gesehen gibt es nur

(1) die Species als ein reales Akzidens des Intellekts
(2) den materiellen Gegenstand außerhalb des Intellekts.

Zwischen (1) und (2) besteht eine Kausalrelation, denn im Normalfall wird die Species dadurch gebildet, dass der materielle Gegenstand Wahrnehmungseindrücke erzeugt, auf deren Grundlage dann eine Species gebildet wird. Epistemologisch gesehen gibt es jedoch

(3) die repräsentierende Species
(4) den Gegenstand, insofern er durch die Species repräsentiert wird
 (= Inhalt der Species)
(5) den Gegenstand an sich.

Obwohl im Intellekt nur *eine Entität* vorhanden ist, müssen epistemologisch gesehen doch *zwei Aspekte* unterschieden werden: (3) und (4). Mit einer solchen Erklärung gelingt es Alnwick, eine ontologisch sparsame Lösung zu präsentieren und trotzdem an der scotischen Rede von einem Gegenstand mit intentionalem (bzw. objektivem oder repräsentiertem) Sein festzuhalten. Dieser Gegenstand ist einfach im Sinne von (4) als Inhalt einer realen Entität zu verstehen. Gleichzeitig vermag Alnwick auch das oben aufgeworfene Problem zu lösen. Es schien nämlich zunächst, als würde er eine solipsistische Position vertreten, indem er den intentionalen Gegenstand einfach mit der Species identifiziert. Diese Vermutung kann nun zurückgewiesen werden. Denn obwohl dieser Gegenstand ontologisch gesehen tatsächlich mit der Species identisch ist, stellt er doch epistemologisch etwas Distinktes dar, und zwar etwas, was verschiedene Personen in ihrem Intellekt haben können. Wenn zehn Personen an einen Stein denken, so hat jede ihre eigene Species in ihrem Intellekt, aber alle haben denselben Inhalt, der in einem Denominationsverhältnis zum materiellen Stein steht.

Es ist bemerkenswert, dass Alnwick das Verhältnis zwischen (4) und (5) als ein Denominationsverhältnis bestimmt, d. h. als eine semantische

---

[110] *Quaestiones*, q. 1 (ed. Ledoux 1937, 15): „... cum dico lapis est repraesentatus aut cognitus, solum fit denominatio a forma extrinsecus denominante quae non est nisi forma repraesentativa aut forma intellectionis."

Relation.[111] Offensichtlich ist der Inhalt der Species nicht einfach ein Abbild oder eine mentale Kopie des Gegenstandes an sich betrachtet. Ebenso wenig ist er mit diesem Gegenstand schlichtweg identisch. Zwischen den beiden besteht vielmehr die semantische Relation des Benennens (*denominare*). Alnwick führt nicht im Detail aus, wie diese Relation zu verstehen ist. Erst spätere Autoren, ganz explizit Ockham, erklären sie im Rahmen einer umfassenden semantischen Theorie. Aber bei Alnwick zeigt sich bereits der Übergang von einer identitätstheoretischen oder ontologischen Auffassung des Gegenstandes mit intentionalem Sein zu einer semantischen: Dieser Gegenstand ist als Inhalt eines mentalen Zeichens zu verstehen. Wenn erläutert werden soll, wie wir uns auf Gegenstände in der Welt beziehen können, muss daher erklärt werden, wie wir über mentale Zeichen verfügen können und wie diese Zeichen Gegenstände in der Welt benennen können.

§ 22 *Schlussfolgerungen*

Die intensive Debatte, die bereits unter den ersten Scotisten über eine korrekte Erklärung der Gegenstände mit intentionalem Sein entstand,[112] verdeutlicht, dass Scotus keine Intentionalitätstheorie vorlegte, die bis in die Details ausformuliert war. Er skizzierte vielmehr ansatzweise ein Modell, das verschiedene Deutungen und Weiterentwicklungen zuließ. Trotz aller Offenheit zeichnet sich dieses Modell aber durch drei wichtige Grundthesen aus.

Erstens vertritt Scotus gegenüber skeptischen Anfechtungen die These, dass natürliche Intentionalität möglich ist. Das heißt, dass sich eine Person durch eine Aktivierung ihrer natürlichen kognitiven Fähigkeiten

---

[111] Auch das Verhältnis zwischen (3) und (4) bestimmt er in semantischer Hinsicht. In seiner Hauptantwort auf die Frage, was denn das repräsentierte bzw. intentionale Sein sei, sagt er in *Quaestiones*, q. 1 (ed. Ledoux 1937, 15): „Dico igitur ad quaestionem quod esse repraesentatum alicuius obiecti non est res distincta a forma repraesentante, sicut esse repraesentatum Caesaris per statuam repraesentantem non differt a statua repraesentante *nisi in modo significandi*." (Hervorhebung D.P.) Der repräsentationale Inhalt der Statue bzw. der Species ist also kein distinkter Gegenstand, sondern die Statue bzw. die Species selbst, die aber in anderer Weise bezeichnet wird. Wenn man von einer Species spricht, muss man daher immer die genaue Bezeichnungsweise angeben, d. h. man muss erläutern, ob man die Species als bloße Entität im Intellekt oder als etwas, was einen besonderen Inhalt hat, bezeichnet.
[112] Diese Diskussion brach natürlich mit Wilhelm Alnwick nicht ab, sondern setzte sich während des ganzen Spätmittelalters fort und wurde im 16. Jh. von Suárez, im 17. Jh. von Johannes Poncius und Bartolomäus Mastrius aufgegriffen. Vgl. Hoffmann 1999, Kap. 7.

auf Gegenstände beziehen und von diesen eine Erkenntnis gewinnen kann. Freilich räumt Scotus ein, dass diese Fähigkeiten keineswegs immun sind gegenüber Fehlleistungen; Sinnestäuschungen und Fehlurteile sind stets möglich. Und er räumt ebenfalls ein, dass die natürlichen Fähigkeiten letztendlich einen übernatürlichen Ursprung haben; gäbe es keinen Schöpfergott, könnte es auch keine Personen mit natürlichen kognitiven Fähigkeiten geben. Entscheidend ist für ihn aber, dass zur Erklärung der Aktivierung der natürlichen Fähigkeiten nicht auf etwas Übernatürliches – auf eine göttliche Illumination – rekurriert werden muss. Eine Person ist vielmehr von sich aus in der Lage, ihre kognitiven Fähigkeiten zu aktivieren und sich auf sinnlich wahrnehmbare Gegenstände zu beziehen. Und sie ist auch von sich aus in der Lage, diese Gegenstände im Normalfall korrekt zu erkennen. Dazu ist sie freilich nur imstande, wenn sie sämtliche Fähigkeiten einsetzt, die intellektuellen ebenso wie die perzeptiven, und wenn sie sich nicht nur auf einzelne Fälle konzentriert, sondern prüft, was „in den meisten Fällen" erfolgt.[113] Sie muss also untersuchen, wie denn das Vorliegen eines bestimmten Gegenstandes wiederholt einen bestimmten Sinneseindruck und einen intellektuellen Akt mit einem bestimmten Inhalt hervorgerufen hat. Nur durch die Analyse einer solchen regelmäßigen Kausalrelation gelingt es ihr, zu verstehen, warum sie sich auf etwas beziehen kann. Der entscheidende Punkt besteht darin, dass Scotus einerseits den skeptischen Einwand zurückweist, es sei gar keine sichere Bezugnahme möglich, andererseits aber auch die infallibilistische Annahme verwirft, die natürlichen kognitiven Fähigkeiten würden in jedem Fall eine korrekte Bezugnahme ermöglichen. Ob die Bezugnahme auf einen Gegenstand korrekt ist, lässt sich erst sagen, wenn zahlreiche Fälle berücksichtigt werden, in denen aufgrund einer Kausalrelation zu einem Gegenstand ein intentionaler Akt gebildet wurde. Erst der Vergleich eines Aktes mit anderen Akten und eine Prüfung der kognitiven Bedingungen erlaubt eine Evaluation eines einzelnen Aktes.

Zweitens hat sich auch gezeigt, dass Scotus ein Intentionalitätsmodell vertritt, das intentionale Akte immer als aspektgebundende Akte auffasst. Wer sich auf einen Gegenstand x bezieht, bezieht sich seiner Ansicht nach immer auf x unter dem Aspekt F oder G oder H usw. Sich auf etwas zu beziehen und etwas kognitiv zu erfassen, heißt immer, etwas *als etwas* zu erfassen. Für Scotus sind dabei vor allem zwei Aspekte von zentraler Bedeutung: zum einen der singuläre Aspekt, der mit Hilfe der

---

113 Vgl. oben Anm. 20.

§ 22 Schlussfolgerungen 247

Phantasmata erfasst wird, zum anderen der allgemeine Aspekt, der mit Hilfe der intelligiblen Species kognitiv zugänglich wird. Es ist daher nicht erstaunlich, dass er gegenüber den Kritikern der Species-Theorie (z. B. Petrus Johannis Olivi und Heinrich von Gent) darauf insistiert, dass intelligible Species in einem kognitiven Prozess unentbehrlich sind. Damit verteidigt er freilich nicht eine starke Form von Repräsentationalismus. Species sind für ihn nicht innere Entitäten, die sich gleichsam zwischen den Intellekt und den äußeren Gegenstand einschieben, und sie bilden nicht so etwas wie einen kognitiven Schleier, der einen unverhüllten Zugang zum äußeren Gegenstand verunmöglicht. Scotus fasst die Species vielmehr als Hilfsmittel auf, die einen bestimmten Aspekt des äußeren Gegenstandes kognitiv zugänglich machen. Hätten wir Menschen keine Species, könnten wir einen Gegenstand gar nicht unter einem allgemeinen Aspekt erfassen. Wir müssten uns darauf beschränken, ihn als einen individuellen Gegenstand mit individuellen, wahrnehmbaren Eigenschaften zu erfassen.

Hinter Scotus' These, dass wir uns auch auf einen allgemeinen Aspekt beziehen können, verbirgt sich freilich die metaphysische These, dass es einen solchen Aspekt tatsächlich gibt (nämlich als eine „allgemeine Natur", die im Gegenstand selbst immer individuiert ist), und zudem die kognitionstheoretische These, dass es unsere natürlichen kognitiven Fähigkeiten erlauben, diesen Aspekt gleichsam aus dem individuellen Gegenstand herauszulösen und zu erfassen. So geht die Verteidigung der Species immer mit der Verteidigung eines bestimmten metaphysischen Programms – nicht etwa einer repräsentationalistischen Erkenntnistheorie – einher: Weil es im Gegenstand einen allgemeinen Aspekt gibt und weil uns dieser Aspekt prinzipiell zugänglich ist, benötigen wir ein besonderes kognitives Hilfsmittel, um ihn auch faktisch zugänglich zu machen. Der intentionale Akt allein präsentiert uns nicht den allgemeinen Aspekt.

Drittens schließlich zeichnet sich Scotus' Intentionalitätsmodell dadurch aus, dass es Gegenstände mit intentionalem bzw. objektivem Sein einführt. Dabei handelt es sich freilich nicht um Entitäten, die einer spezifischen Kategorie zuzuordnen sind. Scotus behauptet nicht, dass es neben dem intentionalen Akt und der Species noch eine weitere, gleichsam im Intellekt verborgene Entität gibt, die das primäre Objekt für einen intentionalen Akt bildet. Der Gegenstand mit intentionalem Sein ist vielmehr der Gegenstand selbst, der in der Species „erscheint".[114] Oder modern ausgedrückt: Er ist der Inhalt einer kognitiven Entität, und genau

---

[114] Vgl. oben Anm. 50.

dieser Inhalt ist das, was einer Person in einem Akt primär präsent ist. Sie erfasst einen Gegenstand nämlich nicht an sich, sondern insofern er Objekt des Intellekts ist. Damit macht Scotus auf einen zentralen Punkt aufmerksam: Wichtig in einer Analyse intentionaler Akte und ihrer Objekte ist nicht so sehr, wie denn die Gegenstände in der Welt *an sich* sind. Darüber kann – wenn überhaupt – höchstens eine metaphysische Untersuchung Auskunft geben.[115] Entscheidend ist vielmehr, wie die Gegenstände *für uns* sind, d. h. wie sie dem Intellekt präsent sind. Aus diesem Grund muss sorgfältig zwischen dem realen Sein, das die Gegenstände an sich haben, und dem intentionalen bzw. objektiven Sein unterschieden werden. Diese Unterscheidung hat wichtige Konsequenzen, die Scotus bloß andeutet, die aber für den weiteren Verlauf der Intentionalitätsdebatte weit über das Mittelalter hinaus prägend waren.[116] Wer intentionale Akte untersucht, darf nicht einfach davon ausgehen, dass sich der Intellekt vollkommen einem Gegenstand angleicht und mit ihm identisch wird. Er muss vielmehr prüfen, unter welchem Aspekt sich der Intellekt auf einen Gegenstand richtet und wie dann der Gegenstand unter diesem Aspekt zum Zielpunkt eines intellektuellen Aktes wird. Oder man könnte auch sagen: Er muss den Gegenstand, wie er an sich ist, sorgfältig vom Gegenstand, wie er unter einem bestimmten Aspekt zum Inhalt eines intentionalen Aktes wird, unterscheiden. Die terminologische Unterscheidung zwischen realem und intentionalem bzw. objektivem Sein dient nicht zuletzt dazu, auf diese Differenz aufmerksam zu machen. Scotus' besondere Pointe besteht freilich darin, dass er den Inhalt nicht als einen inneren Doppelgänger des äußeren Gegenstandes bestimmt. Es ist seiner Ansicht nach vielmehr der Gegenstand selbst, der aufgrund eines kognitiven Prozesses in der Species „erscheint" und unter einem bestimmten Aspekt zum Inhalt eines intentionalen Aktes wird.

---

[115] Scotus nimmt freilich an, dass eine derartige metaphysische Analyse möglich ist. Seine Untersuchungen zur hylemorphistischen und zur kategorialen Struktur von Gegenständen (vornehmlich in den *Quaestiones in Metaphysicam*) verfolgen genau das Ziel, zu erklären, wie denn die Gegenstände in der Welt an sich sind. Im Gegensatz zu frühneuzeitlichen Autoren vertritt Scotus noch nicht die starke These, dass wir die Gegenstände ausschließlich so untersuchen können, wie sie für uns sind, weil sie uns nur in bestimmten epistemischen Situationen zugänglich sind.

[116] Besonders deutlich zeigen sich diese Konsequenzen bei Descartes, der ebenfalls zwischen dem objektiven Sein und dem realen bzw. formalen Sein unterscheidet und die These vertritt, dass wir zunächst nur von Gegenständen mit objektivem Sein – also von Gegenständen *für uns* – sprechen dürfen. Ob es auch Gegenstände an sich gibt, muss erst bewiesen werden, indem gezeigt wird, dass Gegenstände mit objektivem Sein in einer bestimmten Korrelation zu Gegenständen mit realem Sein stehen. Vgl. zu dieser scotistisch inspirierten Argumentation Perler 1996a, 113-131.

Eine weitere Pointe besteht darin, dass Scotus auf die Aktivität des Intellekts verweist. Genau wie der göttliche Intellekt die Gegenstände mit intentionalem Sein produziert, so bringt sie auch der menschliche Intellekt derart hervor; sie haben diesen besonderen Status nicht von sich aus. Oder wiederum modern ausgedrückt: Der Intellekt macht die Gegenstände *aktiv* zum Inhalt seiner Akte, er nimmt sie nicht bloß auf und gleicht sich ihnen nicht nur an. Daher behauptet Scotus ausdrücklich, dass die Ursache für einen intentionalen Akt nicht einfach der Gegenstand ist, der via die Sinne auf den Intellekt einwirkt. Der tätige Intellekt ist in mindestens so hohem Maße eine Ursache, denn ein intentionaler Akt entsteht nur, wenn einerseits ein Gegenstand präsent ist und auf den Intellekt einwirkt, andererseits aber auch der Intellekt sich auf den Gegenstand richtet und ihn zum Inhalt eines Aktes macht. Mit dieser These versucht Scotus, ein Rezeptivitätsmodell mit einem Produktivitätsmodell zu verbinden. Intentionalität kann nämlich nur befriedigend erklärt werden, wenn das Aufnehmen von Sinneseindrücken *und* das aktive Ausrichten auf einen Gegenstand berücksichtigt werden.

Wenn Scotus auch auf innovative Weise zwei Ansätze miteinander verbindet, so wirft sein eigenes Modell doch eine Reihe von Fragen und Problemen auf. Diese traten im Verlauf des 14. Jhs. in den Weiterentwicklungen seiner Theorie (z. B. bei Johannes Reading), noch mehr aber in den kritischen Reaktionen (z. B. bei Petrus Aureoli und Wilhelm von Ockham), deutlich zutage. Ein erstes Problem betrifft Scotus' Verteidigung der natürlichen Intentionalität. Wie sich gezeigt hat, geht er davon aus, dass wir im Normalfall aufgrund unserer natürlichen Fähigkeiten Akte bilden können, die sich auf Gegenstände in der Welt beziehen, und dass diese Gegenstände sogar eine Ursache (oder zumindest eine Teilursache) für unsere Akte darstellen. An diesem Punkt kann man freilich nachfragen: Wie wissen wir denn, dass tatsächlich ein Normalfall vorliegt? Könnte es nicht sein, dass wir bloß glauben, unsere Akte würden sich auf Gegenstände in der Welt beziehen, dass sie sich in Tat und Wahrheit aber nur auf eine Halluzination oder auf ein Phantasieprodukt beziehen? Wie können wir denn sicher sein, dass ein intentionaler Akt, der uns einen Gegenstand als einen unmittelbar gegenwärtigen, existierenden Gegenstand präsentiert, tatsächlich von einem gegenwärtigen, existierenden Gegenstand verursacht wurde? Der Verweis auf den Normalfall reicht hier nicht aus. Oder wenn ein solcher Verweis erfolgt, muss genau angegeben werden, nach welchen Kriterien der Normalfall von einem Ausnahmefall (z. B. einer Halluzination) unterschieden werden kann.

Ein weiteres Problem betrifft Scotus' bereits mehrfach zitierte Annahme, dass ein Gegenstand nur dann vollständig zum Objekt eines intentionalen Aktes werden kann, wenn auch eine intelligible Species gebildet wird. Wie, so kann man fragen, entsteht denn eine solche kognitive Entität auf der Grundlage von Phantasmata? Und vor allem: Wie verhält sich die Species zum äußeren Gegenstand einerseits und zum intentionalen Akt andererseits? Es reicht hier nicht aus, einfach zu sagen, dass der Gegenstand in der Species „erscheint". Ebenso wenig reicht es aus, darauf zu verweisen, dass die Species (oder genauer: ihr Inhalt) im intentionalen Akt erfasst wird. Vielmehr muss geklärt werden, wie sich der Inhalt einer Species zum Gegenstand verhält. Liegt hier eine Identitätsrelation im Sinne Thomas von Aquins vor? Oder eine Abbildrelation? Oder eine Zeichenrelation? Ockhams radikale Kritik an Scotus' Species-Theorie, die Johannes Reading wiederum zu einer ausführlichen Verteidigung dieser Theorie bewog, verdeutlicht, dass Scotus' Ansatz einige zentrale Fragen unbeantwortet lässt.[117]

Schließlich betrifft ein drittes Problem die Gegenstände mit intentionalem bzw. objektivem Sein. Scotus skizziert bloß eine Erklärung dieser Gegenstände, indem er festhält, dies seien die Gegenstände, insofern sie dem Intellekt präsent sind. Doch was heißt dies? Bereits die ersten Scotus-Schüler interpretierten die Aussage auf unterschiedliche Weise. Während Jacobus de Aesculo sie als Entitäten *sui generis* auffasste, die weder auf reale noch auf gedankliche Entitäten reduziert werden können, wählte Wilhelm Alnwick eine Erklärung, die dem ontologischen Ökonomieprinzip folgt: Sie sind nichts anderes als der Inhalt der intelligiblen Species, d. h. der Inhalt von realen Entitäten. Es ist aber leicht ersichtlich, dass beide Interpretationen zu weiteren Fragen Anlass geben. Entscheidet man sich wie Jacobus dafür, besondere Entitäten einzuführen, ergibt sich nicht nur das ontologische Problem, dass man Identitätskriterien für diese Entitäten angeben und erklären muss, in welcher Relation sie zu den anderen Typen von Entitäten stehen. Es stellt sich auch ein epistemologisches Problem. Denn welchen Zugang haben wir noch zu den realen Gegenständen in der Welt, wenn sich unsere intentionalen Akte nur auf besondere intentionale Entitäten richten? Ist dieser Zugang nur noch indirekt, etwa indem wir von den intentionalen Entitäten auf reale schließen? Wählt man hingegen wie Alnwick eine ontologisch sparsame Erklärung, muss man erläutern, wie sich der Inhalt einer Species zur Species selbst, d. h. zu einer realen Entität im Intellekt, verhält.

---

[117] Zu Ockhams Kritik vgl. § 29. Johannes Reading verteidigt die Theorie in *De necessitate specierum intelligibilium*, nn. 107-120 und nn. 130-139 (ed. Gál 1969, 102-106 und 109-112).

Was bedeutet es, dass wir etwas *in* der Species erfassen, wenn uns ein Gegenstand mit intentionalem Sein präsent ist? Es waren nicht zuletzt diese Fragen, die das Modell der intentionalen Objekte zu einem zwar attraktiven, aber auch umstrittenen Modell in den spätmittelalterlichen Diskussionen werden ließen.

TEIL IV
DAS MODELL DER INTENTIONALEN PRÄSENZ: PETRUS AUREOLI UND HERVAEUS NATALIS

Duns Scotus' Grundthese, dass eine Person, die an etwas denkt, sich primär auf Gegenstände mit „objektivem" oder „intentionalem" Sein bezieht, erwies sich für die Intentionalitätsdebatten im 14. Jh. als äußerst folgenreich. Verschiedene Autoren versuchten, einerseits den ontologischen Status dieser Gegenstände genauer zu bestimmen, andererseits aber auch zu erklären, wie diese Gegenstände in einem kognitiven Prozess überhaupt entstehen können.[1] Die Diskussionen über Gegenstände mit intentionalem Sein bezogen sich zunächst nur auf einen bestimmten Typus von intentionalen Akten, nämlich auf die Akte des Intellekts, die sich dank der Präsenz besonderer kognitiver Entitäten – der intelligiblen Species – auf etwas beziehen können. Genau in den Species „erscheinen" ja die Gegenstände mit dem besonderen intentionalen Sein, wie Scotus metaphorisch sagte.[2] Oder modern ausgedrückt: In den kognitiven Entitäten sind die Gegenstände als deren spezifischer Inhalt präsent. Diesen Inhalt erfasst eine Person, wenn sie an etwas denkt.

Die These, dass sich intentionale Akte primär auf einen Inhalt richten, der einen besonderen Status hat, lässt sich freilich auf andere Typen von Akten ausdehnen. So kann man fragen: Worauf richtet sich ein Akt des Sehens oder Hörens? Worauf ein Akt des Imaginierens oder Halluzinierens? Und worauf ein Akt des Sich-Erinnerns? Diese Fragen stellen sich in besonderem Maße, wenn neben den regulären Fällen, bei denen der Inhalt durch einen unmittelbar präsenten, materiellen Gegenstand festgelegt wird, auch irreguläre Fälle berücksichtigt werden. Angenommen, ich sehe schwankende Bäume, die an mir vorbeiziehen. In Tat und Wahrheit befinden sich vor mir aber keine schwankenden Bäume. Vielmehr stehe ich auf einem schwankenden Schiff, sodass die Bäume am

---

[1] Zu diesen Autoren gehören neben Jacobus de Aesculo und William Alnwick (vgl. §§ 20-21) auch Durandus von St. Pourçain, Heinrich von Harclay und (knapp eine Generation später) Johannes Reading. Vgl. einen Überblick in Tachau 1988, 85-179. Freilich verfolgten einige Autoren – prominenterweise Wilhelm von Ockham und Adam Wodeham – auch das Ziel, die Annahme derartiger Gegenstände zu widerlegen. Vgl. zu ihrer Kritik § 29.

[2] Vgl. *Ordinatio* I, dist. 3, pass 3, q. 1, n. 386 (Vat. III, 235), zitiert in Teil III, Anm. 50.

Ufer mir schwankend erscheinen. Worauf bezieht sich dann mein Akt des Sehens? Und angenommen, ich befinde mich in einem Fiebertraum und halluziniere irgendwelche Gespenster, die es in Wirklichkeit nicht gibt. Worauf bezieht sich dann mein Akt des Halluzinierens? Der Franziskaner Petrus Aureoli, der in der zweiten Dekade des 14. Jhs. an der Universität Paris lehrte, wurde durch Fälle dieser Art dazu angeregt, die These von der Gerichtetheit auf Gegenstände mit intentionalem Sein auszubauen.[3] In *jedem* Fall eines kognitiven Aktes, so behauptete er, auch im Fall eines trügerischen Aktes, bezieht sich eine Person auf einen Gegenstand mit intentionalem Sein.[4] Oder wiederum modern ausgedrückt: In jedem Fall erfasst sie einen bestimmten Inhalt, der weder mit dem Akt selbst noch mit einem äußeren Gegenstand gleichgesetzt werden darf. Denn in jedem Fall, ob nun tatsächlich ein materieller Gegenstand vorhanden ist oder nicht, ist etwas auf intentionale Weise präsent. Man könnte dies *die These der intentionalen Präsenz* nennen: Wer einen kognitiven Akt vollzieht, bezieht sich immer auf etwas intentional Präsentes, ganz unabhängig davon, ob es dafür eine unmittelbare materielle Grundlage gibt, ja unabhängig davon, ob dadurch eine Erkenntnis von der materiellen Welt gewonnen wird.

Diese These wirft natürlich eine Reihe von Fragen auf. Zunächst stellt sich die ontologische Frage, welche Art von Entität hier präsent ist. Was genau sieht oder hört eine Person, wenn sie etwas intentional Präsentes erfasst? Weiter stellt sich die kognitionstheoretische Frage, welche Prozesse und Hilfsmittel hier erforderlich sind. Müssen besondere kognitive Entitäten (z. B. Phantasmata und Species) gebildet werden, damit einer Person etwas intentional präsent sein kann? Vor allem aber stellt sich die epistemologische Frage, ob es noch einen zuverlässigen Zugang zur materiellen Welt gibt, wenn eine Person primär etwas erfasst, was ihr bloß intentional präsent ist. Wie kann ich sicher sein, dass es tatsächlich Bäume im Garten gibt, wenn ich Bäume sehe oder an Bäume denke? Ich erfasse ja in jedem Fall, ob es nun reale Bäume gibt oder nicht, etwas inten-

---

[3] Er entwickelte seine Intentionalitätstheorie vor allem im ausführlichen Kommentar zum ersten Sentenzenbuch, der in der zweiten Dekade des 14. Jhs. entstanden ist und im Mai 1317 Papst Johannes XXII. als Geschenk überreicht wurde. Es sind zwei Fassungen dieses Textes überliefert. Die folgenden Untersuchungen stützen sich auf die in Ms. Borghese 329 enthaltene Fassung, die auch E. M. Buytaert als Grundlage für seine Teiledition wählte. Vgl. zur Biographie Aureolis und zur Textüberlieferung Dreiling 1913, 1-69, sowie die editorische Einleitung in *Scriptum super Primum Sententiarum* (= *Scriptum*), Bd. I, VII-XXI.

[4] *Scriptum*, dist. 3, sect. 14, n. 31 (II, 696): „... in actu intellectus de necessitate res intellecta ponitur in quodam esse intentionali conspicuo et apparenti." (Die römische Zahl bezieht sich auf die Bandnummer in der Edition von Buytaert.)

tional Präsentes, und genau darauf richten sich meine Akte des Sehens und Denkens. Angesichts dieser Problematik ist es nicht erstaunlich, dass gegen Petrus Aureolis These der intentionalen Präsenz immer wieder der Vorwurf des Phänomenalismus und Skeptizismus erhoben wurde.[5] Wer behauptet, dass sich intentionale Akte nur auf etwas intentional Präsentes richten, so lautet der Vorwurf, führt etwas ein, was bloß eine phänomenale Existenz hat und einen direkten Zugang zu den real existierenden Gegenständen verhindert. Ob dieser Vorwurf gerechtfertigt ist, lässt sich freilich erst sagen, wenn Aureolis These in einem weiteren Kontext geprüft wird. Er präsentiert nämlich nicht eine isolierte These, sondern ein umfassendes Modell zur Erklärung intentionaler Akte – ein Modell, das er in Auseinandersetzung mit seinem Zeitgenossen Hervaeus Natalis weiter ausführt und begründet. Deshalb soll dieses Modell in einem ersten Schritt (§§ 23-25) rekonstruiert und auf seine Konsequenzen hin untersucht werden. In einem zweiten Schritt (§§ 26-27) sollen dann die Probleme näher betrachtet werden, an denen sich die Kontroverse zwischen Petrus Aureoli und Hervaeus Natalis entzündete.

§ 23 Intentionalität und intuitives Erkennen

Petrus Aureoli setzt mit seiner Erklärung der intentionalen Akte bei einer Unterscheidung an, die auf Duns Scotus zurückgeht. Scotus hatte nämlich festgehalten, dass zwei Arten von Akten und damit auch zwei Arten von Erkenntnis zu unterscheiden sind.[6] Einerseits gibt es *abstraktive* Akte, die eine abstraktive Erkenntnis ermöglichen. Sie beziehen sich unterschiedslos auf gegenwärtige und nicht-gegenwärtige Gegenstände, auf existierende und nicht-existierende; sie „abstrahieren" von der Gegenwart und Existenz. Andererseits gibt es *intuitive* Akte, die eine intuitive Erkenntnis ermöglichen. Sie beziehen sich ausschließlich auf gegenwärtige und existierende Gegenstände und präsentieren diese auch als gegenwärtig und existierend.

---

[5] Seit der einflussreichen Studie von Michalski (Nachdruck in Michalski 1969) wurde in der älteren Forschung immer wieder der Skeptizismus-Vorwurf erhoben, so etwa von Prezioso 1950.
[6] Scotus führt diese Unterscheidung an mehreren Stellen ein, konzis in *Ordinatio* II, dist. 3, pars 2, q. 2, nn. 318-321 (Vat. VII, 552-553); *Lectura* II, dist. 3, pars 2, q. 2, n. 285 (Vat. XVIII, 321); *Quodl.* 6 (Vivès XXV, 243-244) und *Quodl.* 13 (Vivès XXV, 521-522). Wie Wolter 1990b nachgewiesen hat, hat Scotus die Unterscheidung schrittweise entwickelt und in den späten *Quodlibeta* am deutlichsten ausgeführt.

Scotus führt diese Unterscheidung an vereinzelten Stellen ein, ohne sie im Detail auszuführen. Manchmal schreibt er die intuitiven Akte nur den Engeln und nicht explizit auch den Menschen zu.[7] Und wenn er sie auf die Menschen bezieht, betont er an einigen Stellen, dass Menschen sie erst im jenseitigen Leben haben können,[8] oder er beschränkt sich darauf, sie den Menschen in einem bestimmten Bereich – etwa in jenem der Erkenntnis eigener Akte – zuzuschreiben.[9] Angesichts dieser Aussagen ist es umstritten, ob Scotus überhaupt beabsichtigte, eine scharfe kognitionstheoretische Unterscheidung einzuführen. Und es ist ebenfalls umstritten, ob die Unterscheidung tatsächlich philosophischen Zielen diente, oder ob sie nicht eher aus theologischen Gründen getroffen wurde, nämlich um die besondere Differenz zwischen dem diesseitigen und dem jenseitigen Leben zu betonen. Diese Probleme, die schon mehrfach Gegenstand ausführlicher Untersuchungen waren,[10] sollen hier nicht erörtert werden. Entscheidend sind in diesem Zusammenhang nur jene Aspekte der scotischen Unterscheidung, die Petrus Aureoli in seiner Intentionalitätstheorie aufgriff, kritisch diskutierte und weiterentwickelte.

Zunächst fällt auf, dass sich die Unterscheidung auf zwei verschiedene Objektbereiche bezieht: Intuitive Akte sind nur von gegenwärtigen und existierenden Gegenständen möglich, abstraktive Akte hingegen auch von nicht-gegenwärtigen und nicht-existierenden Gegenständen. Konkret heißt dies: Wenn ich mich in Berlin befinde und an den Eiffelturm in Paris denke, vollziehe ich Scotus zufolge keinen intuitiven Akt, da mir der Eiffelturm nicht gegenwärtig ist. Und wenn ich mir eine Chimäre vorstelle, bilde ich ebenfalls keinen intuitiven Akt, da eine Chimäre nicht existiert. Selbst wenn ich glaube, ich würde mich auf einen gegenwärtigen und existierenden Gegenstand beziehen, jedoch kein solcher Gegenstand vorhanden ist, vollziehe ich keinen intuitiven Akt. Wenn ich also Opfer einer Sinnestäuschung werde und glaube, mitten in der Wüste eine sprudelnde Wasserquelle zu sehen, liegt kein intuitiver Akt vor. Intuitive Akte, die sich auf Nicht-Existierendes beziehen, sind definitionsgemäß ausgeschlossen.

Zweitens ist zu beachten, dass die Unterscheidung auch die Art und Weise betrifft, wie sich jemand auf etwas bezieht. Denn mit intuitiven

---

[7] So etwa in *Quodl.* 6 (Vivès XXV, 244); *Ordinatio* II, dist. 3, pars 2, q. 2 (Vat. VII, 544-569).
[8] Vgl. *Quaestiones super libros Metaphysicorum* II, qq. 2-3, n. 81 (OPh III, 225).
[9] Vgl. *Opus Oxon.* IV, dist. 49, q. 8 (Vivès XXI, 306).
[10] Vgl. Day 1947, Honnefelder 1979, 218-267; Tachau 1988, 68-81; Dumont 1989; Wolter 1990b, Pasnau 2003.

§ 23 Intentionalität und intuitives Erkennen

Akten bezieht sich eine Person auf Gegenwärtiges und Existierendes als Gegenwärtiges und Existierendes,[11] mit abstraktiven Akten hingegen nicht. Wenn ich etwa an den Tisch denke, der vor mir steht, vollziehe ich nur dann einen intuitiven Akt, wenn ich ihn als einen gegenwärtigen (und zwar *mir* gegenwärtigen), tatsächlich existierenden Tisch erfasse. Sollte ich an ihn denken, indem ich mir vorstelle, dass er einer anderen Person gegenwärtig ist oder dass er nur ein fiktiver Gegenstand ist, ist mein Denkakt nicht intuitiv. Intuitive Akte beinhalten immer einen bestimmten Modus der Präsentation.

Drittens ist festzuhalten, dass sich intuitive Akte direkt auf ihre jeweiligen Gegenstände beziehen. Sie treffen gleichsam auf den Gegenständen selbst auf, wie Scotus sagt,[12] und beziehen sich nicht auf kognitive Hilfsmittel oder auf irgendeine mentale Kopie der äußeren Gegenstände. Abstraktive Akte hingegen richten sich mit Hilfe kognitiver Hilfsmittel auf etwas. Konkret heißt dies: Wenn ich vor dem Eiffelturm stehe und ihn betrachte, richtet sich mein intuitiver Akt des Sehens unvermittelt auf den Eiffelturm; er ist mir dann direkt und nicht etwa in einer intelligiblen Species präsent. Wenn ich mich hingegen in Berlin befinde und an den Eiffelturm denke, vollziehe ich einen abstraktiven Akt, für den ich eine Species oder eine andere kognitive Entität benötige. Der Eiffelturm ist mir dann nur vermittelt durch eine solche Entität präsent.

Schließlich ist viertens festzuhalten, dass es sowohl auf der Ebene des sinnlichen Wahrnehmens als auch auf der Ebene des intellektuellen Denkens intuitive Akte gibt. Abstraktive Akte, die ja immer eine Abstraktion von der Gegenwart und Existenz – also eine intellektuelle Tätigkeit – beinhalten, gibt es hingegen nur auf der zweiten Ebene. In seiner Erklärung der intuitiven Akte wählt Scotus die Ebene des sinnlichen Wahrnehmens sogar als Ausgangspunkt. Es ist offensichtlich, so argumentiert er, dass wir einen konkreten, uns unmittelbar gegenwärtigen Gegenstand auch als einen solchen sehen können. Wenn uns dies im Sehen möglich ist, so muss uns dies auch im Denken möglich sein. Denn was dem niedrigeren Wahrnehmungsvermögen möglich ist, muss auch dem höheren Denkvermögen möglich sein.[13] Wenn ich also imstande bin, den vor mir stehenden Eiffelturm zu sehen, und zwar mit einem intuitiven Akt, so

---

[11] In *Quodl.*, q. 6 (Vivès XXV, 243-244) sagt Scotus ausdrücklich: „... praecise sit objecti praesentis ut praesentis, et existentis ut existentis."

[12] *Quodl.*, q. 6 (Vivès XXV, 244): „... potest objectum attingere in se [...] et non tantum diminute attingendo ipsum in quadam perfectione diminuta..." Siehe auch *Quodl.*, q. 13 (Vivès, 522), *Opus Oxon.* IV, dist. 49, q. 12, n. 6 (Vivès XXI, 442).

[13] Vgl. *Quodl.*, q. 6 (Vivès XXV, 244) und q. 13 (Vivès XXV, 521).

muss ich auch in der Lage sein, ihn mit einem intuitiven Akt intellektuell zu erfassen. Die Tätigkeit des Intellekts beschränkt sich nicht darauf, die allgemeine Natur des Turmes zu erfassen. Mit dieser Argumentation widersetzt sich Scotus offensichtlich der These (wie sie etwa von Thomas von Aquin vertreten wurde), dass sich höchstens das niedrigere Wahrnehmungsvermögen auf konkrete Gegenstände bezieht, das höhere Denkvermögen jedoch immer davon abstrahiert und die allgemeine Natur erfasst. Für Scotus steht fest, dass sich auch der Intellekt mit einem intuitiven Akt direkt auf diesen oder jenen konkreten Gegenstand beziehen kann.

Diese vier Erläuterungen zeigen, dass es sich bei der Unterscheidung zwischen intuitiven und abstraktiven Akten um eine tiefgreifende Unterscheidung handelt, die sich auf das jeweilige Objekt eines kognitiven Aktes, auf die Art der Kognition und auf das Kognitionsvermögen bezieht. Wie reagiert Petrus Aureoli darauf? Er stimmt Scotus zu, dass eine Unterscheidung zweier Klassen von Akten getroffen werden muss, attackiert aber dessen Annahme, eine solche Unterscheidung impliziere eine Trennung zweier Objektbereiche. Seiner Ansicht nach betrifft die Unterscheidung nicht das, worauf sich ein kognitiver Akt bezieht, sondern nur die Art und Weise, wie er sich auf etwas bezieht. Entscheidend ist für ihn, *wie* etwas in einem Akt erscheint, nicht *was* erscheint:

„Es gibt nämlich zwei Arten des formalen Erscheinens. Das Denken ist ja nichts anderes als ein gewisses formales Erscheinen, in dem die Gegenstände objektiv erscheinen. In einem Erscheinen aber erscheint ein Gegenstand auf gegenwärtige, aktuelle und existierende Weise in der Wirklichkeit, ob es ihn nun gibt oder nicht; dies ist die Intuition. Auf eine andere Weise aber erscheint er, ob es den Gegenstand nun gibt oder nicht, nicht auf gegenwärtige, aktuelle und existierende Weise in der Wirklichkeit, sondern gleichsam imaginär und abwesend. Daher sollte diese Art von Erkenntnis eher imaginär als abstraktiv genannt werden..."[14]

Offensichtlich ist für Aureoli einzig und allein der Modus einer kognitiven Präsentation entscheidend für eine Unterscheidung verschiedener Typen von Akten und damit auch verschiedener Typen von Erkenntnis. Ob ein existierender oder ein nicht-existierender Gegenstand, ein indivi-

---

[14] *Scriptum*, prooemium, sect. 2 (I, 205): „Sunt namque duo modi apparitionis formalis, cum intellectio non sit aliud quam quaedam formalis apparitio, qua res apparent obiective; sed una apparitione apparet (*ed.* apparent) res praesentialiter et actualiter et existenter in rerum natura, sive sit sive non sit; et hoc est intuitio. Alia vero, sive res sit sive non sit, non apparet res praesentialiter et actuative et existenter in rerum natura, sed quasi modo imaginario et absente. Unde magis proprie posset dici ista notitia imaginaria, quam abstractiva..." Vgl. auch die Parallelstelle in der *Reportatio*, ediert in Boehner 1948, 415-416.

§ 23 Intentionalität und intuitives Erkennen

dueller Gegenstand oder eine Menge solcher Gegenstände präsent ist, spielt keine Rolle. Wichtig ist nur, ob der jeweilige Gegenstand als gegenwärtig und existierend präsent ist oder nicht. Aureolis Unterscheidung lässt sich in folgenden beiden Thesen zusammenfassen:

(I) Ein intuitiver Akt liegt genau dann vor, wenn ein Gegenstand – existierend oder nicht-existierend – als ein gegenwärtiger, aktueller und existierender Gegenstand präsent ist.

(A) Ein abstraktiver Akt liegt genau dann vor, wenn ein Gegenstand – existierend oder nicht-existierend – *nicht* als ein gegenwärtiger, aktueller und existierender Gegenstand präsent ist.

An diesen beiden Thesen fällt natürlich auf, dass in keinem Fall die reale Existenz des jeweiligen Gegenstandes gefordert wird. Erstaunlicherweise behauptet Aureoli, dass ein Gegenstand selbst dann, wenn er nicht existiert, als ein existierender Gegenstand präsent sein kann. Der jeweilige Modus der Präsentation wird nicht durch die Existenz oder Nicht-Existenz des Gegenstandes festgelegt. Konkret bedeutet dies für ein modernes Beispiel: Auch wenn in der Wüste keine sprudelnde Wasserquelle existiert, kann mir in einem intuitiven Akt eine Wasserquelle *als existierende* Quelle präsent sein. Mit dieser Behauptung setzt sich Aureoli deutlich von Scotus ab, für den der Modus der Präsentation immer an die Existenz oder Nicht-Existenz des jeweiligen Gegenstandes gebunden ist. Gemäß Scotus kann in einem intuitiven Akt ja nur ein tatsächlich existierender Gegenstand als existierend präsent sein.

Doch wie ist es möglich, dass etwas Nicht-Existierendes als existierend präsent ist? Aureoli führt drei Hauptargumente für seine These an. Das erste Argument stützt sich auf die Erfahrung. Wir stellen an uns selber oder an anderen Menschen immer wieder fest, so behauptet er, dass dies möglich ist. Er erwähnt fünf Fälle.[15] Erster Fall: Wenn jemand lange in die Sonne schaut und dann die Augen schließt, sieht er immer noch etwas Helles, auch wenn die Sonne schon wieder verschwunden ist. Er sieht also die nicht mehr anwesende Sonne, als ob sie noch anwesend wäre. Zweiter Fall: Wenn jemand träumt, sieht er ganz lebhaft etwas, was nicht gegenwärtig ist und nicht existiert, als ob es gegenwärtig wäre und existierte. Dritter Fall: Wenn sich jemand vor etwas fürchtet, hört und sieht er schreckliche Dinge, obwohl diese gar nicht gegenwärtig sind und vielleicht gar nicht existieren. Vierter Fall: Wer verrückt ist, sieht Schlösser und Tiere, als ob diese tatsächlich existierten, obwohl sie nicht exis-

---

[15] Vgl. *Scriptum*, prooemium, sect. 2, nn. 81-87 (I, 198-199).

tieren. Fünfter Fall: Wenn jemand weiche Augen hat, prägt sich ihm das Sehen einer Farbe ein, sodass er die Farbe auch dann noch sieht, wenn sie nicht mehr gegenwärtig ist.

Bis auf den fünften Fall, der eine spezifische Wahrnehmungstheorie voraussetzt (nämlich eine Theorie, derzufolge sich das Sehen im wörtlichen Sinne im Auge einprägt und dort verbleiben kann), handelt es sich um leicht nachvollziehbare Beispiele. Die Argumentationsstruktur lässt sich für alle Fälle folgendermaßen rekonstruieren:

(1) Ein Gegenstand x ist in einem Wahrnehmungs- oder Vorstellungsakt als gegenwärtiger und existierender Gegenstand kognitiv präsent.
(2) Der Gegenstand x existiert nicht oder ist nicht gegenwärtig.
(3) Also setzt die kognitive Präsenz von x als einem gegenwärtigen und existierenden Gegenstand nicht die reale Gegenwart und Existenz von x voraus.

Diese Argumentation lässt sich Aureoli zufolge nicht einfach dadurch zurückweisen, dass man sagt, bei den genannten Fällen handle es sich nur um irreführende Ausnahmefälle.[16] Man darf nämlich zunächst nur von dem ausgehen, was in einem Wahrnehmungs- oder Vorstellungsakt kognitiv präsent ist, und in einem solchen Akt kann alles Mögliche präsent sein, auch das, was sich bei näherer Untersuchung vielleicht als bloße Halluzination oder als Traumbild herausstellt. Damit weist Aureoli auf einen wichtigen Punkt hin: Wer Wahrnehmungs- und Vorstellungsakte untersucht, darf nicht von vornherein eine Unterscheidung zwischen korrekten und unkorrekten oder zuverlässigen und täuschenden Akten treffen. Dies ist erstens unzulässig, weil man ja am Anfang der Untersuchung noch gar nicht über ein Kriterium verfügt, um unterschiedliche Typen von Akten voneinander zu unterscheiden. Ein solches Kriterium kann höchstens im Verlauf der Untersuchung erarbeitet werden, etwa indem man feststellt, dass bestimmte Akte etwas präsentieren, was auch tatsächlich existieren kann, während andere Akte Gegenstände präsentieren, die aufgrund ihrer inneren Konstitution gar keine reale Existenz haben können. Zweitens ist es auch unzulässig, von vornherein eine Unterscheidung zu treffen, weil man am Anfang der Untersuchung ja nur bei einzelnen Akten und dem, was sie präsentieren, ansetzen kann. Man kann – modern ausgedrückt – nur eine phänomenologische Einstellung einnehmen und sich fragen, was *im Akt selbst* präsentiert wird und auf welche Weise etwas präsentiert wird. Man kann aber nicht das im

---

[16] Vgl. *Scriptum*, prooemium, sect. 2, nn. 89 und 91 (I, 200).

Akt Präsentierte mit Gegenständen in der Welt vergleichen und so zwischen zuverlässig und unzuverlässig präsentierenden Akten differenzieren. Würde man dies tun, würde man über eine Untersuchung der Akte hinausgehen und metaphysische Betrachtungen (d. h. Betrachtungen über Gegenstände, wie sie unabhängig von den Akten existieren) ins Spiel bringen.

Aureoli weist auch den Einwand zurück, hier handle es sich nicht um Wahrnehmungs- und Vorstellungsakte, in denen etwas präsent ist, sondern um Urteile.[17] Er widersetzt sich einer Argumentation, die man mit einigen Ergänzungen folgendermaßen rekonstruieren könnte:

(1*) Wenn wir etwas wahrnehmen oder uns etwas vorstellen, urteilen wir mit dem Gemeinsinn (*sensus communis*), dass es sich beim Erfassten um einen gegenwärtigen und existierenden Gegenstand handelt.
(2*) Der Gemeinsinn kann sich in seinen Urteilen täuschen.
(3*) Also urteilen wir manchmal, dass es sich beim Erfassten um einen gegenwärtigen und existierenden Gegenstand handelt, obwohl kein derartiger Gegenstand vorhanden ist.
(4*) Also muss das Urteil des Gemeinsinns manchmal korrigiert werden.

Der entscheidende Punkt in dieser Argumentation besteht darin, dass nicht zwischen einem erscheinenden und einem realen Gegenstand unterschieden wird. Es wird nur behauptet, dass ein Urteil gefällt wird, das wahr oder falsch sein kann. Doch Aureoli hält eine solche Argumentation nicht für überzeugend. Denn bevor ein Urteil gefällt werden kann, muss in einem Wahrnehmungs- oder Vorstellungsakt etwas präsentiert werden; also muss zuerst untersucht werden, was präsentiert wird und wie etwas präsentiert wird. Der besondere Modus der Präsentation geht einem Urteil des Gemeinsinns (oder auch des Intellekts) immer voraus, und er ist, wie Aureoli in (3) betont, *unabhängig* davon, ob ein realer Gegenstand existiert.

Aureoli bekräftigt die Konklusion (3) noch mit einem weiteren Argument.[18] Dieses geht von der Prämisse aus, dass Gott alles bewirken kann, was nicht selbstwidersprüchlich ist. Spätestens seit der Etablierung der berühmten Lehre von der absoluten Allmacht Gottes im 13. Jh. war diese Prämisse im spätmittelalterlichen Kontext weitgehend unbestritten.

---

[17] Vgl. *Scriptum*, prooemium, sect. 2, nn. 89 und 92 (I, 200-201).
[18] Vgl. *Scriptum*, prooemium, sect. 2, nn. 93-101 (I, 201-203).

Denn kraft der absoluten Allmacht, so lautete die Grundthese dieser Lehre, kann Gott nicht nur das bewirken, was durch die Naturgesetze festgelegt ist, sondern auch das, was den Naturgesetzen widerspricht, solange es nicht selbstwidersprüchlich ist.[19] Für den Bereich der Kognition bedeutet dies: Gott kann bewirken, dass jemand ein Seherlebnis vom Gegenstand x hat, obwohl x gar nicht gegenwärtig ist und nicht existiert. Gott verfügt nämlich über die Macht, dieses besondere Seherlebnis hervorzurufen, ohne dass es eine extramentale Ursache für das Erlebnis gibt. Dies hat natürlich Konsequenzen, die sich folgendermaßen zusammenfassen lassen:

(4) Wenn jemand ein Seherlebnis von x hat, ist ihm x als ein gegenwärtiger und existierender Gegenstand kognitiv präsent.
(5) Das Seherlebnis kann nicht nur von x, sondern auch von Gott verursacht werden.
(6) Also kann jemandem x als ein gegenwärtiger und existierender Gegenstand kognitiv präsent sein, obwohl x nicht gegenwärtig ist und nicht existiert.

Damit ist wieder die gleiche Konklusion erreicht wie im vorherigen Argument: Der kognitive Modus „als gegenwärtiger und existierender Gegenstand präsent sein" setzt *nicht* die tatsächliche Gegenwart und Existenz des Gegenstandes voraus. Freilich sind sogleich zwei Punkte zu ergänzen. Erstens sagt Aureoli nicht, dass Gott willkürlich in den kognitiven Prozess eingreift und einen Gegenstand als gegenwärtig und existierend präsentiert, obwohl er gar nicht gegenwärtig ist und nicht existiert. Sein Argument (wie die meisten Argumente, die sich auf die absolute Allmacht Gottes berufen) zielt nur auf eine theoretische Möglichkeit ab: Gott *kann* etwas als gegenwärtig und existierend präsentieren, auch wenn er dies faktisch vielleicht nie tut.[20] Allein der Verweis auf die theoretische Möglichkeit reicht aus, um die These zurückzuweisen, zwischen dem Modus „als gegenwärtig und existierend präsent sein" und der tatsächlichen Gegenwart und Existenz bestehe eine notwendige Verbindung. Aureoli zufolge liegt höchstens eine kontingente Verbindung vor, die durch Gott stets unterbrochen werden kann.

---

[19] Zur Entstehung dieser *potentia Dei absoluta*-Lehre sowie zu ihrer Entwicklung im 13. und 14. Jh. vgl. Courtenay 1985 und 1990.
[20] Courtenay 1985, 243, stellt zu Recht fest, dass die Lehre von der absoluten Allmacht vor allem ein „analytical tool" war. Sie diente dazu, den Bereich des Möglichen von jenem des Faktischen zu unterscheiden, nicht etwa dazu, auf ein faktisches Eingreifen Gottes in die Schöpfung hinzuweisen.

§ 23 *Intentionalität und intuitives Erkennen* 263

Zweitens ist zu bemerken, dass Aureoli keineswegs argumentiert, Gott wolle den Menschen täuschen und ihm einen Gegenstand als gegenwärtig und existierend vorgaukeln, obwohl er nicht gegenwärtig ist und nicht existiert. Im Gegensatz zu späteren Autoren (unter ihnen prominenterweise Descartes) beruft sich Aureoli nicht auf einen *genius malignus*, sondern einzig und allein auf einen allmächtigen Gott, der prinzipiell nicht an die Naturgesetze gebunden ist und prinzipiell auch dann ein Seherlebnis bewirken kann, wenn es keine natürliche Ursache dafür gibt. Die Tatsache, dass Gott nicht nur allmächtig, sondern auch gütig ist, spricht freilich dagegen, dass er seine Allmacht ausübt, um einen Menschen zu täuschen.[21] Doch für Aureoli ist nicht entscheidend, ob Gott sie tatsächlich ausübt, sondern nur, ob er sie ausüben kann.

Schließlich skizziert Aureoli noch ein drittes Argument, um die These zu verteidigen, dass der Modus der Präsentation unabhängig ist von der tatsächlichen Gegenwart und Existenz eines Gegenstandes.[22] Dieses Argument bezieht sich auf die Struktur von intentionalen Akten. Es scheint auf den ersten Blick, als handle es sich dabei um eine relationale Struktur. Das heißt, ein intentionaler Akt scheint eine Relation zu sein, die ihr Fundament im Intellekt oder im Wahrnehmungsvermögen hat, ihren Terminus aber in einem bestimmten Gegenstand, auf den sich der Akt richtet. Nur wenn es ein Fundament *und* einen Terminus gibt, kann die Relation überhaupt existieren. So kann es etwa den intentionalen Akt des Sehens nur geben, wenn es erstens ein Wahrnehmungsvermögen gibt, in dem dieser Akt fundiert ist, und zweitens einen sichtbaren Gegenstand, auf den sich dieser Akt richtet. Ausgehend von einer solchen relationalen Auffassung könnte man folgendermaßen argumentieren:

„Wenn man ‚Ich sehe Peter' sagt, scheint zu folgen: ‚also existiert Peter', denn ‚sehen' schließt die Existenz dessen ein, was nach Art eines relativen Terminus gesehen wird. Also ist es unmöglich, dass eine intuitive Erkenntnis erfolgt, ohne dass der Gegenstand präsent ist."[23]

---

[21] Wie Gregory 1974 nachgewiesen hat, findet sich die Annahme eines täuschenden Gottes erst bei späteren Autoren, z. B. bei Gabriel Biel.

[22] Da Aureoli dieses Argument innerhalb des zweiten Arguments skizziert, wurde es von den bisherigen Kommentatoren (z. B. Boehner 1948, Vanni-Rovighi 1960 und Tachau 1988, 104-112) nicht beachtet. Es zielt jedoch auf einen wichtigen ontologischen Punkt ab und verdient deshalb eine gesonderte Analyse.

[23] Aureoli referiert diese Argumentation in *Scriptum*, prooemium, sect. 2, n. 74 (I, 197): „.. nam cum dicitur ‚video Petrum', sequi videtur ‚ergo est Petrus', pro eo quod ‚videre' includit esse illius, quod videtur per modum termini relativi. Ergo impossibile est intuitivam notitiam fieri, nisi re praesente."

Eine Aussage wie ‚Ich sehe Peter, aber Peter existiert nicht' wäre somit selbstwidersprüchlich, denn das Verb ‚sehen' bezeichnet eine Relation, die gar nicht existieren kann, wenn es nur ein Fundament, aber nicht einen Terminus – in diesem Fall Peter – gibt. Genau diese Auffassung greift Aureoli an.[24] Für ihn hat ein intentionaler Akt nicht eine relationale Struktur. Ein derartiger Akt ist vielmehr eine nicht-relationale, absolute Entität:

„Aber das intellektuelle und das sinnliche Sehen und allgemein jede intuitive Erkenntnis ist etwas Absolutes, das eine Beziehung zum intuitiv erkannten Gegenstand fundiert."[25]

Wenn jemand ‚Ich sehe Peter' sagt, bezeichnet das Verb ‚sehen' nichts anderes als eine absolute Entität, die in der wahrnehmenden Person existiert, und zwar unabhängig davon, ob auch Peter existiert, ja ganz unabhängig davon, ob überhaupt irgendein äußerer Terminus existiert. Diese absolute Entität fundiert zwar im Normalfall eine Beziehung, sie ist aber selber keine Relation. Daher kann sie von Gott hervorgebracht werden, ohne dass ein Relationsterminus existiert.

Hinter dieser These, die Aureoli nur knapp formuliert, verbirgt sich eine folgenreiche Umdeutung der intentionalen Akte. Gemäß der traditionellen Auffassung erfordert die Existenz derartiger Akte immer auch die Existenz eines Fundaments und eines Terminus. Nach Aureolis Auffassung hingegen ist nur die Existenz der Akte, d. h. der absoluten Entitäten, sowie eines Trägers für diese absoluten Entitäten erforderlich.[26]

---

[24] Da Aureoli die in Anm. 23 zitierte Aussage zugunsten der scotischen Auffassung von intuitiven Akten anführt, scheint es, als wolle er sie Scotus zuschreiben. Doch sie stammt kaum von Scotus. Dieser hält nämlich explizit fest, dass ‚Ich sehe oder denke an x, also existiert x' eine unzulässige Folgerung ist. In *Ordinatio* I, dist. 36, q.u., n. 34 (Vat. VI, 284) schreibt er: „... non sequitur ‚Homerus est in opinione, ergo Homerus est', nec etiam ‚Homerus est exsistens in opinione, ergo Homerus est exsistens', – sed est fallacia secundum quid et simpliciter." Wenn ich an Homer denke, kann ich Scotus zufolge höchstens behaupten, dass Homer intentional existiert, aber nicht real. Zudem ist zu beachten, dass sich auch Scotus an einigen Stellen gegen eine relationale Auffassung von intentionalen Akten wendet, z. B. in *Opus Oxon.* IV, dist. 10, q. 9, n. 5 (Vivès XVII, 303): „Dico quod Deus de potentia absoluta posset causare in oculo glorioso vel non glorioso visionem istius corporis, licet istud corpus nusquam esset nisi in Eucharistia. Hoc probatur, quia visio est *forma absoluta*, ergo sine contradictione potest fieri sine respectu praesentialitatis ad obiectum..." (Hervorhebung D.P.) Wie Maurer 1990 gezeigt hat, findet sich eine explizite Verteidigung der relationalen Auffassung nach Aureoli bei Franziskus Meyronis.

[25] *Scriptum*, prooemium, sect. 2, n. 93: „Sed visio intellectiva et sensitiva et universaliter omnis intuitiva notitia est aliquid absolutum, fundans respectum ad rem intuitive cognitam."

[26] Streng genommen ist nicht einmal die Existenz eines Fundaments erforderlich. Aureoli hält in *Scriptum*, prooemium, sect. 2, n. 94 (I, 202) fest: „Sed intuitiva notitia secundum realitatem absolutam est independens ab omni alio extra se formaliter..." Als eine absolute Entität ist der intuitive Akt eine ontologisch unabhängige Entität. Faktisch existiert er aber immer in einem kognitiven Vermögen.

§ 23 *Intentionalität und intuitives Erkennen* 265

Diese Umdeutung ist durch Aureolis konzeptualistische Auffassung von Relationen motiviert.[27] Er fasst Relationen – im Bereich des Kognitiven ebenso wie in anderen Bereichen – nämlich nicht als relationale Entitäten auf, die in der extramentalen Wirklichkeit existieren, sondern lediglich als Begriffe, d. h. als Entitäten in der mentalen Wirklichkeit. Diese Begriffe entstehen dadurch, dass wir absolute Entitäten miteinander vergleichen und zueinander in Beziehung setzen. Doch sie entstehen eben erst durch einen solchen Vergleich und existieren nicht als extramentale Entitäten. Eine solche anti-realistische Auffassung von Relationen hat unmittelbare Konsequenzen für eine Erklärung der intentionalen Akte: Wenn diese Akte keine relationalen Entitäten sind (ganz einfach, weil es derartige Entitäten in der extramentalen Wirklichkeit nicht gibt), dürfen sie auch nicht relational beschrieben werden. Sie müssen stets als absolute Entitäten beschrieben werden. Doch wie sieht eine solche Beschreibung im Detail aus? Auf diese Frage gibt Aureoli keine explizite Antwort. Man könnte aber mit Rückgriff auf die adverbiale Theorie der Intentionalität, wie sie vom späten Brentano skizziert und in den neueren analytischen Debatten ausgearbeitet wurde,[28] eine Antwort formulieren.

Der adverbialen Theorie zufolge dürfen Aussagen wie ‚Ich sehe Peter' nicht als Aussagen über Relationen interpretiert werden, auch wenn sie logisch meistens so verstanden werden. Der Name ‚Peter' bezeichnet nämlich nicht das Objekt für eine Relation, sondern spezifiziert die Art und Weise des Sehens. Daher lässt sich die Aussage mit Hilfe eines Adverbs in ‚Ich sehe Peter-artig' (wobei ‚Peter-artig' die Art meines Sehens bezeichnet, nicht etwa die Art, wie Peter ist) umformulieren. Der entscheidende Punkt besteht darin, dass in der umformulierten Aussage nur noch eine Existenzverpflichtung für zwei Entitäten eingegangen wird, nämlich (i) für die durch ‚ich' bezeichnete Person und (ii) für den durch ‚sehe' bezeichneten Akt des Sehens, der auf eine bestimmte Art und Weise modifiziert ist. Die Annahme einer weiteren Entität – eines Terminus für den Akt des Sehens – wird ausdrücklich zurückgewiesen. In diesem Sinne lässt sich nun auch Aureolis These, dass ein intuitiver Akt eine absolute Entität ist, als eine These deuten, die darauf abzielt, neben dem Akt selbst und dem Träger für diesen Akt keine weitere Entität anzunehmen. Das vermeintliche Objekt für den Akt ist nur die Art und Weise,

---

[27] Vgl. zu dieser Auffassung, die sich deutlich von der realistischen Theorie des Duns Scotus unterscheidet, Henninger 1989, 150-173.
[28] Vgl. zu den Ansätzen bei Brentano Chisholm 1967, 18-19; zu den gegenwärtigen Debatten vgl. Tye 1984.

wie der Akt modifiziert ist. Daher kann Gott den modifizierten Akt auch hervorbringen, ohne dass ein Objekt existiert. Gott kann also bewirken, dass ‚Ich sehe Peter' (oder besser: ‚Ich sehe Peter-artig') wahr ist, ohne dass Peter gegenwärtig ist und ohne dass Peter existiert. Gott muss ja nur das Peter-artige Sehen hervorbringen, ganz unabhängig von der Gegenwart und Existenz Peters.

Bislang ist deutlich geworden, dass Aureoli zufolge sowohl praktische Beispiele als auch theoretische Überlegungen zeigen, dass für die Unterscheidung zwischen intuitiven und abstraktiven Akten nur der Modus der Präsentation von Bedeutung ist. *Wie* man etwas sieht oder an etwas denkt (nämlich als gegenwärtig und existierend), ist entscheidend, nicht *was* man sieht oder woran man denkt (etwas tatsächlich Gegenwärtiges und Existierendes). Diese These könnte aber sogleich zu kritischen Fragen Anlass geben. Postuliert Aureoli eine Form von Phänomenalismus, wenn er behauptet, dass in einem intuitiven Akt immer etwas als gegenwärtig und existierend präsent ist, auch wenn es keinen existierenden und gegenwärtigen Gegenstand gibt? Ist dann nur noch ein visuelles oder mentales Phänomen präsent? Und haben wir somit in einem intuitiven Akt nur noch zu einem derartigen Phänomen einen unmittelbaren Zugang, nicht aber zu einem wirklich gegenwärtigen und extramental existierenden Gegenstand?

Diese Fragen sind in der modernen Forschungsdiskussion mehrfach gestellt und teilweise bejahend beantwortet worden. So behauptete Prezioso, man finde bei Aureoli einen Vorläufer des modernen Phänomenalismus, der schließlich in den „subjektivistischen Idealismus" gemündet sei.[29] Denn laut Aureoli ziele ein intuitiver Akt nicht auf einen realen Gegenstand ab, sondern nur auf ein vom denkenden Subjekt geschaffenes Phänomen, das als gegenwärtig und existierend erfasst werde. Ein Wissen davon, ob es zusätzlich zu diesem Phänomen auch einen wirklich existierenden Gegenstand gebe, sei Aureoli zufolge unmöglich. Denkende Subjekte seien gleichsam in der Welt der Phänomene gefangen. Dieser Vorwurf ist freilich nicht erst im 20. Jh. geäußert worden. Er findet sich ansatzweise bereits bei einigen Autoren des 14. Jhs., die meinten, Aureolis Auffassung von intuitiven Akten habe verheerende Konsequenzen. Walter Chatton vertrat die Auffassung, damit gehe „unsere ganze Gewissheit zugrunde."[30] Wenn uns nämlich etwas als existierend präsent sein kann, ohne dass in der materiellen Welt tatsächlich ein existierender Gegenstand

---

[29] Vgl. Prezioso 1950, 33.
[30] Vgl. Walter Chatton, *Reportatio et Lectura super Sententias*, prol., q. 2, art. 2 (ed. Wey 1989, 89).

§ 23 Intentionalität und intuitives Erkennen

vorhanden ist, können wir nie ein sicheres Wissen von der Existenz materieller Dinge gewinnen. Ähnlich meinte auch Adam Wodeham, dass Aureolis These unweigerlich in den Skeptizismus mündet. „Ohne Zweifel", so behauptete er, „beseitigt dieser Argumentationsweg jede Gewissheit bezüglich der Existenz irgendeines sichtbaren Gegenstandes..."[31]

Hat Aureolis Position tatsächlich derart verheerende Konsequenzen? Zerstört sie wirklich jede Gewissheit bezüglich der Existenz der realen Gegenstände? Um diese Frage zu beantworten, empfiehlt es sich, zwei Punkte, die oft miteinander vermengt werden, voneinander zu unterscheiden, nämlich (a) den Vorwurf, Aureoli vertrete eine Form von Phänomenalismus, und (b) den Vorwurf, seine Position münde in einen Skeptizismus.

Betrachten wir zunächst (a). Wenn unter dem Phänomenalismus eine Position verstanden wird, die behauptet, dass sich ein intuitiver Akt primär auf das richtet, „was sich zeigt" (ein *phainomenon* im wörtlichen Sinn), dann kann Aureoli durchaus eine solche Position zugeschrieben werden. Für ihn ist ja in der Tat entscheidend, was sich in einem Akt auf eine bestimmte Art und Weise zeigt, nicht was in der Welt „an sich" existiert. Doch von den Kritikern wird der Phänomenalismus meistens in einem engeren Sinn verstanden. So erhebt Prezisoso den Vorwurf, laut Aureoli beziehe sich ein intuitiver Akt nur noch auf ein Phänomen, d. h. auf eine vom denkenden Subjekt geschaffene Entität, und stehe in keiner Relation zu materiellen Gegenständen.[32]

Gegen diesen Vorwurf lässt sich erstens einwenden, dass Aureoli an keiner Stelle sagt, das denkende Subjekt bzw. der Intellekt erfasse *ausschließlich* ein Phänomen und habe keinen Zugang zu einem materiellen Gegenstand. Im Gegenteil: Wenn er behauptet, in einem intuitiven Akt zeige sich oder erscheine ein Gegenstand auf eine bestimmte Weise, so geht er davon aus, dass sich im Normalfall ein materieller Gegenstand zeigt.[33] Was im Akt erscheint bzw. „erscheinendes Sein" (*esse apparens*)

---

[31] Adam Wodeham, *Lectura secunda*, prol., q. 3, § 5 (I, 71): „Sed absque dubio ista via tollit omnem certitudinem de exsistentia cuiscumque visibilis..." Siehe auch ibid., § 2 (I, 66).

[32] Daher sieht Prezioso in dieser „extremen" Form von Phänomenalismus, wie er sagt, einen Vorläufer des Idealismus. Prezioso 1950, 33: „Non sarebbe neppure esagerato pensare che anche da siffatte conclusioni estreme abbia potuto prendere le mosse, sia pure nelle grandi linee, il fenomenismo moderno, che culminò poi nell'idealismo soggettivistico."

[33] Freilich zeigt sich der materielle Gegenstand nicht mit einem „materiellen Sein", sondern nur mit einem „intentionalen Sein". Es ist gleichsam die intentionale Version des Gegenstandes, die sich zeigt. Doch obwohl zwei Versionen des Gegenstandes zu unterscheiden sind (vgl. dazu § 25), darf nicht unterstellt werden, dass die intentionale Version nur ein Phänomen in einer mentalen „Innenwelt" ist.

hat, ist nicht ein isoliertes Phänomen, sondern der Gegenstand selbst, insofern er kognitiv präsent ist. Wie H. Roos bereits nachgewiesen hat, wäre es irreführend, ein modernes Verständnis von *phainomenon* bzw. *apparens* auf die mittelalterlichen Texte zu projizieren. Im späten 13. und frühen 14. Jh. wurde das, was im Akt erscheint, nicht als bloßer Schein aufgefasst, sondern als der Gegenstand selbst, der im Akt mit einem besonderen Sein präsent ist.[34]

Zweitens ist zu beachten, dass Aureoli – wie bereits mehrfach betont wurde – vor allem erklären will, *wie* etwas in einem intuitiven Akt präsent ist, nicht *was* präsent ist. Er interessiert sich primär dafür, auf welche Art und Weise etwas kognitiv vergegenwärtigt wird. Dies zeigt sich besonders deutlich in seinen Erläuterungen zur Unterscheidung zwischen intuitiven und abstraktiven Akten. Er hält dort fest, diese Unterscheidung sei vor allem als eine Differenzierung zwischen visuellen und imaginären Akten zu verstehen, denn die Akte des Sehens, die paradigmatischen Fälle für intuitive Akte, würden sich durch einen bestimmten Präsentationsmodus auszeichnen.[35] Dieser Präsentationsmodus liege vor, wenn vier Bedingungen erfüllt seien.[36] (1) Direktheit (*rectitudo*): Ein Gegenstand muss direkt gesehen werden und darf nicht mit mehreren Argumentationsschritten aus etwas anderem deduziert werden. (2) Gegenwart (*praesentialitas*): Ein Gegenstand muss als ein unmittelbar gegenwärtiger Gegenstand gesehen werden und darf nicht in seiner Abwesenheit vorgestellt oder imaginiert werden. (3) Aktualität (*actuatio*): Ein Gegenstand muss als ein aktueller Gegenstand gesehen werden und darf nicht als ein vergangener oder zukünftiger Gegenstand vergegenwärtigt werden. (4) Existenz (*existentia*): Ein Gegenstand muss als ein existierender Gegenstand gesehen werden und darf nicht als ein bloß möglicher oder gar unmöglicher Gegenstand vergegenwärtigt werden.

Alle vier Bedingungen zielen auf einen bestimmten Modus der Präsentation ab. Sind diese Bedingungen erfüllt, liegt ein intuitiver Akt vor;

---

[34] Roos 1974, 324: „Der Begriff *apparens* hat hier [sc. im späten 13. und frühen 14. Jh.] eine positive Bedeutung. Er ist in etwa identisch mit *manifestum*, *apparentia* mit *manifestatio*. An Stelle des Widerspruchs ‚Schein/Sein' tritt hier die Relation ‚Innen/Außen' hervor oder besser: die Aktuation einer im Wesen liegenden Potenz." Ähnlich warnt auch Lee 2001, 11-12, davor, die postcartesianische Opposition „Innen vs. Außen" auf Aureolis Texte zu projizieren.

[35] Wie Tachau 1983, 139, zu Recht bemerkt, weist Aureolis Bestimmung des visuellen Aktes als eines paradigmatischen intuitiven Aktes darauf hin, dass er sich nicht nur an Scotus orientierte, sondern auch an der perspektivistischen Tradition.

[36] Vgl. *Scriptum*, prooemium, sect. 2, nn. 105-108 (I, 204-205), und die Parallelstelle in der *Reportatio* (ediert in Boehner 1948, 415-416), wo Aureoli betont, dass sich die Bedingungen auf die Art und nicht auf das Objekt der Präsentation beziehen.

sind sie nicht erfüllt, liegt ein abstraktiver Akt vor. Entscheidend ist für Aureoli einzig und allein, dass ein Gegenstand in einem intuitiven Akt des Sehens als ein direkt gegebener, gegenwärtiger, aktueller und existierender Gegenstand vergegenwärtigt wird. Es ist aber im Normalfall der Gegenstand selbst, der vergegenwärtigt wird, nicht ein bloßes Phänomen.[37] Wie mit einem intuitiven Akt des Sehens, so verhält es sich auch mit einem intuitiven Akt des Denkens.[38] Wer intuitiv an etwas denkt, denkt an einen Gegenstand als einen direkt gegebenen, gegenwärtigen, aktuellen und existierenden Gegenstand. Auch hier gilt: Wer einen derartigen Akt vollzieht, denkt im Normalfall an einen auf eine bestimmte Weise präsenten Gegenstand, nicht an ein bloßes Phänomen oder an einen inneren Stellvertreter für den äußeren Gegenstand.

Schließlich ist noch ein dritter Punkt zu berücksichtigen, der gegen eine extreme phänomenalistische Interpretation spricht. Wie bereits erwähnt wurde, ist für Aureoli ein intuitiver Akt eine absolute und nicht eine relationale Entität. Dies bedeutet, dass ein intuitiver Akt nicht notwendigerweise mit einem bestimmten Terminus verknüpft ist, auch nicht mit einem phänomenalen Terminus. Es wäre irreführend, die Struktur von ‚Ich sehe Peter' im Sinne von ‚Ich sehe ein Peter-Phänomen' oder ‚Ich sehe einen phänomenalen Peter' zu erklären. Die Struktur lässt sich in moderner Terminologie ja, wie bereits betont, am ehesten im Sinne von ‚Ich sehe Peter-artig' erklären. Im Normalfall ist das Peter-artige Sehen sogar durch Peter selbst verursacht und daher mit Peter verknüpft. Aureoli weist lediglich darauf hin, dass es sich hier nur um eine kontingente und nicht um eine notwendige Verknüpfung handelt. Es ist nämlich theoretisch möglich (wenn auch praktisch vielleicht nie der Fall), dass das Peter-artige Sehen durch Gott verursacht wurde. Aus diesem Grund darf nicht behauptet werden, das Peter-artige Sehen sei nur möglich, wenn Peter auch tatsächlich existiert und wenn sich dieses Sehen auch tatsächlich auf den existierenden Peter richtet. Es darf aber ebenso wenig behauptet werden, das Peter-artige Sehen sei nur möglich, wenn das denkende Subjekt einen phänomenalen Peter erschaffen habe und wenn sich das Sehen auf diesen phänomenalen Peter richte. Aureolis

---

[37] Dies schließt freilich nicht aus, dass der Gegenstand, insofern er vergegenwärtigt wird, einen anderen Status hat (nämlich ein „intentionales Sein"), als der Gegenstand, insofern er in der materiellen Welt existiert (vgl. zu dieser Unterscheidung unten § 25). Entscheidend ist hier nur, dass nicht eine Kluft zwischen einem bloßen Phänomen und dem Gegenstand besteht. Es sind höchstens zwei Existenzweisen für einen Gegenstand zu unterscheiden.
[38] Aureoli zieht ausdrücklich eine Parallele; vgl. *Scriptum*, prooemium, sect. 2, n. 110 (I, 205).

Pointe besteht darin, dass er *jede* notwendige Verknüpfung mit einem bestimmten Terminus ablehnt, auch eine notwendige Verknüpfung mit einem phänomenalen Terminus.

Die drei Argumente verdeutlichen, dass Aureoli nicht einfach ein Phänomenalismus zugeschrieben werden darf, zumindest dann nicht, wenn darunter eine Position verstanden wird, die behauptet, dass eine Person nur noch einen epistemischen Zugang zu Phänomenen in einer „Innenwelt" hat und gleichsam von der Welt der realen Gegenstände abgekoppelt ist. Im Normalfall hat eine Person durchaus einen Zugang zu den Gegenständen in der Welt. Die Phänomene sind dann nichts anderes als die Gegenstände, insofern sie im jeweiligen Akt präsent sind und erscheinen.

Doch vertritt Aureoli eine skeptische Position oder zumindest eine Position, die in letzter Konsequenz in einen Skeptizismus mündet? Eine Beantwortung dieser Frage, die oben unter (b) eingeführt wurde, hängt natürlich davon ab, was unter einer skeptischen Position verstanden wird. Die Autoren des 14. Jhs. (z. B. Walter Chatton und Adam Wodeham), die diese Frage bereits intensiv diskutierten, verstanden darunter eine epistemologische Position, die bestreitet, dass ein sicheres Wissen von den Gegenständen der materiellen Welt möglich ist.[39] Und sie waren der Meinung, dass Aureoli tatsächlich eine solche Position vertritt oder dass sich aus seinen Thesen zumindest eine solche Position ableiten lässt. Dies zeigt sich deutlich bei Adam Wodeham, der gegen Aureoli argumentierte, ein materieller Gegenstand könne nicht als gegenwärtig und existierend gesehen werden, wenn er nicht wirklich gegenwärtig sei und existiere. Andernfalls könnte es nämlich kein sicheres Wissen von der Existenz eines materiellen Gegenstandes geben.[40] Diesem Einwand liegt offensichtlich folgende Überlegung zugrunde: Kann in einem Seherlebnis ein Gegenstand x auch dann als ein existierender Gegenstand präsent sein, wenn x nicht existiert und nicht das Seherlebnis verursacht hat, sagt

---

[39] Freilich bezeichneten sie diese Position nicht als eine skeptische Position (das Etikett ‚Skeptizismus' ist erst von Philosophiehistorikern – allen voran Michalski – auf diese Position angewendet worden), sondern als eine Position, die Gewissheit beseitigt. Chatton sagt in *Reportatio*, prol., q. 2, art. 2 (ed. Wey 1989, 89): „... periret omnis nostra certitudo, quia maxima certitudo nobis contingit per hoc quod experimur nostras sensationes, per quas sensibilia nobis apparent praesentia..."

[40] Adam Wodeham, *Lectura secunda*, prol., q. 3, § 2 (I, 66): „... non potest visio naturaliter causari sine exsistentia et praesentia rei visibilis. Probatio: quia tunc, etiam circumscripto omni miraculo, nunquam posset haberi certitudo aliqua naturaliter de exsistentia vel quacumque condicione contingenti rei sensibilis per viam sensus nec per consequens per viam intellectus."

das Seherlebnis nichts über die wirkliche Existenz oder Nicht-Existenz von x aus; also lässt sich durch das Seherlebnis kein sicheres Wissen von der Existenz oder Nicht-Existenz materieller Gegenstände gewinnen. Genau um diesen Schluss zu vermeiden, muss man Adam Wodeham zufolge daran festhalten, dass x nur dann als ein existierender Gegenstand präsent sein kann, wenn x auch tatsächlich existiert. Der Modus „als existierend präsent sein" ist *notwendigerweise* an die tatsächliche Existenz geknüpft.

Es ist auf den ersten Blick erstaunlich, dass Aureoli nicht auf einen derart naheliegenden Einwand eingeht. Die Trennung des Modus „als existierend präsent sein" von der tatsächlichen Existenz scheint ja unmittelbar die Frage zu provozieren, wie wir denn noch ein sicheres Wissen von tatsächlich existierenden Gegenständen haben können. Betrachtet man Aureolis Texte etwas näher, lassen sich jedoch verschiedene Gründe erkennen, die ihn wahrscheinlich dazu bewogen haben, sich nicht mit dem Skeptizismus zu beschäftigen.

Der erste Grund liegt im methodischen Ansatz, den Aureoli wählt. Er geht von einem psychologischen (oder genauer: von einem phänomenologischen) und nicht von einem erkenntnistheoretischen Ansatz aus. Ihn interessiert die Frage, wie denn etwas in einem intuitiven oder abstraktiven Akt präsent ist. Daher versucht er, den jeweiligen Modus der Präsentation genauer zu beschreiben. Die erkenntnistheoretische Frage, ob denn durch einen intuitiven oder abstraktiven Akt auch sicheres Wissen gewonnen werden könne, tritt dabei eher in den Hintergrund. Damit tritt natürlich auch die Beschäftigung mit dem Skeptizismus zurück. Wie S. Vanni-Rovighi bereits bemerkt hat, weist Aureoli in dieser Hinsicht eine gewisse Ähnlichkeit mit Husserl auf.[41] Denn genau wie Husserl in seinen phänomenologischen Untersuchungen von der Frage absieht, was es denn in der materiellen Welt „an sich" gibt und wie davon sicheres Wissen gewonnen werden kann, um sich ganz der Frage zu widmen, wie denn etwas im jeweiligen intentionalen Akt gegeben ist, so konzentriert sich auch Aureoli auf die Frage, wie etwas in einem intuitiven oder abstraktiven Akt präsent ist.

Ein zweiter Grund besteht darin, dass Aureoli keineswegs bestreitet, dass der jeweilige Präsentationsmodus in den allermeisten Fällen mit der tatsächlichen Existenz oder Nicht-Existenz eines Gegenstandes ver-

---

[41] Vgl. Vanni-Rovighi 1978. Bereits Boehner 1948, 409, stellte in seiner Pionierarbeit fest, dass Aureolis Untersuchungen in psychologischer und nicht in erkenntnistheoretischer Perspektive zu verstehen sind.

knüpft ist. Seine Pointe besteht darin, dass er eine *notwendige* Verknüpfung ablehnt. Einzelne Sonderfälle (z. B. Traumerlebnisse oder Erlebnisse von Verrückten) sowie die Tatsache, dass Gott in den kognitiven Prozess eingreifen kann, verdeutlichen seiner Ansicht nach, dass uns ein Gegenstand prinzipiell auch dann als existierend präsent sein kann, wenn er nicht existiert. Dies ändert aber nichts daran, dass ein Gegenstand normalerweise nur dann als existierend präsent ist, wenn er auch tatsächlich existiert. Aureoli betont:

„… sofern eine intuitive Erkenntnis der natürlichen Ordnung untersteht, wird sie von einem Gegenstand dem Intellekt eingeprägt und dort aufrechterhalten, wie das Licht von der Sonne aufrechterhalten wird. Daher bewirkt sie nicht, dass sich der Intellekt irrt, weil sofort zu existieren aufhört, wenn der Gegenstand abwesend ist."[42]

Der entscheidende Punkt in dieser Aussage besteht im Verweis auf die „natürliche Ordnung". Wenn nicht besondere kognitive Bedingungen vorliegen, z. B. ein Traumzustand oder ein gestörter Geisteszustand, und wenn nicht Gott eingreift, dann liegt eine Kausalrelation zwischen einem materiellen Gegenstand und einem Akt der intuitiven Erkenntnis vor. Dann verursacht der Gegenstand einen intuitiven Akt im Intellekt, und der Akt (die Wirkung) kann natürlich nur dann existieren, wenn auch der materielle Gegenstand (die Ursache) existiert. Somit ist es ausgeschlossen, dass gemäß der „natürlichen Ordnung" ein Gegenstand als existierend präsent ist, obwohl er in Wirklichkeit nicht existiert.

Gegen diese Argumentation lässt sich freilich einwenden, dass der Skeptizismus-Vorwurf damit noch nicht entkräftet ist. Der Zweifel entsteht ja dadurch, dass wir nicht wissen, wann eine „natürliche Ordnung" vorliegt und wann nicht. Wie können wir denn sicher sein, dass tatsächlich eine Kausalrelation besteht und dass somit tatsächlich ein existierender Gegenstand dem Intellekt einen intuitiven Akt eingeprägt hat? Könnte es nicht sein, dass wir bloß glauben, der Akt sei von einem existierenden Gegenstand eingeprägt worden, dass wir in Tat und Wahrheit aber träumen, verrückt sind oder von Gott getäuscht werden? Und müssen wir somit nicht zugestehen, dass wir kein absolut sicheres Wissen davon haben, dass tatsächlich ein Gegenstand existiert, wenn uns in einem intuitiven Akt ein Gegenstand als existierend präsent ist?

---

[42] *Scriptum*, prooemium, sect. 2, n. 120 (I, 209): „… notitia intuitiva, quantum est ex ordine naturali, in intellectu imprimatur ab obiecto et ab eodem conservatur, sicut lumen a sole; et idcirco non facit intellectum errare quia obiecto absente statim desinit esse."

Auf derartige Fragen geht Aureoli nicht ein. Im Gegensatz zu Descartes versucht er nicht, ein Kriterium zu formulieren, das es uns erlauben würde, ein für allemal eine „natürliche Ordnung" von einer „unnatürlichen" zu unterscheiden.[43] Daher scheint es, als könne er den Skeptizismus-Vorwurf nicht entkräften. Doch er würde den Vorwurf wahrscheinlich mit der Bemerkung zurückweisen, dass die Suche nach einem Kriterium zur Etablierung absolut sicheren Wissens fragwürdig ist. Seiner Ansicht nach kann man nur die jeweiligen kognitiven Bedingungen prüfen und mit mehr oder weniger großer Sicherheit ausschließen, dass ein Traumzustand, ein gestörter Geisteszustand oder ein Eingreifen Gottes vorliegt. Man kann dies aber nicht absolut ausschließen und daher auch kein absolut sicheres Wissen erwerben. Ein derartiges Wissen ist freilich gar nicht das Ziel, das mit intuitiven Akten angestrebt wird. In gewissen Bereichen – zu diesen gehört auch der Bereich der intuitiven Akte – reicht es aus, möglichst zuverlässiges Wissen zu gewinnen. Es gibt nämlich nicht nur absolut sicheres Wissen oder Unwissen, sondern auch verschiedene epistemische Zwischenstufen.

Dass Aureoli derartige Zwischenstufen annimmt, zeigt sich im dritten Grund, der ihn wahrscheinlich dazu bewogen hat, sich nicht mit dem Skeptizismus-Vorwurf zu beschäftigen. In Anlehnung an ein berühmtes Diktum des Aristoteles hält er fest, dass es unangebracht wäre, in jedem Gebiet die gleiche Art von Wissen zu fordern.[44] Die Mathematik erlaubt aufgrund ihres streng deduktiven Charakters eine andere Art von Wissen als die Theologie, und die Moralphilosophie sowie die Naturwissenschaften ermöglichen wiederum eine andere Art von Wissen. Die jeweilige Art von Wissen und damit auch die jeweilige epistemische Gewissheit hängt vom Wissensgebiet ab. Daher wäre es unsinnig, überall absolut sicheres Wissen zu fordern und jedes Wissen, das nicht diesen höchsten epistemischen Grad hat, als Unwissen zu bezeichnen. Auf die Problematik der intuitiven Akte bezogen heißt dies: Es wäre unangemessen, zu fordern, dass mit intuitiven Akten nur dann Wissen gewonnen wird, wenn absolute Gewissheit erreicht wird und jeder Zweifel ausgeschlossen ist. Denn intuitive Akte müssen nicht zu jener Art von Wissen führen, das durch die Mathematik gewonnen wird. Es reicht aus, wenn diese Akte ein möglichst sicheres Wissen liefern. Und ein solches Wissen kann gewonnen werden, indem man die jeweiligen kognitiven Bedingungen

---

[43] Descartes gibt als Kriterium bekanntlich die Kohärenz dessen an, was präsentiert wird. Vgl. *Meditationes* VI (ed. Adam & Tannery VII, 89).
[44] Vgl. *Scriptum*, prooemium, sect. 1, nn. 10-11 (I, 134-135). Aureoli beruft sich offensichtlich auf *Eth. Nic.* I, 3 (1094b12-14).

prüft. Wenn man also feststellt, dass ein intuitiver Akt nicht in einem Traumzustand, nicht in einem Zustand der geistigen Umnachtung und nicht durch ein Eingreifen Gottes zustande gekommen ist, kann man davon ausgehen, dass er durch einen existierenden Gegenstand hervorgerufen wurde und diesen nur deshalb als existierend präsentiert, weil er auch tatsächlich existiert.

Natürlich könnte ein hartnäckiger Skeptiker sogleich nachfragen, ob nicht doch eine Verletzung der „natürlichen Ordnung" vorliegt und ob nicht doch ein Gegenstand bloß zu existieren scheint, obwohl er in Tat und Wahrheit nicht existiert. Und natürlich könnte ein Skeptiker einwenden, dass wir nicht sicher sein können, ob wir beim Prüfen der kognitiven Bedingungen nicht Opfer einer kognitiven Täuschung werden. Könnte es nicht sein, dass wir uns gerade dann, wenn wir überprüfen, ob ein intuitiver Akt im Wach- oder Traumzustand entstanden ist, in einem Traumzustand befinden? Und könnte es nicht sein, dass gerade dann, wenn wir überprüfen, ob ein intuitiver Akt von Gott verursacht wurde, Gott einen Akt in uns hervorruft? Derartige Fragen können natürlich immer gestellt werden. Doch die Pointe Aureolis besteht darin, dass er den überzogenen Anspruch zurückweist, es müsse absolut sicheres Wissen und ein absolut sicheres Kriterium zur Überprüfung von Wissen gewonnen werden. Auch ein möglichst sicheres Wissen, das durch eine sorgfältige Prüfung der kognitiven Bedingungen etabliert wird (wobei diese Prüfung natürlich nicht eine absolut sichere Prüfung ist), ist für ihn genuines Wissen. Im Hinblick auf die Intentionalitätsproblematik heißt dies: Auch intentionale Akte, die ein möglichst sicheres Wissen ermöglichen, sind als zuverlässige Akte zu akzeptieren und dürfen nicht einfach mit dem Verweis, sie würden kein absolut sicheres Wissen garantieren, verworfen werden.

§ 24 Das Problem der Sinnestäuschungen

Aureolis Unterscheidung zwischen intuitiven und abstraktiven Akten zeigt zwar, dass er der Frage, *wie* denn etwas in einem intentionalen Akt präsent ist, besondere Bedeutung beimisst. Sie gibt aber kaum Aufschluss über die Frage, *was* in einem solchen Akt präsent ist. Wie bereits erwähnt wurde, hält er nur fest, dass im Normalfall der jeweilige Gegenstand mit einem „erscheinenden Sein" präsent ist. Aber was ist dies: eine Entität mit realem Sein, eine Entität mit intentionalem Sein oder irgendeine andere Entität? Aureoli geht zum einen in der Wahrnehmungstheo-

§ 24 Das Problem der Sinnestäuschungen

rie, zum anderen in der Intellekttheorie auf diese Fragen ein. Hier soll zunächst nur die Problemanalyse, die er im wahrnehmungstheoretischen Kontext entwickelt, näher betrachtet werden. In § 25 soll dann die intellekttheoretische Analyse genauer untersucht werden.

Aureoli geht in seiner Wahrnehmungstheorie von der These aus, dass einer wahrnehmenden Person ein Gegenstand „in einem gewissen intentionalen, sichtbaren und erscheinenden Sein" präsent ist und dass sie genau diesen Gegenstand erfasst.[45] Er begründet diese These, indem er acht Beispiele anführt, die zeigen sollen, dass das unmittelbar Präsente nicht einfach ein Gegenstand mit materiellem Sein sein kann. Da besonders die ersten beiden Beispiele bei seinen Nachfolgern – vor allem bei Wilhelm von Ockham und Adam Wodeham – zu ausgiebigen Diskussionen Anlass gegeben haben, sollen sie ausführlicher dargestellt und analysiert werden. Das erste Beispiel lautet:

„Wenn jemand auf dem Wasser fährt, scheinen sich die Bäume am Ufer zu bewegen. Man kann nicht behaupten, diese Bewegung, die objektiv im Auge ist, sei das Sehen selbst. Andernfalls wäre das Sehen das gesehene Objekt, d. h. das Sehen würde gesehen, und so wäre das Sehvermögen ein reflexives Vermögen. Es kann auch nicht behauptet werden, dass die Bewegung real in einem Baum oder im Ufer ist, weil diese sich dann real bewegen würden. Ebenso wenig kann behauptet werden, dass die Bewegung in der Luft ist, weil sie nicht der Luft zugeschrieben wird, sondern einem Baum. Also ist sie nur intentional und nicht real im gesehenen Sein und im beurteilten Sein."[46]

Bei diesem Beispiel handelt es sich offenbar um den Fall einer Sinnestäuschung: Die Bäume *scheinen* sich zu bewegen, obwohl sie sich in Tat und Wahrheit nicht bewegen. Was sieht dann jemand? Aureoli scheidet zwei mögliche Antworten sogleich aus. Erstens sieht die wahrnehmende Person nicht die materiellen Bäume, wie sie in Wirklichkeit existieren. Sie sieht ja etwas, was sich bewegt; die materiellen Bäume bewegen sich aber nicht. Zweitens sieht eine solche Person auch nicht das eigene Sehen; das Sehen ist nicht ein reflexiver Akt. Daher ist Aureoli zufolge eine dritte Antwort zu wählen: Die wahrnehmende Person sieht etwas, was nur in-

---

[45] *Scriptum*, dist. 3, sect. 14, n. 31 (II, 696): „... in actu intellectus de necessitate res intellecta ponitur in quodam esse intentionali conspicuo et apparenti." Aureoli formuliert die These zuerst allgemein für den Intellekt und bezieht sie dann auf die äußeren und inneren Wahrnehmungssinne.

[46] *Scriptum*, dist. 3, sect. 14, n. 31 (II, 696): „... quis portatur in aqua, arbores existentes in ripa moveri videntur. Iste igitur motus, qui est in oculo obiective, non potest poni quod sit ipsa visio; alioquin visio esset obiectum visus, et visio videretur, et esset visus potentia reflexiva. Nec potest poni quod sit realiter in arbore vel in ripa, quia tunc realiter moverentur. Nec potest poni quod sit in aere quia aeri non attribuitur, sed arbori. Est igitur tantum intentionaliter, non realiter, in esse viso et in esse iudicato."

tentional „im gesehenen Sein" existiert. Diese Antwort provoziert natürlich sogleich die Frage, wo denn dieses Objekt existiert. Man könnte zunächst vermuten, es existiere im wörtlichen Sinne im Auge, da Aureoli ja sagt, die Bewegung sei „objektiv im Auge". Allerdings ist hier Vorsicht geboten. ‚Objektiv' ist bei Aureoli wie bei Scotus als ein Terminus technicus zu verstehen. Das heißt: Die Bewegung bzw. die sich bewegenden Bäume existieren objektiv im Auge, weil sie als Objekt des sehenden Auges existieren. Dies heißt aber nicht, dass im wörtlichen Sinne irgendwo im Augapfel Bäume lokalisiert sind.

Der entscheidende Punkt besteht nun darin, dass Aureoli das, was als Objekt des sehenden Auges existiert, ontologisch von den materiellen Bäumen unterscheidet. Er betont nämlich, dass die sich bewegenden Bäume „nur intentional und nicht real" existieren, und er weist die Ansicht zurück, die Bäume mit dieser besonderen Existenz seien mit den materiellen Bäumen identisch. An einer Stelle sagt er sogar ausdrücklich, dass der Wahrnehmungssinn „einen Gegenstand mit intentionalem Sein festsetzt."[47] Daher sollte man nicht bloß von zwei Beschreibungsweisen für Bäume sprechen, sondern von zwei unterschiedlichen Arten von Bäumen: von den real existierenden, die sich nicht bewegen, und den intentional existierenden, die sich bewegen.

Berücksichtigt man diese Präzisierungen, muss man in einer Wahrnehmungsanalyse drei Entitäten voneinander unterscheiden. Es gibt (1) den Wahrnehmungsakt, (2) den materiellen, real existierenden Gegenstand mit bestimmten Eigenschaften und (3) den intentionalen Gegenstand mit bestimmten Eigenschaften. Eine Sinnestäuschung kommt dadurch zustande, dass (2) und (3) nicht übereinstimmen: Der intentional existierende Gegenstand hat Eigenschaften, die der real existierende Gegenstand nicht aufweist. Wenn eine Person einen Wahrnehmungsakt vollzieht, weiß sie dies freilich nicht. Ihr ist dann nur (3) unmittelbar präsent, und sie kann somit nur sagen, wie ihr der intentionale Gegenstand erscheint, nicht aber wie der reale Gegenstand ist.

Betrachten wir nun das zweite Beispiel, das Aureoli anführt.[48] Wenn man einen Holzstab (idealerweise einen brennenden Holzstab) sehr schnell kreisförmig durch die Luft schwingt, sieht man einen farbigen Kreis. Was genau sieht man dann? Sicherlich nicht einen Kreis, der real im Holzstab existiert; der Stab selbst ist ja nicht kreisförmig. Ebenso we-

---

[47] *Scriptum*, dist. 3, sect. 14, n. 31 (II, 696): „... actus exterioris sensus ponit rem in esse intentionali..." Ibid. (II, 697): „Cum igitur sensus exterioris formativus sit, sic quod ponat res in esse intentionali..."
[48] Vgl. *Scriptum*, dist. 3, sect. 14, n. 31 (II, 696-670).

nig sieht man einen Kreis, der real in der Luft existiert; die Luft ist ebenfalls nicht kreisförmig. Man sieht auch nicht einen Kreis, der real im Auge existiert. Das Einzige, was man sieht, ist ein Kreis „mit intentionalem bzw. erscheinendem Sein".

Wie beim ersten Beispiel zielt Aureoli auch hier darauf ab, eine klare Unterscheidung zwischen dem intentionalen und dem realen Gegenstand einerseits sowie zwischen dem intentionalen Gegenstand und dem Wahrnehmungsorgan oder -akt andererseits zu treffen. Und wie beim ersten Beispiel ist für Aureoli auch hier entscheidend, dass nicht ein falsches Urteil gefällt wird. Er sagt nicht, es werde irrtümlicherweise geurteilt, dass der materielle Holzstab kreisförmig ist. Vielmehr behauptet er, dass ein besonderes Objekt gesehen wird – ein Objekt, das als eine Entität *sui generis* aufzufassen ist. Die Sinnestäuschung kommt dadurch zustande, dass diese Entität nicht mit dem unmittelbar präsenten materiellen Gegenstand übereinstimmt.

Nun könnte man einräumen, dass eine wahrnehmende Person in der Tat in einigen besonderen Situationen etwas erfasst, was bloß scheinbar existiert; sie bezieht sich dann nicht auf einen materiellen Gegenstand. Doch diese Ausnahmefälle kommen durch eigentümliche Wahrnehmungsbedingungen zustande und sind sorgfältig von den regulären Fällen zu unterscheiden, in denen eine Person das erfasst, was auch tatsächlich existiert. In den allermeisten Fällen, so könnte jemand argumentieren, richtet sich ein Wahrnehmungsakt auf einen materiellen Gegenstand mit realem Sein, und es muss kein besonderer Gegenstand mit intentionalem Sein angenommen werden. Doch Aureoli verwirft einen solchen möglichen Einwand, indem er betont:

„Und wenn man sagt, dass all diese Erscheinungen bei irrtümlichen visuellen Wahrnehmungen vorkommen, sodass nicht die wahre visuelle Wahrnehmung einen Gegenstand mit intentionalem Sein festsetzt, sondern nur die irrtümliche und falsche, so trifft dies nicht zu. Die wahre visuelle Wahrnehmung muss dies noch vielmehr tun, weil sie viel vollkommener ist. Trotzdem aber unterscheidet sich das Erscheinungsbild bzw. der Gegenstand mit erscheinendem Sein nicht von jenem mit realem Sein, weil die beiden in der wahren visuellen Wahrnehmung sogleich zusammenfallen..."[49]

Offensichtlich vertritt Aureoli die These, dass sich *jeder* Wahrnehmungsakt auf einen intentionalen Gegenstand richtet. Die Beispiele für

---

[49] *Scriptum*, dist. 3, sect. 14 (II, 698): „Et si dicatur quod omnes istae apparentiae sunt in erroneis visionibus, ut secundum hoc vera visio non ponat res in esse intentionali, sed erronea et falsa, hoc quidem non valet; tum quia multo fortius visio vera debet hoc facere cum sit perfectior, sed tamen non distinguitur imago seu res in esse apparenti ab esse reali, quia simul coincidunt in vera visione..."

Sinnestäuschungen dienen nur dazu, den Unterschied zwischen realem und intentionalem Gegenstand zu veranschaulichen, denn in diesen Fällen ist es offensichtlich, dass realer und intentionaler Gegenstand unterschiedliche Eigenschaften haben. Aber auch wenn jemand einen viereckigen Tisch sieht und tatsächlich ein viereckiger Tisch vor dieser Person steht, richtet sich ihr Wahrnehmungsakt primär auf einen viereckigen Tisch mit intentionalem Sein. Für die Erklärung von Wahrnehmungen bedeutet dies: In *jedem* Fall muss man zwischen (1) Wahrnehmungsakt, (2) realem Gegenstand und (3) intentionalem Gegenstand unterscheiden. Im Fall einer korrekten Wahrnehmung stimmen (2) und (3) vollkommen überein, während sie im Fall einer Sinnestäuschung auseinander klaffen.

Welche Konsequenzen ergeben sich nun aus einer solchen Erklärung? Verpflichtet sich Aureoli damit einem Phänomenalismus oder gar einem Solipsismus? Der Solipsismus-Vorwurf kann sogleich zurückgewiesen werden. Aureoli behauptet nicht, dass sich eine wahrnehmende Person nur auf etwas bezieht, was sich in ihr selbst, d. h. in den Wahrnehmungsorganen oder im Intellekt, befindet. Sie richtet sich auf ein bestimmtes Erscheinungsbild (in seiner Erklärung des zweiten Beispiels betont Aureoli, dieses Erscheinungsbild sei in der Luft, also außerhalb der wahrnehmenden Person),[50] das im Fall einer korrekten Wahrnehmung vollständig mit dem realen Gegenstand übereinstimmt. Die wahrnehmende Person ist also nicht einfach in der Welt innerer Bilder oder Vorstellungen gefangen, die in keiner Beziehung zu äußeren Gegenständen stehen. Selbst im Fall einer Sinnestäuschung erfasst eine solche Person nicht einfach eine private Entität, zu der sie allein einen Zugang hat und die von Entitäten in der materiellen Welt getrennt ist. Sie erfasst vielmehr einen intentionalen Gegenstand, der auf einem bestimmten materiellen Gegenstand beruht. Gäbe es keine materiellen Bäume am Ufer, könnte eine Person auf einem vorbeifahrenden Schiff auch nicht das Erscheinungsbild von sich bewegenden Bäumen haben. Und gäbe es keinen materiellen Holzstab, der durch die Luft geschwungen wird, könnte sie keinen farbigen Kreis sehen. Obwohl materieller und intentionaler Gegenstand in diesen Fällen nicht vollständig übereinstimmen, besteht ein enges Verhältnis zwischen den beiden, das man als Fundierungsrelation bezeich-

---

[50] *Scriptum*, dist. 3, sect. 14, n. 31 (II, 696-670): „Et ideo relinquitur quod sit in aere habens esse intentionale sive in esse apparenti iudicato et viso." Denery 1998, 31, weist zu Recht darauf hin, dass diese und ähnliche Aussagen eine Sinnesdaten-Theorie ausschließen. Denn was in der Luft (nicht etwa im Wahrnehmungssinn) ist, kann kein Sinnesdatum sein.

nen könnte.⁵¹ Zudem ist zu beachten, dass zwar jede Person im Wahrnehmungsakt ihre eigenen intentionalen Bäume und ihren eigenen intentionalen Kreis bildet, dass aber alle Personen unter bestimmten Bedingungen gleichartige intentionale Bäume und Kreise bilden. Dies ergibt sich schon daraus, dass alle individuell gebildeten intentionalen Gegenstände auf denselben materiellen Gegenständen beruhen.

Der Vorwurf, Aureolis Position münde in einen Phänomenalismus, bedarf einer genaueren Prüfung. Wie bereits im vorangehenden Paragraphen muss bei einer Erörterung dieses Vorwurfs auch hier zunächst präzisiert werden, worin eine phänomenalistische Position besteht. Versteht man darunter eine Position, die behauptet, (i) dass es zusätzlich zu den materiellen Gegenständen visuelle und andere Phänomene als distinkte Entitäten gibt und (ii) dass sich eine wahrnehmende Person primär auf diese Entitäten bezieht, dann kann man Aureoli in der Tat eine phänomenalistische Position zuschreiben. Er behauptet ja, dass sich eine wahrnehmende Person auf das bezieht, „was sich zeigt" bzw. was erscheint, und er schreibt diesem unmittelbaren Objekt sogar einen besonderen ontologischen Status zu. In diesem Sinne eines schwachen Phänomenalismus verstanden bereits Ockham und Adam Wodeham Aureolis Position. Sie wiesen sie freilich mit dem Argument zurück, damit gehe jeder direkte epistemische Zugang zur materiellen Welt verloren.⁵²

Versteht man unter dem Phänomenalismus hingegen eine stärkere Position, die überdies behauptet, (iii) dass eine wahrnehmende Person *ausschließlich* Phänomene erfassen kann und dass sie somit keinen epistemischen Zugang zu den materiellen Gegenständen hat, darf Aureoli kaum ein Phänomenalismus zugeschrieben werden. Er behauptet nicht, wie ihm gelegentlich unterstellt worden ist,⁵³ dass eine Person in der Welt der subjektiven Phänomene gefangen ist. Eine solche Unterstellung ist unzulässig, weil Aureoli ja – wie bereits erwähnt – betont, dass sich in einer korrekten Wahrnehmung „das Erscheinungsbild bzw. der Gegenstand mit erscheinendem Sein nicht von jenem mit realem Sein [unterscheidet], weil die beiden in der wahren visuellen Wahrnehmung sogleich zusammenfallen."⁵⁴ Es verhält sich also nicht so, dass die wahr-

---

⁵¹ Man kann jedoch nicht von einer Kausalrelation sprechen, denn Aureoli betont, dass der Wahrnehmungssinn – nicht der reale Gegenstand – den Gegenstand mit intentionalem Sein hervorbringt (vgl. Anm. 47).
⁵² Vgl. Ockham, *In I Sent.*, dist. 27, q. 3 (OTh IV, 241); Wodeham, *Lectura secunda*, prol., q. 4, § 2 (I, 84-87); ausführlich zu dieser Kritik § 29.
⁵³ So etwa von Prezioso 1950. Diese Interpretation hat Vanni-Rovighi 1960 und 1978 bereits zu Recht korrigiert.
⁵⁴ Vgl. oben Anm. 49.

nehmende Person nur noch ein Phänomen bzw. einen intentionalen Gegenstand erfasst, ohne irgendeinen Zugang zum realen Gegenstand zu haben. Vielmehr erhält sie einen Zugang zum realen Gegenstand, indem sie den intentionalen Gegenstand erfasst. Die beiden Gegenstände lassen sich in einer korrekten Wahrnehmung nicht voneinander unterscheiden, wenn sie auch ontologisch betrachtet distinkt sind. Ein modernes Beispiel möge dies verdeutlichen.

Angenommen, wir sehen im Fernsehen den amerikanischen Präsidenten. Was sehen wir dann? Streng genommen nichts anderes als etwas mit „erscheinendem" bzw. intentionalem Sein, denn der wirkliche Präsident, ein Mensch aus Fleisch und Blut, sitzt ja nicht in unserem Wohnzimmer, wo wir fernsehen. Heißt dies, dass wir überhaupt keinen Zugang zum wirklichen Präsidenten haben? Wohl kaum. Man könnte sagen, dass wir einen vermittelten Zugang haben: Indem wir fernsehen, haben wir einen Zugang zum wirklichen Präsidenten, und zwar (abgesehen von Fällen der Bildmanipulation) einen zuverlässigen Zugang. Der erscheinende Präsident und der wirkliche Präsident stimmen vollkommen überein. Deshalb können wir auf den Fernsehbildschirm zeigen und sagen: „Schau, da ist der amerikanische Präsident!", nicht etwa nur: „Schau, da ist ein Bild des amerikanischen Präsidenten!" Wir sehen gleichsam durch das Bild hindurch die wirkliche Person. Ähnlich verhält es sich mit Aureolis Unterscheidung zwischen intentionalem und realem Gegenstand. Er behauptet nicht, dass wir keinen Zugang zum realen Gegenstand haben und in einer Welt der intentionalen Gegenstände gefangen sind, sondern lediglich (was Ockham und Wodeham freilich bereits zu weit ging), dass wir vermittelt durch einen intentionalen Gegenstand einen Zugang zum realen Gegenstand haben.

Noch ein weiteres Argument spricht dagegen, Aureoli These (iii) und damit einen starken Phänomenalismus zuzuschreiben. Er sagt an einer Stelle, ein realer Gegenstand erhalte in einem Wahrnehmungsakt ein „beurteiltes und gesehenes Sein". Doch dies füge dem realen Gegenstand nicht etwas vollständig Verschiedenes hinzu, sondern „eine intrinsische und ununterscheidbare Beziehung, die ‚objektives Erscheinen' genannt wird."[55] Man könnte diese Aussage zunächst so verstehen, dass dem rea-

---

[55] *In I Sent.*, dist. 27, q. 2 (Ms. Borgh. 329, fol. 302rb): „... res quae videtur cum hoc quod realiter existit habet etiam esse iudicatum et visum. Quod quidem non ponit varietatem aliquam aut distinctionem vel numerum cum realitate illa quantum (*ms. quintum*) ad aliquid absolutum, sed addit respectum illum intrinsecum et indistinguibilem qui dicitur apparitio obiectiva. Non igitur terminatur visus ad rem obiectam mediante aliquo absoluto, quasi sit aliquod pallium vel medium inter visionem et parietem qui videtur."

len Gegenstand überhaupt nichts hinzugefügt wird, auch nicht eine intentionale Entität, dass aber dieser Gegenstand in einer bestimmten Beziehung – in jener des Gesehen-werdens – steht und dadurch ein „objektives Erscheinen" hat. Eine solche Deutung widerspricht aber den bereits genannten Stellen, an denen Aureoli ausdrücklich sagt, im Wahrnehmungsakt werde eine besondere Entität mit intentionalem Sein geschaffen.[56] Aus diesem Grund legt sich ein anderes Textverständnis nahe: Wenn der reale Gegenstand gesehen wird, entsteht zwar eine weitere Entität, nämlich der Gegenstand mit intentionalem bzw. erscheinendem Sein, aber dabei handelt es sich nicht um eine vom realen Gegenstand qualitativ verschiedene Entität. Der intentionale Gegenstand ist vielmehr eine Entität, die in „intrinsischer und ununterscheidbarer Beziehung" zum realen Gegenstand steht. Wenn nämlich eine korrekte Wahrnehmung vorliegt, beruht der intentionale Gegenstand vollständig auf dem realen und kann gar nicht von diesem unterschieden werden. Der entscheidende Punkt besteht darin, dass eine Fundierungsrelation besteht. Wer den intentionalen Gegenstand erfasst, hat nicht nur Zugang zu einem rein privaten Phänomen, sondern zu etwas, was vollständig auf dem realen Gegenstand beruht und nicht von diesem unterschieden werden kann.

Die bisherigen Ausführungen haben gezeigt, dass Aureoli höchstens ein schwacher Phänomenalismus zugeschrieben werden darf, der annimmt, dass der epistemische Zugang zu realen Gegenständen durch Phänomene – durch Gegenstände mit „erscheinendem" bzw. intentionalem Sein – ermöglicht wird. Dieser Position haben sich allerdings bereits im 14. Jh. verschiedene Autoren (Walter Chatton, William Ockham, Adam Wodeham) widersetzt. Welche Gründe sprechen ihrer Meinung nach gegen diese Position? Die tiefer liegenden Gründe, die eng mit dem umfassenden epistemologischen und ontologischen Programm dieser Autoren verknüpft sind, sollen erst in § 29 untersucht werden. Hier möchte ich nur kurz auf jenes Argument eingehen, das sich unmittelbar gegen Aureolis Erklärung der Sinnestäuschungen richtet. Aureoli stützt seine Unterscheidung von intentionalem und realem Gegenstand ja auf Beispiele für Sinnestäuschungen. Er meint, in diesen besonderen Fällen zeige sich mit besonderer Deutlichkeit eine Differenz, die in allen Wahrnehmungsfällen vorliege. Genau diese Differenz bestreiten jedoch seine Kritiker.

---

[56] Sie widerspricht auch jenen Stellen, wo Aureoli ausdrücklich sagt, im Akt werde nicht bloß ein realer Gegenstand denominiert, sondern ein intentionaler Gegenstand geschaffen; vgl. *Scriptum*, dist. 3, sect. 14, n. 56 (II, 713).

In Bezug auf das Beispiel mit den Bäumen, die sich zu bewegen scheinen, vertritt Ockham die Meinung, dass kein Gegenstand mit einem besonderen intentionalen Sein erscheint, d. h. keine intentionalen Bäume und keine intentionale Bewegung. Es werde nur ein bestimmter Satz gebildet, nämlich ‚Die Bäume bewegen sich', den der Intellekt zustimmend oder ablehnend beurteilt.[57] Ähnlich argumentiert auch Wodeham, es liege kein besonderer Gegenstand vor, sondern nur das Urteil ‚Die Bäume bewegen sich'.[58] Die Täuschung komme dadurch zustande, dass die wahrnehmende Person dieses Urteil fälle, ohne zu merken, dass es sich um ein falsches Urteil handelt. Damit verwerfen natürlich beide Autoren Aureolis Analyse der Wahrnehmungssituation. Eine Aussage wie ‚Die wahrnehmende Person sieht intentionale Bäume, die sich bewegen' muss ihrer Ansicht nach durch die Aussage ‚Die wahrnehmende Person sieht reale Bäume und urteilt fälschlicherweise, dass sich diese bewegen' ersetzt werden. Die ganze Problematik der Sinnestäuschungen ist für sie nichts anderes als eine Urteilsproblematik. Sie gibt nur dazu Anlass, falsche Urteile von wahren zu unterscheiden, und sie erfordert natürlich eine Spezifizierung der Wahrnehmungsbedingungen, die erfüllt sein müssen, damit überhaupt wahre Urteile gebildet werden können. Doch sie erlaubt keine Unterscheidung von intentionalen und realen Gegenständen.

Auch das Beispiel mit dem brennenden Holzstab, der durch die Luft geschwungen wird, ist für Ockham lediglich ein Beispiel für ein falsches Urteil. Seiner Meinung nach bildet eine Person, die diese Situation beobachtet, den Satz ‚Ein Kreis ist in der Luft' und stimmt ihm irrtümlicherweise zu.[59] Doch eine solche Person sieht nicht einen Kreis mit intentionalem bzw. erscheinendem Sein. Wodeham zufolge lässt sich dieses Beispiel ebenfalls mit Verweis auf ein falsches Urteil erklären oder als ein Fall, in dem durch den brennenden Holzstab tatsächlich ein feuriger Kreis entsteht, der in der wahrnehmenden Person ein Bild von einem Kreis verursacht. Dabei handelt es sich freilich ausschließlich um reale Entitäten, nämlich um einen realen feurigen Kreis in der Luft und um ein reales Bild im Wahrnehmungsvermögen.[60]

Mit dem Verweis auf ein falsches Urteil versuchen Ockham und Wodeham, die ganze Problematik der Sinnestäuschungen von einer ontologischen auf eine sprachliche Ebene zu verlagern. Es geht ihrer Ansicht

---

[57] Vgl. Ockham, *In I Sent.*, dist. 27, q. 3, art. 3 (OTh IV, 243-244).
[58] Vgl. Wodeham, *Lectura secunda*, prol., q. 4, § 7 (I, 97).
[59] Vgl. *In I Sent.*, dist. 27, q. 3 (OTh IV, 246).
[60] Vgl. *Lectura secunda*, prol., q. 4, § 10 (I, 104-105).

nach nicht darum, besondere Entitäten zu bestimmen, die in einem Wahrnehmungsakt erscheinen und zu kognitiven Objekten werden, sondern Urteile anzugeben, die von der wahrnehmenden Person gebildet werden. Und Urteile sind natürlich nichts anderes als Sätze, die von der wahrnehmenden Person mit dem Modus der Zustimmung oder Ablehnung gebildet werden. Zu erklären, wie sich eine Person täuschen kann, heißt somit nichts anderes, als zu erklären, wie eine Person sich in ihren Urteilen irren kann. Diese Fokussierung auf die sprachliche Ebene der Urteile ist charakteristisch für den methodischen Ansatz, den Ockham und Wodeham wählen.[61] Doch ist damit das Problem der Sinnestäuschungen gelöst? Aureoli würde sich wohl kaum mit einem Verweis auf falsche Urteile zufrieden geben. Er könnte zwar zugestehen, dass falsche Urteile gebildet werden. Doch die entscheidende Frage lautet für ihn, warum derartige Urteile gebildet werden. Welches Wahrnehmungs- oder Vorstellungserlebnis bringt eine Person dazu, ein Urteil wie ‚Die Bäume bewegen sich' zu bilden? Was ist dieser Person im Wahrnehmungsakt präsent? Genau um diese Fragen zu beantworten, beruft er sich auf intentionale Bäume. Denn erst *nachdem* erklärt ist, was in einem Wahrnehmungsakt präsent ist und wie etwas präsent ist, kann seiner Ansicht nach erläutert werden, was für ein Wahrnehmungsurteil gebildet wird. Und erst dann kann gegebenenfalls ein wahres Urteil von einem falschen unterschieden werden. Aureoli wählt somit einen tiefer greifenden Erklärungsansatz als Ockham und Wodeham. Für ihn verlangt eine Wahrnehmungsanalyse immer auch eine genaue Beschreibung dessen, was im Wahrnehmungsakt unmittelbar präsent ist. Eine derartige Analyse darf nicht erst auf einer sprachlichen Ebene ansetzen, sondern muss zunächst klären, welche prälinguistischen Erlebnisse die Bildung von sprachlichen Urteilen überhaupt ermöglichen.

§ 25 Die Präsenz des Gegenstandes in einem Akt des Intellekts

Die bisherigen Ausführungen haben gezeigt, dass in jedem Wahrnehmungsakt – nicht bloß in einem irreführenden oder täuschenden Akt – ein Gegenstand mit intentionalem Sein gebildet wird. Aureoli geht in seiner Intentionalitätstheorie aber noch einen Schritt weiter. Er behauptet, dass auch in jedem intellektuellen Akt ein derartiger Gegenstand ge-

---

[61] Dieser Ansatz soll in §§ 30-31 eingehender untersucht werden.

bildet wird.⁶² Wenn nämlich das Wahrnehmungsvermögen zur Bildung einer Entität fähig ist, muss seiner Ansicht nach auch der Intellekt dazu imstande sein. Dieser Schluss beruht auf einem Prinzip, das man als Hierarchieprinzip bezeichnen könnte:⁶³ Was dem Wahrnehmungsvermögen möglich ist, muss auch dem hierarchisch höheren Intellekt möglich sein, denn das übergeordnete Vermögen schließt immer die Fähigkeiten des ihm untergeordneten Vermögens ein.

Die Anwendung dieses Hierarchieprinzips auf das Problem der intentionalen Gegenstände ist jedoch nicht unmittelbar überzeugend. Man könnte einwenden, dass das Wahrnehmungsvermögen aufgrund seiner besonderen Funktion zu gewissen Tätigkeiten fähig ist (z. B. zur Aufnahme von wahrnehmbaren Formen), zu denen der Intellekt nicht fähig ist. Es wäre daher möglich, dass nur das Wahrnehmungsvermögen intentionale Gegenstände bildet (etwa indem es wahrnehmbare Formen aufnimmt und miteinander verbindet), während der Intellekt keine derartigen Entitäten produziert. Auch Aureolis Behauptung, das intellektuelle Denken sei eine Art von „geistigem Sehen" (*spiritualis visio*) und erfordere daher genau wie das körperliche Sehen Gegenstände mit intentionalem bzw. erscheinendem Sein,⁶⁴ wirkt auf den ersten Blick nicht vollständig überzeugend. Warum sollte das Denken ein geistiges Sehen sein und nicht ein begriffliches Erfassen oder – wie Ockham und einige heutige Autoren (u.a. J. Fodor) meinen – das Verwenden einer mentalen Sprache? Warum sollten intellektuelle Akte mit Hilfe eines Wahrnehmungsmodells erklärt werden? Wenn Aureoli seine These, dass sich auch intellektuelle Akte auf intentionale Gegenstände richten, plausibel machen will, muss er sie mit Argumenten erhärten. Betrachtet man das erste Buch seines Sentenzenkommentars, lassen sich verschiedene Argumente finden. Ich möchte die drei wichtigsten kurz vorstellen und diskutieren.

Ein erstes Argument wird von Aureoli selber als apriorisches Argument eingeführt. Es geht nämlich nicht von konkreten, erfahrbaren intellektuellen Akten aus, sondern vom Begriff des intellektuellen Denkens, und analysiert diesen Begriff wie folgt:

---

⁶² Vgl. *Scriptum*, dist. 3, sect. 14, n. 31 und n. 55 (II, 696 und 712); dist. 27, pars 2, art. 2 (Ms. Borgh. 329, fol. 300vb): „... in omni intellectione emanat et procedit non aliquid aliud sed ipsamet res cognita in quodam esse obiectivo secundum quod habet terminare intuitum intellectus."

⁶³ Dieses Prinzip ist freilich nicht von Aureoli erfunden worden, sondern findet sich bereits bei Scotus. Wie bereits ausgeführt wurde (vgl. Anm. 13), behauptet Scotus ja, wenn das Wahrnehmungsvermögen zu intuitiven Akten fähig sei, müsse auch der übergeordnete Intellekt dazu fähig sein.

⁶⁴ Vgl. *Scriptum*, dist. 3, sect. 14, n. 55 (II, 713).

„Dies wird a priori [gezeigt], weil es unmöglich ist, dass in einem formalen Erscheinen nicht etwas objektiv erscheint. So wie nämlich durch die Weißheit etwas weiß wird, durch eine Repräsentation etwas repräsentiert wird und durch ein Bild etwas abgebildet wird, so kommt durch das Erscheinen etwas zum Erscheinen. Es steht aber fest, dass das intellektuelle Denken nichts anderes ist als ein gewisses formales Erscheinen."[65]

Um die Stärken und Schwächen dieses Arguments erkennen zu können, empfiehlt es sich, die einzelnen Schritte zu betrachten. Aureoli behauptet:

(1) Intellektuelles Denken ist nichts anderes als ein bestimmtes formales Erscheinen.
(2) Durch jedes formale Erscheinen erscheint etwas, genau wie durch jedes Bild etwas abgebildet wird.
(3) Was durch ein formales Erscheinen erscheint, erscheint objektiv.
(4) Also ist es unmöglich, dass es ein Erscheinen gibt, aber nichts objektiv erscheint.

Prämisse (1) ist unproblematisch, solange beachtet wird, dass unter dem formalen Erscheinen nichts anderes als ein Akt des Erscheinens oder kognitiven Präsentierens verstanden wird. Aureoli macht nur auf die Tatsache aufmerksam, dass ‚denken' immer im Sinn von ‚kognitiv vergegenwärtigen' zu verstehen ist. Daraus ergibt sich unmittelbar (2), denn ‚kognitiv vergegenwärtigen' heißt ‚etwas kognitiv vergegenwärtigen', genau wie ‚abbilden' immer ‚etwas abbilden' heißt. Die Funktion des kognitiven Vergegenwärtigens besteht genau darin, etwas präsent zu machen. Dies ist weitgehend unbestritten. Problematischer ist jedoch (3). Aureoli behauptet, dass das, was kognitiv vergegenwärtigt wird, objektiv erscheint. Darunter versteht er nicht einfach einen materiellen Gegenstand, der in Relation zum Intellekt steht und dadurch erscheint, sondern einen Gegenstand, der eine ihm eigene Seinsweise hat. Dass es sich um einen besonderen Gegenstand handelt, zeigt sich in seiner Aussage, dass das, was objektiv erscheint, mit einem erscheinenden Sein „festgesetzt" wird. Er leitet das Argument nämlich mit folgender Behauptung ein:

„... durch einen Akt des Intellekts wird der erkannte Gegenstand in einem offenbaren, gebildeten und erscheinenden Sein festgesetzt..."[66]

---

[65] *Scriptum*, dist. 3, sect. 14, n. 55 (II, 712): „A priori quidem sic, quoniam impossibile est quin apparitione formali aliquid appareat obiective. Sicut enim albedine aliquid albet et repraesentatione aliquid repraesentatur et pictura aliquid pingitur, sic apparitione aliquid apparet. Sed constat quod intellectio non est aliud quam apparitio quaedam formalis."
[66] *Scriptum*, dist. 3, sect. 14, n. 55 (II, 712): „... per actum intellectus res intellecta ponitur in esse conspicuo formato et apparenti..." Ibid. (II, 713): „... res capiunt esse apparens."

Aureoli sagt also nicht bloß, dass ‚denken' stets ‚an etwas denken' oder ‚etwas kognitiv präsentieren' heißt, sondern zudem, dass dies ‚an etwas denken, was mit erscheinendem Sein festgesetzt wird' bedeutet. Dies führt ihn natürlich zur Konklusion, dass Denken gar nicht möglich ist, ohne dass es einen Gegenstand mit objektivem bzw. erscheinendem Sein gibt.

Der entscheidende Punkt in diesem Argument besteht darin, dass Aureoli durch seine Rede von einem Festsetzen des objektiven bzw. erscheinenden Seins eine ontologische Annahme macht, die alles andere als selbstverständlich ist. Man könnte nämlich zugestehen, dass unter dem Denken immer ein An-etwas-Denken zu verstehen ist, dass sich aber das Denken im Normalfall auf etwas mit realem Sein richtet und dass keineswegs ein besonderes Sein „festgesetzt" wird. Oder man könnte in konsequenter Fortsetzung der adverbialen Theorie, wie sie Aureoli selber ansatzweise skizziert (vgl. § 23), behaupten, dass An-etwas-Denken als ein So-und-so-artiges-Denken zu verstehen ist und dass somit nur eine bestimmte Modifikation des Denkaktes, nicht aber ein Gegenstand mit einem besonderen ontologischen Status, angenommen werden muss. Auf jeden Fall ist das apriorische Argument keineswegs ein Argument, das sich unmittelbar aus einer Analyse des Begriffs ‚denken' ergibt. Es setzt die implizite Prämisse voraus, dass sich das Denken auf etwas richtet, was einen besonderen ontologischen Status hat: ein erscheinendes (oder objektives, offenbares, intentionales) Sein. Diese Prämisse besagt aber genau das, was eigentlich gezeigt werden müsste, nämlich dass ein intellektueller Akt sich nicht einfach auf einen realen, sondern auf einen intentionalen Gegenstand bezieht. Somit ist das Argument im besten Fall eine Explikation der impliziten Prämisse, im schlechtesten Fall eine *petitio principii*.

Doch Aureoli begnügt sich nicht mit dem apriorischen Argument. Er fügt ein weiteres hinzu, das er als aposteriorisches bezeichnet und anhand eines Beispiels vorstellt.[67] Er fragt: Was erfährt der Intellekt als sein unmittelbares Objekt, wenn er an eine Rose denkt? Verschiedene Antworten bieten sich an. Zunächst könnte man erwidern, dass der Intellekt an eine intelligible Species denkt, die eine Rose vergegenwärtigt. Diese Antwort wird von Aureoli aber sogleich verworfen. Wenn die Species das unmittelbare Objekt wäre, würde sich jeder Intellekt nur auf eine Entität beziehen, die in ihm ist; jede Bezugnahme wäre eine Selbst-Bezugnahme. Und jeder Intellekt würde sich auf eine andere Entität bezie-

---

[67] Vgl. *Scriptum*, dist. 3, sect. 14, n. 57 (II, 713-714).

hen, denn jeder Intellekt verfügt über seine eigene Species. Dies ist offensichtlich absurd, denn wenn mehrere Personen an eine Rose denken, die vor ihnen steht, beziehen sie sich alle auf dasselbe Objekt. Die Species im Intellekt kann höchstens ein Hilfsmittel zur kognitiven Bezugnahme sein, aber nicht das unmittelbare kognitive Objekt. Aus ähnlichen Gründen verwirft Aureoli auch eine zweite Antwort, nämlich dass der Intellekt an seine eigenen Akte denkt. Wäre dies der Fall, wäre jeder intellektuelle Akt ein reflexiver Akt. Zudem könnte jede Person nur an das denken, was in ihrem eigenen Intellekt ist; unterschiedliche Personen, die an eine Rose denken, würden sich auf unterschiedliche Objekte beziehen. Daher könnte man als dritte Antwort vorschlagen, dass sich der Intellekt auf eine real existierende Rose bezieht. Doch diese Antwort ist ebenfalls unbefriedigend, denn eine Person kann auch dann an eine Rose denken, wenn keine reale Rose existiert. Und natürlich erschafft der Intellekt nicht dadurch, dass er an eine Rose denkt, eine reale Rose. Somit könnte man viertens antworten, dass sich der Intellekt auf eine „Rose schlechthin" bezieht, die vor allen realen Rosen existiert hat und unabhängig von diesen Rosen existiert. Auch diese Antwort weist Aureoli jedoch zurück, da sie – wie er zu Recht bemerkt – in einen Platonismus mündet. Man müsste dann neben der Welt der realen Gegenstände eine Welt von „Gegenständen schlechthin" annehmen.

Die Zurückweisung der vier möglichen Antworten führt Aureoli zum Schluss, dass das unmittelbare Objekt des Intellekts einzig und allein eine Rose mit „erscheinendem und intentionalem Sein" sein kann.[68] Worin unterscheidet sich diese Antwort von den anderen? Offensichtlich handelt es sich dabei nicht um eine Entität, die – wie die Species und der Akt – in diesem oder jenem Intellekt existiert. Ebenso wenig handelt es sich um eine reale Rose. Selbst wenn alle realen Rosen aussterben sollten, kann sich der Intellekt weiterhin auf eine intentionale Rose beziehen. Dabei bezieht er sich allerdings nicht auf eine platonische Idee, die ewig und unabhängig von einer realen Rose existiert, sondern auf etwas, was er selber auf der Grundlage einer realen Rose gebildet hat.

Dieses Argument verdeutlicht, dass Aureoli wie in der Wahrnehmungsanalyse auch in der Analyse der intellektuellen Tätigkeiten drei Arten von Entitäten voneinander unterscheidet. Es gibt (1) die kognitiven Hilfsmittel (Species und Akte), die eine reale Existenz im Intellekt haben, (2) die realen Gegenstände in der materiellen Welt und (3) die in-

---

[68] *Scriptum*, dist. 3, sect. 14, n. 57 (II, 714): „Ergo relinquitur ut detur ultimum, videlicet quod non habeat nisi esse apparens et intentionale, ut sic omnes rosae, quae in esse reali distinctae sunt, ponantur in esse apparenti et intentionali rosa una totalis."

tentionalen Gegenstände, die auf den realen Gegenständen beruhen, jedoch vom Intellekt geschaffen werden. Da Aureoli betont, dass für alle realen Rosen eine einzige intentionale Rose geschaffen wird,[69] ist die intentionale Rose als *type* und nicht als *token* zu verstehen. Sie ist aber nicht als eine platonische Idee aufzufassen.

Dieses aposteriorische Argument ist sicherlich überzeugender als das apriorische, denn es setzt nicht von vornherein eine ontologische These voraus, sondern gelangt durch Ausscheiden verschiedener Möglichkeiten zum Schluss, dass es intentionale Gegenstände geben muss. Zudem vermeidet es zwei Gefahren, denen jede Intentionalitätstheorie ausgesetzt ist. Einerseits entgeht es einem Subjektivismus und Solipsismus, indem es betont, dass der Intellekt sich (abgesehen von reflexiven Tätigkeiten) nicht einfach auf sich selbst bzw. auf seine eigenen kognitiven Hilfsmittel bezieht. Andererseits entkommt es auch einem naiven Realismus, indem es festhält, dass sich der Intellekt nicht auf individuelle, materielle Gegenstände bezieht. Das, woran wir denken, beruht zwar im Normalfall auf einem materiellen Gegenstand, ist aber nicht mit diesem identisch und kann auch dann als eigenständige Entität weiter existieren, wenn der materielle Gegenstand nicht mehr existiert. Daher können wir auch dann an eine Rose denken, wenn keine materielle Rose im Garten blüht, ja sogar wenn alle Rosen ausgestorben sind.

Aureoli bekräftigt diese Konklusion noch mit einem weiteren Argument, das auf einer wissenschaftstheoretischen Überlegung beruht.[70] Gemäß der aristotelischen Wissenschaftstheorie bezieht sich Wissen im strengen Sinn stets auf Allgemeines und nicht auf Individuelles. Unser Wissen davon, was eine Rose ist, bezieht sich also nicht auf diese oder jene Rose, die im Garten blüht. Und unser Wissen davon, dass die Summe der Innenwinkel eines Dreiecks zwei rechten Winkeln entspricht, bezieht sich nicht auf dieses oder jenes gezeichnete Dreieck. Wissen bezieht sich vielmehr auf einen allgemeinen Gegenstand: auf die Rose bzw. auf das Dreieck schlechthin. Um was für einen Gegenstand handelt es sich dabei? Sicherlich nicht um einen materiellen Gegenstand, denn jeder derartige Gegenstand ist individuell. Ebenso wenig handelt es sich dabei um eine intelligible Species oder um einen Akt, weil sich sonst jedes Wissen nur auf eine Entität im eigenen Intellekt beziehen würde. Wir hätten dann kein Wissen von Gegenständen außerhalb von uns und wären blind

---

[69] Vgl. Anm. 68.
[70] Vgl. *Scriptum* I, dist. 27, pars 2, art. 2 (Ms. Borgh. 329, fol. 301rb-vb); ausführlich dazu Perler 1994c, 82-84. Zum wissenschaftstheoretischen Hintergrund vgl. Spade 1972.

für sie, wie Aureoli betont.[71] Somit bleibt nur übrig, dass sich unser Wissen auf einen Gegenstand mit intentionalem Sein bezieht, der vom Intellekt auf der Grundlage von individuellen, materiellen Gegenständen geschaffen wird, aber weder mit diesen noch mit einem Akt oder einer Species identisch ist. Es handelt sich dabei um eine Entität *sui generis*.

Dieses Argument besitzt zweifellos eine Überzeugungskraft, wenn man – wie dies im spätmittelalterlichen Kontext üblich war – die aristotelische Auffassung teilt, dass sich Wissen nicht auf individuelle Gegenstände bezieht, und sowohl einen Platonismus als auch einen Solipsismus vermeiden möchte. Ein Anti-Platonist kann nämlich nicht behaupten, dass sich Wissen auf einen allgemeinen, ewig existierenden Gegenstand bezieht; und ein Anti-Solipsist kann nicht die Auffassung vertreten, dass sich Wissen auf eine nur im eigenen Intellekt existierende Entität bezieht. Daher legt sich die Lösung nahe, eine besondere Entität anzunehmen, die in einer Fundierungsrelation zu individuellen, materiellen Gegenständen steht.

Trotz dieser geschickten Vermeidung zweier Extrempositionen ist Aureolis Lösungsvorschlag nicht unproblematisch. Er wirft die Frage auf, wie sich denn der intentionale Gegenstand von mentalen Entitäten unterscheidet, wenn er doch vom Intellekt „festgesetzt wird" und aus dem intellektuellen Akt „hervorgeht", wie Aureoli ausdrücklich sagt.[72] Ist nicht alles, was aus einem intellektuellen Akt hervorgeht, selbst etwas Intellektuelles bzw. Mentales? Diese Frage erfordert eine differenzierte Antwort. Als Produkt des Intellekts ist der intentionale Gegenstand sicherlich nicht eine materielle Entität; er gehört in den Bereich des Intellektuellen bzw. Mentalen. Innerhalb dieses Bereichs sind aber zwei Typen von Entitäten zu unterscheiden.[73] Es gibt einerseits Entitäten, die *subjektiv* im Intellekt existieren. Sie existieren in ihm so, wie Farben in einer Wand existieren, nämlich als Qualitäten in einem Subjekt. Auf diese Weise existieren Akte und intelligible Species im Intellekt. Und natürlich hat jeder Intellekt als individuelles Subjekt seine eigenen Qualitäten, die subjektiv in ihm existieren. Andererseits gibt es Entitäten, die *objektiv* im Intellekt existieren; sie existieren in ihm als kognitive Objekte. So betrachtet produziert zwar jeder individuelle Intellekt seine eigenen Objekte, aber mehrere Intellekte können gleichartige Objekte produzieren.

---

[71] *Scriptum* I, dist. 27, pars 2, art. 2 (Ms. Borgh. 329, fol. 301rb): „Si ergo ista [sc. obiecta] fuerint actus vel species, et ibi sistitur, numquam disputamus nec habemus scientiam de rebus quae sunt extra et sumus caeci circa ea."
[72] Vgl. die in Anm. 62 zitierten Stellen.
[73] Vgl. *Scriptum*, dist. 9, q. 1, art. 1 (Ms. Borgh. 329, fol. 167va-168vb).

Das bereits erwähnte moderne Beispiel mit dem Fernseher möge diesen wichtigen Punkt veranschaulichen.

Wenn wir im Fernsehen den amerikanischen Präsidenten sehen, so sehen wir etwas, was auf eine gewisse Weise im Fernsehgerät ist. Dort gibt es aber zwei Arten von Entitäten. Einerseits finden sich im Fernsehgerät Bildröhren, Kabel, eine Mattscheibe usw. All dies sind Bestandteile des Fernsehgeräts, und jedes Gerät hat natürlich seine eigenen Bestandteile. Andererseits gibt es im Fernseher eine Darstellung des amerikanischen Präsidenten. Wenn mehrere Fernsehgeräte zu einer bestimmten Zeit auf einem bestimmten Kanal eingestellt sind, ist überall die gleiche Darstellung zu sehen. Und genau darauf konzentrieren wir uns, wenn wir fernsehen. In Aureolis Terminologie ausgedrückt heißt dies: Die Bildröhren, Kabel usw. haben eine subjektive Existenz im Fernseher; die Darstellung des Präsidenten hingegen hat eine objektive Existenz. Was wir sehen bzw. was wir in einem intellektuellen Akt erfassen, ist das, was eine objektive Existenz hat.

Mit dieser Erklärung lässt sich das aufgeworfene Problem lösen. Was vom Intellekt „festgesetzt" wird, gehört zwar in einem gewissen Sinn zum Bereich des Intellektuellen bzw. Mentalen, aber eben nur als Objekt des Intellekts und nicht als ein individueller Bestandteil des Intellekts. Es hat nur eine objektive und nicht eine subjektive Existenz. Diese Erklärung wirft aber sogleich ein weiteres Problem auf: Wenn das, was der Intellekt festsetzt und erfasst, objektive Existenz hat, scheint es unmöglich zu sein, dass sich der Intellekt auf materielle Gegenstände in der Welt – auf Gegenstände mit realer Existenz – bezieht. Wann immer der Intellekt an etwas denkt, etwas überlegt oder über etwas Schlüsse zieht, richtet er sich nur auf intentionale, objektiv existierende Gegenstände. Damit scheint aber jeder Bezug zur materiellen Welt verloren zu gehen.

Auf diesen Einwand ist zunächst zu erwidern, dass der intentionale Gegenstand immer auf einem oder auf mehreren realen Gegenständen beruht. Aufgrund dieser Fundierungsrelation besteht ein Bezug zur materiellen Welt. Wer also an eine Rose denkt und ein Wissen von einer Rose hat, bezieht sich zwar primär auf eine intentionale Rose. Diese ist aber nicht einfach ein beliebiges Produkt des Intellekts, sondern ein Produkt, das unmittelbar auf materiellen Rosen beruht.[74] An einigen Stellen erklärt

---

[74] Es ist zu beachten, dass in diesem Fall eine *unmittelbare* Fundierung vorliegt. Wenn jemand hingegen an eine Chimäre denkt, besteht nur eine mittelbare Fundierung. Es gibt in der materiellen Welt ja keine Chimären, sehr wohl aber einzelne Tiere, die eine Person miteinander verbinden kann, sodass sie daraus ein fiktives Tier mit intentionaler Existenz zu bilden vermag.

§ 25 *Die Präsenz des Gegenstandes*

Aureoli das Verhältnis zwischen intentionalem und realem Gegenstand als eine Relation, die sogar noch enger ist als eine Fundierungsrelation. Gegenüber jenen Kritikern, die ihm vorwerfen, seiner Position zufolge erfasse der Intellekt nur noch „innere", selbst produzierte Gegenstände, hält er fest:

„Es ist nämlich wahr, dass sich das intellektuelle Erfassen auf die äußeren Gegenstände richtet, jedoch nicht mit jenem Sein [sc. einem materiellen Seinsmodus], weil wir dann nur Partikuläres verstehen würden. Daher ist es notwendig, dass die äußeren Gegenstände durch den Akt des Intellekts ein gewisses Sein erlangen. Und so ist der Gegenstand, der in dem gebildeten Sein [sc. im intentionalen, erscheinenden, objektiven Sein] festgesetzt wurde, nichts anderes als der äußere Gegenstand mit einem anderen Seinsmodus."[75]

Aureoli betont, dass man keine Trennung zwischen intentionalem und realem Gegenstand vornehmen darf:

„Der in objektivem Sein festgesetzte Gegenstand, z. B. die erscheinende Rose, kann vom Intellekt nicht in einen Gegenstand und in ein passives Erscheinen wie in zwei Dinge aufgeteilt werden. Vielmehr wird die Rose, die als Objekt präsent ist, als ein ganz einfacher Gegenstand gesehen. So kann auch das intellektuelle Erfassen der Rose, das ja ein gewisses aktives Aufleuchten ist, das die Gegenstände zum Leuchten bringt, und ein gewisses aktives Erscheinen, durch das ein Gegenstand erscheint, nicht objektiv ohne diese Aktivität verstanden werden."[76]

„... eine Intention ist das passive Erfassen eines Gegenstandes, dem sich der erfasste Gegenstand ununterscheidbar beimischt. Der erfasste Gegenstand und sein passives Erfassen sind nämlich ein und dasselbe, ohne dass es irgendeinen Unterschied gibt..."[77]

Offensichtlich erfasst der Intellekt nicht bloß einen intentionalen Gegenstand bzw. eine Intention, ohne dabei auch einen Zugang zum realen Gegenstand zu haben. Er erfasst vielmehr einen intentionalen Gegenstand, der nichts anderes ist als ein „Erscheinen" des realen Gegenstandes bzw. als der reale Gegenstand mit einem anderen Seinsmodus. Aureoli wehrt

---

[75] *Scriptum*, dist. 27, pars 2, art. 2 (Ms. Borgh. 329, fol. 302va-vb): „Verum est enim quod intellectio terminatur ad res quae sunt extra non tamen sub illo esse, quia non intelligeremus nisi particularia. Unde necesse est quod res extra per actum intellectus capiant quoddam esse. Et ita res posita in esse formato non est aliquid aliud quam res extra sub alio modo essendi."

[76] *Scriptum*, dist. 9, q. 1, art. 1 (ed. Vanni-Rovighi 1978, 291): „Sicut enim res posita in esse obiectali, puta rosa apparens, non potest resolvi per intellectum in rem et apparitionem passivam tamquam in duo: immo rosa quae obiicitur videtur omnino simplex. [...] sic intellectio rosae, cum sit quaedam activa relucentia faciens res lucere et quaedam activa apparitio qua res apparet, obiective non potest concipi sine ista activitate."

[77] *Scriptum*, dist. 23, n. 63 (ed. Perler 1994b, 262): „... intentio est rei passiva conceptio cui miscetur indistinguibiliter res concepta. Sunt enim res concepta et sua passiva conceptio idem per omnimodam indistinctionem..." Vgl. weitere Stellen in Friedman 1999, 425-427.

sich ausdrücklich gegen den Versuch, eine Welt der intentionalen Gegenstände von einer Welt der realen Gegenstände abzukoppeln. Mit seinem Rekurs auf intentionale Gegenstände will er nicht einen Bereich von Entitäten einführen, die von den realen Gegenständen getrennt sind, sondern einen Bereich der auf intentionale Weise präsenten Gegenstände.

Die Rede von einer besonderen Existenzart oder einem Seinsmodus (*modus essendi*) bedarf allerdings einer Erklärung. Was heißt es, dass der Gegenstand mit einem anderen Seinsmodus im Intellekt ist als in der materiellen Welt? Man könnte dies zunächst im Sinn einer Identitätstheorie verstehen. Dies würde bedeuten, dass Aureoli ein und derselben Natur eines Gegenstandes unterschiedliche Existenzweisen zuschriebe. Außerhalb des Intellekts schriebe er ihr eine individuierte, materielle Existenz zu, innerhalb des Intellekts hingegen eine allgemeine, immaterielle Existenz. So würde er zwei Seinsmodi für eine einzige Natur annehmen. Eine solche Identitätstheorie setzt aber eine universalienrealistische Position voraus, wie die Diskussion der Position Thomas von Aquins (vgl. §§ 7-9) gezeigt hat. Denn nur wenn eine universale Natur mit unterschiedlichen Instantiierungen angenommen wird, lässt sich die These vertreten, dass ein und dieselbe Natur außerhalb des Intellekts und im Intellekt existieren kann. Aureoli lehnt jedoch den Universalienrealismus ab. Er nimmt in der Universaliendiskussion einen dezidiert konzeptualistischen Standpunkt ein.[78] Daher kann seine Rede von einem besonderen Seinsmodus kaum im Sinne einer Identitätstheorie verstanden werden.[79] Berücksichtigt man jedoch seine wiederholte Aussage, dass der Intellekt den intentionalen Gegenstand erschafft oder „festsetzt", lässt sie sich so deuten, dass der Intellekt einen Gegenstand produziert, der zwar *numerisch* vom realen Gegenstand verschieden ist und einem anderen ontologischen Bereich zugehört, aber vollständig auf dem realen Gegenstand beruht und – zumindest bei einer korrekten Kognition – *qualitativ* vollständig mit diesem übereinstimmt. Was der Intellekt erfasst, ist dann

---

[78] Vgl. Dreiling 1913, 86-172. Wie Friedman 1999 gegenüber Dreiling zu Recht betont, beruhen die universalen Begriffe allerdings unmittelbar auf extramentalen Gegenständen. Sie sind keineswegs bloße Produkte des Intellekts. Zu Aureolis Individualontologie vgl. auch Friedman 2000.

[79] Dies ist gegen Denery 1998, 44, einzuwenden, der behauptet: „... the correspondence of a thing and its appearance, as Aureol makes clear, is a correspondence through identity." Eine Identität im strengen Sinne wäre nur möglich, wenn es zwei Instantiierungen ein und derselben Form gäbe. Denery 1998, 44-46, weist aber selber darauf hin, dass Aureoli die Annahme universaler Formen mit verschiedenen Instantiierungen ablehnt und sich in diesem Punkt von der Position des Thomas abgrenzt. Wenn hier von einer Identität die Rede sein kann, so höchstens im Sinne einer qualitativen Identität.

§ 25 Die Präsenz des Gegenstandes

nichts anderes als die intentionale Version des realen Gegenstandes. An einer Stelle bringt Aureoli dies deutlich zum Ausdruck:

„In jedem Verstehensakt geht etwas hervor und entsteht etwas, und zwar nichts anderes als der erkannte Gegenstand selbst mit einem gewissen objektiven Sein. Als solcher hat er die Aufgabe, die Ausrichtung des Intellekts festzulegen."[80]

Was im Akt produziert wird, ist nicht ein innerer Doppelgänger für den äußeren Gegenstand, sondern die intentionale Version dieses Gegenstandes.[81] Das Fernseh-Beispiel mag diesen wichtigen Punkt wiederum veranschaulichen.

Wenn wir im Fernsehen den amerikanischen Präsidenten sehen, so sehen wir streng genommen nicht den Menschen aus Fleisch und Blut. Wir sehen nur eine Darstellung des Präsidenten auf der Mattscheibe. Aber diese Darstellung stimmt in vielfacher Hinsicht mit dem lebendigen Menschen überein, sodass wir auf die Mattscheibe zeigen und sagen können: „Schau, da ist der amerikanische Präsident!" Die Darstellung auf der Mattscheibe ist nichts anderes als die mediale Version des realen Präsidenten.[82] Ähnlich verhält es sich mit dem intentionalen Gegenstand. Wenn wir mitten im Winter an eine Rose denken, so denken wir streng genommen bloß an eine intentionale Rose; vor uns steht ja keine blühende Rose. Aber die intentionale Rose stimmt in vielfacher Hinsicht mit einer realen Rose überein, sodass wir sagen können: „Ich denke an eine Rose", nicht bloß: „Ich denke an eine intentionale Rose". Würde uns plötzlich eine reale Rose gezeigt, könnten wir sagen: „Genau an eine solche Rose habe ich gedacht, nicht bloß an irgendein geistiges Duplikat."

Natürlich gibt es Fälle von kognitivem Irrtum, bei denen der intentionale Gegenstand nicht vollständig mit dem realen übereinstimmt. Diese Fälle verdeutlichen, dass die beiden Gegenstände keineswegs mit-

---

[80] *Scriptum* I, dist. 27, pars 2, art. 2 (Ms. Borgh. 329, fol. 300vb): „... in omni intellectione emanat et procedit non aliquid aliud sed ipsamet res cognita in quodam esse obiectivo secundum quod habet terminare intuitum intellectus."

[81] Biard 1999, 195, weist auf eine interessante Stelle in *Scriptum* I, dist. 35, hin, an der Aureoli sagt, man müsse zwischen zwei Betrachtungsweisen für einen Gegenstand unterscheiden: „Terminative" werde er betrachtet, insofern er in der Seele sei und intentionales bzw. erscheinendes Sein habe; „denominative" hingegen werde er betrachtet, insofern er außerhalb der Seele sei. Entscheidend ist dabei, dass es sich nicht um zwei distinkte Gegenstände handelt, sondern um zwei Betrachtungsweisen (oder auch Verstehensweisen) für ein und denselben Gegenstand. Der „terminative" betrachtete Gegenstand ist nichts anderes als die intentionale Version des „denominative" betrachteten Gegenstandes.

[82] Jeder kritische Fernsehzuschauer ist sich natürlich bewusst, dass die mediale Version eine geschönte Version ist und nicht vollständig mit der realen Person übereinstimmt. Dadurch ist er sich auch bewusst, dass trotz der angeblichen Identität zwischen medialer und realer Person eine numerische *und* eine qualitative Differenz besteht.

einander identisch sind. Aber trotzdem dürfen die beiden nicht vollständig voneinander getrennt werden. Das partielle Fehlen einer qualitativen Übereinstimmung hat nicht zur Folge, dass wir in einer Welt von intentionalen Gegenständen gefangen sind. Sie hat nur zur Folge (was freilich ein entscheidender Punkt ist), dass wir uns bewusst sein müssen, dass es eine mangelnde Übereinstimmung geben kann zwischen der Art und Weise, wie ein Gegenstand *ist*, und der Art und Weise, wie er uns in einem intellektuellen Akt *erscheint*. Die Korrektur kognitiver Irrtümer dient dazu, dieses Auseinanderklaffen zu beseitigen. Sie verfolgt aber nicht das Ziel, zwei vollständig getrennte Welten miteinander zu verbinden.

§ 26 Die Definition und Klassifikation der Intentionen

Aureoli zielt mit seinen Ausführungen über intentionale Gegenstände vor allem darauf ab, psychologisch und ontologisch zu erklären, was in einem Akt des Wahrnehmens oder Denkens unmittelbar präsent ist. In diesen Ausführungen spricht er zwar gelegentlich von Intentionen (*intentiones*),[83] aber meistens beschränkt er sich auf die Redeweise von Gegenständen mit intentionalem Sein (*res in esse intentionali*). Eine ausführliche Definition und Klassifikation der Intentionen findet sich jedoch bei seinem Zeitgenossen Hervaeus Natalis. Dieser französische Dominikaner, der wie Aureoli in Paris lehrte, verfasste zwischen 1309 und 1316 einen ausführlichen Traktat *De secundis intentionibus*. Bei diesem Text handelt es sich um die erste mittelalterliche Schrift, die sich ausschließlich dem Problem der Intentionalität widmet.[84] Eine Beschäftigung mit diesem Text ist zum einen gewinnbringend, weil Hervaeus darin verschiedene Aspekte der Intentionalitätsproblematik, die seit dem späten 13. Jh. diskutiert wurden, zusammenführt und systematisch ordnet. Zum anderen ist eine kurze Analyse des Textes aber auch von Interesse, weil Hervaeus darin gewisse Thesen vertritt, die Aureoli zu einer Kritik und zu einer präziseren Formulierung seiner eigenen Position provoziert haben. Daher sollen im Folgenden jene Punkte betont werden, die zu einer Auseinandersetzung zwischen Hervaeus und Aureoli geführt haben.

---

[83] Vor allem in *Scriptum*, dist. 23, wo er die klassische Frage diskutiert, ob *persona* eine erste oder eine zweite Intention sei. Vgl. zu dieser Ausgangsfrage, an der sich auch Aureolis Zeitgenossen orientierten, Pinborg 1974.
[84] Von dieser wichtigen Schrift liegt noch keine kritische Edition vor. Ich stütze mich im Folgenden auf die Hs. Wien, Nationalbibliothek 2411. Zur Datierung vgl. Pinborg 1974, 54; zur Biographie des Hervaeus Natalis siehe Roensch 1964, 106-117.

§ 26 Die Definition und Klassifikation der Intentionen

Hervaeus eröffnet seine Abhandlung mit einer detaillierten Erklärung der verschiedenen Verwendungsweisen von ‚Intention'.[85] Er sagt, mit diesem Ausdruck bezeichne man einerseits etwas, was sich auf den Willen bezieht, nämlich den Willensakt selbst oder die Sache, die gewollt wird. Andererseits bezeichne man damit auch etwas, was sich auf den Intellekt bezieht. Diese Unterscheidung ist nicht neu. Bereits Scotus wies darauf hin, dass ‚Intention' ein äquivoker Ausdruck ist, der sowohl in der Motivations- und Handlungstheorie (mit Bezug auf den Willen) als auch in der Kognitionstheorie (mit Bezug auf den Intellekt) verwendet wird.[86] Im vorliegenden Kontext ist vor allem die Erklärung von ‚Intention' mit Bezug auf den Intellekt von Bedeutung. Hervaeus hält fest, man müsse hier wieder eine Unterscheidung treffen. Einerseits werde nämlich unter einer Intention, d. h. unter dem Signifikat von ‚Intention', das verstanden, was den Intellekt zur Erkenntnis eines Gegenstandes führt. Dies könne ein Akt, eine intelligible Species oder ein Begriff sein. Andererseits könne darunter auch der Gegenstand selbst verstanden werden, insofern er vom Intellekt verstanden und erkannt wird. Dabei müsse man wiederum zwischen dem verstandenen Gegenstand selbst, der „materialen und konkreten Intention", und der Relation des verstandenen Gegenstandes zum Verstehensakt, der „formalen und abstrakten Intention", unterscheiden. Diese mehrfachen Unterscheidungen lassen sich folgendermaßen schematisch darstellen:

1. Intention mit Bezug auf den Willen
   1.1 Willensakt
   1.2 gewollter Gegenstand
2. Intention mit Bezug auf den Intellekt
   2.1 Entität im Intellekt, die das Verstehen und Erkennen eines Gegenstandes ermöglicht
       (= Akt, Species, Begriff)
   2.2 Entität im verstandenen und erkannten Gegenstand
       2.2.1 Gegenstand selbst, insofern er verstanden wird
             (= materiale und konkrete Intention)
       2.2.2 Relation des Gegenstandes, insofern er verstanden wird, zum Verstehensakt
             (= formale und abstrakte Intention)

---

[85] Vgl. *De secundis intentionibus*, dist. 1, q. 1 (fol. 1rb-vb).
[86] Vgl. *Reportatio Parisiensis* II, dist. 13, q.u. (Vivès XXIII, 44); vgl. zu dieser Stelle Verhulst 1975.

An diesem Schema fällt natürlich auf, dass eine gewisse Analogie zwischen dem Willen und dem Intellekt besteht. Denn genau wie beim Willen zwischen dem Akt und dem, worauf sich der Akt bezieht, unterschieden wird, findet sich auch beim Intellekt eine Differenzierung zwischen dem Akt (oder einer anderen Entität im Intellekt) und dem, worauf sich der Akt richtet. Damit weist Hervaeus von Anfang an jene Ansätze zurück, die unter einer Intention nur etwas Intendierendes und nicht auch etwas Intendiertes verstehen. Er insistiert darauf, dass stets beide Aspekte zu berücksichtigen sind. Weiter fällt auf, dass Hervaeus mit Bezug auf den Intellekt mehrere Entitäten – unter ihnen auch die intelligiblen Species – zulässt, die das Verstehen und Erkennen eines Gegenstandes ermöglichen. Er wendet sich ausdrücklich gegen die Kritiker der Species-Theorie, die behaupten, die alleinige Präsenz des Aktes reiche aus, damit ein Gegenstand verstanden und erkannt werden könne.[87] In einer Erklärung der Erkenntnismittel muss man seiner Ansicht nach verschiedene kognitive Entitäten beachten. Der Erkenntnisakt ist eine dieser Entitäten, aber nicht die einzige.

Am augenfälligsten ist freilich, dass Hervaeus behauptet, hinsichtlich des verstandenen und erkannten Gegenstandes sei nicht nur der Gegenstand selbst, sondern auch eine „Relation des verstandenen Gegenstandes zum Verstehensakt" zu berücksichtigen.[88] Was ist darunter zu verstehen? Diese Frage lässt sich am besten anhand eines Beispiels beantworten. Wenn ich an eine Rose denke, gibt es – vorausgesetzt, ich konzentriere mich auf das, woran ich denke, und nicht auf das, womit ich denke – einerseits die verstandene Rose. Diese ist nicht einfach die Rose an sich betrachtet, sondern die Rose, insofern sie von meinem Intellekt intendiert wird: die Rose *qua* verstandene Rose. Wenn ich keinen Akt auf die Rose richte, gibt es keine Rose *qua* verstandene Rose, sondern nur die Rose an sich. Damit aber mein Erkenntnisakt, der sich in meinem Intellekt befindet, überhaupt etwas außerhalb des Intellekts intendieren kann, muss eine Relation zwischen der Rose und meinem Akt hergestellt werden. Nur aufgrund dieser Relation ist es mir möglich, mit meinem Akt gleichsam in etwas einzuhaken. Daher ist zusätzlich zu der

---

[87] In einer separaten Abhandlung (Bestandteil von *De quatuor materiis*) richtet er sich dabei vor allem gegen Heinrich von Gent und verteidigt nachdrücklich die Existenz der intelligiblen Species. Vgl. *De intellectu et specie* (ed. Stella 1959, 142-144).

[88] Hervaeus spricht von einer „habitudo rei intellectae ad actum intelligendi"; vgl. *De secundis intentionibus*, dist. 1, q. 1 (fol. 1va). An einigen Stellen (etwa in q. 2, fol. 4rb) nennt er diese Relation auch „intentionalitas", um sie vom verstandenen Gegenstand, der „intentio", zu unterscheiden.

§ 26 Die Definition und Klassifikation der Intentionen

Rose *qua* verstandener Rose, der sog. konkreten Intention, eine Relation der Rose zu meinem Akt, eine sog. abstrakte Intention, erforderlich. Nur wenn eine konkrete und eine abstrakte Intention vorliegen, gelingt es mir, mich auf etwas zu beziehen.

Für Hervaeus ist es entscheidend, dass wir immer die konkrete und die abstrakte Intention in den Blick nehmen müssen, wenn wir erklären wollen, woran wir denken.[89] Obwohl wir nämlich bestimmte kognitive Entitäten – insbesondere die intelligiblen Species – benötigen, um an etwas denken zu können, sind diese Entitäten doch nicht das, worauf wir uns primär beziehen. Sie sind nicht mehr als ein Mittel zum Denken und nur dann von Interesse, wenn wir in einer kognitionstheoretischen Untersuchung erklären wollen, wie es uns überhaupt gelingt, uns auf etwas zu beziehen. Doch wenn wir über das sprechen wollen, woran wir denken, müssen wir von ihnen absehen. Diese These ist freilich nicht neu. Sie findet sich bereits bei Thomas von Aquin, der darauf hinwies, dass sorgfältig zwischen dem Mittel (*medium quo*) und dem Zielpunkt (*terminus ad quem*) einer Kognition unterschieden werden muss.[90] Es ist freilich bemerkenswert, dass Hervaeus diese These zu Beginn des 14. Jhs., also nach Petrus Johannis Olivis und Heinrich von Gents Kritik an der Species-Theorie, nochmals bekräftigt. Indem er betont, dass die Species nur kognitive Hilfsmittel sind, wendet er sich gegen die Auffassung, die Species seien innere Objekte und eine Art von Schleier, der sich zwischen den Intellekt und die äußeren Gegenstände legt. Für Hervaeus steht fest, dass die Species nicht wie ein Schleier die äußeren Gegenstände verhüllen, sondern sie im Gegenteil enthüllen, indem sie diese kognitiv zugänglich machen. Aber sie dienen eben nur dazu, Gegenstände zu kognitiven Objekten zu machen und sind – abgesehen von reflexiven kognitiven Tätigkeiten – selber keine derartigen Objekte.

Hervaeus' These, dass sich ein Denkakt auf den Gegenstand *qua* verstandenen Gegenstand richtet, wirft allerdings sogleich die Frage auf, um was für eine Entität es sich dabei handelt. Ist dies einfach der materielle Gegenstand, insofern er in einer Relation zum Intellekt steht? Oder handelt es sich dabei um einen besonderen Gegenstand? Hervaeus beantwortet diese Frage ähnlich wie Petrus Aureoli, nämlich indem er festhält,

---

[89] Vgl. *De secundis intentionibus*, dist. 1, q. 1 (fol. 2rb). Hervaeus betont an dieser Stelle, dass auch in einer metalogischen Betrachtung genau diese Intentionen von Bedeutung sind. Wenn wir nämlich bestimmen wollen, wovon die Logik handelt, müssen wir uns auf bestimmte Denkobjekte und nicht auf Denkmittel konzentrieren.
[90] Vgl. *ST* I, q. 85, art. 2; ausführlich dazu § 6.

dieser Gegenstand sei im Intellekt und daher nicht identisch mit dem materiellen Gegenstand. Doch was im Intellekt sei, könne auf zwei Arten dort existieren:

„Es ist also zu wissen, dass man auf zweifache Weise sagt, etwas sei im Intellekt, nämlich auf subjektive und auf objektive Weise. Man sagt, auf *subjektive* Weise sei das im Intellekt, was in ihm als in einem Subjekt ist. Auf diese Weise sagt man, die Species, die Verstehensakte und die Wissensdispositionen seien im Intellekt. Auf eine andere Weise sagt man, etwas sei auf *objektive* Weise im Intellekt. Und dies sagt man einerseits von dem, was direkt das vom Intellekt erkannte Objekt ist. Auf diese Weise ist all das, was vom Intellekt erkannt wird (wieviel auch immer es außerhalb des Intellekts sein mag, subjektiv gesprochen), objektiv im Intellekt. [...] Andererseits sagt man, etwas sei objektiv im Intellekt, weil es einem Gegenstand folgt, insofern er objektiv im Intellekt ist, wie z. B. das von Sokrates und von Platon abstrahierte Sein dem jeweiligen Menschen folgt, insofern er objektiv im Intellekt ist."[91]

Hervaeus formuliert hier prägnant jene Unterscheidung, die sich auch bei Petrus Aureoli findet (vgl. § 25). Damit zielt er genau wie Aureoli auf den entscheidenden Punkt ab, dass nicht alles, was im Intellekt ist, bloß ein Bestandteil des Intellekts ist. Wenn jemand etwa an eine Rose denkt, so denkt er an einen Gegenstand, der *qua* Denkobjekt im Intellekt ist, aber trotzdem nicht nur einen Bestandteil (technisch gesprochen: eine Qualität) des Intellekts bildet. Daher insistiert Hervaeus darauf, dass das, woran jemand denkt, auf objektive und nicht auf subjektive Weise im Intellekt ist. Es ist bemerkenswert, dass Hervaeus betont, alles Mögliche könne auf diese Weise im Intellekt sein, auch das, was außerhalb des Intellekts bloß eine subjektive Existenz hat. Konkret heißt dies: Die weiße Farbe einer Wand hat außerhalb des Intellekts eine subjektive Existenz, denn sie existiert als eine Qualität in einem bestimmten Subjekt. Wenn aber jemand an diese Farbe denkt, hat sie für diese Person eine objektive Existenz. Die Rede von einer objektiven Existenz sagt also nichts darüber aus, wie etwas außerhalb des Intellekts existiert. Es ist nicht entscheidend, ob etwas außerhalb des Intellekts als unabhängige Entität (wie die Wand) oder als von einem Subjekt abhängige Entität

---

[91] *De secundis intentionibus*, dist. 1, q. 1 (fol. 1vb-2ra): „Sciendum ergo quod aliquid dicitur esse in intellectu dupliciter, scilicet subiective et obiective. Subiective dicitur in intellectu illud quod est in eo sicut in subiecto; et isto modo species, actus intelligendi et habitus scientiae dicuntur esse in intellectu. Alio modo dicitur aliquid esse in intellectu obiective. Et hoc dicitur uno modo sicut illud quod directe est obiectum cognitum ab intellectu. Et isto modo omne illud quod est cognitum ab intellectu quantumcumque sit extra intellectum subiective loquendo, est in intellectu obiective. [...] Alio modo dicitur aliquid esse obiective in intellectu quia scilicet consequitur rem prout est obiective in intellectu, sicut esse abstractum a Sorte et Platone consequitur hominem prout est obiective in intellectu."

(wie die Farbe) existiert. Ebenso wenig ist es von Bedeutung, ob etwas als materielle Entität (wie die Rose) oder als immaterielle Entität (wie ein Engel), als zeitlich begrenzte Entität (wie ein Mensch) oder als ewige Entität (wie Gott) existiert. Entscheidend ist einzig und allein, dass etwas *als Objekt des Intellekts* existiert.

Hervaeus betont freilich, dass man in den meisten Fällen an etwas denkt, was eine Grundlage außerhalb des Intellekts hat. Daher unterscheidet sich das Denkobjekt nicht von einem Gegenstand mit realem Sein.[92] Auch in diesem Punkt besteht eine Übereinstimmung mit der Position Aureolis. Denn genau wie Aureoli betont auch Hervaeus, dass das Denkobjekt in den meisten Fällen nicht etwas Fiktives ist, das vom Intellekt erfunden wurde und ausschließlich als Objekt des Intellekts existiert.[93] Wenn wir an eine Wand oder an eine Rose denken, so denken wir an etwas, was *qua* Denkobjekt zwar nur eine objektive Existenz im Intellekt hat und vom materiellen Gegenstand zu unterscheiden ist. (Selbst wenn es in der materiellen Welt keine Wand und keine Rose mehr gäbe, könnten wir ja noch an eine Wand und an eine Rose denken, denn die Denkobjekte können auch dann objektiv im Intellekt existieren, wenn keine materiellen Gegenstände mehr existieren.) Aber dennoch denken wir an etwas, was im Normalfall in einer Fundierungsrelation zu materiellen Gegenständen steht und sich nicht von diesen unterscheiden lässt. Indem Hervaeus diesen Punkt betont, kann er genau wie Aureoli einen extremen Phänomenalismus vermeiden. Wir sind nicht in einer Welt von Phänomenen gefangen, die nur im Intellekt existieren, sondern wir haben Zugang zu objektiv (oder intentional) existierenden Gegenständen, die unmittelbar auf materiellen Gegenständen beruhen und mit diesen qualitativ identisch sind. Daher sagt Hervaeus nicht, wir würden die Existenz äußerer Gegenstände bloß vermuten oder ausgehend von objektiv existierenden Gegenständen auf äußere Gegenstände schließen. Wir erfassen die äußeren Gegenstände vielmehr, *indem* wir die objektiv existierenden erfassen; die objektiv existierenden Gegenstände sind nichts anderes als eine intentionale Version der äußeren Gegenstände.

---

[92] *De secundis intentionibus*, dist. 1, q. 1 (fol. 1va-vb): „Intentio autem prima quae se tenet ex parte rei intellectae, quantum ad illud quod concretive et materialiter dicit, non distinguitur contra esse reale, quia illud quod intelligitur (quantum ad primum genus intelligibilium saltem) quandoque est res vera extra animam ut albedo, nigredo et consimilia."
[93] Freilich gibt es auch fiktive Entitäten (Chimären, Bockhirsche usw.), die eine objektive Existenz im Intellekt haben. Hervaeus zählt sie in *De secundis intentionibus*, dist. 1, q. 5 (fol. 8rb), ausdrücklich zu den ersten Intentionen. Doch sie bilden nur eine Teilklasse der ersten Intentionen und entstehen dadurch, dass der Intellekt verschiedene Gegenstände miteinander kombiniert.

(Zum Vergleich: Wenn wir im Fernsehen eine uns bekannte Person sehen, schließen wir nicht einfach auf diese Person. Wir sehen sie vielmehr, *indem* wir ihre Darstellung im Fernsehen erfassen. Was wir sehen, ist nichts anderes als eine mediale Version der Person.)

In einem wichtigen Punkt weicht Hervaeus freilich von der Position Aureolis ab. Er behauptet, dass nicht nur das, was unmittelbares Objekt des Intellekts ist, objektive Existenz hat, sondern auch das, was „einem Gegenstand folgt, insofern er objektiv im Intellekt ist".[94] Damit meint er nichts anderes als eine universale Natur, z. B. die Natur des Mensch-seins, die Sokrates oder Platon folgt, insofern diese Individuen objektiv im Intellekt sind. Eine solche Natur lässt sich nämlich von den jeweiligen Individuen abstrahieren. Wenn von objektiv existierenden Gegenständen die Rede ist, müssen somit zwei Typen von Gegenständen unterschieden werden: (a) individuelle Gegenstände *qua* Denkobjekte und (b) universale Gegenstände *qua* Denkobjekte. In dieser Unterscheidung manifestiert sich eine fundamentale Meinungsverschiedenheit zwischen Hervaeus und Aureoli. Als Universalienrealist geht Hervaeus davon aus, dass es universale Naturen gibt, die in der materiellen Welt instantiiert sind, und dass diese zu Denkobjekten werden können. Freilich können sie nicht auf Anhieb erfasst werden, sondern nur, wenn sie von den Individuen, in denen sie instantiiert sind, abstrahiert werden. Daher setzt die Existenz von (b) immer die Existenz von (a) voraus. Dies ändert aber nichts daran, dass die Existenz von (b) grundsätzlich möglich ist. Für den Universalienkonzeptualisten Aureoli hingegen ist (b) prinzipiell unmöglich, zumindest wenn darunter die Existenz von universalen Naturen und nicht bloß von universalen Begriffen verstanden wird. Seiner Ansicht nach können durch einen Vergleich ähnlicher Individuen höchstens Begriffe gebildet werden, die dann auf diese Individuen anwendbar sind. Es lassen sich aber keine universalen Naturen abstrahieren. Daher betont Aureoli, dass das Mensch-sein nur ein Begriff ist, der vom Intellekt produziert wird, nicht aber eine von Sokrates oder Platon abstrahierbare Natur.[95] Und wenn wir an das Mensch-sein denken, beziehen wir uns nur auf diesen Begriff, nicht auf eine Natur.

Noch in einem weiteren Punkt besteht eine Differenz zwischen den beiden Autoren. Neben dem Gegenstand *qua* Denkobjekt, der sog. materialen und konkreten Intention, nimmt Hervaeus auch eine Relation

---

[94] Vgl. Anm. 91.
[95] *Scriptum*, dist. 23, n. 17 (fol. 261ra; ed. Perler 1994b, 247): „Sed manifestum est quod ratio hominis et animalis prout distinguitur a Sorte est fabricata per intellectum, nec est aliud nisi conceptus obiective formatus."

§ 26 *Die Definition und Klassifikation der Intentionen* 301

dieses Gegenstandes zum Denkakt an, eine sog. formale und abstrakte Intention. Nur dank dieser Relation kann der Denkakt gleichsam in den Gegenstand einhaken. Doch genau diese These lehnt Aureoli entschieden ab. Seiner Ansicht nach reicht es aus, drei Entitäten anzunehmen, nämlich (1) die kognitiven Hilfsmittel (Akt, Species usw.), (2) den materiellen Gegenstand und (3) den intentionalen, objektiv existierenden Gegenstand. Eine zusätzliche relationale Entität, die (1) mit (3) verbindet, hält er für überflüssig. Warum? Ein Grund, den er freilich nicht explizit formuliert, liegt darin, dass er grundsätzlich relationale Entitäten ablehnt.[96] Er nimmt in seinem ontologischen Programm nur absolute Entitäten an, die vom Intellekt in Beziehung zueinander gestellt werden können. Dadurch ist der Intellekt imstande, relationale Begriffe zu bilden. Aber so entstehen eben nur relationale Begriffe im Intellekt und nicht relationale Entitäten, die gleichsam zum Inventar der Welt gehören.[97]

Neben diesem prinzipiellen Grund bewegen Aureoli noch andere Gründe dazu, Hervaeus' Annahme einer formalen und abstrakten Intention zu verwerfen.[98] Er erhebt den Vorwurf, Hervaeus mache eine falsche Annahme, wenn er behaupte, es müsse etwas geben, was den Denkakt mit einem Gegenstand verbinde.[99] Der Intellekt sei nämlich in der Lage, einen Denkakt auf einen beliebigen Gegenstand zu richten, diesem intentionales bzw. objektives Sein zu verleihen und ihn dadurch zu einem Denkobjekt zu machen. Für diese Tätigkeit des Intellekts sei keine zusätzliche relationale Entität erforderlich.

Offensichtlich prallen hier zwei Meinungen aufeinander. Während Hervaeus davon ausgeht, dass der Intellekt nur dann an etwas denken kann, wenn Denkakt und Denkobjekt durch eine relationale Entität miteinander verbunden werden, lehnt Aureoli eine derartige Entität ab und vertritt die Ansicht, dass der Intellekt mit einem Denkakt *direkt* auf ei-

---

[96] Vgl. Henninger 1989, 150-173.
[97] Freilich ist zu beachten, dass auch für Hervaeus die relationale Entität nur dann existieren kann, wenn auch die beiden Relationstermini – der Akt des Intellekts und der verstandene Gegenstand – existieren. Die sog. abstrakte und formale Intention ist also eine Entität, die nicht „an sich" zum Inventar der Welt gehört, sondern in Abhängigkeit von anderen Entitäten existiert. Hervaeus betont in *De secundis intentionibus*, dist. 1, q. 1 (fol. 1vb), dass sie aufgrund der abhängigen Existenz nur ein „ens rationis distinctum contra esse reale" im Intellekt ist.
[98] In *Scriptum*, dist. 23, diskutiert Aureoli die Position des Hervaeus nach jener des Radulphus Brito als „secunda opinio", und er behauptet, sie weise zehn Fehler auf. In der Erörterung eines jeden Fehlers führt er mehrere Gegenargumente an. Ich konzentriere mich im Folgenden auf einige ausgewählte Argumente. Vgl. eine Edition und kurze Analyse der ganzen Diskussion in Perler 1994b.
[99] Vgl. *Scriptum*, dist. 23, n. 21 (ed. Perler 1994b, 247-248).

nen Gegenstand abzielen und ihn *direkt* zu einem Denkobjekt machen kann, indem er ihm einen besonderen ontologischen Status verleiht.[100] In diesem Aufeinanderprallen zweier Meinungen manifestiert sich allerdings nicht nur ein Dissens bezüglich der ontologischen Annahmen, zu denen sich die beiden Autoren verpflichten. Aureolis Einwand verdeutlicht auch, dass die beiden Autoren unterschiedliche Auffassungen von der Struktur intentionaler Akte haben. Für Aureoli steht fest, dass intentionale Akte wie Pfeile unmittelbar auf den Gegenständen auftreffen und diese zu Denkobjekten machen. Warum die Denkakte direkt auftreffen können, wird von Aureoli zwar nicht weiter erklärt. Da er seine Intentionalitätstheorie aber in einem aristotelischen Kontext entwickelt, würde er wahrscheinlich eine kausale Erklärung formulieren: Weil eine Person im Normalfall Sinneseindrücke von einem Gegenstand erhält und Phantasmata bildet, ist ihr Intellekt imstande, intentionale Denkakte zu vollziehen. Kausale Inputs und eine angemessene Verarbeitung dieser Inputs ermöglichen Denkakte, die direkt auf die Gegenstände abzielen, von denen die Inputs stammen. Hervaeus hingegen geht davon aus, dass die kausalen Inputs allein noch keine intentionalen Denkakte ermöglichen. Denkakte sind nämlich Entitäten im Intellekt, die von sich aus auf nichts abzielen. Sie können sich erst dann auf etwas außerhalb des Intellekts beziehen, wenn gleichsam eine Brücke zwischen ihnen und den Gegenständen geschaffen wird. Und diese Brücke wird von einer Relation – der formalen und abstrakten Intention – gebildet. Somit kritisiert Aureoli nicht einfach ein Detail in Hervaeus' Theorie, wenn er diese Relation ablehnt. Er stellt vielmehr einen fundamentalen Bestandteil dieser Theorie in Frage. Verkürzt ausgedrückt lautet sein Einwand: Braucht es wirklich eine besondere Relation, die den Akten des Intellekts eine Intentionalität verleiht, oder haben die Akte dieses Charakteristikum nicht schon dadurch, dass sie aufgrund kausaler Inputs zustande gekommen sind?

---

[100] Bezeichnenderweise sagt Aureoli nicht, der Intellekt erschaffe so etwas wie einen intentionalen Doppelgänger oder Stellvertreter für den äußeren Gegenstand. Er hält in *Scriptum*, dist. 23, n. 21 (ed. Perler 1994b, 248) vielmehr fest: „Nec ipse intellectus per aliquem alium actum dat eis tale esse nisi per illum per quod obiective ipsa attingit, ita ut ipsum attingere ex parte intellectus sit eis dare tale esse, et attingi ex parte rei sit tale esse recipere. Sed manifestum est quod tale esse non est nisi obiectivum et intentionale." Offensichtlich behauptet Aureoli, dass der Intellekt *den Gegenständen selbst* ein intentionales Sein gibt. Daher sollte man nicht von zwei vollkommen getrennten Arten von Gegenständen – von „äußeren", materiellen und „inneren", intentionalen – sprechen, sondern von zwei Seinsweisen der Gegenstände: An sich betrachtet haben sie materielles Sein; insofern sie vom Gegenstand erfasst und zu Denkobjekten gemacht werden, haben sie intentionales Sein.

§ 26 *Die Definition und Klassifikation der Intentionen* 303

Aureoli bringt noch einen weiteren Einwand gegen Hervaeus' Theorie vor.[101] Wenn wir an Sokrates und an dessen Mensch-sein denken, so stellt er fest, beziehen wir uns auf Sokrates, insofern er unser Denkobjekt ist, und ebenso auf das Mensch-sein, insofern es unser Denkobjekt ist. Wir beziehen uns aber nicht auf irgendeine Relation, die Sokrates und das Mensch-sein mit unserem Denkakt verbindet. Andernfalls könnte man ‚Sokrates ist ein Mensch' nicht denken, ohne dabei an eine Relation zu denken, die Sokrates und das Mensch-sein auf den Intellekt bezieht. Doch offensichtlich denken wir nicht an eine solche Relation, und ‚Sokrates ist ein Mensch' drückt nicht eine Relation aus. Also ist es überflüssig, zusätzlich zu Sokrates und zum Mensch-sein eine besondere Relation anzunehmen.

In diesem Einwand setzt Aureoli voraus, dass der Intellekt gleichzeitig auf die konkrete Intention (Sokrates bzw. Mensch-sein *qua* Denkobjekt) und auf die abstrakte Intention (die Relation, die das Denkobjekt mit dem Denkakt verbindet) abzielen muss. Ein solches zweifaches Abzielen ist natürlich ziemlich unplausibel. Der Intellekt bezieht sich nur auf diesen oder jenen Gegenstand, nicht aber auf eine Relation, die den jeweiligen Gegenstand mit dem Intellekt (oder genauer: mit einem Akt des Intellekts) verbindet. Würde Hervaeus tatsächlich behaupten, dass der Intellekt immer auf die konkrete *und* auf die formale Intention abzielen muss, wäre Aureolis Einwand sicherlich zutreffend. Die Erfahrung zeigt ja, dass wir uns im Normalfall nur auf Gegenstände beziehen. Erst wenn wir darüber nachdenken, wodurch uns Gegenstände präsent sind, beziehen wir uns auf bestimmte Relationen.

Es ist allerdings fraglich, ob Hervaeus tatsächlich behauptet, dass der Intellekt immer auf die konkrete und auf die formale Intention abzielt. Er vertritt nur die These, dass in einer Strukturanalyse sowohl die konkrete als auch die formale Intention berücksichtigt werden muss. Dies heißt aber nicht, dass er beide Arten von Intention zu den Objekten des Intellekts erklärt. Im Gegenteil: An einer Stelle sagt er explizit, die konkrete Intention sei das, worauf der Intellekt abziele, und die Relation sei das, was hinzugefügt werde und gleichsam die Ausrichtung des Intellekts festlege.[102] Damit verdeutlicht er, dass die Relation zwar ein zentrales Strukturelement ist, ohne das ein Akt gar nicht auf etwas abzielen

---

[101] Vgl. *Scriptum*, dist. 23, n. 29 (ed. Perler 1994b, 250).
[102] Vgl. *De secundis intentionibus*, dist. 1, q. 2, (fol. 4rb): „Et ideo oportet quod super rem quae intelligitur esse intentionem. Addit vel habitudinem rei intellectae ad actum intelligendi prout ipsum terminat, vel dicit ipsum actum intelligendi vel eius habitudinem ad rem intellectam. Quorum primum mihi videtur probabilius."

kann, dass dieses Element aber nicht das Objekt eines Aktes ist. Es ist eben nur etwas, was hinzugefügt wird. Ein modernes Beispiel möge diesen Punkt veranschaulichen.

Wenn wir erklären wollen, warum sich eine Fernsehkamera auf den amerikanischen Präsidenten richten und ihn darstellen kann, lautet die naheliegende Antwort: ganz einfach, weil die Kamera vor dem Präsidenten steht und weil sie ihn mittels einer bestimmten Technik zum Darstellungsobjekt machen kann. In unserer Erklärung rekurrieren wir (1) auf den Präsidenten, (2) auf die mit einer bestimmten Technik ausgestattete Kamera und (3) auf die Relation des Stehens-vor, die zwischen der Kamera und dem Präsidenten besteht. (3) mag vielleicht selbstverständlich erscheinen, ist es aber nicht. Wäre der Präsident nämlich in New York, die Kamera hingegen in Los Angeles, könnte sich die Kamera sicherlich nicht auf den Präsidenten richten. Daher gehört (3) als wichtiger Bestandteil zu unserer Erklärung. Trotzdem würden wir nicht sagen, dass sich die Kamera auf den Präsidenten *und* auf die Relation des Stehens-vor-dem-Präsidenten richtet. Was ermöglicht, dass sich die Kamera auf den Präsidenten richtet, ist nicht das, worauf sich die Kamera richtet.

Ähnlich verhält es sich auch mit Hervaeus' Theorie. Sie zielt auf den Punkt ab, dass in der Erklärung eines intentionalen Aktes immer (1) der intendierte Gegenstand, (2) der intendierende Akt und (3) eine Relation zwischen (1) und (2) angegeben werden müssen. Nur dank (3) kann der Akt gleichsam in den Gegenstand einhaken. Dies heißt aber nicht, dass (3) Objekt des intendierenden Aktes ist. Im Normalfall, d. h. abgesehen von reflexiven Akten, ist (1) das einzige Objekt. Daher würde Hervaeus Aureolis Einwand folgendermaßen zurückweisen: Wenn wir an Sokrates und an das Mensch-sein denken, so bezieht sich unser Intellekt in der Tat nicht auf eine Relation; Sokrates und das Mensch-sein sind unsere einzigen Objekte. Damit sich unser Intellekt aber überhaupt auf Sokrates und auf das Mensch-sein beziehen kann, ist eine Relation erforderlich, und zwar eine Relation, die nicht schon durch den intendierenden Akt selbst gegeben ist.

Ähnlich würde Hervaeus auch auf ein weiteres Argument Aureolis reagieren.[103] Aureoli stellt fest, die Definition eines Gegenstandes drücke aus, dass ein einziger Gegenstand intentional betrachtet eine Vielheit von Gegenständen ist. Die Definition drücke aber nicht eine besondere Relation des Gegenstandes zum Intellekt aus. Also sei ein Gegenstand ganz unabhängig von jeder Relation intentional betrachtet eine Vielheit von

---

[103] Vgl. *Scriptum*, dist. 23, n. 32 (ed. Perler 1994b, 251).

§ 26 Die Definition und Klassifikation der Intentionen

Gegenständen. Dieses äußerst komprimiert formulierte Argument lässt sich am besten anhand eines Beispiels erläutern: Die Definition eines Menschen drückt aus, dass ein Mensch ein vernunftbegabtes Lebewesen ist. Da in der Definition verschiedene Komponenten angegeben werden (das *genus proximum* „Lebewesen" und die *differentia specifica* „vernunftbegabt"), weist die Definition verschiedene intentionale Gegenstände auf. Man erfasst mit ihr den Menschen als ein Lebewesen und als etwas Vernunftbegabtes. Die Definition eines einzigen Gegenstandes beinhaltet also zwei intentionale Gegenstände. Sie beinhaltet aber keine Relation der beiden intentionalen Gegenstände zum Intellekt. Daher ist der Rekurs auf eine Relation überflüssig.

Dieses Argument ist sicherlich überzeugend, solange man nur darauf achtet, was in der Definition angegeben wird. Hervaeus könnte aber wie beim vorhergehenden Argument auch hier erwidern, dass man genau unterscheiden muss zwischen einer Strukturanalyse und einer Angabe der unmittelbaren Objekte. Die Objekte, die der Intellekt erfasst, wenn er die Definition formuliert, sind in der Tat nur das Lebewesen-sein und das Vernunftbegabt-sein. Wenn aber gefragt wird, wie es dem Intellekt überhaupt gelingt, diese Objekte zu erfassen, muss man auf eine Relation rekurrieren. Denn nur wenn das Lebewesen-sein und das Vernunftbegabt-sein in einer unmittelbaren Relation zum Intellekt stehen, kann er diese Komponenten erfassen und zur Formulierung der Definition verwenden. Kurzum: Was erforderlich ist, damit eine Definition überhaupt formuliert werden kann, ist nicht identisch mit dem, worauf man sich in der Definition bezieht. Daher zeigt Aureolis Einwand nur, dass der Rekurs auf eine Relation in der Formulierung der Definition unangebracht ist. Der Einwand zeigt aber nicht, dass der Rekurs auf eine Relation vollkommen überflüssig ist.

So liegt offensichtlich ein Dissens vor, der weit mehr als ein Detail der Intentionalitätstheorie betrifft. Für Hervaeus steht fest, dass wir intentionale Akte erst dann vollständig erklären können, wenn wir die jeweilige Relation berücksichtigen, die es ermöglicht, dass die Akte gleichsam in die Gegenstände einhaken können. Denn von sich aus können Akte in nichts einhaken und sich auf nichts beziehen. Gemäß Aureoli hingegen geben wir bereits dann eine vollständige Erklärung, wenn wir angeben, wie die Akte sich auf Gegenstände beziehen und sie zu Denkobjekten machen. Dass die Akte sich auf etwas beziehen können, steht für ihn aufgrund der besonderen Genese dieser Akte fest. Sie entstehen ja nicht *ex nihilo*, sondern auf der Grundlage von Sinneseindrücken, die ihrerseits von den äußeren Gegenständen stammen. Bereits diese kausale Verbindung zu den Gegenständen garantiert, dass die Akte sich auf sie beziehen können.

§ 27 Erste und zweite Intentionen

Trotz ihrer Differenzen bezüglich der Frage, warum sich Akte des Intellekts überhaupt auf etwas beziehen können, waren sich Petrus Aureoli und Hervaeus Natalis darin einig, dass diese Akte im Normalfall auf Gegenstände mit objektivem bzw. intentionalem Sein abzielen. Wer an eine Rose denkt, bezieht sich nicht einfach auf eine materielle Rose, auch nicht auf die intelligible Species von einer Rose oder auf den Denkakt selbst, sondern auf eine intentionale Rose. Doch worauf bezieht sich jemand, der denkt, dass die Rose zu einer bestimmten Pflanzenart gehört? Und worauf bezieht sich jemand, der einfach denkt, dass etwas eine Art oder eine Gattung ist? Wie die meisten spätmittelalterlichen Autoren diskutierten auch Petrus Aureoli und Hervaeus Natalis derartige Fragen, indem sie eine Unterscheidung zwischen zwei Ebenen von Intentionen einführten, nämlich zwischen der Ebene der ersten Intentionen (z. B. Rose *qua* Denkobjekt) und jener der zweiten Intentionen (z. B. Art oder Gattung *qua* Denkobjekt).

Diese Unterscheidung, die sich bereits bei arabischen Philosophen findet und schon früh von den lateinischen Autoren übernommen wurde,[104] diente gleichzeitig zwei Zielen. Einerseits sollte damit ein hierarchisches Verhältnis zwischen verschiedenen Typen von Denk- und Erkenntnisobjekten bestimmt werden. Es ist ja offensichtlich, dass zweite Intentionen höherstufige Denkobjekte sind, die auf ersten Intentionen beruhen. Andererseits diente die Unterscheidung auch dazu, den Gegenstandsbereich der Logik zu bestimmen. Seit Avicenna fassten nämlich zahlreiche arabische und lateinische Autoren die Logik als jene Wissenschaft auf, die sich im Gegensatz zu anderen Wissenschaften mit zweiten Intentionen beschäftigt.[105] Sowohl im epistemologischen als auch im logischen Kontext warf die Unterscheidung von ersten und zweiten Intentionen aber eine Reihe von Problemen auf. Zunächst stellte sich die Frage, was denn unter den zweiten Intentionen zu verstehen ist. Sind dies

---

[104] Vgl. zur Entstehung dieser Unterscheidung im arabischen Kontext Gyekye 1971; zur Rezeption im lateinischen Kontext Pinborg 1974, Knudsen 1982 und Conti 1999.
[105] Avicenna, *Philosophia prima* I, 2 (ed. Van Riet 1977, 10): „Subiectum vero logicae, sicut scisti, sunt intentiones intellectae secundo, quae apponuntur intentionbius intellectis primo." Zur Rezeption dieser wichtigen Aussage im lateinischen Westen vgl. Maierù 1987.

bloß Begriffe, die der Intellekt bildet (z. B. der Begriff ‚Art'), oder Aspekte der materiellen Welt (z. B. das Art-sein), die zu Denkobjekten werden können? Eng damit verknüpft war die weitere Frage, wie das Verhältnis zwischen ersten und zweiten Intentionen zu deuten ist. Werden die zweiten Intentionen irgendwie von den ersten abstrahiert? Oder werden sie direkt auf der Grundlage bestimmter Aspekte der materiellen Welt gebildet? Und schließlich stellte sich auch die Frage, wie sich die ersten und die zweiten Intentionen zu anderen Entitäten verhalten. Können sie einer bestimmten Kategorie von Entitäten zugerechnet werden? Wenn ja, zu welcher Kategorie gehören sie?

Auch Aureoli und Hervaeus widmeten sich eingehend diesen Fragen. Für die Intentionalitätsproblematik ist vor allem von Bedeutung, wie sie das gegenseitige Verhältnis und den ontologischen Status der beiden Typen von Intentionen bestimmten. Denn erst wenn diese Punkte geklärt sind, lässt sich sagen, worauf sich ihrer Ansicht nach jemand bezieht, der ‚Die Rose gehört zu einer bestimmten Pflanzenart' oder ‚Jede Art ist einer Gattung untergeordnet' denkt. Und erst dann lässt sich auch genauer erklären, wie sich das jeweilige Denkobjekt zu den materiellen Gegenständen verhält.

Hervaeus entwickelt ein Modell zur Erklärung des Verhältnisses von ersten und zweiten Intentionen, indem er bereits vorhandene Modelle diskutiert. Daher lässt sich seine Position am besten verstehen, wenn man seine Kritik an den bestehenden Modellen näher betrachtet. Ein erstes Modell schlägt folgende Erklärung vor:[106]

(1) Die erste Intention ist vollständig identisch mit dem Gegenstand, der verstanden wird. Die zweite Intention ist der Akt, durch den der Gegenstand verstanden wird.

Diese Erklärung ist aus mehreren Gründen ungenügend. Zunächst lässt sie unberücksichtigt, dass die erste Intention nicht einfach mit dem Gegenstand identisch ist. Der Gegenstand selbst ist ja eine materielle Entität, die Intention hingegen ist eine Entität im Intellekt. Daher kann die erste Intention nur der Gegenstand sein, insofern er objektiv im Intellekt ist, d. h. eine Entität, die zwar in einer Fundierungsrelation zum materiellen Gegenstand steht, aber trotzdem von ihm verschieden ist. Die Erklärung ist auch ungenügend im Hinblick auf die zweite Intention. Diese folgt nämlich der ersten Intention. Der Akt folgt jedoch keineswegs dem Gegenstand, vor allem nicht dem objektiv existierenden Gegenstand. Er

---

[106] Vgl. *De secundis intentionibus*, dist. 1, q. 2 (fol. 3rb).

geht diesem vielmehr voraus, wie Hervaeus betont. Konkret heißt dies: Ich bilde zuerst einen Akt, der sich auf eine Rose bezieht, und erfasse dann die Rose als Denkobjekt mit objektiver Existenz, nicht etwa umgekehrt. Die Erklärung ist aber vor allem ungenügend, weil sie in keiner Weise Aufschluss darüber gibt, wie jemand nicht nur an eine Rose, sondern auch an eine Art oder eine Gattung denken kann. Genau dies muss aber erläutert werden, wenn die zweite Intention in ihrem Verhältnis zur ersten erklärt werden soll. Dann muss nämlich dargelegt werden, wie ausgehend von einfachen Denkobjekten höherstufige Denkobjekte – nicht bloß Akte – gebildet werden können.

Angesichts der offensichtlichen Defizite verwirft Hervaeus die erste Erklärung und schlägt eine zweite vor:[107]

(2) Die erste Intention ist konkret aufgefasst ein erster Gegenstand *qua* verstandener Gegenstand; abstrakt aufgefasst ist sie der Denkakt, mit dem dieser Gegenstand verstanden wird. Die zweite Intention ist konkret aufgefasst ein zweiter, auf dem ersten beruhender Gegenstand *qua* verstandener Gegenstand; abstrakt aufgefasst ist sie der Denkakt, mit dem dieser zweite Gegenstand verstanden wird.

Hervaeus macht zwar keine Angaben darüber, von wem diese Erklärung stammt, sie stimmt aber ziemlich genau mit jener des Radulphus Brito überein.[108] Gegenüber (1) stellt diese Erklärung zweifellos einen Fortschritt dar. Sie differenziert nämlich zwischen dem materiellen Gegenstand und dem Gegenstand *qua* verstandenen Gegenstand. Zudem unterscheidet sie sorgfältig zwischen Gegenstand und Akt. Das, woran jemand denkt, wenn er eine erste oder eine zweite Intention erfasst, ist nicht sein eigener Denkakt, sondern ein bestimmter Gegenstand. Schließlich ist diese Erklärung angemessen, weil sie zwei Ebenen voneinander trennt. Nur auf der Ebene der ersten Intention wird ein konkreter Gegenstand – etwa eine Rose *qua* verstandene Rose – erfasst. Auf der Ebene der zweiten Intention hingegen wird etwas erfasst, was auf dem konkreten Gegenstand beruht, jedoch ein höherstufiger Gegenstand ist, etwa das Pflanze-sein, aber auch das Art-sein oder das Gattung-sein. So berücksichtigt diese Erklärung die Tatsache, dass zwischen erster und zweiter Intention ein hierarchisches Verhältnis besteht.

---

[107] Vgl. *De secundis intentionibus*, dist. 1, q. 2 (fol. 3va).
[108] Vgl. Radulphus Brito, „Sophisma ‚Aliquis homo est species'" (ed. Pinborg 1975, 141-142). Wie Pinborg 1974, 54-55, bereits nachgewiesen hat, ist Radulphus Brito einer der Hauptgesprächspartner des Hervaeus.

Trotz dieser Vorzüge schließt sich Hervaeus nicht (2) an. Er kritisiert vor allem zwei Punkte an dieser Erklärung. Zunächst fragt er, was denn der zweite Gegenstand sein soll, der auf dem ersten Gegenstand beruht. Die Antwort, die sich mit jener des Radulphus Brito deckt, lautet: Dies ist der verstandene Gegenstand, „insofern er sich in vielen Einzelgegenständen befindet".[109] Was sich aber in vielen Einzelgegenständen befindet, ist auch so etwas wie das Vater-sein oder das Herr-sein. Folglich müsste man diese relationalen Eigenschaften auch zu den zweiten Intentionen zählen. Doch dies ist Hervaeus zufolge abwegig. Zu den zweiten Intentionen können keine Aspekte oder Eigenschaften gehören, die sich direkt in den Einzelgegenständen finden, sondern nur Bestimmungen, die von den ersten Intentionen abstrahiert sind. Hervaeus kritisiert zweitens aber auch die Erklärung der abstrakten Intention. Diese kann nicht der Denkakt sein, da dieser nur ein Mittel ist, um etwas zu intendieren, nicht aber etwas Intendiertes. Zudem ist es unplausibel anzunehmen, dass die zweite abstrakte Intention ein Denkakt ist. Da die zweite Intention auf der ersten beruht, müsste dann ein Denkakt auf einem anderen beruhen, was Hervaeus für abwegig hält. Diese Kritik führt ihn zu einer revidierten Erklärung:[110]

(3) Eine erste Intention ist konkret aufgefasst ein erster Gegenstand *qua* verstandener Gegenstand; abstrakt aufgefasst ist sie die Relation dieses Gegenstandes zum Denkakt. Eine zweite Intention ist konkret aufgefasst ein zweiter, auf dem ersten beruhender Gegenstand *qua* verstandener Gegenstand; abstrakt aufgefasst ist sie die Relation dieses zweiten Gegenstandes zum Denkakt.

Hervaeus stimmt dieser revidierten Erklärung zu. Dabei ist für ihn entscheidend, dass der Denkakt nicht Bestandteil einer Intention sein kann, weder einer ersten noch einer zweiten. Nur das Intendierte, nicht das Intendierende, kann ein solcher Bestandteil sein. Und wie in seiner allgemeinen Klassifikation der Intentionen (vgl. § 26) zählt er zum Intendierten nicht nur den Gegenstand selbst, insofern er verstanden wird, sondern auch die Relation des Gegenstandes zum Denkakt. Denn nur aufgrund dieser Relation kann der Denkakt gleichsam in den Gegenstand einhaken. Dies gilt auch für eine zweite Intention. Nur aufgrund einer besonderen Relation kann der Denkakt in einen höherstufigen Ge-

---

[109] *De secundis intentionibus*, dist. 1, q. 2 (fol. 3vb): „Dicunt enim quod secunda intentio in concreto est res intellecta ut in pluribus." Genau diese Bestimmung findet sich in Radulphus Britos Sophisma (ed. Pinborg 1974, 142).
[110] Vgl. *De secundis intentionibus*, dist. 1, q. 2 (fol. 4rb-va); siehe auch dist. 2, q. 1.

genstand einhaken. Freilich ist dieser höherstufige Gegenstand nicht etwas, was sich in vielen Einzelgegenständen findet, wie in (2) behauptet wird. Dies ist ausschließlich etwas, was von einem ersten Gegenstand abstrahiert wird, und zwar dadurch, dass der Intellekt einen allgemeinen Begriff für allgemeine Charakteristika bildet. So bildet der Intellekt etwa den Begriff ‚Art', indem er zunächst das Mensch-sein, das Pferd-sein usw. erfasst und dann feststellt, dass dies unterschiedliche Arten von Lebewesen sind. Der Begriff ‚Art' kann nicht direkt aus diesem oder jenem Lebewesen abstrahiert werden. Er lässt sich erst in einem zweiten Schritt gewinnen, nämlich wenn bereits einzelne Arten erfasst sind.

Wie reagiert nun Petrus Aureoli auf diese Erklärung? Er stimmt Hervaeus zu, dass eine erste Intention nicht ein materieller Gegenstand, sondern ein Gegenstand *qua* verstandener Gegenstand ist. Darunter ist seiner Meinung nach nichts anderes als ein Begriff (*conceptus*) zu verstehen. Wenn jemand etwa an eine Rose denkt, so ist die erste Intention der Begriff von einer Rose. Im Gegensatz zu diesem Begriff erster Ordnung ist eine zweite Intention ein Begriff zweiter Ordnung, z. B. der Begriff von einer Art, der ausgehend vom Begriff der Rose gebildet wird. Doch Aureoli lehnt entschieden die Annahme einer besonderen Relation ab, die einen Begriff erster oder zweiter Ordnung mit dem Denkakt verbindet. Daher beschränkt er sich auf folgende Erklärung:[111]

(4) Eine erste Intention ist ein konkreter Gegenstand *qua* verstandener Gegenstand bzw. ein Begriff erster Ordnung. Eine zweite Intention ist ein Begriff zweiter Ordnung, der auf einem Begriff erster Ordnung beruht.

Diese Erklärung steht natürlich in Einklang mit Aureolis allgemeiner Bestimmung des Denkobjekts. Das, woran jemand denkt, ist nicht einfach ein materieller Gegenstand, sondern eine Entität im Intellekt. Freilich handelt es sich dabei nicht um eine Entität mit subjektiver Existenz (d. h. um eine Qualität, die im Intellekt als in einem Subjekt existiert), sondern um eine Entität mit objektiver bzw. intentionaler Existenz. Genau diese Entität identifiziert Aureoli nun mit einem Begriff (*conceptus*). Da es unterschiedliche Ebenen von Denkobjekten gibt, muss es auch unterschiedliche Ebenen von Begriffen geben: erstens Begriffe, die unmittelbar auf materiellen Gegenständen beruhen und diese zum Inhalt haben; zweitens Begriffe, die auf anderen Begriffen beruhen und durch Abstraktion gewonnen werden.

---

[111] Vgl. *Scriptum*, dist. 23, n. 64 (ed. Perler 1994b, 262).

§ 27 *Erste und zweite Intentionen*

Aureolis Erklärung steht zudem in Einklang mit seiner allgemeinen Ablehnung von relationalen Entitäten. Damit sich ein Denkakt auf einen Gegenstand beziehen und einen Begriff erfassen kann (sei dieser nun erster oder zweiter Ordnung), ist keine besondere Relation erforderlich. Der Intellekt kann sich mit einem Denkakt von sich aus auf etwas beziehen. Konkret heißt dies: Der Intellekt kann sich von sich aus auf eine Rose beziehen, diese erfassen und so den Begriff von einer Rose bilden. Der Inhalt dieses Begriffs ist nichts anderes als die Rose *qua* verstandene Rose. Auf dieser Grundlage ist der Intellekt dann imstande, auch den Begriff von einer Art zu bilden. Doch weder bei der Bildung des Begriffs erster Ordnung noch bei der Abstraktion eines Begriffs zweiter Ordnung ist der Intellekt auf eine besondere Relation angewiesen.

Welche Bedeutung haben nun diese Erklärungen der ersten und zweiten Intentionen für eine Intentionalitätstheorie?[112] Eine Bedeutung ergibt sich unmittelbar aus der Unterscheidung zweier Ebenen von Denkobjekten. Wenn feststeht, dass wir nicht nur an basale intentionale Gegenstände denken können, die in einer unmittelbaren Fundierungsrelation zu materiellen Gegenständen stehen, sondern auch an höherstufige Gegenstände, muss eine adäquate Intentionalitätstheorie immer auch diese höherstufigen Gegenstände berücksichtigen. Sie muss erklären, wie es uns überhaupt möglich ist, derartige Gegenstände zu bilden und sie zu kognitiven Objekten zu machen. Genau eine solche Erklärung versuchen Hervaeus Natalis und Petrus Aureoli zu geben, indem sie darauf hinweisen, dass höherstufige Gegenstände durch Abstraktion gewonnen werden können. Die Abstraktion erfolgt freilich nicht ausgehend von konkreten materiellen Gegenständen, sondern von Gegenständen *qua* verstandenen Gegenständen. Deshalb erfordert eine Erklärung der höherstufigen Gegenstände ein Vorgehen in zwei Schritten. Zunächst muss erläutert werden, wie der Intellekt sich überhaupt auf Gegenstände *qua* verstandene Gegenstände beziehen kann. Eine solche Erläuterung geben die beiden Autoren, indem sie sich auf die Produktion von Gegenständen mit intentionalem bzw. objektivem Sein berufen. In einem zweiten Schritt muss dann dargelegt werden, wie von diesen Gegenständen höherstufige Gegenstände abstrahiert werden können. Dieser zweite Schritt wird freilich weder von Hervaeus noch von Aureoli

---

[112] Diese Erklärungen haben natürlich auch eine Bedeutung für die Logik. Wenn die Logik nämlich von den zweiten Intentionen handelt, wie die spätmittelalterlichen Autoren im Anschluss an Avicenna behaupteten, und wenn diese zweiten Intentionen Begriffe zweiter Ordnung sind, ist die Logik eine Wissenschaft, die es im Gegensatz zu den sog. Realwissenschaften nur mit höherstufigen Begriffen zu tun hat.

detailliert erklärt. Aureoli hält nur fest, der Intellekt bilde die höherstufigen Gegenstände bzw. Begriffe, „indem er reflektiert und zu den ersten Begriffen zurückgeht".[113] Wie er reflektiert und wie er zu den ersten Begriffen zurückgeht, wird von Aureoli offen gelassen. Wahrscheinlich versteht er unter dem Reflektieren ein Vergleichen der ersten Begriffe und ein Feststellen von Gemeinsamkeiten und Differenzen. So kann der Intellekt, wenn er über die Begriffe ‚Rose', ‚Tulpe' und ‚Narzisse' verfügt, durch ein Reflektieren feststellen, dass es sich bei allen drei Begriffen um Begriffe für Pflanzenarten handelt, d. h. um Begriffe, die einem gemeinsamen Gattungsbegriff unterstehen, sich aber gleichzeitig durch eine spezifische Differenz voneinander unterscheiden. Eine Intentionalitätstheorie, die auch höherstufige Begriffe als Denkobjekte berücksichtigt, müsste allerdings näher erläutern, wie der Intellekt bei der Herstellung dieser Begriffe überhaupt Gemeinsamkeiten und Differenzen zwischen Begriffen erster Ordnung feststellen kann. Ist der Intellekt von Natur aus so angelegt, dass er die drei genannten Begriffe als Begriffe für Pflanzenarten erfassen kann? Weisen diese Begriffe einen spezifischen Inhalt auf, der es dem Intellekt ermöglicht, sie sogleich als Begriffe mit einer Gemeinsamkeit aufzufassen? Auf diese Fragen finden sich bei Hervaeus und Aureoli keine expliziten Antworten.

Die Erklärung der ersten und zweiten Intentionen hat noch eine weitere Bedeutung. Wenn diese beiden Typen von Intentionen nichts anderes als Begriffe erster und zweiter Ordnung sind, wie Aureoli ausdrücklich festhält, ist eine Intentionalitätstheorie eng mit einer Begriffstheorie verknüpft. Eine Erklärung von Intentionen, seien diese nun erste oder zweite Intentionen, ist immer auch eine Erklärung von Begriffen. Dies hat natürlich Konsequenzen für eine semantische Theorie. Eine solche Theorie muss nämlich die Frage beantworten, warum ein gesprochenes oder geschriebenes Wort überhaupt eine Bedeutung hat. Wenn man auf diese Frage antwortet: „weil ein gesprochenes oder geschriebenes Wort mit einem Begriff verknüpft ist" (eine Antwort, die von den meisten mittelalterlichen Autoren in der aristotelischen Tradition gegeben wurde), dann kann diese Antwort nun genauer gefasst werden. Ein gesprochenes oder geschriebenes Wort hat deshalb eine Bedeutung, weil es im Intellekt des Sprachverwenders eine Intention gibt, und der Inhalt dieser Intention ist nichts anderes als der Gegenstand *qua* verstandener Gegenstand. Konkret heißt dies: Das gesprochene Wort ‚Rose' hat für den Sprecher

---

[113] *Scriptum*, dist. 23, n. 64 (ed. Perler 1994b, 262): „Intentiones vero secundae sunt conceptus secundi ordinis, quos intellectus fabricat reflectendo et redeundo super primos conceptus..."

eine Bedeutung, weil in seinem Intellekt eine Intention von einer Rose existiert. Diese Intention (oder genauer: der Inhalt dieser Intention) ist nichts anderes als die Rose *qua* verstandene Rose – die Rose mit intentionaler bzw. objektiver Existenz. So fügt sich die Theorie der intentionalen Gegenstände unmittelbar in eine Begriffstheorie und damit auch in eine semantische Theorie ein.

§ 28 Schlussfolgerungen

Petrus Aureolis und Hervaeus Natalis' Intentionalitätstheorie weist große Ähnlichkeiten mit der scotischen Theorie auf. Denn genau wie Scotus behaupten diese Autoren, man müsse den Gegenstand mit intentionalem Sein sorgfältig vom Gegenstand mit realem Sein unterscheiden. Und genau wie Scotus vertreten sie die These, der Intellekt beziehe sich primär auf den Gegenstand mit intentionalem Sein. Trotz dieser Ähnlichkeiten dürfen die Theorien dieser beiden Autoren aber nicht einfach mit jener des Scotus gleichgesetzt werden. Insbesondere Aureolis Intentionalitätstheorie weicht in einigen Punkten von Scotus' Theorie ab.

Zunächst besteht eine entscheidende Differenz im Ansatzpunkt der Theorie. Scotus konzentriert sich auf die Akte des Intellekts und versucht zu erklären, was in diesen Akten unmittelbar präsent ist. Aureoli hingegen berücksichtigt auch die Wahrnehmungsakte, ja er geht sogar von diesen Akten aus. Die Beispiele von Sinnestäuschungen, die er im Gegensatz zu Scotus ausführlich diskutiert, veranlassen ihn dazu, nicht nur die Frage „Worauf bezieht sich ein Akt des Denkens?" zu stellen, sondern auch die Frage „Worauf bezieht sich ein Akt des Sehens, des Hörens usw.?". Die Fälle von Sinnestäuschungen verdeutlichen nämlich, dass sich ein Akt des Sehens oder Hörens auf etwas unmittelbar Präsentes bezieht, was nicht mit einem materiellen Gegenstand identisch ist. Daher muss man sorgfältig zwischen einem intentionalen und einem materiellen Gegenstand unterscheiden. Der entscheidende Punkt besteht freilich darin, dass Aureoli diese Unterscheidung für *jede* Wahrnehmung trifft. Auch wenn keine Sinnestäuschung vorliegt, muss man seiner Ansicht nach daran festhalten, dass sich der Wahrnehmungsakt auf einen intentionalen Gegenstand bezieht, der unmittelbar präsent ist.

Ein weiterer Unterschied zu Scotus besteht darin, dass Aureoli die intentionalen Gegenstände nicht nur epistemologisch als das unmittelbar Präsente bestimmt, sondern auch ontologisch als distinkte Entitäten auffasst. Er sagt ausdrücklich, sie würden vom Wahrnehmungsvermögen und vom Intellekt „geschaffen" und „in ein intentionales Sein gesetzt".[114] Daher muss man bei der Erklärung eines intentionalen Aktes eine klare ontologische Unterscheidung treffen zwischen (1) dem Akt selbst, (2) dem materiellen Gegenstand und (3) dem intentionalen Gegenstand. Die Tatsache, dass (2) und (3) ontologisch zu unterscheiden sind, bedeutet freilich nicht, dass eine Kluft zwischen einem äußeren und einem inneren Gegenstand besteht. Aureoli betont nämlich, dass der intentionale Gegenstand im Normalfall unmittelbar auf einem materiellen Gegenstand beruht und dass die beiden Gegenstände qualitativ übereinstimmen.[115] Wer etwa eine Rose sieht und an eine Rose denkt, erfasst nicht irgendein inneres, gleichsam privates Objekt, das von allen materiellen Rosen getrennt ist. Eine solche Person erfasst vielmehr eine intentionale Rose, die auf einer materiellen Rose beruht. Die intentionale Rose ist dann nichts anderes als die Rose mit einer bestimmten Seinsweise (*modus essendi*) und stimmt vollkommen mit der materiellen Rose überein. Freilich besteht eine Pointe Aureolis darin, dass er immer wieder auf Fälle von Sinnestäuschungen hinweist und damit verdeutlicht, dass zwar in zahlreichen Fällen, aber keineswegs in allen Fällen eine Übereinstimmung vorliegt. Gerade jene Fälle, bei denen eine Übereinstimmung fehlt, zeigen, dass der materielle und der intentionale Gegenstand nicht vorschnell miteinander identifiziert werden dürfen.

Drittens unterscheidet sich Aureoli in seiner Bestimmung der intentionalen Akte von Scotus. Die paradigmatischen Fälle solcher Akte sind für ihn die intuitiven Akte, die Gegenstände als existierend und gegenwärtig präsentieren, und zwar unabhängig davon, ob auch tatsächlich materielle Gegenstände existieren und gegenwärtig sind. Entscheidend ist für Aureoli einzig und allein, wie die Gegenstände in solchen Akten präsentiert werden. Der Grund für diese Umdeutung der intuitiven Akte liegt nicht zuletzt in der klaren Unterscheidung zwischen intentionalen und materiellen Gegenständen. Wenn sich nämlich intuitive Akte primär auf intentionale Gegenstände beziehen, und wenn diese von den materiellen Gegenständen distinkt sind, können intuitive Akte auch dann etwas als existierend und gegenwärtig präsentieren, wenn keine entsprechenden materiellen Gegenstände existieren und gegenwärtig sind. So kann jemand, der mitten im Winter an eine Rose denkt, sich auf eine intentionale Rose beziehen und diese als existierend und gegenwärtig prä-

---

[114] Vgl. oben Anm. 47 (für das Wahrnehmungsvermögen) und Anm. 66 (für den Intellekt).
[115] Vgl. oben Anm. 49.

sent haben, obwohl keine materielle Rose gegenwärtig ist. Gerade weil das, was in den intuitiven Akten präsent ist, primär ein intentionaler und nicht ein materieller Gegenstand ist, kann man von der materiellen Existenz absehen und sich darauf konzentrieren, wie der intentionale Gegenstand präsent ist.

Viertens schließlich liegt ein Unterschied zu Scotus darin, dass Aureoli (wie auch Hervaeus Natalis) sorgfältig zwischen verschiedenen Stufen von intentionalen Gegenständen differenziert. Die terminologische Unterscheidung zwischen sog. ersten und zweiten Intentionen war zwar auch Scotus bekannt, aber erst Aureoli und seine Zeitgenossen bauten diese Unterscheidung zu einer Theorie verschiedener Typen von Denkobjekten aus. Wie in § 27 deutlich geworden ist, zielt diese Theorie darauf ab, die unmittelbar präsenten intentionalen Gegenstände von jenen Gegenständen zu unterscheiden, die von diesen abstrahiert werden. Hinter dieser Unterscheidung verbirgt sich freilich nicht nur ein kognitionstheoretisches, sondern auch ein ontologisches Problem. Es stellt sich nämlich die Frage, warum eine Abstraktion höherstufiger Gegenstände überhaupt möglich ist. Können wir derartige Gegenstände abstrahieren und uns auf sie beziehen, weil sie in den individuellen Gegenständen präsent sind und gleichsam aus ihnen herausgelöst werden können? Oder können wir uns nur deshalb auf sie beziehen, weil unser Intellekt in der Lage ist, höherstufige Begriffe zu bilden? Aureoli nimmt in dieser Frage – ganz im Gegensatz zu Hervaeus Natalis – eindeutig einen konzeptualistischen Standpunkt ein. Höherstufige intentionale Gegenstände sind für ihn nur ein Produkt des Intellekts und deshalb nur als Begriffe aufzufassen.

Der entscheidende Beitrag Aureolis zur mittelalterlichen Intentionalitätsdebatte liegt darin, dass er durch seine Analyse zahlreicher Einzelfälle – insbesondere zahlreicher Wahrnehmungsfälle – die Aufmerksamkeit auf den phänomenologischen Aspekt der Intentionalitätsproblematik lenkt. Indem er darauf insistiert, dass in einem intentionalen Akt auch dann etwas präsent sein kann, wenn kein materieller Gegenstand vorhanden ist, verdeutlicht er, dass es ganz entscheidend ist, wie *im Akt selbst* etwas präsent ist. Deshalb muss eine Analyse der Intentionalitätsproblematik immer bei den intentionalen Akten und ihren unmittelbaren Objekten ansetzen. Die ersten Fragen müssen lauten: Wie ist mir im aktuellen Sehen, Hören oder Denken etwas gegeben? Welche besonderen Merkmale hat das unmittelbar Gegebene? Und wie verhält es sich zu anderem, was mir früher gegeben war? Ob und wie das unmittelbar Gegebene mit materiellen Gegenständen übereinstimmt, ist eine Frage, die erst in einem zweiten Schritt zu untersuchen ist. Mit diesem Ansatzpunkt verdeutlicht Aureoli, dass es verhängnisvoll wäre, das Problem der Intentionalität einfach als einen Sonderfall des Kausalitätsproblems zu behandeln. Denn es geht hier nicht einfach um die Frage, wie materielle Gegenstände auf die Sinne und auf den Intellekt einwirken und wie sie bestimmte Akte hervorrufen. Gerade die Sonderfälle, bei denen im Akt etwas unmittelbar präsent ist, obwohl kein materieller Gegenstand einwirkt (man denke an die Person, die mitten im Winter an eine Rose denkt), zeigen, dass sich das Problem der Intentionalität nicht im Kausalitätsproblem erschöpft.

Wenn Aureolis Theorie durch das Insistieren auf dem phänomenologischen Aspekt auch eine unbestreitbare Stärke hat, so weist sie doch auch einige Schwächen auf. Eine erste Schwäche ist bereits von den Kritikern des frühen 14. Jhs. aufgezeigt worden: Wenn die intentionalen Gegenstände als distinkte Entitäten die primären Gegenstände sind, auf die sich die intentionalen Akte beziehen, dann ist nur schwer einsichtig, wie sich eine Person *direkt* auf materielle Gegenstände beziehen kann. Legen sich die intentionalen Gegenstände wie ein „Schleier" oder – wie Ockham meinte[116] – wie ein „Mittelding" (*medium*) zwischen die intentionalen Akte und die materiellen Gegenstände? Und verhindern sie dadurch einen epistemischen Zugang zu den materiellen Gegenständen? Aureoli würde diese Fragen sicherlich verneinen. Er betont ja, dass die intentionalen Gegenstände im Normalfall unmittelbar von den materiellen Gegenständen fundiert werden, und an einigen Stellen sagt er sogar, die intentionalen Gegenstände seien nichts anderes als die materiellen Gegenstände mit einer „intentionalen Seinsweise".[117] Trotz dieser Aussagen bleibt das Kernproblem bestehen: Intentionale Gegenstände sind *distinkte* Gegenstände, und es ist prinzipiell möglich, dass die Fundierungsrelation unterbrochen wird, wie die Fälle von Sinnestäuschungen zeigen. Daher ist es auch prinzipiell möglich, dass eine Person nur die intentionalen Gegenstände erfasst, ohne einen Zugang zu den materiellen Gegenständen zu haben. Angesichts dieser prinzipiellen Möglichkeit ist es kaum erstaunlich, dass verschiedene Autoren des 14. Jhs. (unter ihnen Ockham und Wodeham) in Aureolis Theorie eine Bedrohung für den direkten Erkenntnisrealismus sahen und versuchten, die intentionalen Gegenstände zu eliminieren.[118]

---

[116] Vgl. *In I Sent.*, dist. 27, q. 3 (OTh IV, 241).

[117] Vgl. oben Anm. 75

[118] Zudem sahen einige darin eine Bedrohung für unser Wissen von der Existenz der materiellen Gegenstände. So wies bereits Walter Chatton darauf hin, dass mit Aureolis Theorie „unsere ganze Gewissheit zugrunde ginge" (vgl. oben Anm. 39). Wenn eine Theorie intentionaler (insbesondere intuitiver) Akte nämlich nicht nachweise, dass wir mit die-

§ 28 Schlussfolgerungen

Eng damit verknüpft ist eine weitere Schwäche der Theorie Aureolis. Der ontologische Status der intentionalen Gegenstände bleibt unklar, vor allem wenn er innerhalb eines aristotelischen Rahmens bestimmt werden soll. Denn offensichtlich lassen sich die intentionalen Gegenstände weder der Kategorie der Substanz noch jener der Qualität noch irgendeiner anderen der zehn Kategorien zuordnen. Wie lassen sie sich dann kategorial bestimmen? Petrus Aureoli (wie auch Hervaeus Natalis) sagt lediglich, sie hätten ein „objektives Sein", d. h. ein Sein als Objekte des Wahrnehmungsvermögens oder des Intellekts, und nicht etwa ein „subjektives Sein". Aber damit bleiben diese Gegenstände ontologisch weitgehend unterbestimmt. Es ist daher nicht erstaunlich, dass Ockham bemerkte, es sei ihm unverständlich, wie intentionale Akte sich auf derartige Gegenstände richten können, wenn nicht einmal klar ist, um was für Gegenstände es sich dabei handelt.[119] Ebenso unklar ist, wie sie voneinander unterschieden werden können. Modern ausgedrückt heißt dies: Wenn sich für diese Gegenstände keine klaren Identitätsbedingungen formulieren lassen, können sie gemäß dem Quineschen Prinzip „no entity without identity" nicht als Entitäten akzeptiert werden. Und dann kann auch keine Intentionalitätstheorie postuliert werden, die derartige Gegenstände als die primären Objekte von intentionalen Akten annimmt. Es ist nicht zuletzt diese ontologische Schwierigkeit, die Aureolis Theorie trotz aller Attraktivität zu einer problematischen Theorie macht, die bereits im frühen 14. Jh. auf Widerstand stieß.

---

sen Akten ein Wissen von den *materiellen*, tatsächlich existierenden Gegenständen gewinnen können, sei us epistemologisch verhängnisvoll. Noch deutlicher wurde die Kritik eine Generation später von Nikolaus von Autrecourt formuliert. In seinem ersten Brief an Bernhard von Arezzo zitierte er die auf Aureoli zurückgehende These: „Notitia intuitiva non requirit necessario rem existentem." (*Correspondence* I.2, ed. de Rijk 1994, 46), und er erhob dagegen den Einwand, dass mit einer solchen Theorie jedes sichere Wissen von den materiellen Gegenständen verloren gehe (vgl. ibid. I.14-15, ed. de Rijk 1994, 54-56). Für eine ausführliche Analyse der Kritik Nikolaus von Autrecourts siehe Perler & Rudolph 2000, 160-168.

[119] *In Periherm.*, prol. (OPh II, 360): „... non reputo aliquid ponderis nisi quod difficile est imaginari aliquid posse intelligi intellectione reali ab intellectu, et tamen quod nec ipsum nec aliqua pars sui nec aliquid ipsius potest esse in rerum natura, nec potest esse substantia nec accidens, quale poneretur tale fictum."

TEIL V
DAS MODELL DER NATÜRLICHEN ZEICHEN:
WILHELM VON OCKHAM UND ADAM WODEHAM

Die These, dass sich Akte des Wahrnehmens und Denkens auf etwas intentional Präsentes – auf Gegenstände mit „intentionalem" oder „objektivem" Sein – beziehen, wurde weit über das 14. Jh. hinaus von zahlreichen Autoren vertreten. Dank der Vermittlung durch spanische Spätscholastiker war sie auch den frühneuzeitlichen Philosophen bekannt und prägte die Entstehung moderner Intentionalitätstheorien.[1] Wie im letzten Kapitel deutlich geworden ist, wirft die These jedoch mindestens drei grundlegende Fragen auf. Erstens stellt sich die kognitionstheoretische Frage, wie intentionale Gegenstände überhaupt gebildet werden können. Entstehen sie spontan aufgrund von Wahrnehmungseindrücken? Oder müssen sie in einem speziellen kognitiven Prozess erst gebildet werden? Zweitens stellt sich die epistemologische Frage, welches Wissen wir von materiellen Gegenständen haben können, wenn uns im Wahrnehmen und Denken doch nur intentionale Gegenstände unmittelbar präsent sind. Nehmen wir lediglich an, dass es neben den intentionalen Gegenständen auch materielle gibt? Oder vermögen wir trotz der unmittelbaren Präsenz intentionaler Gegenstände auch materielle zu erfassen und von diesen ein Wissen zu gewinnen? Drittens schließlich stellt sich die ontologische Frage, welchen Status die intentionalen Gegenstände haben. Bilden sie neben den materiellen und den mentalen Entitäten eine dritte Klasse von Entitäten? Welche Identitätskriterien lassen sich für diese Entitäten formulieren? Und in welcher Relation stehen sie zu den mentalen und den materiellen Entitäten?

Diese Fragen veranlassten bereits im frühen 14. Jh. verschiedene Autoren dazu, das Modell der intentionalen Präsenz zu verwerfen. Der bekannteste und einflussreichste unter ihnen war zweifellos Wilhelm von Ockham. In seinen frühen Werken hielt er die Annahme besonderer intentionaler Entitäten zwar noch für eine plausible Erklärung des Intentionalitätsproblems. In seinen späteren Werken lehnte er eine solche An-

---

[1] Den prominentesten Einfluss übte sie auf Descartes aus, der ähnlich wie Petrus Aureoli behauptete, dass wir uns in unserem Denken auf objektiv existierende Gegenstände beziehen. Vgl. zum scholastischen Hintergrund Descartes' Normore 1986; Perler 1996a, 100-112; Ariew 1999, 58-76.

nahme jedoch entschieden ab.² Er plädierte für eine Lösung, die dem direkten Erkenntnisrealismus verpflichtet ist und gleichzeitig das ontologische Ökonomieprinzip berücksichtigt: Akte des Wahrnehmens und Denkens beziehen sich im Normalfall unmittelbar auf materielle Gegenstände und deren Eigenschaften. Diese Bezugnahme wird nicht durch besondere intentionale Entitäten vermittelt.³ Wie Ockham vertrat auch sein Schüler und Sekretär Adam Wodeham, der um 1330 in Oxford, London und Norwich lehrte, die Position, dass derartige Entitäten überflüssig sind. Wer das Phänomen der Intentionalität erklären will, darf sich ausschließlich auf intendierende Akte und auf intendierte Gegenstände in der Welt – nicht auf vermittelnde intentionale Entitäten – berufen.⁴

Mit der Ablehnung intentionaler Gegenstände vermochten Ockham und Wodeham zwar eine Reihe von epistemologischen und ontologischen Problemen zu vermeiden. Doch sie mussten sich mit einem fundamentalen Einwand auseinandersetzen: Wie soll es denn möglich sein, dass sich Akte des Wahrnehmens und Denkens direkt auf materielle Gegenstände beziehen? Diese Akte sind doch nicht mysteriöse kognitive Strahlen, die sich unmittelbar auf materielle Gegenstände richten. Akte sind zunächst bloß psychische Entitäten, die sich im Wahrnehmungsvermögen oder im Intellekt einer Person befinden. Sie greifen nicht von sich aus auf etwas aus; daher beziehen sie sich nicht von sich aus auf etwas.

Auf diesen naheliegenden Einwand formulierten Ockham und Wodeham eine Entgegnung, die sich in wenigen Worten zusammenfassen lässt: Akte des Wahrnehmens und insbesondere Akte des Denkens ver-

---

² Die frühe Position findet sich im Prolog zur *Expositio in librum Perihermeneias*, wo Ockham festhält, die Annahme von Entitäten mit objektivem Sein sei eine „opinio probabilis" (OPh II, 359-361). Auch in *In I Sent.*, dist. 2, q. 8 (OTh II, 271-281) erachtet Ockham diese Annahme noch als plausibel. In *Quodl.* IV, q. 35 (OTh IX, 469-474) und in *Quaestiones in libros Physicorum* IV, q. 1 (OPh VI, 397-398) verwirft er sie jedoch. Vgl. zu dieser Entwicklung Richter 1975 und ausführlich Adams 1987, 75-107. Zur Biographie Ockhams und zu den verschiedenen Perioden in seiner intellektuellen Entwicklung siehe konzis Courtenay 1999.

³ *In I Sent.*, dist. 27, q. 3 (OTh IV, 241): „... in nulla notitia intuitiva, nec sensitiva nec intellectiva, constituitur res in quocumque esse quod sit aliquod medium inter rem et actum cognoscendi." Diese Aussage ist Bestandteil einer Quaestio, die Ockham in den Sentenzenkommentar erst einfügte, nachdem er seine frühe Position bereits überwunden hatte; vgl. die Bemerkung der Herausgeber in OTh IV, 229, Anm. 2, sowie Adams 1987, 74, Anm. 10.

⁴ Vgl. *Lectura secunda in librum primum Sententiarum*, prol., q. 4, § 2 und § 6 (I, 84 und 96); ibid., dist. 8, q. 1, § 2 (III, 6). (Die römische Zahl bezieht sich jeweils auf die Bandnummer in der Edition von Wood 1990.) Die *Lectura secunda* ist zwischen 1329 und 1332 in Norwich entstanden. Zur intellektuellen Biographie Wodehams vgl. Courtenay 1978.

mögen sich von sich aus auf materielle Gegenstände zu beziehen, weil sie natürliche Zeichen für diese Gegenstände sind – Zeichen, die durch natürliche kausale Prozesse erworben werden. Dank ihrer Zeichenfunktion sind die Akte mehr als bloße psychische Entitäten. In dieser Entgegnung kommt ein Intentionalitätsmodell zum Ausdruck, das man *das Modell der natürlichen Zeichen* nennen könnte: Die Zeichenfunktion der Akte ermöglicht es, dass sie sich ohne Vermittlung durch intentionale Entitäten auf etwas beziehen können.

Dieses Modell wirft allerdings mindestens so viele Probleme auf, wie es zu vermeiden versucht. Man kann nämlich sogleich nachfragen, was für Zeichen die einzelnen Akte sind. Handelt es sich dabei um piktoriale, linguistische oder andere Zeichen? Ebenso kann man die Frage stellen, wie denn die Akte durch kausale Prozesse eine Zeichenfunktion erhalten. Wie ist es etwa zu verstehen, dass einzig und allein eine bestimmte kausale Verbindung zu einem Baum dazu führt, dass ich einen Akt bilde, der als Zeichen auf den Baum bezogen ist? Schließlich stellt sich auch die Frage, wie Bezugnahme möglich ist, wenn es keinen materiellen Gegenstand gibt, zu dem eine Kausalrelation hergestellt werden könnte. Wie kann ich etwa an den toten Caesar denken, den ich nie gesehen habe, oder an eine Chimäre, die ich prinzipiell nie sehen kann?

Diese Fragen verdeutlichen, dass Ockhams und Wodehams Ersetzen des Modells intentionaler Gegenstände durch ein Modell der natürlichen Zeichen keineswegs unproblematisch ist. Deshalb sollen die aufgeworfenen Fragen im Folgenden schrittweise untersucht werden. Zunächst werde ich aber die Gründe erläutern, die Ockham und Wodeham dazu bewogen haben, die Annahme intentionaler Gegenstände und anderer vermittelnder Entitäten zu verwerfen (§ 29). Die Kritik an dieser Annahme verdeutlicht nämlich, dass diese Autoren in ihrer gesamten Intentionalitätsdiskussion von bestimmten ontologischen und epistemologischen Prämissen ausgingen. In einem zweiten Schritt (§§ 30-32) werde ich dann ihr eigenes Modell der natürlichen Zeichen analysieren und auf einige Schwierigkeiten eingehen, die dieses Modell aufwirft. Schließlich werde ich in einem dritten Schritt (§ 33) die Besonderheiten des Wodehamschen Ansatzes aufzeigen, die ihn trotz zahlreicher Parallelen vom Ockhamschen Ansatz unterscheiden.

§ 29 Die Ablehnung vermittelnder Entitäten im Kognitionsprozess

Die These, dass sich intentionale Akte primär auf intentionale Entitäten beziehen, wurde im frühen 14. Jh. von verschiedenen Autoren vertreten. Sie findet sich – wenn auch in unterschiedlicher Form – bei Heinrich von Harclay, Jacobus de Aesculo, Petrus Aureoli, Hervaeus Natalis u.a. Ockham hat sich jedoch nur mit einer Ausformulierung dieser These näher befasst, nämlich mit jener, die Petrus Aureoli in seinem *Sentenzenkommentar* präsentierte.[5] Dies hat freilich zur Folge, dass er diese These in einem wahrnehmungstheoretischen Kontext diskutiert. Wie in § 24 deutlich geworden ist, geht Aureoli ja vornehmlich von Wahrnehmungsfällen aus. Er beschäftigt sich primär mit der Frage „Was sehe ich, wenn ich einen visuellen Akt vollziehe?" und geht erst in einem weiteren Schritt zur Frage „Woran denke ich, wenn ich einen intellektuellen Akt vollziehe?" über. Auf die erste Frage gibt Aureoli eine klare Antwort: Ich sehe primär einen Gegenstand mit intentionalem (oder „erscheinendem") Sein, und zwar unabhängig davon, ob auch ein materieller Gegenstand existiert und präsent ist. Genau diese Antwort unterwirft Ockham einer kritischen Diskussion. Er versucht zu zeigen, dass sie auf unzulässigen Prämissen beruht und unannehmbare Konsequenzen hat.

Wie argumentiert Ockham gegen Aureoli? Zunächst stellt er die ontologische Frage, was denn unter dem Gegenstand mit intentionalem Sein zu verstehen sei. Auf diese Frage gibt es seiner Ansicht nach zwei mögliche Antworten.[6] Entweder man versteht darunter einen Gegenstand, der nur objektives Sein hat, d. h. eine Existenz als Objekt des Wahrnehmungsvermögens. Oder man versteht darunter einen Gegenstand, der auch irgendwo ein subjektives Sein hat, d. h. eine Existenz in einem konkreten Subjekt. Ockham verwirft die erste Antwort sogleich. Wenn der intentionale Gegenstand nur ein objektives Sein hätte, dann würde in einem Wahrnehmungsakt niemals etwa Reales erfasst, sondern nur ein Gedankending (ein *ens rationis*), was absurd ist, oder es würden gleichzeitig zwei Entitäten erfasst, nämlich ein Gedankending und etwas

---

[5] Ockham steht Aureolis These freilich von Anfang an äußerst skeptisch gegenüber. Er eröffnet seine Diskussion in *In I Sent.*, dist. 27, q. 3 (OTh IV, 238) mit den harschen Worten: „... si enim omnes vices quibus respexi dicta sua simul congregarentur, non complerent spatium unius diei naturalis..." Biard 1997, 205-206, weist überzeugend nach, dass sich in Ockhams Diskussion auch Anzeichen dafür finden, dass er mit der Theorie Heinrichs von Harclay vertraut war. Der direkte Gegner war aber immer Petrus Aureoli.
[6] Vgl. *In I Sent.*, dist. 27, q. 3 (OTh IV, 238-239).

Reales, was ebenso absurd ist. Konkret heißt dies: Wer eine rote Rose sieht, würde nicht die wirkliche Rose erfassen, sondern lediglich ein Gedankending, oder er würde ein Gedankending und daneben noch die wirkliche Rose erfassen. Beides ist Ockham zufolge unplausibel. Wer eine rote Rose sieht, erfasst vielmehr die reale Rose selbst – und zwar nur die Rose – mit ihren realen Eigenschaften.

Die zweite Antwort, nämlich dass der intentionale Gegenstand ein subjektives Sein hat, ist Ockham zufolge ebenso unplausibel. Was subjektives Sein hat, existiert nämlich als Subjekt oder in einem Subjekt und hat somit eine reale Existenz. So hat etwa die Farbe in einer Wand subjektives Sein; sie existiert dort *in* etwas. Subjektives Sein ist in diesem Fall abhängiges Sein, aber trotzdem reales Sein. Wenn nun ein intentionaler Gegenstand subjektives Sein hätte, dann hätte auch er *in* etwas – im Wahrnehmungsvermögen oder im Intellekt – reales Sein. Aber dann wäre er nichts anderes als eine Entität im Wahrnehmungsvermögen oder im Intellekt. Doch was wir sehen, ist nicht eine derartige „innere" Entität, sondern (zumindest im Normalfall) ein äußeres Objekt. Daher vermag auch diese Erklärung des intentionalen Gegenstandes nicht zu überzeugen.

In dieser Kritik zeigt sich, dass Ockham von bestimmten ontologischen Annahmen ausgeht, wenn er den intentionalen Gegenstand evaluiert. Die erste implizite Prämisse lautet: Was auch immer existiert, ist entweder eine reale Entität (sei sie nun abhängig oder unabhängig) oder ein bloßes Gedankending. Das Objekt, das wir sehen, kann nicht ein bloßes Gedankending sein. Es kann aber ebenso wenig eine reale Entität im Wahrnehmungsvermögen sein. Also muss es eine reale Entität außerhalb des Wahrnehmungsvermögens sein: eine reale Substanz oder eine reale Qualität. Der entscheidende Punkt in dieser Argumentation besteht darin, dass Ockham wie selbstverständlich davon ausgeht, dass es nur zwei Grundtypen von Entitäten gibt, nämlich reale (*entia realia*) und bloß gedankliche (*entia rationis*). Er verwirft von vornherein eine dreifache Klassifizierung, wie sie explizit von Jacobus de Aesculo eingeführt wurde (vgl. § 20) und wie sie auch Petrus Aureolis Theorie zugrunde liegt. Gemäß der dreifachen Klassifizierung lassen sich folgende Grundtypen von Entitäten unterscheiden:

(1) *reale Entitäten*: materielle Gegenstände (z. B. eine Wand) und materielle Qualitäten (z. B. die Farbe einer Wand), mentale Gegenstände (z. B. ein Intellekt) und mentale Qualitäten (z. B. Akte des Intellekts)
(2) *gedankliche Entitäten*: fiktive Gegenstände (z. B. Pegasus)

(3) *intentionale Entitäten*: Inhalte mentaler Qualitäten (z. B. der Inhalt des An-eine-rote-Rose-Denkens)

Für Jacobus de Aesculo wie für Petrus Aureoli besteht die Pointe einer Theorie intentionaler Gegenstände darin, dass eine solche Theorie einen besonderen dritten Typus von Entitäten einführt, der sich weder auf (1) noch auf (2) reduzieren lässt. Wer etwa an eine rote Rose denkt, bezieht sich nicht primär auf diese oder jene materielle Rose; das An-eine-rote-Rose-Denken ist ja auch im Winter möglich, wenn keine einzige materielle Rose existiert. Ebenso wenig bezieht sich eine solche Person auf eine bloß gedankliche Entität; das Denkobjekt ist im Gegensatz zu Pegasus oder zu einer Chimäre ja nicht etwas frei Erfundenes. Vielmehr bezieht sich eine solche Person auf eine intentionale Rose, die den spezifischen *Inhalt* des Denkaktes bildet und auf einer realen Rose beruht.[7] Jacobus de Aesculo und Petrus Aureoli geht es darum, diesen Inhalt vom Denkakt selbst (einer realen mentalen Entität) und der Rose im Garten (einer realen materiellen Entität) zu unterscheiden. Genau um diese Unterscheidung zu treffen, führen sie die Kategorie der intentionalen Gegenstände ein. Ockham lässt die Möglichkeit einer solchen dreifachen ontologischen Klassifizierung von vornherein unberücksichtigt. Er geht von einem ökonomischen Modell aus, in dem es nur zwei Grundtypen von Entitäten gibt. Da ein Versuch, den intentionalen Gegenstand auf einer der beiden Grundtypen zu reduzieren, scheitert, muss Ockham zufolge auch die ganze Theorie der intentionalen Gegenstände scheitern.

Ockhams Kritik liegt noch eine weitere implizite Prämisse zugrunde. Er nimmt an, dass der intentionale Gegenstand eine distinkte Entität sein muss, d. h. eine Entität, die sowohl von einem realen materiellen Gegenstand als auch von einer realen Qualität im Wahrnehmungsvermögen oder im Intellekt zu unterscheiden ist. Ockham hält es aber für abwegig, dass eine derartige Entität existiert und dass in einem Wahrnehmungsakt zwei Objekte erfasst werden, nämlich ein realer materieller Gegenstand mit einer realen materiellen Qualität *und* ein distinkter intentionaler Gegenstand. Gegen diesen Einwand könnten die Verteidiger der Theorie intentionaler Gegenstände jedoch Einspruch erheben. Ihrer Ansicht nach ist der intentionale Gegenstand zwar in gewisser Hinsicht vom rea-

---

[7] Wer an eine Chimäre denkt, bezieht sich natürlich auch auf etwas, was den Inhalt seines Denkaktes bildet. Der entscheidende Punkt besteht aber darin, dass dieser Inhalt nicht (oder zumindest nicht unmittelbar) auf einem realen Gegenstand beruht. Aufgrund dieser mangelnden Fundierung handelt es sich nur um eine gedankliche Entität.

§ 29 *Die Ablehnung vermittelnder Entitäten im Kognitionsprozess* 325

len Gegenstand verschieden, er stimmt mit ihm jedoch im Fall einer zuverlässigen Wahrnehmung vollkommen überein. Der intentionale Gegenstand passt gleichsam auf den realen und kann nicht von ihm unterschieden werden. Wie in §§ 24-25 bereits festgehalten wurde, ist dies ein wichtiger Punkt in Aureolis Argumentation. Er wendet sich entschieden gegen die Ansicht, dass eine Kluft zwischen dem intentionalen und dem realen Gegenstand besteht. Im Normalfall (d. h. abgesehen von Sinnestäuschungen) stimmt der intentionale Gegenstand vollständig mit dem realen überein. Auch Ockham ist sich dieser zentralen These bewusst. Er zitiert sogar wörtlich Aureolis Aussage:

„... diese Rose [sc. die intentionale Rose] ist real identisch mit allen Rosen, denn wenn sie betrachtet wird, werden alle Rosen als ein Ding und nicht als distinkte [Rosen] betrachtet..."[8]

Trotz dieser Aussage interpretiert Ockham Aureoli so, dass der intentionale Gegenstand ein vom materiellen Gegenstand *distinkter* Gegenstand sein muss, wenn er überhaupt ein Gegenstand ist. Warum stellt Ockham diese Behauptung auf, die Aureolis Aussage zu widersprechen scheint? Aureoli sagt ja ausdrücklich, die beiden seien real identisch. Liegt hier ein Missverständnis vor? Betrachtet man Ockhams Argumentation etwas genauer, zeigt sich, dass keineswegs bloß eine Fehlinterpretation vorliegt, sondern ein fundamentaler Dissens bezüglich der Bedingungen für Identität und Distinktion. Ockham geht nämlich von folgender Identitätsbedingung aus:[9]

(I) Wenn die Entitäten x und y real identisch sind, dann trifft alles, was auf x zutrifft, auch auf y zu, und umgekehrt.

Wenn also der intentionale und der materielle Gegenstand real identisch sind, dann muss alles, was auf den materiellen Gegenstand zutrifft, auch auf den intentionalen Gegenstand zutreffen, und umgekehrt. Doch dies ist hier nicht der Fall, wie Ockham sogleich festhält. Es ist nämlich sehr wohl möglich, dass der materielle Gegenstand aufhört zu existieren, der intentionale Gegenstand hingegen nicht; also können sie nicht real identisch sein. Und wenn sie nicht identisch sind, müssen sie distinkt sein. Für distinkte Entitäten gilt nämlich:

---

[8] *In I Sent.*, dist. 27, q. 3 (OTh IV, 237): „... rosa illa est idem realiter cum omnibus rosis, quia illa conspecta conspiciuntur omnes rosae ut unum non ut distinctae..." Vgl. Aureoli, *Scriptum super primum Sententiarum*, dist. 3, sect. 14, n. 57 (II, 714).
[9] Diese Bedingung wird in *In I Sent.*, dist. 27, q. 3 (OTh IV, 239) nur angedeutet, in *In I Sent.*, dist. 2, q. 6 (OTh II, 173-195) jedoch ausgeführt. Vgl. eine Analyse in Adams 1976.

(D) Wenn die Entitäten x und y real distinkt sind, dann trifft einiges, was auf x zutrifft, nicht auf y zu, und einiges, was auf y zutrifft, trifft nicht auf x zu.

Genau dies ist hier der Fall. Es ist beispielsweise möglich, dass die rote Rose im Garten aufhört zu existieren, die intentionale Rose, an die jemand denkt, aber nicht. Daher müssen die beiden Rosen distinkt sein.

Offensichtlich ist es nicht einfach ein Missverständnis, das Ockham dazu veranlasst, den intentionalen und den realen Gegenstand als distinkte Entitäten aufzufassen, sondern die Anwendung der Bedingungen (I) und (D). In dieser Anwendung bleibt allerdings ein wichtiger Punkt unberücksichtigt. Ockham geht in seiner ganzen Diskussion von Identität und Distinktion nämlich nur auf die *reale* Identität und Distinktion ein. Er schließt aus, dass es eine andere Form von Identität und Distinktion gibt, die sich gleichsam unterhalb der Ebene der realen Identität und Distinktion befindet. Das heißt, er schließt aus (zumindest mit Bezug auf geschaffene Gegenstände), dass x und y real identisch sind und trotzdem eine bestimmte Form von Distinktion aufweisen.[10] Petrus Aureoli hingegen nimmt an, dass es unterhalb der Ebene der realen Identität und Distinktion durchaus noch eine andere Ebene gib. Er hält ja in der zitierten Aussage ausdrücklich fest, dass die intentionale Rose real identisch ist mit allen materiellen Rosen, und trotzdem hält er an einer bestimmten Form von Distinktion fest. Um welche Art von Distinktion es sich dabei handelt, erklärt er zwar nicht. Aber er zielt wohl auf eine besondere Form ab, die man *modale Distinktion* nennen könnte. Wie in § 25 erläutert wurde, geht er nämlich von der Annahme aus, dass die intentionale Rose die materielle Rose selbst ist, aber mit einem anderen Seinsmodus (*modus essendi*); sie ist gleichsam die intentionale Version der materiellen Rose.[11] Die intentionale Rose stimmt zwar in den allermeisten Eigenschaften mit der materiellen Rose überein. Aureoli betont ausdrücklich, dass die beiden „in einer wahrhaften visuellen Wahrnehmung zusammenfallen."[12] Trotzdem weisen sie einen je eigenen ontologischen Status und dadurch auch einige je eigene Eigenschaften auf. So ist etwa die materielle Rose wohlriechend, die intentionale im Intellekt hingegen nicht.

---

[10] Dies zeigt sich deutlich in seiner Auseinandersetzung mit der scotischen Formaldistinktion. Er schließt aus, dass es eine Form von Distinktion gibt, die – wie Scotus sagt – kleiner ist als die reale. Vgl. *In I Sent.*, dist. 2, q. 6 (OTh II, 173).

[11] Vgl. *Scriptum*, dist. 27, pars 2, art. 2 (MS. Borgh. 329, fol. 302va-vb); zitiert in § 25.

[12] *Scriptum*, dist. 3, sect. 14, n. 31 (II, 698): „... non distinguitur imago seu res in esse apparenti a reali, quia simul coincidunt in vera visione." Ockham zitiert diese Stelle wörtlich in *In I Sent.*, dist. 27, q. 3 (OTh IV, 233). Vgl. zu dieser zentralen Stelle auch Michon 1994, 87.

Berücksichtigt man die modale Distinktion, auf die Aureoli abzielt, zeigt sich, dass Ockham ihn nicht einfach missversteht und aufgrund einer Fehlinterpretation kritisiert. Die Kritik beruht vielmehr auf einem unterschiedlichen Verständnis von Identität und Distinktion. Während Aureoli neben der realen Identität und Distinktion noch eine modale annimmt, insistiert Ockham darauf, dass es – abgesehen von der rein begrifflichen Identität und Distinktion – nur die reale gibt. Da der intentionale und der materielle Gegenstand nicht der Bedingung (I) genügen, die für die reale Identität gilt, müssen sie Ockham zufolge distinkt sein. Dass sie real identisch und trotzdem in gewisser Weise distinkt sind, hält er für eine unverständliche Behauptung.

Dass Ockham auf das Problem der Identität oder Distinktion abzielt, zeigt sich noch in einem weiteren Argument, das er gegen Aureolis Theorie anführt.[13] Er stellt fest: Da der intentionale und der reale Gegenstand distinkt sind, kann jeder der beiden Gegenstände auch distinkt erfasst werden. Somit ist es nicht erforderlich, dass immer, wenn ein realer Gegenstand erfasst wird, auch ein entsprechender intentionaler Gegenstand erfasst wird, oder umgekehrt. Es ist also durchaus möglich, dass der reale Gegenstand *allein* erfasst wird. Daher ist es möglich, dass sich ein Wahrnehmungsakt allein auf eine reale Rose richtet und dass die wahrnehmende Person allein diesen Gegenstand erfasst, ohne dass sie gleichzeitig auch eine intentionale Rose erfassen muss.[14]

Dieses Argument ist überzeugend, solange der intentionale und der reale Gegenstand einzig und allein als real distinkte Gegenstände betrachtet werden. Wenn sie sich nämlich so zueinander verhalten, wie sich etwa ein Tisch zu einem zweiten Tisch verhält, können sie durchaus unabhängig voneinander erfasst werden. Aureoli würde dagegen allerdings einwenden, dass keine derartige Distinktion vorliegt. Der intentionale Gegenstand ist vielmehr die intentionale Version des realen Gegenstandes. Daher wird dadurch, dass der intentionale Gegenstand erfasst wird, immer auch der fundierende reale Gegenstand erfasst. Umgekehrt kann der reale Gegenstand gar nicht allein erfasst werden, da er nur mittels des intentionalen Gegenstandes überhaupt präsent wird. Dies mag anhand eines modernen Vergleichs noch anschaulicher werden.[15]

---

[13] Vgl. *In I Sent.*, dist. 27, q. 3 (OTh IV, 240).
[14] Ockham stützt dieses Argument in *In I Sent.*, dist. 27, q. 3 (OTh IV, 240) noch mit einer Überlegung „de potentia divina": Selbst wenn ein Mensch den realen Gegenstand vielleicht nicht ohne den intentionalen erfassen kann, ist doch Gott dazu imstande. Denn wann immer eine Entität x von einer Entität y real distinkt ist, kann Gott x ohne y erfassen.
[15] Vgl. zu diesem Vergleich auch Teil IV, S. 290.

Wenn wir im Wohnzimmer sitzen und im Fernsehen den amerikanischen Präsidenten sehen, der eine Rede vor dem Kongress hält, dann haben wir es streng genommen mit zwei Entitäten zu tun: einerseits mit dem realen Präsidenten, andererseits mit dem auf dem Fernsehbildschirm dargestellten Präsidenten. Der reale Präsident befindet sich in Washington, der dargestellte in unserem Wohnzimmer. Obwohl hier zwei Entitäten zu unterscheiden sind, lassen sich diese doch nicht unabhängig voneinander erfassen. Einerseits können wir nämlich nicht den realen Präsidenten allein erfassen, solange wir in unserem Wohnzimmer bleiben und nicht nach Washington fliegen. Der reale Präsident ist uns nur zugänglich, insofern er im Fernsehen dargestellt ist. Andererseits können wir durch das Betrachten des dargestellten Präsidenten weit mehr als ein Fernsehbild erfassen. Wir erfassen dadurch auch den realen Präsidenten; er ist uns auf vermittelte Weise präsent. Ähnlich könnten sich nun auch die Verteidiger der Theorie intentionaler Gegenstände gegen Ockhams Kritik verteidigen. Der intentionale und der reale Gegenstand sind zwar in gewisser Hinsicht distinkte Gegenstände. Aber einerseits können wir nicht einfach den realen Gegenstand allein erfassen. Wir sind nur imstande, ihn zu erfassen, insofern er durch den intentionalen Gegenstand überhaupt präsent ist. Andererseits erfassen wir durch das Wahrnehmen des intentionalen Gegenstandes nicht nur diesen Gegenstand, sondern immer auch den vermittelten realen Gegenstand.

Im Gegensatz zu Ockham ist sich Adam Wodeham durchaus bewusst, dass die Verteidiger intentionaler Gegenstände eine enge Beziehung zwischen intentionalem und realem Gegenstand annehmen. Er weist darauf hin, dass Aureoli zufolge eine „intrinsische und ununterscheidbare Relation" zum realen Gegenstand besteht, ja dass „der Intellekt auf die äußeren Gegenstände abzielt."[16] Trotzdem hält Wodeham diesen Ansatz für unbefriedigend.[17] Wenn nämlich tatsächlich eine solche enge Relation bestünde, dann müsste immer, wenn ein intentionaler Gegenstand existiert, auch ein realer Gegenstand existieren. Die Fälle von Sinnestäuschungen zeigen aber, dass dies keineswegs der Fall ist. Wir können ja auch dann schwankende Bäume sehen, wenn es keine realen schwankenden Bäume gibt. Offensichtlich ist die Relation zwischen dem intentionalen und dem realen Gegenstand trotz Aureolis gegenteili-

---

[16] In *Lectura*, prol., q. 4, § 5 (I, 91) spricht er „de illo respectu intrinseco et indistinguibili a realitate cognita", und er zitiert Aureolis These: „intellectus terminatur ad res quae sunt extra." (I, 92).

[17] Vgl. *Lectura*, prol., q. 4, § 5 (I, 93-94); die Beispiele in den folgenden Erläuterungen stammen von mir.

ger Behauptung keineswegs intrinsisch. Es liegt vielmehr eine extrinsische Relation vor, d. h. eine Relation, die nicht in einem der beiden Relationstermini angelegt ist. Jeder der beiden Termini kann *unabhängig* vom anderen existieren. So kann der reale Gegenstand ohne den intentionalen existieren (z. B. wenn eine Rose im Garten existiert, aber niemand an sie denkt), und der intentionale kann ohne einen entsprechenden realen existieren (z. B. wenn jemand an eine Rose denkt, aber im Winter alle Rosen erfroren sind).

Mit dieser Kritik legt Wodeham den Finger auf einen wunden Punkt in Aureolis Theorie. Diese Theorie weist nämlich eine Spannung auf. Einerseits versucht Aureoli, die Differenz zwischen intentionalem und realem Gegenstand zu minimieren, indem er betont, dass der intentionale Gegenstand nur eine intentionale Version des realen ist. Andererseits geht er in seiner ganzen Diskussion von Fällen der Sinnestäuschung aus, die verdeutlichen, dass die beiden Gegenstände durchaus auseinander klaffen können. Zudem betont Aureoli, dass der intentionale Gegenstand vom Intellekt „produziert" wird und dass er somit ein eigenständiger Gegenstand ist.[18] Damit maximiert Aureoli die Differenz zwischen den beiden Arten von Gegenständen.

Die bisherigen Einwände Ockhams und Wodehams gegen die Theorie intentionaler Gegenstände waren vornehmlich ontologischer Natur. Sie zielten auf eine bestimmte Klassifizierung der Entitäten ab sowie auf eine genaue Unterscheidung zwischen identischen und distinkten Entitäten. Ockham führt aber auch genuin epistemologische Argumente gegen Aureolis Theorie an.[19] Wenn es tatsächlich intentionale Gegenstände gäbe, so wendet er ein, und wenn diese tatsächlich die primären Bezugsobjekte des Wahrnehmungsvermögens wären, dann müssten sie unmittelbar erfasst werden. Das Wahrnehmungsvermögen W müsste also direkt das intentionale Objekt O_i erfassen. Doch wenn W tatsächlich *direkt* O_i erfassen kann, gibt es keinen Grund, warum W nicht auch *direkt* das reale Objekt O_r erfassen kann. Es handelt sich ja in beiden Fällen um Objekte für das Wahrnehmungsvermögen. Also ist es vollkommen überflüssig, zusätzlich zu O_r auch O_i anzunehmen.

Dieser Einwand scheint auf den ersten Blick leicht widerlegbar zu sein. Das reale Objekt, so könnte man entgegnen, kann nicht direkt vom Wahrnehmungsvermögen erfasst werden, weil es erst durch das intentionale Objekt präsent wird. Erst im intentionalen Objekt „erscheint" das

---

[18] Vgl. *Scriptum*, dist. 3, sect. 14, n. 31 (II, 696 und 698), wo Aureoli sagt, der Intellekt „ponit res in esse intentionali et apparenti."
[19] Vgl. *In I Sent.*, dist. 27, q. 3 (OTh IV, 240-241).

reale Objekt, wie Aureoli betont, und daher kann das reale Objekt nie an sich ein kognitives Objekt sein. (Zum Vergleich: Der amerikanische Präsident, der in Washington eine Rede hält, „erscheint" uns erst dadurch, dass er im Fernsehen dargestellt wird. Daher kann der reale Präsident nicht an sich ein kognitives Objekt für uns sein, sondern nur insofern er durch den dargestellten Präsidenten vermittelt wird.) Eine solche Widerlegung des Einwandes übersieht allerdings einen wichtigen Punkt in Ockhams Argumentation. Ockham weist darauf hin, dass die Verteidiger der intentionalen Gegenstände einfach annehmen, das intentionale Objekt könne direkt erfasst werden. Doch wie ist es möglich, dass dieses Objekt ohne irgendeine vermittelnde Entität erfasst wird? Was zeichnet das intentionale Objekt gegenüber dem realen Objekt aus, dass es ein derartiges Erfassen erlaubt? Wenn es sich bei beiden einfach um Objekte handelt, scheint das intentionale Objekt nicht besser geeignet zu sein, direkt erfasst zu werden, als das reale Objekt. Daher kann man ebenso gut daran festhalten, dass das reale Objekt erfasst wird. Behauptet man jedoch, dass das reale Objekt nur dank der Vermittlung durch das intentionale erfasst werden kann, droht ein infiniter Regress. Beim intentionalen Objekt kann man nämlich ebenfalls fragen, warum es erfasst werden kann. Antwortet man darauf, dass es nur dank der Vermittlung durch ein weiteres intentionales Objekt erfasst werden kann, stellt sich hinsichtlich des zweiten intentionalen Objekts wiederum die Frage, warum es erfasst werden kann. Will man diese Frage beantworten, muss man ein drittes intentionales Objekt einführen usw.

Versteht man die Pointe des Ockhamschen Arguments auf diese Weise, lässt es sich nicht so leicht widerlegen. Es könnte nur zurückgewiesen werden, wenn die Vertreter der Theorie intentionaler Gegenstände erklären würden, warum das intentionale Objekt im Gegensatz zum realen Objekt direkt erfasst werden kann. Doch eine solche Erklärung fehlt. Aureoli hält nur fest, das intentionale Objekt „erscheine" dem Wahrnehmungsvermögen und sei „offenbar"; es habe deshalb ein *esse apparens*.[20] Doch die epistemische Relation dieses „Erscheinens" wird von ihm nicht erläutert. Um sich gegen Ockham zu verteidigen, müsste er diese Relation erklären, z. B. als eine Relation der Selbst-Evidenz oder Selbst-Präsentation, die nur für das intentionale und nicht für das reale Objekt besteht.[21] Erst durch eine detaillierte Erklärung des „Erscheinens" wür-

---

[20] Vgl. *Scriptum* I, dist. 3, sect. 14, n. 31 (II, 696-698).
[21] In der neueren Diskussion hat Chisholm folgende Definition für eine Selbst-Präsentation vorgeschlagen (vgl. Chisholm 1979, 43): Ein Sachverhalt h ist für ein Subjekt S zum Zeitpunkt t genau dann selbst-präsentierend, wenn gilt: h findet zur Zeit t statt, und wenn

de deutlich, warum für das Erfassen des intentionalen Objekts kein weiteres intentionales Objekt erforderlich ist und warum ein infiniter Regress vermieden werden kann.

Schließlich führt Ockham noch ein weiteres epistemologisches Argument gegen die Position Aureolis an: Wenn tatsächlich ein intentionaler Gegenstand existierte und wenn dieser tatsächlich primär vom Wahrnehmungsvermögen erfasst würde, dann würde er sich als ein Mittelding (*medium*) zwischen das Vermögen und den realen Gegenstand einschieben. Eine wahrnehmende Person hätte dann nur noch zu diesem Mittelding einen unmittelbaren epistemischen Zugang, nicht aber zum realen Gegenstand. Um diesen Schluss zu vermeiden, hält Ockham dezidiert fest:

„... in keiner intuitiven Erkenntnis, weder in einer sinnlichen noch in einer intellektuellen, wird ein Gegenstand mit irgendeinem Sein konstituiert, das ein Mittelding zwischen dem Gegenstand und dem Erkenntnisakt ist. Ich behaupte vielmehr, dass der Gegenstand selbst unmittelbar gesehen oder erfasst wird, ohne jedes Mittelding zwischen ihm und dem Akt."[22]

Offensichtlich sieht Ockham in der Theorie intentionaler Gegenstände eine Bedrohung für den direkten Erkenntnisrealismus. Führt man solche Gegenstände ein, sind nicht mehr die realen Gegenstände in der materiellen Welt die unmittelbaren Erkenntnisgegenstände, sondern nur noch die intentionalen Gegenstände, die der wahrnehmenden Person „erscheinen". Um diese Bedrohung abzuwenden, insistiert Ockham darauf, dass es keine intentionalen Gegenstände gibt und dass sich somit nichts zwischen die wahrnehmende Person (bzw. ihre Wahrnehmungsakte) und die realen Gegenstände einschiebt. Wer etwas sieht, hört, riecht usw., nimmt *direkt* einen realen Gegenstand wahr. Und wenn mehrere Personen etwas Bestimmtes wahrnehmen, so nehmen sie alle denselben realen Gegenstand wahr. Es gibt nicht ein eigenes, gleichsam privates Wahrnehmungsobjekt für jede einzelne Person.

Mit diesem Einwand zielt Ockham genau auf jenen Punkt ab, der auch in der modernen erkenntnistheoretischen Debatte durch die Kritik an der Ideentheorie (im 18. Jh.) und an der Sinnesdatum-Theorie (im

---

h zur Zeit t stattfindet, dann gilt notwendigerweise, dass h für S zur Zeit t evident ist. Aureoli müsste nachweisen, dass eine derartige Bedingung von den intentionalen Gegenständen erfüllt wird, nicht aber von den realen.

[22] *In I Sent.*, dist. 27, q. 3 (OTh IV, 241): „... in nulla notitia intuitiva, nec sensitiva nec intellectiva, constituitur res in quocumque esse quod sit aliquod medium inter rem et actum cognoscendi. Sed dico quod ipsa res immediate, sine omni medio inter ipsam et actum, videtur vel apprehenditur."

20. Jh.) prominent geworden ist.[23] Wenn man eine innere Entität einführt (nenne man sie nun „Idee", „Sinnesdatum" oder „intentionaler Gegenstand"), die als primäres Erkenntnisobjekt fungiert, verliert man einen direkten epistemischen Zugang zu den äußeren Entitäten. Man ist dann gleichsam in der Welt der inneren Entitäten gefangen. Um diesem Gefängnis zu entweichen, sollte man von vornherein die Annahme besonderer innerer Entitäten ablehnen und daran festhalten, dass epistemische Relationen im Normalfall direkt zu äußeren Entitäten hergestellt werden.

Freilich ist zu betonen, dass die Annahme intentionaler Gegenstände für Ockham nur deshalb zum Verlust einer direkten epistemischen Relation zur Außenwelt führt, weil er diese Gegenstände auf eine bestimmte Weise auffasst. Für ihn sind sie ja, wie mehrfach betont wurde, distinkte Entitäten, die von den äußeren Gegenständen klar zu trennen sind. Aureoli hingegen fasst sie als Entitäten auf, die durch die realen Gegenstände fundiert werden, oder sogar als Entitäten, die nichts anderes sind als die realen Gegenstände mit einer besonderen intentionalen „Seinsweise" (*modus essendi*). Daher besteht Aureoli zufolge keine Kluft zwischen den intentionalen und den realen Gegenständen, und die Einführung intentionaler Gegenstände bedroht nicht den direkten Erkenntnisrealismus. Er tritt vielmehr für einen differenzierten Erkenntnisrealismus ein: Was eine wahrnehmende Person erfasst und erkennt, ist nicht der Gegenstand mit einem materiellen Sein, sondern der Gegenstand mit einem intentionalen Sein. Trotzdem ist es der reale Gegenstand selbst, nicht irgendein Doppelgänger oder innerer Stellvertreter, der erkannt wird. Es ist nicht zuletzt die Umdeutung dieser Position, die auf verschiedene Seinsmodi ein und desselben Gegenstandes verweist, in eine Position, die einen inneren von einem äußeren Gegenstand unterscheidet, die Ockham zu seiner Kritik bewogen hat.[24]

Die Umdeutung zeigt sich auch deutlich bei Adam Wodeham, der sich Ockhams Kritik anschließt und dieser noch ein weiteres Argument hinzufügt.[25] Wenn die Vertreter der Theorie intentionaler Gegenstände behaupten, eine Aussage wie ‚Ich sehe eine Rose' sei im Sinne von ‚Ich

---

[23] So etwa durch Thomas Reids Kritik am „way of ideas" in den *Essays on the Intellectual Powers of Man* I, 1 (ed. Hamilton 1895, Nachdruck 1967, I, 226ff.) oder durch Austins und neuerdings Putnams Kritik an Sinnesdaten (vgl. Putnam 1994a).

[24] Es wäre daher unangemessen, in Ockhams Rückweisung der Theorie intentionaler Gegenstände einfach eine Rückweisung der Theorie Aureolis zu sehen. Ockham richtet seine Kritik zwar gegen Aureolis Theorie, in Tat und Wahrheit wendet er sich aber gegen seine Umdeutung dieser Theorie in eine Position, die intentionale Gegenstände als innere Gegenstände reifiziert. Biard 1997, 204, betont zu Recht, dass diese Umdeutung stets in den Blick genommen werden muss.

[25] Vgl. *Lectura*, prol., q. 4, § 2 (I, 87 und 89-90).

sehe eine Entität mit intentionalem bzw. gesehenem Sein' zu verstehen, machen sie Wodeham zufolge eine unzulässige Annahme. Sie führen dann eine neue Entität mit einem besonderen Status ein. Doch das angebliche intentionale bzw. gesehene Sein ist nichts anderes als eine extrinsische Eigenschaft der realen Rose, d. h. eine Eigenschaft, die der Rose zukommt, insofern sie in Relation zu einer wahrnehmenden Person steht. Es handelt sich dabei keineswegs um die intrinsische Eigenschaft einer besonderen Entität. Aus diesem Grund kann das intentionale bzw. gesehene Sein auch nur extrinsisch benannt werden.

Mit dieser Kritik setzt Wodeham natürlich voraus, dass die Verteidiger der Theorie intentionaler Gegenstände diesen Gegenständen intrinsische Eigenschaften zuschreiben, durch die sie sich von den realen Gegenständen unterscheiden. Aureoli würde eine solche Annahme jedoch zurückweisen. Er geht ja nicht davon aus, dass diese Gegenstände sich durch besondere intrinsische Eigenschaften auszeichnen, sondern dass sie einen besonderen Seinsmodus (*modus essendi*) haben: den Modus, den Gegenstände aufweisen, insofern sie im Wahrnehmungsvermögen oder im Intellekt existieren. Dieser wichtige Punkt mag wiederum durch das moderne Beispiel deutlich werden. Wenn wir sagen, dass wir den amerikanischen Präsidenten im Fernsehen sehen, so behaupten wir nicht, dass wir eine Entität mit einer intrinsischen Eigenschaft – einem „gefilmten Sein" – sehen. Wir sagen nur, dass wir den Präsidenten sehen, insofern er im Fernsehen dargestellt ist. Ähnlich könnte auch Aureoli sagen, dass jemand, der eine intentionale Rose wahrnimmt, nicht eine Entität mit einer seltsamen intrinsischen Eigenschaft erfasst, sondern eine Rose, insofern sie dem Wahrnehmungsvermögen präsent ist.

Bislang ist deutlich geworden, dass sich Ockham und Wodeham der Annahme besonderer intentionaler Gegenstände widersetzen. Sie verwerfen derartige Entitäten, weil sie am Prinzip festhalten wollen, dass sich ein kognitives Vermögen direkt auf einen realen Gegenstand bezieht. Aus diesem Grund verwerfen sie auch eine andere Art von vermittelnder Entität, nämlich die Species (sowohl die *species sensibiles* als auch die *species intelligibiles*), die zahlreiche Vorgänger – unter ihnen Thomas von Aquin und Johannes Duns Scotus – in ihrer Kognitionstheorie noch angenommen hatten.[26] Ockham hält programmatisch fest:

---

[26] Ockham verwirft zudem die *species in medio*, die gemäß den Perspektivisten in einem Medium vom Wahrnehmungsgegenstand zum Wahrnehmungsorgan übertragen werden. Vgl. *In III Sent.*, q. 2 (OTh VI, 43-97), und eine ausführliche Analyse in Kaufmann 1994, 219-223. Zur Ablehnung der *species sensibiles* vgl. *In III Sent.*, q. 3 (OTh VI, 98-129). Ich konzentriere mich im Folgenden auf Ockhams Argumentation gegen die *species intelligibiles*.

„... um eine intuitive Erkenntnis zu haben, ist es nicht erforderlich, etwas außer dem Intellekt und dem erkannten Gegenstand anzunehmen, schon gar keine Species. Dies wird bewiesen: Vergeblicherweise geschieht durch mehreres, was durch weniger geschehen kann. Eine intuitive Erkenntnis kann aber ohne jede Species durch den Intellekt und die gesehene Sache erfolgen; also usw."[27]

Offensichtlich beruft sich Ockham auf das berühmte ontologische Ökonomieprinzip, um die Annahme von Species zu verwerfen. Wenn nämlich Erkenntnis oder ganz allgemein kognitive Bezugnahme mit Rekurs auf nur zwei Entitäten (Intellekt und realer Gegenstand) erklärt werden kann, so ist dies eine bessere Erklärung, als wenn drei Entitäten (Intellekt, Species, realer Gegenstand) angenommen werden; je weniger Entitäten in einer Erklärung angenommen werden, desto besser ist sie.[28] Die Species ist eine überflüssige Entität, auf die in einer kognitionstheoretischen Erklärung verzichtet werden kann. Sie ist überdies eine verhängnisvolle Entität, da sie sich gleichsam zwischen den Intellekt und den realen Gegenstand einschiebt. Ockham veranschaulicht dies mit einem Vergleich.[29] Wenn sich jemand primär auf die Species von einem Gegenstand und nicht auf den Gegenstand selbst beziehen würde, wäre er in der Situation einer Person, die nur eine Statue von Herkules betrachtet, aber nicht Herkules selbst. Nur die Repräsentation eines Gegenstandes würde unmittelbar erfasst, nicht der Gegenstand selbst.

Gegen diese Argumentation könnten sich die Verteidiger der Species-Theorie freilich sogleich zur Wehr setzen. Zunächst könnten sie gegen die Anwendung des Ökonomieprinzips argumentieren, dass dieses Prinzip nur dann ein zulässiges methodisches Prinzip ist, wenn mit Rekurs auf weniger Entitäten mindestens genauso viel erklärt wird wie mit Rekurs auf mehr Entitäten. Im vorliegenden Fall ist dies aber nicht gegeben. Wer nämlich nur auf den Intellekt und auf den realen Gegenstand rekurriert, lässt unerklärt, wie dieser Gegenstand überhaupt ein kognitives Objekt werden kann. Der materielle Gegenstand kann nämlich nicht

---

[27] *In II Sent.*, qq. 12-13 (OTh V, 268): „... ad cognitionem intuitivam habendam non oportet aliquid ponere praeter intellectum et rem cognitam, et nullam speciem penitus. Hoc probatur, quia frustra fit per plura quod potest fieri per pauciora. Sed per intellectum et rem visam, sine omni specie, potest fieri cognitio intuitiva, ergo etc." Vgl. auch ibid. (OTh V, 256). Ähnlich argumentiert Wodeham in *Lectura secunda*, dist. 8, q. 1, § 6 (III, 13-14).
[28] Dieses Prinzip ist freilich eher als eine methodologische Maxime denn als ein ontologisches Prinzip zu verstehen, wie Beckmann 1990 nachgewiesen hat. Es besagt nämlich nicht einfach, dass die Anzahl von Entitäten in der Natur reduziert werden soll, sondern dass zur Erklärung eines bestimmten Sachverhaltes nur so viele Entitäten angenommen werden sollen, wie für eine befriedigende Erklärung erforderlich sind.
[29] Vgl. *In II Sent.*, qq. 12-13 (OTh V, 274).

§ 29 *Die Ablehnung vermittelnder Entitäten im Kognitionsprozess* 335

von sich aus ein Objekt für den immateriellen Intellekt werden. Er muss diesem erst vermittelt werden. Genau diese Funktion erfüllt die Species. Als eine Entität, die auf der Grundlage von Sinneseindrücken und Phantasmata gebildet wird, schlägt sie gleichsam eine Brücke zwischen dem materiellen und dem immateriellen Bereich und macht dadurch dem Intellekt einen materiellen Gegenstand zugänglich. Solange diese entscheidende Brückenfunktion nicht erklärt wird, ist eine überstürzte Anwendung des Ökonomieprinzips unzulässig.

Die Verteidiger der Species-Theorie könnten zudem darauf hinweisen, dass sie die Species keineswegs als eine Entität verstehen, die sich zwischen den Intellekt und den realen Gegenstand einschiebt und gleichsam den Zugang zum Gegenstand versperrt. Im Gegenteil: Sie ist ein kognitives Hilfsmittel, das erst einen Zugang zum Gegenstand ermöglicht. Denn wenn eine Person eine Species bildet, erfasst sie nicht einfach diese „innere" Entität anstelle des realen Gegenstandes. Sie erfasst vielmehr den realen Gegenstand selbst, insofern dieser durch die Species kognitiv vermittelt wird. Die Species ist bloß ein *medium quo* im kognitiven Prozess und keineswegs der *terminus ad quem*.[30] Auf das vergleichende Beispiel mit der Herkules-Statue angewendet, heißt dies: Wer die Statue sieht, erfasst nicht einfach ein Stück Marmor, ohne einen Zugang zu Herkules zu haben. Vielmehr erfasst eine solche Person Herkules, insofern dieser durch die Statue dargestellt ist. Herkules ist zwar nur vermittelt durch die Statue gegeben, aber trotzdem ist Herkules selbst gegeben, und Herkules selbst wird erfasst.

Angesichts dieser Einwände muss Ockham seinen Angriff auf die Species-Theorie ausführlicher begründen. Die bloße Erwähnung des Ökonomieprinzips und die Behauptung, dass doch der reale Gegenstand selbst erfasst wird, reichen kaum als Begründung aus.[31] Betrachtet man seine Argumentation etwas näher, zeigt sich freilich, dass er durchaus zusätzliche Begründungen liefert.

Eine erste Begründung zielt auf einen Kernpunkt der Species-Theorie

---

[30] Vgl. Thomas von Aquin, *ST*, q. 85, art. 2, corp., und eine Analyse oben in § 7.
[31] Auch Ockhams weiteres Argument (*In II Sent.*, qq. 12-13; OTh V, 268), dass die Species doch nicht gesehen wird und dass die Erfahrung die Species-Theorie somit nicht bestätigt, reicht nicht aus. Die Verteidiger der Species-Theorie behaupten ja nicht, die Species sei ein Gegenstand, der durch Introspektion wahrgenommen wird. Sie vertreten nur die Ansicht, dass die Species ein Hilfsmittel im kognitiven Prozess ist. Ein Hilfsmittel ist aber keineswegs etwas, was auch gesehen wird. (Zum Vergleich: Wer behauptet, dass die einzelnen Bestandteile eines Fernsehers – Bildröhren, Kabel usw. – ein notwendiges Hilfsmittel sind, damit etwas gesehen werden kann, sagt damit keineswegs, dass auch die Bestandteile selbst gesehen werden.)

ab. Die Vertreter dieser Theorie – insbesondere Thomas von Aquin – behaupten, dass eine Species erforderlich ist, damit sich die erkennende Person dem Erkenntnisgegenstand angleichen kann. Thomas zufolge ist Erkenntnis (oder allgemein kognitive Bezugnahme) ja immer als ein Prozess der Assimilation zu verstehen. Und dieser Prozess erfolgt dadurch, dass die Form des Erkenntnisgegenstandes mit Hilfe der Species aufgenommen wird (vgl. §§ 6-7). Dagegen wendet Ockham ein, dass keineswegs eine Assimilation im Sinne eines Aufnehmens der Form erfolgt. Wenn überhaupt eine Assimilation stattfindet, so nur im Sinne eines kausalen Prozesses:

„... so besteht diese Assimilation des Passiven an das Tätige darin, dass [das Passive] eine Wirkung aufnimmt, die vom Tätigen verursacht wurde. Aber auf diese Weise assimiliert sich der Intellekt hinreichend durch einen Erkenntnisakt, der vom Gegenstand verursacht und im Intellekt aufgenommen wird; also ist keine Species erforderlich."[32]

In dieser Aussage wird deutlich, dass Ockham den kognitiven Prozess anders auffasst als die Verteidiger der Species-Theorie. Diese vertreten die These, dass eine Kognition nur dann möglich ist, wenn der Intellekt sich aktiv einem Gegenstand angleicht, indem er eine Species bildet und so die Form des Gegenstandes in sich aufnimmt; der Inhalt der Species ist dann nichts anderes als die Form des Gegenstandes. Für Ockham hingegen verhält sich der Intellekt zunächst nur passiv. Er „erleidet" etwas seitens des Gegenstandes, der auf ihn einwirkt und in ihm einen Erkenntnisakt verursacht. Dieser Akt ist das Einzige, was der Intellekt in sich aufnimmt. Der Intellekt benötigt keine Species, die ihm irgendwie die Form des Gegenstandes vermittelt. Würde man eine Species annehmen, würde man eine überflüssige Entität postulieren.

In dieser Kritik manifestiert sich nicht nur eine Umdeutung des kognitiven Prozesses, sondern auch eine radikale Umdeutung der Kausalrelation zwischen dem äußeren Gegenstand und dem Intellekt.[33] Für die

---

[32] *In II Sent.*, qq. 12-13 (OTh V, 273): „... sic est illa assimilatio passi ad agens per hoc quod recipit aliquem effectum causatum ab agente. Sed isto modo assimilatur intellectus sufficienter per intellectionem causatam ab obiecto et receptam in intellectu, igitur non requiritur species."
[33] Diese Umdeutung betonen zu Recht Schulthess 1992, 204-205, und Adams & Wolter 1993, 188: „In effect, Ockham's none too sympathetic review of the species-hypothesis reflects a shift away from ‚formal cause' explanations of cognition to a focus on its efficient causes instead." Freilich hat diese Umdeutung zur Folge, dass die Species bei Ockham eine andere Funktion erhält als in der klassischen Species-Theorie. Stump 1999, 191, ist daher zuzustimmen, wenn sie betont: „... Ockham is working with a version of the species account significantly different from Aquinas's."

Vertreter der Species-Theorie ist diese Kausalrelation nämlich immer mit Bezug auf eine Formursache zu erklären. Nur wenn der Intellekt die Form des äußeren Gegenstandes aufnimmt und so formal identisch wird mit diesem, gelingt ihrer Ansicht nach eine kognitive Bezugnahme. Ockham hingegen beruft sich ausschließlich auf eine Wirkursache. Seiner Ansicht nach kommt eine kognitive Bezugnahme schon dadurch zustande, dass der äußere Gegenstand zunächst auf die Sinne und dann auf den Intellekt einwirkt und in diesem einen Akt verursacht. Diese Umdeutung ist von entscheidender Bedeutung. Denn erst wenn die Formursache zugunsten einer reinen Wirkursache aufgegeben wird, entbehrt die Rede von einer formalen Assimilation eines Sinnes. Und erst dann wird es auch überflüssig, eine besondere kognitive Entität anzunehmen, die eine derartige Assimilation ermöglicht. Es ist somit nicht einfach das Ökonomieprinzip, das Ockham zu einer Verwerfung der Species-Theorie bewegt. Was ihn dazu veranlasst, ist vielmehr eine Umdeutung der Kausalrelation.

Ein zweites Argument, das Ockham gegen die Species-Theorie anführt, richtet sich gegen die bereits erwähnte These, die Species seien erforderlich, damit die äußeren Gegenstände überhaupt kognitiv präsent sein können.[34] Diese Gegenstände seien nämlich materielle Entitäten, die nicht von sich aus dem immateriellen Intellekt vergegenwärtigt werden können. Nur mit Hilfe der Species könne die Kluft zwischen dem materiellen und dem immateriellen Bereich überwunden werden. Gegen diese Argumentation wendet Ockham ein, dass die Einführung von Species keineswegs dazu führt, dass die angebliche Kluft überwunden wird. Wenn die materiellen Gegenstände nämlich nicht imstande sind, von sich aus im immateriellen Intellekt einen Akt zu verursachen und so präsent zu werden, können sie auch nicht bewirken, dass der Intellekt Species hervorbringt, mit deren Hilfe die Gegenstände dann präsent werden. Denn wie sollen materielle Gegenstände die Verursachung von immateriellen Species bewirken, wenn doch eine Kluft zwischen dem materiellen und dem immateriellen Bereich besteht? Wer davon ausgeht, dass eine solche Kluft besteht, kann sie auch mit Hilfe von Species nicht überwinden.

Hinter diesem Einwand verbirgt sich eine fundamentale Kritik an einem entscheidenden Punkt der Species-Theorie. In dieser Theorie wird

---

[34] Vgl. *In II Sent.*, qq. 12-13 (OTh V, 275). Die These wird u.a. von Scotus vertreten, der behauptet, die Species seien erforderlich, damit ein Übergang von der materiellen zur immateriellen Ordnung („de ordine in ordinem") erfolgen könne. Vgl. *Ordinatio* I, dist. 3, pars 3, q. 1, n. 359 (Vat. III, 217), und eine kurze Analyse in Perler 1996c, 239-241.

nämlich angenommen, dass die Species zwar immaterielle Entitäten im Intellekt sind, aber auf der Grundlage von materiellen Phantasmata abstrahiert werden, die ihrerseits von materiellen Gegenständen verursacht werden. Doch wie ist es möglich, dass immaterielle Species durch Abstraktion von materiellen Phantasmata gebildet werden, wenn doch eine Kluft zwischen dem materiellen und dem immateriellen Bereich besteht? Solange die Species-Theoretiker diese Frage nicht beantworten, können sie sich nicht auf eine besondere Funktion der Species berufen, nämlich auf die Funktion des Vermittelns zwischen dem materiellen und dem immateriellen Bereich.[35] Die Genese der Species setzt ja voraus, dass bereits eine Vermittlung stattgefunden hat. Wenn aber ohnehin eine erfolgreiche Vermittlung vorausgesetzt wird, ist es überflüssig, vermittelnde Entitäten anzunehmen. Man kann dann ebenso gut argumentieren, dass die materiellen Gegenstände via Sinneseindrücke auf den immateriellen Intellekt einwirken. Dies bedeutet natürlich auch, dass man davon ausgehen kann, dass keine prinzipielle Unverträglichkeit zwischen dem materiellen und dem immateriellen Bereich besteht. Mit seiner Ablehnung der Species wendet sich Ockham nicht zuletzt gegen die implizite Annahme, im kognitiven Prozess müsse eine solche Unverträglichkeit durch besondere kognitive Entitäten beseitigt werden.

Ein drittes Argument, das Ockham gegen die Species-Theorie anführt, richtet sich ebenfalls gegen eine spezifische These, die von den Verteidigern dieser Theorie vertreten wird. Diese behaupten nämlich, die Species sei eine Entität, die einem intellektuellen Akt vorausgehe und ermögliche, dass ein solcher Akt überhaupt gebildet werden könne.[36] Konkret heißt dies: Erst wenn mein Intellekt eine Baum-Species bildet, ist die Voraussetzung geschaffen, damit mein Intellekt auch einen Akt des An-den-Baum-Denkens hervorbringt; denn erst die Präsenz der Species ermöglicht, dass das bloße Vermögen, einen derartigen Akt zu bilden, auch tatsächlich aktualisiert wird. Dagegen wendet Ockham ein, dass keineswegs eine Species erforderlich ist, weil ein Vermögen bereits durch einen einwirkenden Gegenstand aktualisiert werden kann.[37] Wenn

---

[35] Sie können sich auch dann nicht auf diese Funktion berufen, wenn sie – wie etwa Scotus – darauf insistieren, dass der Intellekt die Species produziert und dass somit der Intellekt den Übergang vom materiellen zum immateriellen Bereich schafft. Denn wie gelingt es dem Intellekt, von den materiellen Phantasmata immaterielle Species zu abstrahieren, wenn doch eine Kluft zwischen dem materiellen und dem immateriellen Bereich besteht? Wie kann der Intellekt angesichts einer solchen Kluft einen Übergang „de ordine in ordinem" (vgl. Anm. 34) schaffen?
[36] Vgl. Scotus, *Ordinatio* I, dist. 3, pars 3, q. 1, n. 370 (Vat. III, 225).
[37] Vgl. *In II Sent.*, qq. 12-13 (OTh V, 275-276).

also ein Baum präsent ist und auf meine Sinne einwirkt, dann ist keine Species erforderlich, damit mein Vermögen, an den Baum zu denken, aktiviert wird.

Auch dieses Argument enthält eine grundsätzliche Kritik an einer impliziten Annahme der Species-Theorie. Die Verteidiger dieser Theorie nehmen Ockham zufolge fälschlicherweise an, ein kognitives Vermögen könne erst dann aktiviert werden, wenn besondere kognitive Entitäten vorhanden sind. Diese Annahme ist jedoch unbegründet. Was ein solches Vermögen aktiviert, ist nichts anderes als der äußere Gegenstand.[38] Wirkt ein solcher Gegenstand auf die Wahrnehmungssinne ein, sind alle Bedingungen erfüllt, damit das kognitive Vermögen aktiviert wird. Auch hier zeigt sich wieder, dass Ockham das ontologische Ökonomieprinzip mit Bedacht anwendet. Wenn er die Species als überflüssige Entitäten bezeichnet, so nicht einfach in pauschaler Weise, sondern aus einem konkreten Grund: Die angeblich wichtige Funktion der Species – das Aktivieren des kognitiven Vermögens – wird von den Gegenständen selbst wahrgenommen.

Ockham führt noch ein viertes Argument gegen die Species-Theorie an. Von den Vertretern dieser Theorie wird immer wieder darauf hingewiesen, die Annahme von Species sei erforderlich, um jene besonderen Fälle zu erklären, in denen wir uns trotz fehlender Präsenz eines materiellen Gegenstandes auf etwas beziehen können.[39] Wenn ich etwa heute an den Baum denke, den ich gestern gesehen habe, jedoch heute nicht mehr vor dem Baum stehe, so gelingt mir dies nur, weil ich heute noch über die Baum-Species verfüge. Gegen dieses Argument, das die Verteidiger der Species-Theorie in den Mittelpunkt ihrer Theorie der Erinnerung stellen, wendet Ockham ein, dass es keineswegs überzeugend ist. Damit wir auch dann noch an einen Gegenstand denken können, wenn dieser nicht mehr aktuell präsent ist, ist keine besondere kognitive Entität erforderlich, sondern nur eine bestimmte Disposition (*habitus*).[40] Konkret heißt dies: Damit ich heute an den gestern gesehenen Baum denken kann, brauche ich lediglich eine Disposition, die es mir ermöglicht, einen Akt hervorzubringen, der sich auf den Baum richtet. Diese Disposition habe ich zu dem Zeitpunkt erworben, als ich den Baum ge-

---

[38] Daher betont Ockham, die „ratio intelligendi" sei neben dem Vermögen nichts anderes als der äußere Gegenstand. Vgl. *In II Sent.*, qq. 12-13 (OTh V, 276).
[39] Duns Scotus, *Ordinatio* IV, dist. 45, q. 3, n. 5, ediert in Adams & Wolter 1993, 196: „... cum oporteat obiectum esse aliquo modo praesens ad actum et non potest esse praesens per se, oportet quod sit praesens per speciem, et tunc potentia recordationis erit conservativa speciei..." Siehe auch ibid., n. 16, 204-205.
[40] Vgl. *In II Sent.*, qq. 12-13 (OTh V, 278-279) und *In IV Sent.*, q. 14 (OTh VII, 281-283).

sehen habe. Ich benötige aber keine besondere Entität, die ich gestern gebildet und irgendwie abgespeichert habe.

Diesem Einwand liegt offensichtlich einmal mehr das Ökonomieprinzip zugrunde. Selbst im Fall einer Erinnerung, so argumentiert Ockham, sind nur zwei Entitäten erforderlich, nämlich der Intellekt und der früher erfasste Gegenstand. Die Annahme einer dritten Entität, die den früher erfassten Gegenstand vergegenwärtigt, ist überflüssig. Ockham begnügt sich aber nicht mit einer solchen kruden Argumentation. Er weist ausdrücklich darauf hin, dass es sich beim Intellekt um eine Entität handelt, die imstande ist, eine bestimmte Disposition zu erwerben und diese zu einem späteren Zeitpunkt zu aktualisieren. Der entscheidende Punkt in seiner Argumentation besteht darin, dass er diese Disposition nicht als eine zusätzliche Entität bestimmt, schon gar nicht als eine Entität, die zwischen dem Intellekt und dem früher erfassten Gegenstand vermittelt oder den früher erfassten Gegenstand irgendwie vergegenwärtigt. Er fasst die Disposition vielmehr als etwas auf, was zum Intellekt gehört und das Hervorbringen von Akten ermöglicht, die sich direkt auf den früher erfassten Gegenstand beziehen. Ein modernes Beispiel möge diesen Punkt verdeutlichen:

Angenommen, jemand ist Zeuge eines Verkehrsunfalls geworden und wird am nächsten Tag von der Polizei aufgefordert, den beobachteten Unfall genau zu beschreiben. Was tut nun dieses Person? Zwei Erklärungen bieten sich an. Man könnte einerseits sagen, die Person reaktiviere visuelle Eindrücke, die sich ihr beim Beobachten des Unfalls eingeprägt haben, und sie beschreibe nun diese Eindrücke. Alles, was sie sagt, würde sich dann auf die visuellen Eindrücke – auf einen inneren Film, der gleichsam wieder abgespult wird – beziehen. Andererseits könnte man aber auch sagen, die Person reaktiviere eine bestimmte Disposition, die sie beim Beobachten des Unfalls erworben hat und die es ihr nun erlaubt, bestimmte mentale Akte zu vollziehen. Diese Akte beziehen sich direkt auf das, was sie zum Zeitpunkt des Unfalls gesehen hat. Daher bezieht sich auch alles, was diese Person sagt, auf das Unfallgeschehen und nicht etwa auf visuelle Eindrücke. Wenn sie also sagt: „Ich erinnere mich, wie das Auto mit hohem Tempo in die Straße eingebogen ist" oder „Ich erinnere mich, wie das Auto den Fahrradfahrer zur Seite gedrückt hat", so beziehen sich diese Aussagen auf das Auto und nicht etwa auf visuelle Eindrücke vom Auto.

Ockham würde sich der zweiten Erklärung anschließen. Wenn sich eine Person an etwas erinnert, so vollzieht sie Akte, die sich direkt auf

§ 29 *Die Ablehnung vermittelnder Entitäten im Kognitionsprozess* 341

das früher Erfasste beziehen.⁴¹ Dazu ist diese Person in der Lage, weil sie eine bestimmte Disposition erworben hat. Und eine solche Disposition ist nicht eine besondere Entität, sondern eine bestimmte erworbene Fähigkeit: die Fähigkeit, intentionale Akte zu bilden, die sich auf früher Erfasstes beziehen. Genau diesen Punkt übersehen Ockham zufolge die Vertreter der Species-Theorie, wenn sie behaupten, Erinnerung sei nur mit Hilfe besonderer kognitiver Entitäten möglich.

Die bisher dargestellten Argumente gegen die Species-Theorie waren alle vorwiegend epistemologischer Natur. Sie zielten ja alle auf den Punkt ab, dass materielle Gegenstände (sogar früher erfasste Gegenstände) *direkt* kognitive Objekte werden können und dass sich Akte des Intellekts auch *direkt* auf diese Gegenstände beziehen. In Ockhams Texten findet sich aber auch ein entscheidendes Argument, das sich gegen die ontologischen Grundlagen der Species-Theorie richtet. Dieser Theorie liegt die Annahme zugrunde, dass jeder materielle Gegenstand zwei Aspekte aufweist, nämlich einen singulären und einen allgemeinen. Der singuläre Aspekt, so wird behauptet, wird mit Hilfe der Phantasmata vergegenwärtigt, der allgemeine hingegen mit Hilfe der Species. Wie in § 18 deutlich geworden ist, sagt Duns Scotus ausdrücklich, die Species hätten die Funktion, materielle Gegenstände *sub ratione universalis* zu vergegenwärtigen.⁴² Diese Behauptung stützt sich freilich auf die ontologische Annahme, dass jeder materielle Gegenstand zwei Aspekte aufweist: einerseits einen singulären Aspekt (aufgrund der individuierenden „kontrahierenden Eigenschaft"), andererseits einen allgemeinen Aspekt (aufgrund der „allgemeinen Natur"). Genau diese Annahme weist Ockham zurück. In deutlicher Abgrenzung gegenüber Scotus behauptet er:

„... ich sage, dass es nicht zwei repräsentierbare Aspekte im Gegenstand gibt, von denen der eine dem Vorstellungsvermögen vergegenwärtigt wird und der andere dem Intellekt. Es gibt nicht zwei derartige Aspekte im Gegenstand, nämlich eine kontrahierte Natur und eine kontrahierende Eigenschaft, weil alles, was im Gegenstand ist, singulär ist, wie durch früher Gesagtes an anderer Stelle deutlich wird."⁴³

---

⁴¹ Dies gilt auch für den Fall der Vorstellung. *In III Sent.*, q. 3 (OTh VI, 121): „Quia omnia illa quae a philosophis et sanctis doctoribus vocantur phantasmata, simulacra, idola, sunt ipsamet sensibilia prius sensata et post phantasiata, et non species sensibilium. Eundem enim hominem quem prius vidi, nunc imaginor, et non speciem hominis."

⁴² Vgl. *Ordinatio* I, dist. 3, pars 3, q. 1, n. 352 (Vat. III, 211-212); *Lectura* I, dist. 3, pars 3, q. 1, n. 268 (Vat. XVI, 332).

⁴³ *In II Sent.*, qq. 12-13 (O Th V, 303): „... dico quod non sunt duae rationes repraesentabiles in re quarum una repraesentatur phantasiae et alia intellectui. Quia non sunt talia duo in re, natura scilicet contracta et proprietas contrahens, quia quidquid est in re est singulare, sicut patet per praedicta alibi."

Offensichtlich hält Ockham die Species-Theorie allein schon aufgrund einer falschen ontologischen Annahme für verfehlt: Es gibt keine allgemeine Natur, die einem materiellen Gegenstand einen allgemeinen Aspekt verleiht. Daher ist auch kein besonderes kognitives Hilfsmittel erforderlich, um diesen vermeintlichen Aspekt zu vergegenwärtigen. Alles, was sich in einem materiellen Gegenstand befindet, ist eine individuelle Substanz mit individuellen Qualitäten.

Hier zeigt sich deutlich, dass Ockhams Kritik an der Species-Theorie nicht nur einzelne Details oder fragwürdige Konsequenzen dieser Theorie betrifft. Sie stellt vielmehr die gesamte Grundlage dieser Theorie in Frage. Denn nur wer eine Ontologie annimmt, die neben den individuellen Entitäten auch allgemeine akzeptiert, muss in der Kognitionstheorie besondere Hilfsmittel postulieren, die diese allgemeinen Entitäten kognitiv vergegenwärtigen. Wer aber von einer radikalen Individualontologie ausgeht, wie Ockham dies vorschlägt, kann in der Kognitionstheorie auf derartige Hilfsmittel verzichten.[44]

§ 30 Intuitive und abstraktive Akte

Bislang ist deutlich geworden, wie sich Ockham und Wodeham in ihrer Intentionalitätstheorie von bereits bestehenden Theorien abgrenzen. Sie insistieren darauf, dass in einer adäquaten Theorie keine intentionalen Gegenstände und keine intelligiblen Species angenommen werden dürfen, weil sich intentionale Akte im Normalfall direkt auf individuelle, materielle Gegenstände beziehen. Es ist jedoch noch kaum erkennbar geworden, wie Ockham und Wodeham diese Thesen begründen. Wie sollen sich ihrer Ansicht nach Wahrnehmungsakte und intellektuelle Akte direkt auf Gegenstände beziehen können, wenn sie doch nicht einfach mysteriöse kognitive Strahlen sind? Wie sollen derartige Akte in die Gegenstände „einhaken" können? Und welche Struktur weisen sie auf, wenn sie in die Gegenstände „einhaken"? Die beiden Autoren versuchen

---

[44] Dass dieser ontologische Punkt von entscheidender Bedeutung ist, zeigt sich auch bei jenen Autoren, die für Scotus Partei ergriffen und die Species-Theorie gegenüber Ockhams Kritik verteidigten. So zitiert Johannes Reading in seiner Quaestio *De necessitate specierum intelligibilium* Ockhams Einwand, es gebe keinen allgemeinen Aspekt („ratio universalis") und weist ihn mit der Bemerkung zurück, er sei falsch (ed. Gál 1969, n. 114, 105). Seiner Ansicht nach muss an der ontologischen These festgehalten werden, dass materielle Gegenstände neben einem singulären Aspekt auch einen allgemeinen aufweisen. Daher muss man Reading zufolge auch an der Species-Theorie festhalten; denn nur diese Theorie erklärt, wie der allgemeine Aspekt vergegenwärtigt werden kann.

diese Fragen zu beantworten, indem sie auf die bereits von Scotus eingeführte Theorie der intuitiven und abstraktiven Akte zurückgreifen, diese Theorie aber neu interpretieren. Ich werde daher im Folgenden näher auf diese Neuinterpretation eingehen und einige Fragen diskutieren, die sie aufwirft. Dabei konzentriere ich mich auf Ockhams Texte und beschränke mich auf jene Fragen, die im Hinblick auf die Intentionalitätsproblematik relevant sind.[45]

Ockham führt die Unterscheidung zwischen intuitiven und abstraktiven Akten ein, indem er zunächst eine Unterscheidung zwischen zwei unterschiedlichen kognitiven Verhaltensweisen trifft.[46] Wer kognitive Akte vollzieht, so hält er fest, kann einerseits einen Gegenstand oder einen Sachverhalt bloß erfassen. Konkret heißt dies: Wenn ich vor einem Baum stehe, kann ich den Baum einfach erfassen, oder ich kann erfassen, dass ein Baum vor mir steht. Was ich erfasse, kann also etwas Unkomplexes („Ich erfasse x") oder etwas Komplexes („Ich erfasse, dass x der Fall ist") sein. Andererseits kann ich auch Behauptungen über bestimmte Sachverhalte zustimmen oder diese ablehnen. So kann ich zustimmen, dass tatsächlich ein Baum existiert und dass er tatsächlich vor mir steht, oder ich kann dies bestreiten. In diesem Fall beziehe ich mich ausschließlich auf etwas Komplexes, genauer gesagt: auf eine Proposition, die einen bestimmten Sachverhalt ausdrückt („Ich stimme zu oder lehne ab, dass x der Fall ist").

Der entscheidende Punkt besteht nun darin, dass es sich beim Erfassen und Zustimmen bzw. Ablehnen um zwei *distinkte* kognitive Verhaltensweisen handelt, die nicht notwendigerweise miteinander verknüpft sind.[47] Das Zustimmen bzw. Ablehnen setzt zwar immer ein Erfassen voraus, aber das Erfassen hat keineswegs immer ein Zustimmen oder Ablehnen zur Folge. Dies zeigt sich besonders deutlich, wenn man jene Fälle betrachtet, bei denen etwas nur halluzinierend oder träumend erfasst wird.[48] So kann jemand von einem Baum träumen, ohne zuzustim-

---

[45] Wodeham lehnt sich in seiner Unterscheidung der beiden Arten von Akten an Ockham an; vgl. *Lectura*, prol., q. 2, §§ 1-8 (I, 34-49).
[46] Vgl. *In I Sent.*, prol., q. 1 (OTh I, 16-17).
[47] In *Quodl.* V, q. 6 (OTh IX, 502) betont Ockham, dass Erfassen und Zustimmen real (nicht nur begrifflich) verschieden sind.
[48] Ockham selber erwähnt in *In I Sent.*, prol., q. 1 (OTh I, 16-17), das Beispiel von jemandem, der einen lateinischen Satz erfasst, ohne ihn jedoch zu verstehen und ohne ihm zuzustimmen. Streng genommen handelt es sich hier um einen Spezialfall von bloßem Erfassen. Systematisch gesehen gilt es zu unterscheiden zwischen (a) Erfassen *mit* sprachlichem Verstehen, dem kein Zustimmen folgt, und (b) Erfassen *ohne* sprachliches Verstehen. Ockham führt zunächst ein Beispiel für (b) an, zielt dann aber auf (a) ab.

men, dass tatsächlich ein Baum existiert. ‚Ich erfasse x' impliziert also *nicht* ‚Ich stimme zu, dass x existiert'.

Diesen wichtigen Punkt verwendet Ockham, um die Differenz zwischen intuitiven und abstraktiven Akten zu bestimmen. Er behauptet, eine Person, die einen intuitiven Akt vollziehe, erfasse einen individuellen Gegenstand und stimme mit einem Urteilsakt zu, dass dieser Gegenstand existiert, sofern er tatsächlich existiert, oder dass dieser Gegenstand nicht existiert, sofern er nicht existiert. Des Weiteren stimme eine solche Person auch zu, dass dieser Gegenstand bestimmte kontingente Eigenschaften hat.[49] Ockham veranschaulicht diese These anhand eines Beispiels: Wer einen intuitiven Akt vollzieht, der sich auf Sokrates bezieht, erfasst Sokrates nicht nur (dies könnte ja auch jemand tun, der bloß von Sokrates träumt), sondern urteilt auch, dass Sokrates existiert und eine bestimmte Farbe hat, und gewinnt dadurch ein bestimmtes Wissen von Sokrates. Dieses Beispiel veranschaulicht freilich nur den einfachen Fall, bei dem sich ein intuitiver Akt auf einen existierenden Gegenstand bezieht. Daneben gibt es auch den komplizierteren Fall, bei dem sich ein solcher Akt auf einen nicht-existierenden Gegenstand bezieht. Dieser zweite Fall soll erst weiter unten betrachtet werden. Hier geht es zunächst nur um Ockhams allgemeine These, dass ein intuitiver Akt genau dann vorliegt, wenn der Akt des Erfassens mit einem Akt des Zustimmens verknüpft wird. Und der primäre Akt des Zustimmens ist jener zur Existenz oder Nicht-Existenz des erfassten Gegenstandes. Bei einem intuitiven Akt liegen also streng genommen zwei Akte vor: Erfassen *und* Zustimmen. Dies stellt für Ockham aber kein Problem dar; er weist ausdrücklich darauf hin, dass gleichzeitig mehrere Akte vollzogen werden können.[50] Somit lässt sich zusammenfassend festhalten:

(I) Ein intuitiver Akt liegt genau dann vor, (i) wenn ein individueller Gegenstand erfasst wird, (ii) wenn zugestimmt wird, dass dieser Gegenstand existiert, sofern er existiert, oder dass dieser Gegenstand nicht existiert, sofern er nicht existiert, und (iii) wenn auch zugestimmt wird, dass dieser Gegenstand bestimmte kontingente Eigenschaften hat.

Im Gegensatz dazu ist für einen abstraktiven Akt keine Zustimmung erforderlich, weder zur Existenz oder Nicht-Existenz des erfassten Gegenstandes noch zur Zuschreibung kontingenter Eigenschaften.[51] Es gilt also:

[49] Vgl. *In I Sent.*, prol., q. 1 (O Th I, 31); *Quodl.* V, q. 5 (OTh IX, 496).
[50] Vgl. *In I Sent.*, prol., q. 1 (OTh I, 19).
[51] Vgl. *In I Sent.*, prol., q. 1 (OTh I, 31).

§ 30 Intuitive und abstraktive Akte 345

(A) Ein abstraktiver Akt liegt genau dann vor, (i) wenn ein individueller Gegenstand erfasst wird, (ii) wenn *nicht* zugestimmt wird, dass dieser Gegenstand existiert oder nicht existiert, und (iii) wenn auch *nicht* zugestimmt wird, dass dieser Gegenstand bestimmte kontingente Eigenschaften hat.

Daneben berücksichtigt Ockham auch den Sonderfall eines abstraktiven Aktes, mit dem ausgehend von verschiedenen individuellen Gegenständen ein allgemeiner Begriff gebildet wird.[52] Dieser besondere Fall ist aber nur im Rahmen der Universaliendiskussion relevant.[53] Sieht man von diesem Sonderfall ab, besteht der entscheidende Unterschied zwischen einem intuitiven und einem abstraktiven Akt darin, dass im ersten Fall streng genommen zwei Akte erfolgen, nämlich ein Erfassen und ein Zustimmen, im zweiten Fall hingegen nicht. Erfolgen zwei Akte, entsteht eine evidente Erkenntnis, wie Ockham betont:

„... eine intuitive Erkenntnis von einem Gegenstand ist jene Erkenntnis, kraft derer gewusst werden kann, ob ein Gegenstand existiert oder nicht, sodass der Intellekt sogleich urteilt, dass der Gegenstand existiert, wenn er existiert, und mit Evidenz erkennt, dass er existiert..."[54]

Auf Ockhams eigenes Beispiel angewendet, heißt dies: Wenn ich einen intuitiven Akt vollziehe, der sich auf Sokrates bezieht, erfasse ich diesen nicht nur, sondern ich stimme allein aufgrund dieses Erfassens auch zu, dass er existiert, und gewinne so eine evidente Erkenntnis von der Tatsache, dass Sokrates existiert.

An dieser Bestimmung der intuitiven Akte und ihrer Abgrenzung von den abstraktiven sind im Hinblick auf die Intentionalitätsproblematik verschiedene Punkte erklärungsbedürftig. Doch zunächst sollen die Gemeinsamkeiten zwischen den beiden Typen von Akten festgehalten werden. Gerade die Gemeinsamkeiten zeigen nämlich, dass Ockham terminologisch zwar auf die scotische Theorie zurückgreift, diese inhaltlich aber neu interpretiert. Vor allem drei Punkte sind dabei zu nennen:

(1) Intuitive und abstraktive Akte beziehen sich nicht auf verschie-

---

[52] Vgl. *In I Sent.*, prol., q. 1 (OTh I, 30).

[53] Ockham vertritt in dieser Diskussion die konzeptualistische Position, dass durch einen abstraktiven Akt nur allgemeine Begriffe gewonnen werden, und er wendet sich damit gegen die universalienrealistische Position, die behauptet, dadurch könnten allgemeine Naturen abstrahiert werden. Vgl. ausführlich *In I Sent.*, dist. 2, qq. 4-7 (OTh II, 99-266) und eine Analyse in Adams 1987, 13-69; Schulthess 1992, 227-248; Michon 1994, 299-379.

[54] *In I Sent.*, prol., q. 1 (OTh I, 31): „... notitia intuitiva rei est talis notitia virtute cuius potest sciri utrum res sit vel non, ita quod si res sit, statim intellectus iudicat rem esse et evidenter cognoscit eam esse..."

dene Arten von Entitäten oder auf verschiedene Aspekte einer Entität. Ockham hält ausdrücklich fest, dass sich beide Typen von Akten auf dieselben Objekte beziehen, nämlich auf individuelle Gegenstände.[55] Dies ist nicht zuletzt eine Konsequenz seiner Individualontologie: Weil es nichts anderes als individuelle Entitäten (d. h. individuelle Substanzen und individuelle Qualitäten) gibt, können sich intuitive ebenso wie abstraktive Akte nur auf solche Entitäten beziehen. Ockham lehnt die scotische Annahme von allgemeinen Naturen entschieden ab. Daher weist er auch die Annahme zurück, es müsse besondere Akte geben, mit denen die allgemeinen Naturen erfasst werden können.

(2) Intuitive und abstraktive Akte beziehen sich unterschiedslos auf existierende und auf nicht-existierende Gegenstände. Ockham weist Scotus' Behauptung zurück, dass sich die intuitiven Akte nur auf existierende und präsente Gegenstände beziehen, während sich die abstraktiven Akte auch auf nicht-existierende und nicht-präsente Gegenstände richten können.[56] Für Ockham ist es entscheidend, dass der Objektbereich der intuitiven Akte keineswegs eingeschränkter ist als jener der abstraktiven Akte.

(3) Intuitive und abstraktive Akte beziehen sich direkt auf die jeweiligen Gegenstände. Auch in diesem Punkt distanziert sich Ockham von Scotus, der behauptet, dass sich abstraktive Akte nur dank besonderer Hilfsmittel – sog. intelligibler Species – auf Gegenstände beziehen können. Eine solche Behauptung ist für Ockham unhaltbar, weil er jede Art von vermittelnder Entität ablehnt, wie im vorangehenden Paragraphen bereits deutlich geworden ist.

Betrachtet man diese drei Punkte, wird deutlich, dass der entscheidende Unterschied zwischen den intuitiven und den abstraktiven Akten nicht in ihrem Gegenstandsbereich liegt, auch nicht in der Art und Weise, wie dieser Gegenstandsbereich erfasst wird, sondern nur darin, ob zusätzlich zum Erfassen ein Akt des Zustimmens erfolgt.

Nun könnte man allerdings im Hinblick auf die Intentionalitätsproblematik einen Einwand gegen das gesamte Vorgehen Ockhams erheben. Setzt Ockham nicht einfach voraus, dass sich sowohl intuitive als auch abstraktive Akte auf etwas beziehen und dass sie somit intentional sind, wenn er behauptet, dass bei beiden Typen von Akten ein Erfassen des jeweiligen Gegenstandes vorliegt? Einen Gegenstand zu erfassen heißt ja nichts anderes, als sich kognitiv auf ihn zu beziehen. Doch genau diese

---

[55] Vgl. *In I Sent.*, prol., q. 1 (OTh I, 38).
[56] Vgl. *In I Sent.*, prol., q. 1 (OTh I, 33).

§ 30 Intuitive und abstraktive Akte

kognitive Bezugnahme bedarf einer Erklärung. Es muss erläutert werden, warum sich jemand in einem intuitiven oder abstraktiven Akt überhaupt auf einen Gegenstand beziehen kann. Eine solche Erläuterung ist vor allem dann erforderlich, wenn man wie Ockham die Species-Theorie verwirft, die Bezugnahme mit Rekurs auf kognitive Hilfsmittel erklärt. Wie ist eine Bezugnahme möglich, wenn keine derartigen Hilfsmittel vorliegen?

Es scheint zunächst, als würde Ockham diese Frage einfach ignorieren. In seiner Unterscheidung zwischen dem bloßen Erfassen und dem Zustimmen hält er nämlich lapidar fest, es gebe Akte des Erfassens, die sich auf Komplexes oder Unkomplexes beziehen.[57] Damit scheint er bereits vorauszusetzen, dass es kognitive Bezugnahme gibt. Betrachtet man die Texte etwas genauer, zeigt sich jedoch, dass Ockham durchaus eine Erklärung für das Phänomen der kognitiven Bezugnahme gibt. Er hält nämlich fest, dass eine derartige Bezugnahme möglich ist, weil es Kausalrelationen gibt. Sowohl die intuitiven als auch die abstraktiven Akte entstehen nur dann, wenn solche Relationen vorliegen. Allerdings liegen bei den intuitiven und den abstraktiven Akten unterschiedliche Kausalrelationen vor:

„Im Hinblick auf natürliche Vorgänge haben diese Erkenntnisse [sc. intuitive und abstraktive] jedoch unterschiedliche Wirkursachen. Die Wirkursache einer intuitiven Erkenntnis ist nämlich der erkannte Gegenstand selbst, die Wirkursache einer abstraktiven Erkenntnis ist aber genau die intuitive Erkenntnis oder ein gewisser Habitus, der auf die abstraktive Erkenntnis ausgerichtet ist, wie an anderer Stelle noch gesagt wird."[58]

Offensichtlich kommt ein intuitiver Akt und damit auch eine intuitive Erkenntnis dadurch zustande, dass ein bestimmter Gegenstand als Wirkursache tätig ist. Dabei handelt es sich im Normalfall um einen individuellen, materiellen Gegenstand mit individuellen Eigenschaften. Freilich ist zu betonen, dass die Wirkursache nur im Normalfall ein derartiger Gegenstand ist. Es gibt nämlich Fälle von intuitiven Akten, die einzig und allein durch das Vorliegen eines bestimmten emotionalen Zustandes verursacht werden. Wenn etwa jemand traurig oder freudig ist, verur-

---

[57] *In I Sent.*, prol., q. 1 (OTh I, 16): „... inter actus intellectus sunt duo actus quorum unus est apprehensivus, et est respectu cuiuslibet quod potest terminare actum potentiae intellectivae, sive sit complexum sive incomplexum..."
[58] *In I Sent.*, prol., q. 1 (OTh I, 61): „Tamen naturaliter loquendo istae notitiae habent distinctas causas effectivas, quia causa effectiva notitiae intuitivae est ipsa res nota, causa autem effectiva notitiae abstractivae est ipsamet notitia intuitiva vel aliquis habitus inclinans ad notitiam abstractivam, sicut alias dicetur."

sacht allein das Vorliegen der Trauer oder der Freude, dass diese Person einen intuitiven Akt für diesen Zustand hat. Es liegt dann keine Kausalrelation zu einem materiellen Gegenstand vor.[59] Zudem dürfen jene Fälle nicht ausgeschlossen werden, bei denen ein Akt direkt von Gott verursacht wird. Gott kann nämlich alles tun, was nicht einen Widerspruch in sich beinhaltet. Ockham betont daher in der zitierten Aussage, dass die Kausalbedingung nur *naturaliter loquendo* gilt.[60] Berücksichtigt man auch die nicht natürlichen Vorgänge, muss man einräumen, dass ein intuitiver Akt auch erfolgen kann, ohne dass ein materieller Gegenstand als Wirkursache tätig ist, und dass ein abstraktiver Akt eintreten kann, ohne dass vorher ein intuitiver Akt erfolgt ist.

Wenn man sich allerdings auf den Bereich der natürlichen Vorgänge beschränkt, gilt die Kausalbedingung, dass ein intuitiver Akt nur dann entsteht, wenn ein materieller Gegenstand als Wirkursache tätig ist, und ein abstraktiver Akt nur dann erfolgt, wenn ein intuitiver Akt oder eine bestimmte Disposition als Wirkursache tätig ist. Diese Bedingung wirft allerdings sogleich die Frage auf, wie denn der materielle Gegenstand als Wirkursache tätig sein kann. Wie kann etwas Materielles auf den immateriellen Intellekt einwirken und in ihm einen Akt hervorrufen? Ockham beantwortet diese Frage, indem er darauf verweist, dass der materielle Gegenstand zunächst auf die äußeren Sinne einwirkt und in ihnen eine bestimmte Wirkung (eine dem jeweiligen Sinnesorgan „eingeprägte Qualität") hervorruft. Dies hat zur Folge, dass auch in den inneren Sinnen eine bestimmte Wirkung hervorgerufen wird, nämlich ein Wahrnehmungs- oder Vorstellungsakt.[61] Und dies wiederum hat zur Folge, dass schließlich im Intellekt ein Akt entsteht. Der materielle Gegenstand wirkt also stets vermittelt durch die Sinne auf den Intellekt ein. Trotzdem ist es der Gegenstand selbst, nicht irgendein innerer Stellvertreter, der als Wirkursache tätig ist. Ockham wendet sich ausdrücklich gegen die Auffassung, der Gegenstand verursache nur ein Abbild oder eine Species, die dann im Intellekt einen Akt hervorrufe und auf die sich dann der Akt beziehe. In dieser Rückweisung jeder Zwischeninstanz zeigt sich einmal mehr die Verteidigung des direkten Erkenntnisrealismus, die bereits im vorangehenden Paragraphen deutlich geworden ist: Akte des Intellekts

---

[59] Ockham erwähnt diesen Fall ausdrücklich in *In I Sent.*, prol., q. 1 (OTh I, 28-29).

[60] Vgl. auch *In I Sent.*, prol., q. 1 (OTh I, 37): „... Deus per idem totaliter potest causare utramque notitiam..."

[61] Daher entsteht streng genommen zuerst ein sensitiver intuitiver Akt, auf dessen Grundlage dann ein intellektueller intuitiver Akt gebildet wird. Vgl. *In I Sent.*, prol., q. 1 (OTh I, 25-26); zu den äußeren und inneren Sinnen *In III Sent.*, q. 3 (OTh VI, 98-129).

werden bei entsprechenden Sinnestätigkeiten *direkt* durch die Gegenstände verursacht und beziehen sich daher auch *direkt* auf sie. Zudem zeigt sich einmal mehr, dass Ockham keine prinzipielle Unverträglichkeit zwischen dem materiellen und dem immateriellen Bereich annimmt. Seiner Ansicht nach sind keine besonderen Entitäten erforderlich, die zwischen den materiellen Gegenständen und dem immateriellen Intellekt vermitteln.

Ockhams Verweis auf die Kausalrelation zwischen den materiellen Gegenständen und dem Intellekt wirft noch eine weitere Frage auf: Sind die materiellen Gegenstände die einzigen Ursachen, die einen intuitiven Akt hervorrufen? An einigen Stellen scheint Ockham diese Frage zu bejahen. So nennt er an der oben zitierten Stelle den materiellen Gegenstand als die einzige „essentielle Ursache" für einen intuitiven Akt,[62] und an anderen Stellen sagt er, ein solcher Akt werde unmittelbar vom Gegenstand verursacht.[63] Damit scheint er aber im Hinblick auf die Intentionalitätsproblematik eine unbefriedigende Position zu vertreten, nämlich eine simple kausalistische Position: Intentionale Akte (insbesondere intuitive Akte) entstehen einzig und allein durch eine Einwirkung der materiellen Gegenstände, ohne dass eine Aktivität des Intellekts erforderlich ist. Der Intellekt, so scheint es, verhält sich rein passiv; in ihm werden wie in einem Automaten Akte ausgelöst, ohne dass er selber an der Produktion dieser Akte aktiv beteiligt ist.

Ausgehend von jenen Stellen, an denen Ockham nur von einer Kausalrelation spricht, könnte man in der Tat den Eindruck gewinnen, dass er eine solche unbefriedigende Position vertritt. Es ist daher nicht erstaunlich, dass ihm in der neueren Forschung vorgeworfen wurde, er fasse den Intellekt als etwas rein Passives, kausal Determiniertes auf.[64] Dieser Vorwurf übersieht jedoch einen wichtigen Punkt. Ockham hält ausdrücklich fest, dass die materiellen Gegenstände nur eine Teilursache sind. So sagt er im Hinblick auf die Wahrnehmung, der Gegenstand sei zwar die vollständige Ursache für das Entstehen einer „eingeprägten Qualität" im Wahrnehmungsorgan, doch er sei nur eine Teilursache für das Entstehen eines Wahrnehmungsaktes.[65] Die zweite unentbehrliche Teilursache sei das Wahrnehmungsvermögen. Denn nur wenn materieller Gegenstand und Wahrnehmungsvermögen *zusammen* aktiv seien,

---

[62] Vgl. *In I Sent.*, prol., q. 1 (OTh I, 61).
[63] *Quodl.* IV, 17 (OTh IX, 381): „... illa [sc. notitia intuitiva] causatur immediate a re..." Vgl. auch *Quodl.* I, q. 13 (OTh IX, 73).
[64] So etwa von Stump 1999, 192. Auch Michon 1994, 130, spricht von einer „pure passivité" des Intellekts.
[65] Vgl. *In III Sent.*, q. 3 (OTh VI, 111).

entstehe ein Wahrnehmungsakt, der sich genau auf diesen Gegenstand bezieht. Gleiches gilt auch für den Intellekt: Nur wenn der Gegenstand und das intellektuelle Vermögen *zusammen* aktiv sind, entsteht ein intuitiver Akt.[66] Das Einwirken eines Gegenstandes ist also nur eine notwendige, aber noch keine hinreichende Bedingung für das Entstehen eines intuitiven Aktes. Wäre der Intellekt so passiv wie ein Automat, könnte in ihm kaum ein Akt entstehen, der sich auf einen bestimmten Gegenstand bezieht. Dies ergibt sich schon aus einem einfachen Grund, den Ockham allerdings nicht explizit anführt: Eine Person steht meistens in Relation zu zahlreichen Gegenständen, die auf die Sinne einwirken und somit als Wirkursachen tätig sind. Um sich auf genau einen Gegenstand beziehen zu können, muss der Intellekt sich auf genau einen Gegenstand konzentrieren und jene Wahrnehmungseindrücke verwenden, die von diesem Gegenstand stammen. Dies ist aber nur möglich, wenn der Intellekt *aktiv* ist und sich auf einen bestimmten Gegenstand konzentriert.

Noch ein weiterer Grund spricht für eine Aktivität des Intellekts. Wenn der Intellekt einen intuitiven Akt bildet, so vollzieht er – wie bereits betont – streng genommen zwei Akte, einen erfassenden und einen zustimmenden. Das Erfassen wird durch die materiellen Gegenstände bzw. durch ihr Einwirken auf die Sinne verursacht. Das Zustimmen, das nichts anderes als ein Urteilsakt ist, kann jedoch nicht derart verursacht werden. Es kann auch nicht durch ein Einwirken der Sinne auf den Intellekt verursacht werden. Ockham hält ausdrücklich fest, dass kein Akt der wahrnehmenden Seele die unmittelbare und nächste Ursache für einen Urteilsakt der intellektuellen Seele sein kann.[67] Einzig und allein was in der intellektuellen Seele ist, kann Ursache für einen derartigen Akt sein. Dies heißt freilich, dass die materiellen Gegenstände bzw. ihr Einwirken auf die Sinne nicht direkt einen Urteilsakt verursachen können. Vielmehr muss der Intellekt selbst einen solchen Akt hervorbringen, und zwar genau dann, wenn ein entsprechender Erfassensakt vorliegt. Wenn ich also einen Baum sehe, kann nicht der Baum selbst meinen intuitiven Akt hervorbringen, mit dem ich zustimme, dass der Baum existiert. Hier sind mindestens zwei kausale Prozesse zu unterscheiden: (a) Der Baum wirkt auf meine Sinne ein und verursacht in mir einen Erfassensakt. (b)

---

[66] Vgl. *In II Sent.*, qq. 12-13 (OTh V, 268): „Intellectus autem agens cum obiecto sunt agentia sufficientia respectu illius cognitionis." Vgl auch ibid. (OTh V, 276).

[67] *In I Sent.*, prol., q. 1 (OTh I, 22): „... nullus actus partis sensitivae est causa immediata proxima, nec partialis nec totalis, alicuius actus iudicativi ipsius intellectus. [...] Sed respectu alicuius actus iudicativi sufficiunt ea quae sunt in intellectu..." Vgl. auch ibid. (OTh I, 26).

§ 30 Intuitive und abstraktive Akte

Der Intellekt erzeugt beim Vorliegen des Erfassensaktes einen Urteilsakt.[68] Wenn diese beiden Prozesse auch meistens zusammen erfolgen und phänomenologisch kaum voneinander getrennt werden können, müssen sie doch strukturell unterschieden werden. Dies bedeutet natürlich, dass auch zwei Ursachen zu unterscheiden sind. Der materielle Baum ist nicht die einzige Ursache, die einen intuitiven Akt auslöst.[69]

Zudem ist ein wichtiger Punkt zu beachten, der ebenfalls gegen eine simple kausalistische Position spricht. Ockham betont, dass sich ein zustimmendes Urteil immer auf einen Sachverhalt bezieht, der durch einen Satz bzw. eine Proposition ausgedrückt wird. Ein solcher Satz kann aber wahr oder falsch sein. Warum wird dann in bestimmten Situationen ein wahrer Satz gebildet und in anderen ein falscher? Und warum wird in bestimmten Situationen einem wahren Satz zugestimmt und in anderen einem falschen? Ockhams Antwort ist klar: nicht weil durch einen kausalen Automatismus in einigen Situationen ein wahrer Satz hervorgerufen wird und in anderen nicht, auch nicht weil durch einen Automatismus in einigen Situationen einem wahrem Satz zugestimmt wird und in anderen nicht. Der Grund liegt anderswo:

„Daher sage ich, dass der Grund, weshalb eher ein wahrer als ein falscher Satz gebildet wird, eher ein bejahender als ein verneinender, der Wille ist; denn der Wille will den einen bilden und den anderen nicht..."[70]

Mit dieser Aussage weist Ockham darauf hin, dass ein Urteilsakt eine *aktive* Instanz erfordert. Wenn ich etwa vor einem Baum stehe und sehe, dass er grüne Blätter hat, so wird in mir nicht einfach durch einen kausalen Automatismus der Satz ‚Der Baum hat grüne Blätter' oder auch nur der Satz ‚Der Baum existiert' ausgelöst. Und ich urteile auch nicht automatisch, dass diese Sätze wahr sind. Die Sätze entstehen nur, wenn ich sie auch bilden *will*; und die entsprechenden Urteile entstehen ebenfalls nur,

---

[68] Da Ockham ausdrücklich zwischen einem sinnlichen und einem intellektuellen Erfassen unterscheidet, müsste man sogar drei kausale Prozesse unterscheiden: Zuerst verursacht der materielle Gegenstand ein sinnliches Erfassen; dieses verursacht ein intellektuelles Erfassen; dieses wiederum verursacht ein intellektuelles Urteilen. Dass das intellektuelle Urteilen durch das intellektuelle Erfassen und nicht einfach durch den materiellen Gegenstand oder durch das sinnliche Erfassen ausgelöst wird, betont Ockham in *Quodl.* V, 6 (OTh IX, 502).
[69] In *Quaestiones variae*, q. 5 (OTh VIII, 159) nennt Ockham den Intellekt daher ausdrücklich eine „causa intellectionis". Allerdings präzisiert er, dass der Intellekt keine Wirkursache ist, sondern nur eine „causa materialis".
[70] *Quaestiones variae*, q. 5 (OTh VIII, 170): „Ideo dico quod causa quare plus formatur propositio vera quam falsa, affirmativa quam negativa, est voluntas quia voluntas vult unam formare et aliam non."

wenn ich urteilen *will*. Zwar ist das Einwirken des Baumes auf meine Sinnesorgane und das Einwirken der Sinne auf den Intellekt eine notwendige Bedingung dafür, dass ich überhaupt in der Lage bin, die Sätze zu bilden und ein Urteil zu fällen. Aber diese Kausalrelationen allein bringen noch nicht die Sätze und die Urteilsakte hervor. Stets ist auch der Wille als eine aktive Instanz erforderlich.

Dieser Punkt ist nicht nur für Ockhams Urteilstheorie, sondern für seine ganze Intentionalitätstheorie von Bedeutung.[71] Diese Theorie betont zwar die Wichtigkeit einer Kausalrelation zwischen den materiellen Gegenständen und dem Intellekt, und zwar einer Kausalrelation, die nicht durch vermittelnde kognitive Entitäten unterbrochen wird. Sie insistiert zudem darauf, dass die Kausalität im Sinne einer Wirkursache und nicht etwa im Sinne einer Formursache zu verstehen ist. Der Intellekt nimmt ja nicht die Form eines materiellen Gegenstandes in sich auf und wird nicht formal mit ihm identisch. Trotz dieser Akzentuierung der rein wirkursächlichen Relation geht diese Theorie nicht von der simplen Annahme aus, ein materieller Gegenstand könne durch einen Automatismus einen intentionalen Akt hervorrufen, schon gar nicht einen Akt, der auch eine Urteilskomponente enthält. Sie berücksichtigt die Tatsache, dass ein solcher Akt im Normalfall nur entstehen kann, wenn einerseits ein materieller Gegenstand einwirkt, andererseits aber auch das Wahrnehmungsvermögen, der Intellekt und vor allem auch der Wille aktiv sind. Kurzum: Sie reduziert Intentionalität nicht auf einen simplen kausalen Mechanismus.

Nun muss ein weiteres Problem betrachtet werden, das sich unmittelbar aus der Definition der intuitiven und der abstraktiven Akte ergibt. Beide Typen von Akten, so betont Ockham, können sich auch auf nicht-existierende Gegenstände beziehen. Hinsichtlich der abstraktiven Akte ist diese Aussage unmittelbar verständlich. Wenn eine Person einen Gegenstand erfasst, ohne über dessen Existenz zu urteilen, tut sie dies ja meistens in jenen Fällen, wo sie sich einen nicht (oder nicht mehr) existierenden Gegenstand bloß vorstellt. Doch warum behauptet Ockham, dass sich auch intuitive Akte auf nicht-existierende Gegenstände beziehen können? Solche Akte beinhalten doch immer ein Existenzurteil bezüglich des erfassten Gegenstandes, und ein Existenzurteil scheint nur dann möglich zu sein, wenn der erfasste Gegenstand auch tatsächlich existiert. Ockham begründet seine auf den ersten Blick erstaunliche Be-

---

[71] Zur Bedeutung für die Urteilstheorie, auf die hier nicht näher eingegangen werden soll, vgl. Perler 1992, 236-237.

§ 30 *Intuitive und abstraktive Akte*   353

hauptung mit einem Verweis auf Gottes Allmacht: Auch wenn ein Gegenstand nicht (oder nicht mehr) existiert, kann sich ein intuitiver Akt auf ihn beziehen, weil Gott einen solchen Akt aufrechterhalten kann.[72]

Diese Begründung löste in der älteren Forschung heftige Kontroversen aus. Einige Kommentatoren warfen Ockham vor, damit öffne er dem Skeptizismus Tür und Tor.[73] Wie können wir sicher sein, so fragten sie, dass sich unsere intuitiven Akte im Normalfall tatsächlich auf existierende Gegenstände beziehen, wenn Gott doch jederzeit eingreifen und derartige Akte auch dann hervorrufen oder aufrechterhalten kann, wenn kein Gegenstand existiert? Angenommen, ich denke mit einem intuitiven Akt an einen Stern.[74] Könnte es dann nicht sein, dass ich urteile, dass der Stern existiert, obwohl er in Tat und Wahrheit nicht existiert? Könnte es nicht sein, dass Gott mir nur einen Stern vorgaukelt und ich ein falsches Urteil fälle? Derartige Fragen, die in der Forschungsliteratur immer wieder diskutiert worden sind, können allerdings sogleich zurückgewiesen werden.[75] Ockhams Theorie führt aus mindestens zwei Gründen nicht zu einem Skeptizismus:

(i) Zunächst ist zu beachten, dass Ockham in seiner Definition der intuitiven Akte festhält, dass jemand nur dann urteilt, dass ein Gegenstand existiert, wenn dieser tatsächlich existiert, und dass er nur dann urteilt, dass ein Gegenstand nicht existiert, wenn dieser nicht existiert.[76] Ockham schließt ausdrücklich den Fall aus, dass jemand urteilt, dass ein Gegenstand existiert, obwohl dieser nicht existiert. Sollte also Gott eingreifen und in mir einen intuitiven Akt von einem Stern erzeugen, obwohl kein Stern existiert, so urteile ich korrekt, dass der Stern nicht existiert. Gott ist gemäß Ockhams Theorie kein *genius malignus*, der eine Person täuscht und falsche Urteile in ihr hervorbringt.

(ii) Ockham betont, dass mit intuitiven Akten evidente Erkenntnis gewonnen wird. Eine solche Erkenntnis präsentiert einen Gegenstand aber immer so, wie er tatsächlich ist, und führt zu wahren Aussagen über

---

[72] Vgl. *In I Sent.*, prol., q. 1 (OTh I, 38-39).

[73] So etwa Pegis und Gilson, die in Adams 1987, 588-594, ausführlich diskutiert werden. Vgl. auch eine kritische Diskussion in Lee 2001.

[74] Ockham führt dieses Beispiel selber in *In I Sent.*, prol., q. 1 (OTh I, 39) an.

[75] Boehner 1948 hat als Erster den Skeptizismus-Vorwurf zurückgewiesen. Die meisten neueren Arbeiten knüpfen an diese Studie an. Vgl. besonders Adams 1987, 588-601, und Tachau 1988, 123-129, sowie eine Diskussion weiterer Literatur in Perler 1992, 244-258.

[76] *In I Sent.*, prol., q. 1 (OTh I, 31): „... notitia intuitiva rei est talis notitia virtute cuius potest sciri utrum res sit vel non, ita quod si res sit, statim intellectus iudicat eam esse [...] Et eodem modo si esset perfecta talis notitia per potentiam divinam conservata de re non exsistente, virtute illius notitiae incomplexae evidenter cognosceret illam rem non esse."

ihn.⁷⁷ Es wäre ein Widerspruch, wenn jemand aufgrund eines intuitiven Aktes zwar eine evidente Erkenntnis von einem nicht existierenden Stern hätte, aber die falsche Aussage machte, dass er existiert. Wenn eine evidente Erkenntnis vorliegt, dann wird auch die wahre Aussage gemacht, dass der Stern nicht existiert.

Diese beiden Gründe verdeutlichen zwar, dass Ockham weder explizit noch implizit eine skeptische Position vertritt, und sie zeigen auch, dass sicherlich keine direkte Linie von Ockhams allmächtigem Gott zu Descartes' *genius malignus* gezogen werden darf.⁷⁸ Trotzdem bleiben noch einige Fragen offen. Zunächst stellt sich die allgemeine Frage, worauf Ockham mit seiner umstrittenen These, dass intuitive Akte von nicht-existierenden Gegenständen möglich sind, überhaupt abzielt, wenn er damit nicht eine skeptische Position anpeilt. Welchem Ziel dient diese These? Weiter stellt sich die Frage, ob sich die Akte, die auf nicht-existierende Gegenstände gerichtet sind, in irgendeiner Weise von jenen unterscheiden, die sich auf existierende beziehen. Gibt es hinsichtlich der Struktur oder der phänomenologischen Beschaffenheit dieser Akte einen Unterschied? Schließlich stellt sich drittens auch die Frage, welche Relevanz die ganze These für die Intentionalitätsdiskussion hat. Stellt sie bloß eine unbedeutende Nebenthese dar, oder steht sie im Zentrum der ganzen Diskussion?

Will man die erste Frage beantworten, muss man sich zunächst ganz allgemein die Funktion einer Argumentation vergegenwärtigen, die sich auf die uneingeschränkte Allmacht Gottes beruft. Wie W.J. Courtenay in mehreren Untersuchungen gezeigt hat, verfolgt eine solche Argumentation nicht das Ziel, auf ein faktisches Eingreifen Gottes in natürliche Prozesse (darunter auch kognitive Prozesse) hinzuweisen. Sie dient vielmehr dazu, den Bereich des logisch Möglichen anzugeben und ihn vom Bereich des faktisch Möglichen zu unterscheiden.⁷⁹ Denn faktisch ist all das möglich, was aufgrund der natürlichen kognitiven Vermögen unter natürlichen Bedingungen eintreten kann. So kann jemand faktisch nur dann einen intuitiven Akt vollziehen, der sich auf einen Stern bezieht, wenn auch tatsächlich ein Stern existiert und wenn dieser auch tatsächlich in einer Kausalrelation zu dieser Person steht. Davon unterscheidet Ockham das, was logisch möglich ist. Auch wenn kein Stern existiert,

---

⁷⁷ Vgl. *In I Sent.*, prol., q. 1 (OTh I, 5).
⁷⁸ Dies ist gegen Blumenberg 1988, 205-233, einzuwenden, der behauptet, eine angebliche „Gewissheitskrise" habe bei Ockham ihren Ausgang genommen und sei im Cartesischen *genius malignus*-Argument kulminiert.
⁷⁹ Vgl. Courtenay 1985 und 1990.

kann jemand einen intuitiven Akt für einen Stern vollziehen, weil logisch gesehen die Existenz des Sternes nicht notwendigerweise mit dem intuitiven Akt verknüpft ist. Und weil keine notwendige Verknüpfung vorliegt, kann Gott eingreifen und den Akt auch ohne den Stern hervorrufen oder aufrechterhalten. Dies bedeutet freilich nur, dass Gott dies tun *kann*, weil es im Bereich des logisch Möglichen liegt. Dies heißt aber nicht, dass Gott dies auch tatsächlich tut oder dass er immer wieder in den Bereich des faktisch Möglichen eingreift und jede natürliche Kognition zerstört. Mit seinem Rekurs auf den allmächtigen Gott will Ockham nicht einen Willkürgott in die Kognitionstheorie einführen. Er will lediglich darauf aufmerksam machen, dass in einer solchen Theorie nicht nur das faktisch Mögliche, sondern auch das logisch Mögliche berücksichtigt werden muss. So betrachtet dient die These, dass intuitive Akte von nicht-existierenden Gegenständen möglich sind, zunächst dem allgemeinen Ziel, den Blick in kognitionstheoretischen Debatten (wie auch in anderen philosophischen Debatten) nicht von vornherein auf das faktisch Mögliche einzugrenzen.

Nun gilt es noch ein weiteres Ziel zu beachten, das in der bisherigen Forschung kaum berücksichtigt worden ist.[80] Ockham betont, dass Gott einen intuitiven Akt aufrechterhalten kann, wenn der entsprechende Gegenstand nicht mehr existiert, weil der Akt eine absolute Entität (*res absoluta*) ist. Es gilt nämlich der Grundsatz, dass jede absolute Entität kraft der göttlichen Allmacht ohne jede andere absolute Entität existieren kann.[81] Mit dem Rekurs auf diesen Grundsatz zielt Ockham offensichtlich auf einen ontologischen Punkt ab: Ein intuitiver Akt ist nicht eine relationale Entität, die nur existieren kann, wenn auch ein entsprechender Relationsterminus – ein materieller Gegenstand, auf den der Akt bezogen ist – existiert. Er ist vielmehr eine absolute Entität, die in ihrer Existenz nicht auf einen Relationsterminus angewiesen ist. Betrachtet man diese Argumentation, zeigt sich, dass Ockham vornehmlich ein ontologisches Ziel verfolgt. In Abgrenzung gegenüber einigen Zeitgenossen (z. B. Franziskus von Meyronis), die intuitive Akte als relationale Entitäten auffassen, insistiert er darauf, dass es sich dabei um absolute Entitäten handelt.[82] Angesichts dieser Argumentation lässt sich kaum behaupten, Ockham habe primär ein epistemologisches Ziel verfolgt.

---

[80] Eine Ausnahme stellt Kaufmann 1994, 217, dar.
[81] *In I Sent.*, prol., q. 1 (OTh I, 38): „... omnis res absoluta, distincta loco et subiecto ab alia re absoluta, potest per divinam potentiam absolutam exsistere sine illa..."
[82] Zu Meyronis vgl. Maurer 1990. Wie in § 23 ausgeführt wurde, bestritt vor Ockham bereits Petrus Aureoli, dass intuitive Akte relationale Entitäten sind.

Ein solches Ziel (nämlich dass die Theorie der intuitiven Akte auch auf den Bereich der nicht-existierenden Gegenstände auszuweiten ist) stellt vielmehr eine Konsequenz des primär angestrebten ontologischen Zieles dar.[83]

Gehen wir nun zur zweiten Frage über, nämlich zu jener nach der Differenz zwischen den Akten, die sich auf Existierendes beziehen, und jenen, die sich auf Nicht-Existierendes beziehen. Im frühen *Sentenzenkommentar* weist Ockham nur auf die bereits erwähnte Differenz hin: Die Akte, die sich auf Existierendes beziehen, gehen mit einem Urteil einher, dass die entsprechenden Gegenstände existieren. Jene hingegen, die sich auf Nicht-Existierendes beziehen, gehen mit einem Urteil einher, dass die Gegenstände nicht existieren. In den späteren *Quodlibeta* gibt Ockham jedoch eine differenziertere Erklärung, die aus der Auseinandersetzung mit einem Einwand Walter Chattons hervorgeht. Chatton hatte folgendermaßen argumentiert:[84] Wenn ein intuitiver Akt von etwas Nicht-Existierendem immer mit einem Urteil einhergeht, dass der entsprechende Gegenstand nicht existiert, dann kann Gott offensichtlich nicht einen intuitiven Akt hervorbringen, durch den ein Gegenstand existent erscheint, obwohl er nicht existiert. Dies ist aber eine unzulässige Einschränkung der Allmacht Gottes. Im Bereich der Allmacht liegt nämlich alles logisch Mögliche, d. h. alles, was keinen Widerspruch in sich einschließt. Einen intuitiven Akt hervorzubringen, durch den ein Gegenstand existent erscheint, obwohl er nicht existiert, beinhaltet aber keinen Widerspruch; also sollte dies möglich sein.

Auf diesen Einwand erwidert Ockham, dass sich durchaus ein Widerspruch ergäbe, wenn Gott in einem intuitiven Akt einen Gegenstand als existent erscheinen ließe, obwohl dieser nicht existiert. Aus einem intuitiven Akt geht nämlich eine evidente Erkenntnis hervor, und wer eine solche Erkenntnis hat, macht immer wahre Aussagen. Wenn jemand nun einen intuitiven Akt von einem nicht-existierenden Gegenstand x hätte, müsste er einerseits die wahre Aussage ‚x existiert nicht' machen. Andererseits müsste er auch die falsche Aussage ‚x existiert' machen, da ihm x ja als existent erschiene. Dies wäre ein offensichtlicher Widerspruch. Um

---

[83] Das ontologische Ziel zeigt sich deutlich in der Kategorienlehre, in der Ockham mit Nachdruck bestreitet, dass es relationale Entitäten gibt; vgl. *Expositio in librum Praedicamentorum*, 12 (OPh II, 238-248) und eine ausführliche Analyse in Henninger 1989, 119-149. Die These, dass intentionale Akte keine relationalen Entitäten sind, ist nichts anderes als eine Anwendung der allgemeinen These, dass die Kategorie der Relation keine Kategorie von realen Entitäten ist.

[84] Vgl. Chatton, *Reportatio et Lectura super Sententias*, prol., q. 2, art. 3 (ed. Wey 1989, 98-99). Ockham zitiert diesen Einwand in *Quodl.* V, q. 5 (OTh IX, 496).

einen solchen Widerspruch zu vermeiden, muss man Ockham zufolge daran festhalten, dass Gott in einem intuitiven Akt einen Gegenstand *nicht* als existent erscheinen lassen kann, wenn er nicht existiert. Ockham räumt aber ein:

„Dennoch kann Gott einen Akt des Meinens verursachen, durch den ich meine, dass ein Gegenstand, der abwesend ist, gegenwärtig ist. Und ich behaupte, dass diese meinende Erkenntnis abstraktiv sein wird, nicht intuitiv. Durch einen solchen Glaubensakt – jedoch nicht durch einen evidenten Akt – kann ein Gegenstand gegenwärtig erscheinen, wenn er abwesend ist."[85]

Dieser Erläuterung liegt eine implizite Unterscheidung zweier kognitiver Einstellungen zugrunde. Es gibt einerseits das bloße Meinen (*credere*), das auch falsch sein kann, wenn Gott eingreift. Andererseits gibt es das intuitive, evidente Erkennen (*cognoscere*), das nicht falsch sein kann. Selbst Gott kann nicht ein falsches intuitives, evidentes Erkennen hervorbringen. Daher sagt Ockham im Zitat ausdrücklich, dass Gott nur einen Akt des Meinens und nicht etwa des Erkennens verursachen kann. Der entscheidende Punkt besteht nun darin, dass wir als kognitive Subjekte diese beiden Einstellungen voneinander unterscheiden können. Wenn ich bloß meine, dass ein Stern gegenwärtig ist, dann bin ich mir auch bewusst, dass ich dies bloß meine, und ich halte es nicht für ein intuitives, evidentes Erkennen. Und wenn ich umgekehrt mit einem intuitiven Akt evident erkenne, dass kein Stern gegenwärtig ist, dann bin ich mir auch bewusst, dass ich dies mit einem intuitiven Akt erkenne. Eine Verwechslung der beiden Einstellungen und eine Täuschung ist damit ausgeschlossen.[86]

Ockhams Bemerkung, dass das bloße Meinen ein abstraktiver Akt ist, hat in der Forschungsliteratur dazu geführt, dass häufig folgende Gegenüberstellung gemacht wurde: Intuitive Akte führen zu evidentem Erkennen und sind somit untrüglich; abstraktive Akte hingegen führen nicht zu evidentem Erkennen und können durchaus trüglich sein.[87] Diese

---

[85] *Quodl.* V, q. 5 (OTh IX, 498): „Tamen Deus potest causare actum creditivum per quem credo rem esse praesentem quae est absens. Et dico quod illa cognitio creditiva erit abstractiva, non intuitiva; et per talem actum fidei potest apparere res esse praesens quando est absens, non tamen per actum evidentem."
[86] Freilich ist festzuhalten, dass Ockham im Text nicht ausdrücklich festhält, eine Verwechslung sei ausgeschlossen. Doch die Tatsache, dass er terminologisch genau zwischen einem *credere* und einem *cognoscere* unterscheidet und das *credere* zudem als abstraktiven Akt von den intuitiven Akten abgrenzt, deutet darauf hin, dass er die beiden klar unterscheidet und eine Verwechslung für ausgeschlossen hält.
[87] Vgl. Adams 1970, 391, und 1987, 506, Anm. 59, und eine Liste weiterer Autoren in Karger 1999, 224, Anm. 46.

Gegenüberstellung erweist sich bei näherer Betrachtung aber aus mehreren Gründen als irreführend:[88]

(i) Zunächst ist zu beachten, dass der abstraktive Akt, von dem Ockham in der zitierten Bemerkung spricht, nicht ein trügerischer Akt ist. Es handelt sich ja um einen Akt des bloßen Meinens, und wer einen solchen Akt vollzieht, ist sich auch bewusst, dass er bloß etwas meint. Trügerisch wäre dieser Akt nur, wenn er die Person, die ihn vollzieht, dazu verleiten würde, dass sie von etwas überzeugt ist, was gar nicht der Fall ist. Aber genau dies vermeidet Ockham, indem er von einem bloßen Meinen und nicht etwa von einem Überzeugt-sein spricht. (Zum Vergleich: Wer bloß meint, dass John F. Kennedy immer noch lebt, sich aber bewusst ist, dass er dies bloß meint, ist nicht das Opfer eines trügerischen Aktes. Zu einem solchen Opfer würde er nur dann, wenn er felsenfest davon überzeugt wäre, dass John F. Kennedy noch lebt.) Solange sich jemand bewusst ist, dass er etwas bloß meint und somit einen Akt mit einem niedrigen epistemischen Wert hat, ist er sich auch bewusst, dass er seine Meinung überprüfen muss.

(ii) Ockhams Bemerkung berechtigt nicht zum voreiligen Schluss, dass *alle* abstraktiven Akte trügerisch sein können. In der Bemerkung ist ja nur von einem bestimmten abstraktiven Akt die Rede, nämlich von jenem, der von Gott hervorgebracht wird. Dieser wird aber direkt von Gott verursacht, ohne dass ihm ein bestimmtes Erfassen zugrundeliegt. In einem „natürlichen Fall", bei dem Gott nicht eingreift, liegt einem abstraktiven Akt aber immer ein Erfassen zugrunde, ja er besteht in einem Erfassen. Einen abstraktiven Akt zu haben, heißt definitionsgemäß ja nichts anderes, als einen Gegenstand zu erfassen, ohne über dessen Existenz oder Nicht-Existenz zu urteilen. In einem solchen natürlichen Fall ist ein abstraktiver Akt durchaus zuverlässig und keineswegs trügerisch. Es wäre verhängnisvoll, den Sonderfall, der direkt von Gott hervorgebracht wird, einfach mit dem Normalfall eines abstraktiven Aktes gleichzusetzen.

(iii) Ockhams Bemerkung berechtigt ebenso wenig zum Schluss, dass *alle* intuitiven Akte untrüglich sind. Sie sind nur dann untrüglich und führen nur dann zu einem evidenten Erkennen, wenn geeignete kognitive Bedingungen vorliegen. Bestehen aber keine solchen Bedingungen, können sie sich durchaus als trügerisch erweisen. Ockham gibt selber ein Beispiel dafür an.[89] Wer einen Gegenstand im Spiegel sieht und

---

[88] Auch Karger 1999 kritisiert diese Gegenüberstellung, führt aber teilweise andere Gründe an.
[89] Vgl. *In III Sent.*, q. 2 (OTh VI, 97).

einen intuitiven Akt für diesen Gegenstand vollzieht, kann nur von einigen Eigenschaften des Gegenstandes eine evidente Erkenntnis gewinnen. Von jenen Eigenschaften, die nicht sichtbar sind, kann er keine Erkenntnis gewinnen, und von jenen, die nur verzerrt sichtbar sind, kann er höchstens eine irreführende Kenntnis gewinnen. Eine vollständige evidente Erkenntnis ist nur dann möglich, wenn der Gegenstand direkt und unverzerrt gesehen wird.

Der letzte Punkt veranschaulicht eine wichtige Grundthese Ockhams. Er versucht mit seiner Unterscheidung der intuitiven von den abstraktiven Akten nicht, einen Bereich der absolut untrüglichen Akte zu etablieren und diesen von einem Bereich der trüglichen Akte abzugrenzen. Er geht vielmehr von der These aus, dass *unter geeigneten Bedingungen* alle kognitiven Akte – die abstraktiven ebenso wie die intuitiven – zuverlässig sind. Denn im Intellekt sollte im Prinzip nichts angenommen werden, was zu einem Irrtum führt.[90] Doch dieser Grundsatz gilt eben nur im Prinzip. Nicht absolut, sondern nur unter geeigneten Bedingungen arbeitet der Intellekt zuverlässig und generiert zuverlässige Akte. Bei diesen Akten handelt es sich im einen Fall um solche, die ein Erfassen und ein Urteilen über die Existenz oder Nicht-Existenz der erfassten Gegenstände einschließen (die intuitiven Akte), und im anderen Fall um solche, die nur ein Erfassen beinhalten (die abstraktiven Akte). Doch beide Typen von Akten sind im Prinzip zuverlässig, und beide können sich unter besonderen Umständen als fehlerhaft erweisen, etwa wenn eine Sinnestäuschung vorliegt oder wenn der Intellekt in seiner Aktivität eingeschränkt wird. Doch selbst in jenem Fall, wo Gott eingreift, entstehen im Prinzip zuverlässige Akte, nämlich entweder intuitive Akte, mit denen nicht-existierende Gegenstände auch als nichtexistierend beurteilt werden (gemäß dem *Sentenzenkommentar*) oder abstraktive Akte, mit denen bloß gemeint wird, dass nicht-existierende Gegenstände existieren (gemäß den *Quodlibeta*). Dieses Meinen unterscheidet sich aber klar von einem Erkennen.

Nun gilt es abschließend noch die dritte Frage aufzunehmen, die oben gestellt wurde. Welche Relevanz hat Ockhams These, dass auch von nicht-existierenden Gegenständen intuitive Akte möglich sind, für seine Intentionalitätstheorie? Steht sie im Mittelpunkt dieser Theorie, oder nimmt sie darin nur einen marginalen Platz ein? Die intensive Forschungsdebatte, die im 20. Jh. geführt wurde, mag den Eindruck erwe-

---

[90] Ockham geht vom Prinzip „illud quod ponit intellectum in errore non debet poni in intellectu" aus; vgl. *In II Sent.*, qq. 12-13 (OTh V, 281).

cken, dass sie einen zentralen Platz einnimmt. Dieser Eindruck bedarf jedoch einer kritischen Überprüfung. Diese These wurde nämlich in der ersten Hälfte des 20. Jhs. von E. Gilson und A. Pegis ins Zentrum gerückt, weil diese Interpreten der Ansicht waren, dass sich in ihr skeptische Tendenzen manifestieren. Ph. Boehner sowie zahlreiche spätere Interpreten wiesen diese Fehlinterpretation überzeugend zurück, konzentrierten sich dabei aber ebenfalls auf diese These. So wiesen ihr sowohl die Kritiker als auch die Verteidiger Ockhams einen zentralen Platz zu. Wenn man aber in Betracht zieht, dass diese These in keiner Weise eine skeptische oder anti-skeptische These ist, sondern eine These, die zunächst nur die Konsequenz einer ontologischen These darstellt (nämlich der These, dass intuitive Akte absolute und nicht relationale Entitäten sind), dann lässt sich kaum mehr behaupten, es handle sich hier um eine zentrale These. Zudem ist zu beachten, dass Ockham selber sie keineswegs als eine zentrale These einführt. Er nennt sie nur eine Nebenthese und handelt sie auf einer knappen Seite ab.[91]

Im Zentrum der Ockhamschen Theorie steht nicht die These, dass intuitive Akte von nicht-existierenden Gegenständen möglich sind, sondern jene These, die Ockham selber als Hauptthese einführt: Intuitive Akte beziehen sich im Normfall auf existierende Gegenstände, und sie unterscheiden sich dadurch von den abstraktiven Akten, dass sie zusätzlich zum Akt des Erfassens auch einen Akt des Urteilens beinhalten. Im Hinblick auf die Intentionalitätsproblematik bedeutet dies, dass Ockham zwischen zwei Typen von intentionalen Akten unterscheidet, nämlich zwischen jenen, die mit einem Urteil über die Existenz und Beschaffenheit von Gegenständen einhergehen (und dadurch ein Wissen über diese Gegenstände ermöglichen), und jenen, die ohne ein solches Urteil erfolgen. Beide Typen von Akten sind im Normalfall aber nur möglich, weil eine Kausalrelation zu existierenden Gegenständen besteht. Gäbe es keine derartige Relation, würden (zumindest *naturaliter loquendo*) die intuitiven Akte gar nicht entstehen. Und dann würden auch die abstraktiven Akte nicht entstehen, die immer intuitive voraussetzen. Ockham betont, dass nur eine Kausalrelation zu existierenden Gegenständen eine Bezugnahme auf Gegenstände ermöglicht. Seine Nebenthese, dass die Kausalrelation unter besonderen Umständen durch ein göttliches Eingreifen ersetzt werden kann, sollte nicht die Aufmerksamkeit von dieser zentralen These ablenken.

---

[91] Vgl. *In I Sent.*, prol., q. 1 (OTh I, 38), wo Ockham ausdrücklich von einem „corollarium" spricht.

§ 31 Intentionale Akte als natürliche Zeichen

Bislang ist deutlich geworden, dass wir Ockham zufolge in der Lage sind, uns auf Gegenstände zu beziehen, weil unser Intellekt imstande ist, Akte des Erfassens als fundamentale Akte zu bilden. Zudem hat sich gezeigt, dass derartige Akte möglich sind, weil natürliche Kausalrelationen zu den materiellen Gegenständen bestehen. Doch wie, so kann man nun fragen, erfassen wir denn die materiellen Gegenstände, wenn wir diese Akte vollziehen? Diese Frage lässt sich zunächst in negativer Hinsicht beantworten. Sicherlich erfassen wir die materiellen Gegenstände nicht, indem wir innere Abbilder für sie herstellen. Ebenso wenig erfassen wir sie, indem wir Species oder intentionale Duplikate produzieren. In § 29 ist ja bereits deutlich geworden, dass Ockham vermittelnde Entitäten kategorisch ablehnt. Doch wie sind wir dann in der Lage, die Gegenstände zu erfassen? Es reicht nicht aus, einfach darauf zu verweisen, *dass* wir sie direkt erfassen können. Eine befriedigende Intentionalitätstheorie muss auch darlegen, *wie* wir sie direkt erfassen können.

Ockham erkennt durchaus, dass hier eine Erklärungslücke besteht. In seinen frühen Werken (insbesondere im *Sentenzenkommentar*) versucht er diese Lücke zu schließen, indem er sich ähnlich wie Petrus Aureoli auf eine Theorie von intentionalen Gegenständen beruft.[92] Doch bereits im Kommentar zu *Peri hermeneias* führt er eine andere Erklärung ein, die er auch in den späteren Werken vertritt und noch differenzierter ausarbeitet. Wir erfassen Gegenstände, so behauptet er nun, indem wir mentale Termini bilden, die als natürliche Zeichen für die Gegenstände stehen. Die mentalen Termini sind nicht besondere Entitäten, die zusätzlich zu den Erfassensakten existieren. Sie sind vielmehr die Erfassensakte selbst. Oder anders ausgedrückt: Gegenstände zu erfassen heißt nichts anderes, als mentale Termini für sie zu bilden – Termini, die dann in mentalen Sätzen verwendet werden können. An einer Stelle hält Ockham diese These konzis fest:

„Ich sage also: Wer die erwähnte Ansicht vertreten will, kann annehmen, dass der Intellekt, wenn er einen singulären Gegenstand erfasst, einen Erkenntnisakt in sich hervorbringt, der sich nur auf dieses Singuläre bezieht. Er wird ‚Seeleneindruck‘ genannt und kann von Natur aus für diesen singulären Gegenstand supponieren."[93]

---

[92] Vgl. *In I Sent.*, dist. 2, q. 8 (OTh II, 271-281).
[93] *Expositio in librum Perihermeneias*, prooemium (OPh II, 352): „Dico igitur quod qui vult tenere praedictam opinionem potest supponere quod intellectus apprehendens rem singularem elicit unam cognitionem in se quae est tantum istius singularis, et vocatur passio animae, potens ex natura sua supponere pro illa singulari."

Zwei Punkte sind an dieser Aussage besonders bemerkenswert. Erstens betont Ockham, dass der Erkenntnisakt selbst ein Seeleneindruck (*passio animae*) ist oder – wie er an anderer Stelle auch sagt – ein Begriff (*conceptus*) bzw. eine Intention (*intentio*) bzw. ein mentaler Terminus.[94] Der Akt, mit dem ein Gegenstand erfasst und verstanden wird, ist also nicht etwas Präkonzeptuelles, das erlaubt, in einem weiteren Schritt einen Begriff für den Gegenstand zu bilden. Der Akt selbst hat schon eine begriffliche Struktur. Zweitens fällt auf, dass Ockham ausdrücklich sagt, der Akt könne für einen Gegenstand supponieren. Unter dem Supponieren versteht er die Funktion, die ein Terminus (primär ein mentaler, sekundär auch ein geschriebener oder gesprochener) hat, wenn er in einem Satz verwendet wird und für etwas steht.[95] So hat etwa der mentale Terminus ‚Sokrates' im Satz ‚Sokrates ist weiß' die Funktion, für die Person Sokrates zu supponieren. Indem Ockham auf diese Funktion aufmerksam macht, verdeutlicht er, dass der Akt, mit dem ein Gegenstand erfasst und verstanden wird, nicht nur eine konzeptuelle, sondern eine eindeutig sprachliche Struktur hat, und zwar in zweifacher Hinsicht. Zum einen steht er für etwas und hat somit eine *semantische* Struktur. Zum anderen kann er als Bestandteil eines ganzen Satzes an Subjekt- oder Prädikatstelle verwendet werden und hat somit eine *syntaktische* Struktur. Einen Gegenstand zu erfassen heißt für Ockham somit immer, einen Akt zu bilden, der eine semantisch-syntaktische Struktur aufweist.

Diese These, die in der neueren Forschung zu Recht als die zentrale These der „ockhamistischen Revolution" in den Mittelpunkt gestellt worden ist,[96] ist nicht nur bedeutsam, weil sie verdeutlicht, dass Ockham einen dezidiert sprachphilosophischen Ansatz wählt. Sie ist auch von Bedeutung, weil sie für die ganze Intentionalitätsdebatte entscheidende Weichen stellt. Wenn nämlich die Erfassensakte selbst bereits eine semantisch-syntaktische Struktur haben, ist es unsinnig, in einem ersten Schritt zu fragen, wie intellektuelle Akte intentional sein können, um dann in einem zweiten Schritt zu fragen, wie Sprechakte intentional sein können. Die Trennung von intellektueller und sprachlicher Intentionalität wird obsolet, da intellektuelle Akte immer schon Akte mit einer sprachlichen Struktur sind. Ockham zufolge ist somit bereits der methodische Ansatz falsch, den viele seiner Vorgänger (unter ihnen prominenterweise Thomas von Aquin) gewählt haben. Seiner Ansicht nach kann

---

[94] Diese Ausdrücke werden in *Summa Logicae* I, 1 (OPh I, 7) als Synonyme eingeführt.
[95] Vgl. *Summa Logicae* I, 63 (OPh I, 193).
[96] Vgl. Panaccio 1991, 70-78. Ähnlich spricht bereits Biard 1989, 21ff., von einer „ockhamistischen Wende".

man nicht zuerst eine Theorie über die verschiedenen Tätigkeiten des Intellekts entwickeln und dann eine sprachphilosophische Theorie (etwa die *verbum*-Theorie) entwerfen, die auf der ersten Theorie aufbaut. Wenn Erfassensakte immer schon eine sprachliche Struktur aufweisen, muss jede befriedigende Theorie gleichzeitig eine Theorie über die Aktivitäten des Intellekts und eine sprachphilosophische Theorie sein. Kognitionstheorie und Sprachtheorie müssen von Anfang an miteinander verknüpft werden.

Die Art und Weise, wie Ockham diese beiden Theorien bereits im Ansatz miteinander verknüpft, soll im nächsten Paragraphen genauer betrachtet werden. Zuerst soll jedoch eine grundsätzliche Frage aufgeworfen werden: Warum vertritt Ockham die Auffassung, dass Erfassensakte immer sprachlich strukturierte Akte sind? Welche expliziten oder impliziten Gründe veranlassen ihn zu dieser Auffassung? Um diese Frage zu beantworten, empfiehlt es sich, nochmals zu der Theorie der intuitiven und abstraktiven Akte zurückzukehren, denn ein wichtiger Grund – der Hauptgrund, wie mir scheint – liegt in der Konstruktion dieser Theorie.

Wie sich gezeigt hat, besteht der Hauptunterschied zwischen intuitiven und abstraktiven Akten darin, dass mit den intuitiven Akten etwas erfasst und als existierend oder nicht existierend beurteilt wird, während mit den abstraktiven Akten etwas bloß erfasst wird, ohne dass ein Existenzurteil erfolgt. Der Verweis auf ein Urteilen im Falle der intuitiven Akte führt unmittelbar zur Frage, was genau beurteilt wird. Ockhams Antwort auf diese Frage ist eindeutig: ein *complexum*.[97] Darunter versteht er zunächst nichts anderes als etwas sprachlich Komplexes, nämlich eine Zusammensetzung aus Termini. Im Normalfall ist dies sogar nichts anderes als ein vollständiger Satz, der einen Sachverhalt ausdrückt. Daher sagt Ockham auch, das Urteilen beziehe sich auf einen Satz (*propositio*).[98] Damit aber überhaupt ein Satz vorhanden ist, auf den sich das Urteilen beziehen kann, müssen zunächst die einzelnen Termini gebildet werden, aus denen sich der Satz zusammensetzt. Daher hält Ockham fest, dass ein Urteilsakt immer einen Akt für die entsprechenden Termini voraussetzt, und dieser Akt ist für ihn der Erfassensakt.[99] Konkret heißt dies: Wenn jemand urteilt, dass ein bestimmter Baum existiert, so ist die-

---

[97] Vgl. *In I Sent.*, prol., q. 1 (OTh I, 16).
[98] Vgl. *Quodl.* V, q. 7 (OTh IX, 502-503), wo Ockham sowohl von „complexum" als auch von „propositio" spricht.
[99] *In I Sent.*, prol., q. 1 (OTh I, 21): „... omnis actus iudicativus praesupponit in eadem potentia notitiam incomplexam terminorum, quia praesupponit actum apprehensivum."

ses Urteilen zunächst nichts anderes als ein Urteilen bezüglich des Satzes ‚Der Baum existiert'; genau diesem Satz wird zugestimmt. Damit ein solches Urteilen überhaupt möglich ist, müssen zunächst die einzelnen Satzbestandteile, d. h. die Termini, gebildet werden. Genau dies erfolgt im vorangehenden Erfassensakt.

Diese Argumentation verdeutlicht, dass Ockham beim Urteilsakt ansetzt und fragt, welche Bedingungen erfüllt sein müssen, damit ein derartiger Akt überhaupt möglich ist. Diese Frage lässt sich seiner Meinung nach nur beantworten, wenn man einer Bedingung eine zentrale Bedeutung beimisst: Es muss ein Satz vorhanden sein, auf den sich dieser Akt beziehen kann. Und da ein Satz immer aus Termini besteht, müssen auch die entsprechenden Termini vorhanden sein. Genau diese werden durch den Erfassensakt bereitgestellt, der dem Urteilsakt immer vorausgehen muss. Wenn Ockham dem Erfassensakt eine sprachliche Struktur zuschreibt, so liegt der Grund also vor allem darin, dass er beim sprachlich strukturierten Urteilsakt ansetzt und einen Akt benötigt, der die Elemente dessen bereitstellt, worauf sich der Urteilsakt bezieht.

Eine solche Argumentation ist freilich nicht unanfechtbar. Bereits die unmittelbaren Nachfolger Ockhams, unter ihnen Adam Wodeham und Gregor von Rimini, stellten Ockhams These, dass sich ein Urteilsakt auf einen Satz bezieht, in Frage. Sie hielten diese These für unplausibel und vertraten die Auffassung, dass sich ein Urteilsakt auf etwas bezieht, was zwar durch eine Zusammensetzung von Termini bezeichnet wird, selber aber nicht sprachlicher Natur ist. Diese besondere Entität nannten sie das *complexe significabile*. Auf das erwähnte Beispiel angewendet, heißt dies: Der Urteilsakt bezieht sich nicht einfach auf den Satz ‚Der Baum existiert', sondern auf das, was durch einen solchen Satz bezeichnet wird, nämlich auf den Sachverhalt, dass der Baum existiert. Diese Kritik an Ockhams Standpunkt, die hier nicht weiter ausgeführt werden soll,[100] verdeutlicht, dass Ockhams Prämisse keineswegs selbstverständlich ist. Man kann durchaus in Frage stellen, dass sich ein Urteilsakt auf einen Satz bezieht. Der entscheidende Punkt ist aber folgender: Wenn man von der Annahme ausgeht, dass sich ein Urteilsakt auf einen Satz bezieht, dann muss man den Erfassensakt so konzipieren, dass er die Elemente für den Satz bereitstellt. Das heißt, man muss den Erfassensakt als einen sprachlich strukturierten Akt auffassen.

---

[100] Vgl. eine ausführliche Darstellung in Perler 1992, 317-326, und Perler 1994a.

§ 31 Intentionale Akte als natürliche Zeichen 365

Gegen diese Schlußfolgerung könnte man jedoch einen Einwand vorbringen. Es mag wohl sein, so könnte man argumentieren, dass der Erfassensakt die Termini als die Elemente eines Satzes bereitstellen muss. Aber warum muss dann der Erfassensakt selbst bereits sprachlich strukturiert sein? Nur die Termini als die Objekte eines solchen Aktes müssen doch sprachlicher Natur sein. Auf einen Einwand dieser Art geht Ockham nicht explizit ein. Er würde ihn aber wahrscheinlich mit einem Verweis auf das Ökonomieprinzip zurückweisen. Wenn man zwischen dem nicht-sprachlichen Erfassensakt und dessen sprachlichen Objekten unterscheidet, muss man zwei Entitäten annehmen. Streng genommen muss man sogar drei Entitäten annehmen, wie das Baum-Beispiel zeigt. Es müssen dann nämlich (i) der materielle Baum, (ii) ein Terminus für den Baum und (iii) ein Erfassensakt für den Terminus angenommen werden. Doch um was für eine Entität sollte es sich bei (ii) handeln? Um eine besondere Entität, die weder mit dem materiellen Baum noch mit dem mentalen Erfassensakt identifiziert werden kann? Um eine Entität, die einen besonderen intentionalen Status hat? Die Argumente gegen die Theorie intentionaler Gegenstände (vgl. § 29) bringen Ockham zur Überzeugung, dass sicherlich keine solche Entität postuliert werden sollte. Ganz abgesehen von den ontologischen Problemen, die sich bei der Annahme einer solchen Entität einstellen, ergäbe sich dann auch ein schwerwiegendes epistemologisches Problem. Wer etwas erfasst, würde nicht einen materiellen Gegenstand erfassen, sondern nur einen Terminus, der eine Entität besonderer Art ist. Ein direkter epistemischer Zugang zum materiellen Gegenstand wäre dann unmöglich. Genau um diese Konsequenz zu vermeiden, hält Ockham daran fest, dass eine befriedigende Erklärung nur den materiellen Baum und den Erfassensakt als Entitäten annehmen darf. Der Erfassensakt bezieht sich direkt auf den Baum, und zwar indem er als ein natürliches sprachliches Zeichen für den Baum steht.

Eine solche Erklärung verdeutlicht zwar, weshalb Ockham die Erfassensakte als sprachlich strukturierte Akte auffasst. Sie wirft aber sogleich ein weiteres Problem auf: Wie kann ein Erfassensakt ein natürliches sprachliches Zeichen für etwas sein? Wie kann er überhaupt ein Zeichen sein? Diese Fragen lassen sich nur beantworten, wenn Ockhams Zeichenbegriff genauer betrachtet wird. Im ersten Kapitel der *Summa Logicae* unterscheidet Ockham zwei Arten von Zeichen. Unter einem Zeichen versteht er einerseits

„all das, was, wenn es erfasst ist, das Erkennen von etwas anderem bewirkt, obwohl es nicht bewirkt, dass der Geist zu einem ersten Erkennen davon gelangt, wie anderswo gezeigt worden ist, sondern zu einem aktuellen Erkennen nach einem habituellen."[101]

Diese komprimierte Erklärung lässt sich in leicht formalisierter Form mit folgender Definition wiedergeben:

(Z_1) X ist genau dann ein Zeichen für y, (i) wenn y bereits zu einem früheren Zeitpunkt erfasst wurde, (ii) wenn es aufgrund des früheren Erfassens bereits ein habituelles Erkennen von y gibt, (iii) wenn x nun erfasst wird und (iv) wenn dadurch ein aktuelles Erkennen von y bewirkt wird.

Diese Art von Zeichen verwenden wir in all jenen Fällen, wo wir uns etwas, was wir zu einem früheren Zeitpunkt bereits erfasst haben, wieder in Erinnerung rufen wollen. Ockham hält daher fest, dass es sich hier um Zeichen handelt, die vornehmlich eine Erinnerungsfunktion haben.[102] Dabei kann es sich aber nicht um primäre Zeichen handeln, die ein Erkennen bewirken. Denn wenn wir Zeichen verwenden, um ein habituelles Erkennen zu aktivieren, müssen wir ja bereits zu einem früheren Zeitpunkt etwas erkannt haben. Konkret heißt dies: Wenn wir jetzt ein symbolisches Zeichen verwenden, das für eine Taverne steht, müssen wir bereits zu einem früheren Zeitpunkt verstanden haben, was eine Taverne ist. Das Zeichen ruft nur diese bereits erworbene Erkenntnis in Erinnerung. Wie ist es dann möglich, mit Hilfe eines Zeichens eine Erkenntnis von etwas zu gewinnen? Ockham beantwortet diese Frage, indem er einen zweiten Zeichenbegriff einführt:

„Auf eine andere Weise wird unter einem Zeichen das verstanden, was die Erkenntnis von etwas bewirkt und imstande ist, dafür zu supponieren oder einem solchen in einem Satz hinzugefügt zu werden (derart sind die synkategorematischen Ausdrücke, die Verben und jene Teile einer Aussage, die keine begrenzte Zeichenfunktion haben), oder was aus derartigen zusammengesetzt werden kann (derart ist die Aussage)."[103]

---

[101] *Summa Logicae* I, 1 (OPh I, 8-9): „Uno modo pro omni illo quod apprehensum aliquid aliud facit in cognitionem venire, quamvis non faciat mentem venire in primam cognitionem eius, sicut alibi est ostensum, sed in actualem post habitualem eiusdem."

[102] Vgl. *In I Sent.*, dist. 3, q. 9 (OTh II, 544).

[103] *Summa Logicae* I, 1 (OPh I, 9): „Aliter accipitur signum pro illo quod aliquid facit in cognitionem venire et natum est pro illo supponere vel tali addi in propositione, cuiusmodi sunt syncategoremata et verba et illae partes orationis quae finitam significationem non habent, vel quod natum est componi ex talibus, cuiusmodi est oratio."

§ 31 Intentionale Akte als natürliche Zeichen

Mit diesem zweiten Zeichenbegriff zielt Ockham offensichtlich auf folgende Definition ab:

(Z_2) X ist genau dann ein Zeichen für y, (i) wenn x das Erkennen von y bewirkt und (ii) wenn x als kategorematischer Terminus für y verwendet werden kann oder einem solchen Terminus hinzugefügt werden kann.

Hier handelt es sich im Gegensatz zu (Z_1) um eine Definition für primäre Zeichen, denn diese Zeichen rufen nicht einfach eine bereits vorhandene Erkenntnis in Erinnerung, sondern bewirken ein erstes Erkennen. Der entscheidende Punkt besteht natürlich darin, dass diese Zeichen immer *sprachliche* Zeichen sind, und zwar wiederum in der oben erwähnten zweifachen Hinsicht. Sie sind einerseits sprachlich, weil sie Termini sind und somit eine semantische Funktion haben. Sie können ja als kategorematische Termini für etwas supponieren, wie Ockham ausdrücklich sagt, oder als synkategorematische Termini zusammen mit den kategorematischen verwendet werden. Andererseits sind diese Zeichen auch sprachlich, weil sie eine syntaktische Funktion haben. Sie können Bestandteile eines Satzes sein, wie Ockham ebenfalls explizit sagt, und somit an Subjekt- oder Prädikatstelle verwendet werden. Kurzum: Die primären Zeichen ermöglichen als sprachliche Zeichen ein primäres Erkennen von den Gegenständen.

Dieser zweite Zeichenbegriff, der für Ockham der fundamentale Begriff ist, verdeutlicht auf prägnante Weise, wie eng er Kognitionstheorie und Sprachtheorie miteinander verknüpft. Indem er nämlich die Erfassensakte als Akte mit einer Zeichenfunktion bestimmt und gleichzeitig den Zeichen eine sprachliche Struktur zuweist, gelangt er zu seiner zentralen These, dass Erfassensakte immer sprachlich strukturierte Akte sind. Eine Analyse dieser Akte erfordert daher immer eine Analyse sprachlicher Zeichen, genauer: der mentalen kategorematischen und synkategorematischen Termini, die zusammen eine mentale Sprache bilden. Im nächsten Paragraphen soll diese mentale Sprache näher betrachtet werden. Doch zunächst soll ein grundsätzliches Problem aufgegriffen werden, das in der neueren Forschung Anlass zu ausgiebigen Diskussionen gegeben hat.

Es scheint, als würde Ockham mit seiner engen Verbindung von Kognitions- und Sprachtheorie das Intentionalitätsproblem nicht lösen, sondern bereits eine Lösung voraussetzen. Wenn man nämlich fragt, warum sich Erfassensakte auf etwas beziehen können, scheint seine Antwort zu lauten: weil sie Akte mit einer sprachlichen Struktur sind; und was eine derartige Struktur hat, kann sich auf etwas beziehen. Wenn man dann aber fragt, warum sich sprachliche Zeichen auf etwas beziehen können, scheint seine Antwort zu lauten: weil sie primär nicht einfach gesprochene oder geschriebene Zeichen sind, sondern mentale Zeichen; und derartige Zeichen sind nichts anderes als Erfassensakte, die sich auf etwas beziehen können. Mit einer solchen Antwort scheint Ockham aber das Opfer einer *petitio principii* zu werden. Die Intentionalität der Erfassensakte wird mit Rekurs auf die mentalen Zeichen erklärt, und umgekehrt wird die Intentionalität der mentalen Zeichen mit Rekurs auf die Erfassensakte erklärt. Angesichts eines solchen Vorgehens ist es nicht erstaunlich, dass C. Michon Ockham vorgeworfen hat, er argumentiere zirkulär, ohne sich je aus dem Zirkel zu befreien.[104]

Liegt tatsächlich eine Zirkularität vor? Ich glaube nicht, dass sich dieser Vorwurf aufrechterhalten lässt, wenn man Ockhams Argumentation näher betrachtet. Er behauptet nämlich nicht, dass sich die Erfassensakte auf etwas beziehen, weil sie eine sprachliche Struktur haben. Indem er auf diese Struktur verweist, versucht er nur zu erklären, *wie* sie sich auf etwas beziehen. Nicht indem sie mentale Bilder sind, auch nicht indem sie mit intentionalen Gegenständen verknüpft sind, beziehen sie sich auf materielle Gegenstände. Sie beziehen sich vielmehr auf diese, indem sie als mentale Termini für sie stehen und in mentalen Sätzen verwendet werden können. Doch auf die Frage, *warum* sich die Erfassensakte auf etwas beziehen, gibt Ockham eine ganz andere Antwort. Er verweist auf die bereits im vorangehenden Paragraphen erwähnte Kausalrelation: Weil Erfassensakte im Normalfall (d. h. abgesehen von einem möglichen Eingreifen Gottes) durch die materiellen Gegenstände verursacht werden, beziehen sie sich auf diese Gegenstände. Dass Ockham diese Begründung gibt, zeigt sich deutlich in folgender Aussage:

„... die intuitive Erkenntnis ist die eigentliche Erkenntnis eines singulären Gegenstandes, und zwar nicht wegen einer größeren Angleichung an einen Gegenstand als an einen anderen, sondern weil sie auf natürliche Weise von einem und nicht von einem anderen verursacht wird; sie kann auch nicht vom anderen verursacht werden."[105]

Da die intuitive Erkenntnis die durch einen intuitiven Akt erworbene Erkenntnis ist, heißt dies: Einzig und allein aufgrund einer Kausalrela-

---

[104] Michon 1994, 160: „Occam règle la question par une pétition de principe: c'est parce que la pensée est linguistique que les concepts sont des signes. Linguisticité de la pensée et sémanticité du mental sont les deux faces d'une même monnaie."
[105] *Quodl.* I, q. 13 (OTh IX, 76): „... intuitiva est propria cognitio singularis, non propter maiorem assimilationem uni quam alteri, sed quia naturaliter ab uno et non ab altero causatur, nec potest ab altero causari."

§ 31 *Intentionale Akte als natürliche Zeichen* 369

tion bezieht sich dieser Akt auf einen bestimmten Gegenstand. Wenn also gefragt wird, warum sich mein Akt für den Baum, der vor mir steht, genau auf *diesen* Baum bezieht, lautet Ockhams Antwort: ganz einfach, weil er von *diesem* Baum verursacht wurde. Die Kausalrelation, nicht die sprachliche Struktur, garantiert die eindeutige Bezugnahme.

Diese Erklärung gilt freilich nur für jene Akte, die sich auf einen singulären Gegenstand beziehen. Bei den Akten, die sich auf mehrere gleichartige Gegenstände beziehen, kann nicht einfach auf eine Kausalrelation rekurriert werden. Wenn ich etwa einen Akt vollziehe, der sich auf eine Menge von Bäumen derselben Art richtet, so ist die Intentionalität nicht durch eine Kausalrelation zu jedem einzelnen Baum garantiert. Ich habe ja nicht jeden einzelnen Baum gesehen. Vielmehr habe ich ausgehend von der Kausalrelation zu *einem* Baum einen Akt gebildet, der sich auf *viele* gleichartige Bäume bezieht. Wie erklärt Ockham die Intentionalität eines solchen Aktes? An einer Stelle macht er folgende prägnante Aussage:

„... derselbe Erkenntnisakt kann sich auf unendlich viele Gegenstände beziehen. Es wird aber nicht einen eigenen Erkenntnisakt für irgendeinen von diesen geben, und durch diesen Erkenntnisakt kann auch nicht der eine Gegenstand vom anderen unterschieden werden. Der Grund dafür liegt in einer gewissen speziellen Ähnlichkeit dieses Erkenntnisaktes zu genau diesen und nicht zu anderen Individuen."[106]

Hier ist zu beachten, dass Ockham nicht von einer Ähnlichkeit zwischen den gleichartigen Gegenständen spricht. Eine solche Ähnlichkeit ist natürlich auch gegeben.[107] Entscheidend ist hier aber eine andere Ähnlichkeitsrelation, nämlich jene zwischen dem Akt und den einzelnen Gegenständen einer bestimmten Art. Für Ockham ist dies keine konventionell eingesetzte, veränderbare Relation, sondern eine natürliche Relation. Berücksichtigt man diese Aussage, muss man offensichtlich zwei unterschiedliche Erklärungen für die Intentionalität von Erfassensakten unterscheiden:

(1) Akte, die sich auf einen singulären Gegenstand beziehen, sind allein aufgrund einer natürlichen Kausalrelation intentional.
(2) Akte, die sich auf eine Menge gleichartiger singulärer Gegenstände

---

[106] *Expositio in librum Perihermeneias*, prooemium (OPh II, 355): „... eadem cognitio potest esse infinitorum, non tamen erit cognitio propria alicui illorum, nec ista cognitione potest unum distingui ab alio, et hoc propter aliquam similitudinem specialem istius cognitionis ad individua illa et non alia."
[107] Für Ockham ist sie sogar eine natürliche, irreduzible Ähnlichkeit. Vgl. *In I Sent.*, dist. 30, q. 5 (OTh IV, 385) und eine Analyse in Adams 1987, 111-115.

beziehen, sind aufgrund einer natürlichen Kausalrelation und einer natürlichen Ähnlichkeitsrelation intentional.

Entscheidend ist hier, dass in beiden Erklärungen auf Kausalität rekurriert wird. Selbst wenn ich an zahlreiche gleichartige Bäume denke, ist mir dies nur möglich, wenn ich zu mindestens einem Baum in einer Kausalrelation stehe oder gestanden habe.[108] Der zusätzliche Rekurs auf eine Ähnlichkeitsrelation im Fall (2) ist jedoch problematisch. Wie kann ein Akt in einer Ähnlichkeitsrelation zu Gegenständen stehen? Verfällt Ockham mit dem Rekurs auf eine solche Relation nicht unweigerlich einer primitiven Abbildtheorie, die er doch durch seine Ablehnung von Species und anderen *similitudines* verwerfen will? Angesicht dieser Fragen ist es nicht erstaunlich, dass die Rede von einer Ähnlichkeitsrelation bei einer Reihe von Kommentatoren Anlass zu kritischen Analysen gegeben hat.[109]

Man könnte versucht sein, dieser Rede keinen großen Stellenwert beizumessen und in ihr gleichsam ein Überbleibsel der frühen Theorie intentionaler Gegenstände zu sehen.[110] Denn dieser Theorie zufolge bezieht sich jeder Erfassensakt auf einen besonderen Gegenstand, der im Normalfall den materiellen Gegenständen vollständig gleicht. Eine solche Interpretation ist aber aus mindestens zwei Gründen kaum plausibel. Erstens ist zu beachten, dass Ockham auch in seinen späten Werken, in denen er diese frühe Theorie schon lange aufgegeben hat, immer noch von einer Ähnlichkeitsrelation spricht. So sagt er auch in den späten *Quodlibeta*, der Akt sei „eine Ähnlichkeit des Gegenstandes".[111] Der Rekurs auf eine Ähnlichkeitsrelation findet sich durchgehend von den frühen bis zu den späten theoretischen Schriften. Zweitens ist zu berücksichtigen, dass selbst dann, wenn die Rede von Ähnlichkeit ein Über-

---

[108] Natürlich stellt sich dann die Frage, ob ich selber in einer solchen Kausalrelation stehen oder gestanden haben muss. Muss ich etwa selber das Empire State Building gesehen haben, um an es denken zu können? Reicht es nicht aus, dass ich den Bericht einer anderen Person höre, die es gesehen hat? Ockham geht auf Fragen dieser Art nicht explizit ein. Er könnte aber argumentieren, dass auch eine Kausalkette ausreicht. Entscheidend ist, dass die erste Person in dieser Kette in einer Kausalrelation zum Empire State Building stand.
[109] Vgl. Adams 1978, 449-455; Adams 1987, 124-133; Biard 1989, 61-62; Panaccio 1991, 127-129; Michon 1994, 144-150; Kaufmann 1998, 31-32.
[110] So argumentiert Biard 1989, 61.
[111] *Quodl.* IV, q. 35 (OTh IX, 474): „... per actum potest salvari quidquid salvatur per fictum, eo quod actus est similitudo obiecti..." Vgl. auch *Quodl.* V, q. 7 (OTh IX, 505): „... conceptus est similis illi cuius est..." *In II Sent.*, qq. 12-13 (OTh V, 287): „Dico tunc quod intellectio est similitudo obiecti..." Ibid. (OTh IX, 295-296): „Sed sufficit assimilatio quae fit per actum intelligendi qui est similitudo rei cognitae."

§ 31 Intentionale Akte als natürliche Zeichen 371

bleibsel der frühen Theorie wäre, immer noch erklärt werden müsste, warum Ockham den Akten eine Ähnlichkeit zuspricht. Es ist nämlich eine Sache, eine Ähnlichkeitsrelation zwischen intentionalen und materiellen Gegenständen anzunehmen. Eine ganz andere Sache ist es, eine solche Relation zwischen den Erfassensakten und den materiellen Gegenständen zu postulieren.

Wenn die Rede von einer Ähnlichkeitsrelation nicht einfach als Überbleibsel einer frühen Theorie abgetan werden kann, muss sie erläutert werden. Was heißt es, dass ein Akt in einer solchen Relation zu materiellen Gegenständen steht? Sicherlich ist diese Relation nicht im Sinne einer Abbildrelation zu verstehen. Ockham nennt den Akt ausdrücklich nur eine *similitudo* und nicht eine *imago* der Gegenstände. Ebenso wenig ist diese Relation wie bei Thomas von Aquin (vgl. §§ 5-6) im Sinne einer formalen Identität zu verstehen. Ockham geht ja nicht von der Prämisse aus, dass der Intellekt die Form der materiellen Gegenstände aufnimmt und mit ihnen identisch wird. Da er sich auf eine wirkursächliche Relation zwischen den materiellen Gegenständen und dem Intellekt beschränkt und jede Formursache ausschließt, kann er nicht behaupten, die Akte des Intellekts würden in irgendeiner Weise über dieselbe Form verfügen wie die Gegenstände. Wie ist die Rede von einer Ähnlichkeit dann zu verstehen?

Ockham gibt keine explizite Antwort auf diese Frage, aber die Ähnlichkeit kann am ehesten im Sinne einer Isomorphie verstanden werden.[112] Dies bedeutet, dass lediglich eine strukturelle Ähnlichkeit vorliegt. Jedem Element des Aktes ist genau ein Element des Gegenstandes zugeordnet, auf den sich der Akt bezieht, ohne dass nun das eine Element das andere abbilden würde. Wenn ich beispielsweise Bäume sehe und sie als große, grüne Eichen erfasse, so ist jedem Element, das ich erfasse (Größe, Farbe und Baumart) genau ein Element in meinem Erfassensakt zugeordnet. Und wenn ich dann urteile, dass Eichen groß und grün sind, so finden sich auch in meinem Urteilsakt Elemente, die je einem Element des beurteilten Sachverhaltes zugeordnet werden können. Ockham gibt – wie erwähnt – keine ausführliche Erklärung. Aber an einer Stelle deutet er darauf hin, dass die Ähnlichkeit in diesem Sinne als eine Isomorphie zu verstehen ist. Er sagt nämlich, ein Urteilsakt (genauer: ein mentaler Satz, der ein Urteil ausdrückt) sei zwar ein einheitlicher Akt, er setze sich aber aus mehreren Bestandteilen zusammen, und jedem Bestandteil des Urteilsaktes könne

[112] Für eine solche Antwort plädiert auch Panaccio 1991, 128, allerdings ohne Verweis auf Texte.

genau ein Bestandteil dessen zugeordnet werden, worüber geurteilt wird.[113] Damit bringt er zum Ausdruck, dass die Akte des Intellekts eine gewisse Struktur aufweisen, die keineswegs eine beliebige Struktur ist. Die besondere strukturelle Ähnlichkeit garantiert (immer zusammen mit der Kausalrelation), dass sich die Akte auf etwas ganz Bestimmtes beziehen können. Dies ist vor allem dann entscheidend, wenn der oben erwähnte Fall (2) vorliegt. Wenn ich mich nicht einfach auf einen einzigen Baum beziehe, sondern auf eine Menge gleichartiger Bäume, dann ermöglicht die strukturelle Ähnlichkeit, dass ich mich nur auf eine bestimmte Menge von Bäumen beziehe. Denn mein Akt beinhaltet beispielsweise nur die Elemente „groß", „grün" und „Eiche" und bezieht sich deshalb nur auf jene Bäume, die genau diese Elemente aufweisen, nicht aber auf Buchen oder auf Erlen.

Versteht man die Rede von Ähnlichkeit in diesem Sinne, erweist sich Ockhams Forderung, dass im Fall (2) eine Kausalrelation *und* eine Ähnlichkeitsrelation vorliegen müssen, als eine verständliche und berechtigte Forderung. Hinter dieser Forderung verbirgt sich nicht eine naive Abbildtheorie der Intentionalität. Die Forderung verdeutlicht nur, dass der Rekurs auf eine Kausalrelation nicht ausreicht, wenn auch eine Bezugnahme auf jene Gegenstände gewährleistet sein soll, zu denen keine Kausalrelation besteht oder bestanden hat. Zudem bringt die Forderung zum Ausdruck, dass eine gewisse Zuordnung der Elemente eines intendierenden Aktes zu den Elementen des Intendierten vorliegen muss. Nur so kann ausgehend von diesem Akt ein Urteil gebildet werden, das wahr ist, d. h. das sich auf das Intendierte genau so bezieht, wie es ist.

C. Michon hat die These vertreten, der Rekurs auf eine Ähnlichkeitsrelation sei überdies erforderlich, um das Problem des kognitiven Irrtums zu lösen.[114] Würde Ockham nämlich einzig auf die Kausalrelation verweisen, müsste er zugestehen, dass jeder Gegenstand, zu dem eine solche Relation besteht, auch korrekt erfasst wird. Es gibt jedoch zahlreiche Fälle, in denen eine Kausalrelation zu einem Gegenstand vorliegt, dieser jedoch falsch erfasst wird. So können wir einen Wüstenabschnitt sehen und ihn fälschlicherweise als eine Oase erfassen. Genau um Fälle dieser Art zu erklären, so behauptet Michon, rekurriert Ockham auf die

---

[113] *Expositio in librum Perihermeneias*, prooemium (OPh II, 355-356): „... propositio in mente est unum compositum ex multis actibus intelligendi, sicut haec propositio in mente ‚homo est animal' non est aliud quam actus quo confuse intelliguntur omnes homines et actus quo intelliguntur confuse omnia animalia; et unus est actus qui correspondet copulae."
[114] Vgl. Michon 1994, 153-154.

§ 31 Intentionale Akte als natürliche Zeichen

Ähnlichkeitsrelation. Denn der Erfassensakt, der sich vermeintlicherweise auf eine Oase bezieht, steht nicht in einer Ähnlichkeitsrelation zu einer echten Oase. Er erfüllt daher nicht eine der beiden Bedingungen, die erfolgreiche intentionale Akte erfüllen müssen, und kann als irreführender Akt ausgeschieden werden.

Obwohl eine solche Argumentation scheinbar nahe liegt, sollte sie Ockham nicht zugeschrieben werden. Er erklärt den kognitiven Irrtum nämlich nicht mit Rekurs auf eine Ähnlichkeitsrelation. Warum nicht? Erstens stellt sich für ihn das Problem des kognitiven Irrtums gar nicht auf der Ebene des Erfassens. Wenn jemand einen Wüstenabschnitt als eine Oase erfasst, so ist das bloße Erfassen weder korrekt noch unkorrekt, weder wahr noch falsch. Wahr oder falsch ist erst das Urteil, das jemand auf der Grundlage des Erfassens bildet. Oder genauer gesagt: Wahr oder falsch ist der Satz, über den jemand zustimmend oder ablehnend urteilt.[115] Daher stellt sich das Problem des kognitiven Irrtums für Ockham erst auf der Urteilsebene. Zweitens ist ein Grundzug der Ockhamschen Kognitionstheorie zu beachten, der bereits im vorangehenden Paragraphen erwähnt wurde. Diese Theorie zielt nicht darauf ab, einen Bereich von untrügerischen Akten zu erklären und diesen von einem Bereich der trügerischen und irreführenden Akte abzugrenzen. Im Prinzip, so behauptet Ockham, sind alle Akte des Intellekts zuverlässig. Aber dies gilt eben nur im Prinzip, nämlich wenn der Intellekt *unter geeigneten Bedingungen* Akte hervorbringt. Liegt eine Sinnestäuschung vor oder ist der Intellekt in seiner Tätigkeit eingeschränkt, ist es immer möglich, dass in einem Akt ein Gegenstand nicht so erfasst wird, wie er tatsächlich ist. Will man einen kognitiven Irrtum beheben, muss man daher die geeigneten kognitiven Bedingungen schaffen.[116] Man sollte jedoch nicht einen isolierten Akt betrachten und lediglich darauf achten, ob neben der Kausalrelation auch eine Ähnlichkeitsrelation vorliegt. Denn diese beiden Relationen garantieren nicht, dass jeder kognitive Irrtum

---

[115] Vgl. *Summa Logicae* I, 43 (OPh I, 131) und ibid. II, 2 (OPh I, 249-254); ausführlich dazu Perler 1992, 34-50, und Adams 1989.
[116] Zudem müssen aktuelle Urteile mit früheren verglichen und auf ihre Kohärenz hin geprüft werden. Kaufmann 1998, 32, weist zu Recht darauf hin, dass sich in Ockhams Urteilstheorie kohärentistische Züge finden. Allerdings würde ich nicht so weit gehen, deswegen von einer „Kohärenztheorie der Wahrheit" (ibid.) zu sprechen. In seiner Erklärung von ‚wahr' und ‚Wahrheit' (vgl. eine Diskussion der relevanten Stellen in Adams 1989, 144-156, und Perler 1992, 34-50) geht Ockham eindeutig von einer Korrespondenztheorie aus. Er ergänzt eine solche Theorie lediglich durch kohärentistische Elemente. Denn Urteile müssen nicht nur mit den Dingen bzw. Sachverhalten in der Welt korrespondieren, sondern auch untereinander eine Kohärenz aufweisen.

ausgeschlossen ist. Selbst wenn jemand einen Wüstenabschnitt sieht und dann jedem Element seines Erfassensaktes genau ein Element des Wüstenabschnitts zuordnet, kann es immer noch der Fall sein, dass der Wüstenabschnitt nicht als Wüstenabschnitt, sondern als Oase erfasst wird. Eine Ähnlichkeit im Sinne einer Isomorphie schließt einen Irrtum nicht aus. Der Rekurs auf die Ähnlichkeitsrelation dient nur zur Erklärung, warum sich ein Erfassensakt auch auf jene Gegenstände beziehen kann, zu denen keine Kausalrelation besteht. Er dient aber nicht zur Etablierung eines Infallibilismus, der jeden kognitiven Irrtum ausschließt.

§ 32 Die mentale Sprache

Wenn Ockham zur Beantwortung der Frage, warum Erfassensakte überhaupt intentional sind, auch nicht auf eine sprachliche Struktur rekurriert, sondern vielmehr auf eine Kausalrelation (in gewisser Hinsicht auch auf eine Ähnlichkeitsrelation) verweist, schreibt er diesen Akten doch eindeutig eine sprachliche Struktur zu. Er behauptet, sie seien nichts anderes als mentale Termini, die zu mentalen Sätzen zusammengefügt werden können und zusammen eine mentale Sprache bilden. Diese mentale Sprache zeichnet sich durch drei Merkmale aus.[117] Erstens haben alle ihre Termini im Gegensatz zu jenen der gesprochenen und der geschriebenen Sprache eine natürliche Bezeichnungsfunktion. Zweitens bezeichnen ihre Termini direkt – nicht etwa vermittelt durch andere Termini – die Gegenstände in der extramentalen Wirklichkeit.[118] Drittens schließlich ist eine Existenz dieser Termini im Geist des Sprechers eine notwendige Bedingung dafür, dass auch die gesprochenen und die geschriebenen Termini etwas bezeichnen können. Konkret heißt dies: Nur wenn ich über den mentalen Terminus ‚Baum' verfüge, der unmittelbar individuelle Bäume im Wald bezeichnet, kann auch der gesprochene Terminus ‚Baum' derartige Gegenstände bezeichnen. Der mentale Terminus ist aber nicht einfach von mir oder von anderen Mitgliedern der Sprachgemeinschaft dazu eingesetzt worden, Bäume im Wald zu bezeichnen.

[117] Vgl. *Summa Logicae* I, 1 und 4 (OPh I, 7-9 und 15-16); *Quodl.* V, qq. 8-9 (OTh IX, 508-518).
[118] Dies gilt zumindest für die objektsprachlichen kategorematischen Termini, die im Mittelpunkt der Theorie der mentalen Sprache stehen. Synkategorematische Ausdrücke (z. B. ‚und', ‚alle', ‚wenn') bezeichnen keine Gegenstände, sondern legen die genaue Bezeichnung der kategorematischen Termini innerhalb eines Satzes fest. Metasprachliche Termini (in Ockhams Terminologie: Namen zweiter Einsetzung) bezeichnen keine Gegenstände in der extramentalen Wirklichkeit, sondern andere Termini.

Er bezeichnet diese vielmehr auf *natürliche* Weise und unterliegt keiner Konvention.

Diese drei Merkmale werfen eine Reihe von Fragen auf. Einige Fragen, die unmittelbar mit der Intentionalitätsproblematik verknüpft sind, sollen im Folgenden diskutiert werden.[119] Doch zunächst soll eine Grundfrage aufgeworfen werden, die sich angesichts der These, dass zusätzlich zur gesprochenen und geschriebenen Sprache auch eine mentale existiert, unmittelbar stellt: Wozu ist eine solche Sprache überhaupt erforderlich? Warum reicht es nicht aus, neben der gesprochenen und der geschriebenen Sprache einfach Erfassensakte anzunehmen, die sich auf Gegenstände in der Welt beziehen? Warum muss etwas Mentales angenommen werden, das eine semantisch-syntaktische Struktur aufweist?

Ockham gibt auf diesen Komplex von Fragen zwar keine explizite Antwort. Es lässt sich aber eine Antwort formulieren, wenn man den Aufbau seiner Semantik beachtet, der sich deutlich im Aufbau der *Summa Logicae* niederschlägt.[120] Ockham geht davon aus, dass die Termini die kleinsten sprachlichen Einheiten darstellen. Diese bilden zusammen Sätze, und diese wiederum fügen sich zu ganzen Argumenten zusammen. Entscheidend ist nun das Verhältnis zwischen Termini und Sätzen: Termini können nur dann zusammen Sätze bilden, wenn sie nicht einfach isolierte semantische Einheiten darstellen, sondern auch eine syntaktische Funktion haben. Beschränkt man sich zunächst auf einfache prädikative Sätze mit der Struktur ‚S ist P', heißt dies: Termini müssen immer an Subjekt- oder Prädikatstelle stehen können und sind daher als mögliche Subjekte oder als mögliche Prädikate aufzufassen. Sie müssen also stets in semantischer *und* in syntaktischer Hinsicht aufgefasst werden. Nur so lässt sich erklären, warum überhaupt Sätze gebildet werden können. Genau diese wichtige Tatsache berücksichtigt eine Theorie der mentalen Sprache. Sie behauptet nämlich nicht einfach, dass es Erfas-

---

[119] Andere Fragen, die in der neueren Forschung ausführlich diskutiert worden sind, werde ich nicht erörtern. Erstens gehe ich nicht auf die Frage ein, welche semantische Funktion die einzelnen Arten mentaler Termini haben; vgl. dazu prägnant Panaccio 1999. Zweitens diskutiere ich nicht die umstrittene Frage, ob die mentale Sprache eine Idealsprache ist, in der es keine Synonymie und keine Äquivokation gibt; vgl. dazu Chalmers 1999. Drittens behandle ich nicht die Frage, warum Ockham die mentale Sprache als Kommunikationsmittel für die Engel bestimmt; vgl. dazu Panaccio 1997. Viertens schließlich erörtere ich nicht die Frage, wie Ockhams Zeitgenossen und unmittelbaren Nachfolger auf seine Theorie der mentalen Sprache reagierten; vgl. dazu Gelber 1984 und Panaccio 1999, 279-303.

[120] Vgl. *Summa Logicae* I, 1 (OPh I, 7). Die *Summa Logicae* weist drei Teile auf, in denen der Reihe nach die drei semantischen Einheiten behandelt werden. Teil I befasst sich mit den Termini, Teil II mit den Sätzen und Teil III mit den Argumenten.

sensakte gibt, die als Zeichen für etwas stehen können und dadurch einen semantischen Gehalt haben. Indem sie die Erfassensakte als mentale Termini definiert und diese Termini als mögliche Bestandteile von mentalen Sätzen auffasst, berücksichtigt sie auch eine syntaktische Dimension. Dadurch ist sie einer Theorie überlegen, die (wie etwa die *verbum*-Theorie) bloß auf eine semantische Dimension abzielt, jedoch nicht zu erklären vermag, wie denn aus den mentalen Wörtern ganze Sätze entstehen können und wie es somit etwas gibt, was die Grundlage für die gesprochenen und die geschriebenen Sätze bildet.[121]

Betrachtet man diese implizite Argumentation, die der *Summa Logicae* zugrunde liegt, zeigt sich, dass Ockhams Theorie der mentalen Sprache eine verblüffende Ähnlichkeit zu gegenwärtigen Theorien einer „language of thought" aufweist. J. Fodor, der wohl prominenteste moderne Vertreter einer solchen Theorie, stellt ausdrücklich die Frage, warum man denn annehmen soll, dass es nicht nur intentionale mentale Akte (in Ockhams Terminologie: Erfassensakte) gibt, sondern eine ganze mentale Sprache, die sich aus mentalen Termini zusammensetzt. Oder verkürzt ausgedrückt: Warum soll man nicht bloß für einen intentionalen Realismus, sondern für eine Theorie der mentalen Sprache eintreten? Fodor beantwortet diese Frage, indem er auf die syntaktische Dimension verweist, die nur eine Theorie der mentalen Sprache adäquat berücksichtigt. Ein intentionaler Realismus erlaubt nämlich lediglich, die semantische Dimension zu erklären, denn eine solche Position nimmt lediglich Akte an, die sich auf Gegenstände beziehen und dadurch einen spezifischen semantischen Gehalt haben. Doch der intentionale Realismus gibt keine Antwort auf die Frage, warum wir ganze Sätze bilden können, mit denen wir auf komplexe Verbindungen von Gegenständen Bezug nehmen können. Genau auf diese Frage vermag eine Theorie der mentalen Sprache eine Antwort zu geben: Nur weil wir nicht bloß über isolierte intentionale Akte verfügen, sondern über mentale Termini, können wir auch mentale Sätze – also sprachlich Komplexes – bilden und auf Komplexes Bezug nehmen. Aus diesem Grund kommen wir Fodor zufolge nicht darum herum, einer Theorie der mentalen Sprache zuzustimmen. Er hält lakonisch fest: „Wenn es Ihnen scheint, dass dieser Disput unter intentionalen Realisten bloß ein innenpolitischer Streit ist, bin ich mit Ihnen einverstanden. Aber auch der Trojanische Krieg war ein solcher Streit."[122] Dieser Bemerkung

---

[121] Dies betont zu Recht Pasnau 1997b. Er hält fest, dass die Rede von einer mentalen Sprache im Hinblick auf die *verbum*-Theorie „largely metaphorical" (ibid., 572) ist.

[122] Fodor 1987, 138: „If it seems to you that this dispute among Intentional Realists is just a domestic squabble, I agree with you. But so was the Trojan War."

hätte auch Ockham zustimmen können. Wenn es scheint, dass es doch ganz unwichtig ist, ob man bloß intentionale Akte oder derartige Akte mit einer sprachlichen Struktur annimmt, so mag man dieser Einschätzung zunächst beipflichten. Denn im Vergleich zur Auseinandersetzung mit den intentionalen Antirealisten, welche die Annahme intentionaler Akte ablehnen, handelt es sich hier bloß um einen innenpolitischen Streit im Lager der intentionalen Realisten. Doch bei näherer Betrachtung erweist sich dieser Streit als entscheidend. Es geht nämlich um die Frage, ob den intentionalen Akten nicht nur eine semantische, sondern auch eine syntaktische Dimension zugeschrieben werden muss. Wie Fodor plädiert auch Ockham für die These, dass ihnen eine solche Dimension zuzuschreiben ist und dass nur eine Theorie der mentalen Sprache diese Dimension adäquat berücksichtigt.

Nachdem nun klar ist, warum Ockham überhaupt eine mentale Sprache annimmt, muss die Struktur dieser Sprache näher betrachtet werden. Ockham hält fest, dass diese Sprache genau wie die gesprochene und die geschriebene Sprache kategorematische und synkategorematische Termini aufweist.[123] Er betont zudem, dass die einzelnen Termini in verschiedene grammatikalische Kategorien eingeteilt werden können und grammatikalische Eigenheiten (sog. „grammatikalische Akzidentien") haben.[124] Das heißt: Es gibt mentale Substantive, Verben, Adjektive, Adverbien usw., und die Substantive weisen einen bestimmten Kasus und einen Numerus auf, die Verben einen bestimmten Modus, ein Tempus, ein Genus und eine Person. Wenn jemand etwa den Satz ‚Menschen sind vernunftbegabt' äußert, so gibt es im Intellekt des Sprechers einen entsprechenden mentalen Satz, der aus einem mentalen Substantiv, einer mentalen Kopula und einem mentalen Adjektiv besteht. Das mentale Substantiv steht dann im Nominativ Plural, die Kopula im Präsens und das Adjektiv wie das Substantiv im Nominativ Plural. Da die mentalen Termini ja nichts anders als die intentionalen Erfassensakte sind, bedeutet dies, dass die Erfassensakte eine explizit grammatikalische Struktur aufweisen, die genau der Struktur der lateinischen Sprache entspricht.

Aufgrund der auffallenden Ähnlichkeit zwischen der Struktur dieser beiden Sprachen könnte man den Eindruck gewinnen, dass Ockham eine lateinische Mentalsprache annimmt, die bloß eine mentale Dublette der lateinischen Sprache darstellt. Ein solcher Eindruck wäre aber verfehlt. Ockham betont nämlich, dass die mentale Sprache nicht alle grammati-

---

[123] Vgl. *Summa Logicae* I, 4 (OPh I, 15).
[124] Vgl. *Quodlibeta* V, q. 8 (OTh IX, 508-513).

kalischen Eigenheiten der lateinischen Sprache aufweist, sondern nur jene, die für die jeweilige Bezeichnung erforderlich sind.[125] Er veranschaulicht dies anhand eines Beispiels. Im Lateinischen gibt es zwei Ausdrücke für ‚Stein', nämlich ‚lapis' und ‚petra'; der erste ist ein Maskulinum und untersteht der Konsonantischen Deklination, der zweite ist ein Femininum und folgt der A-Deklination. Beide Ausdrücke bezeichnen aber ein und dasselbe. Daher gibt es in der mentalen Sprache nur einen Terminus für die beiden lateinischen. Entscheidend für einen mentalen Terminus ist nicht das Genus und die Deklinationsart, sondern einzig und allein, was er bezeichnet und wie er in einem ganzen Satz verwendet wird. Denn nur die spezifische Bezeichnungsfunktion der einzelnen Termini legt den Wahrheitswert eines Satzes fest. Daher gilt:

„Um zu prüfen, welcher Satz im Geist wahr ist und welcher falsch, muss man deshalb nicht darauf achten, zu welchem Genus und zu welcher Deklinationsart das Subjekt oder das Prädikat gehört, sondern man muss berücksichtigen, in welchem Kasus, in welchem Numerus und in welchem Steigerungsgrad Subjekt und Prädikat stehen..."[126]

Dies ist eine wichtige Aussage, die verdeutlicht, dass die mentale Sprache keineswegs bloß eine Dublette der lateinischen darstellt. Sie ist vielmehr eine Sprache, die nur jene Elemente enthält, die für zwei Zwecke erforderlich sind: für die korrekte Bezeichnung einzelner Gegenstände und für die korrekte Bildung von wahren Sätzen. Wenn also ein wahrer Satz gebildet werden soll, der bezeichnet, dass Steine hart sind, so sind neben der mentalen Kopula nur ein mentaler Subjekts- und ein mentaler Prädikatsausdruck erforderlich, die eindeutig Steine bzw. die Eigenschaft Hart bezeichnen. Auf Termini oder grammatikalische Eigenheiten, die lediglich eine rhetorische oder poetische Funktion haben, kann verzichtet werden.

Im Hinblick auf die Intentionalitätsproblematik ist dieser Punkt entscheidend. Wenn nämlich die intentionalen Erfassensakte immer sprachlich strukturiert sind, wie Ockham betont, und wenn eine solche Struktur sowohl eine semantische als auch eine syntaktische Dimension umfasst, so ist diese Dimension doch immer im Hinblick auf die Be-

---

[125] In *Summa Logicae* I, 3 (OPh I, 13) und *Quodl.* V, q. 8 (OTh IX, 510) betont er, dass die mentalen Termini nur jene Eigenheiten haben, die „propter necessitatem significationis" erforderlich sind.
[126] *Quodl.* V, q. 8 (OTh IX, 511): „Et ideo ad videndum quae propositio est vera et quae falsa in mente, non oportet videre cuius generis sit nec cuius figurae subiectum vel praedicatum, sed bene oportet respicere cuius casus sit et cuius numeri et cuius gradus subiectum et praedicatum..."

zeichnungsfunktion zu verstehen: Erfassensakte sind genau so weit sprachlich strukturiert, wie dies erforderlich ist, um Gegenstände (und natürlich auch deren jeweilige Beschaffenheit sowie die Relationen zwischen den einzelnen Gegenständen) korrekt zu bezeichnen. Diese Strukturierung ist nicht an ein bestimmtes grammatikalisches System gebunden, auch wenn Ockham es in Anlehnung an dasjenige der lateinischen Sprache erläutert.

Nun müssen allerdings einige Probleme betrachtet werden, die Ockhams Charakterisierung der mentalen Sprache aufwirft. Wie zu Beginn dieses Paragraphen bereits erwähnt wurde, behauptet er, dass die mentalen Termini im Gegensatz zu den gesprochenen und geschriebenen eine natürliche Bezeichnung haben. Wie ist dies zu verstehen? Wie können mentale Termini etwas bezeichnen, ohne vom Sprecher oder von der ganzen Sprachgemeinschaft zum Bezeichnen eingesetzt zu werden? Diese Frage lässt sich beantworten, wenn man berücksichtigt, dass mentale Termini nichts anderes als Erfassensakte sind. Diese Akte entstehen durch einen *natürlichen* kausalen Prozess, wie im letzten Paragraphen bereits dargelegt wurde, und beziehen sich daher auf *natürliche* Weise auf bestimmte Gegenstände. An einer Stelle hält Ockham dies prägnant fest:

„... dies ist aber der Prozess: Zuerst wird ein Mensch mittels eines partikulären Sinnes erkannt; dann wird derselbe Mensch vom Intellekt erkannt; und wenn er erkannt ist, entsteht eine allgemeine und auf jeden Menschen zutreffende Erkenntnis. Und diese Erkenntnis wird ‚Begriff', ‚Intention', ‚Eindruck' genannt. Dieser Begriff trifft auf jeden Menschen zu. Wenn er im Intellekt existiert, weiß der Intellekt sogleich, dass ein Mensch etwas ist, und zwar ohne eine Überlegung."[127]

Damit der Begriff bzw. der mentale Terminus ‚Mensch' entsteht, ist offensichtlich nur eine kausale Verbindung zu einem konkreten Menschen erforderlich. Denn aufgrund einer solchen Verbindung entsteht zunächst ein Wahrnehmungsakt und dann ein Erfassensakt, der nichts anderes ist als ein mentaler Terminus. Entscheidend ist dabei, dass kein Prozess des Überlegens erforderlich ist, wie Ockham betont, auch keine Transformation des Erfassensaktes in einen mentalen Terminus. Einen Menschen zu erfassen, heißt nichts anderes, als den mentalen Terminus ‚Mensch' zu

---

[127] *Summa Logicae* III-2, 29 (OPh I, 557): „... sed iste est processus quod primo homo cognoscitur aliquo sensu particulari, deinde ille idem homo cognoscitur ab intellectu, quo cognito habetur una notitia generalis et communis omni homini. Et ista cognitio vocatur conceptus, intentio, passio, qui conceptus communis est omni homini; quo exsistente in intellectu statim intellectus scit quod homo est aliquid, sine discursu."

bilden – einen Terminus, der sich nicht nur auf jenen Menschen bezieht, zu dem eine kausale Verbindung besteht, sondern auf jeden Menschen.

Diese Erklärung verdeutlicht, dass Ockham auch in seiner Kognitionstheorie das Ökonomieprinzip anwendet. Er insistiert darauf, dass allein die natürliche kausale Verbindung zu einem bestimmten Gegenstand ausreicht, damit ein mentaler Terminus entsteht, der sich auf genau diesen Gegenstand und auf andere Gegenstände derselben Art bezieht.[128] Es sind keine besonderen Entitäten (z. B. intelligible Species) und keine besonderen Vorgänge (z. B. Abstraktionsprozesse) erforderlich. Freilich zeigt die Erklärung auch, dass Ockham trotz seiner Ablehnung einer Assimilation des Intellekts an die Gegenstände davon ausgeht, dass der Intellekt in gewisser Hinsicht auf die Gegenstände abgestimmt ist. Wenn etwa jemand vor einem anderen Menschen steht, ist sein Intellekt natürlicherweise – unabhängig von seinem kulturellen Hintergrund und seiner Bildung – imstande, den anderen als einen Menschen zu erfassen und den mentalen Terminus ‚Mensch' zu bilden.[129] Der Intellekt ist nämlich in der Lage, den anderen nicht nur als ein Bündel verschiedener Eigenschaften zu erfassen, sondern als eine Substanz, die zu einer bestimmten Art gehört. Warum der Intellekt dazu imstande ist, wird von Ockham allerdings nicht weiter erklärt. Doch gerade dieser Punkt wäre erklärungsbedürftig. Es stellt sich nämlich die Frage, ob der Intellekt nicht schon eine bestimmte Synthetisierungsleistung vollbringen muss, um das Bündel von Eigenschaften, das in der Wahrnehmung präsent ist, als etwas Einheitliches zu erfassen. Durch die bloße Kausalrelation entsteht ja nichts Einheitliches, insbesondere wenn die Kausalrelation nur als eine Einwirkung von wahrnehmbaren Eigenschaften auf die Wahrnehmungssinne aufgefasst wird. Wie sollte etwa das Einwirken von etwas Braunhaarigem, Mittelgroßem auf meine Sinne bewirken, dass ich das, was vor mir steht, als einen Menschen auffasse? Offensichtlich muss mein Intellekt schon in gewisser Weise auf das braunhaarige, mit-

---

[128] Wie Adams 1987, 525-529, nachgewiesen hat, schwankt Ockham jedoch bezüglich der Frage, ob eine kausale Relation zu einem einzigen Individuum oder zu mehreren Individuen derselben Art erforderlich ist. An der oben zitierten Stelle hält er fest, dass die Kausalrelation zu einem einzigen Individuum ausreicht. An anderen Stellen hingegen (z. B. *In I Sent.*, dist. 3, q. 6; OTh II, 502) verweist er auf eine solche Relation zu mehreren Individuen.

[129] Indem Ockham von sozialen und kulturellen Bedingungen absieht und jedem Intellekt die Fähigkeit zuschreibt, einen mentalen Terminus wie ‚Mensch' zu bilden, unterscheidet er sich deutlich von modernen Autoren (z. B. Putnam 1981, 103), die behaupten, dass für die Bildung sämtlicher Termini, auch der „natural kind terms", der soziokulturelle Kontext entscheidend ist.

§ 32 Die mentale Sprache

telgroße Ding abgestimmt sein, um über das Erfassen eines Bündels einzelner Eigenschaften hinauszukommen.[130]

Ockhams These, dass ein mentaler Terminus durch eine natürliche Kausalrelation entsteht, wirft noch ein weiteres Problem auf. Wie ist es möglich, dass ausgehend von der Kausalrelation zu einem einzigen Gegenstand (etwa zu einem konkreten Menschen) ein mentaler Terminus entsteht, der sich auf zahlreiche Gegenstände (auf alle Menschen) bezieht? Wie das letzte Zitat verdeutlicht, weist Ockham die Meinung zurück, dass ein längerer kognitiver Prozess stattfindet, etwa die Überlegung, dass ein mentaler Terminus, der sich auf ein Individuum x bezieht, sich auch auf alle anderen Individuen bezieht, die zur selben Art gehören wie x oder hinreichend ähnlich sind wie x. Ockham behauptet, dass *sine discursu* ein allgemeiner mentaler Terminus entsteht. Wie ist dies möglich?

Um diese Frage zu beantworten, muss man die zweite Relation beachten, die Ockham neben der Kausalrelation berücksichtigt: die Ähnlichkeitsrelation. Wie am Ende des letzten Paragraphen bereits festgehalten wurde, behauptet er nämlich, dass es eine „spezifische Ähnlichkeit" zwischen einem Akt (und damit auch einem mentalen Terminus) und einer bestimmten Menge von Individuen gibt.[131] Konkret heißt dies: Der mentale Terminus ‚Mensch' bezieht sich auf alle Menschen, nicht bloß auf den konkret wahrgenommenen Menschen, weil eine spezielle Ähnlichkeitsrelation zwischen diesem Terminus bzw. dem Erfassensakt und jedem individuellen Menschen besteht. Bei dieser Ähnlichkeitsrelation handelt es sich freilich nicht um eine simple Abbildrelation, sondern um eine Isomorphie. Trotzdem ist eine solche Relation *zusätzlich* zur Kausalrelation erforderlich, damit ein mentaler Terminus eine Menge von individuellen Menschen bezeichnen kann. Da sowohl die Kausalrelation als auch die Ähnlichkeitsrelation natürliche Relationen sind, hat der mentale Terminus auch eine natürliche Zeichenfunktion, die nicht beliebig verändert werden kann.[132] Ich kann also nicht einfach festlegen, dass

---

[130] Unter dieser „Abstimmung" kann je nach Standpunkt natürlich Unterschiedliches verstanden werden: angeborene Begriffe oder bloße Dispositionen zur Bildung bestimmter Begriffe. Als Aristoteliker würde sich Ockham sicherlich einer Annahme angeborener Begriffe widersetzen. Er müsste aber zumindest bestimmte Dispositionen annehmen, die es uns erlauben, Wahrnehmungseindrücke zu synthetisieren und einen Menschen *als Menschen* zu erfassen.
[131] Vgl. *Expositio in librum Perihermeneias*, prooemium (OPh II, 355), zitiert in Anm. 106, und *In I Sent.*, dist. 2, q. 8 (OTh II, 270).
[132] In *Summa Logicae* I, 1 (OPh I, 8) hält Ockham ausdrücklich fest: „… terminus autem conceptus non mutat suum significatum ad placitum cuiuscumque."

der mentale Terminus ‚Mensch' in Zukunft alle Pferde bezeichnet. Weil dieser Terminus in mir durch eine natürliche Kausalrelation hervorgerufen wurde, die ich nicht einfach ändern kann, und weil dieser Terminus auch in einer Ähnlichkeitsrelation zu allen Menschen steht, die ich ebenfalls nicht ändern kann, wird sich dieser Terminus auch in Zukunft nur auf Menschen beziehen. Ich kann lediglich die Zeichenfunktion des gesprochenen oder geschriebenen Terminus ‚Mensch' (oder ‚homo', ‚homme' usw.) verändern.

Nun gilt es noch ein weiteres Problem zu betrachten. Bislang ist behauptet worden, dass ein mentaler Terminus nichts anderes ist als ein Erfassensakt. Diese Behauptung findet sich durchgehend in Ockhams Texten, zumindest in jenen Texten, die nach der Überwindung der frühen Theorie der intentionalen Objekte verfasst wurden. In der späteren Theorie, der sog. *intellectio*-Theorie, identifiziert er immer den mentalen Terminus mit dem Erfassensakt.[133] Doch wie kann ein mentaler Terminus ein solcher Akt sein? Ein Akt ist doch nichts anderes als ein Bestandteil des Intellekts, technisch gesprochen: ein Akzidens des Intellekts. Wie kann ein Terminus, der doch immer eine semantische und eine syntaktische Funktion hat, ein bloßes Akzidens sein?

Um diese Frage zu beantworten, muss man sorgfältig zwischen zwei Betrachtungsweisen unterscheiden. *Ontologisch* gesehen ist ein mentaler Terminus in der Tat nichts anderes als ein Akzidens des Intellekts. Er gehört dann in die gleiche Kategorie wie etwa eine Farbe, die auch nur ein Akzidens (technisch gesprochen: eine akzidentelle Qualität) ist. Doch ein mentaler Terminus kann auch *funktional* betrachtet werden. So gesehen ist er ein sprachliches Zeichen, das zum einen einen semantischen Gehalt hat (es steht für einen Gegenstand oder für eine Menge von Gegenständen), zum anderen aber auch eine syntaktische Dimension aufweist (es kann an Subjekt- oder Prädikatstelle in einem mentalen Satz stehen). Wenn von einem mentalen Terminus die Rede ist, steht die zweite Betrachtungsweise im Vordergrund. Dies schließt aber nicht aus, dass auch die erste Betrachtungsweise korrekt ist. (Zum Vergleich: Ein geschriebenes Wort kann einerseits ontologisch als eine Bleistiftspur auf einem Blatt Papier betrachtet werden, andererseits aber auch als eine semantisch-syntaktische Einheit.) Der entscheidende Punkt besteht für Ockham darin, dass eine Unterscheidung zweier Betrachtungsweisen nicht eine ontologische Unterscheidung impliziert. Wer behauptet, dass

---

[133] Der Übergang von der frühen zur späten Theorie ist in der neueren Forschung schon ausgiebig diskutiert worden. Vgl. Adams 1987, 73-107; Biard 1989, 102-125; Perler 1992, 185-196. Zu den Primärtexten siehe oben Anm. 2.

§ 32 Die mentale Sprache 383

es im Intellekt sprachliche Zeichen gibt, muss nicht mentale Akte und daneben noch weitere mentale Entitäten annehmen. Die sprachlichen Zeichen sind nämlich nichts anderes als die Akte, insofern sie funktional betrachtet werden. Dies ist natürlich ein für die ganze Intentionalitätstheorie wichtiger Punkt. Wer behauptet, dass wir uns mit mentalen Termini auf Gegenstände in der Welt beziehen, muss nicht annehmen, dass es intentionale Akte in unserem Geist *und* mentale Termini gibt. Es reicht aus, eine Art von mentaler Entität – die intentionalen Akte – anzunehmen. Die mentalen Termini sind nämlich nichts anderes als diese Akte, insofern sie funktional und nicht ontologisch betrachtet werden.

Schließlich gilt es noch ein Problem näher zu untersuchen. Die mentale Sprache setzt sich – wie bereits erwähnt – aus kategorematischen und synkategorematischen Termini zusammen. Dies ist zunächst unmittelbar einleuchtend. Wenn nämlich die mentale Sprache all jene Termini enthält, die für die Bildung ganzer mentaler Sätze erforderlich sind, muss sie auch synkategorematische Termini enthalten. So muss sie Termini wie ‚alle' oder ‚keiner' enthalten, damit so unterschiedliche Sätze wie ‚Alle Menschen sind sterblich' und ‚Kein Mensch ist sterblich' gebildet werden können. Doch wie entstehen synkategorematische mentale Termini? Wohl kaum durch eine natürliche Kausalrelation, wie dies bei den kategorematischen Termini der Fall ist. Es gibt ja keinen konkreten Gegenstand, der die Bildung von ‚alle' oder ‚keiner' verursacht. Wie können diese Termini dann entstehen? Auf diese Frage sind mindestens zwei Antworten möglich.

Gemäß einer ersten Antwort, die Ockham explizit formuliert hat, werden diese mentalen Termini von den entsprechenden gesprochenen abstrahiert.[134] Dies bedeutet, dass ich zuerst die deutschen (oder auch die entsprechenden lateinischen Termini) ‚alle' und ‚keiner' verwende und ausgehend von diesen dann mentale Termini bilde. Diese Antwort ist aber aus mindestens zwei Gründen unbefriedigend. Erstens sind die mentalen Termini dann den gesprochenen unterstellt und verlieren den Status von natürlicherweise bezeichnenden Termini; sie werden von den konventionellen Termini abhängig. Zweitens sind die mentalen Termini dann nicht Termini, die „zu keiner Sprache gehören", wie Ockham an anderer Stelle behauptet,[135] sondern vielmehr Termini, die auf der Grundlage einer bestimmten Sprache gebildet werden. Sie stellen dann lediglich mentale deutsche oder lateinische Termini dar. Ockham scheint

---

[134] Vgl. *In I Sent.*, dist. 2, q. 8 (OTh II, 285).
[135] Vgl. *Summa Logicae* I, 1 (OPh I, 7), wo er sagt, sie seien „nullius linguae".

diese Schwächen erkannt zu haben, denn er formuliert die Antwort nur an einer Stelle im frühen *Sentenzenkommentar*, ohne sie in den späteren Werken (insbesondere in der *Summa Logicae* und in den *Quodlibeta*), in denen er die Theorie der mentalen Sprache ausführlich darstellt, zu wiederholen.[136]

Man könnte auch eine zweite Antwort formulieren, die sich allerdings nicht in Ockhams Texten findet. Dieser Antwort zufolge sind die mentalen synkategorematischen Termini angeboren und müssen somit nicht erworben werden, weder durch eine Kausalrelation zu extramentalen Gegenständen noch durch eine Abstraktion von den gesprochenen Termini. Diese Antwort hat den Vorteil, dass sie dem menschlichen Geist von vornherein ein gewisses Set von mentalen Termini und damit auch die Grundelemente einer mentalen Grammatik zuweist. Diese Termini sind für alle Menschen gleich und an keine bestimmte gesprochene Sprache gebunden. Die Antwort hat aber den großen Nachteil, dass sie die mentale Sprache in zwei Teilsprachen aufspaltet, nämlich in eine durch natürliche Kausalrelationen erworbene, die aus kategorematischen Termini besteht, und eine angeborene, die aus synkategorematischen gebildet wird. Zudem lässt sich die Antwort kaum mit der aristotelischen Grundthese vereinbaren, dass der menschliche Geist bei der Geburt eine unbeschriebene Wachstafel ist, die erst nach und nach beschrieben wird. Dieser empiristischen Grundthese widerspricht die rationalistische These, dass es angeborene mentale Termini gibt.

Beide Antworten erweisen sich offensichtlich als unbefriedigend. Da Ockham keine weitere Antwort formuliert, bleibt das Problem der synkategorematischen mentalen Termini somit ungelöst. Dieses Problem stellt allerdings weit mehr als ein Detailproblem dar. Es verweist nämlich auf eine Spannung innerhalb der Theorie der mentalen Sprache. Einerseits ist diese Theorie als eine *Kognitionstheorie* angelegt, die erklären will, welche Struktur die intentionalen Akte haben, die wir aufgrund natürlicher Kausalrelationen zu den Gegenständen in der Welt erwerben. Ockhams Erklärung zielt darauf ab, dass die intentionalen Akte funktional betrachtet immer sprachlich strukturiert sind; sie weisen eine semantische und eine syntaktische Dimension auf. Andererseits ist die Theorie der mentalen Sprache auch als eine *logische Theorie* konzipiert, die erklä-

---

[136] Wie Gelber 1984 gezeigt hat, kritisierte bereits Chatton diese Antwort. Vielleicht hat Ockham sie infolge dieser Kritik verworfen. Vielleicht hat er sie aber auch aufgegeben, weil er die frühe *esse obiectivum*-Theorie zugunsten der *intellectio*-Theorie verwarf. Wie Normore 1990, 59-69, nachgewiesen hat, formulierte Ockham diese Antwort nämlich ausschließlich im Rahmen der *esse obiectivum*-Theorie.

ren will, über welche sprachlichen Elemente wir verfügen müssen, damit wir imstande sind, wahre Sätze über die Gegenstände in der Welt zu bilden. Für diese Erklärung beruft sich Ockham auf eine mentale Grammatik: Die mentale Sprache weist kategorematische und synkategorematische Termini auf, die nach bestimmten grammatikalischen Regeln zu Sätzen verknüpft werden können. Im Rahmen der logischen Theorie ist die Annahme synkategorematischer Termini unverzichtbar. Denn nur mit Rekurs auf solche Termini kann erklärt werden, worin sich ein wahrer Satz wie ‚Alle Menschen sind sterblich' von einem falschen Satz wie ‚Kein Mensch ist sterblich' unterscheidet. Im Rahmen der Kognitionstheorie sind die synkategorematischen Termini aber problematisch. Es scheint nämlich kaum erklärbar zu sein, wie solche Termini als Bestandteile einer primären Sprache gebildet werden können, wenn sie doch nicht aufgrund natürlicher Kausalrelationen erworben werden. Wie können die Termini ‚alle' und ‚keiner' entstehen, wenn es doch keine Gegenstände gibt, die diese Termini auf natürliche Weise verursachen können? Wie kann die Genese dieser Termini, die logisch gesehen unverzichtbar sind, kognitionstheoretisch erklärt werden? Diese Frage, die im Rahmen der Ockhamschen Theorie kaum zu beantworten ist, verdeutlicht, dass das, was in logischer Hinsicht unverzichtbar ist, in kognitionstheoretischer Sicht durchaus problematisch ist. So weist die Theorie der mentalen Sprache aufgrund ihrer zweifachen Ausrichtung eine innere Spannung auf.

§ 33 Gibt es eine intrinsische Intentionalität?

Eine Intentionalitätstheorie muss nicht nur die Frage beantworten, welche Struktur die Akte aufweisen, die sich auf Gegenstände in der Welt beziehen. Sie muss auch auf die grundlegendere Frage eingehen, warum solche Akte sich überhaupt auf etwas beziehen können. Ockhams Antwort auf diese fundamentale Frage ist in §§ 30-31 Schritt für Schritt diskutiert worden. Seiner Ansicht nach beziehen sich intentionale Akte auf Gegenstände (und zwar ausschließlich auf individuelle Gegenstände) in der Welt, weil sie in einer natürlichen Kausalrelation und in gewisser Hinsicht auch in einer natürlichen Ähnlichkeitsrelation zu diesen stehen.[137] Mit dem Verweis auf diese beiden Relationen distanziert sich

---

[137] Dies gilt freilich nur für die intentionalen Akte, die als sog. erste Intentionen mit personaler Supposition verwendet werden. Ockham berücksichtigt daneben auch den Spezialfall der zweiten Intentionen, die für erste Intentionen – also für Mentales – stehen. Zudem

Ockham – mit H. Putnam gesprochen – von einer „magischen Theorie der Intentionalität", die einfach annimmt, dass intentionale Akte an sich die magische Kraft haben, sich auf etwas zu beziehen. Gäbe es keine Kausalrelation zu äußeren Gegenständen, könnten sie sich auf nichts beziehen.[138] Und gäbe es keine Ähnlichkeitsrelation, könnten sie sich nicht auf eine Menge von artgleichen Gegenständen beziehen.

Wenn Ockham auch darauf insistiert, dass intentionale Akte im Normalfall eine Kausalrelation voraussetzen, behauptet er doch nicht, dass immer eine solche Relation bestehen muss. Dies zeigt sich deutlich in seiner These, dass sich einige Akte auch auf nicht-existierende Gegenstände beziehen können (vgl. § 30). Dies ist seiner Ansicht nach möglich, weil Gott intentionale Akte auch dann aufrechterhalten kann, wenn die Gegenstände, von denen sie ursprünglich verursacht wurden, nicht mehr existieren. Die Pointe dieser Ansicht besteht nicht nur in jenem Punkt, auf den in der Forschungsliteratur meistens hingewiesen wird, nämlich dass Gott in den Kognitionsprozess eingreifen kann. Mindestens so interessant ist ein weiterer Punkt: Das Merkmal der Intentionalität bleibt auch dann erhalten, wenn keine Kausalrelation mehr vorliegt. Allein dadurch, dass Gott die Akte aufrechterhält, erhält er auch ihre Intentionalität aufrecht. Gott muss nicht die intendierten Gegenstände und eine Relation zu diesen Gegenständen aufrechterhalten.[139]

Diese These hat freilich eine wichtige Konsequenz. Intentionalität ist ein Merkmal, das – metaphorisch gesprochen – an den Akten klebt und nicht mehr von ihnen entfernt wird, selbst dann nicht, wenn die Kausal-

---

diskutiert er auch die ersten Intentionen, die nicht mit personaler, sondern mit materialer oder einfacher Supposition verwendet werden. Da die ersten Intentionen, die mit personaler Supposition verwendet werden, den grundlegenden Fall darstellen, von dem Ockham ausgeht, habe ich mich in meiner Rekonstruktion seines Intentionalitätsmodells darauf beschränkt.

[138] Dies gilt auch für Akte, die sich auf Fiktives beziehen. Solche Akte beruhen nämlich auf einfacheren Akten, die in einer Kausalrelation zu materiellen Gegenständen stehen. So beruht etwa der Akt, der sich auf Pegasus bezieht, auf Akten, die sich auf Pferde und geflügelte Wesen beziehen. Hätte nie eine Kausalrelation zu Pferden und geflügelten Wesen bestanden, hätten diese einfacheren Akte nicht gebildet werden können. Und dann hätte auch der komplexe Akt, der sich auf Pegasus bezieht, nicht gebildet werden können. Streng genommen bezieht sich dieser Akt freilich nicht auf etwas Nicht-Existierendes, sondern auf eine (faktisch unmögliche) Kombination von Existierendem. Ockham warnt davor, zusätzlich zu den existierenden Gegenständen auch nicht-existierende anzunehmen, „quasi esset unus mundus ex impossibilibus sicut est unus mundus ex entibus." *Summa Logicae* II, 14 (OPh I, 287).

[139] Der Grund dafür liegt – wie in § 30 ausgeführt wurde – darin, dass Ockham intentionale Akte als absolute und nicht als relationale Entitäten auffasst. Deshalb können sie auch ohne die Gegenstände als Relationstermini weiterexistieren.

relation zu den materiellen Gegenständen aufgelöst wird. Es spielt auch keine Rolle, in welchem Intellekt die intentionalen Akte sind und von wem sie vollzogen werden. Haben sie das Merkmal der Intentionalität einmal erhalten, bewahren sie dieses Merkmal. Oder verkürzt ausgedrückt: Sind die Akte einmal intentional, bleiben sie immer intentional.

Gegen diese Konsequenz erhoben bereits Ockhams Zeitgenossen Einspruch. So wies Walter Chatton darauf hin, selbst Gott könne nicht einen intentionalen (genauer: einen intuitiven) Akt aufrechterhalten, ohne die Präsenz des entsprechenden Gegenstandes zu gewährleisten.[140] Einen anders gelagerten Einwand erhob Adam Wodeham. Er vertrat die Position, kein intentionaler Akt sei an sich intentional, auch dann nicht, wenn er in einer Kausalrelation zu einem materiellen Gegenstand stehe oder gestanden habe. Die Intentionalität müsse von der Person, die den Akt vollzieht, erst festgestellt und dem Akt zugeschrieben werden. Dieser Einwand zielt natürlich darauf ab, den Akten des Intellekts jede Form von intrinsischer Intentionalität abzusprechen, auch jene Form, die aufgrund einer Kausalrelation einmal erworben wurde. Um diesen Einwand zu verstehen, empfiehlt es sich, Wodehams Argumentation näher zu betrachten.[141]

Wodeham setzt bei einer Analyse des Ausdrucks ‚Erkenntnisakt' (*intellectio*) an.[142] Diesen Ausdruck kann man seiner Ansicht nach einerseits so verstehen, dass er eine Qualität bezeichnet, die im Intellekt existiert. Versteht man ihn auf diese Weise, bezeichnet er nicht etwas, was als Zeichen für anderes steht, sondern einfach einen Bestandteil des Intellekts. Andererseits kann man diesen Ausdruck auch so auffassen, dass er einen Akt bezeichnet, der dem Intellekt einen bestimmten Gegenstand anzeigt. Derart aufgefasst bezeichnet der Ausdruck natürlich ein Zeichen. Diese zweifache Interpretation von ‚Erkenntnisakt' entspricht genau der bereits bei Ockham beschriebenen zweifachen Betrachtungsweise eines Aktes: Er kann einerseits ontologisch als Qualität des Intellekts aufgefasst werden, andererseits funktional als Zeichen. Wie Ockham insistiert auch Wodeham darauf, dass diese zweifache Betrachtungsweise keineswegs eine Unterscheidung zweier Arten von Entitäten impliziert. Denn Zeichen-sein ist lediglich eine bestimmte Funktion der Qualität im Intellekt. Es gibt nicht zusätzlich zu einer solchen Qualität noch eine Entität, die als Zeichen für einen Gegenstand steht.

---

[140] Vgl. *Reportatio et Lectura super Sententias*, prol., q. 2, art. 3 (ed. Wey 1989, 102).
[141] Eine ausführliche Analyse bietet Karger 2001.
[142] Vgl. *Lectura*, dist. 23, q.u., § 6 (III, 318).

Nun stellt sich aber die Frage, ob der Erkenntnisakt, funktional betrachtet, an sich ein Zeichen für einen Gegenstand ist. Ist er unabhängig davon, wie er zustande gekommen ist und in welchem Intellekt er existiert, ein Zeichen? Auf diese Frage gibt Wodeham eine auf den ersten Blick verblüffende Antwort. Er behauptet:

„... wenn ein Intellekt einen Erkenntnisakt in einem anderen Intellekt sähe, wüsste er aufgrund dessen nicht, dass dieser Erkenntnisakt ein Zeichen ist, es sei denn durch eine Überlegung."[143]

Offensichtlich geht Wodeham von einem Gedankenexperiment aus. Angenommen, der Intellekt wäre transparent und jede Person könnte sowohl ihren eigenen als auch einen fremden Intellekt wie einen Glaskörper betrachten. Und angenommen, die Erkenntnisakte wären nichts anderes als Bestandteile eines solchen Glaskörpers und könnten somit ebenfalls betrachtet werden. Würde nun eine Person, die einen Erkenntnisakt in einem anderen Intellekt wie in einem Glaskörper sähe, auch sogleich wissen, dass dieser Erkenntnisakt ein Zeichen ist: dass er *von etwas* handelt? Wodeham verneint diese Frage. Selbst eine Betrachtung des Erkenntnisaktes in einem anderen Intellekt würde nicht dessen Zeichen-Charakter und damit auch dessen Intentionalität anzeigen. Sie würde nur verdeutlichen, dass der andere Intellekt ein bestimmtes Akzidens aufweist. Kurzum: Sie würde den Erkenntnisakt nur in ontologischer Hinsicht, nicht aber in funktionaler anzeigen.

Mit diesem Gedankenexperiment weist Wodeham auf einen wichtigen Punkt hin. Die Funktion, als Zeichen für etwas zu stehen und somit intentional zu sein, ist nicht etwas, was einem Akt wie eine Farbe anhaftet und unmittelbar feststellbar ist. Nur bei den *eigenen* Akten ist unmittelbar erkennbar, dass sie intentional sind. Bei *fremden* Akten hingegen muss dies erst durch einen kognitiven Prozess eruiert werden. Wodeham beschreibt diesen Prozess folgendermaßen:

„... aufgrund der Tatsache, dass jemand solche Qualitäten in einem fremden Intellekt sieht, kann für ihn nicht feststehen, dass diese Qualitäten Erkenntnisakte bzw. Zeichen für solche Gegenstände sind. Er weiß dies aber dadurch, dass er über den eigenen Akt reflektiert, von dem er erwägt, dass er von der gleichen Natur ist wie die Qualität, die er im fremden Intellekt sieht, und dass er aus Erfahrung weiß, dass seine Qualität ein repräsentierendes und darstellendes Zeichen für einen solchen Gegenstand ist."[144]

---

[143] *Lectura*, dist. 23, q.u., § 6 (III, 315): „... si unus intellectus videret aliquam intellectionem in alio, non sciret ex hoc quod ista intellectio esset signum, nisi arguitive."

[144] *Lectura*, dist. 23, q.u., § 6 (III, 318): „... per hoc quod videt tales qualitates in alieno intellectu non potest sibi constare quod illae qualitates sunt cognitiones vel signa talium

Wenn ich also Erkenntnisakte im transparenten Intellekt meines Nachbarn sehe, so weiß ich dadurch noch nicht, dass dies Akte sind, die sich *auf etwas* beziehen. Ich muss vielmehr in drei Schritten vorgehen. In einem ersten Schritt muss ich eigene Akte erfassen und unmittelbar feststellen, dass sie intentional sind. In einem zweiten Schritt muss ich dann meine Akte mit jenen meines Nachbarn vergleichen und feststellen, dass sie von gleicher Art sind. In einem dritten Schritt schließlich muss ich den Analogieschluss anstellen, dass gleichartige Akte auch gleiche Eigenschaften haben und dass daher die Akte meines Nachbarn genau wie meine Akte die Eigenschaft haben, intentional zu sein.

An dieser Argumentation Wodehams sind natürlich verschiedene Punkte problematisch. Zunächst fällt auf, dass Wodeham einfach davon ausgeht, dass die Intentionalität der eigenen Akte „aus Erfahrung" bekannt ist. Doch um welche Art von Erfahrung handelt es sich dabei: um eine besondere Form von Introspektion? Und verfüge ich in jedem Fall über diese Erfahrung, d. h. kann ich bei jedem eigenen intentionalen Akt feststellen, dass er tatsächlich intentional ist? Weiter stellt sich die Frage, wie denn Akte verglichen werden sollen. Im Rahmen des Gedankenexperiments lässt sich diese Frage natürlich einfach beantworten. Man muss lediglich die eigenen und die fremden Akte betrachten; sie sind ja transparente Entitäten. Doch wie ist ein Vergleich unter normalen Bedingungen möglich? Ich kann ja nicht einfach den Intellekt meines Nachbarn inspizieren, sondern höchstens die sprachlichen Äußerungen hören, die er auf der Grundlage seiner Akte macht, und diese mit meinen Äußerungen vergleichen, die ich aufgrund meiner Akte mache. Schließlich stellt sich auch die Frage, ob ich aufgrund eines Vergleichs (wenn dieser denn gelingt) wirklich ein Wissen davon erwerbe, dass die Akte meines Nachbarn intentional sind. Das angebliche Wissen beruht ja nur auf einem Analogieschluss. Ein solcher Schluss ist aber kein Garant für sicheres Wissen. Denn wie kann ich sicher sein, dass sich der Intellekt des Nachbarn gleich verhält wie meiner und dass seine Akte, die den meinen gleichen, intentional sind? Könnte es nicht sein, mit Wittgenstein gefragt, dass der Nachbar bloß ein Automat ist und gar nicht über einen Intellekt verfügt, auch wenn es so aussieht, als hätte er intellektuelle Akte, die den meinen gleichen? Könnte es nicht sein, dass gar keine Analogie zwischen dem eigenen und dem fremden Intellekt besteht?

---

obiectorum. Sed hoc novit per hoc quod reflectit se super actum proprium quem perpendit esse eiusdem naturae cum ista qualitate quam videt in intellectu alieno, et per experientiam novit quod sua qualitas est signum representativum et expressivum talis obiecti."

Stellt man die letzte Frage, mündet man unweigerlich in eine skeptische Position bezüglich des Fremdpsychischen – in eine Position, aus der es kaum ein Entrinnen gibt, solange ein Analogieschluss den Ausgangspunkt bildet.[145] Wodeham scheint diese Konsequenz nicht erkannt zu haben. Er stellt nicht die Frage, ob wir durch einen Analogieschluss tatsächlich ein sicheres Wissen von fremden intellektuellen Akten und damit auch von der Intentionalität dieser Akte gewinnen können. In diesem Punkt erscheint seine Argumentation eher schwach. Doch in einem anderen Punkt ist sie originell und scharfsinnig. Wodeham verdeutlicht nämlich, dass wir nicht einfach annehmen dürfen, die Intentionalität würde gleichsam als eine deutlich sichtbare Eigenschaft an den Akten kleben, wenn diese einmal aufgrund einer natürlichen Kausal- und einer Ähnlichkeitsrelation erworben wurde. Ebenso wenig dürfen wir annehmen, die Intentionalität sei dann in jedem Fall unmittelbar feststellbar. Die Tatsache, dass die Akte intentional sind, können wir höchstens bei den eigenen Akten feststellen. Im Hinblick auf fremde Akte hingegen müssen wir stets eine Überlegung anstellen. Daher können wir den fremden Akten höchstens eine Intentionalität zuschreiben, doch wir haben keine unmittelbare Evidenz dafür, dass sie auch tatsächlich intentional sind.

Warum können wir die Intentionalität der fremden Akte nicht unmittelbar feststellen? Warum sind wir auf eine Überlegung angewiesen? Wodeham gibt auf diese Fragen keine explizite Antwort. Doch der Grund liegt wohl darin, dass er Intentionalität nicht als eine intrinsische, in jedem Fall evidente Eigenschaft auffasst, die Akte an sich haben, gleichgültig in welchem Intellekt sie sich befinden und wie sie zustande gekommen sind. Es handelt sich hier vielmehr um eine *extrinsische* Eigenschaft, d. h. um eine Eigenschaft, die Akte nur deshalb haben, weil sie in einer bestimmten Relation (primär einer Kausalrelation) zu Gegenständen in der Welt stehen. An sich betrachtet, d. h. unabhängig von dieser Relation, sind die Akte nicht intentional. Werden sie so betrachtet, kann ihnen auch keine Intentionalität zugeschrieben werden. Aus diesem Grund hält Wodeham fest, dass die Intentionalität der Akte die Existenz von Gegenständen in der Welt und eine Relation zu diesen Gegenständen voraussetzt.[146] Und damit ihnen Intentionalität zuschrie-

---

[145] Wittgenstein lehnt daher den Analogieschluss ab und hält in *Phil. Untersuchungen* II, iv (ed. Anscombe u.a. 1984, 495) fest: „Meine Einstellung zu ihm ist eine Einstellung zur Seele. Ich habe nicht die *Meinung*, dass er eine Seele hat." Ich habe daher auch nicht die Meinung, dass er genau wie ich intentionale Akte in seiner Seele hat. Vielmehr nehme ich eine bestimmte Einstellung gegenüber seinen Akten ein.

[146] Wodeham trifft diese Aussage mit Bezug auf die intuitiven Akte; vgl. *Lectura*, prol., q. 2, § 7 (I, 45).

ben werden kann, muss diese Relation auch erkannt werden. Freilich präzisiert Wodeham, dass dies nur *naturaliter* gilt. Ähnlich wie Ockham räumt er ein, dass *supranaturaliter* auch dann intentionale Akte existieren können, wenn es keine Gegenstände in der Welt und somit auch keine Relation zu diesen gibt.[147] Wie ist dies möglich? Wodeham beschränkt sich auf die Bemerkung, dass Gott kraft seiner Allmacht alles unmittelbar bewirken kann, was er vermittelt durch eine andere Ursache bewirken kann. Wenn Gott also bewirken kann, dass ein bestimmter Gegenstand einen Akt im Intellekt hervorruft und dass der Akt aufgrund dieser Relation intentional ist, so kann Gott dies auch unmittelbar bewirken, ohne dass ein Gegenstand existiert.

Dann stellt sich aber sogleich die Frage, ob die Intentionalität nicht doch – zumindest *supranaturaliter* betrachtet – eine intrinsische Eigenschaft von Akten ist, d. h. eine Eigenschaft, die auch ohne eine Relation zu äußeren Gegenständen existiert und ohne Bezugnahme auf eine solche Relation festgestellt werden kann. Wodeham geht nicht auf dieses Problem ein. Wenn er aber sowohl an der These festhalten möchte, dass Intentionalität keine intrinsische Eigenschaft ist, als auch die These verteidigen möchte, dass Gott kraft seiner Allmacht alles unmittelbar bewirken kann, bietet sich folgende Argumentation an: Die Akte des Intellekts können zwar aufgrund des göttlichen Einwirkens intentional sein, ohne dass eine Relation zu Gegenständen in der Welt existiert. Doch wir müssen die Akte immer auf Gegenstände beziehen, um ihnen eine Intentionalität zuschreiben zu können. Für uns ist die Intentionalität keine Eigenschaft, die wir an den Akten feststellen, als ob sie an diesen kleben würde. Konkret heißt dies: Gott kann zwar bewirken, dass mein Nachbar über einen Akt verfügt, der sich auf einen Stern bezieht, ohne dass mein Nachbar je einen Stern gesehen hat, ja ohne dass überhaupt ein Stern existiert. Doch ich kann nur dann sagen, dass mein Nachbar über einen Akt des An-den-Stern-Denkens verfügt, wenn ich zunächst von meinem eigenen Akt des An-den-Stern-Denkens ausgehe, der tatsächlich in einer Relation zu einem Stern steht, und dann annehme, dass der Akt des Nachbarn ebenfalls in einer solchen Relation steht. Ich muss also den Akt des Nachbarn auf einen Stern beziehen, um ihm eine Intentionalität zuschreiben zu können, selbst dann, wenn gar kein solcher Bezug besteht. Denn Intentionalität ist immer als eine Eigenschaft aufzufassen, die einen Akt *auf etwas* ausrichtet.

---

[147] Vgl. *Lectura*, prol., q. 2, § 7 (I, 46).

§ 34 Schlussfolgerungen

Sicherlich wäre es übertrieben, bei Wilhelm von Ockham und Adam Wodeham von einem Neuanfang der mittelalterlichen Intentionalitätsdebatte zu sprechen. Diese Autoren entwickelten ihre Intentionalitätsmodelle, indem sie an frühere Theorien anknüpften und sich kritisch mit diesen auseinandersetzten. Zudem orientierten sie sich immer auch an antiken – insbesondere an aristotelischen – Vorlagen und verstanden ihren eigenen Beitrag zur Intentionalitätsdebatte als eine Ausarbeitung dieser Vorlagen. Trotzdem lässt sich bei Ockham und seinem Schüler Wodeham eine klare Tendenz zu einer Überwindung traditioneller Modelle und zu einem Neuansatz feststellen.[148] Diese Tendenz manifestiert sich vor allem in drei Punkten.

Erstens weisen Ockham und Wodeham sämtliche Theorieansätze zurück, die vermittelnde Entitäten – seien dies nun intelligible Species oder intentionale Gegenstände – zwischen dem Intellekt und den materiellen Gegenständen annehmen. Wer eine Intentionalitätstheorie entwerfen will, muss ihrer Ansicht nach vom Grundsatz ausgehen, dass der Intellekt im Normalfall *direkt* auf Gegenstände in der Welt abzielt und dadurch *direkt* den Inhalt seiner Akte festlegt. Wer von diesem Grundsatz abweicht, macht nicht nur fragwürdige ontologische Annahmen (etwa indem er intentionale Gegenstände als besondere Entitäten einführt), sondern handelt sich auch zahlreiche epistemologische Probleme ein. Denn wie sollte noch eine epistemische Relation zu den Gegenständen in der Welt möglich sein, wenn unsere Akte sich nur auf intentionale Gegenstände oder auf andere besondere Entitäten beziehen? Könnten wir dann noch so simple Gegenstände wie Bäume und Tische erkennen? Oder wären wir nicht gezwungen einzuräumen, dass wir nur intentionale Bäume und intentionale Tische erkennen und höchstens annehmen, dass diese irgendwie auf realen Bäumen und realen Tischen beruhen? Und selbst wenn tatsächlich intentionale Gegenstände existierten, könnte man stets fragen, welche epistemische Relation zu diesen Gegenständen besteht. Sind die intentionalen Gegenstände selbst-evident und unmittelbar erfassbar? Wenn ja, was verleiht ihnen die Selbst-Evidenz?

---

[148] Dies bedeutet freilich nicht, dass die früher entwickelten Modelle einfach überwunden wurden. Sie waren weiterhin präsent und wurden von Ockhams Zeitgenossen und Nachfolgern diskutiert. Tachau 1988, 353-383, weist zu Recht darauf hin, dass bereits die erste Generation nach Ockham teilweise Diskussionen führte, die keineswegs an Ockhams theoretischen Ansatz anknüpften und sich an früheren Modellen (etwa am Modell der perspektivistischen Optik oder an jenem des Petrus Aureoli) orientierten.

Und warum sollten die Gegenstände in der Welt keine Selbst-Evidenz haben? Offensichtlich ergibt sich eine ganze Reihe von Problemen, wenn man behauptet, Akte des Intellekts würden sich bloß auf etwas intentional Präsentes beziehen. Genau um diese Probleme zu vermeiden, behaupten Ockham und Wodeham von vornherein, dass eine intentionale Relation eine direkte Relation zwischen den intellektuellen Akten und den Gegenständen in der Welt ist. Damit distanzieren sie sich natürlich klar von jenen Intentionalitätsmodellen, die im 14. Jh. von Petrus Aureoli und verschiedenen Scotisten vertreten wurden.

Zweitens fällt auf, dass Ockham und Wodeham die Intentionalität unserer Akte erklären, indem sie sich auf ein Kausalmodell berufen. Uns gelingt es, so behaupten sie, uns mit unseren Akten auf Bäume und Tische (und zwar immer auf *individuelle* Bäume und Tische) zu beziehen, weil wir derartige Gegenstände gesehen oder berührt haben und weil wir somit in einer kausalen Verbindung zu genau diesen und keinen anderen Gegenständen stehen oder gestanden haben. Entscheidend ist dabei, dass unter der Kausalrelation eine wirkursächliche Relation zu verstehen ist. In diesem Punkt grenzt sich Ockham deutlich von Thomas von Aquin ab, der sich zur Erklärung intentionaler Akte immer auch auf eine Formursache beruft. Denn für Thomas können sich Akte ja nur deshalb auf etwas beziehen, weil der Intellekt die Form eines bestimmten Gegenstandes aufgenommen hat und auf immaterielle Weise in sich hat; nur weil eine Identität zwischen der Form im Gegenstand und der aufgenommenen Form besteht, ist Intentionalität überhaupt möglich. Genau gegen dieses Modell wendet sich Ockham. Er weist jede formale Identität (und damit auch jede Formursache) zurück und beschränkt sich auf eine wirkursächliche Relation. Nur weil ein Gegenstand auf die Sinne einwirkt und dadurch zunächst in den Sinnen und dann im Intellekt bestimmte Zustände auslöst, kann ein Akt entstehen, der sich auf diesen Gegenstand bezieht. Ockhams Erklärung der intentionalen Akte stützt sich auf eine radikale Neuinterpretation der Relation zwischen dem Intellekt und den materiellen Gegenständen.

Drittens schließlich zeichnet sich Ockhams (in geringerem Maße auch Wodehams) Ansatz dadurch aus, dass er den Zeichencharakter der intentionalen Akte betont. Diese Akte sind keine mentalen Duplikate und keine inneren Bilder von den materiellen Gegenständen, sondern nichts anderes als Zeichen für diese Gegenstände. Entscheidend ist dabei, dass es sich nicht um irgendwelche Zeichen handelt, sondern um *sprachliche*: Intentionale Akte sind mentale Termini und bilden zusammen eine mentale Sprache. Als mentale Termini weisen sie in zweifacher

Hinsicht eine sprachliche Struktur auf. Einerseits stehen sie (genauer gesagt: supponieren sie) für Gegenstände und haben somit eine semantische Funktion. Andererseits können sie an Subjekt- oder Prädikatstelle in mentalen Sätzen verwendet werden und haben somit eine syntaktische Funktion. Indem Ockham betont, dass die intentionalen Akte eine solche zweifache Funktion haben, bestreitet er freilich nicht, dass sie bestimmte Entitäten im Intellekt (technisch gesprochen: Qualitäten des Intellekts) sind. Aber er unterscheidet sorgfältig zwischen einer ontologischen und einer funktionalen Betrachtungsweise der Akte. Denn ontologisch gesehen sind sie in der Tat nichts anderes als Qualitäten, die im Intellekt existieren, ähnlich wie Farben in einem Gegenstand existieren. Doch dies ist nur *eine* Betrachtungsweise. Viel wichtiger ist es, die Akte hinsichtlich ihrer besonderen Funktion zu betrachten. Wählt man diese zweite Betrachtungsweise, zeigt sich, dass intentionale Akte als mentale Termini fungieren und somit eine semantisch-syntaktische Funktion haben. Genau diese Funktion übersehen Ockham zufolge all jene Intentionalitätstheoretiker, die behaupten, es müsse zusätzlich zu den Akten, die doch nichts anderes als Qualitäten des Intellekts seien, besondere kognitive Entitäten (z. B. intelligible Species) geben, die ermöglichen, dass sich die Akte auf etwas beziehen können. Ockham hält eine solche Behauptung für falsch, weil sie auf der unbegründeten Annahme beruht, die Akte seien nichts anderes als Qualitäten des Intellekts. Sobald man eingesehen hat, dass sie funktional betrachtet immer auch mentale Termini sind, erübrigt sich die Annahme besonderer kognitiver Entitäten.

Ockhams und Wodehams Neuansatz in der Intentionalitätsdebatte hat natürlich gewichtige Konsequenzen. Eine erste Konsequenz besteht darin, dass sich das Aufgabenfeld für eine Kognitionstheorie verändert. Es muss nun nicht mehr untersucht werden, wie im kognitiven Prozess besondere kognitive Entitäten entstehen, die eine Bezugnahme auf materielle Gegenstände ermöglichen. Ebenso wenig muss analysiert werden, wie durch einen Abstraktionsprozess die Formen gleichsam aus den Gegenständen herausgelöst werden können, sodass eine Identität zwischen den Formen im Intellekt und den Formen in den Gegenständen entsteht. Es muss einzig und allein untersucht werden, wie materielle Gegenstände auf die Sinne einwirken und wie sie dadurch einen Prozess auslösen, der zur Bildung intentionaler Akte führt, die als Zeichen fungieren.

Eine weitere wichtige Konsequenz ergibt sich für die Bestimmung des Verhältnisses zwischen Kognitionstheorie und Sprachtheorie. Wer eine Intentionalitätstheorie entwerfen will, darf nun nicht mehr in einem ersten Schritt eine Kognitionstheorie entwerfen, die erklärt, wie sich intellektuelle Akte auf etwas richten können, um dann in einem zweiten Schritt eine Sprachtheorie zu entwickeln, die darlegt, wie sich sprachliche Äußerungen auf etwas beziehen können. Kognitionstheorie und Sprachtheorie müssen vielmehr miteinander einhergehen, da die intellektuellen Akte immer schon sprachlich strukturiert sind und die sprachlichen Äußerungen nichts anderes als ein Ausdruck dieser Akte sind. Konkret heißt dies: Wer erklären will, warum wir uns mit einem Denkakt auf einen Baum beziehen können und warum wir uns mit dem gesprochenen Wort ‚Baum' auf einen Baum beziehen können, sollte nicht zwei separate Probleme behandeln. Denn der Denkakt weist bereits eine sprachliche Struktur auf. Er ist – funktional betrachtet – nichts anderes als der mentale Terminus ‚Baum'. Genau dieser mentale Terminus wird durch das gesprochene Wort ‚Baum' zum Ausdruck gebracht, das sich ebenfalls auf einen Baum (und zwar auf einen materiellen Baum, nicht auf ein mentales Abbild) bezieht. Wir können also Bezugnahme in der gesprochenen Sprache nur erklären, indem wir auf die zugrundeliegende mentale Bezugnahme rekurrieren. Denn ein gesprochenes Wort ist ein konventionelles sprachliches Zeichen und kann sich nur deshalb auf etwas beziehen, weil es Ausdruck eines natürlichen sprachlichen Zeichens ist, das sich aufgrund einer Kausalrelation auf etwas bezieht. Daher erfordert eine Erklärung des konventionellen Zeichens immer einen Rekurs auf das zugrundeliegende natürliche Zeichen.

Wenn Ockhams Ansatz auch neue Perspektiven aufzeigt und vor allem zu einer engen Verbindung von Kognitions- und Sprachtheorie führt (einer Verbindung, wie sie in ähnlicher Weise auch in einer modernen Theorie der Mentalsprache bei J. Fodor u.a. geschaffen wird), so ist er doch nicht frei von Schwierigkeiten. Auf zwei grundlegende Probleme, die bereits im 14. Jh. Anlass zu kritischen Diskussionen gegeben haben, möchte ich zum Schluss kurz hinweisen.

Das erste Problem betrifft die radikale Anwendung des Ökonomieprinzips. Ockham (nach ihm auch Wodeham) wendet sich entschieden gegen die Annahme von Species, die eine kognitive Bezugnahme ermöglichen. Damit gelingt es ihm zwar, wie bereits dargelegt wurde, eine direkte epistemische Relation zu den materiellen Gegenständen zu gewährleisten. Doch er wirft damit auch einige Fragen auf. Wie sollen denn einzig und allein dadurch, dass eine Kausalrelation zu den Gegenständen vorliegt, intentionale Akte entstehen? Wenn die Gegenstände auf uns einwirken, erzeugen sie in uns zunächst nur Sinneseindrücke. Diese müssen aber irgendwie transformiert und weiterverarbeitet werden, damit im Intellekt intentionale Akte entstehen können. Wie sieht dieser Prozess der Weiterverarbeitung aus? Ockham lässt diese Frage unbeantwortet. Ohne eine Begründung anzuführen, behauptet er, dass allein aufgrund von Sinneseindrücken Wahrnehmungsakte und dann auch intellektuelle Akte entstehen.[149] Er erläutert nicht, wie der Intellekt tätig wird, wenn Wahrnehmungseindrücke vorliegen, und wie er Akte hervorbringt, die sich genau auf die Gegenstände beziehen, von denen die Wahrnehmungseindrücke stammen. Es ist daher nicht erstaunlich, dass ihm in der neueren Forschung vorgeworfen wurde, er fasse den Intellekt einfach als eine „black box" auf.[150] Bereits seine unmittelbaren Zeitgenossen und Nachfolger sahen hier eine Erklärungslücke und versuchten sie zu schließen, indem sie auf die Species-Theorie zurückgriffen – nicht um Entitäten einzuführen, die sich gleichsam als Schleier zwischen den Intellekt und die materiellen Gegenstände legen, sondern um zu erläutern, wie Gegenstände überhaupt kognitiv präsent werden können, wenn sie auf die Sinne einwirken und Sinneseindrücke hervorbringen.[151] Denn die Species-Theorie stellt einen Versuch dar, die Transformation der Sinneseindrücke in etwas Intellektuelles, kognitiv Präsentes zu erklären. Ob es sich dabei um einen erfolgreichen Versuch handelt, hängt freilich von der genauen Ausformulierung dieser Theorie ab. Aber zumindest versucht sie eine Erklärungslücke zu schließen, die bei Ockham offen bleibt bzw. die mit einem allgemeinen Verweis auf eine Kausalrelation nur unbefriedigend geschlossen wird.

Ein zweites Problem wirft die Theorie der mentalen Sprache auf. Am Ende von § 32 wurde bereits festgehalten, dass diese Theorie eine innere Spannung aufweist. Einerseits handelt es sich dabei um eine Kognitionstheorie, die intentionale Akte als mentale Termini bestimmt; die Genese dieser Termini wird mit Verweis auf eine Kausalrelation zu den materiellen Gegenständen erklärt. Andererseits handelt es sich dabei auch um ei-

---

[149] Dies zeigt sich etwa in *In III Sent.*, q. 3 (OTh VI, 111), wo er behauptet, einzig aufgrund einer „qualitas impressa", die unmittelbar von einem materiellen Gegenstand in den äußeren Sinnen hervorgebracht werde, könne ein Wahrnehmungsakt entstehen, der sich auf diesen Gegenstand beziehe. Und wenn ein Wahrnehmungsakt vorliege, könne sogleich auch ein entsprechender intellektueller Akt gebildet werden.

[150] Stump 1999, 194: „On Ockham's account, our cognitive faculties are a black box. [...] It is as if in response to the question, ‚How do we cognize a material object?', which the species account answered in terms of the processing species, Ockham's reply is that we just do."

[151] Ein Rückgriff auf die Species-Theorie findet sich nicht nur bei den Verteidigern früherer Modelle (z. B. bei Johannes Reading, der das scotische Intentionalitätsmodell gegen das ockhamistische verteidigte), sondern auch bei einem Autor wie Johannes Buridan, der Ockham sonst in vielen Punkten folgte; vgl. J. Spruit 1994.

ne logische Theorie, die erläutern will, warum aus mehreren Termini Sätze gebildet werden können, die wahr oder falsch sind. Im Rahmen der logischen Theorie müssen auch mentale synkategorematische Termini angenommen werden. Doch im Rahmen der Kognitionstheorie scheint es keinen Platz für solche Termini zu geben. Denn wie sollten wir über mentale Termini wie ‚und', ‚wenn' und ‚keiner' verfügen können, wenn Termini durch eine Kausalrelation zu materiellen Gegenständen entstehen? Es gibt ja keine Gegenstände wie „das Und" und „das Wenn", die in uns solche Termini verursachen. Bereits Ockhams Zeitgenossen wiesen auf diese Schwierigkeit hin.[152] Dabei handelt es sich nicht einfach um ein Detailproblem, sondern um eine grundlegende Schwierigkeit. Wenn man nämlich eine Intentionalitätstheorie konzipiert, die in den Grundzügen empiristisch ist und davon ausgeht, dass wir nur deshalb über intentionale Akte verfügen können, weil materielle Gegenstände auf uns einwirken, muss man zugestehen, dass intentionale Akte – selbst wenn sie als mentale Termini aufgefasst werden – eine Kausalrelation voraussetzen. Will man trotzdem synkategorematische Termini annehmen, für die es keine Kausalrelation gibt, muss man erklären, warum wir überhaupt in der Lage sind, solche Termini zu bilden. Doch eine solche Erklärung, die eine Erweiterung des empiristischen Ansatzes erfordern würde, fehlt bei Ockham. Damit fehlt freilich eine wichtige Erklärung. Denn wie können wir einerseits einzig aufgrund von Kausalrelationen zu mentalen Termini gelangen, andererseits aber über so komplex strukturierte Termini – kategorematische und synkategorematische – verfügen, dass sie zusammen eine ganze mentale Sprache bilden? Muss nicht doch in rationalistischer Manier angenommen werden, dass der Intellekt von sich aus über die Fähigkeit verfügt, bestimme Termini und damit auch bestimmte intentionale Akte zu bilden? Es ist nicht zuletzt diese Frage, die im Spätmittelalter eine kontroverse Diskussion über die Theorie der mentalen Sprache ausgelöst hat.[153]

---

[152] So etwa Walter Chatton; vgl. Panaccio 1999, 287-288.
[153] Diese Kontroverse begann bereits im frühen 14. Jh. (vgl. Panaccio 1999, 279-303) und setzte sich bis ins 16. Jh. fort. So diskutierte der spanische Autor Fernando Enzinas in seinem *Tractatus de compositione propositionis mentalis* (erste Auflage 1521) ausführlich die Fragen nach der Struktur eines mentalen Satzes und nach dem Status der mentalen synkategorematischen Termini; vgl. dazu Ashworth 1982.

SCHLUSS

§ 35 Da capo: Brentanos Problem und die mittelalterlichen Intentionalitätstheorien

Jede Intentionalitätstheorie muss sich mit der grundlegenden Frage auseinandersetzen, warum sich geistige Akte und Zustände auf etwas beziehen können und warum sie dadurch einen bestimmten Inhalt haben. Warum ist mein Denken ein Denken *an etwas*, mein Hoffen ein Hoffen *auf etwas* und meine Freude eine Freude *über etwas*? Wie in der Einleitung bereits festgehalten wurde, findet sich bei F. Brentano eine konzise Antwort auf diese Frage: Geistige Akte und Zustände beziehen sich auf etwas, weil sie sich durch die „intentionale Inexistenz" eines Gegenstandes auszeichnen. Genau in dieser Inexistenz bzw. im Innewohnen sieht Brentano das entscheidende Merkmal der geistigen Akte und Zustände, die er „psychische Phänomene" nennt:

„Und somit können wir die psychischen Phänomene definieren, indem wir sagen, sie seien solche Phänomene, welche intentional einen Gegenstand in sich enthalten."[1]

Da Brentano ausdrücklich behauptet, bereits „die Scholastiker des Mittelalters" hätten die psychischen Phänomene derart charakterisiert,[2] möchte ich nun, nach einer eingehenden Betrachtung einiger scholastischer Intentionalitätstheorien, wieder zu Brentano zurückkehren und die Frage diskutieren, ob es tatsächlich Parallelen zwischen den mittelalterlichen Modellen und dem theoretischen Ansatz Brentanos gibt. Dabei verfolge ich nicht das Ziel, präzise historische Abhängigkeiten nachzuweisen; denn die mittelalterlichen Quellen, die Brentano verwendet hat, lassen sich kaum im Detail bestimmen.[3] Ich möchte vielmehr strukturelle Parallelen aufzeigen. Zudem möchte ich kurz skizzieren, welche

---

[1] Brentano 1874 (Nachdruck 1973), Bd. 1, 125.
[2] Vgl. Brentano 1874 (Nachdruck 1973), Bd. 1, 124; ausführlich zitiert in der Einleitung, Anm. 2.
[3] Einige Angaben zu seinen Quellen finden sich in den aus dem Nachlass herausgegebenen Vorlesungen zur mittelalterlichen Philosophie (vgl. Brentano 1980). Allerdings gibt Brentano dort nur einen Überblick über scholastische Autoren, ohne Texte zu nennen, die im Hinblick auf die Intentionalitätsproblematik unmittelbar relevant sind.

Bedeutung die mittelalterlichen Theorien auch über Brentano hinaus für die gegenwärtige Intentionalitätsdebatte noch haben können.

Brentanos These, dass psychische Phänomene einen Gegenstand intentional in sich enthalten, ist – wie in der Einleitung bereits erwähnt wurde – eine zweifache These.[4] Sie beinhaltet einerseits die *psychologische* These, dass derartige Phänomene auf Gegenstände gerichtet sind und dass sie somit einen relationalen Charakter aufweisen, andererseits aber auch die *ontologische* These, dass es sich bei diesen Gegenständen nicht um materielle Objekte, sondern um geistig „inexistierende" Gegenstände handelt. Findet sich diese zweifache These bereits bei mittelalterlichen Autoren?

Diese Frage lässt sich zweifellos bejahen. Wie in § 20 deutlich geworden ist, behauptete zu Beginn des 14. Jhs. bereits Jacobus de Aesculo, dass geistige Zustände – insbesondere kognitive Zustände – auf Gegenstände gerichtet sind, jedoch nicht auf materielle Objekte, auch nicht auf kognitive Hilfsmittel (z. B. intelligible Species), sondern auf Entitäten, denen Jacobus einen besonderen Status zuschrieb: ein „intentionales Sein". Es handelt sich dabei um Entitäten *sui generis*, die weder auf reale noch auf rein begriffliche Entitäten reduziert werden können. Sie beruhen zwar auf realen Entitäten, aber sie existieren im Intellekt und sind somit von diesem abhängig; sie haben eine „intentionale Inexistenz" in Brentanos Sinn.

Eine weitere Parallele lässt sich zu Petrus Aureoli ziehen, der sich im Gegensatz zu Jacobus de Aesculo zwar eher an Fällen der Wahrnehmung orientierte, aber ebenfalls behauptete, dass Wahrnehmungszustände auf etwas gerichtet sind, was ein „intentionales" bzw. „erscheinendes Sein" hat (vgl. § 24). Dieses besondere Sein darf nicht mit dem realen Sein der materiellen Objekte gleichgesetzt werden, auch nicht mit dem realen Sein des Wahrnehmungszustandes. Es kommt vielmehr dem Gegenstand zu, der im Wahrnehmungszustand präsent ist. Genau diesen intentionalen Gegenstand gilt es zu evaluieren, wenn man bestimmen will, worauf sich jemand bezieht, wenn er etwas sieht oder hört.

Die Annahme intentionaler Gegenstände provozierte freilich bereits Jacobus de Aesculos und Petrus Aureolis Zeitgenossen zur Kritik. Besonders deutlichen Widerstand meldeten Wilhelm Alnwick, Wilhelm von Ockham und Adam Wodeham an (vgl. §§ 21 und 29). Ist es nicht überflüssig, so fragten sie, zusätzlich zum materiellen Gegenstand noch

---

[4] Dies ist die klassische Interpretation, die sich u.a. bei Chisholm 1967, Spiegelberg 1969 und Haldane 1989 findet.

§ 35 Da capo: Brentanos Problem und die Intentionalitätstheorien 401

einen intentionalen Gegenstand anzunehmen? Wird hier nicht ein Gegenstand mit einem seltsamen ontologischen Status eingeführt – einem Status, der in einer aristotelischen Ontologie keinen Platz hat? Und besteht nicht die Gefahr, dass durch die Annahme eines solchen Gegenstandes der direkte Erkenntnisrealismus aufgegeben wird? Denn alles, was wir dann noch direkt wahrnehmen und erkennen können, ist das Reich der intentionalen Gegenstände. Zu den materiellen Gegenständen haben wir lediglich einen vermittelten Zugang. Wir können höchstens vermuten, dass die intentionalen Gegenstände auf materiellen beruhen, aber wir stehen in keiner unmittelbaren epistemischen Relation zu den materiellen Gegenständen.

Aufgrund dieser und ähnlicher Einwände verlor das Modell der intentionalen Gegenstände bereits im 14. Jh. an Einfluss. Es starb aber keineswegs aus. Durch spätscholastische Scotisten wurde es bis in die frühe Neuzeit tradiert und war auch Descartes bekannt. Genau wie Jacobus de Aesculo und Petrus Aureoli behauptete auch Descartes, in den geistigen Akten bzw. in den Ideen seien die Gegenstände mit einem intentionalen oder „objektiven Sein" präsent. Dabei verstand er unter dem objektiven Sein nichts anderes als eine bestimmte Seinsweise im Intellekt, nämlich jene, „mit der Objekte gewöhnlich in ihm sind."[5] Dies ist natürlich eine ziemlich vage Bestimmung, aber sie verdeutlicht, dass sich Descartes einer bestimmten mittelalterlichen Tradition anschloss. Auch er behauptete, dass Gegenstände auf bestimmte Weise *im* Intellekt sind und dass primär diese „inexistierenden" Gegenstände in den Blick genommen werden müssen.

Ob Brentano direkt durch die mittelalterlichen Autoren oder vermittelt durch Descartes Kenntnis von dieser Position hatte, lässt sich kaum mit Bestimmtheit sagen.[6] Doch zweifellos war er mit dieser Position vertraut und knüpfte an sie an. Freilich kannte er auch die Einwände gegen diese Position, vor allem den epistemologischen Einwand, dass durch die Einführung intentional „inexistierender" Gegenstände ein direkter Zugang zu den materiellen Gegenständen verunmöglicht wird. In einem Brief an A. Marty setzte er sich ausdrücklich mit diesem Einwand auseinander und wies den Vorwurf zurück, er habe Objekte eingeführt, die

---

[5] *Primae responsiones* (AT VII, 102): „... *esse objective* non aliud significat quàm esse in intellectu eo modo quo objecta in illo esse solent."
[6] Münch 1993, 59, und Smith 1994, 43, weisen darauf hin, dass neben der aristotelisch-scholastischen Tradition auch die cartesianische einen nachhaltigen Einfluss auf Brentano ausübte. Daher darf nicht ausgeschlossen werden, dass Brentano auch durch Descartes' Verarbeitung der mittelalterlichen Vorlagen beeinflusst war.

sich gleichsam zwischen den Intellekt und die materiellen Objekte einschieben:

„Es ist aber nicht meine Meinung gewesen, daß das immanente Objekt = ‚vorgestelltes Objekt' sei. Die Vorstellung hat nicht ‚vorgestelltes Ding', sondern ‚das Ding', also z. B. die Vorstellung eines Pferdes nicht ‚vorgestelltes Pferd', sondern ‚Pferd' zum (immanenten, d. h. allein eigentlich Objekt zu nennenden) Objekt."[7]

Offensichtlich vertritt Brentano die Meinung, dass jemand, der an ein Pferd denkt, nicht bloß an ein vorgestelltes Pferd denkt, das einzig und allein im Akt der Vorstellung existiert. Eine solche Person denkt vielmehr an ein reales Pferd und macht genau dieses zum Objekt ihrer Vorstellung. Aber wie verträgt sich diese Aussage mit der Grundthese, dass sich ein Akt der Vorstellung wie jedes andere psychische Phänomen nur auf einen geistig „inexistierenden" Gegenstand richtet? Ein derartiger Gegenstand ist doch eine Entität, die von einem realen Gegenstand – etwa von einem realen Pferd auf der Wiese – zu unterscheiden ist. Muss Brentano nicht trotz seiner gegenteiligen Aussage zugestehen, dass eine Vorstellung primär nur auf ein geistig „inexistierendes" Pferd und nicht auf ein reales Pferd gerichtet ist?

Auf diese Frage sind zwei Erwiderungen möglich. Eine erste Antwort, die von der traditionellen Brentano-Forschung formuliert wurde, zielt darauf ab, dass Brentano seine Intentionalitätstheorie revidiert hat.[8] Gemäß der frühen Theorie, die sich im ersten Band der *Psychologie vom empirischen Standpunkt* findet, vertrat er in der Tat die Meinung, psychische Phänomene würden sich primär nur auf geistig „inexistierende" Gegenstände beziehen. In seinen späteren Werken (in Briefen ab ca. 1905 und im zweiten Band der *Psychologie vom empirischen Standpunkt*) verwarf er diese Meinung jedoch und wählte eine Ontologie, die ausschließlich reale Gegenstände akzeptiert. Dies hatte natürlich zur Folge, dass er nunmehr reale und nicht „inexistierende" Gegenstände als die primären Objekte der psychischen Phänomene bestimmte. Die zitierte Aussage im Brief an A. Marty wäre dann als Ausdruck der revidierten Meinung zu verstehen: Das unmittelbare Objekt einer Vorstellung wird nicht mehr als ein rein vorgestelltes, „inexistierendes" Objekt bestimmt, sondern als ein reales Objekt.

---

[7] Brief an A. Marty vom 17. März 1905, in: *Wahrheit und Evidenz* (ed. O. Kraus 1974, 87-88).

[8] Vgl. die ausführliche Einleitung von Mayer-Hillebrand zur Textsammlung *Die Abkehr vom Nichtrealen* (Brentano 1977) und Chisholm 1967. In der neueren Forschung spricht auch Chrudzimski 1999 von einer Kritik an der frühen Theorie.

§ 35 *Da capo: Brentanos Problem und die Intentionalitätstheorien* 403

Zugunsten dieser Antwort sprechen einige Stellen, an denen Brentano in der Tat behauptet, er habe seine Meinung geändert.[9] Es lässt sich aber auch eine zweite Antwort formulieren, die nicht auf eine Theorieänderung abzielt, sondern die Aussagen über intentionale Inexistenz (die frühen ebenso wie die späten) im Kontext der aristotelisch-scholastischen Theorien versteht. Da diese zweite Antwort auf bislang wenig beachtete Parallelen zwischen dem Ansatz einiger mittelalterlicher Autoren und demjenigen Brentanos verweist, soll sie näher betrachtet werden.[10]

Bereits im ersten Band der *Psychologie vom empirischen Standpunkt* versieht Brentano seine Aussage, dass sich psychische Phänomene durch die „intentionale Inexistenz" eines Gegenstandes auszeichnen, mit einer langen Anmerkung, die folgendermaßen beginnt:

„Schon Aristoteles hat von dieser psychischen Einwohnung gesprochen. In seinen Büchern von der Seele sagt er, das Empfundene als Empfundenes sei in dem Empfindenden, der Sinn nehme das Empfundene ohne die Materie auf, das Gedachte sei in dem denkenden Verstande."[11]

In ähnlicher Weise verweist Brentano auch im zitierten Brief an A. Marty auf Aristoteles' Lehre, dass das Empfundene im Empfindenden ist, um seine Redeweise von einem intentionalen oder immanenten Objekt zu erläutern.[12] Damit legt er eine wichtige Spur zu einer Traditionslinie, die in dieser Studie (vor allem in Teil I) untersucht wurde. Ausgangspunkt ist für Brentano nicht eine Theorie, die ein inneres Objekt einem äußeren gegenüberstellt, sondern vielmehr die aristotelische Theorie, derzufolge eine kognitive Relation dadurch zustande kommt, dass der Erkennende das Erkannte – genauer: die Form des Erkannten – ohne Materie in sich aufnimmt und mit ihm identisch wird. Ausgangspunkt ist also eine Assimiliationstheorie, wie sie sich ansatzweise bereits bei Aristoteles findet und wie sie später von Thomas von Aquin ausgearbeitet wurde. Diese Theorie bezieht sich auf zwei Ebenen: zum einen auf die Wahrnehmungsebene (der Empfindende nimmt die Form des Empfundenen in sich auf), zum anderen auf die Ebene des Intellekts (der Denkende nimmt die Form des Gedachten in sich auf). Brentano weist selber

---

[9] So etwa die Aussage im Vorwort zum zweiten Band der *Psychologie vom empirischen Standpunkt* (ed. O. Kraus 1971, 2): „Einer der wichtigsten Neuerungen ist die, daß ich nicht mehr der Ansicht bin, daß eine psychische Beziehung jemals anderes als Reales zum Objekt haben könne."
[10] Auf Parallelen zu Aristoteles haben bereits Münch 1993, 50-80, und Smith 1994, 35-45, aufmerksam gemacht.
[11] Brentano 1874 (Nachdruck 1973), Bd. 1, 125.
[12] Vgl. *Wahrheit und Evidenz* (ed. O. Kraus 1974, 88).

darauf hin, dass er den Kerngedanken der Assimilationstheorie nicht nur bei Aristoteles, sondern auch bei Thomas von Aquin gefunden hat. In der bereits teilweise zitierten Anmerkung hält er weiter fest:

„Thomas von Aquin lehrt, das Gedachte sei intentional in dem Denkenden, der Gegenstand der Liebe in dem Liebenden, das Begehrte in dem Begehrenden, und benützt dies zu theologischen Zwecken."[13]

Dieser Verweis auf Thomas stellt nicht einfach einen philosophiehistorischen Exkurs dar. Brentano führt ihn vielmehr ein, um seine eigene Verwendung des Ausdrucks ‚intentional' zu erläutern. Dieser Ausdruck ist, wie er warnend festhält, als ein Terminus technicus der aristotelisch-thomasischen Tradition zu verstehen. Er bezeichnet die Existenzweise, die ein Gegenstand (teilweise auch eine Tätigkeit oder eine Eigenschaft) im Wahrnehmungsvermögen oder im Intellekt hat. Entscheidend ist dabei, dass nicht ein Doppelgänger des äußeren Gegenstandes im Wahrnehmungsvermögen oder im Intellekt ist, sondern der wahrgenommene oder gedachte Gegenstand selbst, freilich nur auf intentionale und nicht auf materielle Weise. Genau in diesem Punkt besteht ja die Kernaussage der Intentionalitätstheorie bei Thomas (vgl. § 7). Wenn jemand etwas Rotes sieht, ist die Röte selbst, nicht eine innere Kopie, auf intentionale Weise im Wahrnehmungsvermögen. Und wenn jemand an eine Rose denkt, ist die Rose selbst im Intellekt. Die Bezugnahme kommt in beiden Fällen durch eine Assimilation der jeweiligen Form zustande. Und am Ende des Assimilationsprozesses wird eine Identität erreicht. Der Rot-Wahrnehmende *ist* dann in einem gewissen Sinn die Röte, denn er hat sie auf intentionale Weise in sich; der Rosen-Denker *ist* dann in einem gewissen Sinn die Rose, denn auch er hat sie auf intentionale Weise in sich.

Betrachtet man diese Verbindung zur aristotelisch-thomasischen Tradition, die Brentano selber herstellt, wird deutlich, dass sich mindestens zwei Parallelen zu den mittelalterlichen Intentionalitätstheorien ziehen lassen. Die erste lässt sich – wie bereits erwähnt – zu jenen Theorien herstellen, die intentionale Gegenstände als Entitäten *sui generis* einführen. Diese Parallele ergibt sich, wenn man Brentanos Redeweise von intentionalen Gegenständen derart versteht, dass er Entitäten einführen will, die sowohl von den psychischen Phänomenen als auch von den materiellen Gegenständen verschieden sind. Es lässt sich aber auch eine zweite Parallele ziehen, nämlich zu jenen Theorien, die darauf insistieren, dass die intentionalen Gegenstände keine besonderen Entitäten sind, sondern die äußeren Gegenstände selbst, insofern sie mit einer bestimmten Seins-

---

[13] Brentano 1874 (Nachdruck 1973), Bd. 1, 125.

§ 35 Da capo: Brentanos Problem und die Intentionalitätstheorien 405

weise im Wahrnehmungsvermögen oder im Intellekt sind.[14] Diese zweite Parallele ergibt sich, wenn man Brentanos Verweis auf Aristoteles und Thomas von Aquin ernst nimmt und den Ausdruck ‚intentional' als Ausdruck für eine bestimmte Seinsweise versteht, nicht für eine bestimmte Art von Entität.[15]

Schließlich lässt sich noch eine dritte Parallele ziehen. Brentano verweist nämlich nicht nur auf Aristoteles und Thomas von Aquin, sondern auch auf Augustinus. In der bereits zweimal zitierten Anmerkung schreibt er:

„Augustinus in seiner Lehre vom Verbum mentis und dessen innerlichem Ausgange berührt dieselbe Tatsache."[16]

Augustinus berührt insofern dieselbe Tatsache, als auch er darauf verweist, dass im *verbum mentis* der äußere Gegenstand auf intentionale Weise enthalten ist.[17] Da die Existenz eines solchen inneren Wortes immer eine notwendige Bedingung dafür ist, dass ein gesprochenes oder geschriebenes Wort einen Zeichencharakter hat und auf etwas verweist, stellt es den Ausgangspunkt für eine Sprachtheorie dar. Denn nur wenn erläutert wird, wie ein inneres Wort entstehen und auf etwas Bezug neh-

---

[14] Eine solche zweite Parallele lässt sich freilich auch zu Petrus Aureoli ziehen, wenn dessen Aussage beachtet wird, dass der intentionale Gegenstand vollständig mit dem materiellen übereinstimmt und sich lediglich durch eine bestimmte Seinsweise (*modus essendi*) auszeichnet (vgl. § 25). Dann erweist sich Aureolis Theorie weniger als eine Theorie distinkter Gegenstände denn als eine Theorie einer bestimmten Seinsweise für den intendierten Gegenstand.

[15] Die Theorie von verschiedenen Seinsweisen setzt bei Thomas freilich ein metaphysisches Programm voraus, das erstens die Form von der Materie unterscheidet und zweitens der Form verschiedene Instantiierungen (eine materielle Existenz in den extramentalen Gegenständen und eine intentionale Existenz im Intellekt) zuschreibt. Brentano ist in der *Psychologie vom empirischen Standpunkt* jedoch äußerst zurückhaltend bezüglich metaphysischer Thesen. Er beschränkt sich auf die Analyse von Phänomenen und weist Thesen, die sich nicht durch eine solche Analyse erhärten lassen, zurück. Selbst die metaphysische These, dass eine Seele existiert, lässt sich seiner Ansicht nach nicht vertreten: „Eine Seele gibt es nicht, wenigstens nicht für uns." (Brentano 1874, Nachdruck 1973, 16). Es gibt nur psychische und physische Phänomene sowie Relationen zwischen diesen Phänomenen. Angesichts dieser metaphysischen Zurückhaltung kann man Brentano nicht einfach die aristotelisch-thomasische Theorie zuschreiben. Es finden sich nur bestimmte Parallelen zu dieser Theorie, denn Brentano bedient sich bloß gewisser Elemente dieser Theorie, ohne damit auch das metaphysische Fundament zu übernehmen.

[16] Brentano 1874 (Nachdruck 1973), Bd. 1, 125.

[17] Dies ist zumindest Brentanos Verständnis der augustinischen Theorie, die sich in *De trinitate* XV findet. Ob es sich dabei um ein korrektes Verständnis handelt, müsste geprüft werden. Wie die neuere Forschung (vgl. Panaccio 1999, 108-119) zeigt, kann diese Theorie auch anders verstanden werden, nämlich als eine Weiterentwicklung der stoischen Sprachtheorie.

men kann, lässt sich auch erklären, wie ein äußeres Wort zur Bezugnahme verwendet werden kann.

Entscheidend ist nun, dass die augustinische Lehre vom inneren Wort die mittelalterlichen Sprachtheorien nachhaltig prägte. Auch Thomas von Aquin ging in seiner *verbum*-Theorie davon aus, dass ein gesprochenes oder geschriebenes Wort nur dann auf etwas Bezug nehmen kann, wenn es ein entsprechendes inneres Wort gibt (vgl. § 8). Und auch Wilhelm von Ockham vertrat die These, dass ein gesprochener oder geschriebener Terminus nur dann als Zeichen auf etwas verweisen kann, wenn er mit einem mentalen Terminus verknüpft ist (vgl. § 32).[18] Was unter dem inneren Wort genau zu verstehen ist, war unter den mittelalterlichen Autoren freilich umstritten. Unbestritten war aber, dass es im Intellekt des Sprechers ein solches Wort geben muss, damit dieser überhaupt auf etwas Bezug nehmen kann. Kurzum: Die mittelalterlichen Autoren verpflichteten sich weitgehend einem mentalistischen Ansatz, um sprachliche Bezugnahme zu erklären.

Wenn Brentano auf das *verbum mentis* verweist, knüpft er an diesen mentalistischen Ansatz an. Freilich versteht er diesen Ansatz nicht im Sinne eines Repräsentationalismus. Denn das innere Wort ist nicht eine innere Repräsentation oder ein Stellvertreter für den äußeren Gegenstand, auf den Bezug genommen werden soll. Es ist vielmehr der Gegenstand selbst, der auf intentionale Weise im Intellekt des Sprechers ist. Die Rede von einer „Inexistenz" verweist genau auf diese Tatsache: Nur weil ein bestimmter Gegenstand intentional „inexistiert" bzw. im Intellekt des Sprechers enthalten ist, kann dieser ein gesprochenes Wort verwenden, um auf den Gegenstand Bezug zu nehmen. Gäbe es keinen „inexistierenden" Gegenstand, wäre das gesprochene Wort eine bloße Lautfolge.

So ergibt sich eine dritte Parallele zwischen Brentano und den mittelalterlichen, augustinisch inspirierten Theorieansätzen. Diese verweist auf die Sprachtheorie und verdeutlicht, dass eine solche Theorie eng mit einer Kognitionstheorie verknüpft ist. Denn erst wenn kognitionstheoretisch geklärt ist, wie ein Gegenstand im Intellekt des Sprechers sein kann, lässt sich auch in einer semantischen Theorie darlegen, wie der Sprecher auf etwas Bezug nehmen kann. Eine solche kognitionstheoretische Klärung erfordert freilich immer auch gewisse ontologische Annahmen. Denn nur wenn vorausgesetzt wird, dass ein Gegenstand unter-

---

[18] In *Summa Logicae* I, 1 (OPh I, 7) hält Ockham ausdrücklich fest, dass er mit dieser These an Augustinus anknüpft.

§ 35 *Da capo: Brentanos Problem und die Intentionalitätstheorien* 407

schiedliche Seinsweisen (*modi essendi*) haben kann, lässt sich behaupten, dass er mit einer intentionalen Seinsweise im Intellekt existieren kann. Und nur dann lässt sich auch behaupten, dass das innere Wort nichts anderes ist als der Gegenstand mit einem intentionalen Sein.

Dass Parallelen zwischen den mittelalterlichen Theorien und dem Ansatz Brentanos bestehen, ist aufgrund Brentanos eigener Hinweise auf seine Quellen unbestreitbar. Und dass es sich dabei um mehrere Parallelen handelt, die zu verschiedenen mittelalterlichen Autoren und verschiedenen Kontexten – zu wahrnehmungstheoretischen, intellekttheoretischen und sprachtheoretischen – hinführen, lässt sich ebenfalls kaum bestreiten. Doch welche Bedeutung haben die mittelalterlichen Theorien über diese Parallelen hinaus? Sind sie auch im Hinblick auf die heutigen Intentionalitätsdebatten von Interesse? Besitzen sie eine philosophische Aktualität?

Es scheint zunächst, als würden die Theorien des 13. und des 14. Jhs. jeder Aktualität entbehren. Sie gehen nämlich von aristotelischen (teilweise auch neuplatonischen) Annahmen aus, die heute kaum mehr Gültigkeit besitzen. Und sie versuchen Fragen zu beantworten, die heute nicht mehr gestellt werden. So ist etwa die Frage „Wie kann eine wahrnehmbare Form ohne die Materie aufgenommen werden?" keine aktuelle Frage, die in der Debatte über die Intentionalität von Wahrnehmungszuständen noch gestellt wird. Ebenso wenig werden heute Fragen wie „Wie kann der Intellekt eine intelligible Form aufnehmen?" oder „Wie ist ohne göttliche Illumination eine sichere Bezugnahme auf Gegenstände möglich?" in systematischer Hinsicht diskutiert. Die mittelalterlichen Debatten scheinen zudem antiquiert zu sein, weil sie jenes Problem nicht behandeln, das heute im Mittelpunkt der Intentionalitätsdebatten steht: die Naturalisierung intentionaler Zustände. Denn die heutigen Diskussionen drehen sich um die Frage, wie es denn zu erklären ist, dass ein Mensch als natürliches Lebewesen über Hirnzustände verfügt und gleichzeitig auch intentionale Zustände hat. Sind die intentionalen Zustände nichts anderes als natürliche Hirnzustände? Oder stehen sie, wenn auch nicht in einer Identitätsrelation, so doch in einer anderen, genauer zu bestimmenden Relation zu den Hirnzuständen? Emergieren sie aus den Hirnzuständen? Oder supervenieren sie auf ihnen? Solche Fragen sind den mittelalterlichen Autoren fremd, weil sie davon ausgehen, dass ein Mensch immer über einen Intellekt verfügt, der *nicht* Bestandteil des Körpers ist. Daher können auch intentionale Zustände des Intellekts weder mit Hirnzuständen identisch sein noch aus diesen emergieren. Als „naturalisierbare" Zustände lassen sich höchstens die Wahrnehmungszustände erklären, die immer die Präsenz äußerer und innerer Sinne voraussetzen und im Körper lokalisiert sind.

Trotz dieser unübersehbaren Differenzen wäre es kaum angemessen, die mittelalterlichen Theorien ausschließlich in historischer Perspektive zu sehen. Sie können in mindestens dreifacher Hinsicht auch heute noch philosophisch anregend sein. Zunächst sind sie aufgrund ihrer spezifischen Problemstellung und Problemstrukturierung von Interesse. Sie gehen nämlich nicht von der Annahme aus, es gebe *das* Problem der Intentionalität. So behauptet keiner der in dieser Studie behandelten Autoren, das Problem der Intentionalität sei das Problem der propositionalen Einstellungen. Ebenso wenig wird behauptet, es handle sich hier einzig und allein um das Problem der mentalen Repräsentationen oder um das Problem der informationsverarbeitenden Zustände.[19] Die mittelalterlichen Autoren berücksichtigten vielmehr eine Fülle von verschiedenartigen intentionalen Phänomenen und versuchten diese mittels verschiedener Teiltheorien zu erklären.[20] Sie widmeten sich in gleicher Weise den Wahrnehmungen, den Vorstellungen, den rein intellektuellen Denkakten und den Sprechakten. Alle diese Phänomene weisen nämlich eine „Gerichtetheit" auf und haben daher etwas gemeinsam. Sie weisen aber nicht eine einheitliche Grundstruktur auf. Und die verschiedenen Typen von intentionalen Phänomenen lassen sich schon gar nicht auf einen einzigen Grundtypus reduzieren. So behaupteten die mittelalterlichen Autoren (ganz im Gegensatz zu einigen Philosophen nach dem „linguistic turn") nicht, sprachliche Intentionalität sei die Grundform von Intentionalität. Damit distanzierten sie sich geschickt von einem essentialistischen Ansatz, der versucht, ein für allemal sprachliche Bezugnahme als das Wesen der Intentionalität zu bestimmen. Was Intentionalität ist, muss vielmehr für verschiedene Fälle innerhalb verschiedener Kontexte expliziert werden. Eine solche Explikation kann unterschiedlich ausfallen, denn ein intentionaler Wahrnehmungszustand (z. B. eine Rotwahrnehmung) unterscheidet sich genetisch und strukturell erheblich von einer Vorstellung (z. B. von der Vorstellung einer Chimäre). Und eine Vorstellung wiederum unterscheidet sich von einer sprachlichen Äußerung (z. B. vom gesprochenen Satz ‚Ich denke, dass es morgen regnen wird'). Genau die-

---

[19] Jede dieser Behauptungen findet sich in der gegenwärtigen Debatte, wie Lyons 1995 in seinem Überblick verdeutlicht.
[20] Dies gilt auch für Wilhelm von Ockham. Denn obwohl er die These vertrat, dass die Intentionalität der intellektuellen Akte immer sprachlich strukturiert ist (vgl. §§ 31-32), behauptete er doch nicht, *jede* Form von Intentionalität sei sprachlicher Natur. In seiner Theorie der „notitia intuitiva sensitiva" berücksichtigte er auch eine vorsprachliche Form.

se Verschiedenheit berücksichtigten die Autoren des 13. und 14. Jhs., indem sie – wie in der Einleitung bereits betont wurde – in ihren Analysen auf mehreren Ebenen ansetzten. Sie verbanden diese Ebenen miteinander und wiesen teilweise Abhängigkeiten nach, aber sie versuchten nicht, in reduktionistischer Manier verschiedene Ebenen auf eine einzige zurückzuführen. Damit verdeutlichten sie, dass die Intentionalitätsproblematik eine vielschichtige Problematik ist, und korrigierten eine gewisse Engführung der Debatten, auf die D. Lyons im heutigen Kontext aufmerksam gemacht hat:

„In implicitly assuming that intentionality must be found in just one place, in the brain or in language or in consciousness or in some other place, much recent work on intentionality has been unwilling to make philosophical connections. I want to suggest that in our mental or intentional heaven there are many mansions."[21]

Dass der „intentionale Himmel" sehr reichhaltig ist, zeigten bereits so unterschiedliche Autoren wie Thomas von Aquin, Dietrich von Freiberg, Duns Scotus, Petrus Aureoli oder Wilhelm von Ockham. Denn wenn sie die verschiedenen Typen von intentionalen Zuständen auch unterschiedlich erklärten, waren sie sich doch einig, dass nicht alle Typen auf einen einzigen reduziert werden dürfen.

Die mittelalterlichen Ansätze sind des Weiteren immer noch anregend, weil sie einen Punkt betonen, der in den gegenwärtigen Debatten nicht immer gebührend Beachtung findet: Eine adäquate Intentionalitätstheorie muss in zweifacher Hinsicht eine Erklärung für die verschiedenen Typen von intentionalen Zuständen geben. Einerseits muss sie in *genetischer* Hinsicht erklären, wie intentionale Zustände überhaupt entstehen können. Welche physiologischen und psychologischen Vorgänge sind erforderlich, damit in uns so unterschiedliche Zustände wie das Vorstellen einer Chimäre oder das Denken an den morgigen Regen entstehen? Andererseits muss eine adäquate Theorie auch in *struktureller* Hinsicht erklären, was den intentionalen Zuständen ihre spezifische „Gerichtetheit" verleiht. Was macht mein Denken zu einem An-den-morgigen-Regen-Denken: eine Abbildrelation, eine Kausalrelation, eine Zeichenrelation oder irgendeine andere Relation? Die beiden Erklärungen sind natürlich eng miteinander verknüpft; denn um erklären zu können, wie ein Denkakt beispielsweise ein sprachlich strukturiertes Zeichen sein kann, müssen wir erläutern, wie wir einen derart strukturierten Denkakt überhaupt bilden können. Doch systematisch gesehen müssen die beiden Erklärungen un-

---

[21] Lyons 1995, 161.

terschieden werden. Genau eine solche Unterscheidung trafen die mittelalterlichen Autoren. Sie gaben einerseits eine genetische Erklärung (z. B. mit Hinweis auf das Aufnehmen wahrnehmbarer Formen, das Bilden von Phantasmata und das Abstrahieren intelligibler Species), andererseits auch eine strukturelle Erklärung (z. B. mit Rekurs auf eine *similitudo*-Relation). Häufig verbanden sie die beiden Erklärungen miteinander, etwa indem sie betonten, dass nur durch das Abstrahieren intelligibler Species eine *similitudo*-Relation und damit auch eine Bezugnahme auf einen Gegenstand möglich ist.[22] Die mittelalterlichen Autoren versuchten aber nicht, die zweite Erklärung auf die erste zu reduzieren. Damit machten sie auf einen wichtigen Punkt aufmerksam: Selbst wenn es uns gelingen sollte, mittels einer physiologischen und einer psychologischen Theorie im Detail zu erklären, wie wir intentionale Zustände erwerben, haben wir damit noch nicht erklärt, was diesen Zuständen die Intentionalität verleiht. Die besondere Struktur dieser Zustände bleibt nach wie vor erklärungsbedürftig. Es ist daher nicht erstaunlich, dass sich der Disput zwischen den mittelalterlichen Autoren auf die Frage nach der Struktur bezog. Besteht tatsächlich eine *similitudo*-Relation (wie Thomas von Aquin meinte) oder eine sprachliche Zeichenrelation (wie Wilhelm von Ockham behauptete) oder nicht mehr als eine Relation des intellektuellen Ausgreifens und Abzielens (wie Petrus Johannis Olivi argumentierte)? Die scholastischen Details der einzelnen Antworten mögen heute veraltet erscheinen, aber die Suche nach einer strukturellen Erklärung hat kaum an Aktualität eingebüßt. Denn selbst wenn heute im Zuge der „Naturalisierung" des Geistes die genetische Frage viel präziser beantwortet werden kann als im Mittelalter, ist damit die strukturelle Frage noch nicht beantwortet. Selbst wenn also nur auf neuronale Zustände und nicht auf intellektuelle Akte rekurriert wird, und selbst wenn die Entstehung dieser Zustände genau beschrieben wird, ist damit noch nicht erklärt, was denn nun den neuronalen Zuständen eine „Gerichtetheit" verleiht: eine Kausalrelation, eine Abbildrelation oder eine Zeichenrelation? Genau mit dieser Frage muss sich eine Intentionalitätstheorie auseinandersetzen.[23]

Schließlich erweisen sich die mittelalterlichen Theorien noch in einem weiteren Punkt als anregend. Ausgehend von einer aristotelischen Konzeption der sog. Seelenvermögen vertraten alle in dieser Studie darge-

---

[22] Ein solches Vorgehen wählten Thomas von Aquin (vgl. § 6) und Duns Scotus (vgl. § 18).
[23] Wie Searle 1992, 51, verdeutlicht, sind Theorien einer „naturalisierten" Intentionalität häufig unzulänglich, weil sie genau diese Frage zugunsten der genetischen Frage ausblenden.

stellten Autoren die Meinung, dass streng genommen nicht ein Wahrnehmungssinn oder der Intellekt intentionale Zustände hat, sondern eine *Person*. Denn es ist nicht der Wahrnehmungssinn, der etwas sieht, oder der Intellekt, der an etwas denkt. Vielmehr sieht eine Person, indem sie das entsprechende Wahrnehmungsvermögen aktiviert, und sie denkt, indem sie das Denkvermögen aktiviert. Daher sind die intentionalen Zustände einer komplexen Einheit zuzuschreiben, die über mehrere Vermögen verfügt. Mit einem solchen Ansatz vermieden die mittelalterlichen Autoren den Homunculus-Fehlschluss, der sich teilweise bis in das 20. Jh. hinein in modernen Intentionalitätstheorien findet.[24] Das heißt, sie entgingen der Versuchung, für verschiedene Typen von intentionalen Zuständen verschiedene Homunculi (den Wahrnehmungssinn, das Vorstellungsvermögen, den Intellekt usw.) zu bestimmen, die im Inneren einer Person tätig sind. Mit dem Verweis auf verschiedene Vermögen verdeutlichen die scholastischen Philosophen aber auch, dass eine adäquate Intentionalitätstheorie nicht einfach auf verschiedenen, teilweise disparaten Ebenen von kognitiven Instanzen ansetzen darf, sondern stets die übergeordnete Ebene der Person berücksichtigen und ausloten muss. Ihre Grundfrage lautete: Über welche kognitiven Vermögen muss eine Person verfügen, damit sie imstande ist, unterschiedliche Typen von intentionalen Zuständen zu haben? Wie kann sie diese Vermögen aktivieren und miteinander koordinieren? Und wie kann sie durch die Aktivierung dieser Vermögen einen kognitiven Zugang zur Welt haben? Indem die mittelalterlichen Philosophen diesen Problemstellungen besondere Bedeutung beimaßen, rückten sie natürlich auch die Frage, was denn eine Person auszeichnet, in den Mittelpunkt des Interesses. Damit verwiesen sie auf eine Dimension der Intentionalitätsproblematik, die bis heute nicht an Aktualität eingebüßt hat.

---

[24] Für eine Kritik an modernen Homunculi-Theorien vgl. Kenny 1984.

LITERATUR

1. Antike und mittelalterliche Literatur

Adam Wodeham, *Lectura secunda in librum primum Sententiarum*, ed. R. Wood, 3 Bde., St. Bonaventure, N.Y.: The Franciscan Institute 1990.
Albertus Magnus, *De anima*, ed. C. Stroick, ed. Colon. VII/1, Münster: Aschendorff 1968.
Aristoteles, *Opera*, ed. L. Minio-Paluello u.a., Scriptorum Classicorum Bibliotheca Oxoniensis, Oxford: Clarendon 1949ff.
Aurelius Augustinus, *De doctrina christiana*, ed. I. Martin, CCSL XXXII (Opera IV,1), Turnhout: Brepols 1962.
–, *De genesi ad litteram libri dvodecim*, ed. I. Zycha, CSEL 28, sect. III, Prag & Wien & Leipzig: Tempsky & Freytag 1894.
–, *De ideis*, ed. A. Mutzenbecher, in: *De diversis qvaestionibus octoginta tribvs*, CCSL XLIV A (Opera XIII,2), Turnhout: Brepols 1975, 70-73.
–, *De magistro*, ed. K.-D. Daur, CCSL XXIX (Opera II,2), Turnhout: Brepols 1970, 157-203.
–, *De trinitate libri XV*, ed. W.J. Mountain, CCSL L (Opera XVI), Turnhout: Brepols 1968.
Averroes, *Commentvm medivm svper libro Peri Hermeneias Aristotelis*, translatio Wilhelmo de Lvna attribvta, ed. R. Hissette, Louvain: Peeters 1996.
Avicenna, *Philosophia prima*, ed. S. Van Riet, Leiden: Brill 1977.
Dante Alighieri, *La Commedia secondo l'antica vulgata*, ed. G. Petrocchi, Verona: Mondadori 1966-1967.
Dietrich von Freiberg, *Opera omnia*, ed. R. Imbach, B. Mojsisch, L. Sturlese u.a. unter der Leitung von K. Flasch, 4 Bde., (Corpus Philosophorum Teutonicorum Medii Aevi II, 1-4), Hamburg: Meiner 1977-1987.
Heinrich von Gent, *Summa quaestionum ordinariarum*, ed. I. Badius, St. Bonaventure & Louvain & Paderborn: The Franciscan Institute & Nauwelaerts & Schöning 1953 (Nachdruck der Ausgabe Paris 1520.)
Hervaeus Natalis, *De secundis intentionibus*, Hs. Wien, Nationalbibliothek 2411.
–, *De intellectu et specie*, ed. P. Stella, in: „La prima critica di Herveus Natalis O.P. alla noetica di Enrico di Gand: il ‚De intellectu et specie' del cosidetto ‚De quatuor materiis'", Salesianum 21 (1959), 125-170.
Jacobus de Aesculo, „Zwei Quaestionen des Jacobus de Aesculo über das Esse Obiectivum", ed. T. Yokoyama, in: *Wahrheit und Verkündigung. Michael Schmaus zum 70. Geburtstag*, hrsg. von L. Scheffczyk, W. Dettloff, R. Heinzmann, München & Paderborn & Wien: Schöningh 1967, Bd. 1, 31-74.
Johannes Duns Scotus, *Opera omnia*, ed. L. Wadding, 26 Bde., Paris: Vivès 1891-1895 (= Vivès).
–, *Opera omnia*, ed. Commissio Scotistica, Civitas Vaticana: Typis Polyglottis Vaticanis 1950ff. (= Vat.).

–, *Quaestiones super libros Metaphysicorum Aristotelis*, ed. R. Andrews, G. Etzkorn u.a. (Opera Philosophica III-IV), St. Bonaventure, N.Y.: The Franciscan Institute 1997.

Johannes Reading, „De necessitate specierum intelligibilium. Defensio Doctrinae Scoti", ed. G. Gál, *Franciscan Studies* 29 (1969), 66-156.

Liber de causis, ed. A. Pattin, Leuven 1966, Sonderdruck aus *Tijdschrift voor filosofie* 28 (1966).

Nikolaus von Autrecourt, *His Correspondence with Master Giles & Bernard of Arezzo*, ed. L.M. de Rijk, Leiden: Brill 1994.

Petrus Abaelard, *Des intellections* (= *Tractatus de intellectibus*), ed. P. Morin, Paris: Vrin 1994.

Petrus Aureoli, *Scriptum super primum librum Sententiarum*, Ms. Vat. Borgh. Lat. 329 (Teileditionen von dist. 23 in: Pinborg 1980, appendix III, und Perler 1994b).

–, *Scriptum super Primum Sententiarum (Prooemium – Distinctio VIII)*, ed. E.M. Buytaert, 2 Bde., St. Bonaventure & Louvain & Paderborn: The Franciscan Institute & Nauwelaerts & Schöningh 1956.

Petrus Hispanus, *Tractatus called afterwards Summule Logicales*, ed. L.M. de Rijk, Assen: Van Gorcum 1972.

Petrus Johannis Olivi, *Quaestiones in secundum librum Sententiarum*, ed. B. Jansen, 3 Bde., (Bibliotheca Franciscana Scholastica Medii Aevi IV-VI), Firenze-Quaracchi: Collegium S. Bonaventurae 1922.

–, *Tractatus de verbo*, ed. R. Pasnau, *Franciscan Studies* 53 (1993), 121-153.

Radulphus Brito, „Sophisma ‚Aliquis homo est species'", ed. J. Pinborg, in: „Radulphus Brito's Sophism on Second Intentions", *Vivarium* 13 (1975), 119-152.

Roger Bacon, *De multiplicatione specierum*, ed. D.C. Lindberg, in: *Roger Bacon's Philosophy of Nature*, Oxford: Clarendon 1983.

–, *Perspectiva*, ed. D.C. Lindberg, in: *Roger Bacon and the Origins of Perspectiva in the Middle Ages*, Oxford: Clarendon 1996.

Thomas von Aquin, *Commentum in librum secundum Sententiarum*, ed. S.E. Fretté & P. Maré, Opera omnia VIII, Paris: Vivès 1873.

–, *Expositio libri Peryermenias*, ed. R.-A. Gauthier, Opera omnia (ed. Leonina) I*/1, Roma & Paris: Commissio Leonina & Vrin 1989.

–, *Expositio libri Posteriorum*, ed. R.-A. Gauthier, Opera omnia (ed. Leonina) I*/2, Roma & Paris: Commissio Leonina & Vrin 1989.

–, *Quaestio disputata De anima*, ed. P.M. Calcaterra & T.S. Centi, in: *Quaestiones disputatae*, Bd. II, Torino & Roma: Marietti 1965.

–, *Quaestiones disputatae De potentia*, ed. P.M. Pession, in: *Quaestiones disputatae*, Bd. II, Torino & Roma: Marietti 1965.

–, *Quaestiones disputatae De veritate*, ed. A. Dondaine u.a., Opera omnia (ed. Leonina) XXII, Roma & Paris: Commissio Leonina & Cerf 1970-1975.

–, *Quaestiones quodlibetales*, ed. R. Spiazzi, Torino & Roma: Marietti 1956.

–, *Sentencia libri De anima*, ed. R.-A. Gauthier, Opera omnia (ed. Leonina) XLV/1, Roma & Paris: Commissio Leonina & Vrin 1984.

–, *Summa contra Gentiles*, ed. C. Pera, Torino & Roma: Marietti 1961.

–, *Summa theologiae*, ed. P. Caramello, Torino & Roma: Marietti 1952.

–, *Super Boetium De trinitate*, ed. P.-M. J. Gils u.a., Opera omnia (ed. Leonina) L, Roma & Paris: Commissio Leonina & Cerf 1992.

–, *Super Evangelium S. Ioannis Lectura*, ed. R. Cai, Torino & Roma: Marietti 1952.

Walter Chatton, *Reportatio et Lectura super Sententias: Collatio ad Librum Primum et Prologus*, ed. J.C. Wey, Toronto: Pontifical Institute of Mediaeval Studies 1989.

Wilhelm Alnwick, *Quaestiones disputatae de esse intelligibili*, ed. A. Ledoux, (Bibliotheca Franciscana Scholastica Medii Aevi X), Firenze-Quaracchi: Collegium S. Bonaventurae 1937.

Wilhelm von Ockham, *Opera philosophica et theologica* (= OPh und OTh), ed. G. Gál u.a., 17 Bde., St. Bonaventure: The Franciscan Institute 1967-1988.

2. Neuzeitliche und moderne Literatur

Adams, M. McCord, „Intuitive Cognition, Certainty, and Scepticism in William Ockham", *Traditio* 26 (1970), 389-398.

–, „Ockham on Identity and Distinction", *Franciscan Studies* 36 (1976), 5-74.

–, „Ockham's Nominalism and Unreal Entities", *Philosophical Review* 86 (1977), 144-176.

–, „Ockham's Theory of Natural Signification", *The Monist* 61 (1978), 444-459.

–, „Universals in the Early Fourteenth Century", in: Kretzmann & Kenny & Pinborg 1982, 411-439.

–, *William Ockham*, Notre Dame: Notre Dame University Press 1987.

–, „Ockham on Truth", *Medioevo* 15 (1989), 143-172.

Adams, M. McCord & Wolter, A.B., „Memory and Intuition: A Focal Debate in Fourteenth Century Cognitive Psychology", *Franciscan Studies* 53 (1993), 175-230.

Ariew, R., *Descartes and the Last Scholastics*, Ithaca & London: Cornell University Press 1999.

Ashworth, E.J., „The Structure of Mental Language. Some Problems Discussed by Early Sixteenth Century Logicians", *Vivarium* 20 (1982), 59-83.

Ayer, A.J., *The Problem of Knowledge*, London: Penguin Books 1956.

Beckmann, J., „Ontologisches Prinzip oder methodologische Maxime? Ockham und der Ökonomiegedanke einst und jetzt", in: *Die Gegenwart Ockhams*, hrsg. von W. Vossenkuhl & R. Schönberger, Weinheim: VCH, Acta humaniora 1990, 191-207.

Bérubé, C., *La connaissance de l'individuel au moyen-âge*, Montréal: Presses Universitaires 1964.

Biard, J., „Le cheval de Buridan. Logique et philosophie du langage dans l'analyse d'un verbe intentionnel", in: *Die Philosophie im 14. und 15. Jahrhundert. In memoriam Konstanty Michalski (1879-1947)*, hrsg. von O. Pluta, Amsterdam: Grüner 1988, 119-137.

–, *Logique et théorie du signe au XIVe siècle*, Paris: Vrin 1989.

–, „Intention et signification chez Guillaume d'Ockham. La critique de l'être intentionnel", in: *Langages et philosophie. Hommage à Jean Jolivet*, hrsg. von A. de Libera, A. Elamrani-Jamal, A. Galonnier, Paris: Vrin 1997, 201-220.

–, „La «science divine» comme paradigme du savoir chez quelques auteurs du XIVe siècle: Pierre d'Auriole, Grégoire de Rimini", in: *Les doctrines de la science de l'antiquité à l'âge classique*, hrsg. von R. Rashed & J. Biard, Leuven: Peeters 1999, 189-209.

Black, D.L., „Mental Existence in Thomas Aquinas and Avicenna", *Mediaeval Studies* 61 (1999), 45-79.

Blumenberg, H., *Die Legitimität der Neuzeit*, Frankfurt a.M.: Suhrkamp 1988.

Boehner, Ph., „*Notitia Intuitiva* of Non-Existents According to Peter Aureoli, O.F.M. (+1322)", *Franciscan Studies* 8 (1948), 388-416.

Boh, I., *Epistemic Logic in the Later Middle Ages*, London & New York: Routledge 1993.

Bosley, R. & Tweedale, M. (Hrsg.), *Aristotle and His Medieval Interpreters*, *Canadian Journal of Philosophy*, suppl. vol. 17 (1991).

Boulnois, O., *Être et représentation. Une généalogie de la métaphysique moderne à l'époque de Duns Scot (XIIIe-XIVe siècle)*, Paris: Presses Universitaires de France 1999.

Brentano, F., *Psychologie vom empirischen Standpunkt*, ed. O. Kraus, 2 Bde., Hamburg: Meiner 1974 (Erstveröffentlichung 1874).

–, *Wahrheit und Evidenz*, ed. O. Kraus, Hamburg: Meiner 1974 (Erstveröffentlichung 1930).

–, *Die Abkehr vom Nichtrealen*, ed. F. Mayer-Hillebrand, Hamburg: Meiner 1977 (Erstveröffentlichung 1966).

–, *Geschichte der mittelalterlichen Philosophie im christlichen Abendland*, ed. K. Hedwig, Hamburg: Meiner 1980.

Brown, J., „Duns Scotus on the Possibility of Knowing Genuine Truth. The Reply to Henry of Ghent in the *Lectura prima* and the *Ordinatio*", *Recherches de théologie ancienne et médiévale* 51 (1984), 136-182.

Burnyeat, M. F., „Is an Aristotelian Philosophy of Mind Still Credible? A Draft", in: Nussbaum & Oksenberg Rorty 1992, 15-26.

–, „Aquinas on ,Spiritual Change' in Perception", in: Perler 2001, 129-153.

Burr, D., „The Persecution of Peter Olivi", *Transactions of the American Philosophical Society* 66 (1976), 3-98.

Caston, V., „Towards a History of the Problem of Intentionality Among the Greeks", *Proceedings of the Boston Area Colloquium in Ancient Philosophy* 9 (1993), 213-245.

–, „Connecting Traditions: Augustine and the Greeks on the Problem of Intentionality", in: Perler 2001, 23-48.

Chalmers, D., „Is There Synonymy in Ockham's Mental Language?", in: Spade 1999, 76-99.

Charles, D., „Aristotle on Names and their Signification", in: *Companions to Ancient Thought 3: Language*, hrsg. von S. Everson, Cambridge & New York: Cambridge University Press 1994, 37-73.

–, *Aristotle on Meaning and Essence*, Oxford: Clarendon 2000.

Chisholm, R.M., „Brentano on Descriptive Psychology and the Intentional", in: *Phenomenology and Existentialism*, hrsg. von E.N. Lee & M. Mandelbaum, Baltimore: Johns Hopkins Press 1967, 1-23.

–, *Theory of Knowledge*, 2nd edition, Englewood Cliffs, N.J.: Prentice-Hall 1977 (dt. *Erkenntnistheorie*, München: Deutscher Taschenbuch Verlag 1979).

Chrudzimski, A., „Die Theorie der Intentionalität bei Franz Brentano", *Grazer Philosophische Studien* 57 (1999), 45-66.
Cohen, S.M., „St. Thomas Aquinas on the Immaterial Reception of Sensible Forms", *Philosophical Review* 91 (1982), 193-209.
Conti, A.D., „Second Intentions in the Late Middle Ages", in: Ebbesen & Friedman 1999, 453-470.
Courtenay, W.J., *Adam Wodeham*, Leiden: Brill 1978.
–, „The Dialectic of Omnipotence in the High and Late Middle Ages", in: *Divine Omniscience and Omnipotence in Medieval Philosophy*, hrsg. von T. Rudavsky, Dordrecht: Reidel 1985, 243-269.
–, *Schools & Scholars in Fourteenth-Century England*, Princeton: Princeton University Press 1987.
–, *Capacity and Volition. A History of the Distinction of Absolute and Ordained Power*, Bergamo: P. Lubrina 1990.
–, „The Academic and Intellectual Worlds of Ockham", in: Spade 1999, 17-30.
Day, S., *Intuitive Cognition. A Key to the Significance of the Later Scholastics*, St. Bonaventure, N.Y.: The Franciscan Institute 1947.
Deely, J.N., „The Immateriality of the Intentional as Such", *The New Scholasticism* 42 (1968), 293-306.
Denery, D.G., „The Appearance of Reality: Peter Aureol and the Experience of Perceptual Error", *Franciscan Studies* 55 (1998), 27-52.
Descartes, R., *Meditationes de prima philosophia*, in: *Oeuvres de Descartes*, ed. Ch. Adam & P. Tannery, Bd. 7, „nouvelle présentation", Paris: Vrin 1983 (Erstveröffentlichung 1641).
Dewan, L., „St. Albert, the Sensible, and Spiritual Being", in: Weisheipl 1980, 291-320.
Dreiling, R., *Der Konzeptualismus in der Universalienlehre des Franziskanerbischofs Petrus Aureoli (Pierre d'Auriole) nebst biographisch-bibliographischer Einleitung*, Münster: Aschendorff 1913.
Dumont, S., „Theology as a Science and Duns Scotus's Distinction between Intuitive and Abstractive Cognition", *Speculum* 64 (1989), 579-599.
Ebbesen, S. & Friedman, R.L. (Hrsg.), *Medieval Analyses in Language and Cognition*, Copenhagen: C.A. Reitzels Forlag 1999.
Engelhardt, P., „Intentio", in: *Historisches Wörterbuch der Philosophie*, hrsg. von J. Ritter & K. Gründer, Basel & Stuttgart: Schwabe 1976, Bd. 4, 466-474.
Everson, S., *Aristotle on Perception*, Oxford: Clarendon 1997.
Field, H., „Mental Representation", *Erkenntnis* 13 (1978), 9-61.
Flasch, K., „Kennt die mittelalterliche Philosophie die konstitutive Funktion des menschlichen Denkens? Eine Untersuchung zu Dietrich von Freiberg", *Kant-Studien* 63 (1972), 182-206.
–, „Zum Ursprung der neuzeitlichen Philosophie im späten Mittelalter. Neue Texte und Perspektiven", *Philosophisches Jahrbuch* 85 (1978), 1-18.
–, „Einleitung", in: Dietrich von Freiberg, *Opera omnia* III, Hamburg: Meiner 1983, XV-LXXXV.
–, „Bemerkungen zu Dietrich von Freiberg, *De origine rerum praedicamentalium*", in: Flasch 1984, 34-45.
–, „*Procedere ut imago*. Das Hervorgehen des Intellekts aus seinem göttlichen Grund bei Meister Dietrich, Meister Eckhart und Berthold von Moosburg",

in: *Abendländische Mystik im Mittelalter. Symposion Kloster Engelberg 1984*, hrsg. von K. Ruh, Stuttgart: Metzler 1986, 125-134.

Flasch, K. (Hrsg.), *Von Meister Dietrich zu Meister Eckhart*, Hamburg: Meiner 1984.

Fodor, J., *Psychosemantics. The Problem of Meaning in the Philosophy of Mind*, Cambridge, MA: MIT Press 1987.

Frede, D., „The Cognitive Role of Phantasia in Aristotle", in: Nussbaum & Oksenberg Rorty 1992, 279-295.

–, „Aquinas on *phantasia*", in: Perler 2001, 155-183.

Frede, M., „On Aristotle's Conception of the Soul", in: Nussbaum & Oksenberg Rorty 1992, 93-107.

Frege, G., „Über Sinn und Bedeutung", in: *Funktion, Begriff, Bedeutung*, ed. G. Patzig, 5. Aufl., Göttingen: Vandenhoeck & Ruprecht 1980, 40-65 (Erstveröffentlichung 1892).

–, „Der Gedanke", in: *Logische Untersuchungen*, ed. G. Patzig, 2. Aufl., Göttingen: Vandenhoeck & Ruprecht 1976, 30-53 (Erstveröffentlichung 1918-1919).

Friedman, R.L., „Peter Auriol on Intentions and Essential Predication", in: Ebbesen & Friedman 1999, 415-430.

–, „Peter Auriol on Intellectual Cognition of Singulars", *Vivarium* 38 (2000), 177-193.

Fuchs, M., *Zeichen und Wissen. Das Verhältnis der Zeichentheorie zur Theorie des Wissens und der Wissenschaften im dreizehnten Jahrhundert*, Münster: Aschendorff 1999.

Geach, P., „A Medieval Discussion of Intentionality", in idem: *Logic Matters*, Berkeley & Los Angeles: University of California Press 1972, 129-138.

Geiger, L.-B., „Les rédactions successives de *Contra Gentiles* I, 53 d'après l'autographe", in: *Saint Thomas d'Aquin aujourd'hui. Recherches de philosophie VI*, Paris: Desclée de Brouwer 1963, 221-240.

–, „Abstraction et séparation d'après saint Thomas *In de Trinitate*, q. 5, a. 3", in idem: *Penser avec Thomas d'Aquin*, Fribourg & Paris: Editions Universitaires & Cerf 2000, 139-183 (Erstveröffentlichung 1947).

Gelber, H., „I Cannot Tell a Lie: Hugh Lawton's Critique of Ockham on Mental Language", *Franciscan Studies* 44 (1984), 141-179.

Gregory, T., „Dio ingannatore e genio maligno. Nota in margine alle *Meditationes* di Descartes", *Giornale critico della filosofia italiana* 53 (1974), 477-516.

Gyekye, K., „The Terms ‚prima intentio' and ‚secuna intentio' in Arabic Logic", *Speculum* 46 (1971), 32-38.

Haldane, J., „Aquinas on Sense-Perception", *Philosophical Review* 92 (1983), 233-239.

–, „Brentano's Problem", *Grazer Philosophische Studien* 35 (1989), 1-32.

Halfwassen, J., „Gibt es eine Philosophie der Subjektivität im Mittelalter? Zur Theorie des Intellekts bei Meister Eckhart und Dietrich von Freiberg", *Theologie und Philosophie* 72 (1997), 337-359.

Hamesse, J., „*Idea* chez les auteurs philosophiques des 12e et 13e siècles", in: *Idea. VI Colloquio Internazionale. Roma, 5-7 gennaio 1989*, hrsg. von M. Fattori & M.L. Bianchi, Roma: Edizioni dell'Ateneo 1990, 99-135.

Hasse, D.N., *Avicenna's De Anima in the Latin West. The Formation of a Peri-*

patetic Philosophy of the Soul 1160-1300, London & Turin: The Warburg Institute & Nino Aragno Editore 2000.
Hedwig, K., „Der scholastische Kontext des Intentionalen bei Brentano", *Grazer Philosophische Studien* 5 (1978), 67-82.
Henninger, M., *Relations. Medieval Theories 1250-1325*, Oxford: Clarendon 1989.
Hoenen, M.J.F.M., „*Propter dicta Augustini*. Die metaphysische Bedeutung der mittelalterlichen Ideenlehre", *Recherches de théologie et philosophie médiévales* 64 (1997), 245-262.
Hoeres, W., „Der Begriff der Intentionalität bei Olivi", *Scholastik* 36 (1961), 23-48.
Hoffman, P., „St. Thomas Aquinas on the Halfway State of Sensible Being", *Philosophical Review* 99 (1990), 73-92.
Hoffmann, T., *Creatura intellecta. Die Ideen und Possibilien bei Duns Scotus mit Ausblick auf Franz von Mayronis, Poncius und Mastrius*, Diss. Phil. Fribourg 1999.
Honnefelder, L., *Ens inquantum ens. Der Begriff des Seienden als solchen als Gegenstand der Metaphysik nach der Lehre des Johannes Duns Scotus*, Münster: Aschendorff 1979.
Husserl, E., *Logische Untersuchungen*, ed. U. Panzer, Husserliana XIX, The Hague & Boston & Lancaster: Nijhoff 1984 (Erstveröffentlichung 1900-01).
Imbach, R., „*Gravis iactura verae doctrinae*. Prolegomena zu einer Interpretation der Schrift *De ente et essentia* Dietrichs von Freiberg O.P.", in idem: *Quodlibeta*, Freiburg/Schweiz: Universitätsverlag 1996 (=1996a), 153-207 (Erstveröffentlichung 1979).
–, „Metaphysik, Theologie und Politik. Zur Diskussion zwischen Nikolaus von Strassburg und Dietrich von Freiberg über die Abtrennbarkeit der Akzidentien", in idem: *Quodlibeta*, Freiburg/Schweiz: Universitätsverlag 1996 (=1996b), 251-295 (Erstveröffentlichung 1986).
–, „L'antithomisme de Thierry de Freiberg", *Revue thomiste* 97 (1997), 245-258.
Imbach, R. & Putallaz, F.-X., „Notes sur l'usage du terme *imago* chez Thomas d'Aquin", *Micrologus* 5 (1997), 69-88.
Isaac, J., *Le Peri Hermeneias en occident de Boèce à Saint Thomas. Histoire littéraire d'un traité d'Aristote*, Paris: Vrin 1953.
Jenkins, J.I., „Aquinas on the Veracity of the Intellect", *Journal of Philosophy* 88 (1991), 623-632.
–, *Knowledge and Faith in Thomas Aquinas*, Cambridge & New York: Cambridge University Press 1997.
Kant, I., *Kritik der reinen Vernunft*, nach der ersten und zweiten Original-Ausgabe hrsg. von R. Schmidt, 3. Aufl., Hamburg: Meiner 1990.
Karger, E., „Ockham's Misunderstood Theory of Intuitive and Abstractive Cognition", in: Spade 1999, 204-226.
–, „Adam Wodeham on the Intentionality of Cognitions", in: Perler 2001, 283-300.
Kaufmann, M., *Begriffe, Sätze, Dinge. Referenz & Wahrheit bei Wilhelm von Ockham*, Leiden: Brill 1994.
–, „Ockhams direkter Realismus", in: *Angemessenheit. Zur Rehabilitierung ei-*

ner philosophischen Metapher, hrsg. von B. Merker, G. Mohr, L. Siep, Würzburg: Königshausen & Neumann 1998, 21-36.

Kennedy, L.A., „Philosophical Scepticism in England in the Mid-Fourteenth Century", *Vivarium* 21 (1983), 35-57.

–, „Late Fourteenth-Century Philosophical Scepticism in Oxford", *Vivarium* 23 (1985), 124-151.

Kenny, A., „The Homunculus Fallacy", in idem: *The Legacy of Wittgenstein*, Oxford: Clarendon 1984, 125-136.

–, *Aquinas on Mind*, London & New York: Routledge 1993.

Kim, J., *Philosophy of Mind*, Boulder & Oxford: Westview Press 1996.

Knudsen, Ch., „Intentions and Impositions", in: Kretzmann & Kenny & Pinborg 1982, 479-495.

Kobusch, Th., *Sein und Sprache. Historische Grundlegung einer Ontologie der Sprache*, Leiden: Brill 1987.

Kretzmann, N., „Infallibility, Error, and Ignorance", in: Bosley & Tweedale 1991, 159-194.

–, „Philosophy of Mind", in: *The Cambridge Companion to Aquinas*, hrsg. von N. Kretzmann & E. Stump, Cambridge & New York: Cambridge University Press 1993, 128-159.

Kretzmann, N. & Kenny, A. & Pinborg, J. (Hrsg.), *The Cambridge History of Later Medieval Philosophy*, Cambridge & New York: Cambridge University Press 1982.

Lee, R.A., „Being Skeptical about Skepticism: Methodological Themes concerning Ockham's Alleged Skepticism", *Vivarium* 39 (2001), 1-19.

Libera, A. de, „La problématique des ‚intentiones primae et secundae' chez Dietrich de Freiberg", in: Flasch 1984, 68-94.

–, *La mystique rhénane d'Albert le Grand à Maître Eckhart*, 2. Aufl., Paris: Seuil 1994 (=1994a).

–, „Introduction", in: Thomas d'Aquin, *Contre Averroès*, Paris: Flammarion 1994, 9-73 (=1994b).

–, *La querelle des universaux de Platon à la fin du Moyen Age*, Paris: Seuil 1996 (=1996a).

–, „Le traité *L'Etant et l'Essence* de Dietrich de Freiberg", in: *L'Etre et l'essence. Le vocabulaire médiéval de l'ontologie*, hrsg. von A. de Libera & C. Michon, Paris: Seuil 1996, 133-161 (=1996b).

Lindberg, D.C., *Theories of Vision from al-Kindi to Kepler*, Chicago: University of Chicago Press 1976.

–, „Roger Bacon on Light, Vision, and the Universal Emanation of Force", in: *Roger Bacon and the Sciences. Commemorative Essays*, hrsg. von J. Hackett, Leiden: Brill 1997, 243-275.

Lohr, C.H., „The Medieval Interpretation of Aristotle", in: Kretzmann & Kenny & Pinborg 1982, 80-98.

Lonergan, B., *Verbum: Word and Idea in Aquinas*, Notre Dame: Notre Dame University Press 1967.

Lycan, W.G. & Block, N., „Functionalism", in: *A Companion to the Philosophy of Mind*, hrsg. von S. Guttenplan, Oxford: Blackwell 1994, 317-332.

Lyons, W., *Approaches to Intentionality*, Oxford: Clarendon 1995.

Maier, A., „Das Problem der *species sensibiles in medio* und die neue Naturphilosophie des 14. Jahrhunderts", in eadem: *Ausgehendes Mittelalter. Gesammelte Aufsätze zur Geistesgeschichte des 14. Jahrhunderts*, Roma: Edizioni di Storia e Letteratura 1967, Bd. 2, 419-451.

Maierù, A., „Influenze arabe e discussioni sulla natura della logica presso i latini fra XIII e XIV secoli", in: *La diffusione delle scienze islamiche nel medio evo europeo*, Roma: Accademia Nazionale dei Lincei 1987, 243-267.

Marmo, C. (Hrsg.), *Vestigia, Imagines, Verba. Semiotics and Logic in Medieval Theological Texts (XIIth-XIVth Century)*, Turnhout: Brepols 1997.

Marras, A. „Scholastic Roots of Brentano's Conception of Intentionality", in: *The Philosophy of Brentano*, hrsg. von L. McAlister, London: Duckworth 1976, 128-139.

Marrone, S.P., „Henry of Ghent and Duns Scotus on the Knowledge of Being", *Speculum* 63 (1988), 22-57.

Maurer, A., „*Ens Diminutum*: A Note on its Origin and Meaning", *Mediaeval Studies* 12 (1950), 216-222.

–, „Francis of Meyronnes' Defense of Direct Realism", in idem: *Being and Knowing. Studies in Thomas Aquinas and Later Medieval Philosophers*, Toronto: Pontifical Institute of Mediaeval Studies 1990, 311-331.

Michalski, K., „Les sources du criticisme et scepticisme dans la philosophie du XIVe siècle", in idem: *La philosophie au XIVe siècle*, hrsg. von K. Flasch, Frankfurt a.M.: Minerva 1969, 35-65 (Nachdruck der Erstveröffentlichung von 1924).

Michon, C., *Nominalisme. La théorie de la signification d'Occam*, Paris: Vrin 1994.

Mojsisch, B., *Die Theorie des Intellekts bei Dietrich von Freiberg*, Hamburg: Meiner 1977.

–, „La psychologie philosophique d'Albert le Grand et la théorie de l'intellect de Dietrich de Freiberg", *Archives de philosophie* 43 (1980), 675-693.

–, „Sein als Bewußt-sein. Die Bedeutung des ens conceptionale bei Dietrich von Freiberg", in: Flasch 1984, 95-105.

Moran, D., „Brentano's Thesis", *Proceedings of the Aristotelian Society*, suppl. vol. 70 (1996), 1-27.

Münch, D., *Intention und Zeichen. Untersuchungen zu Franz Brentano und zu Edmund Husserls Frühwerk*, Frankfurt a.M.: Suhrkamp 1993.

Muralt, A. de, *L'enjeu de la philosophie médiévale*, Leiden: Brill 1991.

Noone, Th.B., „Scotus on Divine Ideas: *Rep. Paris.* I-A, d. 36", *Medioevo* 24 (1998), 359-453.

Normore, C., „Meaning and Objective Being: Descartes and His Sources", in: *Essays on Descartes' Meditations*, hrsg. von A. Oksenberg Rorty, Berkeley & Los Angeles & London: University of California Press 1986, 223-241.

–, „Ockham on Mental Language", in: Smith 1990, 53-70.

Nussbaum, M. & Oksenberg Rorty, A. (Hrsg.), *Essays on Aristotle's De anima*, Oxford: Clarendon 1992.

Nussbaum, M. & Putnam, H., „Changing Aristotle's Mind", in: Nussbaum & Oksenberg Rorty 1992, 27-56.

Owens, J., „Aristotle and Aquinas on Cognition", in: Bosley & Tweedale 1991, 103-123.

Paissac, H., *Théologie du Verbe: Saint Augustin et Saint Thomas*, Paris: Cerf 1951.

Panaccio, C., *Les mots, les concepts et les choses. La sémantique de Guillaume d'Occam et le nominalisme d'aujourd'hui*, Montréal & Paris: Bellarmin & Vrin 1991.
–, „From Mental Word to Mental Language", *Philosophical Topics* 20 (1992), 125-147.
–, „Angel's Talk, Mental Language, and the Transparency of the Mind", in: Marmo 1997, 323-335.
–, *Le discours intérieur de Platon à Guillaume d'Ockham*, Paris: Seuil 1999.
–, „Aquinas on Intellectual Representation", in: Perler 2001, 185-201.
Pasnau, R., „Henry of Ghent and the Twilight of Divine Illumination", *Review of Metaphysics* 49 (1995), 49-75.
–, *Theories of Cognition in the Later Middle Ages*, Cambridge & New York: Cambridge University Press 1997 (=1997a).
–, „Aquinas on Thought's Linguistic Nature", *The Monist* 80 (1997), 558-575 (=1997b).
–, „Cognition", in: Williams 2003, 285-311.
Perler, D., *Der propositionale Wahrheitsbegriff im 14. Jahrhundert*, Berlin & New York: W. de Gruyter 1992.
–, „Late Medieval Ontologies of Facts", *The Monist* 77 (1994), 149-169 (=1994a).
–, „Peter Aureoli vs. Hervaeus Natalis on Intentionality. A Text Edition with Introductory Remarks", *Archives d'histoire doctrinale et littéraire du Moyen Age* 61 (1994), 227-262 (= 1994b).
–, „What Am I Thinking About? John Duns Scotus and Peter Aureol on Intentional Objects", *Vivarium* 32 (1994), 72-89 (=1994c).
–, „Reale und intentionale Existenz. Eine spätmittelalterliche Kontroverse", *Philosophisches Jahrbuch* 102 (1995), 261-278.
–, *Repräsentation bei Descartes*, Frankfurt a.M.: Klostermann 1996 (=1996a).
–, „War Aristoteles ein Funktionalist? Überlegungen zum Leib-Seele-Problem", *Zeitschrift für philosophische Forschung* 50 (1996), 341-363 (=1996b).
–, „Things in the Mind: Fourteenth-Century Controversies over ‚Intelligible Species'", *Vivarium* 34 (1996), 231-253 (=1996c).
–, „Direkte und indirekte Bezeichnung. Die metaphysischen Hintergründe einer semantischen Debatte im Spätmittelalter", *Bochumer Philosophisches Jahrbuch für Antike und Mittelalter* 4 (1999), 125-152.
–, „Essentialism and Direct Realism. Some Late Medieval Perspectives", *Topoi* 19 (2000), 111-122.
–, „Duns Scotus's Philosophy of Language", in: Williams 2003, 161-192.
– (Hrsg.), *Ancient and Medieval Theories of Intentionality*, Leiden: Brill 2001.
Perler, D. & Rudolph, U., *Occasionalismus. Theorien der Kausalität im arabisch-islamischen und im europäischen Denken*, Göttingen: Vandenhoeck & Ruprecht 2000.
Pinborg, J., „Zum Begriff der *intentio secunda*. Radulphus Brito, Hervaeus Natalis und Petrus Aureoli in Diskussion", *Cahiers de l'Institut du Moyen Age Grec et Latin* 13 (1974), 49-59.
–, „Radulphus Brito on Universals", *Cahiers de l'Institut du Moyen Age Grec et Latin* 35 (1980), 60-123.

Prezioso, F., „La teoria dell'essere apparente nella gnoseologia di Pietro Aureolo, O.F.M. (+1322)", *Studi Francescani* 46 (1950), 15-43.
Putallaz, F.-X., *Le sens de la réflexion chez Thomas d'Aquin*, Paris: Vrin 1991 (= 1991a).
–, *La connaissance de soi au XIIIe siècle*, Paris: Vrin 1991 (=1991b).
–, *Insolente liberté. Controverses et condamnations au XIIIe siècle*, Fribourg & Paris: Editions Universitaires & Cerf 1995.
Putnam, H., „The Meaning of ‚Meaning'", in idem: *Mind, Language and Reality*, Philosophical Papers, Bd. 2, Cambridge: Cambridge University Press 1975, 215-271.
–, *Reason, Truth and History*, Cambridge: Cambridge University Press 1981.
–, *Representation and Reality*, Cambridge, MA, & London: MIT Press 1988.
–, *Renewing Philosophy*, Cambridge, MA: Harvard University Press 1992.
–, „Sense, Nonsense, and the Senses: An Inquiry into the Powers of the Human Mind", *Journal of Philosophy* 91 (1994), 445-517 (=1994a).
–, Aristotle after Wittgenstein", in idem: *Words and Life*, hrsg. von J. Conant, Cambridge, MA: Harvard University Press 1994, 62-81 (=1994b).
Quine, W.v.O., „Epistemology Naturalized", in idem: *Ontological Relativity and Other Essays*, New York: Columbia University Press 1969, 69-90.
Reid, Th., *Essays on the Intellectual Powers of Man*, in: *Philosophical Works*, ed. W. Hamilton, 8. Aufl., Hildesheim: Olms 1967.
Richardson, R., „Brentano on Intentional Inexistence and the Distinction Between Mental and Physical Phenomena", *Archiv für Geschichte der Philosophie* 64 (1982), 250-282.
Richter, V., „Zu Ockhams Entwicklung in der Universalienfrage. Bemerkungen im Zusammenhang mit dem Problem der Chronologie, Abfassungszeit und Authentizität Ockhams nichtpolitischer Schriften", *Philosophisches Jahrbuch* 82 (1975), 177-187.
Rijk, L.M. de, „Quaestio de ideis. Some Notes on an Important Chapter of Platonism", in: *Kephalaion. Studies in Greek Philosophy and its Continuation Offered to Professor C.J. de Vogel*, Assen: van Gorcum 1975, 204-213.
–, „Un tournant important dans l'usage du mot ‚idea' chez Henri de Gand", in: *Idea. VI Colloquio Internazionale, Roma, 5-7 gennaio 1989*, hrsg. von M. Fattori & M.L. Bianchi, Roma: Edizioni dell'Ateneo 1990, 89-98.
Roensch, F.J., *Early Thomistic School*, Dubuque: The Priory Press 1964.
Roos, H., „Zur Begriffsgeschichte des Terminus ‚apparens' in den logischen Schriften des ausgehenden 13. Jahrhunderts", in: *Virtus politica. Festgabe zum 75. Geburtstag von Alfons Hufnagel*, hrsg. von J. Möller & H. Kohlberger, Stuttgart-Bad Cannstatt: Frommann-Holzboog 1974, 323-334.
Sacks, O., *The Man Who Mistook His Wife For a Hat*, New York: Summit Books 1985.
Schmitt, Ch., *Cicero scepticus: A Study of the Influence of the Academica in the Renaissance*, The Hague: Martinus Nijhoff 1972.
Schulthess, P., *Sein, Signifikation und Erkenntnis bei Wilhelm von Ockham*, Berlin: Akademie-Verlag 1992.
Searle, J.R., *Intentionality. An Essay in the Philosophy of Mind*, Cambridge & New York: Cambridge University Press 1983.

–, *The Rediscovery of the Mind*, Cambridge, MA & London: MIT Press 1992.
Simonin, H.D., „La notion d'*intentio* dans l'oeuvre de S. Thomas d'Aquin", *Revue des sciences philosophiques et théologiques* 19 (1930), 445-463.
Smith, A.M., „Getting the Big Picture in Perspectivist Optics", *Isis* 72 (1981), 568-589.
Smith, B., *Austrian Philosophy. The Legacy of Franz Brentano*, Chicago & La Salle: Open Court 1994.
Smith, J.-C. (Hrsg.), *Historical Foundations of Cognitive Science*, Dordrecht: Kluwer 1990.
Solère, J.-L., „La notion d'intentionnalité chez Thomas d'Aquin", *Philosophie* 24 (1989), 13-36.
Sorabji, R., „From Aristotle to Brentano: The Development of the Concept of Intentionality", *Oxford Studies in Ancient Philosophy*, suppl. vol. 9 (1991), 227-259.
–, „Intentionality and Physiological Processes: Aristotle's Theory of Sense-Perception", in: Nussbaum & Oksenberg Rorty 1992, 195-225.
Spade, P.V., „The Unity of a Science According to Peter Aureol", *Franciscan Studies* 32 (1972), 203-217.
–, „Synonymy and Equivocation in Ockham's Mental Language", *Journal of the History of Philosophy* 18 (1980), 9-22.
–, „Ockham's Nominalist Metaphysics: Some Main Themes", in: Spade 1999, 100-117.
– (Hrsg.), *The Cambridge Companion to Ockham*, Cambridge & New York: Cambridge University Press 1999.
Spiegelberg, H., „,Intention' und ,Intentionalität' in der Scholastik, bei Brentano und Husserl", *Studia Philosophica* 29 (1969), 189-216.
Spruit, J., „Buridan on the Existence of Intelligible Species", *Medioevo* 20 (1994), 179-203.
Spruit, L., *Species intelligibilis: From Perception to Knowledge*, vol. 1: *Classical Roots and Medieval Discussions*, Leiden: Brill 1994.
Steneck, N.H., „Albert on the Psychology of Sense Perception", in: Weisheipl 1980, 263-290.
Stump, E., „Aquinas on the Foundations of Knowledge", in: Bosley & Tweedale 1991, 125-158.
–, „Aquinas's Account of the Mechanisms of Intellective Cognition", *Revue internationale de philosophie* 52 (1998), 287-307.
–, „The Mechanisms of Cognition: Ockham on Mediating Species", in: Spade 1999, 168-203.
Sturlese, L., *Dokumente und Forschungen zu Leben und Werk Dietrichs von Freiberg*, Hamburg: Meiner 1984.
–, *Storia della filosofia tedesca nel medioevo. Il secolo XIII*, Firenze: Olschki 1996.
Suarez-Nani, T., „Remarques sur l'identité de l'intellect et l'altérité de l'individu chez Thierry de Freiberg", *Freiburger Zeitschrift für Philosophie und Theologie* 45 (1998), 96-115.
Tachau, K.H., „The Problem of the *Species in medio* at Oxford in the Generation After Ockham", *Mediaeval Studies* 44 (1982), 394-443.

–, „Peter Aureol on Intentions and the Intuitive Cognition of Non-Existents", *Cahiers de l'Institut du Moyen Age Grec et Latin* 44 (1983), 122-150.

–, *Vision and Certitude in the Age of Ockham. Optics, Epistemology and the Foundations of Semantics 1250-1345*, Leiden: Brill 1988.

–, „Some Aspects of the Notion of Intentional Existence at Paris, 1250-1320", in: Ebbesen & Friedman 1999, 331-353.

Tellkamp, J.A., *Sinne, Gegenstände & Sensibilia. Zur Wahrnehmungslehre des Thomas von Aquin*, Leiden: Brill 1999.

Torrell, J.-P., *Initiation à saint Thomas d'Aquin*, Fribourg & Paris: Editions Universitaires & Cerf 1993.

Tweedale, M.M., „Mental Representations in Later Medieval Scholasticism", in: Smith 1990, 35-51.

–, „Origins of the Medieval Theory That Sensation Is an Immaterial Reception of a Form", *Philosophical Topics* 20 (1992), 215-231.

Tye, M., „The Adverbial Approach to Visual Experience", *Philosophical Review* 93 (1984), 195-226.

Vanni-Rovighi, S., „L'intenzionalità della conoscenza secondo P. Aureolo", in: *L'homme et son destin d'après les penseurs du Moyen Age. Actes du premier congrès international de philosophie médiévale*, Louvain & Paris: Nauwelaerts & Paris 1960, 673-680.

–, „Una fonte remota della teoria husserliana dell'intenzionalità", in eadem: *Studi di filosofia medioevale*, Milano: Vita e Pensiero 1978, Bd. 2, 283-298.

Verbeke, G., „Les progrès de l'Aristote latin: le cas du *De anima*", in: *Rencontres de cultures dans la philosophie médiévale. Traduction et traducteurs de l'antiquité tardive au XIVe siècle*, hrsg. von J. Hamesse & M. Fattori, Louvain-la-Neuve: Institut d'Etudes Médiévales de l'Université Catholique de Louvain 1990, 187-201.

Verhulst, Ch., „A propos des intentions premières et des intentions secondes chez Jean Duns Scot", *Annales de l'Institut de philosophie Bruxelles* (1975), 7-32.

Wanke, O., *Die Kritik Wilhelms von Alnwick an der Ideenlehre des Johannes Duns Skotus*, Diss. Bonn 1965.

Weidemann, H. (Hrsg.), *Aristoteles: Peri hermeneias*, Berlin: Akademie-Verlag 1994.

Weisheipl, J.A. (Hrsg.), *Albertus Magnus and the Sciences. Commemorative Essays*, Toronto: Pontifical Institute of Mediaeval Studies 1980.

Williams, Th. (Hrsg.), *The Cambridge Companion to Duns Scotus*, Cambridge & New York: Cambridge University Press 2003.

Wittgenstein, L., *Philosophische Untersuchungen*, ed. E. Anscombe u.a., in: *Werkausgabe*, Bd. 1, Frankfurt: Suhrkamp 1984.

Wolter, A.B., „The Formal Distinction", in idem: *The Philosophical Theology of John Duns Scotus*, ed. M. McCord Adams, Ithaca & London: Cornell University Press 1990, 27-41 (=1990a).

–, „Duns Scotus on Intuition, Memory, and Our Knowledge of Individuals", in idem: *The Philosophical Theology of John Duns Scotus*, 98-122 (= 1990b).

PERSONENREGISTER

Wird ein Name nur in einer Anmerkung und nicht im Haupttext erwähnt, wird mit Seitenzahl und „n" auf ihn verwiesen.

1. Antike und mittelalterliche Autoren

Adam Wodeham 8, 24, 145, 253n, 267, 270, 271, 275, 279-283, 316, 320, 321, 328, 329, 332-334, 342, 343n, 364, 387-395, 400
Albertus Magnus 13, 15, 44n, 53, 167n
al-Farabi 17
Alhazen 19, 22, 38n, 109
Aristoteles 12, 14-16, 22n, 31, 39, 45n, 46n, 48n, 52n, 90, 96n, 99n, 132, 153, 157, 168, 221n, 222, 273, 403-405
Augustinus 17, 18, 20, 44n, 55n, 90, 142n, 191n, 405, 406n
Averroes 17n, 44n, 175, 186n
Avicenna 26n, 306, 311

Bernhard von Arezzo 317n
Boethius, A.M.S. 16
Bonaventura 91n

Dante Alighieri VII
Dietrich von Freiberg 108, 109, 146-183, 409
Durandus von St. Pourçain 253n

Fernando Enzinas 397n
Franziskus Meyronis 264n, 355

Gabriel Biel 263n
Gregor von Rimini 226n, 364

Heinrich von Gent 104n, 186n, 187-191, 198, 200, 219, 247, 296n, 297
Heinrich von Harclay 253n, 322

Hervaeus Natalis 255, 294-313, 315, 317, 322

Jacobus de Aesculo 230-242, 250, 253n, 322-324, 400, 401
Johannes XXII (Papst) 254n
Johannes Buridan 24, 30, 396
Johannes Duns Scotus 9-11, 21, 78, 118, 122n, 127, 183, 185-231, 234, 237, 239n, 245-250, 253, 255-259, 264n, 265n, 268n, 276, 284n, 295, 313-315, 326n, 333, 337n, 338n, 341-343, 346, 409, 410n
Johannes Reading 183, 249, 250, 253n, 342n, 396
John Mair 24
John Pecham 19, 109, 199n

Matthäus von Aquasparta 108n
Michael Scotus 12

Nicholas Aston 125n
Nikolaus von Autrecourt 317n

Petrus Abaelard 24
Petrus Aureoli 103, 199n, 249, 254-256, 258-294, 297-307, 310-317, 319n, 322-333, 355n, 361, 392n, 393, 400, 401, 405n, 409
Petrus Hispanus 221n
Petrus Johannis Olivi 7, 105, 108-146, 175, 177-183, 199, 207, 247, 297, 410
Petrus Lombardus 22n

Philoponus 45n

Radulphus Brito 301n, 308, 309
Richard Kilvington 30
Roger Bacon 19, 20, 37, 38n, 109, 110, 113, 114

Stephen Patrington 125n

Thomas von Aquin 12n, 14, 16n, 18n, 24, 25n, 31-56, 58-78, 80-105, 107, 109, 117, 118, 120, 122, 124, 127, 137n, 138-140, 143, 145, 147, 148, 153, 157n, 165, 167, 168, 175, 179, 185, 199, 209, 238, 250, 258, 292, 297, 333, 335, 336, 362, 371, 393, 403-406, 409, 410

Walter Chatton 266, 270, 281, 316n, 356, 384, 387, 397n
Wilhelm Alnwick 239-245, 250, 253n, 400
Wilhelm von Moerbeke 12
Wilhelm von Ockham 7, 17n, 18n, 25n, 34, 64, 65n, 78, 103, 105, 125n, 143, 145, 199n, 245, 249, 250, 253n, 275, 279-284, 316, 317, 319-387, 391-397, 400, 406, 408n, 409, 410
Wilhelm Heytesbury 30
Witelo 19

2. Moderne Autoren

Adams, M. McCord 34n, 191n, 193n, 199n, 202n, 234n, 320n, 325n, 336n, 345n, 353n, 357n, 369n, 370, 373n, 380n, 282n
Ariew, R. 319n
Ashworth, E.J. 397n
Austin, J.L. 332n
Ayer, A.J. 126n

Beckmann, J. 334n
Bérubé, C. 78n
Biard, J. 30n, 293n, 322n, 332n, 362n, 370n, 382n
Black, D.L. 73n
Block, N. 51n
Blumenberg, H. 354n
Boehner, Ph. 258n, 263n, 268n, 271n, 353n, 360
Boh, I. 30n
Boulnois, O. 206n, 225n
Brentano, F. VII, 3-9, 11, 23, 27, 28, 265, 399-407
Brown, J. 187n
Burnyeat, M.F. IX, 13n, 29n, 44n, 45n, 46n, 48n
Burr, D. 108n
Buytaert, E.M. 254n

Caston, V. 26n
Chalmers, D. 375n
Charles, D. 15n, 99
Chisholm, R.M. 4n, 29, 30, 265n, 330n, 400n, 402n
Chrudzimski, A. 7n, 402n
Cohen, S.M. 45n
Conti, A.D. 306n
Courtenay, W.J. 262n, 320n, 354

Day, S. 199n, 256n
Deely, J.N. 45n, 51n
Denery, D.G. 278n, 292n
Descartes, R. 46n, 72n, 185n, 196, 197, 248n, 263, 273, 319n, 354, 401
Dewan, L. 14n
Dreiling, R. 254n, 292n
Dumont, S. 199n, 256n

Engelhardt, P. 25n, 26n
Everson, S. 13n

Field, H. 4n, 28n, 42n
Flasch, K. 148n, 149n, 151n, 152n, 156n, 159n, 166, 169, 170n, 176
Fodor, J. 284, 376, 377, 395
Frede, D. 52n, 54n

Frede, M. 52n
Frege, G. 225, 226
Friedman, R.L. 291n, 292n
Fuchs, M. 18n, 55n, 90n, 91n

Gauthier, R.-A. 12n
Geach, P. 29, 30
Geiger, L.-B. 62n, 89n
Gelber, H. 375n, 384n
Gilson, E. 353n, 360
Gregory, T. 263n
Gyekye, K. 17n, 160n, 306n

Haldane, J. 4n, 28n, 46n, 81n, 400n
Halfwassen, J. 152n, 170n
Hamesse, J. 20n, 186n
Hasse, D.N. 26n
Hediger, M.F. X
Hedwig, K. 5n
Henninger, M. 265n, 301, 356n
Hoenen, M.J.F.M. 20n, 186n
Hoeres, W. 126n
Hoffman, P. 49n
Hoffmann, T. 185n, 218n, 228n, 245n
Honnefelder, L. 195n, 199n, 208n, 256n
Husserl, E. 7, 271

Imbach, R. IX, 55n, 148n, 157n
Isaac, J. 16n

Jenkins, J.I. 67n

Kant, I. 165, 166, 171, 176
Karger, E. 357n, 358n, 387n
Kaufmann, M. IX, 333n, 355n, 370n, 373n
Kennedy, L.A. 125n
Kenny, A. 53, 54n, 61n, 80n, 81n, 411n
Kim, J. 9n
Knudsen, Ch. 17n, 25n, 160n, 306n
Kobusch, Th. 228n
Kraus, O. 7n
Kretzmann, N. X, 62n, 67n, 69n, 70n, 81n, 104n

Ledoux, A. 239n

Lee, R.A. 268n, 353n
Libera, A. de 62n, 64n, 150n, 161n, 176n, 182n
Lindberg, D.C. 19n, 38n
Locke, J. 84n
Lohr, C.H. 12n
Lonergan, B. 90n
Lycan, W.G. 51n
Lyons, W. 23, 28n, 42n, 408n, 409

Maier, A. 19n, 109n
Maierù, A. 160n, 306n
Marras, A. 5n
Marrone, S.P. 187n
Marty, A. 7n, 401-403
Mastrius, B. 185n, 245n
Maurer, A. 186n, 223n, 264, 355n
Mayer-Hillebrand, F. 402n
Michalski, K. 255n, 270n
Michon, C. 157n, 326n, 345n, 349n, 368, 370n, 372
Mojsisch, B. 148n, 152n, 153n, 167n, 173n
Moran, D. 4n, 6n
Münch, D. 4n, 8n, 401n, 403n
Muralt, A. de 226n

Noone, Th.B. 218n
Normore, C. 185n, 319n, 384n
Nussbaum, M. 45n, 46n

Owens, J. 32n

Paissac, H. 90n
Panaccio, C. 18n, 61n, 81, 88n, 90n, 92n, 93n, 139n, 362n, 370n, 371n, 375n, 397, 405n
Pasnau, R. 29, 38, 46n, 47n, 50n, 73n, 81, 84, 85n, 87n, 90n, 104n, 117n, 129, 130n, 135n, 137n, 140n, 187n, 192n, 199n, 256n, 376n
Pegis, A. 353n, 360
Perger, M. von IX
Perler, D. 46n, 38n, 72n, 81n, 120n, 122n, 185n, 212n, 223n, 226n, 248n, 288n, 301, 317n, 319n, 337n, 352n, 353n, 364n, 373n, 382n

Pinborg, J. 160n, 294n, 306n, 308n
Poncius, J. 185n, 245n
Prezioso, F. 255n, 266, 267, 279n
Putallaz, F.-X. 55n, 78, 109n, 152n
Putnam, H. VII, 2, 28n, 45n, 46n, 77, 96n, 101, 103, 180n, 332n, 380n, 386

Quine, W.V.O. 181n

Reid, Th. 120, 332n
Richardson, R. 4n
Richter, V. 320n
Rijk, L.M. de 20n, 186n
Roensch, F.J. 294n
Roos, H. 268
Rudolph, U. 58n, 317n
Sacks, O. 60n
Schmitt, Ch. 124n
Schulthess, P. IX, 17n, 336n, 345n
Searle, J.R. 42n, 77n, 235, 236, 410n
Simonin, H.D. 25n
Smith, A.M. 19n, 109n
Smith, B. 4n, 6n, 401n, 403n
Solère, J.-L. 8n, 81n
Sorabji, R. 13n, 14n, 46n, 186n
Spade, P.V. 288n
Spiegelberg, H. 5n, 400n
Spruit, J. 396n

Spruit, L. 72n, 119n, 129, 199n, 209
Steneck, N.H. 53
Stump, E. 59n, 62n, 69n, 80n, 81n, 336n, 349n, 396n
Sturlese, L. 108n, 156n
Suárez, F. 245n
Suarez-Nani, T. 176n

Tachau, K.H. 11n, 19n, 27n, 109n, 110n, 129, 198n, 253n, 256n, 263n, 268n, 353n, 392
Tellkamp, J.A. 14n, 44n, 51n, 52n
Torrell, J.-P. 31n
Twardowski, K. 7
Tweedale, M.M. 14n, 38, 52n, 186n
Tye, M. 265n

Vanni-Rovighi, G. 263n, 271, 279n
Verbeke, G. 12n
Verhulst, Ch. 223n, 295n

Wanke, O. 239n
Weidemann, H. 15n
Wittgenstein, L. 389
Wolter, A.B. 199n, 202n, 255n, 256n, 336n

Yokoyama, T. 230n

SACHREGISTER

Abbild 16, 19, 54-55, 113-115, 348, 370, 409
→ Ähnlichkeit, Bild
absolute Entität (*res absoluta*) 264-265, 355
Abstraktionsprozess 15, 61-64, 71, 95, 103-104, 107, 147-148, 167-168, 198-199, 213, 311, 315, 338
abstraktive Akte → Erkenntnis, abstraktive
adverbiale Theorie der Intentionalität 265-266, 269, 286
Agnosie 59-60
Ähnlichkeit 54-57, 70, 73-75, 80-81, 84, 87-88, 140, 212, 369-374, 381, 385, 410
– Ä. als Übereinstimmung in der Form 55-58, 73, 88, 140
→ Bild
Akt-Theorie 87, 144
Albertinisten 24
Alchemie 66
analytischer Satz 193, 198
Argument a priori 285-286
Aspekte → Repräsentation
Assimiliationstheorie 31-32, 104, 108, 177, 336-337, 403-404
Aufmerksamkeit 17, 108, 135-137, 182
Augustinismus 17-18, 20-22, 24, 139

Begriff / begrifflich 8, 10, 53-54, 190, 362, 379
– allgemeiner B. 54, 60, 190, 345
– B.sanalyse 284-286
– b.s Sein (*ens conceptionale*) 173-175
– höherstufiger B. 306-307, 310-312
Bezeichnung (*significatio*) 93-100, 378-379
– natürliche B. 374-375
Bild (*imago*) 55, 86, 113-114, 149-150, 371

→ Abbild, Ähnlichkeit

Cartesianismus / Cartesisch 28, 36, 48, 197, 263
chemische Analyse 203, 210
Code / codierte Existenz 40, 49-50, 75
complexe significabile 364
Computer 49

Darstellung (*similitudo*) 71-75, 80-81, 84, 87
→ Ähnlichkeit
Definition eines Gegenstandes 88, 99, 304-305
Denkvermögen (*vis cogitativa*) 52-53, 60
Denomination 243-245
direkter Realismus → Erkenntnisrealismus
Disposition 40-41, 50, 197, 339-340
– materielle D. 50
Distinktion
– formale D. 201-203
– gedankliche D. 234
– intentionale D. 234-235
– modale D. 326-327
– reale D. 234, 325-327
DNA-Struktur 57
Dualismus / dualistisch 28

Eindrücke in der Seele (*passiones animae*) 16-18, 23, 90, 361
Einschätzungsvermögen (*vis aestimativa*) 52, 60
Emanation 150-151
Emissionstheorie 135
Emotion 347-348
Engel 36-37, 46-48
ens rationis 7, 323
Erfassensakt (*actus apprehensivus*) 61, 66-68, 147, 162, 343-345, 361-366, 368, 376, 379, 394

Erinnerung 126-127, 141, 340
- E.svermögen (*vis memorativa*) 52-53, 153

Erkenntnis *passim*
- E.grund (*ratio cognoscendi*) 190, 210
- E.problem 31
- E. des Wahren (*cognitio veri*) 187-188
- E. der Wahrheit (*cognitio veritatis*) 188-189, 191
- E. eigener Akte 196-197
- abstraktive E. (*cognitio abstractiva*) 199, 255-259, 343-360
- evidente E. (*cognitio evidens*) 345, 353-354, 357-358
- intellektuelle E. (*cognitio intellectualis*) 147-148, 173
- intuitive E. (*cognitio intuitiva*) 199, 255-259, 264, 314, 334, 343-360, 368
- natürliche E. 186-198
- rationale E. (*cognitio rationalis*) 147-148, 154, 173
- sinnliche E. (*cognitio sensitiva*) 146-148, 173

Erkenntnisrealismus 8, 80-89, 101, 105, 116, 209, 316, 320, 348, 392, 401
- modifizierter E. 83-84, 117, 179

erscheinendes Sein (*esse apparens*) 267-268, 277, 281, 285, 291, 322, 329-330

Essentialismus 70

Existenzweisen 74, 85, 101, 157, 229, 233, 290, 292, 298, 316

externer Realismus 103

fiktive Entitäten → Nicht-Existierendes

Form
- akzidentelle F. 33-34, 55, 57
- angeborene F. 103
- Aufnehmen einer F. 33-41, 183
- intelligible F. 14-15
- substantielle F. 33, 55, 57
- Übereinstimmung in der F. 55-58, 73, 88, 140
- wahrnehmbare F. 12-14, 19, 39, 48-52, 110

formales Erscheinen 258, 285

Funktionalismus 46, 51-52

Gedankending (*ens rationis*) 7, 236, 322-324

gedankliches Sein (*esse rationis*) 231

Gehalt (*ratio*) einer Entität 10, 97-98, 156-158

Gehirn 28, 53, 206, 407

geistig
- g.es Sehen (*visio spiritualis*) 284
- g.es Sein (*esse spirituale*) 13, 35, 43, 46-48, 75, 115-116
- g.e Veränderung (*immutatio spiritualis*) 38, 43-52

Gemeinsinn (*sensus communis*) 52, 54, 261

genius malignus 77, 353-354

gesehenes Sein (*esse visum*) 275-276

Gott 20-21, 36-37, 41, 124-125, 148-149, 218-221, 237-238, 391
- G.es Allmacht 125, 261-263, 327, 353-356, 391
- G.es Erkenntnis / Wissen 20, 218-221, 237
→ Intellekt, Gottähnlichkeit

Habitus 339-341

Halluzination 249, 254, 343

Hierarchieprinzip 44, 207, 284

Hilfsmittel → kognitives Hilfsmittel

Homunculus-Theorie 79, 411

Ideen
- I. im göttlichen Intellekt 20-22, 218-221
- I. im menschlichen Intellekt 21-22

Identität
- I.sthese 32, 100, 179, 238-239, 292
- formale I. 74, 85, 88, 100-104, 107, 122, 124, 393
- reale I. 242-243, 325-327
- Struktur I. 102-103

Illumination, göttliche 187, 191, 193, 196, 200, 204, 215, 407

- I.stheorie 191, 215
Immaterialität 29, 47-52, 92, 119, 127-128, 167, 181, 337-338
Individualontologie 342, 346
Individuation 63
- I.sprinzip 65, 76
Inexistenz, intentionale 3-8, 10-11, 399-403, 406
inneres Objekt 120, 242
inneres Wort (*verbum interius*) 18, 90-96, 138-146, 363, 405-406
Intellekt *passim*
- I.theorie 14-15, 21, 24, 30, 61-80, 152-155, 165, 171
- I. als kausales Prinzip 155, 159-160, 164-165, 175, 171-172
- Aktivität des I.s 107-108, 128, 132, 146-155, 162, 167-168, 177-178, 249, 350
- Blick des I.s 108, 128-129, 179
- Gottähnlichkeit des I.s 149, 151-152, 169-170, 180
- Kreativität des I.s 155
- Präsenz des I.s 129-131
- Tätigkeiten des I.s 61, 66, 146-148
- Terminus des I.s 93, 134-137, 205-206
- Transparenz des I.s 388-389
- trügerische Akte des I.s 357-359
- Unfehlbarkeit des I.s 66-70, 216-217, 246, 374
→ Seele, intellektive
intellektuelles / intelligibles Sein (*esse intelligibile*) 75, 185-186, 218, 220
intendere 9
intensionaler Kontext 29, 236
Intention (*intentio*) 9-11, 14- 15, 17, 20, 22, 25-26, 52, 294-295, 362
- erkannte I. (*intentio intellecta*) 81, 87-89
- erste und zweite I. 160-161, 223, 306-313, 315
- formale und abstrakte I. 295, 297, 301-303, 308-309
- Klassifikation der I.en 295
- materiale und konkrete I. 295, 297, 300-303, 308-309

intentional
- i.e Veränderung 35, 43-52, 211-212
- i.er Realismus 376
- i.es Aufnehmen der Form 35-52
- i.es Objekt 4-8, 185-186, 217-245, 319, 322-333, 392-393, 400-401
- i.es Sein (*esse intentionale*) 14, 21, 22, 35-36, 40-41, 115-116, 185, 218-248, 275-283, 313, 316, 319, 322
→ Inexistenz, intentionale
Intentionalität
- I. als Merkmal geistiger Akte und Zustände 1-3, 9, 27-28, 399
- I. als Merkmal kognitiver Wesen 36-37
- I. als nicht-reduzierbares Merkmal 131-133, 180
- I. als Relation 133-134
- I. in der Gegenwartsdebatte 27-30
- I. von Denkakten 22, 61-80, 117-127, 165-177, 198-217, 283-294
- I. von sprachlichen Äußerungen 23, 89-100, 138-146, 362-363
- I. von Wahrnehmungsakten 22, 42-60, 109-117, 274-283
- Erkennbarkeit der I. 388-389
- Erklärbarkeit der I. 2, 129-132, 409-410
- intrinsische I. 390
- magische Theorie der I. 2, 180, 386
- Natürlichkeit der I. 1, 187-198, 245-246
- verschiedene Aspekte der I. 9-11, 23, 409-410
intuitive Akte → Erkenntnis, intuitive
Irrtum 65-68, 213, 293-294, 358, 372-373

kategorial / Kategorien 156, 159-162, 165, 170-171, 229
- k.e Konstitution 155-178, 180
Kausalrelation 58, 102-103, 132, 150, 155, 165, 175, 180-182, 195-196, 198, 244, 246, 302, 305-306, 316, 321, 336-337, 347-352, 360, 368-369, 372-374, 379-382, 385-387, 393, 395-396, 409-410

Koextensionalität 29, 236
kognitives Hilfsmittel 71-73, 82-84, 94-95, 101, 109, 138, 154-155, 167, 179, 183, 205-210, 224, 247, 254, 257, 287, 301, 342, 346-347, 335, 400
→ Species
kognitives Kriterium 32-42
Komplexes (*complexum*) 164, 343, 363
Konstitutionsthese 108, 155-165-166
kopernikanische Wende 166

Logik 297, 384-385, 397
- epistemische L. 30
- Gegenstand der L. 306
- L. und Kognitionstheorie 384-385, 397

Materialismus 28-29, 49
- reduktionistischer M. 49
- Semi-M. 29
materielles Sein (*esse materiale*) 13, 46, 85
Medium
- M. in einer Wahrnehmung 12, 19, 37-40, 49-50, 57, 110, 113
- M. im Erkenntnisprozess 82-83, 210-211
- M. zwischen Intellekt und Gegenstand 316, 331
mentale Sprache 25, 143, 361-362, 374-385, 396-397
→ inneres Wort
Mentalismus 96
methodischer Ansatz 23-30
Modus der Präsentation 258-259, 262-263, 268-269, 271, 274, 314

Natur 158, 162-163, 171-172
- allgemeine N. 201, 292, 300
Naturalisierung / Naturalismus 116, 135, 181, 216, 407, 410
natürliche Veränderung (*immutatio naturalis*) 43
natürliches Sein (*esse naturale*) 35, 41, 43, 46-48, 115
Neuplatonismus 28, 150-151, 168-171, 177-178

Nicht-Existierendes 1, 2, 5, 29, 97-98, 117, 225, 228, 232, 256-260, 323-324, 352-360, 386

objektives Sein (*esse obiectivum*) 21, 72, 185-186, 217-245, 248, 289-293, 298, 317, 319-320, 401
→ intellektuelles Sein, vermindertes Sein
Occasionalisten 58
Ockhamisten 24
Ökonomieprinzip 143, 250, 320, 334-335, 337, 339, 340, 365, 380, 381, 395
Optik 11, 19-20, 22, 24, 27, 37, 110, 135
- Emissionstheorie der O. 135
→ Perspektivisten

Partikuläres
- p. Denkvermögen (*ratio particularis*) 60
- Kategorisierung von P. 59
- Wahrnehmung von P. 58-59
Partikularitätsproblem 77
Person 29, 411
Perspektivisten 19, 22, 24, 37, 109-110, 113, 177
→ Optik
Phänomenalismus 255, 266-270, 278-281, 299
phänomenologische Einstellung 260, 271, 316
Phantasmata 52-63, 75-80, 89, 102, 127, 153-154, 176, 198, 200-208, 213, 247, 250, 335, 338
- Rückwendung zu den Ph. 78-80
Platonismus 287, 289
Prinzipien
- selbst-evidente P. 193-194
propositionale Einstellungen 42, 408
Propositionen 4, 42, 226, 343, 351
psychische und physische Phänomene 4-6, 399-400
Psychologie 82

Realismus → Erkenntnisrealismus

Reflexion 80, 82, 206, 275, 312
Relation 263-265
- R. des Verstandenen zum Verstehensakt 295-297, 300-304, 309
Relativismus 82
Repräsentation 53, 63, 209, 230, 242, 334
- Aspekte einer R. 200-205, 341
- piktoriale R. 52-55, 73-74, 80, 88
- R.sfunktion 119-124, 200-204, 209
Repräsentationalismus 6, 80-89, 101, 120-122, 178-179, 209, 406
- semantischer R. 91, 94-95, 140-143

schwächeres Sein (*esse debilius*) 20, 38, 231-232
Seele
- intellektive Seele (*anima intellectiva*) 14
- wahrnehmende Seele (*anima sensitiva*) 14
Seinsmodus (*modus essendi*) 291-292, 314, 326, 332-333, 405, 407
Selbst-Evidenz 193, 330, 392-393
Semantik 11, 15-18, 21-22, 89-100, 313, 406
Singuläres 59, 62-63, 76-77, 96, 200-204, 341-342, 369
Sinnesdatum 80, 83-84, 126-127, 331-332
Sinnestäuschungen 188, 196, 213, 215-216, 246, 253-254, 259, 274-283, 313-314, 316, 325, 328-329, 359, 373
Skeptizismus 104, 124-126, 190-192, 195, 237, 255, 267, 270-274, 353, 360
Solipsismus 238, 278, 288
Species
- *species in medio* 11, 19-20, 25, 37-38, 110-118
- *species intelligibilis* 46, 61-84, 87-89, 91-92, 101, 105, 118-127, 138, 153-154, 167, 183, 198-217, 224, 229-230, 233-235, 239-251, 253, 295, 333-342, 346, 348, 370, 392, 394, 396

- *species memorialis* 126, 141-143
- *species sensibilis* 44, 58, 119, 333
- Hinwendung zur S. 85-86
Spiegel 114-115, 139-140, 146, 358
Sprachanalyse 394-395
- methodische Funktion der S. 29-30
sprachliche Wende (*linguistic turn*) 30
subjektives Sein (*esse subiectivum*) 241, 289-290, 298, 317, 323
Subjektivismus 224-225
Supposition 361, 366-367, 394
Syntax 362, 375-378, 382

Terminologiegeschichte 25-26
Terminus
- kategorematischer T. 367, 377, 383, 397
- mentaler T. 361-363, 374-385, 393
- synkategorematischer T. 367, 377, 383-385, 397
- zweifache Betrachtungsweise des T. 382, 395
Tiere 36-37, 60
Traumargument 197
Trugschluss 221-222

Universalien 63-64, 227, 292, 300, 341-342
- U.konzeptualismus 300, 315
- U.realismus 64-65, 300
Untrüglichkeitsthese 66-70, 104
Urbild (Modell) (*exemplar*) 169, 172, 178, 188-192
Ursache 150, 156-158, 160, 163-165, 171-172, 194-195, 214-215, 337, 347-350
- essentielle U. 349
Urteil 61, 66, 261, 282-283, 344, 350-352, 363-364, 371-373
- Existenzu. 352-360

verbum-Theorie → inneres Wort
vermindertes Sein (*esse deminutum*) 185-186, 218, 222-224, 230
→ intellektuelles Sein, objektives Sein
Vorstellungsvermögen (*phantasia*) 52-53, 117-118

Wahrheit 101, 187-188, 351
Wahrnehmungsorgan 11-13, 21-22, 24, 45, 37, 45, 48, 51-52, 110-116, 182
Wahrnehmungssinn 9, 12, 37-39, 42, 51-52, 79, 109, 276, 411
→ Form, wahrnehmbare
Wahrnehmungstheorie 12-14, 24, 30, 59, 275-283
– aristotelische W. 12-14, 24, 37-39, 46, 110
Wesen 61, 69-70, 96-100, 148, 157-158, 219-220
– Erfassen des W.s 65-73, 82-83
– W.serkenntnis 69
– zweifache Existenzweise des W.s 85-86, 95-96

→ Essentialismus
Wille 109, 295, 351-352
Wissenschaftstheorie 288-289
Wort → inneres Wort

Zeichen 212, 245, 320-321, 387-388, 393
– Definition für Z. 366-367
– natürliche Z. 321, 361-385
– Z.charakter der intentionalen Akte 393-394
Zustimmung zum Erfassten 343-347
Zuverlässigkeitstheorie (*reliabilism*) 69
zweite Intention → Intention
Zwillingserde 77